HILMA WALTER

DIE SIEBEN HAUPTMETALLE

Seele: S. 9 †

     12 †

    48 † Verstand + Vernunft unterben (Milz)
    über Seelenleben + Sinne (Milz)
    Milz Zentrum → die über Seelenzustände

Cordula Falt
Ostern 2007
5-Tagung

HILMA WALTER

DIE SIEBEN HAUPTMETALLE

Ihre Beziehungen zu Welt, Erde und Mensch

Als Hintergrund zum Verständnis
einer Sammlung von Krankengeschichten
mit therapeutischen Hinweisen von Rudolf Steiner

Mit einem Vorwort zur 2. Auflage von Anton Gerretsen

Natura Verlag

2. Auflage 1999
Unveränderter, photomechanischer Nachdruck der Erstauflage, die 1966
mit dem Vermerk «Als Manuskript gedruckt für anthroposophisch orientierte
Ärzte» im Philosophisch-Anthroposophischen Verlag am Goetheanum,
Dornach (Schweiz) erschien.

Umschlaggestaltung von Gabriela de Carvalho
© Copyright 1999 by Natura Verlag c/o Verlag am Goetheanum,
CH-4143 Dornach
Druck und Bindung: Freiburger Graphische Betriebe
ISBN 3-7235-1061-2

INHALT

VORWORT ZUR 2. AUFLAGE

Da die erste Auflage dieses Werkes seit mehreren Jahren vergriffen ist, haben wir uns zu einer Neuauflage entschlossen. Dabei ist zu berücksichtigen, daß diese Veröffentlichung den Vermerk trug: «Als Manuskript gedruckt für anthroposophisch orientierte Ärzte». Wie aus Hilma Walters Vorwort hervorgeht, war diese Sammlung von Krankengeschichten anstelle des vorgesehenen zweiten Bandes des von Rudolf Steiner und Ita Wegman verfaßten Werkes: «Grundlegendes für einer Erweiterung der Heilkunst nach geisteswissenschaftlichen Gesichtspunkten» erschienen; durch Rudolf Steiners Krankheit und Tod war diese Arbeit unterbrochen worden.

Dieser Veröffentlichung liegen die Notizen zugrunde, die Hilma Walter während der Konsultationen in der Ita Wegman Klinik (damals «Klinisch-Therapeutisches Institut») von 1921 bis 1924 gemacht hat. Hilma Walter war seit der Eröffnung der Klinik als Assistenzärztin von Ita Wegman tätig, sie war, soweit bekannt, bei allen Patientenbesprechungen mit Rudolf Steiner anwesend. Die teilweise sehr fragmentarischen, kurzen Notizen, die sie während dieser Besprechungen machte, können kaum als Krankengeschichten im üblichen Sinne betrachtet werden. Sie geben aber einen wertvollen Einblick in die Vorgehensweise Rudolf Steiners.

Bei diesen Patientenvorstellungen wurde von den Untersuchungsergebnissen der Klinik-Ärzte ausgegangen. Rudolf Steiner ergänzte sein Bild des Patienten oft durch gezielte Fragen direkt an den Patienten und gab daraufhin seine therapeutischen Ratschläge. Körperliche Untersuchungen wurden von ihm nicht vorgenommen. Wie man sieht, wurden auch nur einige der damals geläufigen Laboruntersuchungen erwähnt. Diese waren für den Geistesforscher in vielen Fällen offensichtlich irrelevant.

Vor die Frage gestellt, ob es gerechtfertigt sei, die erste Ausgabe unverändert neu aufzulegen, führten unsere Überlegungen dazu, dieses Arbeitsmaterial doch weiterhin zur Verfügung zu stellen. Viele der notierten Angaben können zu einem Verständnis von Krankheitsvorgängen führen, die sonst nur schwer durchschaubar sind.

Die Beschäftigung mit den Darstellungen der sieben Hauptmetalle, die Hilma Walter den Krankengeschichten vorausschickt, kann für alle Kollegen, die die Metalltherapie selbständig anwenden wollen, sinnvoll sein. Es ist kaum möglich, eine therapeutisch anwendbare Kenntnis dieser Metalle zu gewinnen, ohne die Einsichten der Geisteswissenschaft in die Entstehungsgeschichte von Mensch, Erde und Kosmos zu berücksichtigen, wie sie in der «Geheimwissenschaft» und in vielen Vorträgen von Rudolf Steiner dargestellt wurden. – Hilma Walter hat versucht, diese Zusammenhänge unserem Verständnis näher zu bringen, und zwar dadurch, daß sie die zeitliche Folge der Entstehung in der ganzen Evolution miteinbezieht. So können diese Kapitel eine große Hilfe beim selbständigen Umgang mit den sieben Hauptmetallen in der Therapie bedeuten.

Bei mehreren Patienten wurden von Rudolf Steiner neben Medikamenten auch Meditationen verschrieben. Hilma Walter hat diese Meditationen 1966 nicht alle veröffentlicht. Dies betrifft sieben Fälle dieser Krankengeschichtensammlung, wobei damals aus verschiedenen Gründen eine Veröffentlichung noch nicht möglich war. Diese Meditationen werden nun ebenfalls abgedruckt. Da es sich bei dieser Ausgabe um einen unveränderten photomechanischen Nachdruck der Erstauflage handelt, war es aus drucktechnischen Gründen nicht möglich, diese Sprüche unter den entsprechenden Nummern der Krankengeschichten anzufügen, deshalb werden sie getrennt aufgeführt.

Hilma Walter konnte sich bei der Vorbereitung dieser Veröffentlichungen nicht dazu entschliessen, die schriftlich festgelegten Notizen aus den Jahren 1921–1924 aus der Erinnerung zu ergänzen, wozu sie fähig gewesen wäre. Einerseits bürgt dieses Vorgehen für eine sehr weitgehende Zuverlässigkeit der gemachten Notizen, zum anderen ging damit allerdings eine Charakterisierung der Patienten in Hilma Walters oft markanten Formulierungen verloren.

Wir hoffen, daß die neue Drucklegung dem Studium der so außerordentlich wertvollen Angaben Rudolf Steiners dienlich sein wird.

Arlesheim, im Juni 1999   *Anton Gerretsen*

4

EINLEITENDES VORWORT

Dr. med. Ita Wegman schrieb in ihrem Nachwort zu dem medizinischen Buche *„Grundlegendes für eine Erweiterung der Heilkunst nach geisteswissenschaftlichen Erkenntnissen"*, das aus ihrer Zusammenarbeit mit *Dr. Rudolf Steiner* entstanden war:

„Soweit liegt heute die Frucht gemeinsamer Arbeit vor und mußte hier, gewiß zu unser aller Schmerz, die Fortführung der Niederschrift ruhen, als die Erkrankung Rudolf Steiners eintrat. Es war unser Plan gewesen, in der Fortsetzung das zu behandeln, was als irdische und kosmische Kräfte in den Metallen Gold, Silber, Blei, Eisen, Kupfer, Merkur, Zinn wirkt, und auszuführen, wie dieselben in der Heilkunst zu handhaben sind. Auch sollte dargestellt werden, wie man im alten Mysterienwesen ein tiefes Verständnis hatte für die Beziehungen der Metalle zu den Planeten und ihren Beziehungen zu den verschiedenen Organen des menschlichen Organismus. Meine Arbeit in der nächsten Zeit wird sein, aus den mir gegebenen Angaben und Notizen den zweiten Teil des Buches erscheinen zu lassen."

Die Verwirklichung dieser Arbeit lag Dr. Wegman nach dem Tode Dr. Steiners auch sehr am Herzen. Was diesbezüglich in der Zeitschrift „Natura" und in deren nur an Ärzte gerichteten „Beiblättern" an Aufsätzen und therapeutischen Ausführungen im Laufe der Jahre von 1926 bis 1938 erschienen ist, wollte dafür die erste Vorarbeit sein. Dabei wurde, trotz vieler sich dazwischenstellender Schwierigkeiten, der ursprüngliche Plan für eine mehr umfassende Arbeit im obigen Sinne stets weiter gehegt. Diese sollte auch zugleich die Grundlage geben für eine in Aussicht genommene Herausgabe einer Sammlung entsprechender Krankengeschichten.

Als dann Dr. Wegman nach Beginn des zweiten Weltkrieges, Mai 1940, ihren Wohnsitz von Arlesheim nach der Casa Andrea Cristoforo in Ascona/Tessin verlegte — der Dependance ihres Klinisch-therapeutischen Institutes in Arlesheim — war damit von neuem die Hoffnung verbunden, den noch auf seine Ausarbeitung wartenden Plan durchführen zu können. Doch äußerste Inanspruchnahme infolge der durch die Zeit bedingten äußeren Umstände stellte sich auch da zunächst hemmend entgegen. Und der im März 1943 so unerwartet schnelle Abruf von Dr. Wegman aus diesem Leben ließ es dann auch leider nicht mehr zur Erfüllung dieser Aufgabe und der auf sie gerichteten Hoffnungen kommen.

Wie ein Vermächtnis aber lebte diese Aufgabe auch weiterhin als Impuls fort. Und wenn mit der hier vorliegenden Arbeit der Versuch gemacht wird, eine Darstellung der Metalle nach ihrem Wesen und ihren Beziehungen zum Menschen und zum Kosmos im Hinblick auf eine rationelle Metalltherapie zu geben, so steht dahinter ein schon auch wiederum langjähriges Bemühen um das Erfassen dessen, was Dr. Wegman bei ihrem Plan am Herzen lag. Eine Ermutigung zu der hier vorliegenden Arbeit war auch der von dem verehrten Lehrer Rudolf Steiner in seinen noch kurz vor seiner Erkrankung, im August 1924 in England, Torquay, gegebenen Vorträgen über das „Initiaten-Bewußtsein" nochmals und auch so besonders eindringlich ausgesprochene Appell in dem Sinne:

Es ist der Verstand und die Ideenfähigkeit des Menschen heute soweit heranentwickelt, daß durch sie, wenn recht gehandhabt, die Ergebnisse der Geistesforschung voll begriffen werden können. Auch schafft ein gesundes Verstehen
der spirituellen Ergebnisse die Grundlage für ein wirkliches Hineinschauen in
die geistige Welt. Denn so aufgenommen von einem Menschen beleben sie sich
in seinem Innern, und gemäß dem wie es sein Karma erlaubt, führt es ihn nicht
nur zum Verstehen, sondern auch auf den Weg, der hineinführt in das Erschauen.

So geht auch das Bemühen dieser Arbeit dahin, an Hand der Anleitungen,
wie sie in der Geisteswissenschaft durch Rudolf Steiner gegeben sind, ein solches
Verhältnis zu den Metallen in ihrer Gesamtheit wie auch im Einzelnen zu
finden, das dem Ziele dienen kann, im Hinblick auf die am Schlusse beigefügten
Krankengeschichten, für die Dr. Steiner selbst noch therapeutische Hinweise gegeben hat, auch die nötigen Ausgangsgrundlagen für das eigene Verständnis zu
vermitteln. Es stützt sich dieses Bemühen auf die aus der Geisteswissenschaft
erwachsene Einsicht: daß in unserem heutigen naturwissenschaftlichen Zeitalter
das ärztliche Wirken für seinen Standpunkt eine Naturwissenschaft benötigt,
die in den Erscheinungen der Natur und in der Materie wieder das darin sich
offenbarende Geistige erkennen und auch die pathologischen Erscheinungen
beim Menschen so verfolgen lernt, daß sich aus ihnen heraus der Zugang zu den
geistigen Zusammenhängen eröffnen kann.

Somit möchte nun die Arbeit allen den Ärzten gewidmet sein, die in ihrem
Wirken mit den anthroposophischen Impulsen verbunden sind. Daß sie jetzt
vorgelegt werden kann, dafür ist auch allen Ärzte-Freunden zu danken, die
durch ihr Interesse dazu ermutigt haben. Auch bedarf ja die Fertigstellung
einer solchen Arbeit noch mancherlei in ihrer Art auch wesentlicher Hilfen,
wofür den daran Anteil habenden an dieser Stelle in Dankbarkeit gedacht sein
möchte. Und insbesondere darf dabei noch hingewiesen werden, daß das der
Arbeit beigefügte Sachregister ein Beitrag von Dr. med. Sabine Sattler ist.

Ascona 1965   *Dr. med. Hilma Walter*

ALLGEMEINER TEIL

Die ersten anleitenden Hinweise für Ärzte und Medizin-Studierende hat Dr. Steiner in den Jahren 1920[3], 1921[4] und 1922[5] in Form von drei Kursen gegeben. Sie aber setzten für ein tieferes Verständnis die Kenntnis der geisteswissenschaftlich gegebenen Grundlagen von Welt- und Menschenerkenntnis voraus. Bereits in seiner „Philosophie der Freiheit"[7] hat Dr. Steiner als maßgebend für den wissenschaftlichen Erkenntnisweg dargelegt: „Wir können die Natur außer uns nur finden, wenn wir sie in uns erst erkennen. Das ihr Gleiche in unserem eigenen Innern wird uns der Führer sein." Es werden da die Wege gezeigt zur Erlangung dieser, dem heutigen Bewußtsein mangelnden Erkenntnisse. In seinen 1923 gegebenen Vorträgen „Der Mensch als Zusammenklang des schaffenden, bildenden und gestaltenden Weltenwortes" führt dann Dr. Steiner hinein in diese Erkenntnisse des lebendigen Ineinanderwirkens von Makrokosmos und Mikrokosmos und faßt sie zusammen in dem Spruch: „Willst du dich selber erkennen / Blicke in die Welt nach allen Seiten. / Willst du die Welt erkennen / Schaue in alle deine eigenen Tiefen."

Damit ergibt sich für die in dieser Arbeit gestellte Aufgabe schon die Frage: Wie stehen die Metalle in dieser Zweiheit von Zusammenhängen darinnen? Und auch dafür hat Dr. Steiner bereits in früheren Jahren Richtung weisende Darstellungen gegeben. Es waren die Vorträge: „Eine okkulte Physiologie"[8] und „Die geistigen Wesenheiten in den Himmelskörpern und Naturreichen"[9]. Von zwei Seiten stoßen wir in diesen Vortragsreihen im Laufe der Darstellung auf die 7 Hauptmetalle: in der „Okkulten Physiologie" zunächst auf ihre Beziehung zu den 7 Organen des inneren und unteren Menschen in ihrem Verhältnis zu den Planeten unseres Sonnensystems, zuletzt auch noch auf Hinweise über ihre Beziehungen zum oberen und äußeren Menschen. Hingegen aus den Darstellungen der Vorträge „Die geistigen Wesenheiten in den Himmelskörpern und Naturreichen" ergeben sich ihre Zugehörigkeiten zu den entsprechenden Planeten im Hinblick auf deren Entstehungsgeschichte in Zusammenhang mit der Entwicklungsgeschichte unserer Erde. Die Wege, die dabei in diesen zwei Vortragsreihen eingeschlagen werden, sind verschieden. Sie begegnen sich aber da, wo sie einmünden in den Sinn der Entwicklung einerseits des Menschen, andererseits der Menschheit. Der eine Weg führt sozusagen vom äußeren Standpunkt nach innen und von da nach oben, hin zu dem Zentralgeschehen im Inneren des Menschen; der andere nach außen, hinaus in den Kosmos und von da zu dem zentralen Inneren. Beide ergänzen sich auf diese Weise und geben so erst im Hinblick auf das Leben des Menschen auf Erden den vollen Einblick in den Sinn des Lebens. Und da es sich in Krankheitsfällen um Schwierigkeiten handelt auf dem Wege hin zu dem Sinn des Lebens, und nachdem in dieser Arbeit die Aufgabe gestellt ist, das Verständnis zu entwickeln für den Anteil, den die Metalle im Dienste des Heilens haben können, soll hier auch als Grundlage für ein solches Verständnis eine kurze Skizzierung der in den beiden genannten Vortragsreihen vorgezeichneten Erkenntniswege als Ausgang für die weiteren Ausführungen dienen.

Die Vorträge „Eine okkulte Physiologie"[8]: Sie gehen aus von der Zweiheit der Menschen-Natur. Sie ergibt sich schon, ob wir hinschauen auf die Unterschiede von Gehirn und Rückenmark, auf die von Außenskelett am Kopf und Innenskelett der Gliedmaßen, vom Zentralnervensystem und dem sympathischen Nervensystem, oder auf den Blutkreislauf. Es wird daraus entwickelt, wie wir beim Erfassen der Vorgänge im Innersten der Menschennatur es auch weiterhin immer mit einer auf Polarität beruhenden Zweiheit zu tun haben. Wir werden auf diese Weise bis zu der Einsicht geführt: daß wir gegenüber dem im Erdenleibe lebenden Menschen den übersinnlichen, unsichtbaren Menschen zu unterscheiden haben; wie der ganze sichtbare, sinnliche Mensch ein Abbild des Menschen ist, der in der geistigen Welt wurzelt und lebt, und wie dieser äußere sinnliche Mensch gleich dem Sonnensystem im Weltall ein inneres Weltsystem in sich birgt. Wir werden dann hingewiesen auf eine weitere Zweiheit im Menschen. Sie beruht darauf, daß die Welt sowohl von außerhalb, wie auch von innen her wirkt und sich beide Male eines Nervensystems als Werkzeug bedient, während in die Mitte zwischen Außenwelt und Innenwelt sich das Blutsystem hineinstellt, das von diesen zwei Seiten her gleich einer Tafel sozusagen beschrieben wird. Und in Anknüpfung an diese Tatsache werden die zwei möglichen Erkenntniswege charakterisiert: der eine führt durch entsprechende Seelenübungen zur Loslösung der Nerventätigkeit von der Bluttätigkeit, zum sich Ergießen über die ganze Außenwelt, zum Loskommen und Freiwerden von sich selbst und zum Verbundensein mit dem „höheren Menschen". Der andere Weg ist der mystische Weg. Er sieht ab von dem, was die Außenwelt uns geben kann. Er hebt nicht heraus aus dem eigenen Ich, führt vielmehr durch Versenkung in das Ich zu einer Verstärkung der Ich-Empfindung. Das Blut als Werkzeug des Ich wird nicht abgezogen, sondern gerade mehr hingedrängt zum sympathischen Nervensystem und erhält da seine Eindrücke. Das führt zu einem hellsichtigen Erkenntnisvermögen für die innere Welt im Menschen. Es sind die Organe als inneres Weltsystem im Mikrokosmos des Menschen, umschlossen von dem äußeren, dem sogenannten ganzen Menschen und seiner Beziehung zum Makrokosmos.

Da entspricht im Wesen und Wirken des inneren Weltsystems des Menschen: die *Milz* dem *Saturn*, die *Leber* dem *Jupiter*, die *Galle* dem *Mars*, das *Herz* als *Zentralorgan* der *Sonne*, die *Lunge* dem *Merkur*, die *Niere* der *Venus*. Gleich dem *Saturn* als äußerstem Planet unseres Sonnensystems umschließt auch die *Milz* das innere Weltsystem im Menschen. So sondert auch sie den Organismus ab von der Welt, insofern sie die Nahrungsmittel für unseren Organismus enthält. Dabei isoliert sie, dem Wesen der Saturnkräfte entsprechend, nach innen den Blutkreislauf von allen äußeren Wirkungen, schaltet auch Unregelmäßigkeiten durch die Ernährung im Dienste der notwendigen Regelmäßigkeit des Blutrhythmus aus. *Milz, Leber, Galle* haben weiter die besondere Aufgabe, der Eigennatur, dem Eigenrhythmus der aufgenommenen Nahrungsmittel entgegenzuwirken, ehe sie in das Blut aufgenommen und von da aus der inneren Organisation angepaßt werden können. Aber es entspricht dem Wesen des „Saturnischen" doch nicht allein: daß aus einer Welt heraus irgend ein Wesen isoliert wird, um Regelmäßigkeit in sich selber entfalten zu können, sondern: alles was durch eine saturnische Wirkung verselbständigt wird, ist zugleich dazu verurteilt, sich selber wieder zu zerstören. Diese Einsicht liegt dem Mythos zugrunde, nach welchem Saturn-Kronos seine eigenen Kinder auch wieder ver-

Kronos

zehrt hat. Und wir können darin eine Erklärung dafür finden, daß die Milz der Ort ist, wo rote Blutkörperchen zugrunde gehen.

Es darf jedoch der menschliche Organismus als Organsystem nicht ein in sich vollkommen isoliertes Wesen bleiben, er muß sich auch wieder der Außenwelt gegenüber aufschließen. Das geschieht, indem das Blut durch die *Lunge* fließt. Da wird es durch den Sauerstoff der Luft aufgefrischt. Er aber kann direkt aufgenommen werden, muß nicht erst bekämpft werden. Während so von der einen Seite her das *Milz-Leber-Gallensystem,* von der anderen Seite her das *Lungensystem* sich entgegenwirken, berührt sich im Blute Außenwelt und Innenwelt. Wie positive und negative Elektrizität stoßen so zwei Weltenwirkungen im Menschen zusammen. Sie begegnen sich im Herzen. Jedoch in dieser Begegnung der außerhalb des Menschen liegenden mit der ganz im Inneren liegenden Gesetzmäßigkeit ist noch nicht die Harmonie dieser beiden Gesetzmäßigkeiten gegeben. Die muß der Mensch in sich selber herstellen. Und diesem Ausgleich dient das in dem ganzen Organismus eingeschaltete und in enger Verbindung mit dem Blutkreislauf stehende *Nieren-System.* Es gibt den Überschuß ab, der sich ergeben würde durch ein unharmonisches Zusammenwirken der beiden Systeme.

Das Blutsystem mit dem Herzen als Mittelpunkt, in der Mitte stehend zwischen Milz-Galle-Lebersystem auf der einen Seite, dem Lungen-Nierensystem auf der anderen Seite, *ist das Werkzeug des Ich.* Als solches setzt es als Grundlage voraus das Vorhandensein eines Astralleibes, Ätherleibes und physischen Leibes. Es selbst ist, von diesem Gesichtspunkte aus gesehen, das zuletzt Hinzugekommene, aber auch das Übergeordnete. Deshalb müssen auch die aufgenommenen Nahrungsmittel erst umgewandelt werden, damit sie diesem Werkzeug des Ich eingegliedert werden können. Die Luft hingegen kommt durch die Einatmung in unmittelbare Berührung mit dem lebendigen Werkzeug des Ich. Dazu kommt als Drittes noch, vermittels der Sinnesorgane, ein vergeistigter Atmungsprozeß. Da findet eine nicht-stoffliche Berührung statt. Sie vollzieht sich, wenn die Seele durch den Prozeß der Wahrnehmung zur Umwelt in Beziehung tritt.

Würde jedoch gegenüber der Nahrungsaufnahme, dem Sauerstoffstrom durch die Lunge, auch gegenüber der Aufnahme, die durch unsere Seelentätigkeit, z. B. in der Wahrnehmung bewirkt wird, nicht durch Organe Widerstand entgegengebracht werden, der menschliche Organismus würde sich nur erleben als angehörig der gesamten Welt. Erst durch die so stattfindenden *Absonderungsprozesse* wird der Mensch ein in sich abgeschlossenes Wesen und kann an dem Erleben des Widerstandes sein Inneres gewahr werden. Es geschieht: indem von der aufgenommenen Nahrung schon ein großer Teil abgesondert wird; dann auch durch die Abgabe der Kohlensäure, nachdem das Blut, durch die Lunge geschickt, sich durch die Aufnahme des Sauerstoffs erneuert hat; ferner vermittels der Absonderung durch die Nieren, auch durch die der Haut. Auf diese Weise kann insbesondere auch das Blut das Organ des menschlichen Ich sein, das den Menschen in sich erlebbar macht. Dadurch aber, daß das Blut sich immerfort durch Aufnahme des Sauerstoffs auffrischt, auch in sich selber Veränderungen erlebt und als ein anderes wieder zurückkehrt, besitzt der Mensch nicht nur das Ich, sondern es wird für ihn erlebbar durch das Blut als seinem physischen Werkzeug.

9

Demgegenüber ist nach der Peripherie die *Haut* das Organ, das zur *Menschenform* gehört, durch das sich der menschliche Organismus an seiner Form erleben kann. Ihre eigenartige Formung ist der Ausdruck für die innerste Kraft des Menschen. Da paßt sich die gesamte innere Wesenheit der menschlichen Gestalt an, und es schließen sich in der Hautbildung die formenden Kräfte ab. Dies vollzieht sich noch nicht im Bereich der vom Bewußtsein umspannten Tätigkeit. Doch hängt die *Gestalt* des Menschen zusammen mit seiner geistigen Betätigung und mit seinem seelischen Leben. Sie kommt zustande durch Kräfte, die von einer anderen Seite entgegenkommen den Kräften, die der Mensch innerhalb seiner Gestalt entwickelt. Das sind die Intelligenz-, Gefühls- und Willenskräfte. Sie kann der Mensch auch nur entwickeln unter der Voraussetzung seiner besonderen Gestalt. Ihr gegenüber haben wir es von seiten des inneren Weltsystems ebenfalls mit einer im Inneren sich abschließenden Tätigkeit zu tun, doch nicht mit einem vollständigen Abschluß und nicht mit Formkräften, vielmehr mit einer Umwandlung der äußeren Regsamkeit der aufgenommenen Stoffe durch die Organe. Denn es handelt sich in bezug auf die *Organe des inneren Weltsystems* um *Bewegungskräfte*. — Was da aber von außen her in den menschlichen Organismus hineinwirkt, indem auf der einen Seite Kräfte wirken, die Form geben, auf der anderen Seite solche, die die Regsamkeit und Bewegung der Stoffe in den Organen des inneren Weltsystems umändern, sind Vorgänge, die noch unterhalb unseres Bewußtseinshorizontes vor sich gehen.

Daß dies so ist und diese Vorgänge das Bewußtsein nicht beeinflussen, ist die *Aufgabe des sympathischen Nervensystems gegenüber dem Gehirn-Rückenmark-Nervensystem.* Das letztere nimmt normalerweise die äußeren Eindrücke in solche physischen Vorgänge auf, die sich in das Blut als Werkzeug des Ich einschreiben. Hingegen ist das sympathische Nervensystem dem inneren Weltsystem vorgelagert und hält die Vorgänge desselben gleichsam vom Blute zurück, damit nicht wahrgenommen wird, was da im Verlauf der Umwandlung der Nahrungsstoffe vor sich geht. Ist hier aber das gegenseitige Verhältnis gestört, dann macht sich das geltend. Unregelmäßige Tätigkeit der Verdauungsorgane bewirkt unbehagliche Gefühle durch Hereinstrahlen der Vorgänge des inneren Weltsystems in das Bewußtsein. Oder es dringen von der anderen Seite starke Affekte, wie Zorn, Wut und dergl., die nur im Bewußtsein ihren Ursprung haben, in den menschlichen Organismus ein und beschädigen die unter dem Bewußtsein vor sich gehende Verdauungstätigkeit, das Atmungssystem und die Blutzirkulation. In dieser Weise aufgefaßt ist der menschliche physische Organismus ein solches System von Kräften, das durch sich selbst so bestimmt ist, daß es sich genau den Formumriß gibt, der in der Gestaltung der Haut gleichsam der bildhafte Ausdruck für die gesamte Wirksamkeit des Kräftesystems im Organismus ist. So ist auch in der Haut der ganze Mensch zu finden, d. i. alles, was zur Gesamtorganisation des Menschen gehört: das Blutsystem als Ausdruck des Ich; das Nervensystem als Ausdruck der Bewußtseinsvorgänge, d. i. des Astralleibes; das Drüsensystem als Ausdruck des Ätherleibes; der eigentliche Ernährungs-Umlagerungsprozeß als Ausdruck des physischen Leibes.

Als solche stellen diese *4 Systeme der menschlichen Organisation* ein Ganzes dar, und zwar von zwei Seiten her. Innerhalb unseres Erdendaseins ist *diese Gesamtorganisation das Werkzeug des Ich.* Das setzt voraus, daß die übrigen Systeme ihr die Grundlage bieten. Diese entsprechen auch früheren Entwicklungsphasen, während das Blut erst im jetzigen Erdenzustand hinzugekommen ist. Es müssen das Nervensystem, das Drüsensystem und das Ernährungssystem genau vorbereitet sein, um ein Blutsystem im Sinne des menschlichen Systems aufnehmen zu können. — Andererseits muß beim Ernährungssystem als Ausdruck des physischen Leibes das Ich schon veranlagt sein, damit die ganze Ernährung in der Weise durch den Organismus geleitet wird, daß das Blut sich zuletzt in seinen richtigen Bahnen bewegen kann. Das heißt: Die Kraftsysteme, angefangen vom Ernährungssystem, müssen im menschlichen Organismus so wirken, daß sie das Ernährungsmaterial an die betreffenden Orte hintragen, aber es auch zugleich so gestalten, daß dadurch das Blutsystem seinen Verlauf einhalten kann, durch die es der Ausdruck der Ich-Tätigkeit und zwar der bewußten Ich-Tätigkeit werden kann; während die ihm zugrunde liegenden, den Organismus aufbauenden und formenden Prozesse ganz in unbewußten Tiefen sich vollziehen.

Auf diese Weise stellt sich *das menschliche Blut* auch als das beweglichste der 4 Systeme unserer physischen Leibesorganisation dar. Es ist das am leichtesten bestimmbare und kann in einer fest bestimmbaren Weise den Erlebnissen des Ich folgen. Hingegen ist *das Nervensystem* schon etwas verhältnismäßig Festes. Sein Material ist schon bestimmt, kann nicht mehr wie das Blut von einem zum anderen Ort getragen werden. Es dient nur den Bewußtseinskräften, indem diese entlang der Nervenbahnen wirken. Noch bestimmter ist *das Drüsensystem*. Es hat Drüsen für einen ganz bestimmten Zweck und sie müssen an dem Orte angeregt werden, wo sie sind. Am ausgesprochensten aber ist der Verfestigungsprozeß und dieses Bestimmtsein im *Ernährungssystem,* also dort, wo sich der Mensch die Stoffe eingliedert, um ein physisch-sinnliches Wesen zu sein. Doch muß auch durch die Stoffgliederung eine völlige Vorbereitung für das Werkzeug des Ich und für die anderen Werkzeuge gegeben sein. Es müssen nicht nur die Ernährungsstoffe in der verschiedensten Weise transportiert werden, es muß vielmehr auch der äußeren Form Rechnung getragen werden. Wir haben so *einerseits diejenigen Ernährungsprozesse, die die Haut zu einem physischen System machen.* Durch sie allein hätte der Mensch wohl seine Formbegrenzung, nicht aber die notwendige innere Stütze, um sich in der aufrechten Form zu halten. Als solche entsprechen diese Ernährungsprozesse auch einer jüngeren Stufe. *Andererseits* haben wir *diejenigen Ernährungsprozesse, die vor sich gehen in dem Knorpel und den Knochen.* Sie sind gegenüber der Hauternährung umgewandelte Ernährungsprozesse. Was wir zuletzt als einen Hautbildungsprozeß sehen, führt auf einer späteren Stufe umgewandelt zu dem Ernährungsprozeß, der zur Knorpel-Knochenbildung führt.

Damit erweist sich im Hinblick auf das Ernährungssystem *das Knochensystem* als *ein letzter Abschluß* der menschlichen physischen Organisation. Hingegen beginnt auf der heutigen Stufe des Daseins *mit dem Blutsystem* in der physischen Organisation *ein Neu-Anfang.* Es ist das beweglichste Element, das bis zu einem gewissen Grade jeder inneren Regung des Ich folgt. Auf diese Weise dient das pulsierende Blut unserem Leben. Dabei ist es als Werkzeug des Ich jedoch abhängig von den Prozessen des einzelmenschlichen inneren Erlebens. Furcht, Scham, auch jede Leidenschaft, jeder Trieb und Affekt finden darin ihren Ausdruck. So daß bei Störungen im Blutsystem das Hauptaugenmerk weniger auf die Ernährung zu richten ist. Da müßte schon eine ganz wesentliche Erkrankung des Organismus vorliegen. — Gegenüber der Tatsache aber, daß das regsame Element des Blutes bestimmt ist von dem Ich dieser Inkarnation, und die Knochen sich diesem Einfluß schon entzogen haben, sind doch auch wieder die Schädel- und Gesichtsknochen insofern dem menschlichen Ich entsprechend, als dieses, gemäß seiner Erlebnisse in einer vorigen Inkarnation, Kräfte in der Zeit zwischen Tod und neuer Geburt entwickelt, die die Schädelform der neuen Inkarnation bestimmen; während im übrigen Skelett etwas Allgemein-Menschliches zum Ausdruck kommt. *Das Blut als Werkzeug des bewußten Ich ist nun auch zugleich das innerste Zentral-Organ des Menschen.* Als solches ist es im Inneren des menschlichen Organismus *behütet von äußeren Einflüssen.* Seine Blutwärme wird gegenüber den äußeren Wärmeverhältnissen durch eine innere Gesetzmäßigkeit reguliert. Auch erhält das Blut auf dem Wege des Ernährungsvorganges zu seinem Unterhalt die sublimierteste, d. h. aller eigenen Regsamkeiten entkleidete Substanz. Das sind Vorgänge, die von unten her aus der Region des Unterbewußten wirken. *Auf der anderen Seite aber steht es unter dem Einfluß des bewußten Lebens.* Da ist es vermittels der Atmung und der mehr verfeinerten Sinnes-Atmungsvorgänge mit der äußeren Sinneswelt verbunden. *Damit in Zusammenhang spielen sich* von der Bewußtseinsseite her noch *physisch-chemische Prozesse ab. Das sind Erwärmungs-, Quellungs- und Salzbildungsprozesse als physische Korrelate für die im Blute sich auswirkenden Willens-, Gefühls- und Denkvorgänge. Der Salzbildungsprozeß aber ist die Grundlage für den Denkprozeß.* Es ist dies gegenüber dem Salzprozeß, wie er im Knochensystem seinen Ausdruck findet, nicht ein starrer, sondern ein immer wieder dem Vergehen und Entstehen unterworfener Prozeß. *So daß wir auch hinsichtlich des Menschen als denkendem Wesen zwei entgegengesetzte Pole haben. Von der einen Seite wird er durch die Eingliederung des Knochensystems unbewußt zum Denker gemacht; von der anderen Seite her bewußt.* Indem der Mensch scharf umrissene Gedanken bilden kann, vollziehen sich in ihm bewußte Prozesse nach dem Muster der Knochenaufbauprozesse. Doch sind dies innerlich regsame Prozesse. Die so gebildeten Salze müssen im Schlaf, wenn er erholsam sein soll, jeweils wieder aufgelöst werden.

Zwischen diesen beiden Polen der Salzbildung spielen sich alle Prozesse ab, die im menschlichen Organismus mitten drinnen liegen. Da haben wir das innere Weltsystem mit seinen verschiedenen Organsystemen. Wie das Knochensystem alles vorbildet, was wir unser Ich nennen, so das innere Weltsystem, was wir unseren astralischen Leib nennen. Nicht ein bewußtes Seelenleben, sondern ein „kosmisch Astrales" drückt sich da im Unterbewußtsein aus. Doch sind diese Prozesse nicht mehr so ganz dem Bewußtsein entzogen, wie es die Vorgänge im Knochensystem sind. Sie können über das Niveau des Bewußtseins heraufwirken gleich Wellen, die von unten her an die Oberfläche kommen. Und wenn auch nicht vom vollbewußten Leben durchdrungen, so enthalten diese Organe schon etwas, was unserem Seelenleben entgegenwächst, wie unser Knochensystem entgegenwächst dem Ich-Leben. Es haben so die Quellungsprozesse als physische Grundlage für das Fühlen noch eine andere Seite und nehmen durch alle Organe teil an einem solchen unbewußten Quellen; als nächstes schon, wenn im Knochenbildungsprozeß der „Knochenleim" dem Knochensalze beigefügt ist. — Ebenso gibt es außer den inneren Erwärmungs-Verbrennungsprozessen als Ausdruck der Willensimpulsprozesse, die sich über die ganze Organisation finden, solche, die, der anderen Seite unserer Organisation angehörend, von dem unterbewußten Leben Einfluß erhalten. *So durchdringen*

12

sich im menschlichen Organismus: physiologische Vorgänge wie Salzbildungs-, Quellungs- und Wärmebildungsprozesse, die als Folge des bewußten Lebens im Feineren sich abspielen, und solche Prozesse, die hereinragen aus dem Kosmos und außerhalb des bewußten Lebens im Gröberen sich abspielen, um vorbereitend die dem Bewußtsein zugeordneten Prozesse zu ermöglichen. Der eine Prozeß spielt in den anderen hinein. *Auch spielen sie sich ab und werden angeregt in allen Organsystemen.*

Das feinste unter diesen Organsystemen aber ist das menschliche Blutsystem. Es erhält zu seinem Unterhalt die durchgesiebtesten Substanzen, so daß es seine Prozesse unabhängig von der Außenwelt vollziehen kann. Auch wenn es sich als Träger des bewußten Ichs zuwendet den Erlebnissen des bewußten Seelenlebens, müssen diese sich verwandeln, bis sie das Blut so erreichen, daß sie in ihm zum Ausdruck werden für die äußere, den Menschen umgebende physisch-sinnliche Welt. Das ganze Seelenleben, insofern es bewußtes Ich-Leben ist, und was von den Eindrücken der physisch-sinnlichen Welt zu Gedanken führt, zu Gefühlen entflammt und zu Willensimpulsen anregt, muß im Blute seinen Ausdruck finden. *Unregelmäßigkeiten in diesem Blutprozeß müssen deshalb auch in höherem Maße Unregelmäßigkeiten im gesamten Organismus zur Folge haben. Dabei kann eine Unregelmäßigkeit herrühren von den Organen des inneren Weltsystems.* Normalerweise sind sie die Vermittler zwischen den Ernährungsstoffen hin zum Blutsystem. Und indem das Blutsystem als denkerisches System zu einer Tätigkeit wird, die zusammenhängt mit unserem Gefühlsleben, wird es in dem inneren sich Verdichten und dem inneren Quellen unterstützt von dem, was heraufstrahlt aus dem inneren Weltsystem. Dabei verwandeln sich die Eigenregsamkeiten der Ernährungsstoffe in innere Regsamkeiten, versorgen mit den in dieser Weise umgewandelten Stoffen den menschlichen Organismus und ermöglichen es, daß der Mensch sich auch wieder nach außen aufschließt; und was der Mensch entwickelt als eine zu starke innere Regsamkeit, die nicht in Harmonie stehen würde mit der von außen hereindringenden Regsamkeit, wird zugleich auch wieder ausgeglichen mit der äußeren Regsamkeit, und das Zuviel wird abgestoßen in den Lungen-Nieren-Absonderungsprozessen. Auf diese Weise findet in diesem inneren Weltsystem normalerweise eine vollständige, regelmäßige Regulierung statt. Entsprechend dem, wie im Planetensystem die Sonne sich stellt zu Saturn, Jupiter, Mars, so stellt sich auch die innere Sonne als das Herz im menschlichen Organismus zu Saturn-Milz, Jupiter-Leber und Mars-Galle. Und die Vorgänge, die sich abspielen zwischen der Sonne und den unteren Planeten bis zur Erde herein, haben ihr Entsprechendes in dem Verhältnis von Herz-Sonne zu den Lungen in ihrer Zuordnung zu Merkur und zu den Nieren in ihren Beziehungen zur Venus.

Es treten jedoch Unregelmäßigkeiten auf, wenn diese Organe der inneren astralischen Welt nach Art ihrer Fähigkeiten eine zu große Regsamkeit entfalten, das heißt sich nicht einordnen den der Menschenform dienenden Kraftsystemen und ihren Rahmen überschreiten. *Dann gilt es diese zu dämpfen.* Wir führen dann aus der Umwelt zu, was die entgegengesetzte Regsamkeit hat. Das sind *die entsprechenden Metalle.* So können wir *der Leber* als innerem *Jupiter* entgegenwirken, indem wir ihm jene äußere Regsamkeit gegenübersetzen, die in der Metallsubstanz des Zinn zum Ausdruck kommt; ebenso der inneren Regsamkeit der *Galle* als dem inneren Mars das *Eisen;* der der *Milz* als innerem Saturn das *Blei;* der des *Herzens* als innerer Sonne das *Gold;* der der *Lunge* als innerem Merkur das *Quecksilber-Merkur; der der Nieren* als innere Venus das *Kupfer.* — Und berücksichtigen wir weiterhin, daß der Mensch nicht kopflos ist, sondern gleichzeitig mit den anderen Organen noch ein Gehirn und Rückenmark ausbildet und so zwei Blutkreisläufe hat, der eine nach unten, der andere nach oben gehend; ebenso ein Hinaufwirken des Lymphsystems nach dem Haupt und damit auch ein, der oberen Partie des menschlichen Organismus zugeteiltes, dumpfes Bewußtsein: dann ergibt sich auch eine Entsprechung zwischen dem, was dem unteren und oberen Blutstrom eingegliedert ist. Was als Organ höherer Menschenorganisation in der *Lunge* sich aufschließt zum *Kehlkopf, entspricht* dem, was als ein dumpfes Organ in *der Galle* herunter wirkt *als Mars-Eisen-System.* Ebenso entspricht der obere Teil des Kopfes mit der Gehirnbildung, d. i. *das Vorderhaupt, im unteren Kreislauf der Leber als Jupiter und damit dem Zinn; das Hinterhaupt der Milz als Saturn und damit dem Blei.*

Diese Möglichkeit, durch die entsprechenden Metalle auf die zu starke innere Regsamkeit der Organe des inneren Weltsystems dämpfend zu wirken, ist im Zusammenhang zu sehen mit ihrer Eigenschaft: daß sie bei einem gewissen Grad von Erhitzen in eine Art von Metalldampf übergehen, in dem wie kleine rauchförmige Kügelchen wirken. So wirken sie auf das, was im Inneren der Organe ist. Das sind Quellungsprozesse als die physische Wirkung der Gefühlsprozesse. — Mit einer eigensinnigen inneren Regsamkeit des Ätherleibes haben wir es jedoch zu tun bei einem Überhandnehmen der Verdauungstätigkeit da, wo der Ätherleib den Ernährungsstrom ergreift. Die Folge ist ein zu starkes Aufsaugen des Salzes. Dem wirkt entgegen die äußere Wirksamkeit des Salzes. Da wirken wir auf das Blutsystem und den ihm zugehörigen Salzprozeß als physische Grundlage des Denkens, indem wir das Salz entweder von außen zuführen durch salzhaltige Luft oder als Salzbad, aber auch, wenn wir von seiten des Verdauungsprozesses zuführen, was Salz ist oder Salz bildet. — Wir können es weiterhin auch mit Vorgängen zu tun haben, die eine zu starke Regsamkeit in der Wärme entwickeln als Ausdruck der Willensentfaltung. Dann wirken wir mit äußeren Wirksamkeiten entgegen, die sich äußerlich abspielen als Verbrennungs-Oxydationsprozesse, durch Stoffe, die sich leicht mit Sauerstoff verbinden. Damit bringen wir zur Wirkung, was den ganzen Organismus nun bis ins Blut durchstrahlt; während wir durch Salze nur bis zu einem gewissen Grade dem Inneren beikommen und durch die Metalle bis ins innere Weltsystem hinein wirken. —

Dahinter steht als Tatsache, daß die Erdenentwicklung, die begonnen hat mit dem Wärmezustand des alten Saturn, uns Menschen das Knochensystem als dichtesten Vererdigungsprozeß einverleibt hat, das Blutsystem aber als den regsamsten Prozeß erst um den Beginn unseres 4. Erdenzustandes; und daß alle Vorgänge, die auf der Erde im äußeren physischen Organismus, insofern er sichtbar ist, sich vollziehen, hinaufdrängen zu den Vorgängen im Blut. Da im Blute haben wir Erwärmungsvorgänge als den unmittelbaren Ausdruck der Bluttätigkeit als Werkzeug des Ich. Sie sind zu oberst. Darunter liegen die anderen Prozesse des physischen Organismus. In sie greift unsere Ich-Seelentätigkeit ein. Was so von oben nach unten geht, greift durch den Erwärmungsprozeß in das Organische, in das Physiologische ein. Darauf beruht, was wir erleben können als Verwandlung unserer Seelentätigkeit in inneres Warmwerden. Da berührt sich im Wärmeprozeß Geistig-Seelisches mit dem Physiologischen, und es vollziehen sich im Wärmeprozeß Verwandlungen der Organsysteme in ihren Tätigkeiten. — Aber die Verwandlung, die sich unterhalb des Erwärmungsprozesses von unten nach oben bis zum Erwärmungsprozeß erstreckt, hört da nicht auf. Was der Organismus an innerer Wärme entwickelt und zuletzt zu einer Blüte aller andern Prozesse bringt, das dringt auch hinauf in das Geistig-Seelische; und wenn alles, was der Mensch durch die Tätigkeit seines Erdorganismus haben kann, nachdem es zur Wärme geworden ist, im rechten Sinne umgewandelt wird, wandelt es sich im Seelischen um in inneres „Mitgefühl", in Interesse für alle anderen Wesenheiten. Was so durch lebendiges Interesse aufgenommen wird, erweitert das Seelenleben über den Tod hinaus. Es wird, was in unserem Organismus zuletzt bis zur Blüte der Erwärmung uns gegeben ist, wenn wir es als Heizwärme verbraucht haben, das Material, um auf einer höheren Stufe den Weg zu finden, der zur Ewigkeit führt. Und wenn wir durch die verschiedensten Inkarnationen diese ganze Heizwärme in uns aufgenommen haben, dann wird auch die Erde ihr Ziel erreicht haben.

Was nun wesenhaft hinter all dem wirksam ist, was so die Einführungen in „Eine okkulte Physiologie" als Einblick in den Mikrokosmos vermitteln im Hinblick auf den inneren Menschen und den ihm seine Form gebenden äußeren Menschen, das vermitteln uns als Ergänzung *die Vorträge „Die geistigen Wesenheiten in den Himmelskörpern und Naturreichen"*[9]. Sie richten unseren Blick hinaus in die Welt, machen vertraut mit den in der Natur und in den Himmelskörpern sich offenbarenden übersinnlichen Welten. Der Weg führt über die Natur hinaus und hinein in die elementarische Welt, von da hinaus in den Bereich des geistigen Wirkens, das von jenseits der Planeten und der Sterne hereinwirkt auf die Erde. Er gewährt so letzten Endes einen geistigen Überblick über die Erde mit ihren verschiedenen Naturreichen auf der einen Seite, ihrer Zugehörigkeit zum Kosmos auf der anderen Seite, und wie sie als solche der Entwicklung der Menschheit dient. Wir lernen auf diesem Wege die Erde als einen Organismus kennen, an dem wir analog dem Menschen unterscheiden: einen physischen Leib, das ist unsere Sinnenwelt; einen ätherischen Leib, das ist die Welt der Naturgeister, die sich als Naturkräfte offenbaren; einen Astralleib, das sind die Geister der Umlaufzeiten, die alles, was sich auf Erden in rhythmischem Ablauf vollzieht, regeln; ein Ich, das als Einheitsgeist dem Ganzen die Form gibt und sich als der in der Natur waltende Sinn offenbart. Es ergeben sich weiterhin: die Naturgeister als Nachkommen der hohen Wesenheiten aus der dritten Hierarchie; die Gruppenseelen von Pflanzen und Tieren als Nachkommen der Wesenheiten der zweiten Hierarchie; die Geister der Umlaufzeiten als solche der ersten Hierarchie.

Darüber stehen die Wesenheiten höherer Ordnung. Sie haben nicht, wie der Mensch: einen physischen Leib, Ätherleib, Astralleib, Gemütsseele, Verstandesseele, Bewußtseinsseele, Geistselbst, Lebensgeist und Geistesmensch, sondern sie bedienen sich eines Geistes der Form auf ihrer untersten Stufe und ragen dementsprechend mit ihrem Wesen in noch höhere Sphären hinauf als der Mensch. Das sind die Planetengeister. Hier wiederum hat jeder Planetengeist: seinen eigenen Geist der Form, er bestimmt seine Form; auch einen eigenen Geist der Bewegung, er bestimmt seine innere Beweglichkeit und Regsamkeit. Beide aber haben ihren Sitz in der Sonne als Fixstern. Von da wirken sie nach den Planeten hin, jedoch ohne Einfluß auf den Fixstern. Denn auf diesen Fixstern Sonne wirken für seine eigene Entwicklung nur mit die Wesen von den Seraphimen bis zu den Wesen der Geister der Weisheit. So geht die Einflußsphäre der Fixsterne bis zu den Geistern der Weisheit, die der Planeten bis zu den Geistern der Form. Doch von dem Fixstern-Sonne aus wird bestimmt: das Planetenbewußtsein von den Geistern der Weisheit; der Bewegungsimpuls des Planeten, d. h. daß er sich als solcher bewegt, durch die Geister des Willens; ferner wird seine Bewegung im Plane des ganzen Planetensystems geregelt durch die Cherubime; und was von dem Planetensystem nach dem Nachbarsystem spricht, geschieht durch die Seraphime. So daß von den Seraphimen bis einschließlich herab zu den Geistern der Weisheit die Ergebnisse aller Arbeiten der Planeten, einschließlich der Erde, einheitlich sind; doch nicht mehr, was an Wirksamkeiten herrührt von den Geistern der Bewegung und den Geistern der Form.

Auf der anderen Seite entspricht es dem Wesen des Menschen, daß mit ihm verbunden ist: das Wirken der Erzengelwesen, die als Volksgeister auf der Erde wirken; auch das Wirken der Archai als Zeitgeister; die Engelwesen hingegen mit dem Menschen selber. Und wiederum: Was Mond ist, erweist sich als der Leichnam des Planetensystems. Doch dieser wird nicht, wie beim Menschen, beim Tode abgestreift, sondern er wird einer Wandlung unterworfen und bleibt mit seinem Organismus verbunden. Die Gesamtheit der Planeten stellt dar den lebendigen Leib des Planetensystems, von dem man die gleiche Impression erhält, als wenn man auf der Erde mit dem okkulten Blick die verschiedenen tierischen Formen auf sich wirken läßt. Die Sonne als Fixstern erweist sich als das Zentrum des Planetensystems. Von da strahlt dessen Ätherleib aus. Ihm gegenüber bekommt man die Impression, die eine Ähnlichkeit hat mit den Eindrücken gegenüber der Pflanzenwelt und dem Ätherleib der Pflanzen. Da geht ein fortwährender Strom ätherischen Lebens von dem Fixstern aus zum äußersten Rande des Planetensystems und fließt wiederum zurück. Wir haben es dabei, wie im lebendigen tierischen und pflanzlichen Leben, mit Lebenskräften zu tun, die so zentriert sind, wie das Leben der Tiere zentriert ist im Herzen; die in den Pflanzen durch ihre verschiedenen Organe die auf- und absteigende Säftebewegung regeln und bei ihrer sonstigen Verschiedenheit ihren Ausdruck finden in der Art der Blattspirale und im Hinstreben zu einem Mittelpunkt in der Blüten- und Fruchtknotenbildung. Und es liegen diesen Impressionen gegenüber dem Planetensystem geistige Realitäten zugrunde. Wir erhalten auch einen Einblick in diese geistigen Realitäten.

Auf diesem Wege werden wir auf der einen Seite hingewiesen auf die Unterschiede, die bestehen zwischen dem Menschen und den ihn umgebenden Naturreichen. Auf der anderen Seite werden wir eingeführt in die entsprechenden geistigen Zusammenhänge. Dabei ergibt sich: Nur der Mensch besitzt auf Erden einen physischen Leib, Ätherleib, Astralleib und ein Ich; das Tier nur einen physischen Leib, Ätherleib und Astralleib; die Pflanze nur einen physischen Leib und Ätherleib; die Mineralien nur einen physischen Leib. Doch was für Tier, Pflanze und Mineral auf Erden nicht vorhanden ist, wir finden es übersinnlich, von den geistigen Welten her wirkend, mit ihnen verbunden. Von dieser Seite gesehen haben die verschiedenen Gruppen der Tiere ihr Gruppen-Ich. Dieses ist in der astralen Welt zu finden. Ebenda sind die Astralleiber der Pflanzen, ihre Gruppen-Iche hingegen in der nächst höheren, der unteren Geistwelt, dem unteren Devachan. Noch höher aber, erst in der oberen Geistwelt, dem oberen Devachan, befinden sich die Gruppen-Iche der Mineralien; deren Astralleiber aber darunter, zusammen mit den Gruppen-Ichen der Pflanzen, in der unteren Geistwelt; deren Ätherleib in der Astralwelt, wo auch der Astralleib der Pflanzen und die Gruppen-Iche der Tiere zu finden sind.

Des weiteren erfahren wir: Die Gruppen-Iche der Tiere sind Nachkommen der Geister der Bewegung, die ihren Wohnsitz auf den verschiedenen Planeten, also nicht auf der Sonne haben. So daß es im Grunde 7 Hauptgruppen von Tieren gibt, die aber durch verschiedene Stellungsmöglichkeiten zum Tierkreis sich entsprechend auch weiter differenzieren. Den Geistern der Bewegung selbst aber verdankt der Mensch während des alten Mondes die Anlage seines Astralleibes. Auch sind diese später auf der Erde weiter mit dem Menschen-Werdeprozeß so verbunden, daß sie die großen Kulturimpulse geben, in dem Sinne wie Merkur z. B. als der Inspirator der Kulturströmung, die durch den Buddhismus gewirkt hat. Daneben aber gibt es noch luziferische Geister der Bewegung. Sie haben sich den normalen Geistern entgegengestellt. Dadurch bewirken sie, von den verschiedenen Planeten her, auf der Erde das Entstehen von Menschengruppen. Diese spezifizieren sich in Rassen, während der Mensch so gedacht war im Weltenplan, daß *eine* Menschenform über die ganze Erde hin sich ausbreiten sollte.

Für die Pflanzen wiederum ergibt sich: Es wirken schon auf ihren Astralleib von den Planeten her Nachkommen der Geister der Bewegung. Diese bewirken, was wir äußerlich beobachten können in der Verschiedenheit der Pflanzen hinsichtlich ihrer Spiraltendenz im Ansatz der Blätter. Es geschieht dies zusammen mit den Gruppen-Ichen der Pflanzen. Deren Wirken hingegen ist ein einheitliches und läßt sich daran erkennen, daß die Pflanzenstengel sich einordnen in die Richtung zwischen der Sonne und dem Mittelpunkt der Erde. Denn es sind diese Gruppen-Iche Nachkommen der Geister der Weisheit, die, wie diese, von der Sonne aus und so auch in einheitlichem Sinne wirken. Dazu aber kommt noch das Wirken der Geister der Umlaufzeiten als Nachkommen der Wesenheiten der ersten Hierarchie. Sie wiederum bewirken, wenn der Kreislauf der Pflanzen abgeschlossen ist, die Verbindung der Bewegungskräfte, die von den Planeten herkommen und einmünden in die Bildung der Staubgefäße, mit den von der Sonne her einwirkenden Kräften, die im Fruchtknoten ihren Abschluß finden. — Die normalen Geister der Weisheit, mit ihrem Sitz auf der Sonne, waren es aber auch, durch die der Mensch auf der alten Sonne die Anlage seines Ätherleibes erhalten hat, und die nun auf der Erde der Menschheit diejenigen Impulse vermitteln, hinter denen verschiedene Kulturströmungen wirksam sind. Es geschieht, indem durch das Tor dieses, der Einheit dienenden, Sonnengeistes der Weisheit im Laufe der Kulturzeiträume hereingeleuchtet hat, was bezeichnet wurde in der Sprache der heiligen Rischis als Vishvakarman, in der des Zarathustra als Ahura Mazdao, in der ägyptischen Kultur als Osiris, seit dem vierten Kulturzeitraum als der Christus.

Weiter erfahren wir im Hinblick auf das *Mineralreich*: Physisch wahrnehmbar sind bei den Mineralien auf dem physischen Plan in der Hauptsache eigentlich nur ihre *Formen*. Sie werden bewirkt von Nachkommen der Geister der Form. Innerlich erfüllt aber sind diese Formen von *Substanz. Diese Substanzen* erscheinen äußerlich zunächst als erstorbene, tote Substanzen. Für den Weltenraum aber sind sie nicht tot, gehören vielmehr zu seinem Leben. *Es sind Ausscheidungen von ätherischen Kräften, von Lebensströmungen, die herabströmen von den einzelnen Planeten.* Sie stehen so in Zusammenhang mit den Geistern der Bewegung, entweder mit ihnen selbst oder ihren Nachkommen, und wirken von den Planeten des Planetensystems in ihrer Gesamtheit auf die Erde. So gibt es unter den Mineralien *fünf Hauptsubstanzen*, die in ihrem Ätherleib zusammenhängen mit entsprechenden Planeten des Planetensystems. *Diese sind: Das Blei*, als eine solche Grundsubstanz, die belebt ist vom *Saturn; das Zinn* entsprechend vom *Jupiter; das Eisen* vom *Mars; das Kupfer* von der *Venus; das Quecksilber* vom *Merkur.* Von deren ätherischem Leib, übergehend zum astralischen Leib, ist aufzusteigen zum Fixstern, zur Sonne, der Sphäre der Geister der Weisheit und dem, was zusammenhängt mit dieser Sphäre als die Nachkommen der Geister der Weisheit. Während so das Ätherische von den Planeten dirigiert wird, wird es von der Sonne und von jenen Kräften aus, die zur Sphäre der Geister der Weisheit gehören, hineingeschoben und zusammengeballt im Mineral oder Kristall. Das geschieht im Gegensatz zum Menschen. Denn bei diesem wird beim Abstieg in ein neues Erdendasein der Ätherleib vom Astralleib zusammengezogen.

Gold und Silber aber nehmen gegenüber den fünf Hauptsubstanzen eine besondere Stellung ein. Sie beruht darauf, daß wir das Gold auf der Erde nur dadurch haben, daß auch von der Sonne her, was ihr als Fixstern eigentlich nicht mehr entspricht, also in abnormer Weise, durch luziferische Geister der Weisheit ätherische Ströme auf die Erde wirken. Das Gleichgewicht war dadurch für das Mineralreich auf der Erde gestört und bedingte einen Ausgleich durch die weise Weltenführung. Dieser Ausgleich wurde bewirkt, indem andere Geister aus dem Bereiche der normal entwickelten Geister der Weisheit Verzicht leisten, von der Sonne aus zu wirken, sich mit der Erde verbanden und, nachdem der Mond aus der Erde herausgelöst worden war, auf diesem eine Planetenkolonie begründeten. Es geschah dies unter der Führung der Wesenheit, die wir als Jahve bezeichnen. Dadurch war erreicht, daß nun auch vom Monde aus, entgegengesetzt den in luziferischer Weise von der Sonne her kommenden Ätherströmungen, eine Ätherströmung auf die Erde wirkte. Es entstand damit die Substanz Silber. Die Goldkraft wurde dadurch abgeschwächt. So war für das Mineralreich der Erde das Gleichgewicht wieder hergestellt. Dem entsprach im Kosmos: Es war durch die Tat der luziferischen Geister der Weisheit die Sonne und damit auch alle Fixsterne, deren innerem Wesen es entspricht, nicht sichtbar zu sein, sichtbar geworden durch das von ihnen in luziferischer Weise ausstrahlende Licht. Der Mond aber trägt das geistige Licht in sich, scheint nicht nach außen, wirft vielmehr das äußere Sonnenlicht zurück und bewirkt so das Gleichgewicht gegenüber der Sonne. Das Leben auf der Erde wäre sonst zu schnell verlaufen.

Der Unterschied der Metalle als Hauptsubstanzen gegenüber den übrigen Mineralien als Nebensubstanzen aber ist: Das Wirken des Astralleibes der Metalle geht aus von der einheitlich wirkenden Sonne als Fixstern. Damit ordnen sie sich ein dem Wirken des Sonnengeistes. Die sogenannten mineralischen Nebensubstanzen verdanken hingegen ihr Dasein auf Erden den verschiedenen Konstellations-Möglichkeiten der Planeten zum Tierkreis und der Sonne, und wir haben es gegenüber den Metallen im Mineralreich mit Gruppen-Ichen zu tun. Diese sind außerhalb des Planetensystems zu suchen. Sie wirken von außen her aus der Sphäre der Throne, der Geister des Willens, herein in das Planetensystem, oder es sind Nachkommen der Geister des Willens. Normale Geister des Willens aber waren es, denen im Hinblick auf unsere Erdenentwickelung der alte Saturn sein Dasein verdankt und damit der Mensch die Anlage seines physischen Leibes. Sie opferten dafür von ihrer Wärmesubstanz und sind somit auch weiterhin mit der Entwicklung der Erde und der Menschheit verbunden. Als solche sind sie unsichtbar für uns. Sichtbar aber werden sie, wenn sie luziferischer Natur sind. Und diese luziferischen Geister des Willens sind solche, die stehen bleiben auf der Stufe der Throne, statt aufzurücken zur Stufe der Cherubime oder Seraphime. Wirken sie herein in das Planetensystem, dann gliedern sie sich leicht an das an, was in das Planetensystem hereinwirkt als kometarische und meteorische Wesenheit. Und das kann zur Folge haben, daß sich dem Kometen, der von außen kommt und das Planetensystem durchfährt, Mineralisches zugesellt, das dann, von der Erde angezogen, auf sie als *Meteorsteine* herunterfällt. Hingegen die Gruppenseelen der Mineralien, die dem Bereich der Geister des Willens angehören, wirken von den verschiedensten Seiten her strahlenförmig von außen nach innen. So daß durch das Zusammenwirken dessen, was für die Mineralien von den Planeten und ihren verschiedenen Konstellationen zur Sonne kommt, und was vom Weltenall aus der verschiedensten Richtung hereinströmt, nicht nur die Grundtypen vorhanden sind, sondern alle möglichen anders modifizierten Substanzen des mineralischen Reiches sich bilden.

Aber auch *unser heutiger Saturn*, als der äußerste Planet unseres Planetensystems und in seiner Beziehung zum alten Saturn, wird mitbewirkt von den äußeren Strömungen. Er hatte im früheren Zustande unserer Erdenentwicklung in seiner Bahn wie einen Kern und eine Art Kometenschweif. Dieser gab die verschiedensten Richtungen in den Raum hinaus an. Sie entsprachen den Strömungen, die, dirigiert von den Geistern des Willens, die Gruppenseelen der Mineralien sind. Doch später, als durch die Geister der anderen Hierarchien das Planetensystem in sich abgeschlossen wurde, hat sich der Schweif in sich zusammengezogen und formierte sich durch die Anziehung des Planetensystems zu einem geschlossenen Ring. Somit ist der Saturn innerhalb des Planetensystems der Planet, dem wir auf der Erde das Blei verdanken, indem er von seiner Mitte ausgehend ätherische Strömungen auf unsere Erde schickt. Damit zugleich aber strömen auch die Gruppenseelen der Mineralien herein. Auf sie wiederum übt die Sonne ihre Anziehung aus; denn von ihr strömt der astralische Leib des Minerals aus. Er strömt von der Sonne in den Raum hinaus. Vom Weltenraum herein strömt das Ich des Minerals. Und beide Strömungen bewirken gewissermaßen eine Befruchtung des Gruppen-Ichs mit dem astralischen Leib und dadurch erst das Zustandekommen des Minerals in seiner Vollständigkeit.

Sichtbar aber für das physische Auge wird der ganze Himmel mit seinem Fixstern Sonne, wie schon erwähnt, dadurch, daß sich in das Wirken der normalen Geister der Weisheit luziferische Geister der Weisheit hineinmischen und physisches Eigenlicht in die Fixsternwelten hineinbringen. Diese luziferischen Geister der Weisheit wurden zu Trägern dieses Lichtes, d. i. zu Luzifer, zu Phosphorus, indem von der Sonne aus in abnormer Weise ätherische Ströme auf die Erde ausgingen und das Gold in der Erde entstand; während es den Wesen der normalen Geister der Weisheit entspricht, nicht nach außen zu leuchten. Deshalb leuchtet auch der Mond von sich aus nicht. Denn wir haben es ja dem Opfer solcher normalen Geister der Weisheit und Jahve zu danken, daß einerseits auf der Erde das Silber als Gegengewicht zum Golde entstand

(s. S. 18), daß andererseits das vom Monde uns zurückgestrahlte Sonnenlicht, dessen Träger Luzifer, Phosphorus ist, uns offenbar wird, indem dieses Licht ausgeschlossen wird vom Monde und der Mond der Schauplatz ist, von dem aus ein Weisheitsgeist wirkt, der Luzifer bändigt.

Es muß aber auch Jahve wieder solange vom Mond her wirken, bis die Menschen so weit herangereift sind, zunächst wenigstens zu erahnen und zu empfinden, was dann im Verlaufe der Menschheitsentwicklung erkennend erschaut wird: daß von der Sonne her nicht nur das luziferische Licht kommt, sondern daß von da auch die Verbreitung dessen geschieht, wozu das Tor die Geister der Weisheit sind. Das ist das hinter dem physischen Lichte wirkende geistige Licht, dessen Träger der Christus ist als der wahre Luzifer, der verus luciferus. Er ist so das Licht auf dem Wege zu Erkenntnissen, die wieder Einblick gewähren in die geistigen Zusammenhänge im Hinblick auf die Himmelskörper und die uns auf Erden umgebenden Naturreiche. Zugleich sind es Erkenntnisse, die ihrem Wesen nach die Menschen auch wieder vereinen, statt entzweien, weil sie sich als gemeinsame Erkenntnisse ergeben. Damit wird auch in den Herzen die moralische Kraft geweckt, die wieder befreien kann von allen Einflüssen, die hereinspielen in unsere egoistischen Triebe, welche die Ursache aller Erdenkämpfe und Erdenkleinlichkeiten sind. Und insofern der Mensch in diesem Sinne sich bemüht, trägt er durch sein geistiges Leben den Himmel in die Angelegenheiten der Erde hinein. Er dient damit dem Einheitsgeist, der sowohl am Ausgangspunkt wie auch am Ende der Kulturentwicklung wirkt.

Ein Bemühen um diese Einsichten, die Dr. Steiner in den hiermit skizziert wiedergegebenen Vortragsreihen vermittelt hat, wird in ihrer Zusammenschau in unserer Seele ein Bild des Menschen erstehen lassen mit solchen Einsichten in das Wesen und Wirken der Metalle, die so grundlegend und zugleich umfassend sind, wie wir es benötigen werden, wenn wir mit einer Metalltherapie vertraut werden wollen, die dem Menschen im Krankheitsfalle sinnvoll dienen soll. Wir erhalten damit auch die Möglichkeit, auf einem umfassenden Hintergrunde verstehen zu lernen, was Dr. Steiner in den später folgenden medizinischen Kursen, in noch mehr einführender Weise auch sonst durch Vorträge in dieser Hinsicht an Hinweisen und Ausführungen gegeben hat.

Da können wir zunächst anknüpfen an den Hinweis[3] von dem *Gegensatz des Salzartigen und des Phosphorigen in der äußeren Natur und dem zwischen ihnen vermittelnden Merkurialen.* Ausgehend von der Auster und ihrer Schale und dies in Beziehung gebracht zu dem, was der Mensch in sich als sein Denken entwickelt, wird dargelegt: wie das Salzartige sich so verhält, daß es sich hingibt an die Umgebung und in seinem Entstehungsprozeß sich befreit von den inneren Wirkungen der Imponderabilien, so daß diese ihm innerlich nicht mehr eignen; während die den Salzen entgegengesetzten Substanzen phosphoriger Natur die Wärme und dergleichen verinnerlichen und so zu ihrem Eigentum machen. Das dazwischen stehende Merkuriale hingegen gibt sich weder in starkem Maße hin an die Umgebung, wie es das Salzartige tut, noch verinnerlicht es in starkem Maße in sich Imponderabilien. So hält es die Waage zwischen dem Zerfließen des Salzigen und dem Zusammenhalten der Imponderabilien, indem es sich in Tropfenform ausleben will. Ein Repräsentant des Merkurialen ist das Quecksilber mit seinen Eigenschaften: mit Hilfe von Wärme flüssiger zu werden, zu verdampfen, dabei aber Tröpfchen zu bilden. Aber auch alle Metalle haben diese Eigenschaft (s. S. 14), sind also auch insgesamt merkuriale Wesen. Ebenso sind es die Organe in ihrer vermittelnden Aufgabe zwischen Außenwelt und Innenwelt. Ein im weitesten Sinne Entsprechendes haben wir auch im Menschen hinsichtlich seiner Gliederung in das Nerven-Sinneswesen einerseits, in das Stoffwechselwesen andererseits mit dem zwischen beiden vermittelnden Atmungs- und Zirkulationssystem. — Und wiederum in Beziehung zu diesen drei Tätigkeiten des Salzartigen, Phosphorigen und Merkurialen im menschlichen Organismus steht das Pflanzenwesen der Erde. Auch bei den Pflanzen besteht zwischen ihren verschiedenen Tendenzen des Wachstums eine gewisse Parallelität zu diesen drei Typen der Wirksamkeit in der außermenschlichen Natur. Die Blüten und Samen sind in gewisser Weise phosphorig. Was als Imponderabilien vom Kosmos der Erde zuströmt, wird in diesen Organen, wenn sie prädominieren, ebenso konserviert wie in der Phosphorsubstanz. Was die Pflanze andererseits entwickelt, indem sie die Erde als ihren Muttergrund betrachtet, ist innig verwandt der Salzbildung. Und zwischen beiden Tendenzen vollzieht sich vermittels der Blätter und Stengel ein Merkurialprozeß. So senkt die Pflanze ihre Wurzeln in die Erde, strebt mit ihrer Blüte von der Erde weg nach oben. Der Mensch dagegen wurzelt gewissermaßen nach oben, strebt mit seinen Befruchtungsorganen nach unten. Er hat gegenüber der Pflanze in seiner Stellung zum Kosmos eine Drehung von 180° vollzogen. Dabei hat, was bei der Pflanze in den Blättern usw. zum Ausdruck kommt, dort seine Bedeutung, wo es in der Zirkulation um den Ausgleich zwischen dem oberen und unteren Menschen geht.

Ein Nächstes sind *im Hinblick auf die Beziehungen des Menschen zur Pflanze die außertellurischen und tellurischen Prozesse,* auf die wir hingewiesen werden[3]. Bei der Pflanze ist ihr Wachstum vom Irdischen aufwärts in den Bildeprozeß der Blätter und auch der Blüten zurückzuführen auf die Einwirkung des Außertellurischen, in der Hauptsache auf die Einwirkung des scheinbaren Sonnenweges. Es geschieht in der Weise, daß mit der durch die Sonne bewirkten Bewegungen zu einer Resultierenden zusammenwirken die Sterne und zunächst die Planeten. Da sind es die Kräfte der äußeren Planeten Mars, Jupiter, Saturn mit ihren Spiralen, die dem entgegenwirken, daß die Sonnenkraft die Pflanze sich ganz aneignen und fortwährend ins Unendliche fortsetzen würde. Was sonst nur in der Blattspirale zum Ausdruck kommen würde, stauen sie zurück und bewirken die Blüten- und Samenbildung. Hingegen was vom Mond ausgeht und den untersonnigen Planeten Merkur, Venus, bewirkt in der Pflanze die Tendenz zur Erde und findet seinen wesentlichen Ausdruck in der Wurzel. Und der Samen, der aus Außerirdischem gebildet ist, wird wieder zurückversetzt in die Erde, womit ein neuer Kreislauf beginnt. Diese Erdenflora stellt somit eine Wechselwirkung der Erde selbst in ihrer Vollständigkeit mit dem Außerirdischen dar. Das gilt nicht allein in bezug auf die Gestalt, sondern auch für den inneren Chemismus und das ganze Organsystem. Wie das Erdenhafte durch das Kosmische im Mechanismus überwunden wird in der Gestalt, so auch bis zu einem gewissen Grade der Erdenchemismus der Pflanzen. Ist er aber bis zu einem gewissen Grade überwunden, dann muß er wieder zurückversetzt werden in das Irdische, um irdischen Chemismus darzustellen. Dieser drückt sich aus in dem, was aschenhaft ist, was ausfällt aus dem Lebendigen; während das Hinaufwachsen der Pflanzen ein Überwinden der Schwere und der anderen erdgebundenen Kräfte ist, indem das Licht es ist, das fortwährend die Schwere überwindet.

So ist die Pflanze gewissermaßen eingespannt in diesen Kampf zwischen Licht und Schwere. Das entspricht auch dem, wie Dr. Steiner, im Hinblick auf den Jahreslauf und die Atmung der Erde, die Pflanzenwelt charakterisiert als Ausdruck des Wechsels von Schlaf- und Wachzuständen der Erde. Es weist auch dies auf ein zugrunde liegendes merkuriales Geschehen hin. – Im Menschen ist das Entsprechende zu dem, was bei den Pflanzen materiell ist, nur funktionell, indem bei ihm das Blütenhafte nach unten wächst, das Einwurzelnde nach oben geht. Und was bei der Pflanze gesondert auftritt als die drei Bildungsimpulse des Salzigen, Merkurialen und Sulfurig-Phosphorigen, macht beim Menschen nur eine Seite seiner Organisation aus. Hier gilt für die unterbewußten vegetativen Vorgänge seiner Leibesnatur: Was in seinem Prozeß zur Salzbildung führt, überführt die inneren Vorgänge in die Schwere; durch die Lichtprozesse werden die Imponderabilien der Schwere entzogen; das Merkuriale stellt dar das fortwährende Gleichgewichtsuchen zwischen Schwere und Licht. Und diese Bildungsprozesse unterstützen wir mit Hilfe der Pflanzenheilmittel. Auch wenn wir Heilmittel anwenden nach homöopathischen Gesichtspunkten, wirken wir in diesem Sinne merkurial ausgleichend auf das gestörte Gleichgewichtsverhältnis.

Sehen wir dann aber weiterhin den *Gegensatz des Salzhaften, Phosphorigen und Merkurialen hineingestellt in den ganzen Kosmos*, so steht in diesem Gegensatz die ganze menschliche Herztätigkeit in folgender Weise darinnen[3]: Was sich in der Pflanze abspielt als das Zusammenwirken des Obersonnigen und Untersonnigen, findet einen Ausdruck in den Herzbewegungen. Damit ist *das Herz* des Menschen nicht nur *ein Organ*, das in seinem Organismus ist, sondern *das zum ganzen Weltenprozeß gehört*. Die Herzschläge sind nicht nur der Ausdruck dafür, was im Menschen vorgeht, sondern für jenen Kampf, der sich im Kosmos zwischen Licht und Schwere abspielt. Auf diese Weise ist der Mensch hineingestellt in den ganzen Kosmos. Darauf beruht auch die Übereinstimmung der Zahl seiner Atemzüge in 24 Stunden und die Zahl seiner Lebenstage während 72 Jahren mit dem platonischen Jahr, d. i. der Umlauf des Frühlingsaufgangspunktes der Sonne durch den Tierkreis, der 25 920 Jahre beträgt. Denn nur als geistig-seelisches Wesen ist er individualisiert. Im Hinblick auf diesen Weltenprozeß, der sich im Herzen spiegelt, ist wiederum das *Lichthafte* zu suchen *im Obersonnigen, dem Saturn-Jupiter-Marshaften*, das in der Pflanze im Zusammenhang steht mit der Blüten-Samenbildung. Es bewirkt gleicherweise, daß das Blut sich zu seiner Blüte entwickeln kann. *Das Venus-Merkur-Mondenhafte* überführt, wie es bei der Pflanze der Wurzelbildung dient, *die inneren Vorgänge in den Bereich der Schwere*. Ebenso stehen sich, von diesem Gesichtspunkt aus gesehen, dem Gegensatz von Licht und Schwerkraft, im Irdischen und Außerirdischen gegenüber: *das Blei-Zinn-Eisenhafte und das Kupfrige, Merkuriale und Silbrige*. Denn unter den irdischen Substanzen sind es die Metalle, die wir in Zusammenhang zu sehen haben mit den Kräften, die aus der Umgebung der Erde durch die Planeten auf die Erde wirken. So verdanken wir in der Erde: das *Blei* vorzugsweise der durch anderes nicht gestörten *Saturnwirkung; und das Zinn dementsprechend den Jupiterwirkungen; das Eisen im gleichen Sinne den Marswirkungen; das Kupfer den Venuswirkungen; das Quecksilber den Merkurwirkungen; das Silber den Mondenwirkungen.*

Um einen weiteren *Gleichgewichtszustand* geht es aber noch *in dem Gegensatz, der besteht zwischen dem Geistigen und Materiellen*[3]. Dabei kann das Materielle ponderabel und imponderabel sein: da muß in jedem Punkte des Materiellen dieses Gleichgewicht zwischen dem Geistigen und diesem Materiellen gehalten werden. *Im Weltenall ist es in erster Linie die Sonne, die diesen Gleichgewichtszustand bewirkt.* Sie ist da der Weltenkörper, der Ordnung hält im planetarischen System. Sie bewirkt aber auch die Ordnung unter den Kräften, die in das materielle System hereindringen; d. i. im Menschen, soweit wir es jetzt verstehen können, gegenüber der Atmung und der Blutzirkulation innerhalb seines rhythmischen Systems. Da in seinem rhythmischen System ist der Mensch mit den aus dem Umkreis der Erde wirkenden Sonnenkräften verbunden, die ihm im Verlauf von Atmung und Blutkreislauf zum Gleichgewicht zwischen den physisch-materiellen Vorgängen und den geistig-seelischen Vorgängen verhelfen. Dieses beobachten wir in dem Verhältnis von vier Pulsschlägen auf einen Atemzug. *Und es ist in dieser Hinsicht das Gold, das unter den Metallen in Zusammenhang steht mit diesen Sonnenkräften.* Aber es ist das Gold, das in älteren Zeiten nicht um seines ahrimanischen Wertes willen geschätzt wurde, sondern wegen seines Zusammenhanges mit dem Gleichgewicht zwischen Geist und Materie. In diesem Sinne entspricht es der Sonne als Fixstern.

In jedem einzelnen Punkte des Materiellen aber muß auch, wie gesagt, das Gleichgewicht zwischen dem Geistigen und diesem Materiellen gehalten werden[3]. Denn in der Natur ist immer in irgendeiner Weise vereinigt, was wir in Gedanken trennen, nämlich, was der Schwerkraft unterliegt, also zur Salzbildung neigt, was Lichtträger ist, und was dem Gleichgewicht zwischen beiden unterliegt. Diese Wirkungsweisen sind in der Natur so zusammengefügt, daß sie da sehr künstliche Gebäude bilden. Und *das künstlichste Gebäude darunter ist gerade auch wieder das Gold.* Das ist so, weil durch das Gold gewissermaßen rein in der äußeren Welt das Geistige hereinragt. Doch auch in jeder Substanz sind in irgendeiner Zusammenfügung die drei Prinzipien des Salzhaften, Merkurialen und Phosphorigen oder Sulfurigen vorhanden. Auch pflegte man in älteren Zeiten, je nach Bedarf, diese drei Prinzipien aus irgendeiner Substanz heraus zu bekommen. Unter den Metallen gelang dieses Heraustrennen, beim Golde jedoch sehr schwierig. Das Entsprechende im menschlichen Organismus wiederum ist, daß wir es da auch nicht mit isolierten Organen zu tun haben, sondern im Hinblick auf die drei Prinzipien jeweils mit einem Organsystem. Doch wie das Gold unter den Metallen, so hat auch das menschliche Herz unter den Organen eine übergeordnete Stellung gegenüber allen äußeren Einflüssen. Das entspricht seiner Beziehung zur Sonne als Fixstern unseres Planetensystemes.

Will man aber aus einer Natursubstanz, und so auch aus einem Metall, eines der drei Prinzipien heraussondern, dann gilt dafür ganz allgemein[3]: *Das Licht-und Feuertragende wird abgeschieden vermittels eines Verbrennungsprozesses; das Merkuriale kann ausgezogen werden mit irgend etwas Säureartigem, zurück bleibt dann das salzartige Heilmittel.* Dabei sind die Salze der verschiedenen Metalle verschieden. Als Salze aber sind sie irdisch, doch insofern sie aus verschiedenen Metallen hergeleitet sind, haben wir etwas Außerirdisches. *Was andererseits im Verlauf der Erdenentwicklung unsere Erde zustande bringt, sind gerade die Salze*[3, 4]. Auch sind sie es, die dem Menschen in seiner Entwicklung durch die Eingliederung seines Knochensystems und seines Salzprozesses im Blut sein Erdenmenschsein ermöglichen. Dafür genügt es allerdings dann nicht, mit der heutigen Wissenschaft nur zu sagen, Salze entstehen, wenn Basen und Säuren sich neutralisieren. Es kommt vielmehr noch in Betracht, wie sich dieses Dreifache von Säuren, Basen und Salzen im Menschen zu der ganzen Richtung seiner Organkräfte verhält[3]. Da hat das Basische die Tendenz, alle Wirkungen von vorn nach rückwärts zu unterstützen, so auch die, welche im Munde beginnen und in der Verdauung sich fortsetzen. Alle Säuren haben die Wirkungen mit der umgekehrten Richtung von rückwärts nach vorn. Man hat es da mit dem Gegensatz des Vornemenschen und des rückwärtigen Menschen zu tun. Dazu verhält sich das Salzhafte als senkrecht auf den beiden stehend. Das gilt auch für die Verwandtschaft des Salzhaften mit der Erde. *Es hat das Salzhafte die Tendenz zur Erde hin, das Basische und Säurehafte die Tendenz, im Kreise um die Erde herum zu laufen.* So sind es die Salze, die die Erde aufbauen. Gehen wir aber von den Salzen über zu den Säuren und sehen so z. B. was im wässrigen, flüssigen Erdbereich an säureartigem Flüssigen vorhanden ist, dann haben wir das polarisch Entgegengesetzte von dem, was sich im Menschen im innern Verdauungsprozeß jenseits des Magens vollzieht. Und betrachten wir auch wiederum die Vorgänge im Erdenwerden im Verhältnis zu dem, was wir äußerlich in der Chemie beobachten: *wir haben dann, wenn wir sehen wie sich der Prozeß entwickelt ausgehend von den Basen durch die Säuren zu den Salzen, einen Prozeß, der sich deckt mit dem erdbildenden Prozeß; es ist im wesentlichen ein negativ elektrischer Prozeß, ein Ablagerungsprozeß. Das Umgekehrte aber ist der Fall, wenn sich der Prozeß entwickelt ausgehend von den Salzen durch die Säuren zu den Basen. Da wird das Abgelagerte weggenommen, es entstehen entgegengesetzte Strahlen, und wir haben einen positiv elektrischen Prozeß vor uns.*

Mit einem Entwerde-Prozeß der Erde haben wir es auch wiederum zu tun im Hinblick auf die Metallprozesse, die eigentlichen Metalle[4]. Sie tendieren nicht dahin, sich immer mehr zu konsolidieren oder zu konservieren, sondern sich zu zersplittern, heraus zu splittern; das gilt in erster Linie im Hinblick auf die Bleiwirkung. Dadurch werden auch dem Menschen als Organismus diejenigen Kräfte eingepflanzt, die ihn in den Weltenraum hinaussplittern möchten. *Es ist eine strahlende Wirkung. Doch strahlen auch polarisch entgegengesetzte Wirkungen des Blei von der Peripherie herein auf die Erde.* So hat man es bei der Bleiwirkung mit einer außerordentlich verborgenen Naturgewalt zu tun. Als solche ist sie auch von ganz außerordentlicher Wichtigkeit für die menschliche Wesenheit[4]. Das gilt schon für die Zeit, bevor die menschliche Wesenheit sich anschickt, hinunter zu steigen in das physische Leben. Da haben es die Peripheriekräfte des Blei insbesondere zu tun mit der Bildung des Geistig-Seelischen im Menschen. Ihr Bereich muß verlassen sein, wenn der Mensch sich anschickt, in die irdische Sphäre hinunter zu steigen. Deshalb wird auch andererseits in der irdischen Sphäre das Blei aufgerufen zu seinen entgegengesetzten Kräften. Dabei besteht das ganz universelle Geheimnis, daß alles, was mit dem Geistig-Seelischen des Menschen räumlich in Zusammenhang steht, im menschlichen Organismus Gift ist, insofern man überhaupt sprechen kann in bezug auf den Raum. Wir haben es daher bei der Bleiwirkung mit einer starken Anspornung der Ich-anregenden Kräfte in der menschlichen Natur zu tun. Als solche tendiert auch die Bleivergiftung dahin, das Gebilde des Menschen, insofern er ein Mensch ist, zu entmenschen. Wohin diese führt, zeigen ihre Symptome. Damit in Zusammenhang können wir auch den Hinweis sehen, daß die Sklerose und auch das Ossifizieren ihre Gegenprozesse schon vor der Konzeption und Geburt haben. Das sind Zerstreuungs-Zerstäubungsprozesse. *Dabei sind die Sklerotisierung und die Ossifikation Schwingungen gegen eine Mittellage hin.* Greifen diese aber über, werden sie zu stark, dann hat man es mit Dispositionen zu tun, die der Karzinombildung zugrunde liegen. Auf Grund dieser Zusammenhänge und im Hinblick auf die Polarität des unteren und oberen Menschen besteht auch der Grundsatz zurecht: Was in großen Mengen im unteren Menschen krankmachend wirkt, wirkt in kleinen Mengen, wenn man es zur Wirkung bringt vom oberen Menschen aus, gesundmachend und umgekehrt.

Demnach werden durch die Bleiwirkung dem Menschen Kräfte eingepflanzt, die ihn in den Weltenraum hinaussplittern möchten[4]. Die Residuen dieser vorgeburtlichen Bleiwirkungen sind auch im menschlichen Organismus die Ausstrahlungen der Sinnesorgane. Diese Ausstrahlungen finden bei aller Sinnestätigkeit durch den ganzen Organismus statt. *Dabei beruht die Nerventätigkeit, also das Funktionelle in den Nerven, auf einer Abschwächung dieser Strahlung. Doch gibt es noch Metamorphosen dieser Strahlung.*

Eine dieser Metamorphosen ist, daß die Strahlung nur der Richtung nach festgehalten wird und man es mit einem Pendelndwerden der Bewegung zu tun hat. Das liegt funktionell zu Grunde allem Atmen und aller rhythmischen Tätigkeit überhaupt. Und unter den Metallen *entspricht* diese, gegenüber der strahlenden Bewegung mehr pendelnde, *oszillierende* Bewegung, *dem Zinn.* Darauf beruht auch, wenn in ziemlicher Hochpotenz verabreicht, seine wohltätige Wirkung auf alles, was das rhythmische System betrifft.

Eine weitere Modifikation der Strahlung hält sowohl die Richtung, wie das Pendeln latent und besteht in fortwährendem Bilden und Entbilden von Kugeln, die in der Richtung werden und entwerden. Diese Kräfte entwickelt unter den Metallen *das Eisen.* Es wirkt daher im Blute der Stoffwechselwirkung entgegen. Organisch ist es die Wirkung auf alles, was sich auf den Ätherleib bezieht. Was aber so vom oberen Menschen nach dem unteren Menschen wirkt und nur bis zum Ätherleib geht, muß in Empfang genommen werden. Die Kugel muß eingehüllt werden.

Dabei muß das Gleichgewicht gehalten werden zwischen dem Einhüllenden und dem die Kugel Bildenden. Das geschieht durch die *ausgleichende Wirkung des Goldes.* Wir verwenden das Gold deshalb dann, wenn Zirkulationsstörungen und Atmungsstörungen auftreten, für die sonst keine anderen Ursachen vorliegen.

Es können aber Zirkulationsstörungen vorliegen, weil dem mehr ätherischgeistigen Prozeß nicht genügend einhüllende Stoffprozesse entgegenkommen von seiten der Verdauung, die jenseits der Darmwände liegt, was mit Unterernährung einhergeht. Dann hat man den *Prozeß der Einhüllung,* der gefordert ist, *im Kupfer gegeben.*

Wird der Prozeß des pendelnden Oszillierens zu stark, dann kann es beobachtet werden in allem, was bei der Verdauung des Aufgenommenen diesseits der Darmwände liegt, auch in dem, was sich abspielt in der Sexualität, der Strahlungen aus dem Menschen entsprechen, für die der Merkurstab das Symbolum ist. Das wiederum kann *in Zaum gehalten werden durch die im Merkur wirkenden Bildungskräfte.* –

Ist der eigentliche Strahlungsprozeß, der auf der einen Seite vorhanden ist bei allem, was durch die Haut nach außen strahlend wirkt, aber auch bei allem, was harntreibend, ausleerend im Menschen wirkt, *zu stark, da kann entgegenwirken, was im Silber in entgegengesetzter Strahlung wirkt.* Wir verwenden es dann: von außen z. B. als Salbenform, wenn wir eine Strahlung durch die Haut treffen wollen; oder wir spritzen es ein, wenn es sich um die entgegengesetzte Strahlung handelt.

Untersuchen wir aber wiederum die äußere Natur als einen auseinandergelegten Menschen nach den Metallen als ihren Bestandteilen, es führt uns zur *Anschauung des Menschen als ein siebengliedriges Metall*[3]. Da regelt vom unteren Menschen her *die Silberwirkung* diejenigen Prozesse, die der Mensch ausbilden muß, damit nicht bei der Ernährung im ersten Trakt der Verdauungstätigkeit bis zur Aufnahme der Stoffe in das Lymph- und Blutsystem, durch eine Steigerung der nach innen fortgesetzten Schmeckvorgänge, das von der Außenwelt Aufgenommene störend wirkt auf dasjenige, was jenseits dieser Schmeckvorgänge liegt; auch dann, wenn durch die Herablähmung derselben die Auflösung der von der Außenwelt aufgenommenen Nahrungsstoffe nicht weit genug getrieben wird, um in den Salzprozeß einbezogen zu werden.

Das Kupfer aber ist verwandt der Lymph- und Blutbildungstätigkeit, also dem obersten Teil des unteren Menschen. Da besteht eine Verwandtschaft, die sehr stark nach der Kupfer-bildenden Kraft hinweist, wie sie auf der Erde ist.

Merkur ist verwandt der Leber und damit dem, was auf dem Übergange steht, indem es den äußeren Verdauungsprozeß hinüberführt in den inneren Blut-Lymph-bildenden Verdauungsprozeß. Es geschieht, insofern es etwas Rundes, etwas Ausgleichendes hat, also schon mit der Wechselwirkung der beiden Prozesse zusammenhängt.

Das Eisen ist verwandt all dem, was von der Lunge ausgeht und sich von da nach dem Kehlkopf öffnet. Und indem es unter den Metallen als einziges Metall im Menschen zu finden ist und zwar als sein Eisengehalt im Blute, gibt es sich zu erkennen als das notwendige Heilmittel gegenüber den Tätigkeiten, die alles, was im unteren Menschen vor sich geht, in den oberen Menschen hinauftreiben und dies noch gesteigert im Schlaf. Hat der Schlaf an sich eine heilende Wirkung, es wäre doch ein dem Lebensalter eines Menschen entsprechend zu langer Schlaf krankmachend. Es würde das Blut ohne die Gegenwirkung seines Eisengehaltes der Erkrankung ausgesetzt. Es würde zuviel das Ufer überschreiten, das besteht zwischen der Geschmacks- und Verdauungstätigkeit und der blutbildenden Tätigkeit.

Der Zinn-bildende Prozeß wiederum ist verwandt den Partien im Gehirn, die, mehr der inneren Tätigkeit dienend, ähnlich sind der Verdauungstätigkeit des Gehirns und wechselweise zugehörig entsprechen dem Übergangsprozeß vom Darm in die Lymph- und Blutgefäße. Es wird dadurch der Verdauungsprozeß auf diesem Gebiete durchseelt und geregelt.

Das Blei dagegen ist dem verwandt, was mit den Fäden der Nerven zusammenhängt, mit den Organen, die im Inneren des oberen Menschen die Fortsetzung der Sinne sind. Und dem wiederum entspricht, was schweiß- und harnartige Absonderung ist.

Damit sind die Metallprozesse charakterisiert, wie sie sich in ihrer Gegensätzlichkeit und gegenseitigen Entsprechung im Hinblick auf die auf- und abbauenden Prozesse im Zusammenhang mit dem unteren und oberen Menschen ergeben. Es ist damit zunächst der Hinweis auf die Anpassung des Menschen an die tellurischen und kosmischen Verhältnisse hinsichtlich seiner mehr räumlichen Natur gegeben. *Wollen wir jedoch den Menschen in seiner Ganzheit betrachten, dann gilt es dasjenige, was mehr räumlicher Natur ist, mit dem Zeitlichen zu verbinden*[3]. Denn dem ganzen Menschen entspricht, daß er als Kind, dann als reifer Mensch und als Greis sein Erdenleben vollbringt. Und während sich die menschliche Entwicklung im Erdenleben von der Geburt stufenweise von Jahrsiebt zu Jahrsiebt bis zum Tode hin vollzieht, lebt der Mensch auch wiederum in zwei polar entgegengesetzten Lebensaltern. Da ist er in der Jugend mehr ausgesetzt den Einflüssen der obersonnigen Planeten Saturn, Jupiter, Mars; im späteren Alter den untersonnigen Planeten Venus, Merkur, Mond. *So obliegt es auch dem ärztlichen Wirken, die Zeit in das Krankheitsstudium miteinzubeziehen.* Denn da besteht z. B. die Möglichkeit: es können Störungen, die in einer Entwicklungsphase des kindlichen Alters in der Entwicklung seiner Leibesnatur eingetreten sind, schon in diesem Alter auch als Krankheitserscheinung auftreten. Doch können sie auch zunächst latent bleiben und erst in einem späteren Alter in Erscheinung treten. Es kann sich auf diese Weise im Hinblick auf das Gesetz: „Ähnliches kann durch Ähnliches geheilt werden" darum handeln, daß der hauptsächlichste Symptomenkomplex, der dafür in Betracht kommt, in einem anderen Lebensalter liegt, als der andere; so daß z. B. vor dem 20. Lebensjahr ein Symptomenkomplex da ist, der durch äußere Mittel hervorgerufen sein kann, daß dann aber gerade diese Mittel, die vor den 20er Jahren den Krankheitsprozeß hervorrufen, nach den 20er Jahren zum Heilmittel werden. Auch wurde bereits (s. S. 25) ausgeführt, wie Krankheits-Dispositionen schon auf die Zeit vor der Geburt und Konzeption zurückweisen. Da besteht ein Zusammenhang zwischen dem Prozeß der Ossifikation, der Sklerose, mit den Bleiwirkungen. So geben wir auch wiederum gerade das Blei als Heilmittel, wenn wir uns im Alter gegen die Sklerose zu wenden haben. Ebenso kann, während im kindlichen Alter ein Hin- und Herpendeln zwischen den beiden Extremen der Hydrocephalie und ihrem Gegenteil zugrunde liegt, ein zu frühes Aufhören der Hydrocephalie die Disposition für Syphilis sein; oder es entsteht, wenn die Hydrocephalie zu weit vorgeschoben wird nach unten, die Disposition zu Pneumonie und pleuritischen Erscheinungen. Und wiederum: ein verfrühtes und zu schnelles Zurücktreiben einer Pneumonie und pleuritischer Erscheinungen disponiert im weiteren Verlauf zu Endocarditis, Polyarthritis usw.

Dem liegt zugrunde, daß der Mensch in seiner Jugend, im Anschluß an sein vorgeburtliches Leben, mehr unter den außertellurischen Einflüssen der obersonnigen Planeten steht. Sie vermitteln den Abstieg aus dem außerirdischen Sein in das irdische Dasein, während im späteren Leben die schon mehr tellurischen Einflüsse der untersonnigen Planeten in den Vordergrund treten. Das Hervortreten dieses Einflusses beginnt wohl schon mit dem Eintritt in die Geschlechtsreife, mehr und mehr aber kommt es auf ihn an, wenn für den Erdenmenschen und seinen Erdenlauf die Zeit begonnen hat, wo er, als selbständig werdendes Glied der Erdenmenschheit, tätig im Erdenleben darinnen zu stehen hat. Damit bereitet der Mensch im Erdenleben auch wiederum vor, was für ihn selbst entsprechende Gegenprozesse in seinem nachtodlichen Leben zur Folge hat. Doch da hat er auch zunächst die Sphäre des Mondes, des Merkur und der Venus zu passieren, ehe er in die Sonnensphäre und damit wieder in die geistigen Welten eintreten (s. S. 139) und von da auch wiederum sein neues Erdenleben vorbereiten kann. – *Dann, im Erdenleben, ist der Mensch durch seine Kopforganisation verbunden mit den obersonnigen Planeten und so auch weiterhin mit seinem vorgeburtlichen Leben. Durch seine Stoffwechsel-Gliedmaßen-Organisation ist er andererseits verbunden mit den untersonnigen Planetensphären und damit auch schon mit seinem nachtodlichen Leben. Dazwischen entfaltet sich sein eigentliches Erdenleben. Es geschieht von Stufe zu Stufe.* Dabei spielen im Hinblick auf die Metalle eine besondere Rolle: im ersten Lebensjahrsiebt die polar sich gegenüberstehende Wirkungsweise von Blei und Silber; im zweiten Lebensjahrsiebt von Zinn und Merkur; im dritten Lebensjahrsiebt von Eisen und Kupfer.

Hinzu aber kommt, daß wir es im Menschenbildungsprozeß und im Zellbildungsprozeß mit zwei entgegengesetzten Kräftekomplexen zu tun haben[3]. Dieser Gegensatz steht im Zusammenhang damit, daß wir im Erdbereich, im Hinblick auf die Einflüsse, die von den untersonnigen Bereichen ausgehen, zu unterscheiden haben ihr Gegenbild in der Erde und die mehr physische Rückwirkung vom Irdischen ausgehend, gegenüber demjenigen, was mehr seelischgeistig entsteht und den Planeten draußen zuzuschreiben ist. Da wirft der Mond auf die Erde Bildekräfte. Dadurch regt er an zum Bilde im Menschen selbst. Während sein Gegenbild, das in der Erde zurückgebliebene Mondenhafte, von da aus nach außen wirkt. So tritt es z. B. in der Erde als Ebbe und Flut und im Menschen in der Menstruation der Frau in Erscheinung. Entsprechendes gilt auch für die außerhalb des Mondes stehenden untersonnigen Planeten. Es würde z. B. die Erde, die mit ihrem Wasserorganismus einen riesigen Wassertropfen im Weltall darstellt, unter fortwährenden Lebensbildungen wuchern, wenn diesem Wuchern nicht entgegenwirken würde von außen her der merkuriale Prozeß, der auf die Erde ausgeübt wird von dem Planeten Merkur. Ebenso würde auch innerhalb der menschlichen Leibesorganisation ein solches Wuchern stattfinden, wenn nicht den von der physisch-leiblichen Seite der Menschennatur her wirkenden Mond-Merkur- und Venuskräften von oben her entgegenkommen würden die entsprechenden außerirdischen Planetenkräfte. *Und da sind es die Organe, die, in der Mitte liegend zwischen dem Menschenbildungsprozeß und dem Zellbildungsprozeß, zwischen ihnen den Ausgleich schaffen.* Sie stellen deshalb etwas dar, was zuweilen mehr hinneigt zum Zellhaften, das dann gedämpft wird durch das Kosmische, oder es überwiegt das Kosmische, und das Zellhafte tritt zurück. *Und so gesehen, sind wiederum die Lungen Merkur, die Nieren Venus und vermitteln als solche im Dienste der Atmungsprozesse gegenüber den Zirkulationsprozessen und deren Aufgaben den Ausgleich zwischen dem oberen und unteren Menschen.*

So ist bis dahin *das Zusammenwirken der Metallprozesse im Hinblick* auf *ihre astronomischen Beziehungen* umfaßt. Durch sie ist der Mensch mit den Anlagen zum Denken, zum Fühlen und zum Wollen begabt. *Sie sind auch die Voraussetzung, daß sich der Mensch als denkendes, fühlendes und wollendes Wesen seiner physischen Umwelt aufschließen kann. Das wiederum geschieht vermittels der vier Organsysteme: Leber, Lunge, Nieren, Herz, insofern sie in*

Zusammenhang stehen mit dem, was sich in der Erde und gegenüber dem Astronomischen mehr in der Nähe der Erde als das „Meteorologische" entwickelt[3]. Da besteht im Hinblick auf die äußeren Erdenverhältnisse eine gewisse Abhängigkeit: der Leber von der Wasserbeschaffenheit, der Lunge von der Bodenbeschaffenheit, der Nieren von den Luftverhältnissen, des Herzens von den Wärmeverhältnissen. *Nach dem Inneren aber übernehmen diese vier Organsysteme die Rolle der Bildung des Eiweißes,* wie es dem menschlichen Organismus entspricht. Sie *übernehmen da die Aufgabe des Stickstoffs, Kohlenstoffs, Sauerstoffs und Wasserstoffs der Luft,* denen die Pflanzen ihre Eiweißbildung zu verdanken haben. Da vertritt das Lebersystem den Stickstoff; das Lungensystem den Kohlenstoff; das Nieren-Harnsystem den Sauerstoff; das Herzsystem den Wasserstoff als den eigentlichen Wärmeträger. Wie aber draußen hinter dem Meteorologischen auch jeweils das astronomische Wirken zu denken ist, so ist es auch innerhalb des menschlichen Organismus der Fall vermittels der Metall-Bildungsprozesse, insofern sie aus dem Außerirdischen hereinwirkend zu denken sind. Es würde z. B. gegenüber dem Herzen als verwandt den Bildekräften des Wasserstoffs, ohne die außertellurische Bleiwirkung dasjenige, was im unteren Menschen mehr tierisch ist, nicht nach dem oberen Menschen hin umgewandelt werden können in das eigentlich Menschliche, in dasjenige, was nach den Vorstellungen usw. hingeht.

Wir sind auf diese Weise schon auf weitere Zusammenhänge hingewiesen, die eine Brücke zur Selbsterkenntnis hin bilden. Mit ihnen in Verbindung zu sehen ist, wenn Dr. Steiner auf heute *neuartig auftretende Krankheiten hinweist, bei denen gerade die Kenntnis der Metallkräfte, die von dem Außerirdischen hereinwirken, von ganz besonderer Bedeutung ist.* Warum dies so ist, wird verständlich im Erfassen der sich aus der Geisteswissenschaft ergebenden Tatsachen: daß einerseits die Menschheit das Wissen um die geistigen Zusammenhänge verloren, andererseits aber mit dem Ende des 19. Jahrhunderts schon der Übergang aus dem sogenannten Dunkeln-Zeitalter in das Lichte-Zeitalter begonnen hat. Das besagt: es hat damit die Menschheit eine Entwicklungsstufe erreicht, auf der sich die Grenzen, die der Seele zur Entfaltung der Erinnerungsfähigkeit im Erleben der Außenwelt gesetzt worden waren gegenüber dem, was sich in seinem Unterbewußtsein vollzieht, auch allmählich schon zu lichten beginnen. Das aber setzt für die Gewähr einer gesunden Entwicklung in der Entfaltung des Denkens, Fühlens und Wollens voraus ein Streben nach dem Entfalten eines wahren, freien Menschentums. Es verlangt nach einer wahren Selbsterkenntnis, die jenseits der Grenzen zu suchen sein wird, die dem heutigen Menschen durch Erleben in der äußeren Sinneswelt gesetzt sind. Und dahin führen die Ergebnisse der Erweiterung des Bewußtseins auf dem Wege zur Imagination, Inspiration und Intuition. So wird auch ein medizinisch meditatives Leben, das mehr und mehr versteht, sich mit dem meditativen Leben in Einklang zu bringen, im Sich-Fühlen als meditierender Mensch, zu einer realen Selbsterkenntnis kommen können[3]. Dabei werden im eigenen Organismus Dinge bewußt, die vorher ganz unbewußt waren.

Wesentliches aber wird sich der Arzt heute an Erkenntnissen für sein eigenes Wirken im Dienste des Heilens erschließen, wenn er sich durch verständnisvolles Bemühen entsprechende Mitteilungen aus der Geisteswissenschaft zu eigen macht. Da können wir uns für die weitere Vertiefung des Verständnisses für das Wesen und Wirken der Metalle zunächt z. B. erinnern an die *Darstellung, die Dr. Steiner in den Vorträgen „Menschenfragen und Weltenantworten"* [10] *über die menschliche Wesenheit in Beziehung zum planetarischen Leben gegeben hat.* Wir werden da hingewiesen auf den Menschen, insofern er seelisch-körperlich als denkendes, fühlendes und wollendes Wesen ein dreifaches Erdenwesen ist. Es wird von den verschiedensten Gesichtspunkten entwickelt: wie es im Wesen der menschlichen Willensentfaltung begründet ist, den Weg hinauszufinden nach dem Weltenraum, entgegen den Lichtwirkungen, die von der Sonne aus der Erde zuströmen. Es ist ein Weg, der Zukunft bereitet, während das Licht, das zu uns auf die Erde strömt von der physischen Sonne als Symbolum für das Sonnenhafte, aus der Vergangenheit herüberkommt. Auf dem Wege entgegen der Sonne haben auch die alten Initiierten ihre Fragen hinaus an den Kosmos gerichtet. Die Antworten darauf strömten ihnen auf den Wellen des Mondenlichtes zu, und diese bezogen sich auf den Bau des Weltenalls. Antworten wiederum auf Fragen, die sie hinausschickten in die Marssphäre, kamen ihnen zu von der Venus; solche an den Jupiter von Merkur; die an den Saturn vom Fixsternhimmel her. Und was so innerhalb der alten Mysterien gepflegt wurde, ergab für das menschliche Handeln die richtigen Impulse. Das Hineinschauen in diese Verhältnisse führte zu den Einsichten, wie die Sonnen-, Merkur- und Venuskräfte auf den Menschen wirken; wie die Sonnenkräfte es sind, die sein Willensartiges zur Sonne hinziehen, die auch nach dem Tode in den Weltenraum hinaus und von da in die geistige Welt hineinführen; wie andererseits die Mondenkräfte es sind, die ihn beim Herabstieg aus den geistigen Welten in seine irdische Verkörperung hineinführen, denen er auch das Einverleiben seiner Denkorganisation zu verdanken hat. – Ähnliches ergibt sich hinsichtlich der Kräfte der übrigen Weltenkörper, insofern sie nicht nur die auf verschiedene Orte verteilte mineralische Konzentration sind, sondern sich in ihren Sphären durchdringen. Man gewinnt von diesem Standpunkt die Einsicht: wie im Unbewußten des Menschen es die Merkurkräfte sind, die ihn Besitz ergreifen lassen vom Festen seines Körpers und so auch beim Gehen von seinen Knochen und Muskeln, wie die Venuskräfte ihn Besitz ergreifen lassen von seinem Flüssigkeitsorganismus, die Mondenkräfte von seinem Luftorganismus, wie andererseits: die Marskräfte es sind, die den Menschen nicht verfließen lassen im Wärmeelement und der Eisengehalt im Blute für ihn notwendig ist, weil er in sich mehr Wärme hat, als in seiner Umgebung vorhanden ist; wie die Jupiterkräfte ihn nicht verfließen lassen im Lichtelement, die Saturnkräfte nicht im chemischen Äther. –

Es waren dies Einsichten, die auch die entsprechenden Metalle in Anwendung kommen ließen bei Krankheitsprozessen, die Störungen in dieser Hinsicht aufwiesen. Es haben also in dieser Hinsicht die sonnennahen Planeten im Menschen mehr zu tun mit den physischen Elementen: dem Festen, Flüssigen, Luftförmigen; die sonnenfernen Planeten mehr mit dem Ätherelement im Menschen. Dazwischen stellen sich die Sonnenkräfte und verhindern ein Durcheinanderwirken. Sonst könnten z. B. die Marskräfte ohne weiteres auf die Mondenkräfte wirken. Die Folge würde sein: was sich im Menschen verselbständigt, indem die Marskräfte ihn bewahren vor dem Verfließen im Wärmeelement, würde Besitz ergreifen von der Luft und den Menschen zu einem Luftgespenst machen. Und in einem solchen Krankheitsfalle konnten die Initiierten Aurum als Heilmittel verwenden. Sie haben damit die Sonnenkräfte gegenüber der Gefahr des Ineinander-Verschwimmens der Mars- und Monden-kräfte verstärkt.

Diese *Verhältnisse* des Menschen zum Sonnenhaften auf der einen Seite, zum Mondenhaften auf der anderen Seite und zu den einzelnen Planeten sind jedoch noch Ergebnisse *von Gesichtspunkten der Erdenentwicklung.* Sie vermitteln nur eine Darstellung der Tatsachen von der einen Seite, solange wir versuchen, nur auf die Weise Kenntnis zu erlangen, wie es innerhalb des Lebens zwischen Geburt und Tod der Initiierte der alten Mysterien gemacht hat. *Doch die Anschauung des moralischen Kosmos und ihre Bedeutung für den Menschen erfordert eine höhere Stufe der menschlichen Erkenntnis.* Diese entspricht den Erlebnissen, die sonst vom Menschen erst durchschaut werden im Leben zwischen Tod und neuer Geburt, wenn er von außerhalb des Kosmos, also von außerhalb des Raumes das Geistig-Seelische durchschaut[10]. *Das ist von jenseits des Sonnenbereiches.* Da kehrt sich die ganze Anschauung um. Im Hinblick auf den Menschen ergibt sich dann vom geistigen Aspekt aus gesehen: wie die *Instinkte* im Menschen, die aus den Tiefen seines Wesens in ihn heraufwirken, in Zusammenhang zu sehen sind mit dem *Saturndasein;* mit dem *Jupiterdasein,* was im Menschen als *Neigungen,* als *Sympathien* enthalten ist; mit dem *Marsdasein,* was im Menschen als *moralische Impulse* auftritt, insofern sie noch mehr unbewußt auftreten, als daß sie schon im reinen Denken wurzeln.

Es sind dies also die angeborenen Tugenden, die an den Organismus gebunden sind. Hingegen stehen die unteren Planeten mit schon mehr verinnerlichten menschlichen Eigenschaften in Zusammenhang: mit dem Merkurhaften im Weltenall unsere Verstandesanlagen und unsere Klugheit; mit dem Venushaften alles, was die Liebe ist; mit dem Mondenhaften Phantasie und Gedächtnis.

Das Ergebnis dieser Anschauungen, die sich aus dem Leben zwischen Tod und neuer Geburt ergeben, ist jedoch verschieden für den einzelnen Menschen; ebenso für denjenigen, der sie auf dem Erkenntniswege sucht. Es hängt ab von der Art, wie er als Mensch das vorausgegangene Erdenleben vollbracht hat: Ist es ein Mensch, der viele Menschen im Leben kennengelernt hat, die abweichen von dem, was man die Lebensnorm nennt, der sie aber nicht als Philister engherzig betrachtet, sondern liebe- und verständnisvoll auf sie eingehend die Menschen mehr gelten läßt, als daß er sie kritisch abkanzelt; als solcher wird er zu dem Verständnis, das er auf diesem Wege für sein Bewußtsein gewinnt, noch eine Fülle von unbewußten Impulsen hinzugewinnen. Mit diesen Impulsen ausgerüstet können die Geheimnisse des Saturndaseins von der anderen Seite des Lebens beobachtet werden. Damit verbinden sich Erfahrungen. Sie werden für den im Leben zwischen Tod und neuer Geburt sich befindenden Menschen in der zweiten Hälfte dieses Lebens schöpferisch. Sie werden hineingetragen in die Organisation, die ererbt wird. Es sind die Erfahrungen, die mit der Gestaltung des Karma zusammenhängen.

Damit im Zusammenhang zu sehen ist, was Dr. Steiner in seinen Vorträgen über „Das Initiaten-Bewußtsein"[2] *als den Saturnweg gegenüber dem Mondenweg als den für das heutige Bewußtsein entsprechenden Erkenntnisweg schildert.* Wir finden da ausgeführt:

War die alte Initiationswissenschaft, ausgehend von einem noch traumhaft hellseherischen Erleben, verbunden mit einem sich Versenken in die Mysterien des Mondes, so hat auch *der Mondenweg,* als einer der Erkenntniswege, die heute beschritten werden können, als Ausgangspunkt das lebendige Erfassen der Mondensphäre. Er beruht auf der Pflege des meditativen Lebens. Doch fordert dieser Weg heute volles Bewußtsein, das so klar und durchsichtig ist wie sonst beim Rechnen und Geometrisieren. Da nur läßt er den rechten Weg finden. Dann zaubert er die innerliche Nacht in den äußeren Tag hinein. Und wie für das Erleben in der äußeren Raumeswelt der Mond aufgeht, geht der Merkur auf. So begegnet man der wirklichen realen geistigen Welt und ihren Geistwesen, zunächst dem Merkur. Und hat man es in entsprechendem Maße zur Imagination gebracht, dann wird man sich der Merkurwirkungen bewußt. Es tritt einem in dieser Mondenwelt während des Tages die Welt der Imaginationen als Wirklichkeit entgegen. In die bis dahin visionäre Welt fließt eine Wahrnehmungswelt des Geistigen ein. Dann tritt in weiterer innerer Erkraftung die Venuswirkung hinzu und statt der Imaginationen steht man mit leerem Bewußtsein der geistigen Welt gegenüber. Man weiß jetzt, die geistigen Welten sind da, und man wartet jetzt, bis einem die Sonnensphäre entgegenkommt. Und indem man während des Tagwachens nur in der Sonnenwirkung von außen steht, schaut man dann die Sonne ein zweites Mal, wenn auch noch undeutlich und noch nicht bleibend. Man weiß aber, man schaut sie geistig.

Wird aber dieser Mondenweg begonnen ohne volles Bewußtsein und volle Besonnenheit, so führt er auf falsche Wege, in einer Weise, wie das bei dem Somnambulismus und Mediumismus der Fall ist. Ebensowenig wird es aber auch andererseits zu einem richtigen Ziele führen, wenn heute, ohne eine geistige Richtung zu haben, auf dem Gebiete psychischer Forschung, von naturwissenschaftlich Vorgebildeten, abnorme Seelenzustände von Menschen studiert werden, um auf diese Weise etwas über die sonst unbekannte Welt zu erfahren. Dr. Steiner charakterisiert diese Methode als karikaturhafte Nachahmung naturwissenschaftlicher Methoden. Denn sie prüft nicht, sie kann nur registrieren, was sie als wunderbar anschaut, und Hypothesen ersinnen über die geistige Welt. Diese aber haben keine Bedeutung, weil sich dabei die geistige Welt wohl offenbart, aber sich nicht darüber ausspricht, was sie selber eigentlich ist. Hingegen kann man andererseits von einem gewissen Gesichtspunkt aus, gerade an den Erscheinungen des Mediumismus und des Somnambulismus sehen, was am kranken Menschen vorliegt, wenn sein Ich und sein Astralleib sich von einem Organ oder vom ganzen Organismus herausgezogen haben und der Mensch so unter besondere geistige Einflüsse kommt. Es waren deshalb auch immer die Mysterien verknüpft mit Medizinischem. Da befaßte man sich noch mit den Medien und Somnambulen mehr in dem Sinne, wie man Krankheitszustände begriff. Es muß auch dieser Standpunkt heute wieder errungen werden. Das aber fordert, daß, was auf dem Gebiete der psychischen Forschung heute noch in so dilettantischer Weise versucht wird, um durch die Naturerscheinungen hineinzukommen in das Geistige, in richtiger Weise verfolgt wird .

Diesen für unser therapeutisches Wirken so bedeutsamen Weg auf dem Boden der anthroposophischen Bewegung zu betreten, war möglich geworden durch das Zusammenwirken von Dr. Steiner und Dr. Wegman. Es war damit nach Dr. Steiners Ausführungen erst die Voraussetzung gegeben, die Krankheitsbilder so verfolgen zu können, daß sich durch sie der Zugang hinein in die geistige Welt erschließt und von da sich auch die Therapie ergibt. Denn es waren in Dr. Wegman diese intuitiv-therapeutischen Impulse vorhanden.

Das innerliche Geistgefüge in jedem Organ   *: der Saturn weg (RSt)*

Den Forschungsweg, der dahin führt, bezeichnet Dr. Steiner als den *Saturn-weg*. Er geht nicht wie der Mondenweg aus von dem „ganzen Menschen", d. h. im Sinne der Ausführungen in „Eine okkulte Physiologie" (s. S. 8) vom äußeren Menschen im Gegensatz zum inneren Weltsystem im Menschen. Der auf medizinischem, anatomischem und physiologischem Gebiete Durchgebildete geht vielmehr dabei aus von den einzelnen Organen. Von dem Begreifen der äußeren Form eines Menschenorganes steigt er auf zu einem imaginativen Begreifen dieses Organes. Damit beginnt allmählich die menschliche Organisation sich in Imaginationen vor die Seele zu stellen. Und wie beim Mondenweg ein innerer Mensch aufgeht, geht auf diesem Saturnweg ein äußerer, ein kosmischer Mensch auf. Er ist zunächst noch nebulos. Aber er wird geschaut wie ein großer gigantischer Mensch, doch auch nicht als Erdenganzes, sondern dadurch, daß man seine Organe anschaut und innerlich geistig umfaßt. Es ist also nicht der ganze, nicht der konturierte Mensch, sondern der aus seinen einzelnen Organen bestehende Mensch. Und wie auf dem Mondenwege in das gewöhnliche Bewußtsein die Mondensphäre hereingezaubert wird, so hier die Impulse der Saturnsphäre. Dabei wird man gewahr, daß in jedem Organ die Kräfte des Saturn in besonderer Art wirken, z. B. am allerstärksten in der Leber, verhältnismäßig sehr schwach in der Lunge, am allerwenigsten im Kopfe. Es ist auch das Ziel, den Saturn überall zu suchen. Und mit diesem Sich-Hineinleben in dieses Suchen nach dem Saturn, d. i. das innerliche Geistgefüge in jedem Organ, dringt man dann ein in die Jupitersphäre. Man lernt dabei erkennen, wie jedes Organ im Grunde das irdische Abbild eines geistig-göttlichen Wesens ist. Und der ganze Kosmos, der zuerst ein großer Mensch gewesen ist in der Saturnsphäre, er erscheint dann als die Summe, als das innerliche Zusammenwirken von Götter-Generationen.

Aber auch das Begehen dieses Saturnweges erfordert volle Besonnenheit, damit in ihm die Kräfte wirken, um auch festhalten, beschreiben und irgendwie gedanklich-bildhaft gestalten zu können, was sonst nur in statu nascendi erlebt, aber sogleich auch wieder vergehen würde. Denn da geht es um Tatsachen, die auch in der geistigen Welt vorhanden und gang und gäbe sind unter den Wesen, die nicht auf der Erde, sondern in der Sonne leben. So können diese Tatsachen auch nur festgehalten werden mit Kräften, die aus dem gemeinsamen Zusammenstreben von Menschen zustande kommen, indem sie die Menschen aus früheren Erdenleben in sich tragen. Dann erst beginnen von da aus die Tatsachen zu sprechen, werden offenbar durch Inspiration. Man kommt zurück zur Sonne mit dem inspirierten Bewußtsein. Und da weist Dr. Steiner wiederum darauf hin, daß gerade eine solche karmische Bedingung gegeben war bei seiner Zusammenarbeit mit Dr. Wegman.

Daß solche Forschungsergebnisse der Initiationswissenschaft, wenn sie mitgeteilt werden, heute, auch ohne selbst zu forschen, von dem Verstand begriffen werden können, wurde von Dr. Steiner ausdrücklich betont. Es wurde auch eingangs darauf hingewiesen. So hat der heutige Mensch bei unbefangenem Bewußtsein durchaus auch schon die Vorbedingungen, zu verstehen, daß der Mensch mit seinem Dasein in der physischen Welt verschiedenen Welten angehört. Er braucht dabei nur auf die Unverständlichkeit des Alltagsbewußtseins aufmerksam gemacht werden gegenüber so einschneidenden Ereignissen im Erdenleben wie das Hereinkommen bei der *Geburt* in die physische Welt und das wieder Hinausgehen beim *Tod*. Es sind Ereignisse, die dem gewöhnlichen

Bewußtsein auseinander gereiht erscheinen. Für denjenigen aber, der auf dem Gebiete des geistigen Lebens forscht, rücken diese beiden Ereignisse mehr und mehr zusammen. Zu dem, was schon äußerlich während des Erdenlebens zu beobachten ist als aufwärtsgehendes und aufblühendes Leben und als das Beginnen, um das 35. Jahr, eines abwärtsgehenden und allmählich verfallenden Lebens, ergibt sich durch das Eindringen in die Mondenmysterien: wie in all den Vorgängen des Geborenwerdens der physische und der Ätherleib immer sprießender und sprossender werden, indem sie aus dem kleinen Eikeim hervorgehen, sich allmählich zur menschlichen Gestalt herausbilden; wie sich auch bis zur Mitte des Lebens ein aufwärtsgehendes Leben und dann erst ein allmählicher Verfall zeigt. Zugleich aber ergibt sich auf diesem Wege, wie mit dem Beginn des Sprießenden und Sprossenden im Physischen und Ätherischen ein anderes Leben, das des astralischen Leibes und des Ich, erstirbt, dem Tod unterliegt. Auf diese Weise erhält man Einblick in das mystische Leben: wie sich der Tod hineinverwebt in das Leben, indem sich das Absterbende dem Aufsprossenden vermählt; wie dann aber, wenn um das 35. Jahr physisch-leiblich das Welken beginnt, ein Aufleben im Astralischen und Ichwesen erfolgt. *Man lernt den Tod schon im Leben und das Leben im Tode erkennen.* Und indem man im absterbenden Erdenleben das Astralische und Ich-Wesen frischer werden sieht, ist man auch wiederum vorbereitet, dem zu folgen, was beim Ablegen des Physischen und Ätherischen durch die Todespforte hinausgeht und hinein in die geistige Welt.

Wie aber zu einer Schale auch der Kern gehört und zur Form die Substanz, so stehen sich auch wieder gegenüber *der ganze Mensch und die in ihn eingeschlossenen Organe.* Und derjenige, der genügend erkennen kann, was die gegenwärtige Wissenschaft bedeuten kann, und der mit lebendiger Empfänglichkeit nun nicht den ganzen Menschen, sondern seine Organe erkennen lernt, ihm stellt sich jetzt nicht Geburt und Tod vor die Seele. Sie haben vor der Organerkenntnis ihren gewöhnlichen Sinn verloren. Denn sterben kann eigentlich nur der ganze Mensch, nicht aber ein einzelnes Organ. Wohl sterben auch die Organe der Tiere. Die Organe des Menschen hingegen lösen sich auf, suchen dabei ihren Weg hinein in den Kosmos, doch gleich den Metallen (s. S. 24) nicht hinaus ins Unendliche, sondern jedes, nach seiner Verwandtschaft, in die ihm entsprechende Region. Und von da kommt zurück *der große kosmische Mensch.* Das wird erschaut, wenn auf dem Wege der Initiation das Bewußtsein über die Organe entwickelt wird. Im Anschauen dieses Menschen, wie er eigentlich in den Kosmos eingegliedert ist, ergibt sich auch erst für die Anschauung das Zurückkommen früherer Erdenleben in dieses Erdenleben. Damit aber verbindet sich dann auch noch die tragische Erkenntnis: Böse wird man nicht als ganzer Mensch; die Möglichkeit dazu liegt nur in den einzelnen Organen. In Zusammenhang mit der Verwandtschaft der Organe zu den einzelnen Weltregionen lernt man auch erkennen, aus welcher Weltregion eine Besessenheit mit dem Bösen kommt. Und es liegt selbst bei dem geringsten Bösen im Grunde schon eine solche Besessenheit vor. – Doch eine noch weiterreichende Erkenntnis auf diesem Wege ist auch die: erst, wenn man die Möglichkeit hat, aus der Organologie heraus den kosmischen Menschen anzuschauen, kann auch die Christuswesenheit vor die Seele hintreten, wie sie sich als kosmischer Mensch von der Sonne durch das Mysterium von Golgatha mit der Erde und der Erdenmenschheit verbunden hat. – Damit wird sich dann auch die Erkenntnis dafür verbinden können, wie uns im therapeutischen Wirken Metalle im Sinne dieses kosmischen Menschen dienen können. Daß aber der ganze Mensch, der nach außen von der Haut umspannt ist und als solcher dem Wechsel von Tod und Geburt unterliegt, nicht böse sein kann, hängt mit der Tatsache zusammen: daß der Mensch im Leben zwischen Tod und neuer Geburt als übersinnlich-geistiges Wesen im Verein mit den im Sinne des geistigen Weltenplanes wirkenden Geistwesen seine physische Leiblichkeit aufgebaut hat und so auch im Durchgang durch die verschiedenen Erdenleben immer wieder nach geistigen Gesetzmäßigkeiten von neuem gestaltet.

Wir haben es dann weiterhin noch mit der *dreigliedrigen Menschennatur* zu tun. Das Haupt weist auf die Vergangenheit hin, der Extremitätenmensch auf die Zukunft. Dabei ist das Haupt nur eine Metamorphose des Extremitätenmenschen. Dieser Mensch verwandelt sich jeweils in der nächsten Inkarnation in den Kopf. Geistig-seelisch sind sie demnach dasselbe, nur stehen sie der Zeit nach auf verschiedenen Entwicklungsstufen. *Wir haben es dabei auch wiederum mit der Leibesnatur des Menschen zu tun, insofern deren Entwicklungsgeschichte in Zusammenhang zu sehen ist mit der Entwicklungsgeschichte der Erde.* Da verdankt der Kopf seine Anlage dem alten Saturn; der rhythmische Mensch der alten Sonne, der Stoffwechselmensch dem alten Monde; während der Gliedmaßenmensch, mit seinem Knochensystem auf der einen Seite und dem Blutsystem auf der anderen Seite, erst mit der heutigen festen Erde hinzugekommen ist. Und mit dem Blutsystem sind wieder aufs engste verbunden die inneren Organe[6].

Doch ist die Mitte der Erden- und Menschheitsentwicklung schon überschritten, und der Involutionsprozeß hat bereits begonnen. Diese Entwicklungsphase entspricht auch beim heutigen Menschen im einzelnen, hinsichtlich seiner Leibesnatur, seinem mittleren Alter. Vorausgegangen ist: im 1. Lebensjahrsiebt, von der Kopfseite her, die Bildung seines physischen Leibes mit dem Knochensystem als Hauptrepräsentant, die ihren Abschluß findet mit dem Zahnwechsel; im 2. Lebensjahrsiebt, das endet mit der Erden- oder Geschlechtsreife, in Zusammenhang mit der Ausbildung des rhythmischen Systemes, die Bildung des Ätherleibes mit dem dazugehörigen Drüsensystem; im 3. Lebensjahrsiebt, das seinen Abschluß findet um das 21. Lebensjahr, im Zusammenhang mit der Ausbildung des Astralleibes, auch der des Nervensystems einerseits und des inneren Organsystems andererseits. Um das 21. Lebensjahr erfolgt dann die Geburt des Ich in seiner Verbundenheit mit dem Blute und damit der Beginn seiner weiteren Entwicklung. Es geschieht zunächst in seiner Verbundenheit mit dem Astralleib. Da entwickelt der Mensch: um das 21. bis 28. Lebensjahr die Empfindungsseele; um das 28. bis 35. Lebensjahr die Verstandes- oder Gemütsseele, mit dem 35. Lebensjahr die Bewußtseinsseele mit ihrer einerseits kalten, dann aber auch warmen Seite[12]. Dementsprechend gehen auch mit jeder neuen Lebensphase Wandlungen im Inneren des Lebens vor sich. Wir können dabei erinnert werden an die sich aufeinander folgenden Phasen unserer Erden- und Menschheitsentwicklung im Verlaufe der aufeinanderfolgenden verschiedenen Kulturepochen; dabei insbesondere noch an den großen Einschnitt und Umschwung, der sich mit dem Mysterium von Golgatha auf Erden vollzogen hat, und seine so entscheidende Bedeutung für die Möglichkeit der Weiterentwicklung nach der Zukunft hin, die eine wieder aufsteigende sein wird. Da findet im Seelenleben der alten Inder in gewissem Sinne eine Wiederholung des Saturndaseins statt; im Seelenleben der Menschen der alten persischen Kultur eine Wiederholung des alten Sonnendaseins; während der alten ägyptisch-chaldäisch-babylonischen Kultur eine Wiederholung des Mondendaseins, zugleich aber auch der Beginn der Empfindungsseelen-Entwicklung. In der griechisch-lateinischen Kulturperiode aber, in deren Mitte das Mysterium von Golgatha fällt, findet statt das Ende der absteigenden und der Anfang der aufsteigenden Erden- und Menschheitsentwicklung. Es fällt dieses Geschehen zusammen mit der Entwicklung der Verstandes- oder Gemütsseele des Menschen, während unsere gegenwärtige Kulturepoche, die mit dem Beginn des 15. Jahrhunderts ihren Anfang genommen hat, der Ausbildung der Bewußtseinsseelenkräfte dient.

Wieder zurückkommend auf *unsere Metalle der Erde* kann hier an die Erinnerung angeknüpft werden, wie auch sie im Verlauf der Kulturepochen ihren Anteil hatten. Denn schon im frühen Altertum spielten das Blei, das Zinn, das Kupfer und so auch insbesondere noch das Gold und Silber im Leben der Menschen für ihre Lebensgestaltung eine Rolle. Und immer größeren Umfang nahm ja im Laufe der Zeit die Suche an nach diesen Bodenschätzen der Erde. Sie dienen allerdings heute in erster Linie nur noch den materialistischen Interessen, nicht mehr wie noch in alten Zeiten zu kulturellen und auch kultischen Zwecken. Denn wir haben heute im Grunde statt einer Kultur eine Zivilisation, die mit dem Heraufkommen des technischen Zeitalters in rein materiellem Sinne beherrscht wird, auch hinsichtlich der Ausnützung der Metallschätze der Erde. Bliebe es dabei, ohne spirituelles Gegengewicht, es wären die Metalle dann auch weiterhin dazu verurteilt, nur einem Abstieg in der Entwicklung und dem Verfall auf Erden und nicht im Sinne der fortschreitenden Entwicklung zu dienen.

Denn *das Schicksal der Metalle ist*, daß sie in ihrer Verwandtschaft mit den Planeten als luftgeborene Wesen einstmals erdbezwungen wurden[13]. Sie kamen aus dem Kosmos, als die Erde sich noch in ihrem Sonnenzustande befand, wo jedes Metall zunächst noch eine kosmische Farbe war. Die flüssige Form erlangten sie während des Mondendaseins, und erst unsere heutige Erde birgt sie auch fest geworden in ihrem Schoße. Da finden wir sie heute unter der Erdoberfläche als *die Erze*. Den dafür aufgeschlossenen Sinn muten sie im Grunde an wie verzauberte Wesen, als wenn sie dem nachsinnen würden, was sie bis dahin erlebt haben. Und sie beginnen davon zu erzählen, wenn wir in der Lage sind, uns eins zu fühlen mit dem Erdorganismus. Es kann auf diese Weise durch *unsere Verwandtschaft mit der Metallität der Erde* auch in uns die Rückerinnerung wach werden an den Verlauf der Erdgeschichte: so an die Zeit, als die Erde noch in einer wäßrigen Eiweiß-Atmosphäre darinnen lebte, und der Mensch, damals aber noch ganz geistig, mit der Erde verbunden war; wie da beim Herabstieg vom Himmel auf die Erde als Absonderungsprodukt zuerst die Pflanzengebilde, dann erst auch die Tierwesen entstanden sind und in Zusammenhang damit einerseits der Kiesel, andererseits der Kalk; wie dann schließlich, als die ganze Erde noch ausgefüllt war mit fein verteiltem Schwefel, dieser sich verbindet mit anderen Substanzen, woraus dann auch entstanden ist, was heute unter der festen Erdkruste als Pyrit, Bleiglanz, Zinkblende usw. in der Erde zu finden ist. Es erweisen sich auch diese Abscheidungen als notwendig, damit der Mensch aus seiner Gebundenheit an das, was die Götter wollten, auf Erden ein

Wesen mit eigenem Wollen werden konnte. Dabei verwandelte sich auch die ganze Atmosphäre der Erde. Der Sauerstoff bekam die Oberhand über den Schwefel. Das war die Voraussetzung für weitere Absonderungen. Denn noch war die Erde eine weiche Masse, ebenso noch das Element des Umkreises, aus dem der Schwefel nur etwas entfernt war. Diese Absonderungen waren dann die Nachkommen der ersten vegetabilisch-animalischen Schöpfung: Pflanzenformen, die schon eine Art Wurzel faßten, aber in einer noch durchaus weichen Erdsubstanz, und Tiere mit Eidechsenkörper, verlängerter Schnauze, einem großen augenähnlichen Organ und mächtigen Flossen mit einer Fähigkeit zwischen Fliegen und Schwimmen. Es war dies eine Absonderung, die die Menschheit durchmachen mußte, damit dem Menschen für sein Erdenleben das selbständige Fühlen vorbereitet werden konnte. Dann erst entstand die Erde, die unserer heutigen ähnlich ist, mit Substanzen, die der heutige Chemiker kennt: wie der Kohlenstoff, Sauerstoff, die Alkali-Metalle, die Schwermetalle und dergleichen. Damit war innerhalb der allgemeinen Menschheit der Mensch vorbereitet zu einem denkenden Wesen. Und so entstand der Mensch, wie er heute ist: das während der Lebenszeit auf Erden zwischen Geburt und Tod auf organisch-physischer Grundlage ruhende, denkende, fühlende und wollende Wesen, das sich in der Zeit entwickelt und in Zusammenhang steht mit den ihn umgebenden Reichen der Natur, die um der menschlichen Entwicklung willen sich aus dem Menschlichen abgesondert und in dieser Herausgeschiedenheit sich auch erst zu ihrer heutigen Form umgewandelt haben. Daran werden wir eben erinnert im Verwandtwerden mit der Metallität der Erde. –

Im einzelnen Metall jedoch lebt die Sehnsucht nach Erlösung aus dem Verzaubertsein unter der Erde[13]. So erzählen sie, jedes für sich, von ihrer Herkunft aus dem Himmelsbereich: wie sie einstmals ins Weite hinausgedehnt, noch nicht physische Substanz waren, sondern im Geiste verschwebende, wesende, im Weltenall webende Farbigkeit. Dies war zu einer Zeit, als der Kosmos ein innerer Regenbogen war, dann erst sich differenzierte und zum physischen geworden ist. In ihrer Sehnsucht nach Erlösung dienen jedoch die einzelnen Metalle innerhalb des Erdenorganismus dem Wandel der Zeiten im Sinne des Wiederaufstieges zur höheren Daseinsform. Sie konservieren deshalb nicht die Erde, wie schon von anderem Gesichtspunkt aus dargestellt (s. S. 24). *Denn es gehen von ihnen Strahlungen hinaus in das Weltenall. Von da aber kommen diese von draußen auch wiederum zurück. Es wirken die Metalle der Erde auf diese Weise also auch mit an dem Stirb- und Werdeprozeß im Bereich der Erde. Ebenso tun es innerhalb der menschlichen Leibesnatur die Organe des inneren Weltsystems in ihrer Verwandtschaft zu den Metallen.* Auch sie tragen in sich die Tendenz zum Entwerden. Denn es lebt auch in ihnen gewissermaßen die Sehnsucht nach dort, wo sie kosmisch, zugehörig zu einem der Planeten, urständen. Dahinaus weiten sie sich auch aus, wenn der Mensch stirbt. Von da kommen sie auch wieder zu einem nächsten Erdendasein zurück. Auf diese Weise dienen auch sie dem Sinn des Wandel- und Werdeprozesses des Menschen. Dabei aber findet auch seinen kosmischen Ausgleich, wie der Mensch seelisch-geistig sein vorausgegangenes Erdenleben vollbracht hat, wie er dementsprechend nach seinem Tode beim Aufstieg in die geistigen Welten die Planetensphäre erlebt und was er da, beim Übergang in die Geistessphäre, zurückgelassen hat, um es dann wieder mit in das neue Erdenleben hereinzutragen.

Durch ihre Verwandtschaft mit den Metallen stehen die Organe ihrerseits auch wieder innerhalb des Erdenlebens unter dem Einfluß der von der Erde ausgehenden Metallströmungen[14]. Es nehmen die Organe diese Metallströmungen auch wahr, doch normalerweise zugedeckt von dem normalen Tagesbewußtsein und herabgedämpft zu dem, was nur wie traumhaft im Gefühlsleben vorhanden ist. Könnte diese Wahrnehmung aber zum Bewußtsein kommen, sie würde Imagination sein. So nimmt das Herz ein Bild wahr, das dem Gold der Erde entspricht. Es nehmen die Nieren z. B. alles Zinn der Erde in einem bestimmten Bilde wahr. Wollte man aber demgegenüber, vom gewöhnlichen Bewußtsein aus, ein wirklich erlebtes imaginatives Bewußtsein anstreben, so müßte das im gegenwärtigen Zeitalter der Menschheitsentwicklung so sein: Alle menschlichen Organe müßten gleichmäßig von diesem Bewußtsein ergriffen werden. Es könnte z. B. das Herz niemals allein das Gold wahrnehmen. Wenn aber, wie es bei der Imagination der Fall ist, Ich und Astralleib bis zu einem gewissen Grade selbständig gemacht werden gegenüber dem physischen Leib und Ätherleib, dann werden der Astralleib und die Ich-Organisation in der Nähe des Herzens fähig, etwas von den Ausströmungen des Metallischen zu wissen. Dann nimmt der Mensch die gesamte Metallität der Erde, diese allerdings auch in Differenzierungen, wahr. Einzelheiten aber darin wahrzunehmen, würde dann noch ein besonderes okkultes Studium fordern[14]. Tritt es ohne dies auf, wie beim Metallfühlen, dann liegt bereits eine krankhafte Anlage vor. Es dürfte andererseits aber auch nicht derjenige, der die imaginative Erkenntnis besitzt, diese imaginative Kraft des astralischen Leibes, die in der Herzgegend sitzt, anwenden, um sich oder den Menschen Gold zu verschaffen. Aber sie kann angewendet werden, um die Konstruktion, die wahre Aufgabe, die Innerlichkeit des Herzens selber zu erkennen im Sinne der menschlichen Selbsterkenntnis: indem man das Herz erkennt, wie es auf der einen Seite wahrnehmen kann den Goldgehalt der Erde, wie er ausströmt; dann aber auch von der anderen Seite das Zusammenwirken mit der Sonnenströmung von oben. So angeregt von dem Goldgehalt der Erde zur Imagination, von der Sonne zur Inspiration, entsteht die Herzerkenntnis des Menschen und damit auch die der anderen Organe. Denn so, wie der Mensch von unten herauf die Metallwirkungen hat, wirken von oben nach unten aus dem Weltenraum herein Bewegung und Form der Planeten. Und wie wir unsere Gefühle haben als Gegenwirkungen gegen alles, was metallisch aus der Erde wirkt, und wie wir unsere Vorstellungskraft den gewöhnlichen Sinneswahrnehmungen entgegenströmen lassen, so lassen wir auch den Bewegungen der Himmelskörper Willenskraft entgegenströmen, die den Sterneneindrücken entgegengesetzt ist. Was in unserer Willenskraft liegt, wird auch dem zur Inspiration erhobenen Bewußtsein offenbar. Dem gewöhnlichen Bewußtsein bleibt es verborgen. Denn dazwischen schiebt sich die Horizontale als die Linie parallel zur Erde. Aber auch jede Wahrnehmung, die von außen kommt, muß zuletzt in die Horizontale fallen, so auch die Richtung des Vorstellens von innen nach außen. Doch auf diese Weise kann vom Menschen allein nur das Tote wahrgenommen werden, sowohl draußen in der Natur, wie auch gegenüber seiner eigenen Natur. *Und die wirkliche Erkenntnis des Menschen kann erst erblühen, wenn man als Mensch erkennt die Dreiheit: das tote Gegenwärtige oder Physische als notwendige Einschaltung, damit der Erdenmensch ein freier Mensch werden kann; dasjenige, was von unten herauf, von der Metallität der Erde kommt als die Lebensgrundlage der*

Vergangenheit; das Seelisch-Geistige als das Belebende von oben als Sternen-
wirkungen und Sternenkonstellationen.

Auch bei jedem Organ wird diese Dreiheit zu suchen sein. Eine solche Einsicht in die Organologie erschließt auch die Erkenntnis dafür: wie *die sogenann-*
ten Geisteserkrankungen im Grunde als organische Erkrankungen zu verstehen
sind. Sie kommen nach Ausführungen Dr. Steiners[15] zustande, wenn die für das
normale Tageserleben notwendige Horizontale, als sich eingliedernde Bewußt-
seinsgrenze, nicht entsprechend ausgebildet ist. In mehr eingehender Weise
wurden diese Zusammenhänge auch bereits behandelt in der Arbeit „Abnormitäten der geistig-seelischen Entwicklung in ihren Krankheitserscheinungen und deren Behandlungsmöglichkeiten"[81], ausgehend von der Tatsache: daß
bei unvollständiger, ungenügender Ausbildung dieser horizontalen Grenzen
die Hinneigung zu atavistischen Vorstellungen vorhanden ist. Die sonst normale klare Spiegelung gegenüber dem Umwelterleben wird in krankhafter
Weise beeinflußt und dadurch getrübt, u. U. auch vollkommen ausgelöscht. Hingegen, wenn diese Grenze zu dicht zusammengezogen ist und zu tief sich einge-
graben hat, wird schon vorzeitig, also in krankhafter Weise, aus den Organen
herausgepreßt, was auftritt als Halluzination und normalerweise erst beim
Tode frei werden sollte. Es wurde dabei zugleich auf die *therapeutische Be-*
deutung der Metalle in dieser Hinsicht hingewiesen. Auch sie haben ja die Möglichkeit, Metallspiegel zu bilden, wenn wir sie durch entsprechende Wandlungs-
prozesse zum Verdampfen und Verglühen bringen. So können sie auch im
Sinne der Wandlung solchen Heilungsprozessen noch innerhalb des Erdenlebens dienen, die sonst erst nach dem Tode der geistigen Welt anheimgestellt
werden müßten. Dies weist zurück auf die innere *Beziehung,* die besteht *zwischen*
dem Ur-Menschenschicksal und dem Metallschicksal im Feuer[16]. Diese beruht
darauf, daß, was majestätisch aufflammt, wenn Metalle im Feuer schmelzen,
sich verflüchtigen, hinausstrahlen in die Weltenweiten, von da, wenn an der
Grenze angekommen, wiederum in Lichtgewalten und Wärmestrahlungen zurückkommt.

Wie umfassend auch in zentralem Sinne dieser *Anteil der Metalle im hei-*
lenden Wirken ist, kann sich noch aus folgender Überschau ergeben[17]:
Mit dem Aufrichten-, Gehen-, Sprechen- und Denkenlernen vollzieht das Kind
im ersten Lebensjahrsiebt vom Kopfe her, gegenüber dem durch die Ver-
erbung erhaltenen Leib, die Bildung seines eigenen physischen Leibes, die mit
dem Zahnwechsel ihren Abschluß findet. – *Im 2. Lebensjahrsiebt,* wenn im Zusammenhang mit dem rhythmischen System der Ätherleib geboren wird,
bildet sich ein neues Ätherherz an Stelle des vererbten. Hiermit parallel geht
auch, daß der stark differenzierte Astralleib immer undifferenzierter wird. Was
im Astralleib als viele Einzelheiten lebt, schlüpft nach und nach bis zur Geschlechtsreife in die physischen Organe hinein. Dabei wird nach und nach das
vererbte Astralische ganz durchsetzt von dem, was sich der Mensch als seinen
astralischen Leib durch die Geburt ins Dasein mitbringt, und was Stück für
Stück in die physischen und ätherischen Organe untertaucht. So daß beim erwachsenen Menschen die Organe, das Herz macht dabei eine Ausnahme, die
einzelnen Gebilde des mitgebrachten Astralleibes in sich eingesperrt haben.
Andererseits aber wird im Verlaufe dieses Geschehens der Astralleib wie zu
einer Nebelwolke. Er ist gewissermaßen wie ein unbeschriebenes Blatt. Aber

nach und nach treten in ihm andere Differenzierungen auf, erst langsam und von der Geschlechtsreife an mit voller Regelmäßigkeit immer mehr und mehr. Es schreibt sich ein, was wir durch Arme und Beine tun, ja, die gesamte Tätigkeit des Menschen, die einen Ausdruck in der Außenwelt findet. Das beginnt, wenn das Kind sprechen und in der Sprache Gedanken verkörpern lernt. Und wie sich die Strahlungen des Ätherleibes im Ätherherzen treffen, so hat alles, was sich da in den Astralleib einschreibt, auch die Tendenz, sich im Inneren zu treffen. *So daß in der Zeit der Geschlechtsreife,* an derselben Stelle, wo sich das Ätherherz gebildet hat, auch ein astralisches Gebilde, *ein Astralherz,* entsteht, das die gesamte Tätigkeit zentralisiert. Damit schaltet sich von der Geschlechtsreife an, auf dem Umwege durch den Astralleib, die gesamte menschliche Tätigkeit in das Ätherorgan als das Organ ein, das aus dem Abbild der Sterne, aus dem Abbilde des Kosmos geworden ist. Es schließen sich der Kosmos mit seinem Geschehen und das Karma des Menschen in einer innigen Korrespondenz in der Gegend des Herzens zusammen. Aber auch das Ich schlüpft nach und nach hinein in die Organe. Es verbindet sich bis zur Geschlechtsreife innerlich immer mehr und mehr mit dem Blutkreislauf. Damit greift auch das Ich auf dem Umwege durch diese mit dem Blutkreislauf laufenden Ichkräfte in dasjenige, was aus dem Zusammenschluß des ätherischen und astralischen Herzens gebildet worden ist, ein. Insofern das Ich in einer Sympathie-Beziehung steht zu allem, was der astralische Leib macht, schreiben sich auch die Absichten, die Ideen ein, aus denen Handlungen vollzogen werden. – So schließt sich alles, was im Menschenleben moralisch geschieht und was auf der anderen Seite physisch geschieht, gerade im Herzen zusammen, indem das richtige Bilden des Karma erst geschieht von dem Momente an, *wo das astralische Herz in das Ätherherz voll eingreift* und sich mit diesem zusammenschaltet. Da ist auch der Organismus der Karmabildung. – Was sich da im Menschen konzentriert, wird nach dem Tode wieder immer mehr und mehr kosmisch. Denn was aus dem Kosmos kommt, behält die Tendenz, nach dem Tode unsere Taten dem Kosmos zu übergeben. Und wir tragen, was der Kosmos aus unseren Taten macht, in seiner Wirkung auch in das nächste Erdenleben herein. Das bestimmt das äußere Gepräge des physisch-ätherischen Leibes mit. Hingegen die Art, wie im Leben nach dem Tode bis zur neuen Geburt der Durchgang durch die Sphären sich vollzogen hat, gibt dem rhythmischen System sein Gepräge.

Hier kommt auch in Betracht, was in Zusammenhang steht mit den geistigen Individualitäten unseres Planetensystems[18]. Da ist *der Saturn* unter diesen geistigen Individualitäten das wandelnde Gedächtnis, der Historiograph des Planetensystems. Und jene Menschen, die eine irdische Hinneigung zum Saturn haben, wollen statt den Fortschritt immer gerne in die Vergangenheit blicken und das Vergangene zurückführen. Denn ihm verdankt der Mensch alles, was er von der geistig-seelischen Vergangenheit des Universums hat. –

Der Jupiter ist der Denker des Planetensystems. Er enthält in Gedankenform alle Bildungskräfte für die verschiedenen Wesen des Universums. Er erzählt also nicht das Vergangene, sondern zeigt das ihm Entsprechende im Gegenwärtigen des Kosmos. Aber seine Geheimnisse sind so, daß sie sich nur in Gedankenform enthüllen, also nur dann, wenn man selbst denkt. Und ihm verdankt der Mensch alles, was er von der geistigen Gegenwart des Kosmos hat.

Der Mars ist der vielsprechende Planet in unserem Planetensystem. Alles, was ihm zugänglich ist im Universum, plaudert er aus. Auch regt er, wenn ihm irgend etwas von der menschlichen Natur zugänglich ist, wodurch er sie redselig machen kann, die Geschwätzigkeit an. –

Die Venus verhält sich abweisend gegen das Universum, ist aber sehr empfänglich für alles, was von der Erde kommt und spiegelt liebevoll alles zurück, was von daher kommt. Dabei verwandelt sie in der Widerspiegelung alles so, wie der menschliche Traum die äußeren Ereignisse des Lebens. Andererseits lauscht sie auch mit Aufmerksamkeit, was der Mars redet, und durchleuchtet ihre traumhaft irdischen Erlebnisse mit dem, was sie durch den Mars aus dem Universum übermittelt erhält. Und aus dem, was sich so abspielt zwischen Venus und Mars, indem aber die Sonne dazwischen steht und es ordnet, bilden sich diejenigen Kräfte, die den Organen der menschlichen Sprachbildung zugrundeliegen. –

Der Merkur hingegen, ihn interessiert nur, was nicht sinnlich ist, sondern von solcher Natur, daß man es kombinieren kann. Denn in ihm sind die Meister des kombinierenden Denkens, wie im Jupiter die Meister des weisheitsvollen Denkens. –

Und *der Mond* liefert dem Menschen, wenn er vom vorirdischen Dasein in das Dasein der Erde eintritt, die Kräfte für sein physisches Dasein.

Dabei besteht in Bezug auf den Menschen ein besonderes Verhältnis zwischen Mond, Merkur, Venus einerseits und Mars, Jupiter, Saturn andererseits. Der Mond strahlt, was ihm aus dem Universum zustrahlt, wiederum zurück. Damit baut er eigentlich das Äußere des Körpers des Menschen auf und vereinigt mit diesem Aufbau des Körperlichen die Vererbungskräfte, indem sich in ihm jene geistigen Wesenheiten wie auf einer Festung zurückgezogen haben, die in voller Abgeschlossenheit kosmisch immer über dasjenige sinnen, was von Generation zu Generation auf dem Umwege durch das Physische sich forterbt. Venus und Merkur tragen mehr das Seelisch-Geistige des Karmischen in den Menschen, indem die Venus die Kraft liefert für alles, was Gemüts- und Temperamentsanlagen sind, Merkur für alles, was im Menschen Verstandes- und Vernunftsanlagen sind. *So daß Venus, Merkur, Mond die schicksalsbestimmenden Planeten sind. Mars und namentlich Jupiter und Saturn hingegen, sie befreien den Menschen, wenn er in einem richtigen Verhältnis zu ihnen steht, von allem Schicksalsbestimmenden und machen ihn zu einem freien Wesen.* Dabei verdankt es der Mensch der Gnade des Saturn, daß er, weil der Einfluß des Saturn ins Unterbewußte hinunter gedrängt wurde, sein eigenes Gedächtnis bekam als Unterlage seiner persönlichen Freiheit; der Gnade des Jupiter verdankt er den inneren Impuls, der im freien Denken liegt; dem Mars, daß er auch in der Sprache in einer gewissen Weise frei ist. So daß die sonnenfernen Planeten als die menschenbefreienden Planeten zu bezeichnen sind. – *Mit der Sonne hingegen ist diejenige Individualität verbunden, wo zusammenwirkt das schicksalsbestimmende Notwendige und das Menschenbefreiende.* Seelischgeistig ist sie, was die Schicksalsnotwendigkeit in der Wärme erglühen läßt und in den Flammen das Schicksal in Freiheit löst. Zugleich ist sie die Substanz, in der die mißbrauchte Freiheit als Schicksal, zusammengeballt wie zu Asche, weiter wirkt, bis es wiederum phosphorisch in die Flammen der Freiheit übergehen kann. –

Ein solcher Wandlungsprozeß vollzieht sich auch im Innern des Menschen, insofern das Herz schon innerhalb des Erdenlebens mit der Sonne verbunden ist, als dem Ort der Wandlung, im jenseitigen Leben beim Übergang aus dem Seelenbereich hinüber in das Geistesdasein und von da auch wieder auf dem Wege zurück. *Einen solchen Wandel machen auch die Metalle, die wir der Erde als Erze entnehmen, durch:* insofern auch sie, wenn wir sie verarbeiten, beim Erhitzen schmelzen, beim weiteren Erhitzen und Verdampfen einen Läuterungsprozeß durchmachen, in der Flamme auch verbrennen, aber letzten Endes doch auch wieder ihren physischen Niederschlag finden. *Es läßt das Verfolgen dieses Geschehens hineinblicken in die innige Verwandtschaft dieser ihr Schicksal erlebenden Metalle mit den Feuergewalten der Welten und ihrem Anteil an dem Erdenprozeß*[16]. Dahinter wirksam sind die Wesenheiten der ersten Hierarchie: Seraphime, Cherubime, Throne. Insofern sich im Schmelzen und Verglühen der Metalle, in Feuergewalten, der Erdball aufgebaut hat, wirken auch sie herein in die sichtbare Welt im Gehen-, Sprechen- und Denkenlernen des Kindes. Eine solche Erkenntnis verbindet Tod im Erdenleben und Auferstehen im jenseitigen Leben. Es wird die ganze Welt eins. Da ist für die Erkenntnis das Leben zwischen Tod und neuer Geburt nur eine Wandlung des Erdenlebens. Das eine ist nur eine andere Form des andern. *Und es löst sich so das Schicksalsrätsel des Menschen.* Denn zwischen dem Gehen-, Sprechen- und Denkenlernen des Kindes und dem sich Verflüssigen, dem schweflig-phosphorigen Leuchten, dem Weben und Verflüchtigen der Metalle im Feuer, liegt das verständnisvolle Eindringen in das Karma, das als Übersinnliches im unmittelbar tätigen Menschenleben eingreift. Wir können auf diese Weise auch verstehen lernen, was in alten Zeiten der damaligen Wissenschaft die Opferflamme war. Mit dem, was darin verflammte, schickte man hinaus in Weltenweiten, zu den Göttern, daß es wiederum herunter komme: umgewandelt in göttlichen Segen, schöpferisch wirkend und fruchtend wiederum auf die Erde heruntersteigend. *Das Metallische selbst hingegen, so wie wir es unter der Erdoberfläche finden und indem wir es mit unseren gewöhnlichen Sinnen betrachten, sagt uns nur, daß es von dieser oder jener Art der Erde spricht. Wenn wir aber mit dem geistig geschärften Blick untertauchen in die Erde, dann werden die einzelnen Metalle zu kosmischen Erinnerungen*[16]; ebenso wie wir durch die übersinnliche Erkenntnis kennengelernt haben, was übersinnlich lebt im Menschen zwischen Geburt und Tod, und was sein wird, wenn er durch die Todespforte gegangen ist. *Wir können uns auf diese Weise verwandt fühlen mit dem ganzen lebendigseelischen Wesen der Erde.* Sich so auch innerlich eins fühlend mit dem innersten Seelen- und Herzschlage der Erde und innerlich die Sprache der Metalle vernehmend, kann man die Erinnerungen hereintönend vernehmen, die man nicht selber, aber die die Erde hat aus frühen Zeiten, wo sie selbst noch nicht unsere heutige Erde war, aber noch eins mit den übrigen Planeten unseres Planetensystems. Kann man auf dem Wege vom gewöhnlichen Sinnesschauen zum imaginativen Schauen zunächst, im Einswerden mit dem Quarzgestein, die Erde erleben als nicht mehr abgesondert von dem Weltall, sondern wie eine Äthersphäre, die aus der Weltenäthersphäre heraus ist, so wird jetzt, wenn wir in den Erinnerungen der Erde selber leben, klar, warum wir von den göttlichgeistigen Wesenheiten der Weltenordnung auf die Erde herunter geschickt worden sind. *Wir fühlen unser eigenes Denken mit der Erde verbunden.* Und in dem Augenblick, wo die Erinnerungen der Erde zu unseren eigenen werden, sind um uns die Wesenheiten der zweiten Hierarchie: Kyriotetes, Dynamis, Exusiai.

Jedoch ein vertieftes Gefühl für das Verhältnis des Metallischen zum Menschen enthüllt sich erst, wenn man es vom Gesichtspunkte des gesunden und kranken Menschen betrachten lernt[16]. Denn jedes Metall hat eine gewisse Beziehung zur menschlichen Gesundheit, ebenso jede Metallverbindung. Es geht ja auch der Mensch, indem er durch das gesunde und kranke Leben hindurchgeht, fortwährend Verhältnisse ein zu dem, was eigentlich der Erde ihre Erinnerungen gibt. Es ist dies die Entwicklungsgeschichte der Planeten und damit auch die der zu ihnen gehörigen Metalle in Verbundenheit mit unserer ganzen Erdenentwicklung. Wie wir aber bei der Sprache von der Prosa auch übergehen können zur Poesie und verstehen lernen können, was der rhythmischen Gestaltung zugrunde liegt, so kann man auch aufrücken vom Prosaischen dieser Welt zum Poetischen der jenseitigen Welt, von der Sprache der zweiten Hierarchie über die Metalle und ihre Beziehungen zum gesunden und kranken Menschen zum Verständnis des Weltenalls. Es gehen dann auf diese Weise auch die Geheimnisse des Seelischen auf, die mit der Region der zweiten Hierarchie verbunden sind.

Und wenn es nun gilt, im Folgenden auch noch die einzelnen Metalle für sich darzustellen, geschieht es mit dem Bemühen, einen Einblick zu vermitteln in den Anteil, den auch jedes einzelne Metall im Hinblick auf Gesundheit und Krankheit des Menschen im Dienste des Heilens hat. Dabei soll jeweils angeknüpft werden an ihre Beziehung zu den ihnen zugehörigen Planeten, an deren Anteil an der Entwicklungsgeschichte unserer Erde und damit auch der Erdenmenschheit; auch daran, was jedes Metall selbst als kosmische Erinnerung darstellt. Und der Versuch, auf jedes einzelne Metall des Näheren einzugehen, hat das Ziel vor Augen, es nach Möglichkeit so vor unserer Seele erstehen zu lassen, daß wir uns daran erinnern können, wenn wir bei den nachfolgenden Krankengeschichten verstehen wollen, welchen Anteil das jeweils in Anwendung gekommene Metall am Heilungsprozeß hatte.

SPEZIELLER TEIL

Saturn-Blei

Der Beginn der Entwicklung unseres ganzen Weltensystems weist uns zurück auf den alten Saturn. Dieser war so groß wie unser ganzes Sonnensystem, mit einem kugelförmigen Leib, der zuerst nur aus seelischer Wärme bestand[19]. Im Umkreis waren waltend und wirkend die Throne, Cherubime und Seraphime. Sie differenzieren sich, je nach der Richtung, aus der sie wirken, ob von der Richtung, die im Tierkreis z. B. dem „Löwen" entspricht, oder einem der anderen Tierkreisbilder. Diese Wesenheiten sind es auch, die von der göttlichen Dreieinigkeit, der sie entspringen, die Pläne eines neuen Weltensystems entgegennehmen, wonach sich unser Sonnensystem durch Saturn, Sonne, Mond, Erde usw. entwickeln soll. Dabei haben die Seraphime die Aufgabe, die höchsten Ideen entgegenzunehmen; die Cherubime haben die Aufgabe, in Weisheit umzubauen die Ziele und Ideen, die von den höchsten Göttern entgegengenommen werden; die Throne wiederum haben, bildlich gesprochen, die Aufgabe, Hand anzulegen, damit die von den Göttern durch die Seraphime empfangenen Weltgedanken, die von den Cherubimen in Weisheit umgedacht sind, in Wirklichkeit umgesetzt werden. Hingegen haben wir Wesenheiten im Innern des Saturn zu suchen, die wohl auch schon bei einem früheren Sonnensystem mit dabei waren, die aber, weil auf einer niedrigeren Stufe stehen geblieben, selber erst noch eine gewisse Entwicklung durchmachen müssen, ehe sie schöpferisch tätig sein und Opfer bringen können. Das sind die Wesenheiten der zweiten Hierarchie: die Kyriotetes, Dynamis und Exusiai. Als Wesenheiten von höchster Intelligenz differenzieren sie und ordnen sie auch alles, was da geschieht. Unter ihnen wiederum sind es die Kyriotetes oder Herrschaften, die aufnehmen, was die Throne herunterbringen aus dem Universum und es so ordnen, daß eine Zusammenstimmung stattfindet zwischen dem Saturn und dem ganzen Weltenall; die Dynamis oder Mächte führen die Anordnungen zunächst aus, und die Exusiai oder Gewalten sind die Erhalter dessen, was so nach den Absichten des Universums gebaut worden ist, solange sein Bestand notwendig ist. So waren es die Kyriotetes oder Herrschaften, die beim Übergang des alten Saturn zur alten Sonne die Verdichtung der Saturnsubstanz unter Entstehen von Licht und Luft bewirkten. Die alte Sonne wurde dadurch zu einer Weltkugel, deren Masse, wenn man sich die Sonne in den Mittelpunkt denkt, bis zum Jupiter hinausreicht. Beim Übergang von der alten Sonne zum alten Mond waren es die Dynamis, Mächte oder Virtutes, die die Substanz der alten Sonne weiter verdichtet haben bis zum Wässrigen und diese zusammengedrängt haben bis zur Grenze des heutigen Mars. Und mit der Entwicklung unserer heutigen festen Erde sind in besonderer Weise wieder verbunden die Exusiai als Geister der Form.

Auf dem alten Saturn war es aber auch, wo zunächst die Geister der Persönlichkeit ihre Menschheitsstufe durchmachten. Die innerliche Erwärmung der

44

Saturnkugel gab ihnen die Möglichkeit, sich zu verkörpern. Ihr Leib bestand so allein aus Wärme. Indem sie sich aber verkörperten und ihr Bewußtsein entwickelten, enstand im Inneren des Saturn neben der inneren Wärme auch eine wahrnehmbare Wärme[19]. Wie ein Kind zum Erwachsenen heranwächst, so wuchsen auch diese Geister der Persönlichkeit heran, fühlten sich zuerst wie innerlich warm, sozusagen behaglich, und nach und nach fühlten sie diese Wärme auch veräußerlicht, verwirklicht, man kann auch sagen verkörperlicht. Dabei entstanden an der Oberfläche Gebilde wie Wärmeeier. Das wiederum waren die Körper der Geister der Persönlichkeit. Dabei fand ein Aus- und Einatmen der Wärme, ein Feueratmen statt. Wäre aber dies allein geschehen, hätten die Geister der Persönlichkeit ihre regelmäßige Saturnentwicklung durchgemacht, es hätte zur Folge gehabt: nach entsprechender Zeit wäre alle äußere Wärme wieder hereingenommen worden, der Saturn wäre als äußerer Planet wieder verschwunden, wir hätten niemals den Sonnen-, Monden- und Erdenzustand gehabt. Doch gewisse Geister der Persönlichkeit haben nur einen Teil der ausgeatmeten Wärme wieder zurückgenommen und etwas zurückgelassen, so verschwanden nicht alle Saturneier. Dadurch sind die Geister der Persönlichkeit zu ihrem Selbstbewußtsein gekommen, sie hatten sich im Äußeren ein Spiegelbild ihres Inneren geschaffen. Damit aber ein Pralajazustand eintreten konnte, waren es die Throne, die wieder auflösen mußten, was die Geister der Persönlichkeit als ein niederes Reich zurückgelassen hatten. Auch mußte bei der Verwandlung des alten Saturn in den Sonnenzustand das, was diese Geister zurückgelassen hatten, einer weiteren Entwicklung übergeben werden. Es mußten auch die Geister der Persönlichkeit sich wieder um das kümmern, was sie zurückgelassen hatten. Das zog sie hinunter zu einem neuen planetarischen Dasein. *Das war Karma des Saturn.*

Die Kraft aber, die in den Geistern der Persönlichkeit auf dem alten Saturn die von ihnen dann zurückgelassenen Wärmeeier geformt hatte, war ihre Gedankenkraft. Und diese Reste erschienen nun immer wieder und wieder und zuletzt auch während der Sonnenentwicklung[19]. Doch mußte erst etwas da sein, woraus die Geister der Persönlichkeit diese Formen bilden konnten. Sie brauchten dazu den Stoff des Wärme-Feuers. Dafür wiederum waren die Throne soweit in ihrer Entwicklung gekommen, daß sie ihre Wärmesubstanz hineinträufeln konnten in die Saturnmasse. So entstanden die Gebilde, die als Saturneier bezeichnet werden können. Vorher war nur eine Art Weltenfeuer vorhanden, das im Grunde eins ist mit dem Weltenraum; es war ein Raum da, der wie abgegrenzt war. Doch in dem Augenblick, da in die Oberfläche hineingeträufelt wird die Wärmesubstanz des alten Saturn, sind auch von beiden Seiten tätig: im Innern des Saturnraumes die Exusiai, Dynamis und Kyriotetes, von außen herein die Cherubime, Seraphime und Throne. Es findet durch sie ein Zusammenwirken von außen und innen statt. Man hat: das innerlich seelische Feuer, das man fühlt als innere Wärmebehaglichkeit, und äußerlich wahrnehmbares Feuer, zwischen beiden liegend die neutrale Wärme. Diese neutrale Wärme ist in den Wärmeeiern darin. Darüber findet sich ausgedehnt die seelische Wärme, wie von außen hereinstrahlend, aber sich zurückhaltend von dem, was drinnen als neutrales Feuer ist. Von innen wird abgestoßen die eigentlich wahrnehmbare Wärme. So daß jedes Wärmeei eingeschlossen ist zwischen zwei Strömungen: einer äußerlichen seelischen Wärmeströmung und einer inneren, aber für einen äußeren Sinn wahrnehmbaren Wärme. Und durch das Zusammenwirken der äußeren und inneren Wärme kommt dann jedes der Saturneier in Rotation. Jedes solche Saturnei wird an einem bestimmten Punkt erzeugt, wandert dann den Kreis herum, kommt unter die Wirkung der Throne, Seraphime und Cherubime, die rings vom Tierkreis wirken. Aber an der Stelle angelangt, wo es erzeugt worden ist, wird es dann festgehalten. Die Erzeugung aber dauert nur bis zu einem bestimmten Zeitpunkt an. Und wenn alle Wärmeeier an einem Punkte festgehalten sind, fallen sie übereinander, kommen zur Ruhe, und indem sie zur Deckung kommen, bilden sie ein einziges Ei. *Es entsteht so im Laufe der Zeit eine Kugel im Umkreis.* Sie ist sozusagen die dichteste Feuermaterie und stellt dar, *was man im engeren Sinne Saturn nennen kann.* Aus dem großen umfänglichen, ursprünglichen Saturn wird sozusagen durch das Zusammenwirken all der Hierarchien eine kleine Saturnkugel geboren.

Damit ist auch die erste Anlage des Menschenleibes gebildet worden[19]. Diese Anlage war aus Wärme geformt, eine kleine Saturnkugel, sozusagen herausgeboren aus dem großen Saturn. Auch waren in diesem Wärmekörper schon alle späteren Organe im Keime veranlagt. So entstand insbesondere an dem Punkt, wo die zuerst angeregte Bewegung wiederum zur Ruhe kommt – das war die Region, die im Tierkreis dem „Löwen" entspricht – die Anlage des Herzens, jenes Organs also, durch das, wenn es aufhört zu schlagen, auch der ganze physische Leib in seinen Funktionen zur Ruhe gebracht wird. Die Anlage zum Brustpanzer wurde gebildet unter dem Zeichen des Krebses; die Anlage zur symmetrischen Bildung des Menschen unter dem Sternbild der Zwillinge; da wo der Widder steht, die Anlage zur Oberkopfheit; da wo der Stier steht, die Anlage zum Sprachorgan. Auf diese gleiche Weise kamen auch zustande die Entsprechungen, die bestehen zwischen: dem Sonnengeflecht und Jungfrau, Hüfte-Waage, Reproduktionsorgane und Skorpion, Oberschenkel und Schütze, Knie und Steinbock, Unterschenkel und Wassermann, Füße und Fische. Auch gehen die physischen Anlagen zu unseren 12 Sinnesorganen auf den alten Saturn zurück. Ihre heutige physische Form haben sie aber erst in unserem heutigen vierten Erdzustand erhalten.

Wie alles aber, was entsteht, das Schicksal hat, auch wieder zu vergehen, um in neuer Form wieder zu erstehen, so geschah es auch mit dem alten Saturn[19]. Dabei war es die Aufgabe der Throne, was sie geschaffen haben, auch wieder zur Auflösung zu bringen, als Übergang für eine Neuschöpfung im Sonnenzustand. Diese begann zunächst wieder mit einer Wiederholung der alten Saturnverhältnisse. Hinzu kam dann *auf der alten Sonne*, durch das Mitwirken der Geister der Weisheit, von außen her, die Anlage des menschlichen Ätherleibes. Durch das Zusammenwirken der Kräfte von außen und innen entstehen etwas dichtere Strömungen als früher auf dem alten Saturn durch die Throne. Die Masse zieht sich nach innen zusammen. Dabei entstehen zwischen beiden Strömungen Dunstkugeln. Sie sind von Äther durchzogen. Dadurch entsteht mit der alten Sonne nicht nur, wie auf dem alten Saturn, ein innerlich bewegliches, sondern ein innerlich lebendiges Wesen. Man kann es auch mit Jupiter benennen, weil unser Planet Jupiter eine Wiederholung dessen ist, was da entstanden ist. Und während der Saturn, als innerlich beweglich, dann schließlich durch den Löwen zum Stillstand kommt, kreisen hier die lebendigen Kugeln als große Lebewesen herum und werden, wenn sie zu ihrem Ausgangspunkt, das ist der Adler, zurückkommen, dann alle getötet. Deshalb wird diese Region, die dem Leben der alten Sonne den Todesstich gibt, auch Skorpion genannt. — Das Entsprechende auf dem alten Monde ist: wiederum findet zuerst eine Wiederholung der beiden vorausgegangenen Zustände statt. Dann erfolgt eine Verdichtung bis zur Wäßrigkeit, und es löst sich zuletzt ab eine an einer Stelle zusammengedrängte Wasserkugel. Es geschah durch den Einfluß des Wassermann. Eine Wiederholung dieses alten Mondes ist der heutige Mars. Einverleibt wurde auf dem alten Monde dem Menschen der Astralleib und damit auch Bewußtsein. — Danach ging *die Entwicklung unseres, des vierten Erdenzustandes* so vor sich: Es bildet sich in der Wiederholung der drei früheren Zustände ein Saturn; eine Sonne, die den Jupiter zurückläßt als wiederholte Sonne; ein Mond, der den Mars zurückläßt; zuletzt die Erde mit der Sonnenabtrennung und der Herauslösung der Mondschlacke. Diese war das Ergebnis einer aus der Region des Stieres bewirkten Anregung zu einer Umdrehung. Das durch diese Anregung Entstandene war nun reif, das Ich in seiner ersten Anlage zu empfangen und damit auch die erste Anlage zur Sprache. Das vollzog sich in der lemurischen Zeit.

Auf diese Entwicklungsstufen zurückblickend, den alten Saturn, die alte Sonne, den alten Mond bis zu unserer heutigen Erdenentwicklung, erhellt sich, worauf es beruht, daß wir den Saturn überall zu suchen haben (s. S. 33) und jeder unserer Himmelskörper wie Saturn, Jupiter, Mars usw. so entstanden ist, daß ursprünglich eine Art Schale vorhanden war[19]. Diese hat sich zu dem verdichtet, was für uns heute am Himmelsraum sichtbar ist, indem sich bei der Umdrehung eine Kugel über die andere gelegt hat. Und was wir heute als Bewegung von Saturn, Jupiter usw. beobachten, ist eine Folge dieses Geschehens.

Unter diesen Planeten ist so entwicklungsgemäß *unser heutiger Saturn der äußerste und älteste Planet unseres Kosmos.* Als solcher ist er eine Erinnerung an den alten Saturn und seine Wiederholungen auf der alten Sonne, dem alten Mond und der heutigen Erde[19]. Von der Erde aus gesehen reicht so auch die Saturnsphäre hinaus bis zum Wirkungsbereich der Throne. Und der am Himmel sichtbare Planet markiert durch seine Bahn noch heute die Grenze, die der Ausdehnung des alten Saturn entspricht. Selbst ist er auch ein nur aus Wärmesubstanz bestehender Weltenkörper. Er erscheint nur bläulich, weil wir ihn von der Erde aus als finsteren Körper durch den durchleuchteten Raum hindurch sehen. Und seine Ringbildung entsteht durch die verschiedenen Wärmeschichten, aus denen jeder Saturn besteht. Das sind neutrale, seelische und physische Wärme, entsprechend dem alten Saturn. Nach dem Innern ist er so auf das engste mit dem Werden der festen Erde verbunden. Doch hat er auch an ihrem Entwerden seinen wesentlichen Anteil. So war es schon auf dem alten Saturn, der alten Sonne, dem alten Monde. Und so ist es auch immer das Schicksal des saturnischen Wirkens überhaupt, daß es immer wieder zerstören muß, was durch es entstanden ist (s. S. 8). Es entspricht deshalb auch dem Wirken des Saturn, daß die Materie von allen Seiten nach dem Mittelpunkt der Erde hindrängt, im Mittelpunkt im Nichts verschwindet, um dann aber vom Umkreise her auch wieder zu erscheinen.

Innerhalb des Planetensystems unseres Kosmos und damit *auch im Hinblick auf den Mikrokosmos des Menschen, ist der Saturn auch wiederum der äußerste der obersonnigen Planeten.* Sein Licht, das er, von der Sonne bestrahlt, zurückwirft, hat keine Bedeutung für das Leben[18]. Dafür gibt er sich innerlich ganz seinem eigenen Wesen hin, spricht nur von sich selbst. Kosmisch betrachtet hat er, nachdem er die ganze Entwicklung des Planetensystems mitgemacht hat, alles in seiner Erinnerung bewahrt, ist so das „wandelnde Gedächtnis unseres Planetensystems" (s. S. 40). Doch schweigt er über die Dinge der Gegenwart. Wohl nimmt er sie auf, gibt sich der Außenwelt hin, nimmt aber die Ereignisse in das Seelenhafte stumm auf und erzählt nur von der Vergangenheit des Kosmos. Aber seine Aufgeschlossenheit für das Geistige genügt, um ihn vor dem Seelenauge als den „lebendigen Historiographen" des Planetensystems zu erleben. Dann erzählt er rückhaltlos, mit innerer Wärme und voller Hingabe von allen seinen Erlebnissen innerhalb des Planetensystems. Würde aber der Mensch, der einerseits die Erinnerungen an die ganze Erdenentwicklung in sich birgt, andererseits auch die Fähigkeit, sein eigenes Gedächtnis zu entwickeln, dem Planet Saturn verdankt, zu sehr nur in der Vergangenheit leben, er würde am liebsten auch nur von seinen eigenen Erlebnissen aus der Vergangenheit erzählen wollen, er wäre in der Gefahr, das für den gesunden Anschluß an das Leben auf der Erde notwendige Interesse für die irdische Umgebung zu verlieren. Physisch würde es eine krankhafte Neigung zur Sklerotisierung bedeuten. *Doch in der Blutwärme haben wir wiederum im menschlichen Organismus einen Rest des alten Saturnfeuers*[19]. *Und wir haben es im Aufbau des menschlichen Organismus auch zu tun mit differenzierter Wärme. Dabei weist das Knochensystem* zurück auf die Entwicklung, die die Erde und damit auch der physische Leib des Menschen seit dem alten Saturn aus dem Umkreis herein nach dem Inneren in absteigender Entwicklung erfahren hat. Es dient auf diese Weise dem menschlichen Ich als physische Stütze auf Erden (s. S. 12). Das Knochenmark wiederum dient als Bildungsstätte dem Blute. Dieses ist gegenüber dem Knochensystem das jüngste der Organe. Seiner Substanz nach aber steht es auf einer höheren Stufe. So ist das Blut das Zentralorgan im Menscheninnern als Grundlage für das Tätigsein des Ich im Erdenleibe. Als solches dient es auf der einen Seite als Substanz der Form, auf der anderen Seite aber der Wandlung im Sinne der Aufwärtsentwicklung.

Hier ist *die Milz der Saturn* (s. S. 8). Sie grenzt nach außen das innere Weltsystem ab, bewahrt dieses gegenüber störenden Einflüssen von außen und unterstützt nach dem Inneren den Eigenrhythmus. So ist es im Verlaufe der Ernährungsprozesse insbesondere die Milz, die zusammen mit Leber und Galle die Aufgabe hat[3,8], die aufgenommenen Nahrungsstoffe umzurhythmisieren, sie ihres Eigenrhythmus zu entkleiden und so dem eigenen inneren Rhythmus des Menschen anzupassen. Ihre Tätigkeit erstreckt sich dabei weniger nach dem Stoffwechsel als nach den rhythmischen Vorgängen im Menschen hin[3]. So ist die Milz auch die Vermittlerin zwischen Nahrungsaufnahme und Atemrhythmus. Auf diese Weise bewirkt sie, daß der Mensch sein Inneres auch wieder nach außen aufschließen und im Anschluß an den strengen Weltenrhythmus leben kann. Andererseits hat auch die Milzfunktion eine vermittelnde Rolle in der Wechselwirkung zwischen der unterbewußten Verstandes- und Vernunfttätigkeit und den bewußten Funktionen im menschlichen Organismus. Es regelt die Milz als Organsystem das unterbewußte Seelenleben gegenüber dem, was aus der Außenwelt auf dem Wege der Sinne, sei es durch die Nahrung, sei es durch die äußeren Sinne, aufgenommen wird. Ausführungen darüber finden sich bereits in der Arbeit „Abnormitäten der geistig-seelischen Entwicklung"[81]. Als Zentrum für die unbewußten Willenszustände[3] vermittelt die Milz auch wieder da, wo der Wille seinen Anschluß an die moralische Welt-

48

ordnung finden muß, also da, wo die Instinkt- und Triebhandlungen übergehen in zielbewußtes Handeln. – Dem wiederum liegt zugrunde, daß die Moralität des früheren Erdenlebens aufgebraucht worden ist beim Aufbau des neuen Erdenleibes, während mitgebrachte Instinkte, Triebe, Neigungen und andere Fähigkeiten auf Beziehungen zu den Planetensphären zurückzuführen sind. So kommt der Mensch im wahren Sinne des Wortes amoralisch aus dem vor-irdischen Dasein in das Erdendasein herein[20], und es muß in seinem Willen von neuem wieder der Sinn entwickelt werden für dasjenige, was aus der Um-gebung und durch die Erziehung an Moralität entgegengebracht wird. Da ist es wiederum die Milz, die im Inneren getreulich mitmacht, wie die Seele selbst sich gegenüber ihrer Umwelt einstellt. Sie bewahrt es in sich, um es dann bei der nächsten Inkarnation aus der Erinnerung, verarbeitet und verwandelt, in der äußeren Form der Kopfbildung offenbar werden zu lassen. Das wiederum vollzieht sich nach den Gesetzmäßigkeiten, die in der geistigen Welt herrschen und dem Wirken des Karma zugrunde liegen. Da entscheidet sich auch, in-wieweit die Lebenshaltung und Lebensgestaltung sich im Sinne der Welten-ordnung vollzogen hat, d. i. moralisch oder unmoralisch, man kann auch sagen gut oder böse. Und das hängt ab von den Organen, inwieweit sie ihr Eigensein dem Ganzen, mit dem Herzen als Mittelpunktorgan, einordnen. Damit dienen sie der Heilung, nicht aber, wenn sie sich nicht ganz einordnen können. Und insofern gegenüber den das Willensleben beherrschenden Instinkten, Trieben und sonstigen mitgebrachten angeborenen Fähigkeiten der Anschluß an die moralische Weltordnung nicht erreicht wird, ist über den Tod hinaus mit einem karmischen Ausgleich zu rechnen. Dieser kann unter dazu gegebenen Um-ständen im nächsten Leben selbst eine Moralblindheit zur Folge haben. Diese beruht auf mangelhafter Ausbildung der Teile des Großhirns, in dem die Hemmungen gegenüber dem Triebleben ihre Lokalisation haben[20]. So hat z. B. ein eingefleischter Kleptomane mit einem zu schwachen Gehirn im Bereich der Schläfen zu rechnen[20, 81 (Nr. 29)]. Und ein verkümmerter Hinterhauptslappen des Gehirns, der sich äußerlich an einem abgeflachten Hinterhaupt erkennen läßt, als an dem Teile am Kopfe, der dem Einfluß des Saturn entspricht, ist ein Hinweis auf bestehenden Trieb zu Grausamkeit[20, 81 (Nr. 100)]. Damit erweist sich die Milz in ihrem Zusammenhang mit dem Saturn als Regulator des seelisch-geistigen Lebens im Sinne der karmisch waltenden geistigen Gesetzmäßigkeiten.

Ferner ist die Milz noch zum Organ für das noch zu entwickelnde Geist-selbst[21] bestimmt. In dieser Funktion wiederum läßt ihre Tätigkeit den Men-schen unter Umständen zu einem Enthusiasten werden, der Kraft empfängt aus der geistigen Welt. Oder man hat es mit Menschen zu tun, von denen wir uns sagen müssen, sie haben einen „Spleen", sei es, daß sie kopfhängerisch nur auf einem Stuhl sitzen, sich nicht zum Geiste durchringen, nicht denken wol-len; sei es, daß sie in ihrer Begeisterung zur Verschwommenheit neigen und in ihrem Reden sozusagen Schwefel produzieren. Solche Menschen haben nach der einen oder anderen Seite ein einseitiges Verhältnis zum Saturn. Sie stehen nicht in gesunder Weise mit offenem Herzen und offenen Sinnen im äußeren Leben. Es können sich deshalb auch die krankmachenden Einflüsse des Saturn geltend machen. Diese führen dazu, daß im Ablauf der Stoffwechselprozesse die Ernährungs- und Stoffwechselprozesse nicht den gesunden Anschluß an die Zirkulations- und Atmungsprozesse im mittleren Menschen finden, insofern mit den Stoffwechselvorgängen die Tendenzen zum Krankmachenden ver-

bunden sind, mit dem rhythmischen System des Menschen aber die Heilungsprozesse[6, 43].

Da, im Zirkulationsorganismus, entstehen fortwährend die Impulse der
Gesundung. Es geschieht, indem der Atemrhythmus, der dem Verkehr des
Menschen mit der Außenwelt entspricht, fortwährend den Zirkulationsrhythmus bändigen muß. Der Stoffwechsel reißt den Menschen fortwährend aus dem
Kosmos heraus, macht ihn dem Kosmos fremd, der Atemrhythmus aber reißt
ihn fortwährend in den Kosmos hinein. Indem aber im mittleren Organismus
die Impulse der Heilung entstehen, bleibt etwas zurück im Hinblick auf das
Nerven-Sinnessystem. Wenn die Kohlensäure nach außen ausgeatmet wird,
verbreitet sich im ganzen Organismus eine Ausströmung von Äther. Dieser
dringt in den Ätherleib des Menschen ein, und durch ihn werden die kosmischen Impulse angezogen. Er macht die menschliche Organisation geeignet, sich
den geistigen Einflüssen zu öffnen, den Impulsen, die wiederum gestaltend auf
den Menschen wirken, auch sein Nervensystem so bereiten, daß es Träger der
Gedanken werden kann; bewirkt auch, daß unsere Augen sehen, den äußeren
Lichtäther aufnehmen können. Dabei ruft, wie Dr. Steiner es uns schildert[6],
dieser Vorgang, daß fortwährend gegenüber dem Aufsteigen von Krankheitsvorgängen Gesundungsprozesse nach unten stattfinden, das Wohlgefallen der
höheren Hierarchien hervor. Als geistiges Studienobjekt dafür kann sich vor
unsere Seele hinstellen der Saturn[6]. Auch in ihm, als an das äußerste Ende
unseres Planetensystems hingestellt, spielen sich die gleichen Prozesse ab, die
wir fortwährend durch unseren Stoffwechsel und durch unseren Zirkulationsrhythmus in uns tragen. In seiner Mitte birgt er die Kräfte, die, wenn wir sie
auf die Erde konzentriert denken, krankmachende Kräfte sind. In seiner Umgebung aber, in dem Saturnring, zeigen sich für den, der dafür empfänglich
ist, die kreisenden Kräfte des Gesundmachens. Wie diese die Erde umgeben,
nehmen wir nicht wahr, weil wir darinnenstehen. Doch der geistige Blick wird
hingelenkt auf die Welt insbesondere der ersten Hierarchie, wie sie wohlgefällig auf dieses Krankmachende und Gesundende hinschaut, und wie
dieses Wohlwollen die Kraft des Weltenalls ist, die unser Nervensystem
durchströmt und darinnen die geistige Entwicklung bildet.

Wir können nun damit auch die andere Erkenntnis verbinden[6], daß wir als
Menschen alles, was Nerven-Sinnesentwicklung ist, wie sie sich über den ganzen Körper des heutigen Menschen ausbreitet, der alten Saturnentwicklung
verdanken; alle rhythmischen Vorgänge der alten Sonnenentwicklung; alles,
was im physisch-körperlichen inneren Menschen vor sich geht als Stoffwechselvorgänge, der Mondenentwicklung; daß wir aber unsere Glieder und alles, was
zur Gliedmaßenorganisation gehört, bewegen können, erst unserer heutigen
Erdenentwicklung. Dabei sind gerade im Stoffwechselsystem die Krankheitsursachen zu suchen, insofern jeder Stoffwechselvorgang auf dem Wege ist, den
ganzen Organismus krank zu machen, hätten wir nicht von der Sonnenentwicklung her fortwährende Heilungsprozesse in uns vermittels der Zirkulations-
vorgänge. Demgegenüber sind auch die Metalladern, die die Erde als Erinnerungen an ihre Entwicklung in sich birgt, im Hinblick auf unser therapeutisches Wirken erst recht zu verstehen, wenn wir uns hineinversetzen können
in die Region der zweiten Hierarchie[16]. Auch setzt eine gesunde Entwicklung
der geistigen Anlagen wiederum die Erkenntnis dessen voraus, was aus den
heilenden Kräften kommt. Denn es sind, auf die Mittelnatur des Menschen

angewendet, die Heilungsprozesse nichts anderes, als was schon im reinen Denken verwendet werden muß beim Zurückführen der Welt des toten Denkens hinein in die Welt der lebendigen Gedanken. Dabei entspricht es dem modernen Menschen[2], der sich auf den Forschungsweg begibt, daß er anknüpft an die heutigen naturwissenschaftlichen Vorstellungen und seine Seele damit imprägniert, daß er sie aber benützt als innerliche Aktivität, um über die Begrenzung der naturwissenschaftlichen Vorstellungen hinauszukommen und sie in die Region der Imaginationen zu erheben. Geschieht es Schritt für Schritt mit voller Besonnenheit, dann führt es hin zum schauenden Bewußtsein. Zwischen Menschen, Tieren und Steinen herumgehend, ist man so zugleich in der geistigen Welt, die gegenüber den Einzelanschauungen, die geistige Überschau gewährt; während es auf einem Irrtum beruht, daß man etwas über die Geistwelt erfahren kann mit Hilfe von abnormen Erscheinungen, wie sie in der Suggestion, durch Hypnose usw. zutage treten, indem man damit experimentiert. Damit kommt man nur zu Einzelanschauungen, die man registrieren und mit denen man Hypothesen über die geistige Welt ersinnen kann, während man es bei solchen Erscheinungen in Wirklichkeit mit Krankheitszuständen zu tun hat (s. S. 32).

Die pathologischen Erscheinungen ihrerseits sind wiederum in der Art zu verfolgen, daß aus ihnen heraus sich der Zugang zu den geistigen Welten eröffnet[2]. Diesen Forschungsweg exakt darzustellen, war das Ziel in der Zusammenarbeit von Dr. Steiner mit Dr. Wegman an deren Ausgang (s. S. 33). *Es ist der Saturnweg.* Er geht gerade nicht aus von zerstreuten Einzelerscheinungen, wie es auf dem Gebiete psychischer Forschung versucht wird, sondern von dem Gebiete, das der medizinisch, anatomisch und physiologisch Durchgebildete anschaut, wenn er von dem Begreifen der äußeren Form eines Menschenorgans aufsteigt zu einem imaginativen Ergreifen dieses Organs und allmählich beginnt, die menschliche Organisation in Imagination vor die Seele stellen zu können. Führt der Weg vermittels des lebendigen Denkens auf dem Wege des imaginativen Erkennens zunächst hinauf bis zum Erkennen des ganzen Menschen, wie er durch Geburt und Tod geht, aber von Natur nicht böse sein kann, so geht jetzt die Erkenntnis auf, daß die Möglichkeit zum Bösen in den einzelnen Organen liegt. *Es können die Organe verfolgt werden, wie sie ins Unendliche hinausgehen, aber von da zurückkommen als der große kosmische Mensch;* wie es sich im Tode auch wirklich vollzieht. Da geht jedes Organ hinaus in die ihm verwandte Region im Kosmos. Es erscheint dann der Mensch, wie er eingegliedert ist in den Kosmos. Und im Anschauen dieses Menschen kann sich ergeben, was den aufeinanderfolgenden Inkarnationen zugrunde liegt.

Es sind dies die Wege, auf denen auch die Metalle hinausstreben zu ihren Weltregionen, indem sie dem Entwerden der Erde dienen, von wo aber auch ihre Strahlen wiederum aus der Peripherie auf die Erde zurückkommen. Auf diese Weise dienen sie dem Menschen, sowohl auf dem Wege von der Erde hinaus in die geistigen Welten, wie auch auf dem Wege von da wieder zurück auf die Erde. Damit im Zusammenhang zu sehen ist, was bereits (s. S. 25) am Beispiel der *Sklerose* und *Ossifikation* im Hinblick auf die Wirksamkeit der Strahlenwirkungen *des Blei* ausgeführt wurde: daß schon vor der Konzeption und Geburt außertellurische Kräfte von der Peripherie her auf den Menschen wirken, die ihrerseits normalerweise wieder Gegenwirkungen im zerstreuenden Sinne hervorrufen. So daß es um Schwingungen um eine Mittellage geht, und da, wo diese über ihre Schwingungsmitte hinausgehen, die Ursachen von Krankheitsdispositionen zu sehen sind.

Doch gilt es weiterhin, hinter den Krankheitsdispositionen auch noch mehr das Wesentliche vom Wesen des Menschen zu suchen. Dazu führt das Durchschauen vom Schicksalswirken im Menschen. In dieser Hinsicht kann dienen (s. S. 42) ein Sich-Vertiefen in die in den Feuergewalten der Welten ihr Schicksal erlebenden Metalle, welchen Anteil sie auf diese Weise am Erdenwerdeprozeß haben und wie sie herein wirken in die sichtbare Welt im Gehen-, Sprechen- und Denkenlernen des Kindes[16]. Solche Bilder von der Verwandtschaft der in Feuergewalten schmelzenden und sich verflüchtigenden Metalle werden dem Arzt insbesondere helfen, wenn er sich im Sinne des Karma wirkend wissen will. Es werden aus der Einsicht in diese Schicksalszusammenhänge dann auch die Metalle in diesem Sinne dem Heilen dienen können. Das wäre auch der Weg zu einem mehr umfassenderen Verständnis für die dieser Arbeit beigefügten Krankengeschichten, in denen die Metalle in der Zeit des ärztlichen Wirkens von Frau Dr. Wegman und ihrer Zusammenarbeit mit Dr. Steiner Anwendung gefunden haben.

Eine wie umfassende Rolle der Saturn gerade in diesem Zusammenhang hat, wollten die schon gegebenen Darstellungen skizzieren. Ebenso hat, wie noch versucht werden soll darzustellen, das Blei, von altersher schon als der Saturn unter den Metallen bezeichnet, sowohl im Schicksal unserer Erde und der Erdenmenschheit, wie auch im Schicksal der einzelnen Menschen einen entsprechend umfassenden Anteil. Auf seine besondere Art aber hat es auch jedes der andern Metalle. Es sollen deshalb ihrer näheren Betrachtung in ähnlicher Weise, wie es im Hinblick auf den Saturn und das Blei geschah, auch die mit ihnen noch im Einzelnen verbundenen Geschicke der Erd- und Erdenmenschheits-Geschichte vorausgeschickt werden. Und wird man sich auf diese Weise mit Hilfe solcher durch die anthroposophische Geisteswissenschaft ermöglichten Einsichten in die einzelnen, hier am Schluß wiedergegebenen Krankengeschichten vertiefen, so werden diese ihrerseits auch wieder dienen können im Heranschulen für ein sich Hineinstellenkönnen als Arzt in das Heilerwirken, wie es unsere Zeit fordert.

Denn wir leben im Zeitalter der Bewußtseinsseelen-Entwicklung, d. h., die Menschheit geht heute als solche wieder über die Schwelle zur geistigen Welt. Diese Schwelle zwischen der gewöhnlichen physischen Welt und der geistigen Welt geht mitten durch uns Menschen hindurch[22]. Wenn sie richtig überschritten wird, führt dies zur Erkenntnis, wie mit allem Physischen Geistiges verbunden ist, ebenso mit allem, was geistig geschieht, auch physisches Geschehen. Die Voraussetzung dafür ist, daß der an abstraktes Denken gebundene Intellekt durch innere Aktivität wieder bei aller Besonnenheit die lebendige Gedankenwelt miterleben läßt; aber auch, daß sich in der Seele damit verbindet ein „Stirb und Werde". Dieses erwächst aus einem Verständnis für das Mysterium von Golgatha und das Mysterium der Auferstehung und läßt gegenüber allen krankmachenden Einflüssen, die unsere Zeit in sich birgt, den Anschluß an die heilenden Impulse finden. Diese Wandlung mußte auch Parzival, der reine Tor, als Vertreter der Bewußtseinsseele noch in seinem Inneren vollziehen. Erst als er, nach allem Leid und Suchen, an einem Karfreitagmorgen die Kunde erfahren hatte von dem Tod auf Golgatha und der Auferstehung, zu

Parzival Verteter der BS

einer Zeit, wo auch am Himmel der Saturn neben der Sonne im Zeichen des Krebses stand, war ihm, der an Stelle des kranken Amfortas zum Gralskönig vorgesehen war, als solcher der Zugang zur Gralsburg offen. Und durch Mitleid wissend konnte er, durch seine Frage nach dem Leiden, auch den kranken Amfortas davon erlösen.

Das Blei

Als irdische Substanz ist das Blei den aus der Umgebung der Erde hereinwirkenden, durch anderes nicht gestörten Saturnwirkungen zuzuordnen[3]. Das Metall als solches findet sich in der Erde nur selten, so z. B. bei Alstonmoor in Cumberland im Kalkstein, im Ural und Altai im Goldsand, auf Erzlagern in Wermland, in Höhlungen von Meteorsteinen von Tarapaca in Chile. Sonst aber gehört es in Form seiner Erze zu den am häufigsten vorkommenden Metallen. Es ist auch seit dem Altertum bekannt. Das Hauptinteresse war wohl zuerst gerichtet auf das in den Bleierzen immer auch mehr oder weniger vorhandene Silber. Aber mit der Zeit lernte man auch mehr und mehr die Eigenschaften des Bleis selbst kennen und sie sich zu Nutzen zu machen bis zu dem Umfang, wie es heute im Zeitalter der Technik in großem Ausmaße geschieht. Und man kann nicht umhin, diesen Anstieg in Korrespondenz zu empfinden mit dem Zurückgehen der noch mehr gemüthaften und künstlerischen Veranlagung auf Kosten einer mit dem wachsenden Verstand sich geltend machenden Nüchternheit; dies insbesondere noch seit der Erfindung der Buchdruckerkunst. Da ist es auch schon mehr zu sehen, wie im Buchdruckerberuf, im Umgang mit den Bleilettern, eine gewisse Nüchternheit an diesen Menschen zutage tritt. Daran kann auch schon der Eindruck erinnern, den das Blei, von außen gesehen, macht. Denn es ist blaugrau und arm an Glanz. Dahinter erst verbirgt sich sein ganzes Wesen, das einerseits der Kulturentwicklung der Menschheit dient, andererseits aber auch seine Gefahren hat, wie wir sie sehen in den Schäden, die sich im Umgang mit dem Blei bemerkbar machen und in den Bleivergiftungen in Erscheinung treten.

Von einem weiteren Gesichtspunkt betrachtet, kann es uns auch auf seinen wesentlichen Zusammenhang mit dem Entwicklungsprozeß der Erde und der Erdenmenschheit hinweisen. Denn ein Überblick hinsichtlich des Vorkommens des Bleis für seine Gewinnung ergibt[77], daß dabei Nordamerika weitaus an erster Stelle steht; an zweiter Stelle Europa, verteilt auf Spanien, England, Deutschland; an dritter Stelle, und mit einem wesentlich geringeren Anteil, der Osten, verteilt auf Afrika, Asien, Australien. Es läßt erkennen, wie der Saturn, von dem unsere ganze Entwicklung ausgegangen ist (s. S. 44), im Verlaufe der Kulturentwicklung der Menschheit, von Ost und West her seinen Einfluß in polarem Sinne geltend gemacht hat und noch weiter geltend macht, um nach der Mitte zu einer Gleichgewichtslage zu dienen, als Übergang zu einer gemeinsamen Weiterentwicklung auf höherer Stufe.

Gewonnen wird das Blei aus seinen Erzen. Das weitaus vorherrschende unter ihnen ist *der Bleiglanz*, eine Schwefel-Bleiverbindung (PbS). Er gehört zu den verbreitetsten Gangmineralien und findet sich zusammen mit Zinkblende, Kupferkies und anderen Begleitmineralien wie Kalkspat, Schwerspat,

Quarz, Flußspat. Die Eigenart dieses gangförmig auftretenden Bleiglanzes ist, daß er besonders silberreich ist (s. S. 76). Außerdem findet er sich noch lagerartig mit Zinkblende, Zinkspat und Brauneisen in Klüften und Hohlräumen von Kalk- und Dolomitgestein, auch von Muschelkalk, z. B. in Wiesloch bei Heidelberg, bei Tarnowitz und Beuthen, im Kemperdolomit von Bleiberg in Kärnten, im Kohlenkalk von Leadville (Colorado). Und das Charakteristische für den Bleiglanz ist seine bleigraue Farbe, auch sein auf frischen Bruchstellen an gediegenes Blei erinnernder Metallglanz. Von diesem unterscheidet er sich jedoch, indem er schon beim Ritzen sehr spröde ist und beim Zerschlagen eine vollkommene Spaltbarkeit nach dem Würfel hat. Auch haben seine Kristalle gewöhnlich Würfelform, gehören also dem regulären Kristallsystem an, das drei gleichlange, senkrecht aufeinander stehende Achsen hat. Man empfindet in dieser Kristallform die Grundform des dem Aufbau der Erde dienenden Salzprozesses und so, dem Bleiglanz gegenüber, daß in ihm ein Gleichgewichtszustand erreicht ist im sich Begegnen des Salzprozesses und des Sulfurprozesses. In dieser Hinsicht aber erinnert er uns auch wieder an die Aufgabe des Salzes, wie wir es von unserem Kochsalz her kennen. Dieses findet sich auch in Würfelform kristallisiert in der Erde, löst sich jedoch in Wasser bei entsprechenden Temperaturen leicht auf, fällt aber auch bei entsprechender Abkühlung leicht wieder als Salz aus. Durch diese Eigenschaft dient unser Salz dem Unterhalt alles Lebens auf der Erde, so auch im menschlichen Organismus, und da zugleich als physische Unterlage für den Denkprozeß (s. S. 12).

Doch beruht gerade die Gesundheit auf dem labilen Gleichgewicht im rhythmischen Verlauf des sich Formens und Lösens. Überwiegt die eine oder andere Seite dieses Prozesses, dann macht sich das in krankhaften Erscheinungen im Stoffwechsel-Gliedmaßenbereich bemerkbar. So kann es auch sein, daß die Kräftewirkungen, die im Bleiglanz ihren Gleichgewichtszustand gefunden haben, sich in einseitiger Weise geltend machen. Und wo dies als Krankheitsursache zugrunde liegt, da werden wir den Bleiglanz in seiner besonderen Eigenschaft als Heilmittel zu Hilfe nehmen können (Nr. 1).

Andere Bleierze sind wesentlich seltener als der Bleiglanz, finden sich auch mehr in den oberen Regionen der Bleiglanzlagerstätten. Das sind z. B.:

das Weißbleierz oder Cerussit, ein kohlensaures Blei ($PbCO_3$). Es bildet diamantglänzende, durchscheinende weiße oder graue, durch ihren Flächenreichtum ausgezeichnete rhombische Kristalle und Aggregate. In seiner Kristallform, beruhend auf dem System von 3 aufeinander senkrecht stehenden, aber verschieden langen Achsen, ist er verwandt dem Aragonit, der besonderen Form, in der der kohlensaure Kalk in Aragon (Spanien) zu finden ist. Und in seiner Art, sich in Kristallaggregaten anzuordnen, kann er so auch erinnern an die Anordnung der Knochenbälkchen in den Gelenkköpfen[73], [77], auch an den entsprechenden Anteil des kohlensauren Kalkes am Aufbau unseres Knochenskelettes;

das Grün- und Braunbleierz oder Pyromorphit, ein dem Apatit als phosphorsaurem Kalk isomorphes, phosphorsaures und chlorhaltiges Blei ($3 Pb_3 [PO_4]_2 + Pb Cl_2$). Es bildet, wie dieser, hexagonale Prismen, nach dem System: auf drei gleichen, sich unter je 60° schneidenden Achsen, eine 4. Achse anderer Größe senkrecht darauf; daneben auch facettenförmige Kristalle von lebhaftem Glanz und eigentümlich gelbgrüner oder violett-brauner Farbe;

der *Anglesit, ein schwefelsaures Blei* ($PbSO_4$), isomorph dem Schwerspat, farb-
lose, diamantglänzende Kristalle rhombischer Natur;
das *Rotbleierz oder Bleichromat* ($PbCrO_4$) mit safranroten, glänzenden, flächenreichen Kristallen;
das *Bleihornerz, ein Bleichlorid* ($PbCl_2$);
das *Schwerbleierz, ein Bleioxyd* (PbO).

Dieses *Bleioxyd* (Nr. 25) entsteht auch, wenn man Blei unter Luftzutritt erhitzt. Technisch entsteht ferner die sogenannte *Bleiglätte*, eine rotgelbe, kristal-
linisch-blättrige Masse, wenn Bleioxyd geschmolzen wird und wieder erstarrt.
Diese dient als solche zur Herstellung von Firnis, Kitt, Mennige, Bleizucker,
Bleiessig, Bleipflaster, Bleiglas, in der Töpferei als Glasur, in der Porzellan- und
Glasmalerei als Fluß. *Mennige* (Pb_3O_4) wiederum entsteht z. B., wenn Bleiglätte bei hoher Temperatur in der Luft oxydiert. Sie dient im technischen Gebrauch als Deckfarbe zum Schutz gegen Verrosten. Auf diese Eigenschaft des
Bleis in der Form von Mennige rechnen wir auch, wenn wir es im gegebenen
Falle therapeutisch in Anwendung bringen (Nr. 2). Wir können es da zu Hilfe
nehmen, wo es sich um einen Krankheitszustand handelt, bei dem der Astralleib
nicht genügend vom Ich aus beherrscht wird, so daß der Patient Einflüssen
unterliegen kann, die sowohl physisch wie seelisch zu Einbußen an Gestalt und
innerem Halt hintendieren. Dazu gehört auch insbesondere der Hinweis von
Dr. Steiner, durch medikamentöse Anwendung von Mennige der Trunksucht
entgegenzuwirken. Denn, was der Alkoholgenuß bewirkt, hat Dr. Steiner[24]
charakterisiert als einhergehend mit einem über seine normalen Grenzen im
Kopf aufsteigenden Gärungsprozeß, der von dort her nicht mehr in gesunder
Weise beherrscht werden kann.

Weitere für technische Zwecke hergestellte, aber auch für therapeutische
Anwendungen in Frage kommende Bleiverbindungen sind:
das *Bleiweiß* (Nr. 3), eine kohlensaure Verbindung, die bekanntlich als gute
Deckfarbe verwendet wird, aber im Gebrauch doch als giftig zu bezeichnen ist;
das *Bleiacetat* oder auch *Bleizucker* genannt[81] (Nr. 61), ein essigsaures Blei. Es
ist in der Medizin bekannt wegen seiner adstringierenden Eigenschaft und
wurde deshalb früher innerlich z. B. bei Diarrhoe, Magen-Darmblutung verwendet, äußerlich als das sogenannte Bleiwasser zu Umschlägen oder Salben bei
Quetschungen und Exkoriationen. Auch kommt es, nach einem Hinweis von
Dr. Steiner, zur Anwendung als Zusatz zu Umschlägen oder Wickeln bei der
Behandlung von Scharlach erwachsener Patienten (Nr. 101);
das *Bleijodid*, früher z. B. in Anwendung gekommen als Resorbens in Form von
Ungt. Plumbi jodati bei Drüsenschwellungen, Mastitis, Parotitis, Orchitis. Auch
besteht eine noch auf den ersten Anfang unserer Heilmittelherstellung zurückgehende Angabe von Dr. Steiner für Anwendung des Bleijodid bei Arthritis
urica: in Form von Salbe (5 %) zum Einreiben der Gelenke (täglich einmal ein
kirschkerngroßes Stück), auch als Badezusatz (1 Eßlöffel einer 5 %igen Lösung
pro Bad);
Bleichlorid[81] (Nr. 73).

Das Gemeinsame der therapeutischen Wirksamkeit aller dieser verschiedenen Bleisalze ist, daß jedes auf seine besondere Art zu Hilfe genommen werden
kann, wo es um ein Eindämmen von Auflösungs- und Zerstörungsvorgängen
gegenüber der Ich-Form und um deren Unterstützung geht. Charakteristisch
dabei ist, daß es wenig lösliche Bleisalze gibt. Doch unterscheidet man dabei

zwei- und vierwertige Bleiverbindungen. In der Hinneigung zur Kalkgruppe verhalten sie sich zweiwertig, gleich allen Metallen der Calciumgruppe. Die vierwertigen Bleiverbindungen hingegen neigen mehr hin zur Seite des Kieseligen[77].

Eines besonderen Hinweises bedarf hier noch *die radioaktive Uranverbindung des Bleis, das schwarz-braune Uranpecherz* ($U_5Pb_6O_{12}$) *oder die Uranpechblende.* Diese kam nach Angaben von Dr. Steiner für äußerliche Anwendungen in Betracht: ursprünglich in Form von Pflastern (5%) hergestellt und später mehr in Salbenform für Salbenlappenauflagen verwendet. Die ursprüngliche Indikation dafür lautet: Knochengeschwülste, Prostata-Hypertrophie, Myom, Unterstützung der Krebsbehandlung. Darauf gehen auch die Anwendungen in den bereits veröffentlichten Krankengeschichten [79, 80] zurück. Weitere Krankengeschichten mit speziellen Indikationen werden noch folgen (Nr. 4 – 8, 111, 134, 160). Es handelt sich dabei um Krankheitserscheinungen, bei denen wir uns auch an den Hinweis (s. S. 25) erinnern können, daß Dispositionen schon veranlagt wurden in der Zeit vor der Konzeption und Geburt. Wir haben es dann mit Folgeerscheinungen zu tun. Sie beruhen darauf, daß die schon vor der Konzeption und der Geburt auf den Menschen wirkenden, von der Peripherie her zentripetal einstrahlenden, gestaltend wirkenden Kräfte auch ihre Gegenwirkungen erzeugen; das sind Zerstreuungs- und Auflösungsprozesse, deren Schwingungen gegen eine Mittellage aber über diese hinausgehen und in andere Organsysteme übergreifen. Da haben wir es nach der Geburt, nachdem die Hüllen, die den Keim während der Embryonalzeit eingehüllt hatten, abgestoßen sind, auch weiter zu tun mit der geistigen Organisation, wie sie heruntergeschickt wird, bevor der Mensch selbst in das irdische Dasein hereinkommt.

Diese vorirdische Organisation bleibt im Menschen sein ganzes Leben lang tätig als die Leibes-Seelen-Geistwirksamkeit des Menschen während des physischen Erdenlebens[25]. Es ist dieser *unsichtbare Mensch* die Nachwirkung des vorirdischen Daseins, der im irdischen Dasein ein Kräfteleib wird und unterbewußt in uns wirkt. Er steckt in unseren Wachstums-, in unseren Ernährungskräften, auch in unseren Reproduktionskräften. Auch in ihnen sind enthalten das Ich, die astralische Organisation, die ätherische Organisation und die physische Organisation. Diese physische Organisation steckt bei dem geborenen Menschen in der anderen physischen Organisation. Als solche greift sie nun ein in die Ernährungs- und Wachstumsprozesse, in alles, was vom unteren Menschen, dem Stoffwechsel-Gliedmaßenmenschen, sich geltend macht in der menschlichen Organisation. Da gehen alle Strömungen in diesem unsichtbaren Menschen aus von der Ich-Organisation, dann in die astralische Organisation, dann in die ätherische und die physische Organisation. Da breiten sie sich dann aus. Wir können sie verfolgen auf dem Wege der Blutbahnen bis zu den Sinnen hin. – Demgegenüber gibt es eine Strömung, die von oben her direkt von dem Ich aus in die Nerven-Sinnesorganisation hineingeht und längs der Nervenbahnen nach unten strömt. Von hier wirkt der Geist unmittelbar in die physische Materie hinein. Wo dies geschieht, ist auch immer damit ein Zerstörungs-, ein Todesprozeß verbunden. – Ein abgeschwächter Todesprozeß aber ist der Atmungsprozeß. Da wirkt der übersinnliche Mensch so, daß das Ich, noch durchtränkt mit den Astralkräften, den Sauerstoff ergreift und als Ich-astralische Organisation mit Hilfe des Atmungsprozesses in die Organisation eingreift. – Dem gegenüber wiederum steht ein abgeschwächter Wiederherstellungs-Prozeß, der dem Atmungsprozeß begegnet. Zuviel Aufnahme von Sauerstoff würde unser Leben verkürzen; je mehr Kohlensäure-Bildungsprozeß entgegenkommt der Aufnahme des Sauerstoffs durch das Blut, desto mehr wird unser Leben verlängert. Da aber wirkt das Ich noch verstärkt durch den Ätherleib. — So sind alle Vorgänge, die im Menschen stattfinden, Metamorphosen des Nervenprozesses, der ein Abbauprozeß ist, der zentripetal verläuft, und des Blutprozesses, der zentrifugal nach der Peripherie zu geht. Bei zu viel Abbaukräften aber sammelt der Organismus Fremdartiges in sich an, das nicht richtig verarbeitet wird. Er enthält zuviel von dem in sich, was auf der Erde in der Umgebung des Menschen der äußeren Natur verwandt ist. Durch das direkte Eingreifen des Geistigen auf dem Umwege des Ich werden Fremdbildungen erzeugt. Diese brauchen nicht gleich sichtbar zu sein, können z. B. im flüssigen und luftförmigen Menschen sein. Sie haben die Tendenz, geschwulstartige Anhäufungen im Menschen zu bilden. Kommt ihnen nicht der Blutbildungsprozeß in der richtigen Weise entgegen, sie auflösend und sie richtig in den Vorgang des allgemeinen Leibeslebens überführend, dann ergreift der zu starke Abbauprozeß das eine oder andere Organ, bildet da Fremdkörper, die zuerst exsudativ, geschwulstartig sind, aber mit der Tendenz, sich ebenso zu verhalten, wie die äußeren Prozesse der irdischen Natur verlaufen, d. h. zu zerbröckeln. Nehmen wir aber einer solchen Krankheitserscheinung gegenüber die Anwendung der *Uranpechblende* zu Hilfe, dann wirken wir gerade dieser Zerfallstendenz von außen her entgegen. Wir unterstützen damit die von der Peripherie her einstrahlenden Kräfte, die ihrerseits wieder gerade der Gestaltbildung dienen. Wir appellieren dabei an die aus der Peripherie zentripetal auf die Erde hereinwirkenden Bleistrahlungen, entgegen den Bleistrahlungen, die gerade in entgegengesetzter Richtung dem Entwerden der Erde dienen.

Diese Peripheriekräfte wiederum haben mit der Bildung des Geistig-Seelischen im Menschen zu tun (s. S. 24). Ihr Bereich muß im wesentlichen verlassen sein, wenn der Mensch sich anschickt, in die irdische Sphäre hinunter zu steigen. Deshalb werden in der irdischen Sphäre die entgegengesetzten Kräfte aufgerufen. Ein weiterer Gesichtspunkt dazu ist[4], daß wir bei der Kopfbildung des Menschen haben: primär den physischen Leib, aber nur ein ätherisches Abbild, ein astralisches Abbild und ein Ich-Abbild; im rhythmischen Menschen einen Abdruck von Ich und Astralleib und primär für sich, aber zusammenwirkend, physischen Leib und Ätherleib; im Stoffwechsel-Gliedmaßenmenschen einen Abdruck des Ich und ein Zusammenwirken von physischem Leib, Ätherleib und Astralleib. Und wo es zu einer mangelhaften Ausbildung des Ich-Abdruckes kommt, kann eine Unterstützung der bleibildenden Kräfte in Betracht kommen. Dabei haben wir bei dem Ich-Abbild im Gliedmaßen-Stoffwechselmenschen einen physischen Abdruck beweglicher Natur. Das Ich schafft sich da einen mechanischen Kräfteabdruck, einen Gleichgewichts- und dynamischen Kräfteabdruck[80] (Nr. 32). Man hat es aber mit einem Abdruck des Ich in einem Kräftesystem zu tun, in einem Zusammenhang von Kräften beim Gehen und Sichaufrechterhalten. Ein anderes Kräftesystem ist es im Haupte. Das Ich drückt sich da ab in dem Wärmeteil des Hauptes, in der Art und Weise, wie das Haupt, verschieden differenziert, in seinen verschiedenen Organen durchwärmt wird. In dieser Hinsicht bedarf es in erster Linie der Unterstützung durch das Blei bei der Hydrocephalie[81] (Nr. 3). Weitere

Gesichtspunkte geben die Krankengeschichten (Nr. 9–14). Dabei handelt es sich um Krankengeschichten, bei denen wir von der einen oder anderen Seite her die Abbaukräfte in ihr richtiges Geleise bringen wollen. Bei der Sklerose wiederum haben wir die Ich-Organisation in der Weise zu unterstützen, daß den salzbildenden Prozessen, die sonst im Körper bleiben, der Weg nach außen geöffnet wird. Um aber diese Wirkung nach der anderen Seite hin wiederum so einzudämmen, daß dieser Prozeß im Rahmen der Ich-Organisation sich vollzieht, wird das Blei, wie es als Scleron[1] verabreicht wird, mit Honig verarbeitet. Dadurch wird bewirkt, daß die Bleiwirkung im Zaume gehalten wird[4]. Es wird durch den Honig die Ich-Organisation dahingehend unterstützt, über den Astralleib die nötige Herrschaft ausüben zu können.

Man hat also die Möglichkeit, durch das Blei die Richtung der Prozesse der Ich-Organisation zu bestimmen. Ein Zuviel in der einen oder anderen Richtung aber ist Giftwirkung. Sie tendiert dahin, das Gebilde des Menschen, insofern es ein Ich ist, zu zerstören. Und so kann sich aus diesem Überblick schließlich im Hinblick auf die Bleiwirkung auch die Folgerung ergeben, daß: was in großen Mengen im unteren Menschen krankmachend wirkt, in kleinen Mengen, wenn man es zur Wirkung bringt vom oberen Menschen aus, gesundmachend wirkt und umgekehrt[4]. Denn die Saturnkräfte wirken in der ganzen Konstitution des Menschen, insofern er seinen astralischen Leib gesund oder krank einorganisiert hat[26]. Wir werden uns deshalb bei Anwendung des Bleis immer wieder zu fragen haben, nach welcher Richtung wir die Ich-Organisation unterstützen wollen, und werden dementsprechend auch das Blei verarbeiten und dosieren.

Das Blei, von dem wir dann ausgehen, ist *das Plumbum metallicum*, das bereits durch einen Schmelzprozeß aus seinen Erzen gewonnen ist. In allen seinen Eigenschaften läßt sich seine Zugehörigkeit zum Saturn erkennen. Schon beim Schmelzprozeß aus den Erzen bedarf es geringerer Wärmegrade als die anderen Metalle. Seiner Farbe nach ist es blaugrau, seinen Metallglanz verliert es schnell, erscheint matt nach außen und unterscheidet sich so von den Edelmetallen. Dem Gewicht nach ist es andererseits das schwerste unter den Metallen. In dieser Eigenschaft dient es noch technisch z. B. als Senkblei beim Bauen oder zum Loten. Sonst aber ist es einerseits relativ weich, biegsam und bildsam; andererseits aber wieder spröde. Es läßt sich das Blei infolgedessen nicht schmieden, dafür aber sehr leicht schmelzen und in Formen gießen. Dementsprechend hat es auch in der verschiedensten Weise Verwendung gefunden. – Obwohl nicht zu den Edelmetallen gehörig, hat es andererseits doch eine relative Beständigkeit. Diese beruht allerdings gerade auf seiner Empfindlichkeit gegenüber Säuren und Basen. Auch an der Luft verliert es deshalb schnell seinen metallischen Glanz, weil es sich, den äußeren Einflüssen ausgesetzt, sofort mit Bleisalzen überzieht. Sie aber schützen es dann gerade, weil sie unlöslich sind, vor weiteren chemischen Angriffen. Darauf beruht auch seine Verwendung z. B. zu Leitungsröhren und Gefäßen zum Aufbewahren von Säuren. – Ferner zeichnet es sich noch besonders aus durch seine Dichte. Denn es ist nicht nur undurchlässig für Wasser, sondern auch für Licht, bekanntlich auch für Röntgenstrahlen und Radiumemanationen. Dazu ist es ein schlechter Leiter für Wärme, Elektrizität, ebenso für Ton und Schall und kann deshalb als Schutz gegen deren Einflüsse dienen. Selbst fühlt es sich warm an, hat auch einen warmen Klang und läßt sich schon bei Anwendung einer relativ schwachen

Flamme schmelzen. – Andererseits ist der ständige Umgang mit Blei nicht ohne Einfluß auf den Menschen. Kann er sich geltend machen, dann führt er zu Vergiftungserscheinungen mit der Tendenz, die eingeborenen Bildekräfte des Menschen zu zerstören und damit sein Menschsein zu untergraben. Das ist Auflösung der physischen Körperlichkeit, was bis zum Versagen der Stimme, zu Ohnmachtsgefühl, Betäubung und letzten Endes dem Tode entgegen führen kann[4].

Krankheitserscheinungen, die nach dieser Richtung tendieren, können wiederum darauf beruhen, daß die Persönlichkeit nicht sich Einflüssen mit der Tendenz, sie zu verdrängen und auszulöschen, entgegenstellen kann. Wo eine solche Erkrankung vorlag, wurde von Dr. Steiner auf die Anwendungsmöglichkeit von *Mennige* (s. S. 55) hingewiesen (Nr. 2). Ein extremer Fall dafür war die Trunksucht, wo es gilt, den im Organismus unter dem Einfluß des Alkohol beginnenden Zerfall zu verhindern und der Persönlichkeit auf diese Weise im Kampfe dagegen zu Hilfe zu kommen. Man unterstützt auf diese Weise im Grunde die Funktion der Milz (s. S. 48) als Saturn, in dem Sinne, daß sie, gegenüber dem von unten aufsteigenden Prozeß, statt dem Zerfall dienen zu müssen, den Anschluß an die Heilung und von da den Übergang in die geistige Entwicklung bewirken kann. Auch werden in dieser Richtung die Heilwirkungen zu verstehen sein, wenn z. B. bei einem Patienten infolge von Opiumsucht bereits Angst- und depressive Zustände aufgetreten sind und u. a. Plumbum acet. zur Anwendung kam[81] (Nr. 61), ebenso, wenn ein Patient mit Paralysis cerebri u. a. Bleichlorid in Form von Injektionen erhielt[81] (Nr. 73). Haben wir es jedoch damit zu tun, daß bei einem Kinde eine Vorliebe für Schmutz oder schlechte Gerüche in Erscheinung tritt, dann weist dies auf die Tatsache hin, daß sein Instinktleben (s. S. 31) statt in gesunder, in einer perversen Weise von seiten des Saturn beeinflußt wird. Hier wiederum wird man mit Hilfe des Bleis versuchen können, diese von seiten der Sinne kommenden negativen Einflüsse zurückzuhalten; ebenso, wenn im Falle einer Anlage zu Moralblindheit Hang zu Grausamkeit besteht[81] (Nr. 100), wo auch schon äußerlich ein abgeflachtes Hinterhaupt und mangelhaft ausgebildete Hinterhauptlappen des Gehirns auf einen Zusammenhang mit dem Saturn hinweisen.

Es ist dies das kranke Gegenbild zu dem, was sich geistig entwickelt, wenn die Milz als Organ dem Wirken des Geistselbstes dient. Und seine Heilung weist uns hin auf den Saturn, dessen Inneres in reinster Konzentration kränkend, dessen Ring aber kreisende Gesundheit (s. S. 50) ist. Für den geistigen Blick spielt sich da der gleiche Prozeß ab, den wir fortwährend durch unseren Stoffwechsel- und durch unseren Zirkulationsorganismus in uns tragen. Der Blick wird dabei auch hingelenkt auf die Welt der zweiten Hierarchie und ersten Hierarchie, wie da, wenn wir mit dem geistigen Auge aufmerksam sind auf den Saturn und seinen Ring, die oberen Hierarchien wohlgefällig auf dies Krankmachende und Gesundende hinblicken.

Sonne-Gold

Das Gold unserer Erde weist zur Sonne als seinem Ursprung. Und seine Entwicklungsgeschichte ist eng verknüpft mit dem Erdenschicksal, insofern die Sonne daran ihren Anteil hat. Dieses Schicksal führt zurück bis zur alten Sonne als zweite Verkörperung unseres Planetensystems, als wieder auferstandener Saturn[19]. Damals ist eine Verdichtung der Wärmesubstanz des alten Saturn eingetreten. So bestand *die alte Sonne* schließlich aus Wärme und Luft. Bewirkt haben diese Verdichtung die Geister der Weisheit. Ihrer Leitung unterstand auch die Sonnenentwicklung. Durch sie geschah auf der alten Sonne andererseits auch die Veranlagung des Ätherleibes der Erde und des Menschen, sie opferten dafür von ihrer Substanz. Die Größe der alten Sonne war gleich einer Kugel, mit der heutigen Sonne in der Mitte und dem Jupiter als äußere Grenzmarke. Sie unterschied sich von unserer heutigen Sonne dadurch, daß sie, gleich einem Ausatmen und Einatmen, aus eigener Kraft vermochte aufzuleuchten und sich zu verfinstern; während unsere Sonne heute immer leuchtet. Darauf geht die Anlage des rhythmischen Systems des Menschen zurück. Die Erde war damals noch ein Teil der Sonne. Und es war die Mission der Sonne, den Ätherleib zu gestalten und im Fortwirken des Elements der Weisheit das Gefühl zu begründen[27]. Es gab zwei Reiche auf dieser alten Sonne: ein Mineralreich und ein Pflanzenreich. Der Mensch machte das Pflanzensein durch[28, 29]. Dieses pflanzenhafte Wesen der Sonne bestand aus Luftförmigem und Wärmehaftem, beherrscht von den gleichen Gesetzen, die heute im Pflanzenreich wirken. Die Feuergeister oder Archangeloi machten auf dieser alten Sonne ihre Menschheitsstufe durch. Doch geschah es auch, daß durch das Wirken von zurückgebliebenen Geistern der Persönlichkeit oder Archai, die normalerweise auf dem alten Saturn ihre Menschheitsstufe durchmachen sollten und diese auf der alten Sonne nachholten, auf dieser auch die Vorfahren unseres Tierreiches gebildet wurden[29]. Es entstand damit ein Reich, das auf der Saturnstufe stand. Auch begann schon auf der alten Sonne die Tätigkeit der zerstörenden Kräfte[30], indem zurückgebliebene Wesen im Dunkel weiter wirkten.

Die Entwicklung des alten Mondes, als dritte Verkörperung unseres Planetensystems, begann nun wiederum mit einer Wiederholung des Saturn- und Sonnendaseins. Hier trat eine Verdichtung ein durch die Geister der Bewegung. Sie haben — die Sonne dabei im Mittelpunkt gedacht — die Substanz der alten Sonne bis zur Grenze des heutigen Mars zusammengedrängt. Dadurch wurde die frühere Luft zu Wässrigem. So bestand der alte Mond aus Feuer, Luft und Wasser[19]. Die Leitung der alten Mondenentwicklung unterstand gleichfalls den Geistern der Bewegung, auf die auch zurückgeht die Anlage unseres Stoffwechselorganismus. Doch aus dem gemeinsamen Weltenkörper trat jetzt die Sonne heraus, damit schon vorbereitend die Vorgänge während der späteren Erdenentwicklung[30, 31, 32]. Sie nahm die feineren Kräfte und Wesenheiten mit sich, im zurückbleibenden Teil die gröberen belassend. Es geschah dies von seiten der Sonne, um für die eigene Höherentwicklung die Bedingungen zu haben, die ihr der Mond nicht mehr bieten konnte, auch im Hinblick auf die

Erdenentwicklung; es hätte die Menschheit nicht das Sonnentempo mitmachen können. Die Sonne wurde so zum Fixstern und gab dem Mond von außen, was er benötigte[28]. Dabei entspricht es dem Wesen des Fixsterns, daß hinter ihm zu denken sind die höheren geistigen Hierarchien bis herab zu den Geistern der Weisheit[9].

So löste auch während der vierten Verkörperung unseres Planetensystems, die der Entwicklung unserer heutigen Erde entspricht, die Sonne sich aus dem zunächst gemeinsamen Weltenkörper heraus. Es geschah in der hyperboräischen Zeit, die eine Wiederholung der alten Sonne war. Vorausgegangen war die polarische Zeit als Wiederholung des alten Saturn. Wäre die Sonne mit der Erde verbunden geblieben, der Mensch hätte nicht Schritt halten können mit dem Entwicklungsgang des Sonnenwesens, er hätte sich zu schnell entwickeln müssen. Die Sonne hätte anregend auf alles menschliche Leben gewirkt, aber in so schneller Weise, daß es sozusagen verbrannt wäre in dem physischen und geistigen Sonnenfeuer. Durch das Herauslösen, das Fernergerücktsein, war ihre Wirkung abgeschwächt[33]. Andererseits war jedoch durch das, was die Erde an verhärtenden Tendenzen in sich hatte, das Entwicklungstempo auf der Erde so verlangsamt worden, daß es für das dem Menschenwesen angemessene Tempo zu langsam geworden war. Die Erde wäre vertrocknet, verholzt, der Mensch würde sich verhärtet haben und hätte sich nicht zu einer Wesenheit, wie sie es heute ist, aus einem physischen Leib, ätherischen Leib und einem inneren Geistes-Seelenleben bestehend, entwickeln können. *Deshalb mußte auch der Mond noch von der Erde getrennt werden. Es geschah dies in der lemurischen Zeit*, die eine Wiederholung der alten Mondenzeit ist. Dadurch wurde ein Teil der verhärtenden Tendenzen in Form des Mondes herausgesetzt. So konnte es wieder, während jetzt die Sonne von außen wirkte, in entgegengesetzter Weise, von innen heraus zu innerem Leben und innerer Regsamkeit kommen, die sonst versiegt wäre, und es fand eine Wiedererholung der vier Reiche statt. Am ehesten erholte sich das Mineralreich, dann das Pflanzenreich, das Tierreich, zuletzt der Mensch[29]. Insofern Sonne, Mond und Erde jetzt voneinander getrennt sind, macht sich so in der lemurischen Zeit eine Dreigliedrigkeit geltend. Sie üben auch in dreifacher Weise ihre Kräfte auf den Menschen aus[34]. Die Erde selbst sah zunächst, nach dem Austritt des Mondes, noch etwa aus wie der alte Mond[32], war noch chaotisch. Hier begann erst die eigentliche Erdenentwicklung. Durch die Wirkung von Sonne und Mond wurden die Zustände erst geordnet. Dahinter wirksam zu denken sind die Geister der Form oder Exusiai. Sie sind die Leiter der Erdenentwicklung und der Menschheitsentwicklung auf Erden, die den Sinn haben, der Ich-Entwicklung des Menschen zu dienen. So entstand nach dem Austritt des Mondes ein fester mineralischer Kern, es begann ein Verhärtungsprozeß der Erde, der zum heutigen Mineralreich und zu dem Knochensystem des Menschen geführt hat[35]. Um den Kern war Wasser und oben Nebel, aus dem dann viel später erst die Luft sich abgesondert hat. Auch begann erst in der atlantischen Zeit die Erde ihre heutige Gestalt anzunehmen, ebenso der Mensch, indem die Sonnenwesen auf die äußere Gestalt wirkten, während die Mondenwesen das seelische Leben anregten[33]. Und erst in der Mitte der Atlantis entreißt sich der Mensch dem Wasser und betritt die feste Erde[32].

Schauen wir – die weitere Differenzierung des Planeten-Sonnensystems hier übergehend – nun hin auf die *Substanzen im Erdorganismus*. Da kommt, was ätherisch die mineralischen Substanzen durchdringt, aus der Sphäre der Geister der Bewegung[9]. Es sind Lebensströmungen, welche von den einzelnen Planeten herunterströmen und das Mineralische der Erde allseitig mit Innerlichkeit durchdringen. Diese Geister der Bewegung dirigieren das Ätherische. Das Astralische des Minerals hingegen weist hin auf den Fixstern Sonne, geht aus von der Sphäre der Geister der Weisheit. Und durch das Astralische wird im Gegensatz zu Mensch und Tier von der Sonne aus das Ätherische hineingeschoben in das Mineral oder den Kristall und so zusammengehalten, während ihre Form zurückzuführen ist auf die Geister der Form. Dabei werden durch die verschiedenen Stellungen der Planeten außer den Hauptsubstanzen Nebensubstanzen geschaffen, die von der Konstellation der einzelnen Planeten abhängen. Dort aber, wo die Planeten durch ihre ursprüngliche Eigenheit wirken, drückt sich das aus in den *Hauptsubstanzen* des Erdorganismus. Das sind *die 5 Metalle: Blei, Zinn, Eisen, Kupfer, Quecksilber.* Der Sonne als Fixstern entsprach es jedoch nicht mehr, daß von ihr solche ätherische Ströme auf die Erde ausgingen. Von ihr aus wirken die Geister der Weisheit astralisch auf das Mineralische. Sie haben als solche ihren ganz normalen Entwicklungsprozeß durchgemacht. Doch unter den geistigen Wesenheiten, die als luziferisch zu bezeichnen sind, weil sie sich gegen ihresgleichen auflehnen und dadurch diesen entgegenwirken, waren es die luziferischen Geister der Weisheit, die, weil sie die Entwicklung nicht mitgemacht haben, statt astralische Strömungen von der Sonne auf die Mineralien auszusenden, ätherische Ströme auf die Erde ausströmten. Dadurch entstand *das Gold* als eine Grundsubstanz, die ihre Innerlichkeit direkt von der Sonne und nicht von den Planeten erhielt. Das Gleichgewicht der Erde hinsichtlich des Mineralreiches war dadurch gestört. So kam es aber auch, daß normale Geister der Weisheit darauf verzichteten, von der Sonne aus zu wirken, um dieses gestörte Gleichgewicht wieder herzustellen. Sie wirkten als die Gegner der luziferischen Geister der Weisheit der Sonne. Es wurde eine Planetenkolonie auf dem Monde begründet, und vom Monde gingen nun ätherische Strömungen nach der Erde. So entstand *das Silber* als eine Grundsubstanz, die in der Erde sein mußte, um die Goldkraft abzuschwächen. Es war dies möglich, indem der Mond von der Erde getrennt wurde (s. S. 18).

Daß aber der Mond die Erde verließ, was nötig war für weitere Entwicklungsmöglichkeiten, war das Werk der *Geister des Willens oder Throne, der Cherubime und Seraphime.* Als die Sonne sich trennte von der Erde, ließen sie die Sonnengeister aus der Erde herausgehen und blieben selbst bei der Erde. Auf diese Weise hatten sie die Möglichkeit, zu gegebener Zeit den Mond aus der Erde herauszuziehen und dadurch die Retter der Menschheitsentwicklung zu werden[33]. Sie stehen so ebenso hinter den Erscheinungen unseres Seelenlebens, wie die Geister der Sonne hinter den Erscheinungen unserer äußeren Wahrnehmung stehen. So daß die geistigen Wesen, die hinter der äußeren Sinnenwelt stehen, von einer anderen Seite herkommen als die geistigen Wesenheiten, die hinter den Gefühlen und Empfindungen, auch hinter dem Gewissen stehen und von der entgegengesetzten Seite kommen.

Doch all dies Geschehen erfolgt nicht auf einmal, sondern nach und nach; so auch die wohltätigen Wirkungen, die von der Sonne ausgehen, indem das Wirken der Geister der Form im engeren Sinne mit der Erden- und Menschheitsentwicklung verbunden ist[27]. So kommt die *Erdoberfläche* zustande *als ein Ergebnis von ein- und ausstrahlenden Kräften,* die so wirken, daß sie sich gerade an der betreffenden Oberfläche gegenseitig aufhalten. Es sind im wesentlichen die Throne, die Geister des Willens, die von der Erde aus heraufwirken. Und was vom Weltenraum hereinkommt, das sind im wesentlichen einstrahlende, hereinarbeitende Kräfte von gewissen Geistern der Bewegung. Und daß die Throne in ihrer Wirkung aufgehalten werden von den Geistern der Bewegung, gibt die verschiedenartig konfigurierte Oberfläche. Auf diese Weise allein aber würde die Erde in fortwährendem Flusse sein, sie würde nicht an irgendeiner Stelle zur Ruhe kommen. Wohl würde es nicht ein so leicht wellenwerfendes Element sein wie das Wasser, würde aber in demselben Maße zähflüssige Wellen bilden. Doch, sowohl nach oben wie nach unten, wirken die Geister der Form hinein und bringen die bewegte Masse zur Ruhe, gießen sie in Formen. Über ihnen sind die Geister der Bewegung, unter ihnen die Geister des Willens. Den Geistern des Willens aber wird Hilfe geleistet von den Cherubimen im Element der Luft; von den Seraphimen, die hinter all dem wirken, was als Wärme vorhanden ist. Und wo die Luft- und Wärmegrenze ist, da wird gleichsam eine Oberfläche gebildet. Auf dieser Oberfläche tanzen förmlich auf den Wellen die Geister der Form, bringen sie zur Ruhe und zur Form. Hinter ihnen aber stehen die Geister der Bewegung und die Geister der Weisheit. So ist alles, was wir an Naturkräften und Erscheinungen haben, wenn wir hinaufschauen in Himmelshöhen, im wesentlichen der zweiten Hierarchie zuzuschreiben, alles, was wir erblicken, wenn wir in die Tiefe der Erde hineinsehen, den Wesenheiten der Throne, Cherubime, Seraphime. Das Naturelement wiederum, in dem die Geister der Form ihre Kraft entfalten, ist das Element des Lichtes. Sie sind konzentriert in dem, was wir die ausstrahlenden Sonnenwirkungen nennen. Indem sie sich da entfalten, wo die Geister des Willens zusammenwirken mit den Geistern der Bewegung, werden da die festen Formen erzeugt. Hineinverwoben aber ist in das Licht alles, was auf unserer Erde als chemische Kräfte wirkt, und es ist dies das Feld, in dem im wesentlichen die Geister der Bewegung tätig sind. Wenn man wahrnehmen könnte, was dahinter wirkt, man würde die Sphärenmusik tönend erleben. Außerdem senden noch die Geister der Weisheit ihre Wirkungen hinein in das webende Licht und in die den Raum durchwebende Sphärenmusik. Auf diese Weise strahlt auf die Erde ein das Leben des Weltenäthers. Mehr aber im Inneren der Wesen wirkend zu denken ist, hineinverwoben in all das Wirken von unten und von oben her über die Erde hin, die Hierarchie der Archai, Archangeloi und Angeloi: die Archai als die Zeitgeister weben in dem, was ihnen zubereitet worden ist von den höheren Hierarchien, und bewirken die menschliche Geschichte, die Kulturevolution auf der Erde; die Erzengel sind die Volksgeister; die Engel vermitteln zwischen den einzelnen Menschen und den Erzengeln.

Die Erde aber hatte erst verschiedene Verkörperungen durchzumachen, bevor sie unsere heutige Erde werden konnte. Bei jeder neuen Verkörperung gab es eine andere Art des Zusammenwirkens dieser hierarchischen Wesenheiten. Dabei hatte jeder dieser Zustände, die die Erde durchgemacht hat und noch durchmachen wird, eine besondere Aufgabe. Daß sich die Kräfte des äußeren und inneren Menschen: physischer Leib, Ätherleib, Astralleib, Wollen, Fühlen, Denken haben entwickeln können, dafür waren die drei ersten Verkörperungen unserer Erde nötig. Dem alten Saturn verdankt der Mensch, was er an Wille und physischem Leib hat; der alten Sonne den Ätherleib und in der Nachwirkung die inneren Kräfte des Fühlens; dem Mondenzustand den Astralleib und das damit verbundene Denken. Auf diese Weise dienen diese drei vorangegangenen Erdenzustände unserem eigentlichen Wesen, dem Ich.

Was aber ist *die Mission unserer heutigen Erde*, hinter deren Entwicklung die Wirksamkeit der Geister der Form steht, denen der Mensch sein Ich verdankt? Sie haben sich mit der Sonne herausgelöst, um das Gleichgewicht herzustellen gegenüber den abnormen Geistern der Form, die eigentlich Geister der Bewegung und als solche an Kraft den normalen Geistern der Form überlegen sind. Dadurch entstand nicht ein einheitliches Menschentum über die ganze Erde hin, sondern ein solches, das sich in der Mannigfaltigkeit der Rassen ausleben konnte. Diese entwickelten sich durch das Zusammenwirken eines abnormen Geistes der Form mit einem normalen Geiste der Form. Denn von den 7 Geistern der Form, den 7 Elohim, war einer auf der Erde zurückgeblieben. In der Bibel wird er Jehova genannt. Er mußte sich absondern, damit durch die gleichzeitige Wirksamkeit der abnormen Geister der Form nicht völlige Unordnung in das Gleichgewicht hineingebracht wurde[27]. Seine Wirksamkeit ist mit dem Hinausgehen des Mondes auf diesem zu suchen, die der 6 übrigen Elohim auf der Sonne; während die abnormen Geister der Form ihren Mittelpunkt auf dem Planeten haben, dem jeder von ihnen zugehört. Von da aus strahlen diese auf die Erde herunter. Es wird dadurch die Kraft, die uns zuströmt von den normalen Geistern der Form, abgeändert, aber sie wird auf der Erde aufgehalten und strahlt wieder von der Erde aus. Die eigentliche Mission der Erde und damit auch der normalen Geister der Form ist dabei: im Menschenwerden Harmonie zu schaffen unter den Elementen des Denkens, Fühlens und Wollens, von denen jedes die Hegemonie hatte in einem der früheren Erdenzustände. Und die Taten des Ich im Menschen sind: das Schaffen eines Mittelpunktes in der menschlichen Natur, wodurch dieser Gleichgewichtszustand von Denken, Fühlen, Wollen hergestellt wird, so daß es von sich ausstrahlen und übertragen kann auf die Erde, was dieses Gleichgewicht von Denken, Fühlen und Wollen bedeutet. Es wird auf diese Weise ein viertes Element erzeugt. Und das ist das Element der Liebe. Die Geister der Form in ihrer Gesamtheit sind deshalb auch als die Geister der Liebe zu bezeichnen. Wo eine solche Liebe einem von einem Menschen entgegenkommt, da sagt man ja auch noch aus alter Einsicht, er sei ein sonniger Mensch, er habe ein goldenes Herz. Denn als Substanz weist das Gold auf die Sonne hin. Nur ist es auf Erden entstanden durch das Wirken zurückgebliebener, also luziferischer Geister der Weisheit (s. S. 62). Dadurch kam es dann auch, daß einerseits die Sonne anfing nach außen zu leuchten, daß andererseits dem Menschen – den Gott nach seinem Bilde geschaffen und ihn mit seinem lebendigen Odem versehen hatte, und der seine Umwelt noch paradiesisch erlebte – die Augen aufgetan wurden. Das hat bewirkt, daß er allmählich die Sonne und seine Umwelt nur noch von außen sehen konnte.

Doch wenn wir heute hinaufblicken zur *Sonne als Fixstern*, so ist, was in ihr als Fixstern darinnen ist, Inhaltssubstanz der Geister der Weisheit[9]. Sie ist, insofern sie der Schauplatz des Wirkens der echten Geister der Weisheit ist, für unsere physischen Augen nicht zu sehen. Denn als von den Geistern der Weisheit dirigiert, verbreiten die Fixsterne kein physisches Licht. Es kann nur verbreitet werden, wenn ein Lichtträger zugrunde liegt. Sichtbar wird ein Fixstern dadurch, daß auf untergeordneter Stufe, entweder auf der Stufe der Geister der Bewegung oder der Geister der Form stehengebliebene Geister der Weisheit sich auflehnen gegen die reine Substanz der Weisheit, diese durchsetzen mit ihrem eigenen Prinzip und so sich beigesellen der nichtscheinenden Geistsubstanz der Fixsterne als Träger des Lichts, als Luzifer, als Phosphoros. So sind es also dieselben Geister, die uns von der Sonne das Licht zusenden, die auch die ätherischen Lebensströme nach der Erde schicken und so das Gold bewirken (s. S. 62). — Dagegen haben normale Geister der Weisheit das Opfer gebracht, auf dem Monde eine Kolonie zu gründen, um von da aus den luziferischen Geistern die Waage zu halten. Auch *der Mond* hat ja, wie es dem Wesen der normalen Geister der Weisheit entspricht, kein Eigenlicht, strahlt aber nach außen das luziferische Licht zurück, während auf die Erde ätherische Strömungen ausgehen, die das Silber bewirken. So wird auf diesem geistigen Hintergrunde verständlich, warum das Gold auch stets etwas Silber enthält (s. S. 68).

In der menschlichen Seele wiederum sind *unsere Gedanken ein Bild der Substanz der Geister der Weisheit.* Auch sie sind für physische Augen nicht sichtbar. *Der Träger der Gedanken aber ist der Ätherleib des Menschen, dessen Anlage auf die alte Sonne zurückgeht.* Die Geister der Weisheit haben dafür von ihrer Substanz geopfert, und sie waren es auch, unter deren Leitung sich auf der alten Sonne die Entwicklung vollzog. Der Substanz nach besteht also eine enge Verwandtschaft zwischen dem Substanzinhalt der Geister der Weisheit und dem Substanzinhalt der Welt der Gedanken, sowohl im Makrokosmos wie im menschlichen Mikrokosmos. Mit dem Intellekt begabt, den er dem luziferischen Einfluß verdankt, schaut aber der Mensch unserer Zeit nicht mehr hinein in die Welt der lebendigen Gedanken, sondern erlebt sie nur noch von ihrer Außenseite, und statt lebendiger Gedanken hat er selbst nur noch abstrakte Gedanken, das sind Gedankenschatten.

Das Verhältnis zum Gold hat sich dabei im Laufe der Menschheitsentwicklung auch verändert. Früher diente es dem Kulte zur Erhebung der Seele zum Geiste. Dahinter stand noch die alte Mysterienweisheit, daß das menschliche Herz ein Ergebnis des Goldes ist, das überall im Lichte lebt, das, vom Licht getragen, vom Weltenall auf die Erde hereinströmt[18]. Heute aber sind es in erster Linie mehr nur äußere Interessen, die man ihm auf künstlerischem, technischem Gebiete und im Wirtschaftsleben wegen seines Geldwertes entgegenbringt. Statt dem sozialen Leben zu dienen, beherrscht es auf diese Weise weitgehend das Leben der Menschen im Sinne eines einseitigen Materialismus. Der Sinn wird dadurch sowohl vom sozialen wie auch vom geistigen Interesse abgelenkt. Die heranreifenden Menschen haben es infolgedessen heute schwer, in ihrer Seele den Anschluß an den eigentlichen Sinn des Lebens und damit auch an die Quellkraft des Lebens zu finden. Das aber suchen sie auf dem Grunde ihres Herzens. Doch das Finden setzt voraus ein *Verständnis für das Mysterium von Golgatha.* Dieses fiel hinein in die vierte Kulturepoche, die der Ausbildung der Verstandes- oder Gemütsseele diente. Da geschah es, als der Christus am Kreuz starb, als sein Blut zur Erde floß und sich mit der Erde verband, daß die Erde von der bloßen Form in Leben überging[33], ebenso der menschliche physische Leib. Er wäre sonst der Dekadenz und dem Verfall unterlegen. Geistig gesehen stellt sich die Erde für die Zeit vor Christus als bloße Form dar. Da wirkte der Christus als Sonnenwesenheit noch von außen. Durch das Eintreten des Christusprinzipes in die Erde war jedoch etwas Ähnliches geschehen wie bei der Mondentrennung. *In das, was sonst Form geblieben wäre, ist Leben eingetreten.* Das geschah noch für das allgemeine Heil der ganzen

Menschheit. Von dem einzelnen Menschen aber erwartet es, daß er auch in seiner Seele Anteil nehmen kann an dem Fortwirken des Christusimpulses auf Erden. So leben wir heute in der Zeit der Bewußtseinsseelen-Entwicklung. Es ist die Stufe der Seelenentwicklung, in die heute der einzelne Mensch auch eintritt um das 35. Lebensjahr, also in der Mitte seines Lebens. Und diese Stufe führt als solche die Menschheit wieder über die Schwelle zur geistigen Welt. Sie aber richtig überschreiten zu können, setzt beim Menschen voraus ein Seelengleichgewicht im Verhältnis von Denken, Fühlen und Wollen, im Verein mit einem Erdenbewußtsein, mit dem er fest auf dem Boden der Realität steht, indem er im Inneren seines Wesens seinen Schwerpunkt hat. Man könnte auch sagen, es fordert ein Herz auf dem rechten Fleck, das weder nach oben, noch nach unten, noch nach rechts oder nach links fallen läßt[2]. Ein solches Herz hat ein Mensch, bei dem die Erkenntnis, daß es eine geistige Welt gibt, zugleich gestützt wird durch das Vertrauen zum Göttlichen, von dem er weiß, daß er an ihm in seinem Inneren auch seinen Anteil hat, so daß es ihn in allen Lebenssituationen fest gegründet sein läßt.

Dieser Standpunkt ist erst *die eigentliche Basis für eine zeitgemäße Erkenntnis.* Er erschließt die Einsichten, daß hinter allem Materiellen Geistiges zu suchen ist, und geistiges Geschehen stets Physisches bewirkt. Dafür ist auch, gegenüber dem materiell gewordenen Standpunkt, der Verstand heute so weit herangereift, daß sich der Mensch, wenn er vorurteilslos den Mitteilungen der Geistesforschung zu folgen sich bemüht, zu diesen Einsichten erheben kann. Denn wir leben heute einerseits seit dem Ende des 19. Jahrhunderts, mit dem Ablauf des für die geistigen Einsichten verdunkelten Zeitalters, im Anfang der wieder dafür sich lichtenden Zeit; andererseits hat seit dem letzten Drittel des 19. Jahrhunderts schon, vorbereitend diesen Wiederaufstieg, das Michaelzeitalter begonnen. *Und Michael ist der Archangelos, der bei der Trennung der Sonne mit dieser und mit dem Wirken der Christuswesenheit von der Sonne her verbunden geblieben war.* So war es auch diese Michaelswesenheit, die einst durch ihren Sieg über die luziferischen Wesenheiten, diese vom Himmel auf die Erde verbannt hat. Dieser Tat Michaels verdankt so auch der Mensch die Entwicklung seines Intellektes. Und ist auch heute die Gedankenwelt der Menschen abstrakt geworden, so ist der Verstand dabei doch auch soweit herangereift, daß der Mensch sein passives Denken überführen kann in ein aktives Denken, um auf diesem Wege wieder zum lebendigen Denken zu gelangen und so durch das Verständnis für das Mysterium von Golgatha in der Seele den Anschluß an die Auferstehungskräfte zu finden. Davon aber wollen ihn von der einen Seite die luziferischen Wesen, von der anderen Seite die ahrimanischen Wesen abhalten. Gelänge es ihnen, der Mensch würde nicht in seiner Seele das für eine gesunde Weiterentwicklung notwendige Verhältnis zur Erde finden können.

Demgegenüber aber vermittelt uns heute die Geisteswissenschaft die zeitgemäß notwendigen Erkenntnisse. Dadurch wissen wir[36], daß Michael unter den geistigen Wesenheiten, die von Epoche zu Epoche die Führung auf Erden haben, als der unsere Zeitereignisse dirigierende Geist, in einer gewissen Weise der Stärkste ist. Während die anderen wie Gabriel, Raphael usw. vorzugsweise geistig im Geiste wirksam waren, hat Michael die Stärke, den Geist durchzupressen bis in die physische Welt hinein. Er war so auch der Geist, der gerade vor dem Herankommen des Mysteriums von Golgatha, gleichsam dem Christus voranschwebend, zur Erde herunterstieg und damals die Führung der Erde hatte. Nun ist er in unserer Zeit, in der der Christus sich in der Ätherwelt offenbaren wird, wieder der führende Geist der Erde. Und vergleichsweise kann man sagen: *Michael ist unter den führenden Geistern, die der Hierarchie der Archangeloi angehören, was das Gold unter den Metallen ist. Wirken alle anderen Metalle vorzugsweise auf den Ätherleib, so ist es das Gold, das als Heilmittel zugleich auf unseren physischen Leib wirkt.* Und wirken alle anderen führenden Geister in die Seele hinein, so ist Michael der Geist, der zugleich auf den physischen Verstand, auf die physische Vernunft wirken kann. Wir können aus einem solchen Hinweis und insbesondere noch auf dem Hintergrunde des gemeinsamen Ursprunges des Goldes und des menschlichen Intellektes, der zurückweist auf die Sonne, verstehen lernen, wie gerade das Gold unter den Metallen die besondere Eigenschaft hat, dem therapeutischen Wirken noch dienen zu können, wo es darum geht, daß im physischen Leib ein Zerfallsprozeß aufzuhalten ist, weil der Ätherleib, der den physischen Leib vor dem Zerfall zu schützen hat, nicht richtig in den physischen Leib eingeschaltet ist[79] [(Nr. 6)] (Nr. 27).

Sind wir in dieser Weise mit *dem Wesen des Goldes* vertraut geworden, dann werden wir verstehen lernen, daß es einerseits luziferischer Natur ist, andererseits aber die besondere Eigenschaft hat, daß es gerade unantastbar für den Sauerstoff ist. So verliert es nie seinen goldenen Schein. Das erinnert wieder an unsere heutige Sonne, die im Gegensatz zur alten Sonne immer scheint, auch wenn wir sie nicht sehen, weil sie uns verdeckt ist; aber auch an die Tatsache, daß unser Denken am klarsten ist, wenn es nicht von den Lebensprozessen, die unter dem Einfluß des Sauerstoffs stehen, abgedämpft wird, so daß wir uns auch sagen können: wir können im gegebenen Falle als entsprechende Unterstützung von seiten der dem Denken zugrundeliegenden Prozesse das Gold in Anwendung bringen. Wir haben es dann mit Krankheitsprozessen zu tun, entweder infolge eines noch lebendigen, d. i. mit einem noch nicht bis zur Klarheit entwickelten Denken, oder infolge eines zu abstrakt gewordenen Denkens.

Da fordert heute unsere Zeit, nachdem das abstrakte Denken entwickelt worden ist, daß die Gedankenleichname mit Hilfe des aktivierten und so wieder lebendiger gewordenen Denkens übergehen in das Vermögen des imaginativen Erlebens des schauenden Bewußtseins. Den Weg dazu weist uns heute die Geisteswissenschaft. Ausgehend von den naturwissenschaftlichen Ergebnissen führt sie über das klare, sinnlichkeitsfreie Denken zum beweglichen aktiven Denken, zur imaginativen Schau dessen, was uns auf der Erde umgibt. Weitere Stufen sind Inspiration und Intuition; sie führen in das Miterleben der geistigen Zusammenhänge hinein[2]. Haben wir uns jedoch mit Hilfe der Geisteswissenschaft das bewegliche Denken zu eigen gemacht und sind wir in der Lage, vorurteilslos und mit aufgeschlossenem Herzen die Mitteilungen der durch die Inspiration und Intuition erschlossenen Einsichten entgegenzunehmen, dann können wir auch ihnen mit unserem Denken verständnisvoll folgen.

In den spirituellen Ozean des Weltenalls werden wir da hinausgewiesen im Hinblick auf die Welt des mineralischen Reiches mit seinen Kristallen, dahin, wo sich der Kosmos nicht mehr sternenhell, sondern Wesen-offenbarend zeigt[2]. Wir sind aufgerufen, hineinzuschauen in eine Welt, die, um auch einen Überblick über das mineralische Reich erlangen zu können, für das eigene Erforschen eine Seelenkraft voraussetzt, die als die Kraft der Liebe zu allen Dingen zu bezeichnen ist. Schaut man von da zurück auf die Erde, da ist die Erde nicht mehr der Spiegel für das Mineralische. Die Erde ist wie weggelöscht, man schaut durch sie hindurch, verliert sozusagen den Boden unter den Füßen. Das kann mit Angst erfüllen. Es nötigt so, um nicht zu versinken, im Hinblick auf die Mineralien nicht nur zu schauen, was über uns ist, sondern den ganzen Umkreis zu schauen. Da entsteht die Form des Mineralreiches frei, durch aus dem All des Kosmos einander begegnende Strömungen. Und im kristallisierten Mineral spiegelt sich alles in seinem eigenen Element. Ein Quarzkristall ist so freischwebend im Weltall, denn wo er aufsitzt, greift nur das Irdische, ahrimanische Mächte, störend ein. Jeder Kristall kommt auf diese Weise zustande und ist so die Manifestation einer ganzen Welt für sich, etwas, was den ganzen Raum als Wesenhaftes durchdringt. Die Taten vieler Welten begegnen sich so im Irdischen. Die kristallisierte Welt wird auf diese Weise als von den Göttern getragene Welt erlebt.

Den *Erdenleib* lernt man auf diesem Wege zunächst als *Ganzheit* schauen. Alle Details, die sich in dieser Hinsicht der Naturanschauung ergeben, lassen sich dem Ganzen einfügen als zugehörige Teile zum Erdenganzen. Daraus ergeben sich dann auch seine verwandten Beziehungen zum menschlichen Organismus als darinnenstehend im ganzen Kosmos. Knüpfen wir so an an *das Gold*. Die Erde birgt es in sich. Wir finden es da unter der Erdoberfläche. Sein Gestein, in das es eingebettet ist, ist der Quarz. Da durchsetzt es in Form von Gängen das ältere Gebirge oder bildet linsenförmige Einschlüsse zwischen dessen Schichten. Meistens aber ist das Berggold so fein verteilt, daß es nur mit bewaffnetem Auge wahrgenommen werden kann. Haben sich jedoch größere Goldmengen ausgeschieden, besitzen sie häufig draht- und moosförmige oder blech- und plattenartige Gestalt. Nicht selten sind auch Kristalle und zwar Oktaeder, Würfel und dergleichen, diese häufig auch zu bäumchenartigen Gruppen vereinigt. Und da der Quarz auch nach der Oberfläche zu den Hauptteil der Geröll- und Sandmassen bildet, gehen aus der Zerstörung dieser Oberflächenzone die Goldseifen hervor, aus denen das Gold durch Auswaschen aus dem Sand und Geröll gewonnen wird. In den Tiefen findet es sich aber im kristallinen Urgestein stets zusammen mit Pyrit, dem Schwefeleisen. Der Pyrit selbst, der auch durch seine Farbe an das Gold erinnert und ebenso als Würfel und Pentagondodekaeder kristallisiert, enthält dazu immer auch mehr oder weniger Gold. Es überbrückt in ihm gewissermaßen die Polarität zwischen dem Schwefel und dem Eisen, diese in Harmonie verbindend, während es selbst sein Wesen als Edelmetall bewahrt, d. h. nach keiner Seite eine Verbindung mit dem Eisen oder Schwefel eingeht. Ebenso findet sich das Gold noch vergesellschaftet in dem Arsenkies als Arsenschwefeleisen, aber auch auf den Erzgängen zusammen mit den Fahlerzen. Es sind dies wechselnd zusammengesetzte Sulfide, wichtige Kupfererze, die gewöhnlich auch Silber, daneben Eisen, Zink, Quecksilber, Arsen und Antimon enthalten. Immer enthält das Gold auch mehr oder weniger Silber. Das entspricht deren Enstehungsgeschichte (s. S. 65). Dabei ist das aus den alten Quarzformationen gewonnene Gold silberärmer und um so goldreicher, umgekehrt das aus der Vergesellschaftung mit dem Arsenkies oder den Fahlerzen stammende silberreicher. Im Grunde aber ist das Gold auch noch in feinster Verteilung über die ganze Erde hin verbreitet. Nur ist dort, wo der Kiesel vorherrscht, das Gestein am goldreichsten. So bergen alle Erdteile reiche Goldfundstätten. Dabei ist noch besonders charakteristisch, aber auch durch das Verhältnis zur Sonne und dem Quarz verständlich, daß z. B. Afrika mit seinen ausgedehnten, sonnendurchglühten Sandwüstengebieten gerade so besonders reich an Goldschätzen ist.

Tiefere Einsichten aber in diese Zusammenhänge ergeben sich, wenn wir den Mitteilungen des Geistesforschers in Gedanken folgen, so z. B. der Schilderung, was ein Mensch erleben kann, der auf dem Wege vom gewöhnlichen Sinnesschauen zum imaginativen Anschauen ist, wenn er in ein Hochgebirge mit Urgebirgsgestein geht, das reich an Quarzgestein ist[16]. Es kann auf ihn mit dieser Seelenfähigkeit dieses Kieselgestein in seiner physischen Erdumgebung einen besonderen Eindruck machen. Es wird für ihn durchsichtig, und er hat dabei die Empfindungen: etwas von seinem Gefühl vereinigt sich mit diesem quarzigen Gestein. Eine Art selbstverständlicher Hingabe an die Oberfläche der Erde läßt ihn eins werden mit dieser Oberfläche. Dem aber folgt zugleich das Gefühl, wie wenn die Augen selber Strahlen nach außen senden und hinunterdringen würden in das Gestein. Das wiederum führt zum *Aufleben des Gefühls des Einsseins mit der ganzen Erde, verbunden mit einem sich Einsfühlen mit dem ganzen Kosmos.* Man schaut die Erde nicht mehr abgesondert vom Weltenall, sondern wie eine Äthersphäre, die aus der Weltenäthersphäre herausgesondert ist. Es ist ein Bewußtseinsgang mit dem Lichte, das den Quarz durchdringt, das aber, indem es mit der menschlichen Seele selbst den Quarz durchdringt, diesen Quarz zum Weltenauge macht, durch das der Mensch hinausschaut in die Weiten des Kosmos. — Hat man auf diese Weise mit der imaginativen Erkenntnis auch erlebt, was im Menschen übersinnlich lebt zwischen Geburt und Tod, dann führt das Weiterschreiten auf diesem Wege zur Inspiration, zum Erschauen dessen, was der Mensch vor der Geburt war und was er sein wird nach dem Durchgang durch den Tod. Und dieses Erleben bekommt noch eine besondere Nuance, wenn dabei empfunden wird: All das Kosmisch-Majestätische, das man schildern muß, wenn man den Menschen schildert, insofern er den Sternenwelten und noch höheren Welten angehört, das lebt auch im Menschen, wenn er dem Raume nach innerhalb des physischen Leibes, eingeschlossen von der Haut, auf der Erde steht. Ebenso können wir auch im Hinblick auf unseren Erdenplaneten *das Metallische als kosmische Erinnerung* erleben. Und *wir werden* dann *durch es,* nicht wie durch das Kieselgestein schauend hineinversetzt in die Weltenweiten, sondern man wird *eins mit dem Erdenkörper.*

Ein Ergebnis der imaginativen Erkenntnis im Hinblick auf die Naturreiche aber wieder ist[2], daß man die Tierheit in ihrer Totalität erkennen lernt, wie sie hinaufreicht in eine höhere Welt, in die Seelenwelt, die Astralwelt, wo ihre Gruppenseelen leben. Man lernt dabei sich auch sagen: Was die Tiere da oben lassen, wir schleppen es herunter, tragen es in uns und haben dadurch eine andere Gestalt als die Tiere. — Eine weitere Erkraftung des Seelenlebens für die Inspirations-Erkenntnis führt dann zu der Stufe des Bewußtseins, die den Pflanzenteppich der Erde in seiner Totalität offenbar werden läßt, indem er in die Sternenwelt hinausweist. Er erweist sich so auf der Erde als der Spiegel des kosmischen Lebens. Wir lernen damit eine neue Welt, die eigentliche Geistwelt kennen. In ihr sind die Pflanzen Wesen mit Selbstbewußtsein. Aber was die Pflanzen da oben lassen, erkennen wir auch wieder in uns wie das, was in der Pflanze nach oben reicht, auf der Erde in uns zusammengeschoben ist. So wächst man einerseits mit der Natur hinauf bis zu den Himmeln, in den Menschen aber hinein bis dahin, wo die Himmel sich ihm eröffnen. — Und es ist eine Fülle von Wesenheiten, die sich in mathematisch räumlicher Gestalt in den Kristallen ausleben. Das wirkt auf die Seele so, daß dann erlebt wird: wie, wenn wir als Mensch auf der Erde denken und tun, auch in dieses Denken und Tun das Denken und Tun der mannigfaltigsten Wesen zusammenfließt. Doch hinein mischt sich wieder das Gefühl, daß diese Welt einen nur zum Teil trägt. Diese Gefühle sind moralischer Natur. Sie durchdringen sich mit der Angst, daß die Gewichte aller Sünden, die man in dem vergangenen Lebenslauf begangen hat, und die man noch zu begehen fähig wäre, einen in einen Abgrund hineinstürzen wollen. Das fordert dann gegenüber der in der Seele empfundenen Bleilast und der Mahnung, die man gegenüber der kristallisierten Welt empfindet, allen Mut, sich sagen zu können: du hast doch den Schwerpunkt deines Wesens in deinem Innern, der dich nach keiner Seite hinfallen macht, du kannst nicht versinken, denn ein Tropfen des Göttlichen ruht in dir. Und bleibt dieses Erlebnis nicht Theorie, dann erwächst daraus auch der Mut, sich aufrecht zu erhalten und weiterzuschreiten zu wollen.

Hat man vorher die kristallisierte Welt ihrer Form nach kennengelernt, jetzt lernt man sie ihrer Substanzialität, ihrer Metallität nach kennen, die sie innerlich durchdringt als Stoff. Es führt zur Erkenntnis, daß man in verschiedener Weise durch die Hauptmetalle gehalten wird im Weltenall. Man lernt sich als Mensch in seiner Beziehung zum Kosmos kennen. Es erwächst, wenn man den Mut behält, die deutliche Empfindung, wie im Herzen der Schwerpunkt liegt, der einen nicht hinuntersinken, nicht hinauffliegen läßt, nicht nach rechts noch links drängt. Im Weltenall sich so festgehalten zu finden, heißt aber, daß man sich aufrecht erhält in einer Art mittleren Bewußtseins im gewöhnlichen Erdenleben zwischen Geburt und Tod, das aber, wenn es zu dünn wird, ohnmächtig werden läßt, wenn es zu dicht, zu viel in sich bewußt wird, ein Zusammengepreßtsein im Schmerz bewirkt. Doch ist man bis zu dem Bewußtsein vorgedrungen, daß da, wo physisch die Herzmuskeln liegen, sich zusammendrängt, was den festen Halt gibt, *dann wird man auch gewahr, daß es das in ungeheurer Feinheit in der Welt ausgebreitete Gold ist, das einen im normalen wachen Erdenbewußtsein aufrecht erhält und auf kein anderes Organ in solcher Unmittelbarkeit wirkt als auf das Herz*[2].

Solchen Mitteilungen mit unserer Seele folgend, können wir nun auch für *das therapeutische Wirken* entnehmen, daß das Gold, das nach seiner Entwicklungsgeschichte die Sonne unter den Metallen repräsentiert, auf das Herz wirkt, insofern auch das Herz im Organismus des Menschen die Sonne ist. *So kann es nicht anders sein, als daß das Gold in seiner Zugehörigkeit zur Sonne harmonisierend und ausgleichend auf den inneren Menschen wirkt. Darauf können* uns andererseits *auch seine Eigenschaften hinweisen.* So steht es in physikalischer Hinsicht, bezüglich Atomgewicht, Klang, Farbe, Glanz, Leitfähigkeit für Wärme und Elektrizität, unter den Metallen in der Mitte. Seiner Substanz nach ist es weich, geschmeidig und dehnbar, dabei schmiedbar bis zu dünnen Goldblättchen, auch gußfähig; während z. B. das Blei und Zinn nur gußfähig sind, Kupfer und Silber nur schmiedbar. Und so werden wir das Gold da zu Hilfe nehmen können, wo sich Schwierigkeiten bemerkbar machen im Finden des inneren Gleichgewichtes. Es sind Störungen, bei denen es dann auch mehr in seiner mittleren Dosierung in Betracht kommt. Das gilt bei Zirkulations- und Atemstörungen, die zustande kommen, weil das Gleichgewicht gestört wird, das normalerweise dadurch gehalten wird, daß alles, was vom oberen Menschen nach unten wirkt, durch die Wirkung vom unteren Menschen nach dem oberen Menschen seinen Ausgleich findet in der Herzstauung; wo also die Ursachen nicht in anderen Organismen liegen wie z. B. bei einer zugrunde liegenden Unterernährung[4]. Dafür war von Dr. Steiner anfänglich das Gold als D6 angegeben. Es war auch die ursprünglich gebräuchlichste Form der Darreichung, wenn nicht für einen besonderen Fall der Hinweis auf eine spezielle Dosierung gegeben worden war.

Die erste und auch schon mehr allgemein von Dr. Steiner gegebene Indikation für diese Anwendung von Aurum met. D 6 war: „Allgemeine Herabstimmung der Vitalität". Und wir können gerade bei dieser Indikation uns auch erinnern an das Phänomen, das sich ergibt, wenn wir das Gold zu einem hauchdünnen Goldblatt verarbeitet haben. Bei auffallendem Lichte betrachtet, hat es noch seinen warm anmutenden Goldspiegelglanz. In der Durchsicht aber offenbart sich ein lichtes Grün. Wir können darin die Beziehung des Goldes zum pflanzlich-ätherischen Leben erkennen. Es weist uns damit auf seine Verwandtschaft zur Sonne und deren belebende Kraft auf die Pflanzenvegetation hin, zugleich aber auch zurück auf das Sonnendasein der Erde und den Zusammenhang, der seitdem besteht zwischen der Jupitersphäre (s. S. 117) und der Pflanzendecke der Erde; ebenso auf die Beziehung zu unserem Ätherleibe, der in seiner Anlage auch zurückgeht bis zum alten Sonnendasein. Wie die Pflanzendecke der Erde der lebendige Spiegel der Erdenseele ist, die in der griechischen Mythologie noch als Persephone oder Proserpina, die Tochter des Zeus, erlebt wurde, wird auch der Ätherleib im Inneren des Menschen der lebendige Spiegel der Seele. Sein Inhalt aber sind die aus der ätherischen Welt mitgebrachten lebendigen Gedanken. Sie sind es auch, die wieder zu beleben sind. Die allgemein herabgestimmte Vitalität, das pflanzlich-vegetative Leben gilt es zu unterstützen, wo es erschöpft ist, weil gewissermaßen das äußere Sonnenlicht und die abstrakte Gedankenwelt es übertönen und verhärten wollen. Wir regen so zugleich den Ätherleib im Sinne einer Unterstützung der pflanzlich-vegetativen Lebensprozesse an und damit auch den Ätherleib als Träger der lebendigen Gedankeninhalte. Insofern aber das Grün als Nachbild im Inneren das Rot entstehen läßt, auch insofern das Grün das tote Bild des Lebens, das Pfirsichblüt aber das lebendige Bild der Seele ist, können wir uns auch noch sagen: Es wird im Inneren durch das Gold die Entfaltung der Vitalität in dem Sinne geweckt, wie draußen in der Natur bei der Rose, die ihre noch in die grünen Kelchblätter gehüllte Knospe mit Hilfe der Sonnenwärme und des Sonnenlichtes zur Blüte entfaltet; oder auch im Sinne der Empfindung, die man haben kann gegenüber einem Turmalin, der in seiner grünen Hülle einen roten Kern birgt.

Da aber stoßen wir noch auf die *Wirkung des Goldes*, die auf seine Eigenschaften *als Edelmetall* hinweist. Auch lernen wir verstehen, was zum Ausdruck kam, wenn der alte Alchemist vom Golde sagte: „Facilius est aurum facere quam destruere": Leichter ist es, Gold zu machen, als das Gold zu zerstören[3]. Diese Eigenschaft beruht auf seiner Verwandtschaft mit der Sonne als Fixstern. Als Fixstern erhält die Sonne draußen im Weltenall den Gleichgewichtszustand zwischen dem Geistigen im Weltall und dem Materiellen im

Weltenall, so auch zwischen den obersonnigen und den untersonnigen Bereichen. Da hält sie Ordnung im planetarischen System. Zugleich aber bewirkt sie die Ordnung unter den Kräften, die in unser materielles System hereinwirken. In diesem Sinne wirkt auch das Gold im menschlichen Organismus vermittels des Herzens, insofern es um den Gleichgewichtszustand geht zwischen dem, was gleichmäßig alles Irdische und Außerirdische durchdringt, zwischen dem Geistigen und Materiellen, ob das Materielle nun imponderabel oder ponderabel ist. Denn in jedem Punkte des Materiellen muß wiederum das Gleichgewicht gehalten werden zwischen dem Geistigen und Materiellen. Das ist noch ein anderer Gleichgewichtszustand als jener, der dem Wesen und Wirken der anderen Metalle entspricht. Diese vermitteln im Irdischen durch ihre Zugehörigkeit zu den Planeten als merkuriale Wesen zwischen dem Salzprozeß und dem Sulfurprozeß. Dadurch dienen sie im Verlaufe der Bildungsprozesse im Erdorganismus wie auch im Organismus des Menschen dem Gleichgewichtszustand zwischen Licht und Schwere (s. S. 22); d. i. zwischen dem, was nach dem Außerirdischen strebt und dem, was die irdischen Substanzen nach dem Mittelpunkt hin tendieren läßt. Jedes Metall tut es auf seine besondere Art. Diese wiederum hängt mit seinen besonderen physikalischen, vor allem aber auch mit seinen chemischen Eigenschaften zusammen. Das Gold aber hält gerade die drei Bildungsprinzipien des Salzhaften, des Merkurialen und des Phosphor- oder Sulfurartigen in sich so fest vereinigt und ist infolgedessen auch so fest in sich gegründet, daß es sich von außen her nicht angreifen läßt, sich seine edlen Eigenschaften bewahrt. Es läßt sich deshalb nur sehr schwer lösen. Es gelingt dieses ja auch nur mit Hilfe einer Mischung von Salzsäure und Salpetersäure, die in dieser Eigenschaft auch bezeichnenderweise „Königswasser" genannt wird. Wenn aber durch alte Kirchenfenster heute noch das Licht in Purpurrot uns entgegenleuchtet, dann war es das so gewonnene Goldchlorid, das mit gedient hat bei der Herstellung dieses Purpurrotes in den Glasfenstern. Und dieses half mit, im Gottesdienst die Herzen der Menschen zur Andacht zu erheben.

Aber auch ein Herz ist edel wie das Gold, bei einem Menschen, der eine lautere Seele hat, der hinsichtlich seines Denkens, Fühlens und Wollens so fest in sich gegründet ist, daß auch sein Handeln sich nach den Impulsen richtet, die sich aus den Quellen des reinen, sinnlichkeitsfreien Denkens erschließen. Ein solcher Mensch ist dann in seinem Herzen mit seinem Denken, Fühlen und Wollen angeschlossen an den Pulsschlag der Zeit. – Dementsprechend vollziehen sich auch Wandlungen in seiner Leibesnatur. Wir können uns dabei erinnert fühlen an den Wandel im Naturgeschehen, im Miterleben des Jahreslaufes und der damit verbundenen Festeszeiten[43].

Verfolgen wir den Übergang vom Frühling zur Sommerzeit[43], da wird das Naturdasein immer regsamer und der Mensch wird mit seinem ganzen Wesen auch in dieses Naturdasein hineinverwoben. Er kann dabei auch ein Naturbewußtsein entwickeln und, sich in sie hineinversenkend, kann er alles Sprießen, Sprossen und Fruchten draußen im Naturgeschehen um sich herum miterleben. Doch darf es nicht dazu kommen, daß er im Herbst in seinem Selbst auch mit der Natur stirbt. Er muß sich durch die Erkraftung seines Selbstbewußtseins darüber erheben. – Auch besteht von seiten des Weltenalls zur Hochsommerzeit, wenn das Naturbewußtsein im Menschen seinen Höhepunkt erreicht, die Notwendigkeit, dem Menschen, wenn er es sucht, das objektiv Geistige, das die

Natur durchwebt und durchlebt, entgegenzubringen. — Und wer mit geistig vertiefter Seele zur Hochsommerzeit das Naturdasein auf sich wirken lassen kann, der schaut, den Blick nach unten richtend, gerade in dieser Zeit in dem Gestein der Erdentiefen, was das Erdreich in Kristallform konsolidiert; er bekommt den Eindruck des Linienhaften; über das Ganze ist eine Bläue ausgebreitet, und die Linien des Kristallisierenden, die diese Bläue durchziehen, erglänzen silbern. Selbst fühlt er sich auch herausgewachsen aus diesem blauen Untergrunde und durchkraftet von den silberglänzenden Kristall-Linien. — Den Blick nach oben gerichtet, gibt den Eindruck der sich ausbreitenden Intelligenz, von der man sich durchleuchtet fühlt. Und in diesem leuchtenden Weben erscheint Uriel. Er bildet seine Lichtleiblichkeit heraus aus dieser leuchtenden Intelligenz. Sein eigenes Denken entspricht dem Weltendenken. So erscheint er vor dem imaginativen Blick mit ernstem Antlitz als der Weltenverstand, dessen Taten im Lichte gewoben werden. Ihm gegenüber hat man das Gefühl, es findet fortwährend, angezogen durch die konzentrierte Weltenintelligenz Uriels, ein Hinaufströmen des Silberglänzenden statt, es wird aufgenommen von dem, was da sonnendurchleuchtet oben webt und lebt, und es verwandelt sich dieses Erdensilber in kosmisches Gold. — Lernt man dann aber als Mensch noch tiefer hineinschauen in die blaue, silberglänzende Tiefe des Sommerbodens, dann versucht man auch den ernsten, nach unten gerichteten Blick des Uriel zu verstehen. Denn um die silberglänzenden Kristallstrahlen weben sich auch störend herum die menschlichen Fehler als sich ballende und auch wieder sich auflösende Gestaltungen. Da zeigt sich, was noch unvollkommen ist; während es die menschlichen Tugenden sind, die mit den silberglänzenden Linien nach oben gehen und in Sonnengold verwandelt werden. — Dabei ist für jeden Menschen der Anblick verschieden. Es wird auch auf dem Hintergrunde solcher Einsichten z. B. auf die Krankengeschichte Nr. 34 hingewiesen werden können.

Mond-Silber

Das Silber als zugehörig zum Monde ist auf das engste verbunden mit der Entwicklungsgeschichte unserer Erde in ihrem Verhältnis zu Sonne und Mond. Zu Beginn unserer eigentlichen Erdenentwicklung war in dieser Erde, bevor sie festgeworden ist, noch alles an geistigen Wesenheiten, an physischer Substanz enthalten, was vorhanden war während des wiederholenden Durchgangs durch die Zustände der alten Saturn-, der Sonnen- und Mondenverkörperung der Erde; auch alles, was da an geistigen Wesenheiten tätig war[33]. Dabei haben diese Wesenheiten nun verschiedene Entwicklungsstufen. Erst den drei vorausgehenden Zuständen verdankt alles Irdische sein Dasein; während die Wesenheiten selbst in den verschiedenen Zeiten sich schon zu immer höheren Stufen entwickeln mußten. – So besteht der weitere Fortgang der Entwicklung der Erde, die zunächst noch mit Sonne und Mond einen Körper darstellte, darin, daß sich die Sonne von der Erde trennte und nachfolgend der Mond. Daran beteiligt sind die einzelnen geistigen Wesenheiten des alten Saturn, der alten Sonne und des alten Mondenreiches. Da waren es diejenigen Wesenheiten, die auf der alten Sonne schon eine solche Entwicklung durchgemacht hatten, daß sie für ihre eigene Weiterentwicklung nun die Sonne aus der Erde herauslösten und seither von außen her auf die Erde wirken. Zurück blieben auf der Erde zunächst die Saturngeister und Mondengeister. Dann aber waren es gerade die Saturngeister, die das Hinausgehen des Mondes aus der Erde bewirkten. Weil sie schon während der Saturnzeit ihre Reife durchgemacht haben wie die Sonnengeister auf der Sonne, hatten sie die Fähigkeit dazu, den Mond herauszutreiben aus der Erde. Denn diese Herauslösung des Mondes aus der Erde war nötig, um die Menschheitsentwicklung von unguten Trieben zu befreien, auch die Erde vor Verödung zu bewahren und den Menschen, der sonst verhärtet und mumifiziert worden wäre, von innen heraus zu beleben. Diese hohen Saturnwesen haben weiterhin durch ihr Verbundenbleiben mit der Erde in ihrem Bereiche alles, was hinter den Erscheinungen des Seelenlebens liegt, während die Sonnengeister hinter den Erscheinungen unserer äußeren Beobachtung stehen.

Bei der Erde selbst blieben nach der Heraustrennung des Mondes die eigentlichen alten Mondgeister zurück. Da aber war zunächst die Erde noch in einem unvollkommenen und chaotischen Zustand. Es waren mit den Mondengeistern die Fortpflanzungskräfte auf der Erde zurückgeblieben. Eine Pflanzendecke und Mineralien, auch tierische und menschliche Gestalten, wie wir sie heute haben, gab es noch nicht; einzelne Kontinente waren auch noch nicht klar voneinander geschieden. Das mußte sich erst allmählich entwickeln und ist geschehen durch das Wirken von Sonne und Mond von außen her. Dabei wurden von den Wesenheiten, die von der Sonne her wirkten, namentlich die äußeren Gestaltungen der Mineralien, Pflanzen, Tiere und des physischen Menschen hervorgerufen, während von den Wesenheiten, die vom Monde her wirken, insbesondere das seelische Leben in Tier und Mensch angeregt wurde. Es vollzog sich diese Wandlung im Verlauf der Erdenentwicklung von der lemurischen Zeit an bis in die atlantische Zeit hinein.

In diese Zeit hinein aber fiel auch das Geschehen, daß dem Menschen die Augen für seine Umwelt aufzugehen begannen. Es hatte sich vollzogen, was die Genesis berichtet als den Sündenfall und die Austreibung von Adam und Eva aus dem Paradies. Der Mensch hatte seitdem das Schicksal, durch Geburt und Tod gehen zu müssen. Es war eben auch geschehen, daß, entgegen dem Wirken der Sonne als Fixstern, durch luziferische Geister der Weisheit Ätherströme von der Sonne auf die Erde ausgingen, was sonst nur den Planeten zukam (s. S. 18). Damit entstand im Umkreis der Erde das äußere Licht und in der Erde *das Gold*. Das Gleichgewicht der Erde war dadurch gestört. Der Ausgleich geschah durch den Verzicht normaler Geister der Weisheit, von der Sonne aus zu wirken. Eine Kolonie auf dem abgetrennten Monde begründend, sandten sie von dort ihrerseits Ätherkräfte auf die Erde und erzeugten damit auf der Erde *das Silber* als Substanz, so daß die direkte Goldkraft abgeschwächt wurde. Und der Mond selbst wirkt seitdem nach außen hin so, daß er das Sonnenlicht nicht aufnimmt, sondern zurückstrahlt und damit der Fortentwicklung der Erde und somit auch der Fortentwicklung der Menschheit auf der Erde dient.

Auf diese Weise birgt das Silber, nur ins Materielle umgesetzt, dieselben Kräfte in sich, die vom Monde ausströmen, aber auf der ganzen Erde zu finden sind, die auch in der ganzen Erdensphäre als Kraft leben. Und wie einerseits das Mondenwirken zurückgeht und basiert auf dem noch flüssigen Mondenzustand unserer Erde, andererseits der Mond am Himmel nach seinem Austritt nach außen hin das Sonnenlicht zurückstrahlt, um der Fortentwicklung auf Erden zu dienen, haben wir auch im Hinblick auf das heutige Vorkommen und *Wirken des Silbers im Erdbereich* die folgenden Tatsachen.

Den Hauptbestandteil der Erde an Silber hat das gesamte Weltmeer. Darauf weist Dr. Steiner in einem Vortrag[37] hin. Auch wissenschaftlich ist errechnet, daß es zwei Millionen Tonnen Silber sind, die in fein verteiltem Zustand in ihm enthalten sind. Es weist uns dies auf die Tatsache hin, daß die Kraft, die im Monde liegt und die auf die Erde wirkt, auch in der Erde selbst enthalten ist und von da hinaus wirkt[3]. Sie wirkt z. B. in Ebbe und Flut, auch in der Menstruation der Frau. Auf der Erde dient sie dem Unterhalt des Lebens im Sinne der Regeneration und Reproduktion. Und gebrauchen wir z. B. *Meerwasser als therapeutische Hilfe*, z. B. das Nordseewasser (Nr. 43–45), dann reflektieren wir in erster Linie auf diese Monden-Silberwirkung und unterstützen damit die regenerierenden Prozesse, wenn sie darniederliegen, z. B. bei physischen Erschöpfungszuständen. Hingegen hat der Mond, von außen her auf die Erde wirkend, einen großen Einfluß auf das Phantasieleben. Er regt so auch, indem er seine Bildekräfte auf die Erde sendet, zum Bilde im Menschen selbst an.

Für das *Vorkommen des Silbers in der Erde* ist charakteristisch und erinnert auch an seine entwicklungsgeschichtlichen Zusammenhänge, daß sowohl das Gold als auch das Blei, so wie sie aus der Erde gefördert werden, immer auch Silber enthalten (s. S. 54). Das sind auch die Hauptquellen für die Silberproduktion. Reine Silbererze treten daneben mehr zurück, und *gediegenes Silber* ist im Vergleich zum Golde relativ seltener. Als solches findet es sich in den oberen Teilen der Erzstöcke in Gemeinschaft mit seinen Erzen und den Erzen anderer Metalle; nie aber, wie das Gold, in Flußsand und Seifen[78]. Es sind dann unregelmäßig gebogene, band-, draht-, haarförmige, auch lockige Formen oder moos- und bäumchenförmige Gruppen von undeutlichen Kristallen; relativ selten aber deutlich ausgebildete Würfel und Oktaeder.

Die Silbererze sind hauptsächlich Schwefelerze. An erster Stelle steht unter ihnen der auch an Silber reichste *Silberglanz* ($Ag_2 S$). Aber auch seine Bedeutung als Silbererz beruht nicht auf seinem reinen Vorkommen, sondern darauf, daß er häufig dem Bleiglanz beigemischt ist. Durch diese Beziehung zum Bleiglanz macht sich auch, wie bei Blei überhaupt, eine besondere Beziehung des Silbers zum Kalkbildungsprozeß geltend (s. S. 54) im Gegensatz zum Gold mit seiner ausgesprochenen Beziehung zum Kieselprozeß. Wie für das Blei ist deshalb auch Amerika, und da insbesondere noch Mexiko, der an Silber reichste Kontinent[77], während Afrika (s. S. 68) bezüglich Goldreichtum an erster Stelle steht. Der Silberglanz wiederum ist außerordentlich geschmeidig, läßt sich auch wie das Blei, schmieden und in Formen pressen. Seine Kristalle sind auch wie die des Bleiglanzes, vorherrschend würfelförmig, ihre Farbe bleischwarz, mit mattem, auf dem frischen Bruch lebhafterem Metallglanz.

Weitere Schwefelerze sind *das Rotgültigerz oder Arsensilberblende* ($3 Ag_2S \cdot As_2S_3$) mit seiner prachtvoll cochenilleroten bis zinnoberroten Farbe; die *Antimonsilberblende* ($3 Ag_2S . Sb_2S_3$), die sich äußerlich von dem Rotgültigerz nur durch dunklere Farbe unterscheidet. Beide aber sind isomorph, mit flächenreichen Kristallen, die dem hexagonalen System angehören, dem ein regelmäßiges, sechsseitiges Prisma als Grundgestalt zukommt. – Noch ein wichtiges Silbererz ist das *Sprödglaserz* (Ag_5SbS_4). Dieses bildet eisenschwarze, dicktaflige oder säulenförmige rhombische Kristalle und erinnert an Kupferglanz. – Ferner enthalten auch die Fahlerze als zusammengesetzte Sulfide immer Silber. – Außer diesen Sulfiden des Silbers gibt es dann auch noch *das Silberhornerz, ein Silberchlorid* ($AgCl$). Dieses gehört gerade in Mexiko, Peru, Bolivien und Chile zu den wichtigsten Silbererzen und tritt besonders im eisernen Hut der Erzstöcke auf. Sein Name erklärt sich aus seiner Eigenart. Es ist durchscheinend, gelblich, grau, schwarz und geschmeidig, und bildet rindenartige Überzüge, selten nur würflige Kristalle. Daneben gibt es noch in kleineren Mengen als Mineral entsprechende Verbindungen mit Brom ($Ag Br$) und Jod ($Ag J$). Und wir können uns hier erinnern, welche Rolle unter den Silbersalzen auch gerade das Chlor- und Bromsilber in der Technik der Photographie spielen.

Das Silbermetall selbst: es hat gemeinsam mit dem Blei und Gold seine Weichheit und Bildsamkeit. Ebenso ist es wie das Gold noch schmiedbar, aber nicht wie das Blei gußfähig. In seinen übrigen physikalischen Eigenschaften unterscheidet es sich aber doch sehr von diesen beiden. Gegenüber dem goldgelben, warm anmutenden Glanz des Goldes und dem matten Graublau des Bleis hat es den auf seiner Spiegelfähigkeit beruhenden lichten Schein. Es verzichtet, durch eigenes Licht nach außen hin zu glänzen, gleich dem Monde, der, indem er die Erde umkreist, nur das Sonnenlicht reflektiert. Dabei hat es einen reinen, hellen Klang. Das weist auf seine inneren Qualitäten hin und seine Beziehung zu den geistigen Kräften, die vom Monde her auf die Erde wirken. Doch behält es den Ton nicht in sich, wie z. B. das Blei. Auch hat es bei einem niedrigeren Atomgewicht einen höheren Schmelz- und Siedepunkt als das Blei und das Gold. Und was die Leitfähigkeit für Elektrizität und Wärme betrifft, steht es an oberster, das Blei an unterster Stelle, das Gold in der Mitte. Seine Gediegenheit wiederum beruht, im Gegensatz zum Blei, auf Beständigkeit gegenüber dem Einfluß des Sauerstoffs der Luft. In flüssigem Zustand nur nimmt es diesen noch in sich auf, stößt ihn im Erstarren jedoch wieder von sich ab. Dabei „spratzt" es und hinterläßt statt einer glatten, spiegelnden, eine narbige Oberfläche. Hingegen ist es im Gegensatz zum Gold außerordentlich empfindlich gegenüber Einwirkungen von Schwefel. Wird es kleinen Mengen davon an der Luft ausgesetzt, läuft es an, überzieht sich durch Bildung von Schwefelsilber, verliert seinen Silberglanz, wird braun und schwarz. Auch läßt es sich leicht in Säuren lösen und bildet Salze. Soweit diese Silbersalze löslich sind wie das salpetersaure Silber, Argentum nitricum, haben sie dann aber wiederum die Eigenschaft, wenn sie in einem Glasgefäß dem Lichte ausgesetzt werden, wieder Silber auszuscheiden und mit einem Silberspiegel das Gefäß zu beschlagen. Ebenso scheidet auch das unlösliche Chlorsilber, wie aus der photographischen Technik bekannt, an den belichteten Stellen Silber ab.

Überschauen wir diese Eigenschaften des Silbers auf dem Hintergrund seiner Beziehung zum Monde, dessen Entwicklungsgeschichte und seine Vermittler-rolle gegenüber Erde und Sonne: es *ergeben* sich dann die *Einsichten in seine entsprechenden Wirksamkeiten innerhalb der menschlichen Leibesnatur.* Da ist durch seine innige Beziehung zum Schwefel sein Wirkungsbereich die Stoff-wechsel-Gliedmaßenorganisation[4]. Auch deren Anfänge gehen zurück auf den alten Mond und die Wiederholung des alten Mondenzustandes am Ausgang unseres heutigen vierten Erdenzustandes. Sie hat dann, nach der Herauslösung der Sonne und des Mondes, die ganze weitere Entwicklungsgeschichte der Erde im Zusammenhang mit dem Mond und der Sonne mitgemacht. Der Auf-gabenbereich des Stoffwechsel-Gliedmaßenorganismus des Menschen ist so in seinem ganzen Umfang eine Erinnerung an diese Entwicklungsprozesse. Auch seine Prozesse vollziehen sich, ganz in die Dunkelheit des Unbewußten einge-hüllt, unter dem Einfluß der Monden-Silberkräfte. Als solche dienen sie, gegen-über der Umwelt, im Bereich der Ernährung und des Aufbaus der Leibesnatur des Menschen. In diesem Bereich wirkt das Silber durch seine enge Beziehung zum Schwefel. Es unterstützt die Wachstums- und Aufbauprozesse und steht in dieser Hinsicht polar dem Blei gegenüber. Wir verwenden es in diesem Sinne z. B. zur Unterstützung der Wachstums- und Ernährungsprozesse bei atrophi-schen Zuständen im Kindesalter[81] (Nr. 2), ebenso bei vorhandener Kleinköpfig-keit. Wir reflektieren dabei auf eine Unterstützung der Hypophysenfunktion im Verlauf der vegetativen Prozesse. Doch auch bei Erwachsenen, bei denen die Abbauprozesse von seiten der Kopforganisation in krankhafter Weise über-handnehmen wollen gegenüber den Ernährungs- und Aufbauprozessen, geben wir das Silber zur Unterstützung (Nr. 26, 49, 156, 161). Und ist die Erschöpfung bis zu dem Grade gekommen, daß die Aufnahme der Nahrung vom Darm in den Ernährungsstrom soweit gestört ist, daß es zu Durchfallneigung führt, werden wir ebenfalls das Silber zu Hilfe nehmen können, z. B. auch in Form von Prunus spin. als pflanzliche Silberwirkung, kombiniert mit Nordseewas-ser[80] (Nr. 16).

Durch seine Eigenschaften, *gleich dem Monde nach außen das Sonnenlicht zu spiegeln, dient das Silber* auf der anderen Seite auch der *Erhaltung der Ge-stalt* (Nr. 48). Es wirkt auf diese Weise auch vermittelnd zwischen dem, was die Aufgaben der Hypophyse und der Epiphyse im Verlauf der vegetativen Pro-zesse sind. Von diesem Gesichtspunkt gesehen, kommt dann das Silber in ent-sprechender Form in Betracht, wenn z. B. die Stützgewebe zu schwammig blei-ben und es darum geht, sie mehr auch in die Gestaltung überzuleiten (Nr. 14).

Man wird dann u. U. sogar noch die Hilfe des Bleis benötigen, um einer bestehenden Disposition zu krankhaften Ablagerungen von innen her entgegenzuwirken und ihre Einordnung zu unterstützen. War es doch auch einstmals Saturnweisheit, die den Mond herausbefördert hat aus der Erde und damit der Fortentwicklung auf der Erde diente (s. S. 74).

Im Hinblick auf die mehr nach innen zu sich vollziehenden Prozesse können wir hier anknüpfen an die Aufgabe, die die Metalle in der Erde haben, insofern sie heute nicht mehr einem Werde-, sondern einem Entwerdeprozeß dienen (s. S. 24) durch ihre Tendenz, sich zu zersplittern, statt sich zu konsolidieren. Dem entspricht innerhalb des menschlichen Organismus, daß wir es auf der einen Seite im Hinblick auf das Blei, und in Modifikation auch für das Zinn und Eisen, mit einer Strahlungswirkung zu tun haben; auf der anderen Seite im Hinblick auf das Kupfer, Quecksilber und Silber mit einer polarisch wirkenden Kraft im Sinne des Empfangens und Einhüllens. Dabei wirkt[4] der eigentliche Strahlungsprozeß, das ist der Blei-Strahlungsprozeß, auf der einen Seite in alledem, was durch die Haut nach außen strahlend wirkt, indem es diese Richtungsstrahlung in sich hat, auf der anderen Seite in alledem, was harntreibend, ausleerend wirkt. Demgegenüber gehen vom *Silber* entgegengesetzte *Strahlenwirkungen* aus. In diesem Sinne verwenden wir es z. B. als Salbe bei Blasenschwäche. In Salbenform angewendet können wir so auch entgegenwirken der Strahlung, die sich durch die Haut äußert. Oder wir injizieren es, wenn es sich um Strahlungen in der Richtung der Entleerungen handelt. So ist Silber, in entsprechender Dosierung per os gegeben oder auch als Injektion, z. B. in der 6. Dezimale angewandt, angezeigt bei Erkrankungen des Magen- und Darmtraktes infolge von Schockwirkung[38]. So, neben äußerer Anwendung von Oxalsäure, in das Zirkulations- und Verdauungssystem gebracht, wirkt es in dem Sinne, daß es immer die Tendenz hat, Deformationen der höheren Organismen wieder auszugleichen.

Diese *Tendenz, Deformationen der höheren Organismen* auszugleichen, können wir damit in Zusammenhang sehen, daß es die Mondenkräfte sind, die den Menschen Besitz ergreifen lassen von seinem luftförmigen Inhalt[10]. Es geschieht auf dem Wege der Atmung, insofern das Hauptsächlichste der Atmungstätigkeit sich abwickelt im Astralisch-Luftförmigen[4]. Auch auf diese Weise dienen die Silber-Mondenkräfte der Erhaltung der Gestalt. Sie bringen damit die Organisation in den Menschen hinein, die das Denken, das Sinnen möglich macht[10]. Zugleich sind es die Kräfte, die den Menschen hereintragen in die irdische Verkörperung, wenn er, aus der geistigen Welt ankommend, durch die Äthersphäre hindurch seinen Weg finden muß. Es sind auch diejenigen Kräfte, die ihm jeden Morgen wieder zum Besitzergreifen und Erwachen im Leibe verhelfen; während demgegenüber die Sonnenkräfte für den Menschen gerade die Bedeutung haben, daß sie sein Willensartiges an die Sonne heranziehen und durch den Weltenraum in die geistige Welt führen.

Wir stoßen hier auf *die Rolle des Stickstoffs und des Sauerstoffs*. In der Luft sind sie in einem relativ konstanten Verhältnis vorhanden. Im menschlichen Organismus dient der Stickstoff als wesentlicher Faktor im Eiweißbildungsprozeß. Dieser kommt zustande durch das Zusammenwirken von Kohlenstoff, Stickstoff, Sauerstoff, Wasserstoff in Verbundenheit mit dem Schwefel, vertreten durch die vier Eiweiß-bildenden Organe: Leber, Niere, Herz, Lunge. Als solcher dient der Stickstoff im Aufbau und in der Ernährung als die plastische

Grundlage für die Gestaltungskräfte. Und dies geschieht, indem in jeder Eiweiß-bildung und Eiweißgestaltung sich eine nach außen und eine nach innen gehen-de Tätigkeit entfaltet. Auf diese Weise dient das Eiweiß der astralischen Organisation. Die Rolle der Ernährung dabei ist, daß der Ernährung und der Verdauung überall entgegengebracht wird der Prozeß des Atmens, und von der anderen Seite der Atmung der Prozeß des Vergeistigens, als die in der Eiweiß-bildung gestaltenden Kräfte[4].

Die Ernährung ist so eine Wechselwirkung zwischen der Gewebeflüssigkeit, dem Wäßrigen, in dem sich die Ernährung und Ausscheidung vorzugsweise ab-spielt, und zwischen dem, was in relativer Beziehung außerordentlich stabil bleibt, nur in der Wachstumsperiode in einer gewissen Beziehung labil ist. Das ist der Eiweiß-Organismus des Menschen. Es findet in der Gewebeflüssigkeit ein fortwährendes Aufnehmen und Zerstören des in der Nahrung befindlichen Eiweißes statt. Der Unterhalt dieses lebendigen Kräftespiels dient dem Unter-halt des Lebens. Doch kann es sein, daß das Wechselspiel zwischen der Ge-webeflüssigkeit und dem Eiweißorganismus in dem Sinne gestört ist, daß der Astralleib und die Ich-Organisation, von seiten der Atmung, den nach Ruhe strebenden Kräften in der Gewebeflüssigkeit nicht genügend gewachsen sind. Dann greifen die plastisch gestaltenden Kräfte nicht genügend ein. Es treten krankhafte Auflösungserscheinungen im Eiweißaufbau der Organe auf, z. B. Muskeldystrophie (Nr. 52). Chemisch gesprochen sind es Säuren, die lösen, während Basen fällen. Säuren wiederum sind es auch, die in der Lage sind, das Silber anzufressen und zu lösen. Dieses bildet aber dann die Silbersalze. Und diese können wir auch wiederum zu Hilfe nehmen. Das sind — während das Chlorsilber, auch natürlich als Hornsilber vorkommend, wegen seiner Empfind-lichkeit gegen Licht und als schwerlösliche Silbersubstanz in der Photographie zur Anwendung kommt, ebenso das Bromsilber und Jodsilber — in erster Linie das salpetersaure Silber, Argentum nitricum (Nr. 51—56), daneben auch das arsensaure Silber (Nr. 59). Auch das Argentum nitricum ist lichtempfindlich und fällt leicht aus, bleibt aber löslich. Allgemein bekannt ist es z. B. in der äußeren Anwendung als antibakteriell und adstringierend wirkend.

Auch z. B. bei Alveolarpyorrhoe, die als Symptom in Richtung der Zucker-krankheit liegt, wurde von Dr. Steiner auf die Behandlung mit Argent. nitri-cum hingewiesen. Als Dosis war in diesem speziellen Fall die 20. Dezimale an-gegeben (Nr. 11, 56, 57). Außerdem kamen noch Rosmarinbäder in Anwendung. – Hier ist schon der Kohlehydratstoffwechsel mit seiner Beziehung zur Ich-Organisation gestört. Und wir haben es weiterhin mit dem Diabetes mellitus[1] zu tun, wenn die Ich-Organisation im Verlaufe der Verdauungstätigkeit beim Untertauchen in den astralischen und Ätherleib so abgeschwächt ist, daß sie für ihre Tätigkeit an der Zuckersubstanz nicht mehr wirksam sein kann. Es wird, während das Blut, das sonst mit seinem Zuckergehalt durch den Körper zirku-liert und auf diese Weise die Ich-Organisation durch den Organismus trägt, diese Ich-Organisation durch das Wirken des menschlichen Organismus nicht mehr in ihrem Gleichgewicht gehalten. Statt dessen geschieht mit dem Zucker durch die astralischen und ätherischen Regionen, was mit ihm durch die Ich-Organisation geschehen sollte. Es geht so in der Tiefe des Organismus eine Art von Schlaf dem Wachzustande parallel. Das Nervensystem betätigt sich so, wie es nur im Schlafe geschehen soll, und die Folge dieses mangelhaften Eingreifens des Ich ist die Gefahr der Entartung des Nervensystems.

Ein Weiteres ist *das Verwandtschafts-Verhältnis des Silbers zum Blei und zum Golde.* Da liegen an dem einen Pole die Bleiwirkungen, an dem anderen Pol die Silberwirkungen, in der Mitte das Gold. In dieser Hinsicht wirkt das Silber im Stoffwechsel-Gliedmaßenorganismus, und zwar recht peripher auf dasjenige, was vom Stoffwechsel-Gliedmaßenorganismus nach außen gelagert ist[4]. Es regt so die Nervensinnestätigkeit im Stoffwechsel-Gliedmaßensystem an und fördert von da aus die Tätigkeit, die den ganzen Organismus durchdringt und eine Anregung der Atmung bedeutet. Dem zugrunde liegt, daß das Herz des Menschen ganz aus der Gewebeflüssigkeit gebildet und seine Tätigkeit nur der Reflex der inneren Tätigkeit der Gewebeflüssigkeit ist, auch daß das Herz in seiner Gestaltung das polarisch Entgegengesetzte der Lunge ist, und alle Organe, die mehr nach vorne gelagert sind, wozu auch der weibliche Uterus gehört, stufenweise Umgestaltungen der Herzbildung sind[4]. Alles dagegen, was ausgeht vom Blei, wirkt auf die Nerven-Sinnestätigkeit des Kopfes und regt von da aus die Atmungstätigkeit an. Es wirkt dadurch auch auf alles, was Kopfbildung und als Metamorphose der Kopfgestaltung Lungengestaltung und Lebergestaltung ist, und insofern die Lunge das Herz umschließt, indem sie mit dem Atmungssystem das Zirkulationswesen umspannt und umgreift; auch insofern vom oberen und hinteren Menschen die Verdauungsorganisation und auch die Sexualorganisation umschlossen wird. Haben wir es aber in diesem Zusammenhang mit einem Kranken zu tun, dessen Beschwerden darauf beruhen, daß das auf den rhythmischen Wechselwirkungen zwischen Herz- und Lungentätigkeit beruhende innere Gleichgewicht gestört ist, dann kann die Herzkraft u. U. nicht das Gleichgewicht zwischen Materie und Geist finden, weil das Herz zu stark unter den Einflüssen der Materie des unteren Menschen steht. In einem solchen Falle können wir dann, wenn Aurum als Medikament allein nicht genügt, dieses auch noch unterstützen mit Silber. Wir rechnen dann auf das Silber als Edelmetall, das gleich dem Gold sich von Wasser und Sauerstoff nicht beeinflussen läßt (Nr. 34).

Es kann aber auch sein, daß die Krankheitsursachen schon tiefer liegen, wo es gilt, den Astralleib selbst zu unterstützen und in sich zu festigen. Das liegt z. B. vor bei *einem Menschen, der in seiner Seele hin- und herschwankt zwischen manischen und melancholischen Zuständen.* Er ist nicht Herr gegenüber seinem Denken, Fühlen und Wollen, weil abhängig in seiner Seele von äußeren Einflüssen. Die Welt spiegelt sich ihm einmal zu düster in seiner Seele und lähmt ihn in seinem Wollen, das andere Mal sieht er sie allzu rosig, und sein Wille geht mit ihm sozusagen durch. Geben wir bei einem solchen Kranken Silber, dann haben wir von Dr. Steiner dafür den Hinweis erhalten, daß es geschieht, *um den Ätherleib zusammenzuziehen.* Wir können uns dabei erinnern, daß es der Astralleib ist, der vor dem Eintritt in die Geburt den Ätherleib zusammenzieht, auch daß es zu der Eigenschaft des Silbers gehört, als Spiegel zu dienen und weder durch Wasser noch durch Feuchtigkeit und den Sauerstoff der Luft angreifbar zu sein; daß es andererseits neben seinem hellen, reinen Klang ein guter Leiter für Elektrizität und Wärme ist und trotz seines niedrigeren Atomgewichtes einen höheren Schmelzpunkt als Blei und Gold hat. – Ferner kann hier noch hingewiesen werden auf *die Beziehung, die zwischen der Silberwirkung und der Thujawirkung*[3] besteht. Denn für die Thuja occidentalis hat Dr. Steiner schon in den Anfangszeiten der Kliniktätigkeit in Arlesheim die Indikation gegeben: Anregung der Tätigkeit des Astralleibes ohne Einwirkung auf das Sexuelle; sie kann psychiatrisch brauchbar gemacht werden, wenn sozusagen das Seelenleben erlischt, bei Erkrankungen der Sinnesorgane, Augen usw., Ohrspeicheldrüse. — Angegeben war die Anwendung in Form von Injektionen. Dafür standen Ampullen in der Dosis 0,1% bis D 5 zur Verfügung und D 5 wurde der Vorzug gegeben.

Ein anderer Fall in dieser Richtung ist z. B. auch *der Nachtwandler.* Hier liegt eine veranlagte Schwäche der Ich-Organisation zugrunde. Der Astralleib wird von ihr nicht in Form gehalten. Der Mensch steht mit seinem Ich-Bewußtsein nicht fest auf der Erde. Er setzt sich in seiner Leiblichkeit nicht in normaler Weise mit den Schwerekräften der Erde auseinander. Die Mondenkräfte, denen der Mensch die Bildung seines Ätherleibes verdankt, machen ihren Einfluß auf diesen in einseitig verstärktem Maße geltend. Das Normale ist[2]: im Wachzustand sind es die Sonnenwirkungen, die unmittelbar an den physischen Leib und Ätherleib herankommen; daher stehen Ich- und Astralleib im Inneren unter dem Einfluß der bewahrten Mondenkräfte. Im Schlaf ist es umgekehrt. Wir haben, wenn wir mit unserem Ich und Astralleib außerhalb des Leibes sind, Sonne in uns, tragen das so aufbewahrte Sonnenlicht von außen an unseren physischen und Ätherleib heran und bewahren auf diese Weise den Leib vor Vertrocknen und Verwelken; während jetzt von außen die Mondenkräfte ihre Wirkungen über den physischen und Ätherleib ergießen. Dagegen ist es bei den Nachtwandlern so: Wenn der Mond äußerlich scheint, also insbesondere bei Vollmond, dann werden auch die inneren Mondenkräfte rege in seinem Ätherleib und wirken in ihm, heben so auch seinen physischen Leib aus der Schwere und bewirken, angeregt von dem äußeren Mondenlicht, seinen unbewußten Fortbewegungstrieb, entgegen der Erdenschwere. Damit erlebt er in krankhafter Weise innerhalb seines Leibes, was der Initiierte geistig anstrebt, wenn er sich bemüht, durch Aktivierung seines Denkens seinen Ätherleib frei zu bekommen vom physischen Leib für das Erlangen einer höheren Stufe des Bewußtseins. Doch mit dem abnormen Zustande eines Nachtwandlers ist selbstverständlich ein als krankhaft zu bezeichnender Verlauf der Stoffwechselwirkungen verbunden. Er beruht auf einer sehr starken Anziehung von seiten des Ätherleibes auf alles, was Stoffwechselwirkungen und Bewegungswirkungen sind, auch was von den Verdauungsorganen ausgeht. Das wird sehr stark in Anspruch genommen. Dem kann entgegengewirkt werden durch *Gaben von Silber, unterstützt noch durch Phosphor,* in vierzehntägigem Wechsel gegeben: das Silber z. B. als D 6 bei zunehmendem Mond, das Phosphor als D 5 bis D 6 bei abnehmendem Mond. Wir streben dann vermittels des Silbers eine Regulierung der inneren Stoffwechselvorgänge durch ein besseres Beherrschtsein von seiten des Astralleibes und des Ich an (Nr. 46, 47).

Über *die spirituelle Seite* hierzu haben wir von Dr. Steiner die Ausführungen[39], wie der Mensch, um das Äußere seines Ätherleibes zu formen, die Kräfte des Lichtes braucht, da er neben anderem Substanziellen vorzugsweise aus dem flutenden Licht des Kosmos gebildet ist; daß aber nicht das Sonnenlicht dazu geeignet ist, die äußere Seite unseres Ätherleibes zu bilden, sondern all das Licht, das uns vom Monde zukommt und vom Monde hinausstrahlt in den Kosmos. Hingegen braucht der Mensch, um die Innenseite seines Ätherleibes zu bilden, beim Heruntersteigen aus dem kosmischen Leben alles, was geistig vom Monde ausstrahlt, wenn Neumond ist und er seine Kräfte in den Kosmos hinausstrahlt. Dazu gibt Dr. Steiner über die *Polarität der Wirkung von*

Silber und Phosphor die folgenden Hinweise[40]: Es wirkt, gegenüber dem von der befruchteten Keimzelle ausgehenden zentrifugalen Prozeß, das Silber funktionell im Sinne der Ausscheidung. Dementsprechend wirkt es auch im menschlichen Unterleib, wenn in entsprechender Dosierung in den Verdauungsprozeß eingeführt, anregend auf die Abscheidungsprozesse. Dem entgegengesetzt aber ist die Wirkung des Phosphor. Er unterstützt in der Embryonalentwicklung die Kräfte, die ausgehen vom Uterus und zwar zentripetal, von außen nach innen gehend, und von dort gegen den Embryo wirkend; er entfaltet die in den Leib hineintreibende Tendenz. Und während das Silber die Form des physischen Leibes des Menschen hervorruft, löscht der Phosphor diese physische Organisation aus für den astralischen Leib und das Ich und treibt die astralische Organisation und das Ich heraus aus dem Menschen.

Der Phosphor erweist sich so als Substanz, die im Entwicklungsprozeß des Menschen entgegengesetzt ist der Substanz des Silbers. Dieser Gegensatz kann uns zurückweisen auf die Zeit von einst, als nach der Sonnentrennung das Leben auf der Erde zu schnell verlaufen wäre und es notwendig war, daß Jehova als einer der 7 Elohim bei der Erde blieb, sich dann aber bei der Heraustrennung des Mondes auf diesen zurückzog, um von da aus das Leben auf der Erde zu ordnen. Auf diesem Gegensatz beruht aber andererseits auch die Fortentwicklung in unserem Leben auf der Erde. *Phosphor als der Lichtträger oder Luzifer ist verwandt unserem Ich als Phosphorträger.* Verwenden wir ihn therapeutisch, so wollen wir die inneren Oxydationsprozesse anregen – darauf wies Dr. Steiner in einer Ärztebesprechung im Haag 1922 hin –, denn der Phosphor hält diese Oxydationsprozesse im Organismus flammend, erzeugt eine Art *Fieberwirkung im Blute*, macht den Organismus dadurch mehr willensdurchtränkt. Das innere Leben würde in Gefahr sein zu erstarren, würde dieser im Blute normalerweise vorhandene Entzündungsprozeß erlöschen. Die Seele könnte sich nicht mehr am äußeren Leben entzünden. Doch muß dieser Prozeß in gesunden Grenzen gehalten werden. Eine *Phosphorvergiftung* wiederum würde den Menschen bis zu der Grenze des Lebens führen, wo er zum Erlebnis seines Lebenstableaus[4], damit aber auch in die Gefahr kommt, daß der Ätherleib zur Auflösung übergehen will. Und es käme dazu, wenn es nicht gelänge, den Astralleib und das Ich von der anderen Seite genügend dahingehend zu unterstützen, daß sie diese Auflösung aufhalten können.

Ein Fieberzustand wird auch dann gefährlich, wenn er nicht durch ein Auslösen einer Reaktion zur Gesundung überführt. Das ist der Fall, *wenn er septischen Charakter anzunehmen droht.* Die Gefahr besteht dann, daß an Stelle der Eigenwärme des Blutes, die ein Ausdruck der gesunden Ichwirkung ist, eine Erwärmung des Blutes eintritt, die zur Auflösung des Blutes hintendiert und droht, nicht mehr beherrscht werden zu können. Der Ätherleib hat dann die Tendenz, seine Form zu verlieren und seiner Auflösung entgegenzugehen. Ich und Astralleib wollen den Sonnenkräften unterliegen, die entgegen den Mondenkräften den Menschen nach dem Tode hinausführen ins Weltenall. In einem solchen Krankheitsfall geben wir *Silber,* und zwar, nach Hinweisen von Dr. Steiner[2], *als Injektion in 30. Potenz* (Nr. 60–63). Das Verständnis dafür, was wir damit wollen, vermittelt uns Dr. Steiner in dem Sinne: Es offenbart sich in der Eigenwärme des Blutes, was aus früheren Erdenleben herauskraftet. Fieber, spirituell aufgefaßt, ist das Ergebnis des Losreißens der menschlichen Organisation von der normalen Einordnung in die fortwirkenden Erdenleben.

Und liegt ein Krankheitsfall vor, wo die Außenwelt so auf den Menschen gewirkt hat, daß er droht, seine Organisation loszureißen von früheren Erdenleben, dann können wir mit der Anwendung des Silbers die Erkenntnis verbinden, daß es die Mondenkräfte sind, die den Menschen hereinführen ins Erdenleben, die ihm seinen Ätherleib gestalten, durch die er auch in Verbindung steht mit seinem vorgeburtlichen Leben.

Es sind dies dieselben Kräfte, die vom Monde her bewirken, daß sich der Mensch im Schlafe nicht verliert und jeden Morgen wieder zu neuem Leben erwachen und von seinem physisch-ätherischen Leibe Besitz ergreifen kann. Ebenso ist die besondere Konfiguration des Ätherleibes, die ein Mensch von seinem kosmischen Dasein her empfängt, in Zusammenhang zu sehen mit dem Mondenwirken. Von daher werden die ihm eingepflanzten Fähigkeiten geregelt[23]. Es geschieht durch jene geistigen Wesenheiten, die einmal die Urlehrer der Menschheit auf Erden waren, die sich aber dann in das Innere des Mondes zurückgezogen haben. Seitdem strahlen sie, ihren Blick sozusagen nach dem Weltall richtend, vom Monde aus dasjenige geistig auf die Erde nieder, was außerhalb des Mondes im Weltenall lebt. Es streben auf diese Weise mit den Wellen des Mondenlichtes Gedankenkräfte auf die Erde herein[10]. Ihnen entgegen strömen die Kräfteströme, die von der Erde aus auf der Bahn des Sonnenlichtes der Sonne entgegen und von da in das geistige Weltenall hinausführen. Diese Kraftströme wiederum sind es, die durch ihre Willensnatur auch den Willen des Menschen hinaustragen in die Welt, die auch nach dem Tode die Seele hinaustragen in die geistigen Welten. Andererseits sind es gerade auch wieder die Mondenwesen, die, wenn der Mensch von den geistigen Welten her einem neuen Erdenleben entgegengeht, ihm seinen Ätherleib bilden im Hinblick auf die Wandelsterne unseres Planetensystems. Sie bestimmen so auch, welche Einflüsse von seiten der Planetensphäre er bei seiner Geburt mit hereinträgt in sein Erdenleben. Und so ist es auch zu verstehen, daß das Silber insbesondere noch ein wesentliches Heilmittel sein kann bei allen Erkrankungen, die irgendwie auf Karmisches zurückzuführen sind[2] (s. S. 116).

Mars-Eisen

Mit *Mars* bezeichnet die Urweltweisheit das Herrschaftsgebiet der hierarchischen Wesenheiten, die auf dem alten Monde von ihrer Substanz hingeopfert und dadurch für die Erde und die Menschen die erste Anlage zu ihrem Astralleib geschaffen haben. Es sind dies die Geister der Bewegung oder Dynamis. Das gilt vom Standpunkt des ptolemäischen Weltsystems. Da verteilen sich räumlich die Herrschaftsgebiete so[19]: daß der Saturn die Grenzmarke ist für das Herrschaftsgebiet der Geister des Willens oder Throne, der Jupiter für das der Geister der Weisheit oder Kyriotetes, der Mars, wie gesagt, für das der Geister der Bewegung oder Dynamis, die Sonne für das der Geister der Form oder Exusiai, die Venus für das der Geister der Persönlichkeit oder Archai, Merkur für das der Feuergeister oder Erzengel, der Mond für das der Engel, Angeloi. So daß rings um die Erde herum ist: die Sphäre der Engel bis zum Mond, bis zum Merkur der Bereich der Erzengel, bis zur Venus der Geister der Persönlichkeit, bis zur Sonne der Geister der Form, bis zum Mars der Geister der Bewegung, bis zum Jupiter der Geister der Weisheit, bis zum Saturn der Geister des Willens.

So gesehen steht für die geistigen Wirksamkeiten nicht, wie beim Kopernikanischen Weltsystem, das auf Berechnung beruht, die Sonne im Mittelpunkt des Systems, sondern die Erde. Denn das Wesentliche, worauf es in der Entwicklung ankommt, ist eben auch der Mensch, der auf der Erde lebt. So hat sich auch die Sonne um der richtigen Entwicklung des Menschen willen von der Erde getrennt[19]. *Und es entspricht entwicklungsgeschichtlich der Mars dem alten Monde* als dem dritten Zustand unserer Erdenentwicklung. Dieser war im wesentlichen ein Wasserkörper. Auch der Mensch, der auf diesem Mond oder alten Mars den Astralleib in seiner ersten Anlage einverleibt erhielt, bestand seinem Körper nach aus der Substanz des Mars-Mondwassers. Das heißt, der Menschenleib wurde damals gebildet aus Feuer, Luft und Wasser, seiner dichtesten Substanz nach aber war er als Wassermensch zu bezeichnen. Andererseits war es auch die aus dem Wassermann wirkende Tierkreiskraft, die dem Menschen auf dem alten Mond-Mars das Bewußtsein gebracht hat. Es war dies aber noch kein Ich-Mensch, sondern nur ein astralbegabter Mensch.

Eine Wiederholung dieses alten Mondes ist unser heutiger Planet Mars. Als solcher reicht er bis dahin, wohin der alte Mond sich ausdehnte. Er ist so ein lebendiges Stück vom alten Mond. Sein anderes Stück, unser heutiger Mond, ist Schlacke. Sie gehören so zu unserer Erdenentwicklung. Diese wiederum begann nach einem vorausgegangenen Pralajazustand zuerst noch einmal mit der Wiederholung eines Saturn-, Sonnen-, Mondendaseins. So vorbereitet setzte dann erst als 4. Zustand die eigentliche Erdenentwicklung ein. Da ist es dann *die lemurische Zeit*, die der *Wiederholung des alten Mondes* entsprach. Es hatte sich während der vorangegangenen hyperboräischen Zeit, als Wiederholung des alten Sonnenzustandes, bereits die Sonne abgespalten. Von den 7 Elohim hatte dabei jedoch Jehova das Opfer gebracht, weiter bei der Erde zu bleiben. Auch tritt der Mensch jetzt physisch hervor[41]. Jedoch unter Jehovas

Einfluß allein wäre er wohl mit Weisheit ausgestattet worden, doch hätte er ihn nur zu einer lebenden Statue gestalten können. Da aber traten die luziferischen Wesenheiten hinzu und mit Luzifer die Macht der Begeisterung, auch der Gier nach Entwicklung der Weisheit. Es geschah dies mit einer Vehemenz wie beim Tier die Sinnlichkeit. Hätte Luzifer so die Entwicklung allein führen können, es wäre ein heftiger Kampf entstanden zwischen den Jehovageistern und den Scharen Luzifers. Indem Jehovas Bestreben die Ausgestaltung der Form war, hätte Luzifer mit all dem, was vom Monde herrührt als das astrale Material, die Leidenschaft für eine verfrühte Entwicklung hervorrufen können. Es war so nicht nur Gefahr vorhanden, daß durch Jehova lebendige Statuen entstehen würden, sondern durch Luzifer die Gefahr der Entwicklung zu rasch vergeistigter Wesen. Ein Ausgleich, und damit auch ein großer Fortschritt, wurde dadurch geschaffen, daß neues astrales Material geholt wurde vom Mars. Damit erfolgte *der Durchgang des Mars durch die Erde.* Es wurde so *das Eisen* auf die Erde hereingeholt. Zunächst war es noch in astraler Form und hat sich erst später verdichtet. Gleichzeitig aber entstand auch *das rote Blut,* und sein Eisengehalt geht auf diese Zeit zurück. Es waren neue Leidenschaften, wohl weniger vehement, doch auf die Selbständigkeit bedacht. Für die äußere Kultur war aber damit auf der einen Seite das Verhärten, auf der anderen Seite das Vergeistigen verhütet, indem Luzifer sich zu dem Träger dessen machte, was vom Mars gegeben war.

Es war so zunächst jedoch noch eine besonders schwierige Zeit im Verlauf der Erdenentwicklung. Denn dem neu eingepflanzten Ich-Bewußtsein stand noch kein Denken zur Seite. Infolgedessen konnten noch die schlimmsten Triebe herrschen. Es vollzog sich all dies zunächst auch noch in einem dampfförmigen Zustand. Doch es erfolgte noch der Austritt des Mondes aus der Erde. Seitdem wirkt die Jehovagottheit nicht mehr von der Erde aus, sondern vom Monde her auf die Erde. Es beginnt sich fester Boden zu bilden; noch aber war der größte Teil der Erde zunächst wäßrig, die Temperatur sehr hoch. Allmählich aber trat das Wasser zurück und es begann so der Verhärtungsprozeß der Erde mit der Entstehung des heutigen Mineralreiches und damit auch das Knochensystem des Menschen. Indem auch die Luft sich herausbilden konnte, waren damit die ersten Bedingungen gegeben für eine Wechselwirkung von Blut und Atem vermittels des Eisens. Mit dem Atem gesellte sich das Ich zum Menschen, wobei das Eisen ihm als Wegbereiter diente. Aber auch in dieser Zeit war die Erde zunächst noch eine feurige Masse, in der das heutige Mineral zum größten Teil aufgelöst und flüssig war, wie heute in einem Eisenwerk das Eisen[35]. Es lebten in diesem im Feuer lebendig flutenden Elemente die Vorfahren unserer Reptilien und Amphibien. Halb schwebend, halb hüpfend wandelten da noch die Menschenvorfahren herum, während das Geistselbst bemüht war, von außen her Besitz zu ergreifen von dem Menschen.

Erst in der atlantischen Zeit (s. S. 129) begann die Erde ihrer heutigen Gestalt ähnlich zu werden. Wohl war die Atmosphäre noch ganz von Nebel- und Wassermassen erfüllt, während das heutige Mineralreich, das auf der Lemuris entstanden war, sich weiter ausgestaltete[35]. So ist bis zur Mitte der atlantischen Zeit noch das Wasser der Träger der menschlichen Entwicklung, dann erst die feste Erde. Da entreißt sich dann der Mensch dem Wasser und betritt den festen Boden. Es wirkten von außen her die Sonnenwesen auf seine Gestalt, von innen her die Mondenwesen anregend auf sein seelisches Leben. Auf diese Weise war auf der Atlantis auch die menschliche Gestalt wohl schon der heutigen ähnlich.

Sie war aufrecht, jedoch noch beweglicher, auch ragte der Ätherkopf noch weit über den Kopf hinaus. Dabei war die Mission der alten Atlantis, dem Menschen das Ich einzuprägen, insofern es den physischen Leib betrifft. Seine Seelenkräfte aber waren grundverschieden von den heutigen. Er besaß magnetische Gewalt über das Wachstum der Pflanzen, doch keinen Kombinationssinn. Seine Sinne waren stark ausgebildet, doch sein Bewußtsein war zunächst ein Bilderbewußtsein. So lebte der Atlantier, bis er sein Ich-Bewußtsein entwickelte, in innigem Kontakt mit der Natur. Er konnte ihre Sprache verstehen und hatte ein Hellsehen, das ihm nachts noch den Verkehr mit den Göttern ermöglichte. Auch spielte die Autorität des Stärksten eine Rolle. Die Sprache war auch zu Beginn der atlantischen Entwicklung noch nicht artikuliert.

Auf diese Vorzeiten der Erden- und Menschheitsentwicklung und die entsprechenden geistigen Zusammenhänge weisen uns auch die Ausführungen Dr. Steiners über „Die Apokalypse des Johannes"[32] hin. Sie knüpfen an die Entwicklungs-Tatsachen an, daß unserer Erde der alte Mond als Kosmos der Weisheit vorangegangen ist, die alte Sonne als Kosmos der Stärke. Der Mars, der bei seinem Durchgange durch die Erde das Eisen in ihr zurückgelassen hat, wird, als Vertreter der Sonne, für die Erde als Bringer der Stärke charakterisiert, der Merkur als Vertreter der alten Mondenentwicklung, die der Erde die Weisheit einverleibt hat. So die Erde überblickend, haben wir auf der einen Seite Erde, auf der anderen Seite Wasser. Bis zur ersten Hälfte der Erdenentwicklung ragt aus dem Wasser die eine Kraft hervor und aus dem Lande die andere Kraft. Dann in der Mitte der vierten Periode, d. i. die atlantische Zeit, ist es die Marskraft, die sozusagen das Wasser gibt, in der späteren Zeit ist es die Merkurkraft, die der Erde die feste Stütze gibt, so daß die Erde in ihrer ersten Hälfte als Mars, in ihrer zweiten Hälfte als Merkur zu bezeichnen ist. Entsprechendes gilt für den Menschen. Auch er ist in seiner ganzen Erdenmission gestützt von diesen zwei Kräften wie von zwei Säulen. Gestützt auf sie soll erreicht werden, was der Sinn der Erdenentwicklung ist, die Kraft der Liebe.

Der Apokalyptiker, in die Zukunft blickend, stellt so noch weiter vor unsere Seele den Menschen, der aufsteigt. Und es wird im Anschauen dessen, was über die Erde hinaus liegt, was uns entgegentritt in dem Momente, wo die Erdensubstanz ihre Materie auflöst ins Geistige, symbolisiert angedeutet durch das, was in dem 4. Siegel zu sehen ist. Das Ganze ist wie die Personifikation des zukünftigen Menschen, der gestützt ist von diesen Kräften, die vom Apokalyptiker geschaut wurden: mit einer Wolke bekleidet, einem Regenbogen auf seinem Haupte, sein Antlitz wie die Sonne, seine Füße wie Feuerpfeiler, in seiner Hand ein Büchlein aufgetan, sein rechter Fuß auf dem Meer, den linken Fuß auf die Erde setzend, und mit einer Stimme wie ein Löwe zu vernehmen. Damit wird weiter der Hinweis gegeben: wie sich die heutigen Seelen in ihrem heutigen Leib, den sie vom Monde ererbt haben, entwickeln, so werden sich auch die zukünftigen Seelen in dem entwickeln, was sie selbst aus ihrem Leibe machen. Der Leib, der so entsteht und die Seele, das Ich umhüllt, wird zum Tempel der im Menschen lebendigen Gottheit. Und im Gestalten dieses Leibes, wenn es in der richtigen Weise geschieht, wird zugleich nach den richtigen Maßen an der neuen Verkörperung der Erde als einem zukünftigen Tempel gebaut. Das ist das Jupiterdasein der Erde. Da aber, so führt es Dr. Steiner aus, wird dann alles wieder erscheinen, was früher da war. Das sind vor allem die Träger der geistigen Strömungen, aus denen die Erde hervorgegangen ist, auch darauf steht. Entsprechend der christlichen Tradition sind es Elias und Moses als diejenigen, die die Lehre von den zwei Säulen gaben: Elias als derjenige, der den Menschen die Kundschaft brachte von der Säule der Stärke; Moses als derjenige, der sie brachte von der Säule der Weisheit.

Elias und Moses waren es auch, zwischen denen, nach der christlichen Tradition, in der Verklärungs-Szene der Christus erschienen ist. Auch war es Elias, der — während die Michaelwesenheit beim Abstieg der Menschheit bei der Sonne geblieben ist, um von der Sonne her für die Menschheit zu wirken, und der so im Kampf am Himmel den Drachen besiegte — den Weg des Bösen mitmachte, ohne selbst böse zu sein[71]. Er ist auf diese Weise der Wegbereiter Christi bei seinem stufenweisen Abstieg in das Erdenleben, der Engel, den der Christus vor sich hersendet. Und der diesen Engel überschattende Engel ist Michael. So daß wir im Grunde zwei Michaelströmungen[42] haben. Dem entspricht auch die Tatsache, daß wir auf Erden *ein irdisches und ein kosmisches Eisen* haben. Die eine dieser Strömungen knüpft an Michael an, als mit der Sonne verbunden, die andere wird von Elias geleitet. Beide verhalten sich wie eine Sonnen- und Mondenströmung, sind aber doch beide Michaelströmungen und dienen als solche dem Christusimpuls im Zeitenwirken zum Heile der Fortentwicklung der Menschen auf Erden, gegenüber den Einflüssen, denen sie in ihrem Inneren unterworfen worden sind.

Diese Einflüsse kommen von Kräften, die sich der normalen Entwicklung der Erde entzogen haben und sich ihr entgegenstellen[43]. Sie haben sich dem göttlichen Willen in der Natur widersetzt. Das gilt sowohl für die Natur draußen wie drinnen im Menschen. Da wirken sie den natürlichen, in Rhythmen ablaufenden Prozessen entgegen. Es sind auf der einen Seite zurückgebliebene Mond-Merkur-Venuswesen, auf der anderen Seite zurückgebliebene Mars-Jupiter-Saturnwesen gegenüber den normal entwickelten Wesenheiten von Mond, Merkur, Venus, Mars, Jupiter und Saturn. Und während die Mondenwesenheit Jahve im Bündnis mit Merkur und Venus von Natur die instinktive Menschennatur regeln und beherrschen will, was fleischlich und vom Blute im Innern des Menschen ist, haben wir es bei diesen anderen Wesen noch zu tun mit einer Unternatur und einer Übernatur. Die Unternatur ist beherrscht von Wesenheiten ahrimanischer Natur. Es sind die zurückgebliebenen Mond-Merkur-Venuswesen. Sie haben ihre Festung unmittelbar unter der Erdoberfläche. Von da aus bewirken sie Ebbe und Flut und solche Naturerscheinungen wie Wasserkatastrophen, Vulkanausbrüche und Erdbeben. Immerfort sind sie auch im Menschen vorhanden in einem Ebben und Fluten seines Stoffwechsels. Und ihr Bestreben ist, den Menschen herunterzuziehen und ihn immer an der Erde zu halten. Doch es birgt auch die Erde das Eisen in sich. Und wenn auch diese ahrimanischen Wesen jedes Frühjahr von neuem die Hoffnung haben, zu ihrem Ziele gelangen zu können, so werden sie da doch auch immer wieder im Naturgeschehen, wenn die Osterzeit herankommt, von neuem in diesen Hoffnungen enttäuscht. Auf die Seele des Menschen aber können sie doch ihren Einfluß geltend machen. Johannes der Täufer aber, als der wiedergeborene Elias, war es, der als der Vorläufer des Christus das Mysterium von Golgatha vorbereitet hat mit seinem Ruf: „Ändert euren Sinn". Und wo es auf dem Wege zu diesem Sinneswandel beim sich heranentwickelnden Menschen zu Krankheitserscheinungen kommt, werden wir im gegebenen Falle den Heilungsprozeß mit Hilfe des Eisens, in entsprechender Form gegeben, unterstützen können. – Auf der andern Seite ist die Übernatur beherrscht von luziferischen Wesenheiten. Sie dient den Wesen als Festung, die es nicht zu der Reife der Wesenheiten von Mars, Jupiter und Saturn gebracht haben. Es sind die Luft- und Feuerwesen, die in Wind und Wetter in unserer Atmosphäre im Umkreis der Erde leben. Sie treten da sozusagen wetterwendisch in den Wolken- und Windbildungen zutage. Daneben aber halten sie sehr viel auf das moralische Element in der sozialen Ordnung. Das geht soweit, daß nach ihnen der Mensch keinen wirklichen physischen Leib haben sollte, in dem sich die irdische und wäßrige Natur befindet, damit sie ihn, entgegen der Erlangung der menschlichen Freiheit, zu einem moralischen Automaten machen könnten. Nur kommt es normalerweise nicht dazu gegenüber den eigentlichen Mars-, Jupiter- und Saturnwesen, welche die äußere Natur als bloße Natur mit Moralität im Sinne des göttlichen Willens durchdringen. Und auch in dieser Hinsicht unterstützt das Eisen den Menschen in seinem Innern.

Nach zwei Seiten hin dient so das Eisen der menschlichen Natur. Es vermittelt auf diese Weise zwischen den aus der Unternatur und aus der Übernatur ihn beeinflussenden Kräften und dient ihnen gegenüber dem inneren Gleichgewicht. Und wir stoßen hier auf *die besondere Beziehung, die das Eisen zu den magnetischen und elektrischen Kräften hat.* Wir kennen sie von seiten der Natur aus der Tatsache, daß Eisen von einem Magneten angezogen wird und dabei schließlich selbst zum Magneten werden kann. Es hat dann einen positiven und einen negativen Pol. Dabei begegnen wir dem Gesetz, daß sich entgegengesetzte Pole anziehen, gleichgerichtete hingegen abstoßen. Entwicklungsgeschichtlich aber führt der Ursprung dieser Beziehung, gleich der Entstehung des Eisens und des roten Blutes, in die lemurische Zeit der Erden- und Menschheitsentwicklung zurück[44]. Während dieser wurde auch dem Inneren des Menschen aus dem Kosmos heraus einverleibt, was wir heute kennen als elektrische und magnetische Kräfte. Ebenso gibt es auf der Erde eine Summe von Vorgängen[4], die innig zusammenhängen mit dem, was sich unter den Ingredienzen von Elektrizität und Magnetismus abspielt. Es verbirgt sich hinter ihnen, was außerirdisch und innerirdisch ist und sich als solches in positiven und negativen Kraftwirkungen offenbart. In der Tropenzone, wo wir den magnetisch-elektrischen Nordpol der Erde zu suchen haben, da saugt die Erde am allermeisten das Außerirdische ein und entwickelt aus diesem, was sie als Vegetation hervorsprießen läßt. Da glänzt die Erde am wenigsten. Hingegen glänzt sie an den Polen am meisten, weil da gerade am meisten zurückgeworfen wird vom Außerirdischen. Demzufolge hat auch z. B. der Mensch der Polargegend eine relativ große Lunge, dafür aber eine relativ kleine Leber[23]; der Mensch der Tropen eine relativ große Leber gegenüber einer relativ kleinen Lunge.

Die Erde selbst wiederum baut sich auf aus den Salzen[3]. Wir haben es bei deren Zustandekommen zu tun mit der Polarität von Basen und Säuren. Sie haben die Tendenz, im Kreise um die Erde herum zu laufen, während das Salzhafte darauf senkrecht steht[3]. Das bestimmt auch die Konfiguration der Erde von Ost und West mit dem Erdgebiet in ihrer Mitte, das für unsere Gegenwartsentwicklung den Boden abgibt, von wo aus es gilt, im Sinne der Menschheitsentwicklung die Brücke nach Ost, West, Süd und Nord zu schlagen. Dabei stellen diese Vorgänge im Erdenwerden und so auch im Hinblick auf die entsprechenden Vorgänge im Menschen etwas dar[4], was wir heute äußerlich beobachten in der Chemie. Da deckt sich, was sich entwickelt, ausgehend von den

Basen durch die Säuren zu den Salzen, mit dem erdbildenden Prozeß, und das ist im wesentlichen ein negativ elektrischer Prozeß. Der Prozeß in der Richtung Salze, Säuren und Basen nimmt hingegen die Ablagerungen weg, strahlt aus, und wir haben es mit einem positiv elektrischen Prozeß zu tun. In dieser Hinsicht sind auch *die Verschiedenheiten der Eisenerze und dementsprechend auch die Verschiedenheit in ihrer therapeutischen Wirksamkeit zu verstehen, indem es solche mit basischen und solche mit sauren Eigenschaften gibt* (s. S. 97). Und wiederum die Eisensalze dienen dem Salzprozeß im Blute durch *ihre besondere Eigenschaft, daß sie bald sauren, bald basischen Charakter annehmen* und so eine vermittelnde Rolle einnehmen können. Es hängt auch die Gesundheit des Menschen davon ab; sie beruht auf einem Gleichgewicht, das mit Hilfe der Eisenkraft nach zwei Seiten hin zu finden ist.* Und das Gesunderhalten der eigenen Menschennatur hängt davon ab, daß der Mensch in seinem Seelen-Innern das Gleichgewicht sich erwirbt gegenüber den Einflüssen von seiten der Unternatur und der Übernatur. – Auch kann er sein eigenes Wesen von innen her nur in gesunder Weise erhalten, insofern die äußeren Naturprozesse sich in seinem Innern nicht bis zu ihrem Ende entwickeln können.

In dieser Hinsicht dient dem Menschen der im natürlichen Ablauf der Naturprozesse waltende Rhythmus. Er vollzieht sich durch das Sonnenwirken draußen im Kosmos und insbesondere noch in dem rhythmischen Wechsel der Jahreszeiten. Dabei sind die vier Erzengelwesenheiten Gabriel, Raphael, Uriel und Michael die Vermittler für das Sonnen- und Planetenwirken im Sinne einer geordneten Entfaltung des Lebens auf der Erde und dementsprechend auch im Menschen[43]. So ist verbunden: Gabriel mit der Weihnachts- und Tiefwinterzeit, Raphael mit der Oster- und Frühlingszeit, Uriel mit der Johanni- und Hochsommerzeit, Michael mit der Herbsteszeit. Welchen Gefahren aber der Mensch andererseits auch um die Frühlingszeit von seiten der Unternatur und der Übernatur zu begegnen und sie in seinem Innern zu überwinden hat, davon war bereits die Rede; auch wie diese Gefahren für die äußere Natur jedes Jahr von neuem überbrückt werden, während der Mensch in seiner Seele davon beeinflußt bleibt und dagegen zu kämpfen hat. Dafür aber steht ihm sein Denken zur Verfügung. Und daß er Herr seiner eigenen Gedanken werden kann, dabei steht ihm insbesondere die Michaelwesenheit bei. Ihr verdankt er seinen Intellekt, insofern es die Michaelwesenheit war, die einst die luziferischen Wesen besiegt und vom Himmel auf die Erde verbannt hat. Doch es stand die Michaelwesenheit seitdem auch hinter der Gedankenentwicklung des Menschen. Und nachdem der Mensch Herr seiner eigenen Gedanken werden konnte, ist es wiederum die Michaelwesenheit, die dem Menschen zu Hilfe kommt gegenüber den Gefahren, die ihm von seiten der luziferischen Wesenheiten drohen. Diese wären ein Sich-verlierenkönnen in seinen eigenen Gedanken, ein Abirren von der Wahrheit; damit aber auch die Gefahr, daß die ahrimanischen Mächte von der anderen Seite her sich der Gedanken bemächtigen könnten. Daß dies nicht eintreten muß, dazu hilft auch die Michaelwesenheit von seiten der Natur.

Draußen in der Natur geschieht es im Laufe des Jahres zur *Michaelizeit*. Da ist die Erde einerseits durchmineralisiert, andererseits hat der Sulfurisierungsprozeß in der Atmosphäre der Erde seinen Höhepunkt erreicht, während am

---

* Dieses Gleichgewicht wollen wir beispielsweise auch unterstützen, wenn wir aus dem Bereich unserer Pflanzenheilmittel sowohl die Frucht der Fragaria vesca wie auch die Brennessel, Urtica dioeca[5] (Nr. 90—94), zur Anwendung bringen.

Himmel die Meteorschwärme erscheinen und die Meteore auf die Erde fallen. Es ist dies gerade auch die Jahreszeit, in der sich die dunklen Kräfte aus dem Unterbewußten der Menschen besonders geltend machen können. Dann aber enthält das Eisen, das als Meteoreisen herabfällt auf die Erde, die Kraft, womit die oberen Götter die ahrimanischen Mächte zu besiegen trachten. Bildlich gesprochen werden da die aus Eisen bestehenden Meteorschwärme durch die Gewalt, die dem Herzen des Michael entströmt, zusammengeschmolzen zu dem eisernen Schwerte des Michael, der damit den Drachen besiegt. Dieser ist der Widergeist, der, begünstigt durch diesen auf seinen Höhepunkt gelangten Sulfurisierungsprozeß, aus der Erde aufsteigend, durch seine Schlangengestalt Furcht über die ganze Erde hin ausstrahlen möchte. – Solche Eisenmeteorschwärme aber finden auch innerhalb der Menschennatur statt. Sie spielen sich da, auf Anregung des Geistig-Seelischen, überall ab in den roten Blutkörperchen, wenn die Eisenverbindung hineinschießt. Es findet auf diese Weise eine Entängstigung statt. Angst, Furcht und Haß bekämpfend, gliedert sich das Eisen ein[43]. Und in diesem Sinne steht uns auch dieses kosmische Eisen, *das Meteoreisen, als Heilmittel zur Verfügung* [81] (Nr. 77).

Indem nun aber, in der angedeuteten Weise, die vier Erzengelwesenheiten im rhythmischen Wechsel der Jahreszeiten dem natürlichen Ablauf der Naturprozesse dienen, gehen von diesen Wesenheiten auch Kräfte aus, die durch die Erde hindurch den Menschen bilden[43]. Uriel, als der kosmische Sonnengeist, umkreist auch die Erde und schafft während des Winters, wenn Gabriel kosmisch wirkt, die Kräfte des inneren Hauptes. Raphael, der kosmische Frühlingsgeist, ist, die Erde umkreisend, in der Herbsteszeit, während Michael der kosmische Geist ist, im menschlichen Atmungssystem in ordnendem Sinne tätig. Gabriel, als der kosmische Wintergeist, trägt, die Erde umkreisend, in der Sommerzeit, wenn Uriel als kosmischer Geist bewirkt, was durch die Natur im Menschen geschieht, die nährenden Kräfte in den Menschen hinein. Zum Frühling hinkommend, wenn Raphael der kosmische Geist ist, durchdringt Michael mit seinen Kräften die Erde und lebt in all dem, was im Menschen Ausdruck des Willens wird, was ihn gehen, greifen und arbeiten läßt; während in dieser Zeit Raphael seine Kräfte in die Natur einströmen läßt. – So entspricht *im Frühling und Herbst das Zusammenwirken der beiden Erzengelwesenheiten Raphael und Michael* einem Gleichgewichthalten gegenüber dem Sommergeschehen und dem Wintergeschehen. *Es geschieht in dem Sinne, wie auch das rhythmische System im Menschen das Gleichgewicht hält zwischen dem oberen Menschen und dem unteren Menschen im Anschluß an den Weltenrhythmus. Und wiederum ist es das Eisen im Blute, das da vermittelt. Es kann dies vermöge seines Verhaltens zum Schwefel und seiner besonderen Beziehung zum Sauerstoff und Kohlenstoff* im Hinblick auf den Atmungsprozeß, durch den der Mensch verbunden ist mit den im Umkreis der Erde wirkenden, im Sonnenbereich unseres Kosmos urständenden geistigen Kräften. Dort ist es auch, von wo die chemischen Wirksamkeiten auf Erden stammen. Es ist dies der Bereich der zweiten Hierarchie, der Geister der Form oder Exusiai, der Geister der Bewegung oder Dynamis, der Geister der Weisheit oder Kyriotetes, unter denen die Geister der Bewegung die eingangs (s. S. 84) charakterisierte engere Beziehung zum Mond-Mars haben. Auch ist es der Bereich, aus dem die Christuswesenheit herabgestiegen ist, um sich mit der Erde zum Heile der Menschheit zu verbinden.

Dabei bleibt aber dem Menschen die Aufgabe, in seinem Inneren den Kampf nach zwei Seiten zu bestehen. Dieser hat auch seinen Sinn, indem er dem Menschen im eigenen Erkraften zur Erringung seiner Freiheit dient. Wenn es aber den ahrimanischen Mächten gelingt, im menschlichen physischen Körper einen Sieg zu erringen über die luziferischen Mächte, die den Menschen ganz durchsetzen wollen mit dem, was nur an der Oberfläche in den Sinnen sein soll, dann wird die physische Natur zeitweilig ruiniert. Dadurch aber wird sie gerade den ahrimanischen Mächten entrissen[45]. Es entstehen dabei Erkrankungen wie Geschwulstbildungen, Karzinombildungen oder Stoffwechsel-Erkrankungen wie die Zuckerkrankheit. Können andererseits die luziferischen Wesenheiten einen Sieg erringen gegenüber den ahrimanischen Mächten, deren Bestreben es ist, den Menschen zu sich herunter zu ziehen, dann wird Luzifer der Sieg streitig gemacht, indem der Mensch in entzündliche, katarrhalische Erkrankungen oder in irrsinnige Zustände verfällt.

Daß aber die Disposition zu diesen beiden Erkrankungsmöglichkeiten bereits vor der Geburt und vor der Konzeption veranlagt wird, darauf sind wir hingewiesen[3]. Es geschieht, wenn die Seele, ihr Erdendasein vorbereitend, nachdem sie ihren Astralleib aus dem Kosmos wieder zusammengezogen, sich auch noch mit ihrem Ätherleib zu umkleiden hat. Da finden normalerweise vor dem Eintritt in die physische Geburt die Gegenprozesse der Ossifikation und Sklerose statt (s. S. 27). Es kommt zu Schwingungen gegen eine Mittellage hin von konsolidierenden gegenüber zerstreuenden Kräftewirkungen. Sie finden auch nach der Geburt ihre Fortsetzung im Bereich des Ätherleibes. Und maßgebend dabei wird, was der Mensch an Kräften mitbringt aus dem Leben zwischen dem Tod und neuer Geburt. Wo aber die Grenze nach der einen oder anderen Seite überschritten werden kann, haben wir es mit den genannten Krankheitsdispositionen zu tun.

Normalerweise beginnt die Entwicklung nach der Geburt, d. h. nach dem Untertauchen in die vererbte Leiblichkeit damit, daß noch einmal eine Wiederholung der Entwicklungsstadien durchgemacht wird, die nach dem Herauslösen des Mondes aus der Erde sich vollzogen haben. Von außen her beginnt die Sonne nach dem Innern das irdische Leben zu gestalten, von innen her der Mond das Seelenleben im Leibe naturgemäß zu entfalten. Vom Kopfe her wird so im ersten Lebensjahrsiebt, an Stelle des vererbten Leibesmodells, der eigene physische Leib gebildet; im zweiten Lebensjahrsiebt wird das rhythmische System ausgebildet und damit der eigene Ätherleib geboren. Im dritten Lebensjahrsiebt kommt dann die Ausbildung des Stoffwechsel-Gliedmaßensystems hinzu, und es wird damit der Astralleib geboren. So findet mit dem Eintritt in die Geschlechtsreife auch der Eintritt in die Erdenreife statt. Was sich bis dahin naturgemäß vom oberen Menschen her vollzieht, gleicht der Entwicklung der Pflanze. Der Kopf entspricht der Wurzel, Blatt- und Stengelbildung der Lunge, die Blüte dem Blütenprozeß im Blute. Und betrachtet man von der Blattbildung an das Werden der Pflanze nach oben, so vollzieht sich dieser Vorgang im Menschen nach unten. Dahinter zu denken haben wir uns das Zusammenwirken des Sonnenhaften mit dem Marshaften, Jupiterhaften und Saturnhaften[3]. Hingegen dasjenige, was namentlich vom Monde und den untersonnigen Planeten Merkur und Venus ausgeht, in der Pflanze mit der Tendenz nach der Erde zu und seinen Ausdruck in der Wurzelbildung findend, das ist beim

Menschen der Kopf. So daß alles, was irdisch in Erscheinung tritt, beeinflußt ist von den untersonnigen Planeten und dem Monde.

Ohne *die Unterstützung des Eisens vom Blute her* würde jedoch *das Besitzergreifen des Geistig-Seelischen des Menschen vom Leibe* nicht eigentlich zustande kommen können. *Dabei hat das Eisen die Aufgabe, vor dem Zerfließen in dem Wärmeäther zu schützen*[10]. So erst können sich die vegetativen Lebensprozesse in der Weise entfalten, daß sie der Entfaltung der physischen Stärke als Grundlage für die Entwicklung seelischer Stärke dienen können. Ohne genügend Eisenstütze könnte sich daraus keine robuste oder baumstarke Leibesnatur entwickeln. Es ergibt sich daraus auch die Bedeutung des Eisens im Verlaufe der Entwicklung schon vom ersten Kindesalter an. Noch erhält der Säugling durch die Muttermilch kaum etwas von Eisen[23]. Das entspricht der Tatsache, daß der Säugling in seinem Dahinträumen und mit seinen Zappelbewegungen noch nicht ein willkürliches Denken, auch noch nicht gelenkte Willensbewegungen hat. Doch in dem Maße, als er zu seinem freien Willen kommt, ist er darauf angewiesen, die Anregung und Unterstützung durch das Eisen zu haben. Von seiten der Ernährung geschieht es durch entsprechende Nahrungszulage. Zunächst z. B. nur erst in Form von etwas Karottengemüse, und wenn zur Unterstützung der Verdauung nötig, mit Hilfe von Fencheltee, dessen Wirksamkeit wie beim Anis[3] auf dem Vorhandensein von fein zerteilten Eisenbestandteilen beruht. Auf eine Entwicklung bei ungenügendem Vorhandensein von Eisen würde dann späterhin hinweisen z. B. eine heisere schwache Stimme. Dies zeigt sich vor allen Dingen in der Willkür, in dem freien Willen, der durch die Sprache zum Ausdruck kommt. Auch hat es ein solcher Mensch schwer mit dem Aufwachen[4] und Aufstehen. Und die Begleiterscheinungen der Anämie sind: Müdigkeit der Glieder, Mangel an eigener Initiative, Mangel an Interesse und Müdigkeit, was die Denkfähigkeit betrifft. Zugrunde liegen dabei Stoffwechselstörungen. Diese können auch zu Kopfschmerz und Migräne disponieren. Deren Heilung besteht dann[1]: erstens in einer Anregung der Nerven-Sinnestätigkeit mit Hilfe der Kieselsäure; ferner in einer Transformation der rhythmischen Tätigkeit aus einer solchen, die dem Stoffwechsel zugeneigt ist, in eine solche, die der Atmung zugeneigt ist, mit Hilfe des Schwefels; drittens in einer Eindämmung der rein vitalen Stoffwechseltätigkeit, die der Regulierung durch die Ich-Organisation entbehrt, mit Hilfe des Eisens. – Auf eine zu geringe Eisenwirksamkeit weist auch eine zu geringe Gallenabsonderung der Leber, ebenso Gelbsucht hin (Nr. 70).

Ein weiterer Gesichtspunkt ist: Daß die Geistanlage für die Brust- und Gliedmaßenanlage zurückweist auf den Zusammenhang des Menschen mit dem Marsdasein im Verlauf seines Lebens zwischen Tod und Geburt[16]. Da besteht die geistige Bevölkerung aus den Kennern und Bewahrern der Weltensprache neben solchen Wesenheiten, die Kampfnaturen und dergleichen sind. Aber die für den Menschen wichtigsten Wesenheiten der geistigen Mars-Bevölkerung sind diejenigen, die ihrer ganzen Natur nach aus ertönendem Weltenwort bestehen. Von ihnen lernt der Mensch, wenn er bei seinem Aufstieg die Marsregion passiert. Und wenn er bei seinem Abstieg wieder durch das Marsdasein hindurchgeht, dann wird, was sich ihm bei seinem ersten Durchgang eingegliedert und ihn befähigt hat, das Weltenwort zu vernehmen, aus dem höheren Geistigen in das etwas niedrigere Geistige eingegliedert, das ist jene Geistsubstanz, aus der sich dann später das menschliche Ich offenbart. Dieses ist in der Geistanlage die ganze Kehlkopf- und Lungengestaltung. Es kann diese stark, aber auch geschwächt sein. Wir haben es dann im letzteren Fall später zu tun z. B. mit den mitgebrachten Dispositionen zu Pneumonie, Pleuritis, zu Endocarditis und Polyarthritis. Auch eine Anfälligkeit zu Tracheitis, Bronchitis, ebenso gewisse Formen von Stottern[1] (s. S. 96), kann noch erwähnt werden. Ihr Ursprung liegt da, wo Atmung und Blutzirkulation in ein Verhältnis treten. Und wir sind da für die Therapie hingewiesen auf das *Eisen in Form* des natürlich vorkommenden Schwefeleisens, des Pyrit.

Auf die Art des Zusammenhanges mit dem Mars-Dasein im Hinblick auf das vorgeburtliche Dasein und auf die aus der charakterologischen Beschaffenheit des Menschen hervorgehenden Impulse, *weist auch hin, ob ein Mensch mutartig oder lässig ist* in bezug auf die noch stark mit der Unbewußtheit behafteten moralischen Impulse[10]. Und sind es, entsprechend der ägyptischen Mythologie[34], Isiswirkungen, durch die bei der Geburt der Knabe zwischen Vollmond und Neumond seinen Leib erhält, Osiriswirkungen als die Kräfte vom Neumond zum Vollmond, durch die das Mädchen seinen Leib erhält, so haben wir nach dem Innern zu im Menschen als Isiswirkung die Lunge, als Osiriswirkung den Kehlkopf. – Das kommt auch darin zum Ausdruck, daß wir sagen: die Lunge und der Kehlkopf. – Da sind es in der mythologischen Sprache das Weibliche und das Männliche, die sich der niederen Natur entrissen haben, die den Horusknaben als den Schöpfer des zukünftigen Erdenmenschen gezeugt haben. Das ist das menschliche Herz. – Wer nun ein solches Herz hat, daß er mutig sich ins Leben hinein stellen kann, den nennen wir auch einen herzhaften Menschen. Er ist auf dem Wege, sich als ein freier aktiver Mensch entwickeln und als solcher dem Leben begegnen zu können. Zaghafte Menschen hingegen sind auf dem Wege, unfreie Menschen zu bleiben. Eine Disposition dazu liegt vor, wenn wir in der Zeit der Geschlechtsreife z. B. beim Knaben eine zu schwache Stimmentwicklung beobachten oder bei einem Mädchen Symptome, die auf Bleichsucht oder Chlorose hinweisen. Die Eisenkraft ist hier nicht genügend entwickelt. Leiblich machen sich entsprechende Stoffwechselstörungen geltend. Und was die geistige Seite betrifft, können wir uns erinnern an den Hinweis: daß der Planet Mars zu den obersonnigen als den schicksalsbefreienden Planeten gehört, gegenüber den untersonnigen als den das Schicksal bestimmenden Planeten[18]. So daß wir als Menschen dem Saturn die Fähigkeit verdanken, ein eigenes Gedächtnis zu entwickeln, dem Jupiter die Fähigkeit des freien Denkens, dem Mars, daß wir auch in der Sprache in gewisser Weise frei sind.

Über die funktionellen Störungen, auch wie sie zu verstehen sind und ihnen zu begegnen ist, haben wir im Hinblick auf *die Bleichsucht oder Chlorose der jungen Mädchen* dem Sinne nach noch folgende Ausführungen von Dr. Steiner[23]: Es braucht der Erdenmensch zur Betätigung des freien Willens Beine und Arme. Um sie aufzubauen aus den Stoffen der Erde, ist die Möglichkeit zur Ernährung nötig. Dafür muß sich auch im unteren Menschen ein ähnlicher Vorgang abspielen wie bei der Atmung. Gleich den Pflanzen haben wir da zum Aufbau und Unterhalt den Kohlenstoff nötig. Der Mensch aber atmet den Sauerstoff ein und muß mit Hilfe des Sauerstoffs, der sozusagen gierig auf den Kohlenstoff ist, Kohlensäure ausatmen, um am Leben bleiben zu können; während die Pflanze diese Kohlensäure einatmet, um sich damit aufzubauen und dafür Sauerstoff ausatmet; allerdings da auch wieder Kohlensäure abgibt, wo sie zum

Blühen kommt. So sondert auch der Magen seinerseits einen sauerstoffähnlichen Stoff ab. Das ist das Chlor. Dieses wieder hängt mit dem Planeten Merkur zusammen. Und wie der Sauerstoff der Luft fortwährend die Kohlensäure aus dem Leibe ausatmen läßt, so ist das Chlor sozusagen gierig auf den Wasserstoff und bildet mit ihm die Salzsäure. Diese wiederum ist gierig auf die Nahrung. Wir brauchen sie deshalb, um unsere Glieder aufzubauen. Ist zu wenig davon wirksam, dann melden sich sogleich bitterer Geschmack, eine belegte Zunge, übler Mundgeruch usw. Wir müssen aber die Glieder aufbauen. Denn es würde uns das Eisen nicht richtig helfen, wenn wir es nicht anwenden könnten mit dem freien Willen. Es muß, damit der Mensch ein solcher werden kann, der frei und kraftvoll seinen Willen entfalten kann, im ganzen Körper Salzsäure vorhanden sein. Diese Salzsäure muß sich durchdringen mit dem Eisen, das im Blute ist. Mars und Merkur müssen also zusammenkommen. Wir können uns dabei auch an die eingangs dieser Ausführungen gegebene Darstellung der Wirksamkeit von Mars- und Merkurkräften erinnern (s. S. 86). Aber gerade zu der Verbindung des Chlor mit dem Eisen kann bei jungen Mädchen im Reifealter die Kraft fehlen. Es braucht dabei nicht unbedingt das Eisen fehlen. Fehlt es aber an Eisen, dann wird es nicht helfen, Eisen einfach in den Magen hineinzubringen. Das würde nur im Magen liegen bleiben und durch die Gedärme abgehen. Man wird den Weg zu suchen haben, um den Merkureinfluß, den Chloreinfluß in den Menschen hineinzubringen, d. h. man muß das Eisen so in den Magen bringen, daß es vom Chlor auch im Magen angenommen wird. Das kann mit Hilfe einer Medizin geschehen, hergestellt aus Spinat (Nr. 89, 125, 130) oder z. B. auch aus Anissamen (Nr. 16, 68, 90, 95, 96), indem diese Eisen enthalten. – Beruht aber die Bleichsucht darauf, daß zu wenig Fett im Magen liegt, um Chlor zu erzeugen, wird man nicht einfach Salzsäure in den Magen hineinbringen können, sondern ihn anregen, das Chlor selbst zu erzeugen, indem man etwas hineinbringt, das in entsprechender Weise aus Kupfer bereitet ist. Das macht den Magen wieder geneigt, Chlor zu bilden. Denn gerade so, wie der Mars verwandt ist dem Eisen, ist der Merkur verwandt entweder mit dem Quecksilber oder dem Kupfer. – Beruht aber die Bleichsucht nicht auf Eisenarmut, auch nicht auf Chlorarmut, was meistens der Fall ist, sondern nur darauf, daß beide nicht zusammenkommen können, dann gilt es, die Sonnenkraft, die dazwischen liegt, durch kleine Mengen Gold stärker zu machen. Die verstärken dann den Merkureinfluß, unter dem das Reifwerden der Mädchen steht. Ebenso kann beim Reifwerden der Knaben eine sich bemerkbar machende Heiserkeit u. U. auch allein schon dadurch überbrückt werden, daß man den Marseinfluß mit Hilfe von etwas Gold verstärkt.

Das Eisen

Aus der vorausgehenden Darstellung geht hervor, wie umfassend die Rolle des Eisens für den menschlichen Organismus und die Entwicklung des Menschen auf Erden, in Verbundenheit mit der Entwicklung unseres Erdorganismus ist. Wir finden dies auch bestätigt, wenn wir im Hinblick auf das Eisen den Organismus der Erde mit dem des Menschen vergleichen.

Wie das Eisen mit dem Blute im menschlichen Organismus durch alle seine Adern rinnt und in allen Geweben seine Spuren hinterläßt, indem es so den ganzen Organismus vom Zentrum bis zur Peripherie und von da auch wiederum zurück zum Zentrum durchströmt, sowohl den animalisch-vegetativen wie auch den pflanzlich-vegetativen Prozessen dienend, so ist es auch im Erdorganismus. Auch da durchzieht es unter der Erdoberfläche das mineralische Gestein, durchsetzt auch die ganze Erdoberfläche. Als solches hatte es auch einen wesentlichen Anteil an der Entwicklung der Tier- und Pflanzenwelt auf der Erde. Demzufolge finden wir es in seinen Erzen als zwei- und dreiwertiges Eisen. Somit ist das Eisen neben der Tonerde, die vermittelnd zwischen dem Kalk und dem Kiesel steht, das am weitesten verbreitete Mineral und steht so auch unter den Metallen an erster Stelle.

Da sind es unter seinen Erzen *die Schwefelerze*, die daran erinnern, daß mit ihrem Entstehen innerhalb des Erdorganismus für das Leben auf der Erdoberfläche erst die dafür notwendigen atmosphärischen Bedingungen geschaffen wurden. In dem Maße als auf diese Weise in der Atmosphäre an Stelle der Schwefeldünste der Sauerstoff getreten ist, konnte sich auch erst vermittels der Atmung das Leben von Tier, Pflanze und Mensch in der heutigen Form entwickeln. Dabei entstand als *Hauptvertreter dieser Schwefelerze* neben dem Magnetkies (FeS) und dem *Markasit* (FeS$_2$), *der Pyrit* (FeS$_2$). Dieser steht der Form nach in der Mitte zwischen dem Magnetkies und dem Markasit[73]. Unter ihnen ist der Magnetkies mit seiner der Bronze gleichenden Farbe, in Form von feinstem Sand oder zu größeren Massen angesammelt, in eisenreichen vulkanischen Gesteinen enthalten. Der Markasit in grünlich-grauem Gelb, auch Speisgelb genannt, beschränkt sich in seinem Vorkommen auf Erzgänge und auf Ausscheidungen in Tonen, Kalken und knolligen Gesteinen[78]. Seine charakteristischen Formen sind der Strahlkies, die radial strahligen Kugeln und Knollen, deren Strahlen von der Oberfläche zentripetal nach innen gerichtet sind. Für den *Pyrit* aber ist charakteristisch, daß seine Kristallform in erster Linie der Würfel ist, öfter auch das Pentagondodekaeder. Seine dem glänzenden Messing zu vergleichende Farbe erinnert an Gold. Er enthält auch immer etwas Gold (s. S. 68), und wir finden ihn tief eingebettet im Urgestein. Doch entsteht er auch da, wo Pflanzen und Tiere in eisenreichem Boden verwesen; er erscheint dann als Knollen und Rinden von Schwefelkies in Braun- und Steinkohle oder als die goldglänzenden Überzüge auf Ammoniten und Seesternen. So ist es auch verständlich, daß innerhalb des menschlichen Organismus dieser Prozeß, der im Pyrit wie in Erstarrung festgehalten ist, dem entspricht, was aus dem Zusammenwirken des Eisenprozesses mit dem Schwefelprozeß entstehen kann[1]. Da regt das Eisen die

Blutzirkulation an, der Schwefel vermittelt die Verbindung zwischen Blutzirkulation und Atmung. Und da der Pyrit zugleich der Prozeß ist, aus dem die entsprechenden Organe im Embryonalleben gebildet werden, kann er z. B. als Heilmittel dienen bei Tracheitis, Bronchitis und auch bei gewissen Formen von Stottern (s. S. 93).

An das verschiedene Verhalten von Tier und Pflanze in ihrem Aufbau gegenüber dem Ein- und Ausatmen von Sauerstoff und Kohlensäure erinnern die *oxydischen Eisenerze*. Es drückt sich aus in ihrer Verschiedenheit als drei- und zweiwertige Oxyde. Das dreiwertige *Roteisenerz* (Fe_2O_3) hat einen blutroten bis braunroten Strich. Dabei weist es durch seine verschiedenartige Bildungstendenz eine Reihe von mineralogischen Abwandlungen auf. Die kristallinen Formen unter ihnen werden wegen ihres lebhaften Metallglanzes als Eisenglanz und Glanzeisenerz bezeichnet. Seine Fundstellen sind, mit dem Magneteisen zusammen, die in alten Schiefergesteinen auftretenden Lager in Schweden, Norwegen, der Michigan-Halbinsel (USA), auf Elba, sowie in Framont im Elsaß. Seine Kristalle, die der rhomboiden Abteilung des hexagonalen Systems angehören, gleichen poliertem Eisen, sind stahlgrau und stahlblau bis eisenschwarz, häufig auch mit bunten Anlauffarben. Meist sind es flächenreiche, zu Gruppen und Drusen vereinigte Kristalle. Doch finden sich auch schöne einzelne Tafeln, die dann als der sogenannte Blutstein zu Schmuck verarbeitet werden, oder büschelig sechseckige Gruppen von solchen, wie sie als sogenannte Eisenrosen zwischen Bergkristallen und Adularen u. a. beispielsweise im Gotthardgebiet gefunden werden. In feinschuppiger Form bildet dieser Eisenglanz mit Quarz den Eisenglimmerschiefer. Von gleicher Häufigkeit wie dieses Glanzeisenerz ist ferner der feinfaserige oder dichte bis erdige, graurote bis blutrote Roteisenstein. Dazu gehört der rote Glaskopf. Man findet ihn auf Erzgängen und Lagern mit kugeliger, nierenförmiger, traubiger Oberfläche, mit metallischem Glanz, und er kann in dieser Erscheinungsform, je nach der Farbe, auch an eine Lungen- oder Leberoberfläche erinnern.

Sowohl der Pyrit wie das Roteisenerz verwittern aber, wie alle eisenhaltigen Mineralien oder Gesteine, unter dem Einfluß von Bodenfeuchtigkeit und des in ihr absorbierten Sauerstoffes zu *Brauneisenerz* ($2 Fe_2O_3 \cdot 3 H_2O$). So entstehen in Erzgängen und Lagern gewaltige Mengen von Brauneisenerz, darunter auch der braune Glaskopf. Dieser hat wohl noch dieselben nieren- bis traubenförmigen, selbst tropfsteinartigen Formen wie das Roteisenerz, hat aber, als zu Brauneisenerz geworden, nicht mehr einen roten, sondern braunen Strich. Und findet diese Verwitterung zu Brauneisen in den oberen Schichten der Erzgänge, also an Pyrit, Markasit, Kupferkies usw. statt, so entsteht, was man den eisernen Hut der Erzgänge nennt[78]. Ausgedehnte Ablagerungen von Brauneisen bilden sich so auch in Torfmooren, Sümpfen und Seen.

Das zweiwertige *Eisenoxyd* (FeO) findet sich nicht eigentlich als solches gesondert, dafür aber als Bestandteil der Gesteinsarten, die durch ihre grüne Farbe und ihre Struktur an den Pflanzenbildungsprozeß erinnern[77]. Das sind die Magnesiumsilikate. Dazu gehören der Olivin und Chrysolit, die Augite und die Hornblende, der Serpentin und der Chlorit. Letzterer ist ein wasserhaltiges Magnesia-Tonerdesilikat, findet sich im Chloritschiefer als ein feinschuppiges, schwärzlich bis graugrünes Mineral, nicht selten auch als größere, tafelige, prachtvoll blaugrün gefärbte Kristalle. Doch kommt er niemals als ursprüngliches Mineral vor[78]. Er ist stets ein Gemengteil kristalliner Schiefer und unter

Wasseraufnahme aus Augiten, Hornblende, auch aus Granaten und Magnesiaglimmer entstanden. Dabei scheidet sich das Eisen auch gern in Form von Magneteisen aus.

Das Magneteisen (Fe_3O_4) ist eine Verbindung von zwei- und dreiwertigem Eisenoxyd. Man drückt das mit der Formel $FeO \cdot Fe_2O_3$ aus. Es gehört damit zu einer isomorphen Gruppe von Mineralien, die zwei verschiedene Metalloxyde enthalten, oktaedrisch kristallisieren und auch häufig Zwillingskristalle bilden. Es ist dies die Spinellgruppe, nach einem dazugehörigen Edelstein so benannt. Man kann so den Magnetit auch verstehen als ein „eisensaures Eisen"[77] und dies ausdrücken in der Formel $Fe(FeO_2)_2$. Indem das dreiwertige Eisen saure Eigenschaften, das zweiwertige basische Eigenschaften hat, sind beide im Magnetit noch miteinander verbunden und in eine feste Verbindung eingegangen. Es ist der Magnetit auch das eisenreichste Erz, von metallischeisenschwarzer Farbe, schwarzem Strich. Unendliche Mengen von Magneteisenkriställchen sind so in Basalt, Melaphyr und anderen vulkanischen Gesteinen ausgeschieden. Und mineralogisch gesprochen weisen alle Vorkommnisse des Magneteisens darauf hin, daß es zu seiner Bildung hohe Temperatur und hohen Druck erfordert[78]. Als Beweis dafür gilt die häufige Umwandlung von Roteisenerz in Magneteisen, wenn Roteisenlager von vulkanischem Gestein durchsetzt werden. Das Magneteisen ist dann ein typisches Kontaktmineral. Umgekehrt kann auch Magneteisen durch Aufnahme von Sauerstoff in Roteisen übergehen. Auch kann es sich in solchen Massen ausscheiden, daß Lager, Stöcke oder ganze Berge aus körnigkristallinen Magneteisenerzen entstehen. Ebenso findet sich das Magneteisen, bald fein verteilt, bald in modellscharf ausgebildeten Kristallen als Oktaeder, seltener als Rhombendodekaeder, in kristallinen Schiefern, in Gneisen, in körnigen Kalken, als besonders großartige Magneteisenlager aber im mittleren Schweden, in Norwegen, im Ural, im Norden Amerikas (Kanada). Das ist also dort in unserem Erdorganismus, wo die Erde gleich dem Kopf des Menschen am meisten physisch ist. Auch künstlich entsteht es, wenn wir Eisen schmelzen, als der sogenannte Eisenhammerschlag[80] (Nr. 23), also auch da vermittels eines Feuerprozesses. Daraus läßt sich wiederum erkennen, daß der Magnetit auf einen früheren, noch undifferenzierten Erdenzustand zurückweist, wo dieser noch mehr feurig-flüssiger Natur war. Zugleich läßt es erahnen, warum das gediegene Eisen, das sonst höchst selten ist, gerade an der Nordwestküste von Grönland in großen Blöcken gefunden worden ist. Das sind die Gegenden, wohin ja auch heute noch das warme Wasser von der Mitte der Erde nach oben, dem Nordpol zu, strömt und, wenn abgekühlt, von da auch wieder herunter[69]. So daß wir uns vorstellen können, daß auch durch solche von unten her aufsteigende Wärme das Abstoßen der Eismassen bewirkt wird, die so als Eisberge in Bewegung kommen.

Andererseits findet sich da, etwas mehr nach dem Westen zu, aber auf gleicher Höhe, im Norden von Kanada, auf einer Halbinsel im Hudson-Bay, der magnetische Südpol. So daß es auch wiederum von diesem Gesichtspunkte aus verständlich wird, daß sich das Eisen nach diesen nordischen Gegenden zu in größeren Massen als Magneteisen ablagert. Es erinnert an die Eigenschaft des Eisens, daß es, solange es einem magnetischen Felde ausgesetzt wird, davon angezogen wird, weil es magnetische Eigenschaften annimmt, auch daß es diese Eigenschaften behalten kann, wie es gerade beim Magneteisen der Fall ist, was ihm auch seinen Namen gegeben hat. Dabei gilt das Gesetz, daß gleichartige

Pole sich abstoßen, polar entgegengesetzte sich anziehen. Wir schauen so im Hinblick auf den Magnetit in Zusammenhänge hinein, die als elektro-magnetische Kraftströmungen mit ihren positiven und negativen Kraftwirkungen sowohl im Erdorganismus, wie auch im menschlichen Organismus eine wesentliche Rolle spielen in Bezug auf das richtunggebende Wirken von Basen und Säuren und im Verhältnis zum Salzprozeß (s. S. 88).

Davon nun ausgehend, daß eine Beziehung von den Säuren zu der positiv-elektrischen Kraftwirkung besteht, die eine ausstrahlende ist, und von den Basen zu den negativ-elektrischen Kraftwirkungen, die eine Substanzablagerung im Chemismus des Erdorganismus bewirken, haben wir im Gegensatz zu den Roteisenerzen als dreiwertige Eisenoxyde noch den *Eisenspat oder Spateisenstein* als zweiwertiges Eisencarbonat ($FeCO_3$). Er gehört zu den gesuchtesten Eisenerzen. Und wir unterscheiden bei ihm drei Arten von Vorkommen[78]. Die wichtigsten sind die mit Steinkohlenformationen und anderen Schichtgesteinen verknüpften kohligen und tonigen Spateisensteine, z. B. im Ruhr- und Saargebiet, in Schlesien und insbesondere in England. Von großer Bedeutung sind ferner die zwischen den Kalken und kristallinen Schiefern von Kärnten und Steiermark eingeschalteten Spateisenmassen. Auch kommt der Spateisenstein vor mit Quarz auf Erzgängen, z. B. im Siegener Gebiet und im Harz. Da findet man ihn z. B. auch als rhomboidische, durchscheinend gelbbraune Einzelkristalle. Doch die gröberen Eisenspatmassen sind grobkristallin und je nach der Frische graugelb, gelbbraun, durch Verwitterung zu Brauneisen braun und schwarzbraun. Oder sie sind klein- bis feinkörnig und dann häufig mit Kalk, Ton und Kohle versetzt als Toneisenstein und Kohleneisenstein. Man findet ihn also auf der einen Seite vergesellschaftet mit dem Kohlenbildungsprozeß, der zurückweist auf den Pflanzenbildungsprozeß in Vorzeiten, auch mit dem Quarz; auf der anderen Seite in Zusammenhang mit dem Kalk in seiner Zugehörigkeit zum Tierbildungsprozeß. Darauf weist auch hin die Bildungsverwandtschaft von Eisenspat und Kalkspat, der als kohlensaurer Kalk eine wesentliche Stützsubstanz unserer Knochen ist; während die Vergesellschaftung mit dem Ton zugleich auf eine Mittelstellung hinweist. Denn der Ton steht mineralogisch zwischen dem Kalk und Kiesel. Er hat auch in seinem Wesen etwas Verbindendes nach der einen oder anderen Seite hin.

Im Ganzen gesehen ist es so verständlich, daß der *Eisenspat* mehr in den gemäßigten Zonen zu finden ist und auch da noch insbesondere in den Gegenden Europas, die wir als die Mitte zwischen Ost und West empfinden. Es kann diese Art des Vorkommens des Spateisensteins auch erinnern an therapeutische Hinweise von Dr. Steiner im Hinblick auf die Begleiterscheinungen der Bleichsucht und die Möglichkeit, dieser zu begegnen[4]. Diese wird charakterisiert als veranlagt durch ein mangelhaftes Einkoppeln des menschlichen Ich von unten her. Sie ist die direkte Fortsetzung alles dessen, was in anormaler Weise auf diese Art ab dem Alter von 7 Jahren geschieht. Selbst macht sie sich erst später geltend, aber sie ist die Verstärkung all desjenigen, was in dieser Richtung noch unbemerkt ist in der vorigen Lebenszeit. Da muß das Anfassen des Ich an den Kräften der äußeren Stoffe im Stoffwechsel und schon in der Aufnahme der Nahrungsstoffe hinaufwandern durch Zirkulation und Atmung bis in das Kopfsystem und muß sich ordentlich organisieren in der Zeit zwischen Zahnwechsel und Geschlechtsreife. Dabei geschieht die erste Erfassung der äußeren Stoffkräfte durch das Ich unter Begleiterscheinung der Schmecksensation. Dieses

Schmecken setzt sich nach innen fort. Der innere Verdauungsvorgang, der jenseits des Darmes liegt und dann ins Blut überführt, ist noch immer ein sich abschwächendes Schmecken. So geht es hinauf, bis dieses Schmecken im Kopfe abgelähmt wird. Dieser wendet sich gegen das Schmecken. Da ergreift im weiteren Hineingehen das Ich diese Stoffe stärker als es bloß äußerlich subjektiv im Schmecken der Fall ist. Und was da im äußeren Verdauungstrakt vor sich geht, wird nun stark beeinflußt von demjenigen, was mineralisch, salzig ist. Begleiterscheinungen der Bleichsucht wie Müdigkeit, Schlaffheit, mangelhaftes Einschlafen und Aufwachen können aber schon auftreten im Alter zwischen Zahnwechsel und Geschlechtsreife. Dann ist es notwendig, daß man es zunächst probiert mit dem äußeren Verdauungstrakt. Man muß Mineralisches, noch nicht vollständig Mineralisches anwenden. Da wird man beobachten können, daß durch kohlensaures Eisen das Ich, insofern es äußerlich die Kräfte der äußeren Stoffe erfaßt, unterstützt wird, wie das kohlensaure Eisen etwas ist, was wie das Stützende gegenüber dem Lahmen wirkt, wenn das Ich äußerlich eingreifen soll. Liegt hingegen ein mangelhaftes Eingreifen des Ich in den Zirkulationsrhythmus vor, dann wird es z. B. unterstützt durch Ferrum muriaticum, das salzsaure Eisen (Nr. 76). Als solches ist es ein schon im rein Mineralischen gesteigertes Heilmittel. Noch eine Stufe höher, im Atmungsprozeß, wird das Ich unterstützt werden können durch Pflanzensäure und so auch z. B. durch das essigsaure Eisen[79] (Nr. 15). Gehen wir bis zum Kopfsystem, wird das Ich unterstützt durch die reinen Metalle. Das bezieht sich jedoch nicht auf die äußerlichen Metalle, sondern auf ihre feinsten Kräfte, insofern auch der menschliche Organismus selber homöopathisiert, zersplittert und man die Zersplitterung unterstützt, wenn man die Potenzierung entwickelt. Dabei gilt allgemein[4]: je tiefer das Zentrum des Mangels liegt und je weniger nahe der Kopforganisation, desto niedrigere Potenzierung (Nr. 26, 69, 70, 105, 135), je näher es an der Kopforganisation liegt, handelt es sich dann darum, daß man die höheren Potenzen anwendet (Nr. 34, 40, 57, 71).

Das metallische Eisen selbst wird erst aus seinen Erzen gewonnen. Unter Anwendung hoher Temperaturen werden diese dem Schmelzprozeß unterworfen. Das daraus hervorgehende reine, flüssige, rot- bis weißglühende Eisen ist nach dem Erkalten ein nahezu silberweißes Metall. Es ist von relativ weicher Konsistenz und als solches schmiedbar, aber für technische Zwecke doch zu weich. Auch rostet es ja leicht, wenn der Feuchtigkeit der Luft ausgesetzt. Andererseits hat es Qualitäten, wodurch es im weitesten Ausmaße der Entwicklung der Technik gedient hat und noch immer dient. Das ist sein Verhalten zum Kohlenstoff. In geschmolzenem Zustand löst das Eisen den Kohlenstoff wie Zucker im Wasser auf. Und je nach der Menge des zugesetzten Kohlenstoffes gewinnt man auf diese Weise für den Bedarf der Technik das Schmiedeeisen, den Stahl und das Gußeisen. Legierungen mit Metallen wie Chrom, Wolfram, Molybdän machen es auch besonders hart, dabei elastisch, fest und rostfrei und besonders zäh noch mit Nickel und Kobalt[77]. So findet sich auch z. B. dem Meteoreisen immer Nickel beigesellt. Und nur im Norden von Grönland wurde, wie schon erwähnt (s. S. 97), das gediegene Eisen in größeren Blöcken gefunden. Daß dem so ist, kann uns im Hinblick auf die menschliche Entwicklung in Erinnerung bringen, wie es das Ich ist, das in den Wärmeverhältnissen sich offenbart, wobei es die Aufgabe des Eisens ist, den Menschen vor einem Zerfließen im Wärmeäther zu schützen[10].

Wir können uns so einerseits zurückversetzt denken in die polarische Zeit der Erd- und Menschheitsentwicklung, als Wiederholung des alten Saturn, gefolgt von der hyperboräischen Zeit, als Wiederholung der alten Sonne, dann von der lemurischen Zeit als Wiederholung des alten Mondes, von der atlantischen Zeit und unserer gegenwärtigen nachatlantischen Zeit. Damit in Zusammenhang können wir sehen, daß demzufolge der heutige Mensch seiner Leibesorganisation eingegliedert hat: organisierte Wärme, organisierte Luft, organisierte Flüssigkeit. In diese verschiedenen Glieder der Organisation muß auch das Ich eingreifen[4]. Besonders wesentlich und subtil dabei aber ist das Eingreifen des Ich in die Wärmeverhältnisse des Körpers. Da haben wir, wenn der Mensch geboren wird, im Kopfe das Abbild des Ich. Dieses Abbild des Ich wirkt im kindlichen Alter, den kindlichen Organismus durchwärmend. Auf der anderen Seite muß das Ich von unten hinauf eingreifen und das Seine geben. Demgegenüber hat dann die Durchwärmung, die bei der Geburt am stärksten ist, eine absteigende Kurve. So ist der Mensch im späteren Alter genötigt, durch Eingreifen des Ich von unten her in diese Wärmeverhältnisse, die absteigende Kurve auf einer angemessenen Höhe zu erhalten. Es muß der absteigenden Kurve die aufsteigende entgegengesetzt werden, die im wesentlichen abhängt von dem Erfassen der aufsteigenden substantiellen Kräfte, von der Hinüberleitung der Nahrung in die Zirkulation, in die Atmung, in das Kopfsystem. Mit der absteigenden Kurve aber entsteht im oberen Menschen ein Kältepol gegenüber einem Wärmepol im unteren Menschen. Der Kopf, der dann nur die absteigende Kurve entwickelt, läßt den Körper erkalten, wenn dem Prozeß, der sich von oben herunter durch das Abbild des Ich vollzogen hat in der Kindheit, nicht das Notwendige entgegengebracht wird durch das tätige Ich, das die Wärme bis in die äußerste Peripherie der Glieder bringt. Solche zur Bleichsucht neigenden Menschen frösteln leicht an Händen und Füßen, ermüden z. B. auch mehr gerade beim Steigen, als wenn sie in der Horizontalen gehen[4]. Und wir werden sie, wie schon angeführt (s. S. 98), mit Eisen unterstützen können. Auch wurde bereits näher ausgeführt, welche Rolle das Eisen als Heilmittel im Hinblick auf die Entwicklung des heranwachsenden Menschen hat, angefangen vom ersten Kindesalter (s. S. 92) bis hin zur Geschlechtsreife, mit der dann auch die Erdenreife beginnt und der Stoffwechselorganismus in den Vordergrund tritt.

Unter den Organen wiederum ist die Leber als ein unterentwickeltes Gehirn ein wärmereiches Organ, weniger die Lunge, am wenigsten aber das Gehirn. Dabei haben wir es auf der einen Seite mit einem Wirken der Ich-Organisation im Sinne des Analysierens zu tun, auf der anderen Seite mit einem Wirken im Sinne des Synthetisierens. Überwiegt in der Leber das Analysierende gegenüber dem Synthetisieren, dann haben wir es mit der Disposition zur Gelbsucht zu tun. Statt in den Darm, geht die Galle über ins Blut. Und auch da ist es wiederum das Eisen, das wir dagegen zu Hilfe nehmen können (Nr. 70, 105). Wir wollen dann damit dieses Analysieren von seiten der Ichtätigkeit und der astralischen Tätigkeit, das an sich eine normale Tätigkeit des Menschen ist, in seinen Grenzen halten. – Das Ich wiederum ist eine Art Phosphorträger[4], und als solcher ist seine Tätigkeit ein Durchphosphorisieren des menschlichen Organismus. Doch kann das Ich den Phosphor nur durch den Organismus tragen, indem es ihn mit anderen Stoffen verbunden hat. Dabei hat es noch die Aufgabe, das chemische Freiwerden des Phosphors zu verhindern. Andererseits braucht das Ich den Phosphor im Entwickeln von Gleichgewichten. Wenn wir

z. B. gehen, muß es im Bewegungssystem die dadurch gestörte Gleichgewichtslage wieder in Ordnung bringen. Ebenso muß im Ätherleib in seinem Zusammenhang mit dem Flüssigkeitsorganismus ein fortwährendes Übergehen
eines Dynamischen, eines Nichtgewichtes in Gleichgewicht bewirkt werden.
Dieses Regulieren findet statt mit Hilfe der freischwebenden und mit der ganzen Bewegung des Menschen, auch der inneren Bewegung des Organismus, zu-
sammenhängenden Blutkörperchen. An die Blutkörperchen muß aufschlagen,
was das Ich tut, indem es in die Bewegungsfähigkeit und z. B. in die innere
Wärmebeweglichkeit des menschlichen Organismus hineingreift. Schon in ihrer
Form zeigen sie, wie durch sie Bewegung in Gleichgewicht übergeführt wird. Da
findet die innigste Wechselwirkung statt zwischen dem menschlichen Ich und
dem ganzen menschlichen Organismus; auch ein fortwährender Kampf des
Phosphorisierens des Menschen, der zur Auflösung hintendiert, mit dem, was
im gestaltenden Blutprozeß liegt. Und während wir in dem physisch-ätherischen
Untergrunde des menschlichen Organismus ein primäres Synthetisieren haben,
findet in der Ich-Tätigkeit und astralischen Tätigkeit ein Analysieren statt. Solange dieses Analysieren seine Grenzen einhält, ist es auch eine durchaus normale
Tätigkeit. Wird aber das Ich ein zu starker Analysator gegenüber den Phosphor-
salzen, indem es sie bis zum Phosphorigen hin analysiert, dann fängt die
Analyse an, zum Unheil für den menschlichen Organismus zu werden. Es werden die Blutkörperchen zerstört und es kommt zu Folgeerscheinungen, wie wir
sie als Symptome der Phosphorvergiftung kennen. – Am stärksten aber kann
wiederum die Analyse wirken, wo bis zum Eisen hin analysiert wird. Und dieses Analysieren hängt zusammen mit dem Eisengehalt des Blutes[4].

Da im Blute ist es dann unter den Metallen das Eisen, das im Hinblick auf
die Strahlenwirkung der Metalle, die der Erde und dementsprechend auch im
menschlichen Organismus im Sinne des Entwerdens dienen, sich als die dritte
Metamorphose der Strahlenwirkung, der Stoffwechselwirkung entgegenstellt[4].
Sie besteht in einem fortwährenden Bilden und Entbilden von Kugeln, die
irgendwie in der Strahlenrichtung werden und entwerden. Organisch ist es die
Wirkung auf alles, was sich auf den Ätherleib bezieht. Die fortlaufende Kugel-
strahlung aber muß, weil sie vom oberen Menschen nach dem unteren Menschen
wirkt, gewissermaßen vom Physischen in Empfang genommen werden durch
eine polarisch wirkende Kraft. Denn sie geht nur bis zum Ätherischen und muß
von außen eingehüllt werden. Das geschieht von seiten der Kupferwirksamkeit.
Normalerweise aber muß das Kugelbildende und das Einhüllende sich auch ungefähr das Gleichgewicht halten. Und dieser Ausgleich findet besonders in der
Herzstauung statt. Ist aber gerade dieses Gleichgewicht gestört, dann ist das
ausgleichende Metall das Gold (s. S. 25).

So geht von dem oberen Menschen eine *strahlende Eisenwirkung* aus, die
sich nach allen Gliedern verzweigt. Und was da ausgestrahlt wird, geht nicht
wie beim Blei über die Oberfläche des Organismus hinaus, sondern lokalisiert sich
im menschlichen Organismus. Es ist, wie wenn das Eisen positiv ausstrahlt nach
der Peripherie hin und ihm negativ entgegengewirkt würde von etwas, was sich
ihm in Kugelwellen entgegenwirft. Dieses Gegenstrahlende ist die Kraft des
Eiweißes[3], indem man es bei allem, was hintendiert, Eiweiß zu bilden, immer
mit Stauwirkungen zu tun hat. So ist durch das Eisen dem Organismus ein
Funktionszusammenhang eingeführt, dem alles entgegenwirkt, was ausgeht
von den vier, der Eiweißbildung zugrundeliegenden Organsystemen: Lunge,

Herz, Leber, Niere. Diese stemmen sich entgegen. Dagegen aber findet ein fortwährender Kampf statt. Dafür braucht *das Blut* das Eisen als Substanz. Denn seiner eigenen Wesenheit nach ist es krank und *muß fortwährend durch den Eisengehalt geheilt werden.* Sonst würde es zuletzt zu seiner vollständigen Auflösung kommen. Und insbesondere in der dritten Lebensepoche des Menschen, wo mit der Geschlechtsreife ein Teil des Stoffwechsels abgesondert wird, andererseits die Erdenreife des Menschen beginnt, kommt *eine richtige Einstellung des Waagebalkens zwischen dem Eisen und der ganzen Eiweißbildung* in Betracht. Kommt es nicht dazu, haben wir es mit den Krankheitserscheinungen zu tun, die der Bleichsucht zugrunde liegen.

Diese vier Organsysteme wiederum, die der Eiweißbildung dienen, übernehmen für die Bildung des menschlichen Eiweißes die Rolle, die der Kohlenstoff, Sauerstoff, Stickstoff und Wasserstoff der Luft, zusammen mit dem Schwefel, für die Bildung des Pflanzeneiweißes haben. Dabei entspricht das Nieren-Harnsystem dem Sauerstoff, das Lungensystem dem Kohlenstoff, das Lebersystem dem Stickstoff, das Herzsystem dem Wasserstoff. Insofern sich diese Organsysteme aber nach außen, nach dem Meteorologischen öffnen, besteht eine Verwandtschaft der Herztätigkeit mit dem Impuls der Wärme in der Welt, mit der der Mensch zusammenhängt[3]. Und wenn der Mensch durch seine eigene Tätigkeit genügend Wärme entwickelt, ist dieses Maß von genügender Wärmeentwicklung im Lebensprozeß durch die eigene Tätigkeit zu gleicher Zeit das Maß für die Gesundheit des menschlichen Herzens. Sauerstoffreiche Luft wiederum wirkt regulierend, wenn die innere Beweglichkeit, bei der die Blase als Zugmittel dient, gestört ist, also auch bei unregelmäßiger Funktion der Blase. Die Leber ihrerseits ist abhängig von der Wasserbeschaffenheit, das Lungenleben von der Erden-Konfiguration, ob die Gegend sehr viel Kalkboden oder sehr viel Kieselboden hat. Und damit im Zusammenhang zu sehen ist, ob die Lunge in ihrem inneren Bau zu Verhärtung oder Verschleimung neigt.

Die andere Seite aber wiederum ist: Sowohl im Erdorganismus wie im menschlichen Organismus besteht eine Wechselwirkung zwischen dem, was unterhalb der Erdoberfläche vor sich geht und dem, was die Erde von außen umgibt. Da ist die Erde umgeben von einem Wärmemantel, darunter befindet sich ihre Luftzone, darunter die Flüssigkeitszone, danach das Festwerden, die Erdbildung; darüber befindet sich das Licht, über ihm die chemischen Kräfte, dann die Lebenskräfte. Dabei bestehen Relationen zwischen der Luft- und Lichtzone, der Flüssigkeitszone und den chemischen Kräften, dem Festwerden der Erde und den Lebenskräften[3]. Diese Relationen bestehen auch im Menschen, sind aber da verinnerlicht. Denn *der Mensch erzeugt in sich originäres Licht. Hierzu dienen die Nieren-Harnorgane.* Als solche übernehmen sie die Rolle, die der Kohlenstoff der Erde für den Atmungsprozeß der Erde hat. Er ist da der Regulator für den Sauerstoffgehalt der Erdenumgebung. Dem liegt die Tendenz zum Tierwerden zugrunde. Als Gegenprozesse entstehen dabei ätherische Wesenheiten, die fortwährend wegstreben, im Sinne einer Enttierung der Erde, während die Tierheit als dasjenige zu verstehen ist, was von der Erde im Gegenprozeß zu der Enttierung zusammengefaßt wird. Doch hat das Tier, wenn es auch höhere geistige Prozesse für sich mit dem Menschen gemeinsam hat, zum Unterschied vom Menschen nicht die Fähigkeit, in ausreichendem Maße im Inneren Licht zu erzeugen. Hingegen hat der Mensch vermittels seines Nierensystems in seiner Organisation die Möglichkeit, den außermenschlichen

Kohlenstoff durch den unteren Menschen vollständig zu vernichten, ihn aus dem Raume hinweg zu schaffen und ihn einfach originär in der Gegenwirkung dazu wieder zu erzeugen. Und mit dieser Wiederbelebung hängt die Lichtbildung im oberen Menschen zusammen. Der Mensch trägt so den Quell eines Außerirdischen in sich, während dieser Quell des Außerirdischen von außen her als Licht auf die ganze Pflanzenwelt und ihre Entfaltung wirkt. Auf diese Weise sind im menschlichen Organismus *die Nieren-Harnorgane* zugleich auch *die Abwehrorgane für das Tierwerden.* So können wir in diesem Zusammenhang auch wiederum einen Sinn damit verbinden, daß das Eisen in der Form des Eisenspates gerade vergesellschaftet vorkommt mit Kalk, Ton und Kohle, auch mit Quarz auf Erzgängen, und daß dafür die wichtigsten Steinkohlenformationen oder Schichtgesteine das Ruhr- und Saargebiet, Schlesien, Kärnten und Steiermark sind (s. S. 98). Auch kann dieser Zusammenhang erinnern an den Hinweis, den Dr. Steiner für die therapeutische Anwendung des Eisenspates gegeben hat (s. S. 99).

Die Leber wiederum, als Repräsentant des Stickstoffes und als in Beziehung stehend mit der Flüssigkeitszone, ist innerhalb des menschlichen Organismus zugleich der Chemikator[3]. Ihr Anteil im menschlichen Organismus ist infolgedessen, daß sie auf der einen Seite saugend wirkt auf die Beschaffenheit des Blutes, auf der anderen Seite, indem sie regulierend wirkt durch die Gallenabsonderung. Diese Regulierung kann wiederum nach zwei Seiten hin gestört sein: die saugende Kraft kann zu stark, sie kann aber auch zu gering sein. Ist sie zu stark, dann kann z. B. das Tragen eines Eisengürtels oder die Anwendung von Eisensalbe (Nr. 57, 74, 105, 107) in der Lebergegend angezeigt sein. Es kann aber auch die Leber als Chemikator und dadurch der Chemismus im ganzen Körper, dem der Flüssigkeitsorganismus zugrunde liegt, gestört sein. Das kann im Sinne von zu viel oder zu wenig sein im Hinblick auf den Gleichgewichtszustand zwischen Säuren und Basen gegenüber dem Salzprozeß im Blute. Therapeutisch stehen dafür von Natur die verschiedenen eisenhaltigen Mineralwässer zur Verfügung (Nr. 84, 149) *oder als lösliche Eisensalze: das salzsaure Eisen* (Nr. 76) *oder Ferrum muriaticum, das essigsaure Eisen oder Ferrum aceticum*[79] (Nr. 15)*, das Ferrum sulfuricum oder Eisenvitriol* (Nr. 78)*, das Eisenchlorid oder Ferrum sesquichloratum.*

Die Lunge wiederum, als Repräsentant des Kohlenstoffes, *reguliert im menschlichen Organismus den Erdbildungsprozeß.* Da hat die menschliche Organisation in ihrem Lungenprozeß hereingeholt, was draußen in äußerer Weltensicht über der chemischen Zone liegt. Das sind die Lebenskräfte als Ursprung des Vitalisierens[3]. Doch würde die Erde wuchern unter fortwährenden Lebensbildungen, wäre diesem Wuchern nicht vom Außerirdischen her der Prozeß entgegengesetzt, der auf die Erde ausgeübt wird von Merkur, der merkuriale Prozeß. Verfolgt man, von außen nach innen gehend, im Menschen den Erdbildungsprozeß, angefangen von dem Ernährungs- und Verdauungsvorgang durch den Nierenbildungs- und Leberbildungsprozeß, so ist er der Gegenpol des Prozesses, der sich bei der Auster in der Austernschalenbildung äußert. Es müssen deshalb Entartungen der Lunge in entsprechenden Vorgängen zu suchen sein, wie sie auftreten im Prozesse der Austernschalenbildung. Die Auster ihrerseits wiederum kann nur im Meerwasser mit seinen Salzen leben. Die Austernschale wird auch durch ihre Beziehung zum Meerwasser daran gehindert, ganz in die Erdbildung einzugehen. So wird es auch verständlich, daß die den Meersalzen entsprechenden Chlorverbindungen des Eisens gerade in diesem Zusammenhang therapeutisch von besonderer Bedeutung sind, so das Eisenchlorür oder Eisenoxydul ($FeCl_2$) als zweiwertige Eisenverbindung, wenn es gilt, das Vitalisieren in seinen Grenzen zu halten (Nr. 81—84, 112), oder *das Ferrum sesquichloratum* (Fe_2Cl_6), wenn der Lungenprozeß zu stark zum Kopfwerden tendiert, wie z. B. bei der Lungen-Tuberkulose (Nr. 78—80, 145, 166), in Form des Präparates Ferrum sesquichloratum $0,1^0/0$/Graphit D 15, dem früheren „Phtisodoron pulmonale I". Auch kann in diesem Zusammenhang noch auf das *antimonsaure Eisen* ($FeSbO_3$) hingewiesen werden, das nach einem Hinweis von Dr. Steiner in einem Fall von Typhus mit beginnenden meningitischen Symptomen zur Anwendung kam (Nr. 77).

Insofern nun *das Herzsystem* mit den Bildekräften des Wasserstoffes verwandt ist, erfährt hier der Wasserstoff eine Verwandlung nach dem oberen Menschen hin[3]. *Was unten noch tierisch ist, wird umgewandelt in das eigentlich Menschliche*, in das, was nach dem Vorstellungs- und Denkleben und nach dem Erinnerungsleben hingeht. Es geschieht dies, insofern wir es in dem oberen Menschen mit dem außertellurischen Einfluß von Blei, Zinn und Eisen zu tun haben, auch im Hinblick auf die Strahlenwirkung, die im Sinne des Entwerdens von diesen Metallen im Erdbildungsprozeß ausgeht, während, vom Außerirdischen hereinwirkend, auch wieder die entsprechenden Metallbildekräfte auf die Erde einstrahlen. Das zu bedenken, ist heute von besonderer Bedeutung, wo einerseits die Erde in der Phase der Rückbildung ist, andererseits die Menschheit zeitgemäß die Bewußtseinsseelen-Entwicklung durchmacht und über die Schwelle zur geistigen Welt geht. Denn wir stehen heute in diesem Zusammenhang schon vor dem *Auftreten neuartiger Krankheiten*. Sie hängen damit zusammen, daß die Menschheit in der Gefahr schwebt, diesen Entwicklungsprozeß verschlafen zu wollen gegenüber der Tatsache, daß wir als Erdenmenschen auch ganz einverwoben sind der Tätigkeit, die ausgeht vom *Sauerstoff und Stickstoff der Luft*.

Diese haben in unserem Luftkreis nur eine lose Verbindung, die weder physikalisch noch chemisch zu definieren ist[3]. Jede Veränderung aber in der Luftzusammensetzung, die dahin tendiert, das Verhältnis von Sauerstoff und Stickstoff nach der einen oder anderen Seite zu ändern, ist mit Störungen im Schlafprozeß verknüpft. Es hängt damit zusammen, daß beim Einschlafen Ich und Astralleib in einer gewissen Beziehung, dynamisch verstanden, aus dem Leibe herausgehen, beim Aufwachen wieder hereinziehen. Dabei bleiben im Schlafzustand gebunden der Astralleib an das Ich, der Ätherleib an den physischen Leib. Ebenso besteht während des Wachzustandes ein loseres Verhältnis zwischen dem Astralleib und dem Ich auf der einen Seite, dem Ätherleib und dem physischen Leib auf der anderen Seite. Das ist ein getreues Spiegelbild des losen Verhältnisses von Sauerstoff und Stickstoff in der äußeren Luft. Damit hängt es auch wiederum zusammen, daß es auf den Schlaf von Einfluß ist, wenn die Luft stickstoffreicher und dafür sauerstoffärmer ist oder umgekehrt, an Sauerstoff reicher und an Stickstoff ärmer. Denn frei für sich kommen auch im menschlichen Organismus nur der Sauerstoff und der Stickstoff vor. Ihre Wechselwirkungen stehen so für den menschlichen Organismus im Mittelpunkt des Stofflichen. Sie haben mit den Funktionen des menschlichen Organismus zu tun, in dem sie in freiem Zustand wirken und ihre Wechselwirkungen nicht modifizieren lassen durch anderes, das an sie gebunden ist in der Sphäre, in der sie im menschlichen Organismus wirksam sind. Das heißt mit anderen Worten: was in der außermenschlichen Natur Kohlenstoff, Wasserstoff, Sauerstoff und Stickstoff in ihrem Wechselwirken sind, was vermittels des Schwefels individualisiert wird für den Menschen, übernehmen die vier ihnen entsprechenden Organsysteme; was also unwillkürlich im Menschen ist, zunächst nicht unmittelbar seinen geistigen Funktionen unterworfen scheint, wird in Zusammenhang gebracht mit der ganzen außermenschlichen Natur. — Jedes einzelne dieser vier Organsysteme strebt aber auch danach, ein ganzer Mensch zu werden, ordnet sich jedoch auch wieder der Gesamtorganisation ein.

Insofern nun aber diese Organisation sich nicht nur durch die Haut abschließt, sondern auch vermittels der Atmung nach außen sich aufschließt, da ist es wiederum das *ganze Lungensystem* mit seinem Bestreben, ein ganzer Mensch zu werden, das stark *in Zusammenhang steht mit dem Verhältnis des Menschen zum universellen Naturleben. Dabei hat das Eisen die Vermittlerrolle zwischen dem, was vom Menschen innerhalb seiner Haut liegt und dem, was außerhalb seiner Haut liegt*[3]. Das beruht auf seinem Wechselverhältnis zum Sauerstoff und Kohlenstoff. Wir haben es schon bei den Eisenerzen kennengelernt, wo sich das Eisen als 3-wertig und 2-wertig offenbart, sowohl innerhalb seiner Oxyde als auch im Gegensatz des Roteisenerzes zum Spateisenstein. Das Wesentliche aber ist für seine Vermittlerrolle im Blute, daß es die Eigenschaft hat, in Form seiner Salze leicht aus der 3-Wertigkeit in die 2-Wertigkeit überzugehen und umgekehrt. Es dient auf diese Weise dem für das Leben des Menschen so notwendigen, rhythmisch sich vollziehenden Wandel vom roten zum blauen Blute und umgekehrt wieder vom blauen in rotes Blut. Da haben wir es mit Wechselwirkung im Sinne von Säuren und Basen zu tun (s. S. 89).

Ferner ist der menschliche Organismus dadurch, daß er eine *Lunge* hat, auch *eine richtige kleine Erde*[3] im Hinblick auf das, was sich auf der Erde in der äußeren Natur vollzieht. Da hält das Pflanzensein die Mitte zwischen dem Hinneigen zum Versalzen, dem Ablagern von Mineralien und zum Entzünden, dem Tierwerden. Dasselbe ist fortwährend verinnerlicht, zentralisiert vorhanden im menschlichen Organismus. Was von der Lunge aus wirkt, wirkt so im menschlichen Organismus nach unten, wie von der Erde aus die Kräfte von unten nach oben in den Pflanzenorganismus hineinwirken. Was hingegen durch die Atmung und Herztätigkeit entgegenkommt dem inneren Lungenstoffwechsel, das wirkt wie das Kosmische draußen. Daß diese beiden Tätigkeiten aber richtig auseinandergehalten werden, daß das Blut sozusagen gleich der Pflanze entgegen dem Tierwerden zu seiner Blüte kommt, das vermittelt *das Eisen im Blute*, indem es dem *Atmungsrhythmus dient.* Dieser wirkt wie *ein ätherisches oder astralisches Zwerchfell* und hält auseinander die Erdenkräfte des oberen Menschen, die nach der Lunge hinein sich konzentrieren, und die Himmelskräfte des unteren Menschen, die durch die Tätigkeit, von unten nach oben wirkend, im Herzen ihren Ausdruck finden, so wie sie im Kosmos von der Peripherie nach dem Zentrum hin wirken. Ist aber dieser Rhythmus gestört, dann haben wir es, im Hinblick auf die Ätherpflanze, die herauswächst aus der Lunge, mit Krankheitserscheinungen zu tun. Liegt ein zu starkes Wirken vor, analog einer zu starken Tätigkeit der Erde auf die Pflanze, dann führt es z. B. zu Lungenverhärtung (s. S. 104). Wirkt die Tierwerdetendenz zu stark, dann sind die oberen Organe in eine Sphäre eingebettet, die, wie z. B. bei der Lungenentzündung, das Wachstum von Bazillen als kleine Pflanzentiere begünstigt.

Dahinter aber stehen geistige Ursachen. Und was da vorgeht auf der Erde für das Pflanzenleben, geht auch vor im Leben der Tiere und des Menschen selber. Wir haben es dabei mit Kräften zu tun, die aus dem außerirdischen Kosmos kommen und den Kräften entgegenwirken, die von innen kommen. Diejenigen, die vom Innern der Erde kommen, sind für den Menschen lokalisiert in Organen, die dem oberen Menschen angehören; diejenigen, die von außen hereinströmen, sind lokalisiert in Organen, die dem Unterleib angehören. Doch muß auch zwischen ihnen wieder eine Scheidewand geschaffen werden. Normalerweise wird diese Regelung bewirkt durch die *Milztätigkeit*[3]. Und auch da haben wir es mit einem Rhythmus zu tun. Es ist ein anderer Rhythmus als der Atmungsrhythmus. Was so von oben aus wirkt, wie wenn es von der Erde her käme, und von unten herauf wirkt, wie wenn es aus dem himmlischen Raume käme, bedarf eines geregelten Rhythmus für jeden einzelnen Menschen und drückt sich aus in dem richtigen Verhältnis von Wachen und Schlafen. Aber diesem Rhythmus von Wachen und Schlafen ordnen sich auch andere rhythmische Abläufe, wie kleinere Wellenberge des Rhythmus bewirkend, ein. Denn auch wenn wir im Wachzustande sind, schlafen wir mit unserem unteren Menschen. Es findet so fortwährend eine rhythmische Tätigkeit zwischen dem oberen und unteren Menschen statt, die nur in größeren Rhythmen eingefangen wird durch das Abwechseln von Wachen und Schlafen. Kommt es aber zu einer Durchbrechung dieser Grenze, die auf dem Rhythmus zwischen dem oberen und unteren Menschen beruht, dann kann die obere Tätigkeit von oben her in den Unterleib einbrechen. Es findet ein Durchbruch feiner Kräfte statt. Das schafft dann im Unterleib eine Sphäre, die normalerweise über den ganzen Menschen verteilt sein sollte. Die Tätigkeit des Unterleibes kommt so in Unordnung. Zugleich wird eine neue Sphäre geschaffen für niedere Organismen tierpflanzlicher Natur. Und wir haben es mit der Krankheitserscheinung des *Typhus abdominalis* zu tun. Die Typhusbazillen sind dabei die Folgeerscheinung. Andererseits kommen die mit dem Typhus häufig sich verbindenden katarrhalischen Erscheinungen der Lunge, auch die Bewußtseinsstörungen, daher, daß dem oberen Menschen das entzogen wird, was im unteren Menschen auftritt. Und ist das Heilmittel gegen den Typhus *das Antimon*[3], so kann es noch besonders unterstützt werden durch das Eisen in Form des antimonsauren Eisens (Nr. 77). Wir rechnen dabei aber bezüglich der Wechselwirkungen, die normalerweise bestehen zwischen dem Antimonisieren und dem Albuminisieren, auf die dem Antimon eigene Abwehrkraft gegenüber unterirdischen Kräften, die in der Elektrizität und im Magnetismus spielen[3]. Normalerweise hat der Mensch diese antimonisierende Kraft vom Außerirdischen. Wir wenden uns deshalb dafür auch nicht an die antimonisierende Kraft im Irdischen, sondern an die außerirdische Kraft des Antimonisierens. Das ist planetarisch das Zusammenwirken von Merkur, Venus und Mond. Wir wirken auf diese Weise dem Einfluß von seiten der in der Erde zurückgebliebenen Merkur-, Venus- und Mondenkräfte entgegen.

Menschen wiederum, bei denen der Atemrhythmus nicht stark geregelt ist und die so leicht zu einer Beschädigung ihres Kopf-Brustrhythmus neigen, haben die Disposition, im Hinblick auf die Zugehörigkeit der Kopforganisation zu den obersonnigen Planeten Mars, Jupiter und Saturn, gerade die außertellurischen und atmosphärischen Einflüsse auf sich wirken zu lassen. Sie werden abhängig von den Schwankungen der äußeren Witterungsverhältnisse. Gegenüber der mit dem geregelten Ablauf des Naturrhythmus verbundenen planetarischen Wirksamkeit von Mars, Jupiter und Saturn hat man es da zu tun mit einer Beeinflußung luziferischer Art durch im Erdbereich zurückgebliebene Mars-, Jupiter- und Saturnwesenheiten. Eine bestehende Disposition zu unregelmäßigem Kopfrhythmus wird so auch noch ganz wesentlich verstärkt, z. B. wenn man in einem Winter nicht eine starke Beeinflussung der Sonnentätigkeit durch die äußeren Planeten Mars, Jupiter und Saturn hat, vielmehr die Sonnentätigkeit durch das Fernabstehen von Mars, Jupiter und Saturn für sich allein zur Geltung kommt. Dann sind alle in dieser Richtung disponierten Menschen an solchen Orten der Erde, auf die diese Konstellation des Himmels besonders wirkt, anfällig für die *Influenza und Grippe*[3]. Diese können dann den Menschen befallen, weil sein Sensorium abgelähmt ist[79]. Dazu kommt noch die Tatsache, daß eine zunehmende Bereitschaft zu dieser Anfälligkeit ein Krankheitssymptom unserer Zeit ist. Weil die Menschheit heute gar sehr geneigt ist, statt das Interesse für die Umwelt zu vertiefen, mehr nur an der Oberfläche haften zu bleiben und damit gerade die Forderung unserer Zeit zu verschlafen. Infolgedessen hat die Grippe auf der anderen Seite auch die Eigenschaft, Krankheiten, zu denen der Organismus disponiert ist, die aber durch die entgegenwirkenden Kräfte des Organismus latent bleiben und so auch bis zum Tode schlafend bleiben könnten, in einer gewissen Weise aufzudecken. Das sind dann auch die Krankheitserscheinungen, die damit zusammenhängen, daß unsere Zeit in verschiedener Hinsicht eine Übergangszeit in der Entwicklung der Menschheit ist. Nach dem erfolgten Abstieg aus den geistigen Welten steht sie mit dem Eintritt in das Zeitalter der Bewußtseinsseelen-Entwicklung wieder an der Schwelle zur geistigen Welt. Zunächst aber hat die auf ihrem Höhepunkt angelangte Ausbildung des Intellektes erst nur die heutige noch rein materielle Weltanschauung gezeitigt. Dazu kommen muß die Vertiefung der Seele und damit die Erweiterung des geistigen Horizontes.

Dem wiederum kommt die Zeitentwicklung entgegen. Das dunkle Zeitalter ist abgelaufen und das lichte Zeitalter hat mit dem zwanzigsten Jahrhundert begonnen. Damit verbunden ist auch eine beginnende Wandlung der Leibesorganisation bereits im Gange. Der Ätherleib, der auf dem Abstieg sich zuletzt ganz mit dem physischen Leib verbunden hat, beginnt sich bereits wieder aus den Organen zu lösen. Das geht parallel der Tatsache, daß auch die Erde in ihrer Rückbildung begriffen ist, und hängt damit zusammen, daß sie in ihrer zweiten Hälfte Merkur ist, nachdem sie in der ersten Hälfte Mars war. Die Seelen der Menschen jedoch sind heute noch auf der einen Seite mehr hingegeben an den Geist der Oberflächlichkeit, sind noch geneigt, diese Zeit zu verschlafen. Dadurch können sie aber auf der anderen Seite beherrscht werden vom Geist des Materialismus. Und dabei steht der Mensch auch mit seiner Leibesnatur vor Gefahren.

So ist auch der Hinweis von Dr. Steiner, daß mit neuartigen Krankheitserscheinungen (s. S. 104) zu rechnen sein wird, zu verstehen; ebenso der Hinweis auf die therapeutische *Bedeutung des Roncegno- und Levico-Wassers* im Hinblick auf die Grippe und deren Eigenschaft, schlafende Krankheiten zu wecken[3]. Die Bedeutung beruht darauf, daß in diesem Wasser in einer ganz wunderbaren Weise die beiden Kräfte des Kupfers und des Eisens gegeneinander abgestimmt sind. Auch enthält es, um dieses Abkompensieren auf eine breitere Basis zu stellen, noch das Arsen. Wir unterstützen damit im gegebenen Falle den Kopf-

Brustrhythmus und damit auch den Atemrhythmus (Nr. 23, 31, 85, 88, 102). Wenn es sich aber schon darum handelt, daß Astralleib und Ich gegenüber einem Überwuchern des Ätherleibes zu unterstützen sind im Ergreifen des physischen Organismus und seiner Organe, dann ist es mehr das Eisenarsen. So empfahl auch Dr. Steiner zur Behandlung des akuten Stadiums der Poliomyelitis u. a. Injektionen mit arsensaurem Eisen in 30. Dezimale. Es geschieht im Hinblick darauf, daß es in diesem Stadium gilt, die Gefahr von seiten einer Hirnlähmung und einer fliegenden Entzündung der Hirnhäute abzuwenden[79]. Auch wurde arsensaures Eisen D 6 zum Einnehmen empfohlen, z. B. bei einer Patientin, die an Angst- und Minderwertigkeitsgefühlen litt[81] (Nr. 47), bei einer anderen Patientin mit Angstzuständen im Anschluß an einen Partus Eisenarsen D 6 oder D 10[81] (Nr. 55).

Ausgehend von der Tatsache, daß die Lunge als kleine Erde aufgefaßt werden kann und dementsprechend im Grunde genommen alles, was in der Brust vorgeht, ein Pflanzenwerden ist[4], gibt es im Hinblick auf *das Eisen* und speziell im Hinblick auf *seine magnetischen Eigenschaften* noch weitere Gesichtspunkte für die Therapie. Diese weisen im engeren Sinne auf Störungen hin, die unmittelbar vom astralischen Leibe ausgehen, insofern das Astralische der Ursprungsträger des Krankmachenden im Menschen ist; während in den Brustorganen, analog der Pflanze, Ätherleib und physischer Leib innig zusammenarbeiten und so in den menschlichen Brustorganen das Krankmachende mit dem Gesundmachenden in fortwährender Wechselwirkung steht. Der normale Zustand kommt jedoch in dieser Region nur dadurch zustande, daß durch die starken Kräfte des gesunden Menschen die fortwährend vorhandenen krankmachenden Kräfte paralysiert werden; und umgekehrt muß der überflutenden Gesundheit, die zu Wucherungen im Ätherischen führen würde, fortwährend sich entgegenstellen das Beschränkende des Astralischen, das aber, wenn es den Körper zu stark ergreift, zum Krankmachenden wird. Wir haben es dabei mit dem Ergebnis eines Rhythmus zu tun, der von der einen Seite beeinflußt wird von allem, was im Kopfe vor sich geht, auf der anderen Seite von allem, was im Stoffwechsel vor sich geht. Die Ursachen für das Gleichgewicht dieses notwendigen Rhythmus aber sind außerhalb der Brust gelegen, so daß wir in den menschlichen Brustorganen nur Wirkungen haben, deren Ursachen außerhalb der Brust gelegen sind. Wir haben so im Atmen einen Prozeß, der sich abspielt zwischen der Außenwelt und der Innenwelt. Die Wechselwirkung von Sauerstoff und Kohlenstoff, die da eintritt, ist ein fortwährendes Ineinanderspielen des Astralischen und Ätherischen. – Ferner haben wir es mit dem Wachens- und Schlafens-Rhythmus zu tun. Auch da spielt der Astralleib in die menschlichen Gesundheitsverhältnisse herein. Im Schlafen wirkt normalerweise im Menschen das Astralische nicht vom Haupte ausgehend wie im Wachen, sondern ausgehend vom übrigen Organismus. Und das Schlafen wiederum spielt stark zusammen mit den Stoffwechselprozessen. Ist aber diese Wechselwirkung des Astralleibes im Hinblick auf den Wach- und Schlafrhythmus gestört, so macht sich das in der Art des Einschlafens und des Aufwachens geltend.

Sorgen und Kümmernisse, wenn sie einen gewissen Grad erreicht haben, erscheinen in einer späteren Zeit als Anomalien im rhythmischen organischen Wirken und können dann auch weiter wirken auf den Stoffwechselorganismus[4]. Auch ein hastiges Denken, bei dem man sich nicht Rechenschaft gibt, wie man denkt, wirkt, nachdem schon eine längere Zeit vergangen ist, im menschlichen rhythmischen Organismus nach, namentlich in dem Rhythmus der Brustorgane, aber so auch auf den Rhythmus der Ernährung und Entleerung, insofern sie der Peripherie dieses Rhythmus angehören und dadurch erst das rhythmische System völlig zusammengefaßt wird. Ebenso wirkten von seiten des Stoffwechselsystems Hunger und Durst auf das rhythmische System zurück. Sodann aber hängt das, was im menschlichen Brustkorb eingeschlossen ist, als Drittes noch ab durch das Atmen von den Wirkungen der Außenwelt. Und es ist dies das auffälligste Ursachengebiet. Für die Wechselwirkungen zwischen Sauerstoff und Kohlenstoff liegt das wesentlich astralisch Beeinflussende für diese Region des menschlichen Wesens außerhalb. Es weisen hier die entsprechenden Zusammenhänge mit der Außenwelt hin auf das Wechselverhältnis, das im Erdorganismus besteht[4] zwischen dem, was unterhalb der Erde, einschließlich der Wasserwirkungen, vorgeht und dem, was über ihrer Oberfläche vor sich geht. Es ist ein Wechselverhältnis, das sich studieren läßt, wenn man die Polarität der Tropenwelt zu den Polen vergleicht (s. S. 88). Die besonderen Verhältnisse der Tropenwelt sind bedingt durch ein inniges Zusammenwirken des Außerirdischen, das ist von Luft, Licht und außerirdischer Wärme, mit dem, was in der Erde selber ist. Da saugt die Erde am allermeisten Außerirdisches ein und entwickelt, was sie dann als Vegetation hervorsprießen läßt. Infolgedessen glänzt hier von außen gesehen die Erde am wenigsten. Hingegen an den Polen wird das Astralische in einer gewissen Weise zurückgeschleudert, so daß die Erde an den Polen am meisten glänzt, dementsprechend aber auch die Vegetation sich von der Oberfläche unter die Erde zurückzieht. Wir bringen deshalb auch einen Kranken mit unregelmäßigem Stoffwechsel in sonnendurchhellte Luft, um diesen unregelmäßigen Stoffwechsel vom Rhythmus aus zu bekämpfen; ebenso, wenn nicht genügend Widerstandsfähigkeit gegen Parasitäres besteht. Die eigentlichen organischen Ursachen liegen da im Menschen selber, und man wirkt ihnen entgegen durch das, was von dem außerirdischen Kosmos der Erde zuströmt, sie umgibt, aber nicht mehr ganz von der Erde aufgenommen wird, wo sie also mehr Licht enthält als nötig ist zum Sprossen und Sprießen. Und ist ein Patient durch einen unregelmäßigen Zirkulationsorganismus besonders parasitären Einwirkungen ausgesetzt, dann bringen wir ihn in eine Lebenslage, die höher über dem Meeresspiegel liegt als diejenige, in die er eingewöhnt ist.

Einen innigen Zusammenhang wiederum mit dem, was irdisch und außerirdisch genannt werden muß, haben insbesondere dann die Vorgänge auf der Erde, die sich unter den Ingredienzen von *Elektrizität und Magnetismus* abspielen[4] (s. S. 88). Diese haben auch einen innigen Bezug zum Irdischen, denn die Elektrizität leitet sich selbst fort von einer Erdleitung zur anderen, von einem Morsetelegraphen zum anderen. Was sich aber dahinter verbirgt, ist außerirdisch und innerirdisch. Doch kann, was so die Erde sich aneignet an Wirkungen, die eigentlich außerirdisch sind, und die sie in sich hat, auch wieder im Umkreis zurückgehalten werden, ohne daß es von der Erde angeeignet wird. Das sind die elektrischen und magnetischen Wirkungen, die wir in den elektrischen und magnetischen Feldern haben. Und wenn wir Eisen magnetisieren, dann machen wir den Magneten zu einem kleinen Dieb. Er eignet sich an, was die Erde aus dem Weltenall aufnehmen will. Aber er hat auch innerlich die Kraft, es für sich zu behalten. Wir können uns dabei erinnern einerseits an die Eigenschaften des Magnetit, wie er die basische und saure Eigenschaft des Eisens in sich birgt (s. S. 97); andererseits an die Tatsache, daß das Vorkommen des Eisens in so vorwiegender Weise auf den westlichen Teil der nördlichen Halbkugel der Erde konzentriert ist; auch an den Zusammenhang, der zwischen dem Erdbildungsprozeß und dem Lungenbildungsprozeß besteht. Das kann uns hinweisen auf die Polarität, die im Erdorganismus besteht zwischen der westlichen und östlichen Erdhälfte, im menschlichen Organismus zwischen der rechten und linken Körperhälfte. Wir können uns daher weiterhin erinnern an den Hinweis (s. S. 88), daß das Basische und das Säurehafte die Tendenz haben, im Kreise um die Erde herum zu laufen, das Salzhafte aber die Tendenz senkrecht zur Erde hin; wie wir dabei, ausgehend von den Basen zu den Säuren, zu den Salzen einen erdebildenden Prozeß haben, der im wesentlichen ein negativ elektrischer Prozeß ist, hingegen, wenn wir umgekehrt ausgehen von den Salzen zu den Säuren, zu den Basen, einen positiv elektrischen Prozeß mit entgegengesetzten Strahlen. Damit in Zusammenhang können wir den Unterschied der Erdoberfläche der westlichen Erdhälfte sehen, mit einem in Nord-Süd-Richtung ganz Nord- und Südamerika durchziehenden einheitlichen Gebirgszug, gegenüber dem Osten, der aus vielen Inseln besteht, die auf vulkanischen Untergrund hinweisen. In den horizontalen Gebirgszügen in der Mitte zwischen Ost und West findet ein Gleichgewicht durch das Salzhafte seinen Ausdruck. Ein entsprechendes inneres Seelengleichgewicht ist auch wiederum für den Menschen erst die Basis, um sich gegenüber den Einflüssen, denen er von links und rechts ausgesetzt ist, als freier Mensch entwickeln zu können, in dem Sinne, wie es in der von Rudolf Steiner geschaffenen Christusstatue mit Ahriman und Luzifer vor unsere Seele gestellt ist.

Die elektrischen und magnetischen Felder aber, durch die der Erde vorenthalten wird, was die Erde eigentlich aus dem Weltenraume aufnehmen will, sie dienen heute der Menschheit. Darauf beruht der Fortschritt unserer heutigen Technik, in deren Entwicklung das Eisen eine so bedeutsame Rolle spielt. Doch beherrscht zunächst die Menschheit noch der Geist der Technik. Denken, Fühlen und Wollen stehen in Gefahr, davon ergriffen und von dem geistigen Interesse abgelenkt zu werden. Und so ist auch der Appell zu verstehen[4], daß Elektrizität und Magnetismus ein Gebiet ist, welches in bezug auf den gesunden und kranken Menschen studiert werden sollte. Das wird dann zu der Erkenntnis führen können, wie gerade auch die Elektrizität und der Magnetismus wiederum dem Heilen dienen können entgegen den Kräften, die den Menschen dem Sinne der Erde entfremden und ihn dadurch an die Erde binden wollen. Wir werden es dann mit dem Bewußtsein tun, daß alle elektrischen und magnetischen Felder auf der Erde etwas sind, wodurch wir die Natur selber zum Stehlen verleiten, indem wir Außerirdisches oben erhalten, das die Erde mit all ihrer Kraft in sich bekommen möchte, damit es von innen heraus wirke. Dadurch können aber diese elektrischen und magnetischen Felder insbesondere der Therapie dienen zur Bekämpfung arhythmischer Vorgänge, z. B. wenn eine starke Arhythmie oder eine sonstige Störung im menschlichen rhythmischen System auftritt. Als Beispiel gab Dr. Steiner die Anwendung einer *Magnetbehandlung* bei beginnender Lungentuberkulose mit dem Vorschlag: einen starken Magneten am Rücken in der Weise zur Anwendung zu bringen, daß man ihn – nicht direkt ansetzend, sondern in der Nähe querhaltend – von oben nach unten und von unten nach oben bewegt, so daß sozusagen der ganze Brustorganismus nach und nach von dem magnetischen Felde durchstrahlt wird (Nr. 151). Das gleiche gilt erfahrungsgemäß z. B. insbesondere auch für die Behandlung des Asthma bronchiale. Man könnte dabei in der Dunkelkammer beobachten, wie feine Ausstrahlungen von den Fingerspitzen, den Zehen und überall, wo spitze Stellen sind, ausgehen. Anders wird jedoch die Wirkung sein, wenn man die Schlußlinie der Pole durch den Menschen hindurchgehen läßt. Auch damit ist u. U. eine günstige Wirkung zu erzielen, aber dann ausschließlich auf das, was vom Stoffwechselsystem auf das rhythmische System hinüberwirkt.

Was aber ist in Wirklichkeit Elektrizität und Magnetismus, und wozu dienen sie auf der Erde? Dafür haben wir von Dr. Steiner die folgenden Hinweise[46]: Bis in die Atlantis hinein war der Erdprozeß ein fortschreitender. Seither ist er ein zerfallender. Was wir als Elektrizität kennen, ist Licht, das in der Materie sich selbst zerstört. Da ist das Licht in der schwersten Weise zusammengepreßt, und es entsteht, wenn man es ins Unterphysische, ins Untermaterielle stößt, die Elektrizität. Magnetismus ist chemische Kraft, die innerhalb der Erde eine Umwandlung erfährt. Und diese Kräfte müssen angewandt werden, damit der Mensch frei wird von der Erde, damit sein Erdenleib abfallen kann und was das Geistige der Erde ist, sich hinüberentwickeln kann zum Jupiter. Was wir aber heute Chemismus nennen, ist hereinprojiziert aus der Welt des Devachan, der Sphärenharmonie, in die physische Welt. Daß es Substanzen gibt, die verbindbar und trennbar sind, die chemische Verwandtschaft zweier Stoffe ist Abschattung aus der Welt der Sphärenharmonie. Die Zahlenverhältnisse in der Chemie sind Ausdruck für die Zahlenverhältnisse der Sphärenharmonie. Diese ist stumm geworden durch die Verdichtung der Erde. Würde man aber die Stoffe bis zu ihrer ätherischen Verdünnung bringen und die Atomzahlen als innerlich formendes Prinzip wahrnehmen können, man würde die Sphärenharmonie hören. Und während man, aufsteigend von der physischen Welt in die astralische Welt, in das untere Devachan und in das obere Devachan kommt, kommt man, wenn man einen Körper noch weiter hinunterdrückt als bis zur physischen Welt, in die unterphysische, unterastralische Welt als dem Gebiet Luzifers, in das untere oder schlechte Unterdevachanische als dem Gebiet Ahrimans und in das untere oder schlechte Oberdevachan als dem Gebiet der Asuras. So daß, wenn Chemismus unter die physische Welt hinuntergestoßen wird in die unterastralische Welt, Magnetismus entsteht; wenn man das Licht in das Untermaterielle stößt, Elektrizität entsteht. Eine dritte Kraft aber, die viel stärker ist als die stärksten elektrischen Entladungen, entsteht, wenn das, was in der Sphärenharmonie lebt, noch weiter hinuntergestoßen wird bis in das Gebiet der Asuras. Das ist die Kraft, von der Dr. Steiner sprach, daß man wünschen muß, daß, bevor sie entdeckt wird, die Menschen nichts Unmoralisches mehr an sich haben.

Jupiter-Zinn

Der Jupiter, in seiner Stellung innerhalb der Entwicklungsgeschichte des Kosmos und der Erde, wurde bereits behandelt bei der Darstellung von Saturn-Blei. Da ergab sich, daß der alte Saturnzustand unserer Erde, der nur aus Wärme bestand, dem Wesen nach alles in sich barg, was sich dann in der Folge daraus stufenweise entwickelt hat. Das ist auf der einen Seite die Entstehung unseres Planetensystems, auf der anderen Seite der Durchgang unserer Erde durch ihre verschiedenen Daseinsformen. Damit ging für die Erde ein stufenweiser Verdichtungsprozeß einher und Hand in Hand damit auch die stufenweise Bildung der Anlagen zu dem, was heute die Planeten unseres Sonnensystems sind. So reichte der alte Saturn, wenn wir uns die Sonne in seinem Mittelpunkt vorstellen, bis dahin in die Weiten des Weltalls, wo sich heute der Saturn befindet. Und es waren die Throne, die, von außen herein wirkend, ihre Substanz geopfert haben, so daß auf dem alten Saturn die erste Anlage zur mineralischen Welt und zum physischen Menschenleibe gegeben war.

Bei der nun folgenden Verkörperung des alten Saturn zur alten Sonne waren es die Geister der Weisheit, die jetzt von außen herein mitwirkten. Zunächst wurde für diese Weiterentwicklung nochmals ein Saturnzustand durchgemacht. Dann kam zur Wärme Luft hinzu, und es bedeutete dies Verdichtung. Es wurde so die alte Sonne zum Jupiter. Und wenn man sich in ihrem Mittelpunkt unsere Sonne vorstellt, hatte sie nach außen ihre Grenze da, wo heute der Jupiter sichtbar geworden ist. Es war so die alte Jupiter-Sonne[19] ein Gebilde im wesentlichen bestehend aus Gas und Wärme. Und indem die Geister der Weisheit von ihrer Substanz einfließen ließen, war zu der Anlage des physischen Leibes der Erde und des Menschen auch die erste Anlage eines Ätherleibes geschaffen. Hinzu kam noch das Licht und dies in Zusammenhang mit den Erzengeln, die auf der alten Sonne ihre Menschheitsstufe durchzumachen hatten. Die Geister der Weisheit opferten dafür von ihrer Substanz. Die Erzengel aber behielten diese Gabe nicht für sich, sondern strahlten sie zurück[47]. Und damit wird auch der Raum geboren. (Siehe dazu auch die Darstellung von Sonne-Gold, S. 60.)

Unser Planet Jupiter wiederum ist eine Wiederholung der alten Jupiter-Sonne. Auch er besteht, insofern er nichts anderes ist als eine Sonnenstufe, im wesentlichen aus Gas und Wärme. Und im Hinblick auf die Raumessphäre ist er die Grenzmarke für das Herrschaftsgebiet der Geister der Weisheit[19]. Entstanden ist er, als zu Beginn unserer heutigen Erdenentwicklung das alte Sonnendasein sich wiederholte. Es geschah, als durch die aus dem Sternbild des Adler-Skorpion von außen her wirkenden Wesenheiten das Leben der alten Sonne, das durch sie entstanden war, wieder getötet wurde, während der Jupiter die ursprüngliche Bewegung weiter für sich behielt. Und so steht heute der Planet Jupiter, entsprechend seiner Entwicklungsgeschichte, nach rückwärts in Zusammenhang mit dem Saturn, nach vorn in Zusammenhang mit der Sonne, verbunden mit der Sonne.

Wesentlich ist, daß erst im Laufe der Saturnentwicklung die Zeit begonnen hat. Vorher gab es nur Ewigkeit, Dauer ohne Bewegung. Die Zeit wiederum wirkt nur im Außerräumlichen gegenüber dem Raum, der erst auf der alten Sonne geboren wurde. Dieser ist zunächst ein zweidimensionaler Raum, bestehend aus einem äußeren und einem inneren; das gilt auch in räumlicher Hinsicht für den Ätherleib der Erde und des Menschen. Damit Hand in Hand ging, daß die Sonne auch nach außen hin zu leuchten begann. Da wirkt, während es dem inneren Wesen des Äthers in seiner Zugehörigkeit zur Sonne entspricht, sich sphärisch auszudehnen, der Jupiter von außen her so mit, daß in der Begegnung von innen und außen eine Oberfläche entsteht. Damit wird aber zugleich aus dem Außerräumlichen herein, durch das Wirken der Zeit, dieser Raum von außen gestaltet. Er wird zum Zeitleib, auch für die weitere räumliche Entwicklung zum Zeitleib veranlagt. So können wir auch in der weiteren Folge *überall da, wo in der Natur und dementsprechend auch im menschlichen Organismus sphärisch orientierte Oberflächenbildungen entstehen, das Mitwirken des Jupiter wieder erkennen.*

Daran erinnern können uns z. B. die Wolkenbildungen, ebenso das Entstehen der Kontinente unserer Erde, die sich aus dem Weltenmeere an dessen Oberflächen verdichtet haben. Und Entsprechendes haben wir im Organismus des Menschen auch überall da, wo sich in der Begegnung von einem Inneren und Äußeren, verbunden mit einer Verdichtung, sphärische Oberflächen bilden. Das vollzieht sich im menschlichen Organismus jeweils im Verlaufe der Aufbau- und Ernährungsprozesse und namentlich im Wachstum, wo die Kräftekomponenten, die vom Leber-Nierensystem ausgehen, und diejenigen, die die Formen abrunden, ihnen die Oberfläche geben[5]. Es ist auch der Fall beim Gehirn, der Lunge, der Leber, den Gelenken. Wo diese Bildungen entstehen, ist immer damit verbunden, daß Lichtkräfte befreit werden und nach außen hin zur Offenbarung kommen. Und kommt es dabei zu krankhaften Störungen, haben wir es auch mit gestörtem Gleichgewicht der Jupiterwirkungen zu tun. Sie beruhen auf einem Nichtzustandekommen des notwendigen Gleichgewichtes von innen und außen. Sie können so nach zwei Richtungen hin über ihre Mittellage hinausgehen. Auf diese Weise kann es zu einem überwiegenden Quellen kommen oder zu einer Art Verkümmerung der Oberfläche, einhergehend mit Vertrocknung, Deformierung. Und bestehen Dispositionen zu solchen Störungen, so gehen sie bereits auf die Zeit vor der Geburt und Konzeption zurück[3]. Sie kommen zutage, wenn in der kindlichen Entwicklung, die ja ausgeht vom Kopfe, eine *Neigung zur Hydrocephalie oder ihrem Gegenteil* besteht; aber auch dann, wenn diese noch im Laufe der weiteren Entwicklung nur sozusagen latent fortbestehen und zu entsprechenden Krankheitsdispositionen in Lunge, Leber, Nieren, Herz und Gelenken führen.

Dieser Zusammenhang weist uns auf einen zeitlich stufenweise sich vollziehenden Entwicklungsprozeß hin, der im Mikrokosmos des Menschen eine Wiederholung der Jupiter-Sonnenentwicklung darstellt. Diese begann ja mit einer Ausdehnung, die, wenn wir uns die Sonne in ihrem Mittelpunkt vorstellen, bis dahin reichte, wo heute der Jupiter steht. So ist es auch noch zu Beginn im Innern der kindlichen Entwicklung. Da ist ein bestimmter Grad von Hydrocephalie sogar noch physiologisch das Normale[3]. Auch die Leber ist bei Neugeborenen verhältnismäßig noch sehr groß. Dazu gehört auf der anderen Seite die noch besondere Abhängigkeit des Säuglings von der ihm angemessenen Milchnahrung, bei deren Aufnahme man erlebt, wie der Schmeckprozeß (s. S. 88) das ganze Kind bis in seine Glieder durchdringt, während das, was der Darm nach außen entleert, noch von ungeformter Konsistenz ist. Das normalisiert sich dann. Indem die Entwicklung vom Kopf ausgeht, lernt das Kind sich allmählich aufrichten, gehen, sprechen und denken. Dabei baut es im Verlaufe seines ersten Lebensjahrsiebtes seinen eigenen physischen Leib auf. Das tut es noch aus einem Zusammenhang heraus mit seinem vorgeburtlichen Leben. Da spielen auch mit hinein die Beziehungen, die das betreffende Menschenwesen durch sein vorhergehendes Erdenleben zu Saturn, Jupiter, Mars und Sonne sich erworben hat. Da ist es der Saturn, der einerseits im Hinterhaupt seinen Ausdruck findet, andererseits dem Menschen die Grundlage für die Erinnerungsfähigkeit eingestaltet. Was dem Menschen in seinem Aufstieg in die geistige Welt eingepflanzt war als Weltengedächtnis, wird beim Wiederabstieg in der Saturnsphäre zurückverwandelt für das irdische Leben im Menschengedächtnis[16]. Der Jupiter findet seinen Ausdruck in den gegenseitigen Beziehungen von Vorderhaupt und Leber. In der Jupitersphäre ist es auch, wo das, was im aufsteigenden Durchgang durch die Sphäre erlangt worden war durch die Anschauung der Göttergedanken, zurückverwandelt wird in die Fähigkeit, Menschengedanken zu fassen, die sich, wenn die Kopfanlage sich vereinigt mit dem physischen Leibe, der physischen Embryonalanlage, im Bewußtsein widerspiegeln können. Hingegen das Marsdasein findet seinen Ausdruck in dem, was in der Lunge sich zum Kehlkopf aufschließt. Es wird zum Organ der höheren Menschenorganisation, was sonst als dumpfes Leben in der Galle vorhanden ist. Und dahinter steht: Was beim Aufstieg in die geistige Welt im Durchgang durch die Marsregion erworben war als Fähigkeit, das Weltenwort zu vernehmen, wird beim Abstieg, im Durchgang durch diese Region, verwandelt zu dem, was später zu geistiger Substanz wird, aus der dann das menschliche Ich sich offenbart. Es ist dies die Geistsubstanz für die Brustanlage, für die ganze Kehlkopf- und Lungengestaltung und für die Gliedmaßenanlage[16].

Das 2. Lebensjahrsiebt, das mit dem Zahnwechsel beginnt und mit dem Eintritt der Geschlechtsreife oder Erdenreife endet, es weist uns zurück auf die Tatsache, daß die alte Sonne als Jupiter die Eigenschaft hatte, im rhythmischen Wechsel zeitweise aufzuleuchten und dann wieder in einen dunklen Zustand zurückzukehren. Es hatte sich die Wärme in „Licht" und „Rauch" gespalten. Das bewirkte, daß die Sonnenkugel innen Wind, Luft, strömendes Gas, außen Licht wurde. In dem Lichte machten die Erzengel-Wesenheiten ihre Menschheitsstufe durch. Durch ihr Aufnehmen und Ausstrahlen von strömendem Gas entstand ein Zustand von Sonnentag und Sonnennacht, während die heutige Sonne als Fixstern unseres Planetensystems immer leuchtet. Es war dabei die alte Sonne auch ein Lebewesen, das aus seinem eigenen Leib heraus schöpferisch wirkte. So gab es ein Mineral- und ein Pflanzenreich, und der Mensch machte das Pflanzendasein durch. Zu unterscheiden waren Menschenanlagen mit physischem und Ätherleib und Tieranlagen mit bloß physischem Leib[32]. Dabei ist das Pflanzenhafte der Wesen so zu verstehen, daß das Element des Luftförmigen und Wärmehaften beherrscht war von den gleichen Gesetzen, die heute im Pflanzenreich wirken, während die Tieranlagen Sonnenabbilder des Tierkreises sind. Aber durch das Wirken zurückgebliebener Geister der Persönlichkeit, die auf dem alten Saturn ihre Menschheitsstufe nicht erreicht hatten, entstanden die Vorfahren unseres heutigen Tierreiches[29]. Indem so zurückgebliebene Wesen im Dunkel weiter wirkten, begann damit auf der alten Sonne auch die Tätigkeit der zerstörenden Kräfte[30].

Zum Fixstern entwickelte sich aber die Sonne erst, als im Verlaufe der späteren Entwicklungsphasen der Erde die Sonne sich von der Mond–Erde, dann auch der Mond von der Erde trennte. Ein dementsprechender Vorgang vollzieht sich auch wieder im heranwachsenden Menschen, wenn er in die Erdenreife eintritt und mit dem Auftreten des Intellektes die Fortpflanzungsfähigkeit für ihn beginnt. Es ist dies auch der Zeitpunkt, wo der Stoffwechsel-Gliedmaßenorganismus in den Vordergrund tritt, und wo man in erster Linie auf seine harmonische Entwicklung zu achten hat. Das zweite Lebensjahrsiebt ist von Natur sozusagen noch eine Erinnerung an das Leben auf der alten Sonne und verlangt, gleich den Pflanzen, nach einer rhythmisch geordneten Lebensweise, um seine rhythmische Organisation und damit auch sein Seelenwesen in gesunder Weise entfalten zu können. Es ist dies auch die Voraussetzung dafür, daß die Gefühlssphäre späterhin genügend zu ihrem Recht kommt, sowohl im Tun wie auch gegenüber dem erwachenden Intellekt.

Wird dem mit Verständnis in der Erziehung des Kindes im schulpflichtigen Alter begegnet, dann ist auch viel im Hinblick auf die weitere Gesundheit geschehen. Es können selbst Krankheitsdispositionen, die aus dem vorgeburtlichen Leben hereinwirken, durch entsprechende Berücksichtigung in der Erziehung und im Unterricht schon bis zu einem gewissen Grade überbrückt werden; so insbesondere die Krankheitsdispositionen, die auf eine nicht ganz überwundene und in der Tiefe weiter fortwirkende Neigung zu Hydrocephalie oder ihrem Gegenteil zurückzuführen sind. Sie spielen sich im Bereich des Ätherischen gegenüber dem Astralischen ab und können, wie schon dargestellt (s. S. 25), in Erscheinung treten in all den Bereichen, die entwicklungsgeschichtlich zur Kopforganisation gehören. Das sind das Gehirn, die Leber, die Lunge, die Gelenkköpfe, also Organe, die sich innerhalb von Hohlräumen bilden, die mit serösen Häuten ausgekleidet und mehr oder weniger mit Flüssigkeit angefüllt sind. Insbesondere kommt aber dann noch die Entwicklung des Drüsensystems in Betracht. Auch dieses geht in seiner Anlage auf den alten Jupiter-Sonnenzustand unserer Erde zurück. Es entspricht der Tatsache, daß damals schon zu unterscheiden waren: Menschenanlagen mit physischem und ätherischem Leib gleich den Pflanzen und Tieranlagen mit bloß physischem Leib gleich dem Mineral. Aus diesem Zusammenhang wird die besondere *Beziehung des Jupiter–Zinn zu der Entfaltung des vegetativen Lebens im werdenden Organismus des Menschen* verständlich. Kann es sich im heranwachsenden Kinde nicht harmonisch entfalten, dann kommt es zu entsprechenden *Krankheitserscheinungen. Dazu gehören z. B. die polypösen Wucherungen im Nasen-Rachenraum.* Damit geht Hand in Hand: auf der einen Seite ein *mangelhaftes Erwachen der mit dem Vorderhirn, als zum Jupiter gehörig, verbundenen Denkfähigkeit;* auf der anderen Seite z. B. die Disposition zur *Anfälligkeit für Darmparasiten* (Nr. 101) oder *auch zu chronischem Dickdarmkatarrh.*

Es entwickelt sich dabei nicht in gesunder Weise die Anlage zu dem, was bei der Pflanze dem Stengelwachstum, der Blattbildung und der Vorbereitung für die Knospenbildung entspricht. Der ganze dazu gehörige Atmungsprozeß und dementsprechend auch der damit verbundene Chemismus ist abnorm. Ebenso ist der Leberprozeß, als im Zusammenhang stehend mit dem Pflanzewerden des Menschen und dem Heraussetzen des Pflanzenreiches[3], gestört. *Denn die Leber steht unter dem Einfluß der Entfaltung der Jupiterwirksamkeit* und steht so auch im Zusammenhang mit der Denkfähigkeit. Andererseits ist sie der

„Chemikator"[3] innerhalb des menschlichen Organismus und hat ihr Gegenbild draußen in der Zone, wo die chemischen Kräfte sozusagen wachsen und auf der Erde die Impulse für die chemischen Wirkungen darstellen. Diese kommen aus der Sphäre des Jupiter. Und als Chemiker wirkt die Leber – die ihrerseits auch unter dem Einfluß der Wasserbeschaffenheit der Erdumgebung steht – auf der einen Seite saugend auf die Beschaffenheit des Blutes, andererseits durch die Gallenabsonderung regulierend auf die ganze Zubereitung der Blutflüssigkeit. So daß in der ganzen ausgebreiteten Tätigkeit der Leber, wenn zu Ende studiert, die wirkliche Chemie zu erblicken ist. Demgegenüber ist die äußere Chemie nur als ein Spiegelbild der außermenschlichen chemischen Sphäre zu studieren. Das ist auch zu bedenken, wenn wir davon sprechen, daß gegenüber dem Eiweißbildungsprozeß der Pflanzen, innerhalb der menschlichen Organisation im Eiweißbildungsprozeß die Leber die Rolle des Stickstoffes der Luft übernimmt, die Lunge die des Kohlenstoffes, die Niere die des Sauerstoffes und das Herz die des Wasserstoffes.

Aus diesem Zusammenhang geht hervor, wie wesentlich die Kenntnis der Jupiterwirksamkeit, die sich im Bereich des Ätherischen abspielt, ist in ihren Wechselwirkungen zwischen der Lebertätigkeit und der von dem Vorderhirn ausgehenden Denktätigkeit mit ihrer Rückwirkung auf die Funktionen der Verdauungs- und Ausscheidungsprozesse im Bereich der Stoffwechsel-Gliedmaßenorganisation. Das gilt noch insbesondere für die Entwicklung im Kindesalter. Werden diese Wechselwirkungen nicht, der Entwicklungsphase entsprechend, harmonisch aufeinander abgestimmt, dann kommt es eben zu krankhaften Entwicklungsstörungen auf diesem Gebiete. Dabei kann die Ursache eine Über oder Unterfunktion der Leber sein, aber auch eine unterentwickelte oder überentwickelte Denktätigkeit. So führt auch schon *ein zu stark ausgeprägtes innerliches Genießen zur Leberentartung*[3]; d. h. wenn sich, was sich auf den Gaumen und die Zunge beschränken sollte, das angenehm sympathische oder auch unsympathische Empfinden der Speisen, über das Maß fortsetzt in das Innere. Es bringt dies von unten oder oben her die harmonische Ausgestaltung des Ätherleibes gegenüber der Innenwelt und Außenwelt in Disharmonie. Dies wirkt sich auch wiederum störend aus auf die Entwicklung des rhythmischen Systems und damit auch auf die Gefühlssphäre als vermittelnd zwischen der oberen Organisation als Denksphäre und der unteren Organisation als Willenssphäre.

Angeborene Anlagen in dieser Hinsicht liegen auch wiederum den verschiedenen Temperamenten zugrunde. Diese beruhen auf dem Vorherrschen eines der vier Elemente und Ätherarten im Bereiche der physisch-ätherischen Leiblichkeit. Auch spielen eine Rolle die angeborenen Eigenschaften und Fähigkeiten, die zurückzuführen sind auf bestehende vorgeburtliche Beziehungen zu den Planeten unseres Planetensystems. Wir können sie betrachten, indem wir zurückschauen auf den Anteil, den der Mond und die übrigen Planeten an der Bildung unseres Ätherleibes haben[39]: Da erhält der Mensch, um beim Herannahen an das irdische Dasein seinen Ätherleib zu bilden, die Kräfte von dem die Erde umkreisende Monde. Andererseits sind angeborene Eigenschaften und Fähigkeiten zurückzuführen auf die bestehenden Beziehungen zu den Planeten. Dem vom Monde zurückgestrahlten Lichte verdankt der Mensch die Bildung der Außenseite, dem Dunkelwerden bei Neumond die Innenseite seines Ätherleibes. Daß er aber die Kräfte hat, wie er sie braucht, um seinen Ätherleib zu bilden, hängt ab von dem, was die im Monde lebenden Wesenheiten beobachten beim Betrachten der Wandelsterne. Und dementsprechend erhält der Mensch im Hinblick auf den Mars die Fähigkeit zur Sprache einorganisiert, im Hinblick auf den Merkur die Bewegung. Durch die Erfahrungen mit dem *Jupiter* erhält er, was ihn mit der *Fähigkeit zur Weisheit* durchströmt, durch die Erfahrungen des Menschenwesens mit der Venus, was an Liebe und Schönheit seine Seele durchströmt. Was diese Wesenheiten erfahren durch die Beobachtung des Saturn, gibt die innere Seelenwärme für den Menschen in seinen Ätherleib hinein. Damit verbunden aber werden die karmischen Bedingungen, denen der Mensch in seinem Verhältnis zu den Planetenwesenheiten und Planetenkräften sich zu unterwerfen hat. – Schauen wir ferner vom irdischen Standpunkt auf die Kräftewirkungen der Planeten und deren Metalle in der Erde (s. S. 30): dann sind es unter ihnen die *Jupiter-Zinnkräfte*, die den Menschen *bewahren vor dem Verfließen im Lichtäther*[10]. Und wiederum, vom geistigen Standpunkt aus gesehen, wo sich das Innere des Menschen in seinem Zusammenhang mit dem moralischen Kosmos erschließt, stellt das *Jupiter-Dasein* dar, was der Mensch mitbringt an *Neigungen und Affekten*.

Wie aber die Pflanzendecke der Erde den lebendigen Spiegel der Erdenseele darstellt, so ist sie andererseits auch der äußere Naturspiegel des menschlichen Gewissens[6]. Ebenso spiegelt sich auch in den vegetativen Vorgängen des Menschen die menschliche Seele. Dahinter steht die Gemeinsamkeit der Tatsachen: Es ist *Jupiter-Sonne der Ursprung der Pflanzenwelt,* und es sind die Pflanzenwesen auch weiterhin noch draußen in der geistigen Sphäre zu suchen; während die ganze Planetenwelt unseres Sonnensystems vermittelnd dazwischensteht. Andererseits ist auch Zeus-Jupiter der Vater und Demeter, als die Weltenseele, die Mutter von Proserpina. Doch Proserpina – Persephone hat ihre geistige Heimat verlassen, hat sich mit der Erde verbunden und ist die Seele der Erde geworden. Ihr dient sie, indem sie als die Göttin Natura, mit dem Jahreslauf der Sonne gehend, mit der Ausatmung der Erde sich hinausweitet in den Kosmos, um mit der Einatmung der Erde sich auch wieder in sie zurückzuziehen. Ihr folgte auch der Mensch in seiner Seelenentwicklung. Und auf der Erde angelangt, bleibt auch er mit seinem Seelenleben dem rhythmischen Wechsel des Jahres unterworfen. Dazu aber kommt noch der Wechsel von Tag und Nacht, auch der Wechsel von Jugend und Alter; darüber hinaus auch noch der Wechsel des Lebens zwischen Geburt und Tod und zwischen Tod und neuer Geburt und der damit verbundene Sinn: daß der Mensch in seiner Seele die hingebungsvolle Liebe zur Erde entwickelt, um ihr so zu dienen, daß sie sich in ihrem nächsten Dasein zum Jupiterdasein entwickeln kann.

Es kann uns dieser Zusammenhang nun auch wiederum zurückweisen auf das Innere des Menschen. Wenn nach der Geburt mit dem 3. Lebensjahrsiebt auch der Astralleib des heranwachsenden Menschen geboren ist, dann beginnt vom Ich aus dessen Umwandlung. Es kommt zunächst zur Entfaltung der Empfindungsseele. Es erschließt sich damit das Interesse für die Außenwelt. Die organische Grundlage dafür bietet die Niere (s. S. 150). Sie ist auf der einen Seite beteiligt an den Ernährungs- und Aufbauprozessen. Die ganze menschliche Bildung kommt zustande durch eine radiale Gestaltung vom Nieren-Lebersystem und durch Abrundung der radialen Gestaltung vom Kopfsystem aus[5]. Diese Abrundung geht aus von den Jupiter-Zinnwirkungen. Als solche vermitteln sie auch von der anderen Seite aus die vom Kosmos herein die Form gestaltenden Kräfte. Die Niere ihrerseits als Organ unseres inneren Menschen repräsentiert die Venus als Planet unseres Sonnensystems. Und insofern sie als physisches Organ ein Absonderungsorgan ist, ist sie in ihrer gasigen Grundlage das Ausstrahlungsorgan für den astralischen Organismus und damit auch die organische Grundlage für die Empfindungsfähigkeit und Beseeltheit. Die Absonderungen sind dabei nur sekundär, sie zeigen uns an, wovon sich durch die Nierenfunktion das Empfindungssystem absondert. Sie sind infolgedessen auch verschieden nach Art der Empfindungen und nach der Art des Denkens. Ferner dient so auch die Niere dem Astralleib als Regulator der Ein- und Ausatmung. Das gilt auch einschließlich des Sinnes-Atmungsprozesses. Wie es bei der Blütenbildung der Pflanze geschieht, kommt es in ihr gegenüber der Tendenz zum Tierwerden und gegenüber der Gefahr des Verholzens und Verkohlens zu einem Verbrennungs- und Aromatisierungsprozeß[3]. Dabei entsteht originäres Licht gegenüber dem durch das Auge einstrahlenden äußeren Licht, es bleibt, während die Kohlensäure nach außen ausgeatmet wird, Äther zurück (s. S. 50). Dieser Äther dringt in den Ätherleib des Menschen ein und macht den menschlichen Organismus geeignet, von oben her die astralisch-ätherischen Wirkungen aufzunehmen, damit sie sein Nervensystem so zubereiten, daß es der Träger der Gedanken werden kann. Er muß auch fortwährend die Sinne durchdringen, so insbesondere auch die Augen, um den äußeren Lichtäther aufnehmen und so auch sehen zu können[6].

Es besteht demnach in diesem Zusammenhang eine sehr innige Wechselwirkung von seiten des Nierensystems zu all dem, was der Jupiter-Sonnenwirksamkeit im menschlichen Organismus entspricht. Diese Einsicht wird uns auch erst die Verständnisgrundlage bieten für die Krankengeschichten, bei denen gleichzeitig Kupfer und Zinn zur Anwendung kamen[79] (Nr. 7) (Nr. 110—112). Ebenso können wir auf diese Weise den Hinweis verstehen lernen: daß in dem Sinne, wie das Herz des Menschen als Sinnesorgan alles Gold der Erde wahrnimmt (s. S. 38), so die Niere alles Zinn der Erde[14].

Das Zinn

Wir finden *das Zinn* heute *in der Erde als seine Erze* und zwar in erster Linie als Zinnoxyd, den sogenannten *Zinnstein oder Kassiterit,* viel seltener in Verbindung mit dem Schwefel als Zinnkies. Seine Hauptfundstätten sind charakteristischerweise Inseln, Halbinseln oder Gebiete, bei denen es naheliegt anzunehmen, daß sie in noch früheren Zeiten sich aus dem Meere erhoben haben. Es stehen so an erster Stelle die Inseln des Malaiischen Archipels. Andererseits ist aber auch Cornwall in England von altersher eine wichtige Zinnfundstätte, während solche in Sachsen und Böhmen schon nahezu erschöpft sind.

Das Muttergestein des Zinnsteins ist vor allem der Granit. Seine Härte, seine chemische Unangreifbarkeit machen ihn auch zu einem ausgezeichneten Seifenmaterial. Da ist er an seiner Farbe, an seinem glänzenden Schwarz oder Schwarzbraun, neben dem gelegentlich auch lichtere Töne vorkommen können, leicht zu erkennen[78]. Damit steht der Zinnstein mit seiner Formel SnO_2 seinerseits in enger Beziehung zur Kieselsäure mit der Formel SiO_2. Er macht schon in seiner äußeren Erscheinungsform, durch seinen lebhaften Glanz, auch mehr den Eindruck nach der Richtung eines Edelsteines als den eines Metalles. Dabei kristallisiert der Zinnstein nicht wie das Gold, Silber und Blei nach dem regulären, vielmehr nach dem sogenannten tetragonalen System. Dieses weist wohl auch, gleich dem regulären System, drei aufeinander senkrecht stehende Achsen auf; von ihnen aber ist die aufrechte stets von den beiden horizontalen Achsen an Länge verschieden. Charakteristisch dabei ist für den Zinnstein, daß er fast stets in Zwillingskristallen auftritt. Dazu kommt die Eigentümlichkeit: Es ist das Auftreten des Zinnsteins besonders an vulkanisches Gestein und an Granite geknüpft, die durch reichliche Zufuhr von Kieselsäure und Zerstörung des Feldspates eine bemerkenswerte Umwandlung erfahren haben. Der Zinnstein bildet darin feinverteilte Einsprengungen oder erfüllt, mit einer ganz gesetzmäßig auftretenden Mineralgesellschaft, d. i. mit Flußspat, Apatit, Topas, Turmalin, Lithiumglimmer, zusammen mit seltenen Erzen, die dichtgedrängten Risse und Klüfte. Der Zinnstein tritt da im Granit, der ja besteht aus Quarz, Feldspat und Glimmer, an die Stelle des Feldspates, mit dem die Edelsteine, insofern sie wie der Rubin und Saphir aus reiner Tonerde bestehen oder Tonerdesilikate sind, eine verwandtschaftliche Beziehung haben. Letztere sind u. a. die Granate, die Orthoklase, zu denen auch der Mondstein, der Amazonenstein, der Labrador gehören, ferner der Topas, der Turmalin, die Berylle mit dem Aquamarin und dem Smaragd. Sie stellen eine Veredelung dar innerhalb der Tonerde und des Quarzes, gewissermaßen etwas wie eine Blütenbildung[72] in diesem Gestein. So haben sie als Edelsteine auch eine Beziehung zu den Tierkreiskräften im Kosmos, infolgedessen auch zu den Sinnen des Menschen. Da sind wir u. a. hingewiesen auf die Beziehung, die der Topas hat zu dem Geschmackssinn[48].

Gerade dieser Hinweis bezüglich des Topas kann auch seinerseits wiederum aufmerksam machen auf die Tatsache, daß es insbesondere einerseits der Flußspat, andererseits der Topas ist, mit dem wir stets den Zinnstein vergesellschaftet finden. Es muß demnach eine engere Beziehung gerade zu diesen beiden Mineralsubstanzen und ihren Eigenschaften sein. Betrachten wir daraufhin den Flußspat etwas näher. Er ist eine Verbindung des Calcium mit der Flußsäure, mit der Formel CaF_2. Seine Kristalle ferner sind in erster Linie der Würfel und der Oktaeder. Diese zeichnen sich aus durch eine Mannigfaltigkeit und Zartheit der Färbungen. Andererseits ist er ein Flußmittel und dient als solches in der Metallurgie bei der Gewinnung der Metalle aus ihren Erzen zur Unterstützung des Schmelzprozesses. Diese Eigenschaft verdankt das Mineral dem Fluor, als zu den Halogenen gehörig. Wir kennen diese Wirksamkeit des Fluors in seiner Bedeutung für die Bildung des Zahnschmelzes, auch im Hinblick auf den Zusammenhang, der besteht zwischen der Bildung des Zahnschmelzes, der Geschicklichkeit der Gliedmaßen und der intellektuellen Entwicklung[3]. Es weisen uns andererseits die Eigenschaften der Halogene, und darunter insbesondere gerade auch des Fluors, hin zu den Tierkreiskräften der Fische[73]. Wir können uns dabei erinnern an die eurythmisch dargestellte Geste, die dem Tierkreiszeichen der Fische entspricht. Mit ihr ist verbunden der Gedanke: „Das Ereignis ist Schicksal geworden"[49]. Andererseits ist der den Fischen entsprechende Konsonant das N. Es ist der Laut, der, eurythmisch dargestellt, mit der Empfindung zu verbinden ist, nicht wie das M mit einem einfühlenden Verständnis, sondern mit einem abweisenden Verstehen; etwa in dem Sinne, wie wenn man gegenüber einem Dummen, der einem etwas mit großer Emphase begreiflich machen will, empfindet, daß es einem zu dumm ist und man sich schnell darüber hinwegsetzen will, weil man die Sache bald versteht. Dem entspricht auch nach dem Innern zu die Wirkung der heileurythmischen Anwendung des N bei Neigung zu Diarrhoe[50], ebenso bei erschwerter Begriffsbildung zur Förderung des intellektuellen Begreifens[20, 81] (Nr. 28), letzten Endes auch bei zu schwacher Verknöcherungstendenz und bei einem Zu-weich-werden der Zähne[75]. — Ein fluorhaltiges Mineral ist auch der Topas und als solcher ein Aluminium-Silikat mit der Formel $Al_2(F, OH)_2SiO_4$. Seine Kristallformen gehören zu den schönsten rhombischen Mineralien, und er ist als Edelstein durch seinen Glanz und gelbe Farbe schon von alters her sehr geschätzt. Durch seine Beziehung zum Geschmackssinn weist er uns jedoch im Kosmos hin auf das Tierkreisbild des Schützen. Unter den Mineralien wiederum ist es das Magnesium[73], das wir seinem Wesen nach zuordnen können den Tierkreiskräften von seiten des Schützen. Wir kennen die Bedeutung seiner Wirksamkeit im menschlichen Organismus für den Zahnbildungsprozeß. Und damit ist auch wiederum verwandt, was eurythmisch zur Darstellung kommt in der Geste des Schützen, das ist der Entschluß, den Gedanken in Wirklichkeit umsetzen zu wollen[49], während der entsprechende eurythmische Laut das G oder K ist. Und das sind Laute, die wir heileurythmisch zur Förderung der Darmbewegung und der Ausscheidungen durch den Darm in Anwendung bringen[50].

Überdenken wir diese Zusammenhänge, dann ergibt sich für den Zinnstein schon auch aus dem Verhalten seiner Kristalle, die meist als Zwillingskristalle auftreten und sich neben ihrem Glanz durch Härte und chemische Unangreifbarkeit auszeichnen, daß er in diesem Zusammenhange eine vermittelnde Rolle einnimmt. Wir können uns dabei erinnern: wie einerseits die mit der Nahrung aufgenommenen Substanzen erst in Lösung übergeführt, man könnte auch sagen, geschmolzen werden müssen, ehe wir sie schmecken können, um dann mit Hilfe des Schmeckprozesses im weiteren Verlauf der Stoffwechselprozesse dem Aufbau des Gehirns, der Nerven und der Knochen zu dienen; wie andererseits aber auch der Sehvorgang als ein metamorphosierter Schmeckvorgang zu verstehen ist[3]; auch wie dabei die meisten unserer Vorstellungen, die im Denken leben, einfach Fortsetzungen der Sehvorstellungen sind und wir im Denken, nach dem Innern zu gelegen, ein nach einer gewissen Seite metamorphosiertes Leben haben. Aus all dem läßt sich verstehen, daß der Zinnstein, der stets in Gesellschaft von Flußspat, Apatit, Topas usw. zu finden ist, einen wesentlichen Anteil hat an den untereinander bestehenden Beziehungen der Kräfte und Prozesse, die mit diesen mineralischen Substanzen verbunden sind. Sie vollziehen sich vermittels der Leber auf der einen Seite und dem Gehirn auf der anderen Seite. Durch diese Vermittlung kommen diese Beziehungen gewissermaßen zu ihrer Blüte, entsprechend dem, wie auch im Verlauf der Entwicklung der Erde und des Erdenmenschen ein Entwicklungsprozeß seine Blüte erreicht. Das im Menschen Entsprechende vollzieht sich da, wo die Ernährung, einschließlich der Ernährung durch die Sinne, spiritualisiert wird[6]. Und wo in dieser Hinsicht Stauungserscheinungen in den vegetativen Prozessen auftreten, wird auch der Kassiterit als Heilmittel in Frage kommen können (Nr. 98, 101).

Die tieferen Zusammenhänge jedoch ergeben sich bei der Frage: Was hat es für eine Bewandtnis, daß da im Granitgestein der Zinnstein an die Stelle des Feldspates tritt? Durch ihr Vorkommen im Granitgestein weisen beide hin auf eine Beziehung zum Pflanzenbildungsprozeß der Erde und dementsprechend auch zu den vegetativen Prozessen im Innern der Menschennatur. Im Granit ist der Feldspat das verbindende Mineral zwischen dem Quarz und dem Glimmer. Er selbst aber stellt chemisch nochmals eine Dreiheit dar, bestehend aus Tonerde (Al_2O_3), der angegliedert ist auf der einen Seite eine Kieselkomponente, auf der anderen Seite eine Kalk- oder Alkalikomponente. Da hat die Tonerde eine vermittelnde Aufgabe zwischen diesen beiden. Ebenso dient gegenüber dem Kalk und dem Kiesel die Tonerde als Bestand des Erdbodens im Pflanzenbildungsprozeß insbesondere dem Wachstum der grünen Pflanze, d. i. der Blatt- und Stengelbildung als Vermittler zwischen der Tendenz zur Wurzel- und Blütenbildung. Das Zinnoxyd andererseits mutet uns, wie schon ausgeführt, an wie eine Blütenbildung. Daß diese im Pflanzenbildungsprozeß zustande kommen kann, dafür bewirken die obersonnigen Planeten, zu denen ja der Jupiter gehört, ein Aufhalten der nach oben gerichteten Kraft, indem sie dasjenige, was sonst nur in der Blattspirale zum Ausdruck kommen würde, zurückstauen, so daß die Blüten- und Samenbildung zustande kommen kann[3]. Das Auf- und Absteigen der Pflanzensäfte und den damit verbundenen Chemismus der Pflanzen regulieren Kräfte, die mit Jupiter-Zinn in Zusammenhang stehen. Es müssen demnach die mit der Tonerde wie die mit dem Zinn und Zinnoxyd verbundenen Kräfte zusammenwirken, um in der Pflanze das grüne Stengelwachstum überzuleiten in die Blüten- und Samenbildung. Sie beide stehen auch in direkter Beziehung zum Sonnenbereich, in dem die Chemie urständet (s. S. 111).

Ein entsprechendes Zusammenwirken dieser Kräfte haben wir im Ablauf der vegetativen Prozesse als Lebensgrundlage im Innern des Menschen. Auch das Blut muß zur Entfaltung seiner Blüte kommen. Dazu dient das rhythmische System, wo vermittels der Blutzirkulation und des Atmungsvorganges sich im Blute die rhythmisch verlaufende Wandlung von Blau zu Rot und Rot zu Blau vollzieht. In der mineralischen Welt offenbart sich dieser Wechsel dort, wo die reine Tonerde in Form des edlen Korund bald in Blau als Saphir, bald in Rot als Rubin, viel seltener aber als gelber Saphir zu finden ist. Chemisch gesprochen ist dieses ein sich Hin- und Herbewegen zwischen dem Basischen und dem Säurehaften; physikalisch gesprochen entspricht es dem Wechsel von einem Kälte- zu einem Wärme-Pol. Hinter dem Wechsel aber stehen im menschlichen Organismus die Jupiter-Zinn-Wirkungen unter Mitwirkung der Leber und des Gehirnes mit dem Ziel, vermittels des Atmungsrhythmus, und insofern dabei auch die Nieren die Ein- und Ausatmung regulieren, dem Wandel des Blutes im Sinne der Spiritualisierung zu dienen.

Man kann diesen ganzen Zusammenhang von Vorgängen auch wiederum zusammen sehen mit dem, wie Dr. Steiner uns ein Verständnis für die Vorgänge des Schmeckens und Aromatisierens vermittelt hat[3]. Der eine Prozeß geht im Menschen in den anderen über. Wir werden da zunächst verwiesen auf die Pflanzenwelt. In ihr hat das Ätherische auf der einen Seite vermittels der Wurzel Beziehung zum Physischen, auf der anderen Seite in der Blütenbildung zum Astralischen. Der Mensch wiederum verinnerlicht im Riechen des Blütenduftes, was auf einer Wechselwirkung beruht der sich aufschließenden Flora mit der ganzen außerirdischen Umgebung, des Pflanzlich-Ätherischen mit dem umliegenden, den allgemeinen Weltraum ausfüllenden Astralischen. Wir haben so bei der Geruchswahrnehmung eine Wirkung vom Ätherleib auf den astralischen Leib. Damit nehmen wir teil an den Prozessen des Außermenschlichen. Das spielt sich noch mehr an der Oberfläche ab. Das Schmecken hingegen ist ein viel organisch-innerlicherer Prozeß. Es beruht auf einer Beziehung des

Ätherischen zum Physischen. Wir kommen im Schmecken mehr auf die Eigenschaften, die innerlich mit den Pflanzen selber verbunden sein müssen. Es enthüllt uns, was in den Pflanzen mit den organischen Prozessen des Festwerdens zusammenhängt. So daß wir also im Riechen und Schmecken gegenüber der Flora in jenen Beziehungen leben, die das Ätherische nach beiden Seiten hin hat, nach der astralischen und nach der physischen. Damit sind wir in gewissem Sinne noch an der Menschen-Oberfläche. Was draußen als verwandt dem Menschen lebt, das Ätherische, wird verinnerlicht. Es fließen gewissermaßen das Äußerliche und das Innerliche im Riechen und Schmecken zusammen. Wir haben weiterhin dann in der Pflanze das Aromatisieren der Blüte als einen zurückgehaltenen Verbrennungsprozeß. Und was wir riechen, sind die Riechschemen, die die Pflanze hinausschickt, wenn sie es nicht ganz zum verfestigten Pflanzendasein kommen läßt. Ebenso ist, was uns in der Pflanze Anregung gibt zum Schmecken, ein Prozeß, der unterhalb des Festwerdens liegt und auf dieser Stufe eine Metamorphose zum Salzwerden darstellt. Da preßt die Pflanze über den Weg des Pflanzenwerdens diesen Pflanzensalzen ihr eigenes Wesen ein. Etwas Entsprechendes wiederum haben wir im Menschen im Hinblick auf die Tatsache, daß sich im Auge ein metamorphosiertes Schmecken abspielt. Da wirkt die ganze Organisation auf dem Umwege des Blutes durch das Auge hinein in den ganzen Sinnesvorgang des Sehens. Ebenso ist nach der anderen Seite hin die Verdauung eine Metamorphose des Geschmacksvorganges. Denn das gute Verdauen beruht auf der Fähigkeit, mit dem ganzen Verdauungstrakt zu schmecken. Wie wir aber im oberen Menschen getrennt haben Schmecken und Riechen, ist die Fortsetzung des Schmeckens nach dem unteren Menschen einer gleichen Spaltung unterworfen, indem das Verdauen auf der einen Seite hinneigt zu den Ausscheidungen durch den Darm, auf der anderen Seite zu denen durch die Nieren. Da ist, was sich in den Verdauungsorganen, namentlich aber in den Nieren abspielt, sehr verwandt dem Aromatisierungsprozeß und Verbrennungsprozeß der Pflanzen; während wir in dem, was sich in der menschlichen Organisation abspielt, von der Lunge angefangen nach oben durch Kehlkopf und Kopf, eine Verwandtschaft haben zu all dem, was sowohl in der Pflanze wie in der menschlichen Natur zum Salzwerden hinneigt. Dabei besteht dann weiterhin noch die innige Verwandtschaft zwischen den sogenannten geistigen Tätigkeiten des Menschen und seinen regulierten oder nicht regulierten Ausscheidungsprozessen. (Vergleiche darüber auch die Ausführungen über „Venus und Merkur" [S. 146].) Denn wie wir im Denkprozeß eine Fortsetzung des Sehprozesses nach Innen haben, haben wir eine Fortsetzung des Verdauungsprozesses im Ausscheidungsprozeß.

Vollziehen sich diese Wechselwirkungen harmonisch, dann gibt sich das zu erkennen an einem ungestörten Ablauf der rhythmischen Vorgänge von Atmung und Zirkulation, einschließlich der Hautfunktion und der Absonderungsprozesse von Nieren und Darm. Die rhythmischen Wechselwirkungen von Ätherleib und Astralleib finden vermittels der Nieren- und Darmabsonderungen ihren normalen Ausgleich. Es werden im Verlauf der Ernährungs- und Aufbauprozesse die radialen Kräftewirkungen, ausgehend vom Nieren-Lebersystem, vom Kopfsystem aus in normaler Weise auch wieder abgerundet und gestaltet. Sind aber diese abrundenden und gestaltenden Kräftewirkungen zu schwach gegenüber der radialen Strahlung, dann haben wir es mit einer *Disposition zu Nierenerkrankungen* zu tun, bei der wir *Kassiterit* zu Hilfe nehmen können (Nr. 100, 101). Auch stehen wir u. U. bei einem Krankheitsbild, wie es die *Basedow'sche Krankheit* darbietet, vor der Notwendigkeit, bezüglich dieser Wechselwirkungen zwischen Ätherleib und Astralleib bestehende Spannungserscheinungen zu überbrücken. Und wir geben dann neben Cuprit oder Kupferglanz noch das Kassiterit (Nr. 98) oder, wenn angebracht, auch die dem Kupferglanz entsprechende Zinn-Schwefelverbindung (Nr. 99). Wir tun es dann, wenn es gilt, nicht nur von seiten der radial nach dem Kopfe zu ausstrahlenden Kräfte zu unterstützen, sondern auch von seiten des Kopfes zugleich mit den abrundenden Kräften das metamorphosierte Schmecken der Augen und damit auch die gestaltenden Kräfte anzuregen. Eine entsprechende Unterstützung streben wir auch an, und insbesondere im Hinblick auf die Nierenfunktion, wenn wir beim *Scharlach im Kindesalter* neben Alge D_3 per os als Zusatz zu Bädern oder Umschlägen Kassiterit anwenden, bei Erwachsenen hingegen: Agaricus D_4 per os und Zusatz von Bleiwasser zu Bädern und Umschlägen (Nr. 101).

Gediegenes Zinn kommt nur höchst selten vor. Es muß aus seinen Erzen gewonnen werden. Dann aber hat es nahezu die Eigenschaften eines Edelmetalles. Es glänzt fast wie Silber, und wegen seiner relativ größeren Beständigkeit diente es bereits im Altertum zur Herstellung von Schmuck und Gebrauchsgegenständen. Auch kennen wir es in Form von Stanniol, im Volksmund auch „Silberpapier" genannt, als konservierende Umhüllung von Nahrungsmitteln oder als Schutzüberzug von Gefäßen aus sonst angreifbaren Metallen. In seiner Konsistenz ist es noch weicher als das Gold, doch etwas härter als das Blei. Damit verbunden ist eine geringe Leitfähigkeit für Wärme und Elektrizität; es ist diese etwas größer als die des Bleis, geringer als die des Goldes und noch geringer als die des Silbers. So schmilzt das Zinn in der Wärme relativ leicht. Dabei ist es gußfähig wie das Blei, aber nicht schmiedbar wie Gold und Silber. Und wenn man es biegt, hört man ein Knirschen, das sogenannte „Zinngeschrei". Sein Schmelzpunkt liegt mit 232 ° etwas höher als beim Blei[77]. Bei all dem aber hat es die so besonderen Eigenschaften: sein Siedepunkt liegt beträchtlich höher als der vom Blei; darüber hinaus aber noch höheren Temperaturen ausgesetzt, wird es wieder hart und spröde. Andererseits hat es bei Abkühlung die Neigung zu pulverförmigem Zerfall. Somit bewegt sich das Zinndasein auch in seinem Verhalten zur Wärme hin und her zwischen zwei Grenzen mit polaren Vorzeichen. Und wir stehen damit physikalisch vor einem ähnlichen Phänomen, wie wir es auch beim Verhalten der Tonerde beobachten können: die in ihrem chemischen Verhalten das Phänomen aufweist, daß sie sowohl Säure als Base sein kann[73]. Es kommt auch da wiederum auf verschiedenen Ebenen eine gewisse Verwandtschaft zwischen diesen beiden Substanzen zum Ausdruck. Dabei hat die Tonerde eine Beziehung zu dem, was im Blute sich vollzieht vermittels des rhythmischen Wechsels zwischen rotem und blauem Blut; das Zinn in entsprechender Weise zu den in der menschlichen Organisation sich im Stoffwechselbereich polar begegnenden zentrifugal auflösenden, zerstreuenden Kräften und den zentripetal wirkenden konsolidierenden Kräften[20]. Dahinter steht im engeren Sinne die Polarität, wie sie besteht zwischen Leber und Gehirn in ihrer Zugehörigkeit zur Stoffwechsel-Gliedmaßen-Organisation einerseits und Kopforganisation andererseits.

Auf Grund dieses polaren Verhaltens des Zinns gilt auch für seine *therapeutische Anwendung*: daß wir zu mehr niederen Dosierungen greifen, wenn wir innerhalb der Stoffwechsel-Gliedmaßenorganisation, von der Leber ausgehend, auf die ihr innewohnende Sympathie zur Wärme und damit im Chemismus des Stoffwechsels auf dessen lösende und so im zentrifugalen Sinne wirkenden Kräfte anregend wirken wollen (Nr. 102); daß wir aber eine höhere Potenz wählen, wenn wir in diesem Bereiche schon mehr auch im kondensierenden und konzentrierenden Sinne unterstützend wirken wollen (Nr. 105–109). — Diese Anwendungen haben dann neben der physisch-leiblichen Wirkung auch ihre seelisch-geistige Seite. Denn Neigung zu Verschwommenheit im Seelenleben, insbesondere auch im Denken, läßt auf eine entsprechende Einseitigkeit der Leberfunktion schließen; ebenso das Gegenteil auf eine Neigung zu Verhärtung. Und wie aus der vorangegangenen Darstellung hervorgeht (s. S. 113), gehen damit auch Hand in Hand entsprechende Neigungen zu Störungen im Bereich der Dickdarmtätigkeit. Einhergehend mit colitisartigen Erscheinungen können die Stuhlentleerungen zu ungeformt oder auch zu verhärtet sein. Wir haben in dieser Hinsicht auch das, noch auf Angaben von Dr. Steiner zurückgehende, ursprünglich als Phtisodoron coli I bezeichnete Medikament bestehend aus: Mercurius viv. D_5 / Stannum met. D^{15} / Nasturtium offic. $5^0/0$.

Weitere Gesichtspunkte für die Pathologie und Therapie aber ergeben sich in dieser Hinsicht noch, wenn wir anknüpfen an das Verhalten des Zinns, daß es bei Abkühlung zu pulverigem Zerfall neigt. Dieser kann schon beginnen bei einer Temperatur von $-18°$, und von da abwärts nimmt er entsprechend schnell zu. Man bezeichnet diese Erscheinung als „Zinnpest", weil man sich ihr wie einer zerstörenden Krankheit gegenübergestellt sieht. Hat sie einmal begonnen, dann ist wie bei der Pest, der einmal begonnene Zerfall kaum mehr aufzuhalten. Und gleich den Pestbeulen beginnt auch die Zinnpest mit Pustel- und Beulenbildung an der Oberfläche. Auch ist das Zerfallprodukt „infektiös". Überträgt man davon etwas durch Einritzen auf ein noch blankes Zinn, dann wird dieses infiziert. Andererseits kann aber dieses Zerfallsprodukt wieder einem Schmelzprozeß unterzogen und dadurch wieder zu blankem, edlem Zinn umgewandelt werden. Da kann sozusagen die Krankheit wieder heilen. Es geschieht dies in einem verwandten Sinne, wie es auch oft noch hingebungsvolle Pflege bei Ausbruch von Epidemien vermag, oder wie es, wenn die Krankheit doch zum Tode hinführt, dann im jenseitigen Leben beim Durchgang durch das Leben zwischen Tod und neuer Geburt im Sonnenbereich geschieht.

Wir können uns hier wiederum erinnern an die Beziehungen, die bestehen zwischen der *Hydrocephalie* und ihrem Gegenteil, der *Mikrocephalie* und dem Zinn: wie da bei dem kleinen Kinde naturgemäß ein Hin- und Herpendeln stattfindet zwischen diesen beiden Extremen[3]. Würde die Anlage zur Hydrocephalie nicht vorhanden sein, es käme niemals zu einer ordentlichen Ausbildung des Gehirns und Nervensystems. Sie muß aber im richtigen Zeitpunkt aufhören. Geschieht es ungenügend, dann bleiben davon für das spätere Alter zurück Dispositionen zu Pneumonie, Pleuritis, Endocarditis usw. (s. S. 27). Wird aber im kindlichen Alter und namentlich im Säuglingsalter diese Anlage zur Hydrocephalie zu früh zum Verschwinden gebracht, sei es durch die Erziehung, sei es durch die Ernährung oder etwa durch medikamentöse Maßnahmen, dann entsteht für das spätere Alter die *Disposition zur Syphilis*. Daraus entwickelt sich, wenn Gelegenheit zu einer Infektion gegeben ist, ein Krankheitsverlauf, der in seinen verschiedenen Stadien auf eine Ähnlichkeit mit der Zinnpest hinweist. Die Ausbreitung dieser Krankheit geht Hand in Hand mit der Tatsache, daß das Denken des Menschen seinen ursprünglichen Zusammenhang mit den Jupiter-Weisheitskräften des Kosmos und damit auch seine ursprünglich noch naturverbundenen, weisheitsvoll gelenkten Instinkte weitgehend verloren hat. Dazu werden die letzten Reste dieser Instinkte durch die heute übliche Schul- und Universitätsbildung noch vollends ausgemerzt. Die Folge ist: Das Zusammenleben der Menschen mit der Natur wird verhindert. Statt dessen treibt es auf der einen Seite in eine „raffinierte Intellektualität" hinein, auf der anderen Seite in eine „raffinierte Sexualität". Was bei der Urmenschheit noch zentral war, wird bei der modernen Menschheit in diese zwei Pole auseinandergetrieben. Es ist deshalb kein Wunder, daß eine solche Atmosphäre kalten Intellektes den geeigneten Nährboden bereitet für eine solche Krankheit, wie es die Syphilis ist. So beruht die Erkrankung an Syphilis darauf, daß im Hinblick auf die dreigliedrige Organisation des Menschen die Ich-Organisation vorzugsweise für das Stoffwechselsystem in Anspruch genommen wird. Dadurch entsteht ein Überwiegen der Ich-Organisation über die ätherische Organisation in diesem Bereich und damit eine zu starke Ich-Organisation im Sexualtrakt[38]. Die Ich-Organisation hat, statt den ganzen Körper seiner Gestalt nach zu organisieren, die Tendenz zu atomisieren, einzelne Glieder im menschlichen Organismus zu runden, zu organisieren. Hingegen beruht die Heilwirkung des Quecksilbers bei dieser Erkrankung gerade auf seiner Eigentümlichkeit, daß es, wenn in den menschlichen Organismus eingeführt, „in den irdischen Verhältnissen diejenige Substanz ist, die für sich selber am stärksten, am intensivsten die äußere Form des Kosmos nachahmt". Dadurch wird an das Quecksilber abgegeben diese atomistische Organisation. Die Ich-Organisation wird auf diese Weise frei, wirkt durch den ganzen Organismus und ist dadurch imstande, durch Reaktion den Gesamtzustand wieder herzustellen. Näher auf diese Zusammenhänge soll jedoch erst bei der Darstellung des Quecksilbers eingegangen werden (s. S. 159).

Demnach geht es bei der Bekämpfung der Syphilis gerade auch um das Herstellen eines gesunden Verhältnisses der Jupiter-Zinnwirkungen und der Merkur-Quecksilberwirkungen. Das ist im Grunde die Aufgabe der Erziehung im Schulalter. Es geht dabei sozusagen um die Pflege der „religio", diese im weitesten Sinne des Wortes erfaßt. So wäre auch das Kulturheilmittel gegenüber solchen Krankheitstendenzen, die letzten Endes als Syphilis in Erscheinung treten, bei der das Merkur-Quecksilber im obigen Sinne als Heilmittel dienen kann, eine durch Erkenntnis weisheitsvoll und sinngemäß geleitete Erziehung. Nur so kann der heranwachsende Mensch mit dem Eintritt in die Geschlechtsreife für seine weitere Entwicklung in gesunder Weise den Anschluß an das Leben finden. Dazu aber benötigt er auch noch, neben der altersgemäßen Förderung seiner intellektuellen Fähigkeit, eine einsichtige Pflege seiner Interessen, die seine Seele aufgeschlossen sein läßt für alles Schöne und Gute. Denn im Alter von 14 bis 21 Jahren beginnt dann für den heranwachsenden jungen Menschen die Zeit, wo darauf zu achten ist, daß in seinen Begriffen, ohne daß sie sogleich in scharfe Konturen gehen, Liebefähigkeit lebt, damit durch sie das Eintauchen in die Dinge so geschieht, daß er manchmal recht illusionäre, aber um so kraftvollere Ideale heranholt, die seine Liebe befeuern[63]. So verlangt dieses Alter naturgemäß ein entsprechendes *Verhältnis zwischen dem Venus-Kupferwirken und dem Jupiter-Zinnwirken*, man kann auch sagen, von Nieren und Vorderhirn gegenüber der Sinneswelt. Und für Erkrankungsmöglichkeiten, die auf einer Störung in diesen Wechselwirkungen der Kupfer-Zinnwirkung beruhen, werden die Kranken-Geschichten, bei denen Kupfer und Zinn für die Heilwirkung zur Anwendung kamen, einen Einblick geben können[79] (Nr. 7), [80] (Nr. 47), (Nr. 110–112). Dann erst, wenn dem Rechnung getragen werden konnte, was eine gesunde Entfaltung des Ätherleibes und Astralleibes verlangt, kann der junge Mensch mit dem 21. Jahre volljährig werden, d. h. ohne Schaden für seine volle Menschlichkeit in das intellektualistische Lebensalter eintreten. Dann hat er die gesunde Grundlage für die Entfaltung seiner Empfindungsseele, d. h. ein offenes Interesse an seiner Umwelt. Und während er bis dahin zunächst noch mit innerer Hingabe voll in dem lebte, was als intellektualistische Denkweise heraufgekommen ist in der Entwicklung der Menschheit, erfaßt er jetzt, wenn er in das reifere Alter der Zwanzigerjahre eintritt, den Intellektualismus mit innerer Sympathie und beginnt den Intellektualismus wie ein inneres seelisches Knochengerüst zu empfinden[63]. Deshalb wird auch für die weiteren Entwicklungsstufen des in das äußere Leben hineinwachsenden Menschen entscheidend, wie er für diesen Lebensübergang, der sich um das 21. Lebensjahr vollzieht, vorbereitet ist. Da kommt der heranwachsende Mensch um das 28. Lebensjahr zu Ende mit allem, was ihm noch aus der Vergangenheit zugekommen war. Andererseits fällt in die Zeit zwischen dem 28.–35. Lebensjahr die Entwicklung der Verstandes- oder Gemütsseele, um das 35. Lebensjahr der Eintritt in die Entwicklung der Bewußtseinsseele. – Auf diesem Wege erfährt nach dem 21. Lebensjahr der Astralleib vom Ich her stufenweise seine Umwandlung. Und das Ziel dieser Umwandlung ist, daß der erwachsene Mensch nicht mehr nur ein Nutznießer der äußeren sozialen Lebensgestaltung ist, sondern daß er als ein nach seinem Denken, Fühlen und Wollen freigewordener Mensch an der Gestaltung des äußeren Lebens im positiven Sinne mitwirken kann.

Entsprechendes vollzog sich für die Menschheit im Durchgang durch die verschiedenen nachatlantischen Kulturepochen. Da war es die ägyptisch-chaldäische Zeit, die der Entwicklung der Empfindungsseele diente, und es begann damit im Zusammenhang auch die allmähliche Herausbildung einer Persönlichkeitskultur. Es erfolgt die Entwicklung der Verstandes- oder Gemütsseele in der griechisch-lateinischen Kulturepoche und beginnend mit dem ersten Drittel des 15. Jahrhunderts in unserer Zeit die der Bewußtseinsseele. — Im Hinblick auf die vorgeschichtlichen Epochen spricht man auch vom Übergang aus einer Steinzeit in eine Bronzezeit, von da in eine Eisenzeit. Und da war es wieder die ägyptisch-chaldäische Kulturepoche, wo das Kupfer und Zinn unter den Metallen eine Rolle spielte. Es war dies aber auch die Zeit, wo die Dreiheit von Wissenschaft, Kunst und Religion sich noch als in einer Einheit fanden. Und entsprechend war noch die Verwendung der Metalle. Dazu kam jetzt die Bearbeitung von Kupfer und Zinn zu Bronze. Es spiegelte sich darin nach außen hin, was auch in der Seelenentwicklung der damaligen Menschen vor sich ging. Man verarbeitete dabei das weiche, reine Kupfer durch eine Legierung mit Zinn, dessen Geschmeidigkeit und Schmelzbarkeit, aber auch die ihm innewohnende Form- und Härtekraft bewußt handhabend. Nur ein relativ geringer Teil von Zinn im Verhältnis zum Anteil des Kupfers genügte daher, um eine so gehärtete, zugleich aber klangfähige Substanz wie die Bronze es ist, zu gewinnen. Und diese fand Eingang in die Verwendung zu Kult-, Schmuck-, Gebrauchsgegenständen, auch zu Waffen.

Etwa in die Übergangszeit der ägyptisch-chaldäischen in die griechisch-lateinische Zeitepoche fällt schätzungsweise der Beginn der Eisenzeit. Da erst erwachte in der Beziehung zu den Metallen hinzu das Interesse für das Eisen und die Möglichkeit seiner Verarbeitung. Und während bei den Griechen in verwandelter Form sich die Dreiheit der Ideale des Menschen in Religion, Kunst und Wissenschaft der Zeit gemäß weiterentwickelte, im Römertum dann aber nur noch einen prosaisch dürftigen Nachklang gefunden hat, trat das Eisen für die technische Bearbeitung allmählich auch mehr in den Vordergrund. Es geschah dies in der nachchristlichen Zeit auch mehr und mehr in dem Maße, als der Einfluß des Griechentums in Europa allmählich durch das Überhandnehmen des Einflusses des Römertums versiegte; und erst recht mit dem Heraufkommen unserer, vom Intellekt beherrschten Naturwissenschaft, deren abstrakte Denkweise heute in alle Zweige des Lebens eingezogen ist, und der wir auch die das heutige Leben so weitgehend beherrschende Technik zu verdanken haben. Ihr dient ja in erster Linie das Eisen. Ihr muß u. a. heute aber auch weitgehend der Gebrauch des Kupfers und Zinns dienen. So benutzt man die Verwandtschaft des Zinns zu den Edelmetallen heute zum Verzinnen der unedlen Metalle, als Konservierungsmittel in Form des Stanniols, sein verbindliches Wesen gegenüber den Metallen zum Löten derselben. Noch aber kennt man den Gebrauch seiner Salze als Beizmittel im Woll- und Seidefärben. Man benutzt die Eigenschaft, daß ein Tropfen einer Zinnsalzlösung, wenn einem wässrigen, zunächst noch ziemlich farblos erscheinenden Blütenextrakt zugesetzt, die Farbe in Erscheinung bringen kann. Es ist dies eine Eigenschaft des Zinns, die von alters her bekannt dann auch in Anwendung kam, wenn man im Mittelalter zum Färben der Kirchenfenster aus der kolloidalen Goldlösung das tiefe Purpurrot erreichen wollte. Auch braucht man ja das reine Zinn noch immer zur Herstellung von Orgelpfeifen und die Bronze als Kupfer-Zinnlegierung u. a. zum Herstellen der Kirchenglocken. Aber je mehr unsere Zeit verarmt an Klarheit, Beweglichkeit, Farbigkeit und Wärme gegenüber dem Denken, Fühlen und Wollen, werden wir zunehmend mit Schädigungen der Gesundheit zu tun haben, bei denen das Zinn wie auch das Zinn in seiner Wechselwirkung mit dem Kupfer als Heilmittel wird dienen können.

Venus und Merkur

Die Entwicklungsgeschichte der beiden Planeten Venus und Merkur, denen wir auf der Erde das Dasein der beiden Metalle Kupfer und Quecksilber verdanken, weist enge Beziehungen auf. Sie führt in vorlemurische Zeit zurück und beginnt mit der Trennung der Sonne aus der Erde. Während Sonne, Mond und Erde zunächst noch ein gemeinsames planetarisches Dasein hatten, zogen sich damals Wesenheiten mit bereits erlangter höherer Entwicklungsstufe heraus, nahmen die feineren Substanzen mit und begründeten die Sonne als ihren Wohnsitz, um da ungestört ihre weitere Entwicklung durchmachen zu können. Denn ihre Menschheitsstufe ging schon vor die Zeit des alten Saturndaseins der Erde zurück, während die Geister der Persönlichkeit oder Archai ihre Menschheitsstufe erst auf dem alten Saturn absolvierten, die Archangeloi auf der alten Sonne, die Angeloi auf dem alten Monde. Doch unter den so aus der Erde ausgezogenen Wesenheiten waren nun auch solche, die nicht ganz die Stufe der Sonnengeister, der Geister der Form erreicht hatten[31]; sie waren diesen gegenüber zurückgeblieben. Ihre Entwicklungsstufe entsprach aber auch nicht mehr der Erde. Dabei gab es zwei Klassen solcher Wesenheiten. Diese nun nahmen sich ihnen gemäße Stoffe heraus und formten daraus zwei Weltenkörper zwischen Sonne und Erde. Auf diese Weise entstand die Venus und der Merkur durch Wesenheiten, die auf einer Zwischenstufe stehen. So aber dirigierten auch diese Zwischenwesen die Erde, obwohl von einem niedrigeren Gesichtskreis als die fertig gereiften Gewalten, die als Geister der Form im Sonnenlichte herunterwirken auf die Erde und diese von der Sonne aus dirigieren. Dennoch war der Gesichtskreis auch dieser Wesenheiten gegenüber dem des Menschen ein erhabener.

Der Mensch seinerseits war, solange die Sonne noch mit der Erde verbunden war, nur mit einem physischen, ätherischen und astralischen Leib begabt, sein physischer Leib war auch noch mehr von ätherischer, feinerer Natur. Dadurch aber, daß mit der Abtrennung der Sonne von der Erde jene hohen Wesenheiten sich in ihrer eigenen Entwicklung von der Erde befreiten, veränderten sich auch für den Menschen die Verhältnisse auf der Erde. Bis dahin waren jene hohen Wesenheiten, die mit der Sonne hinausgingen, in ihrer eigenen Entwicklung gehemmt gewesen durch die groben Kräfte der Erde. Dann aber konnten sie sich frei entwickeln, mußten sozusagen nicht mehr das schwere Gewicht der Erdmasse mittragen. Wäre jedoch nur dies geschehen, die Entwicklung wäre in ungeheuerster Weise beschleunigt worden, das Menschenleben wäre in einer ungeheuer raschen Weise zum Ablauf gekommen. Und weil der Mensch dieses Tempo nicht mitmachen durfte, war auch wiederum dies geschehen: Es blieb einer aus der Gesamtheit dieser Geister, der sieben Elohim, zurück auf der Erde mit der Aufgabe, diese zu schnelle Entwicklung zu hemmen. Damit war aber auch wiederum die Gefahr verbunden, daß die ganze Erde in einen Erstarrungszustand kommen würde. So verließ dieser Elohim unter Mitnahme der gröbsten Erdenstofflichkeit und Kräfte dann die Erde, um von außen als von unserem heutigen Mond sein heilsames Wirken der Erde zuteil werden zu lassen.

Erst mit diesem Austritt des Mondes aus der Erde wurde der Mensch fähig, ein Ich-Bewußtsein in seiner allerersten Anlage aufzunehmen, d. h. sich als besonderes Wesen zu fühlen und dadurch die Möglichkeit zu haben, äußeres Physisches in seinen ersten Anflügen wahrzunehmen. Solange aber nur die Sonnengewalten von außen ihr Licht den Menschen zuströmten, sah der Mensch in innerlichen Bildern die Wirkung der Sonnenkräfte, er verspürte auch das Wohltätige der Sonnenkräfte sich verbinden mit der in der Erde verbliebenen Mondenkraft, die da die Wachstumskräfte der einzelnen Menschen von der Geburt bis zum Tode leiteten. Doch schwand diese Art Wahrnehmung dem Menschen mit seiner Weiterentwicklung dahin. Zunächst aber konnte er auch die Sonne noch nicht sehen; noch war sie ihm durch dichte Dämpfe in der Atmosphäre verhüllt. Erst nach und nach verzogen sich diese Nebel, und es währte dies bis hinein in die spätatlantische Zeit[31]. Hier fing dann der Mensch an, die Sonne zu sehen, aber nicht mehr wie früher aus einem gemeinsamen Bewußtsein, sondern in jedes einzelne Auge fielen jetzt die Strahlen der Sonne. Es war andererseits auch erst in der Mitte der atlantischen Zeit, daß die Geister der Form fertig waren mit der Ausbildung des physischen Menschenleibes. Dies war der Zeitpunkt, wo der Mensch aus rein geistigen Höhen, noch ohne die irdische Verdichtung, heruntergestiegen ist auf die Erde. Denn in der Zeit, die hinter der atlantischen Epoche liegt, war die Gestalt des Menschen noch nicht abgeschlossen, und der Mensch hatte noch eine immer sich metamorphosierende Gestalt. Es war auch wesentlich, daß dieses Wesen, das ein Mensch werden sollte, seine Form und Gestalt noch solange beweglich erhielt, bis der normale Zeitpunkt für die feste Form eintreten konnte. Es wäre auch um die Mitte der atlantischen Zeit erst der gegebene Zeitpunkt für den Menschen gewesen, daß die Sinne fertig geworden wären, um hinauszublicken in die Umgebung und in der äußeren physischen Umgebung zu leben, auch sich als Ich von seiner Umgebung zu unterscheiden.

Aber zwischen den Menschen und den erhabenen Wesenheiten, die von der Sonne und dem Monde aus wirkten, standen auch noch die auf einer Zwischenstufe stehengebliebenen Wesenheiten, die *von Merkur und Venus aus ihre Wirksamkeit entfalten*. Sie waren es, die die Entwicklung des Menschen beschleunigten. Es wurde der Astralleib, der noch nicht bis zum Ich sich heraufentwickelt hatte, von diesen zurückgebliebenen geistigen Wesenheiten bearbeitet. So erhielt der Mensch vor der Zeit, die ihm zugedacht war, gewisse geistige Fähigkeiten. Damit verbunden aber ist ein Opfer. Es waren diese Wesenheiten zurückgeblieben, um dem Menschen die Möglichkeit zu geben, die Gabe der Geister der Form in einer höheren, freieren Weise zu empfangen[31]. Dadurch wurde allerdings auch, was durch die Leitung der Geister der Form unabhängig vom Menschen gewesen wäre, nun in seine Gewalt gegeben. Der Mensch wurde ausgesetzt dem Guten und dem Bösen, konnte abirren vom rechten Wege.

Was aber wäre geschehen, wenn der Mensch ohne die Freiheit und so ohne Verdienst, nur wie durch einen geistigen höheren Instinkt in der Mitte der atlantischen Zeit angekommen wäre? Der Mensch hätte die Reife gehabt, daß schon damals das Christusprinzip auf die Erde heruntergestiegen wäre. Das aber wurde verzögert durch das Eingreifen der zurückgebliebenen luziferischen Merkur- und Venus-Wesenheiten. Es geschah, damit der Mensch erst durch sich selber heranreifen mußte. So kam es, daß erst genau ebenso lange, als vor der

Mitte der atlantischen Zeit diese luziferischen Wesenheiten ihr Wirken begonnen hatten, nach diesem Zeitpunkt der Christus auf Erden erschienen ist. Und bis der Christus als der wahre Luzifer auf der Erde erschien, waren es wiederum die zurückgebliebenen luziferischen Merkur- und Venus-Wesenheiten, die sich entgegenstellten dem Wirken der „Gewalten", denen der Mensch von Natur durch seine Blutsbande unterworfen war. Ist es das Jehovaprinzip, das nach der Gesetzesordnung in dem gleichen Blute, also innerhalb der Volks-, Stamm- und Sippenzusammengehörigkeit wirkte, so richteten diese im luziferischen Sinne wirkenden Wesenheiten ihre stärksten Angriffe gegen das Prinzip der Blutsverwandtschaft[31]. Denn sie wollen den Menschen, ihn losreißend aus der Blutsverwandtschaft, auf den Mittelpunkt seiner eigenen Persönlichkeit stellen im Hinblick auf das Ereignis von Golgatha: wo die Christuswesenheit den Menschen ganz auf die Spitze seiner Persönlichkeit stellt, indem sie ihm seine innerste Kraft gibt, die Weisheit und Gnade zu dem innersten Impuls seines Wesens macht. *So gab es in vorchristlicher Zeit der Menschheitsentwicklung stets zwei Prinzipien, ein durch Blutsverwandtschaft bindendes und ein trennendes, die Menschen auf die Spitze ihrer Persönlichkeit stellendes.* Beide aber dienten auf ihre Weise der Menschheit im Sinne ihrer Fortentwicklung auf der Erde.

Doch gab es auch noch eine Rassenentwicklung. Denn neben den normalen Geistern der Form, die jeden Menschen zum Angehörigen der ganzen Menschheit machen, gab es noch abnorme Geister der Form, die die Gliederung der Menschheit in Rassen bewirkten. Es sind dies Wesenheiten, die einen Verzicht geleistet haben. Normalerweise wären sie Geister der Bewegung, sie aber sind auf der Stufe der Geister der Form zurückgeblieben[27]. Auf diese Weise entstanden, durch das Zusammenwirken dieser abnormen mit den normalen Geistern der Form, 5 Grundrassen: *die Saturnrasse,* d. i. *die indianisch-amerikanische Rasse,* die sich, verbunden mit einer zu stark ausgeprägten Ichheit[51], in der atlantischen Zeit zu früh im *Knochensystem verhärtet hat;*

die Merkurrasse, d. i. *die schwarze, äthiopische Rasse,* die, verbunden mit einem zu schwach ausgebildeten Ichgefühl, nicht nur zu früh im Knochensystem, sondern auch im Ernährungssystem verhärtete, und die diese Merkmale dadurch hat, daß die abnormen Merkurgeister in das Drüsensystem verhärtend hineinwirkten;

die Venusrasse oder malaiische Rasse mit ihrem passiven, träumerischen Charakter, bei der das Nervensystem zu früh verhärtet ist, um tauglich zu sein zu einem höheren Gedankenwerkzeug zu werden; das entstand durch das Wirken der abnormen Venusgeister auf das Nervensystem, und zwar besonders auf das Sonnengeflecht, auf dem Umwege durch das Atmungssystem;

die Marsrasse oder mongolische Rasse, die durch das Wirken der abnormen Marsgeister im Blute, als äußerem Ausdruck des Ich, verhärtet ist; und, als eine besondere Modifikation davon, *das Semitentum,* bei dem die Marsgeister nicht gegen Jahve, sondern mit ihm vereint wirkten;

die arische Rasse, entstanden durch das Mitwirken der abnormen Jupitergeister. Diese wirkten durch die Sinne auf das Nervensystem. Und entsprechend dem Sinn, der die Oberhand hatte, entstanden die verschiedenen Modifikationen, in denen gerade diese Rasse sich in der atlantischen Zeit ganz schmiegsam erhielt und den Menschenstrom bildete, der dann überall im europäischen Kontinent Völkerschaften zurückließ. Die Fortgeschrittensten unter ihnen aber waren es, die sich sozusagen am längsten im Paradiese aufgehalten hatten und von einem Punkte des Erdorganismus im atlantischen Ozean, in der Nähe des heutigen Irland, bis hinüber nach Asien wanderten, von wo aus die nachatlantische Kulturentwicklung ihren Ausgang nahm.

Bei diesen verschiedenen Rassenbildungen hat sich auf verschiedenen Entwicklungsstufen ein abnorm formendes Prinzip der normalen Entwicklung entgegengestellt. Dabei geht die *Beeinflussung aus von dem Erdenuntergrund durch Hinaufstrahlen in die menschliche Organisation*[27]. So strahlen im Innern Afrikas, zurückgehend auf zurückgebliebene Merkurgeister, solche physischorganisierende Kräfte aus, die die schwarze Rasse im wesentlichen dadurch bedingen, daß sie den Menschen während seiner ersten Kindheit ergreifen können. Es werden ihm deshalb die ersten Kindheitsmerkmale bleibend aufgeprägt, einhergehend mit Verhärtung im Bereiche des Drüsen- und Ernährungssystems als zugehörig zum Ätherleib. – In Asien, wo die gelben und braunen Rassen urständen mit ihrem zu früh verhärteten Nervensystem und insbesondere des Sonnengeflechtes, werden den Menschen die späteren Jugendmerkmale eingeprägt. – Gegen Europa zu, wo die Jupiterrasse entsteht, prägen sich dem Menschen die Kräfte ein, die dem späteren Lebensalter zukommen. – In Amerika sind diejenigen Gebiete, wo Kräfte wirken, die jenseits des mittleren Lebensdrittels liegen und mit dem Absterben des Menschen zu tun haben. Je weiter wir also bei diesem Zuge aus Lemuris vom Osten nach dem Westen zu kommen, nimmt so mit der Rassenentwicklung die Jugendfrische ab. Demgegenüber fand von der Atlantis her der Zug nach Osten statt mit der Aufgabe, die Menschheit im Laufe der aufeinanderfolgenden Kulturepochen mit neuer Jugendkraft zu erfüllen[27]. Da aber haben die Rassen, die während der Atlantis der Differenzierung der Menschheit dienten und so ihre Aufgabe hatten, keine Berechtigung mehr. Es beginnt jetzt von Stufe zu Stufe die Entwicklung der Seelenkräfte mit dem Ziele, daß zukünftig aus der Vielheit wieder die Einheit der Menschheit entstehen kann.

Aus der Rassenentwicklung erhebt sich die Volksentwicklung. Die Rassen vermischen sich immer mehr und mehr, und da hinein greift die Volksentwicklung. Dabei haben wir es bei den einzelnen Völkern mit dem Wirken von normalen und abnormalen Volksgeistern, das sind Erzengelwesenheiten, zu tun. Und es greift diese Volksentwicklung ein bis in die Entwicklung des individuellen Menschen. So ist jeder Mensch beteiligt an den Vorgängen. Es liegt zwischen der Rasse und der Individualität das Volkstum mitten darinnen[27]. Nur dadurch, daß durch das Zusammenwirken der Geister der Form, die eine normale Entwicklung durchgemacht haben, mit Geistern der Form mit abnormer Entwicklung eine kaukasische Rasse geschaffen wurde, war der Boden dafür vorbereitet, daß z. B. ein Plato werden konnte. Und in dem Eingreifen abnormer und normaler Erzengel bis zu den Engeln haben wir dann den Weg, der noch notwendig war, um einen Menschen wie Plato auch hervorzubringen, der uns als menschliche Wesenheit mit menschlichem Antlitz und mit ganz bestimmten Verstandes-, Gefühls- und Willenseigenschaften entgegentreten konnte.

Daß aber der Mensch aus dieser Entwicklung als eine auf sich selbst gestellte Persönlichkeit hervorgehen kann, das verdankt er den Wesenheiten, die, statt bei der Sonne zu bleiben, als luziferische Wesenheiten sich den Merkur und die Venus als Wohnsitz gewählt haben. Doch durfte diese Persönlichkeits-Entwicklung nicht auf die Spitze getrieben werden. Sie muß sich auch wiederum einordnen in das Wirken der normalen Geister der Form. Im Sinne der normalen Entwicklung war auch der Mensch erst in der Mitte der atlantischen Zeit reif, die äußere Welt durch seine Sinnesorgane auf sich wirken zu lassen. Er kam dadurch in die Lage, über die äußere Welt zu urteilen, während vorher ihm sozusagen das Urteil eingeflossen war[31] etwa wie heute noch bei den Tieren. Infolge des luziferischen Einflusses kam dann auch wiederum zustande, daß die Atlantis durch eine Wasserkatastrophe zugrunde ging. Und blickt man zurück in die lemurische Zeit: da war eben die Menschheit noch von ganz weicher, bildsamer Körperlichkeit; man kommt hart an die Grenze, bevor überhaupt, und zwar frührreif, eine Art von Persönlichkeit, von Ich-Gefühl in den Menschen hineinkam. Dadurch aber, daß das Ich-Gefühl noch nicht darinnen war und die menschliche Gestalt, weil noch nicht abgeschlossen, beweglich war, erschien der Mensch noch in allen möglichen Gestalten, je nachdem er in seinem Innern gute oder schlechte Leidenschaften, gute oder böse Gedanken hatte. Und das waren Tiergestalten, während die Erde sonst erst von einer niederen Tierheit bevölkert war. Was heute im Astralleib der Menschen als Leidenschaft walten kann, aber verborgen bleibt, war damals noch eine so starke Kraft, daß sie dem nur aus Feuernebel geformten Körper sogleich auch die Gestalt gab. Andererseits sind die heutigen Tiere das Zurückgebliebene solcher Menschenwesenheiten, die sich verstrickt haben in ihre Leidenschaften, so daß sie verhärtet wurden und so stehengeblieben sind. In all diesen Formen hat der Mensch einst gelebt. Doch diejenigen Menschenwesen, die fähig geworden sind, darüber hinaus zu immer höheren Stufen emporzusteigen, haben in sich den Ausgleich gefunden, daß wohl die Möglichkeiten zu diesen Leidenschaften in ihrem Seelenwesen bestehen, doch nehmen sie keine äußere Gestalt an; während unsere verschiedenen Tiere degenerierte Nachkommen sind. Der Mensch mußte andererseits durch alle diese Leidenschaften hindurchgehen, damit er alles, was brauchbar war, aus ihnen in seine heutige Wesenheit aufnehmen konnte.

Erst in der Mitte der atlantischen Zeit hat sich, wie gesagt, die heutige Menschengestalt herausgebildet und durch Jehova und die Geister der Form einen gewissen Abschluß erlangt. Bis dahin waren die Umgebung des Menschen und seine Bewußtseinszustände auch noch anders[31]. Beim lemurischen Menschen waren Atmung und Ernährung noch eine gemeinsame Verrichtung. Es war eine Art wässrige, etwa milchartige Substanz, die da der Mensch aufnahm. Zu dieser Zeit waren auch die Sinne noch nicht nach außen geöffnet. Der Mensch hatte noch ein Bilderbewußtsein, aber kein äußeres Gegenstandsbewußtsein. Als erste Spur äußerer Sinnesempfindung nahm der Mensch die Fähigkeit an, in seiner Umgebung warm und kalt zu empfinden, vermittelt durch ein Organ, das später verkümmert ist zu dem, was sich heute im Inneren des menschlichen Gehirns als Zirbeldrüse befindet. Dieses erste noch allgemeine Sinnesorgan öffnete sich damals nach außen, sandte seine Strahlen nach außen, begann sich aber zu schließen, als die anderen Sinnesorgane sich zu öffnen begannen. Wie mit einer Laterne, die eine gewisse Leuchtkraft entwickelt, bewegte sich der Mensch damals mit diesem Sinnesorgan, das ein Wärmeorgan war, durch das wässrige Element, während die Schleimdrüse oder Hypophyse der Regulator für die Ernährungs- und Atmungsvorgänge war. Damit in Zusammenhang wirkten noch höhere Wesenheiten auf den Menschen. Es wirkten die bereits aus der Erde herausgegangenen Sonnenkräfte in der Weise auf die

Erdatmosphäre, daß sie das Wärmeorgan, das zur Zirbeldrüse geworden ist, anregten. Hingegen wurde durch die Mondenkräfte, sowohl vor wie nach dem Hinausgang des Mondes, die Schleimdrüse als Regulator der Ernährungs- und Atmungsvorgänge angeregt. Mit dieser hingen die inneren Kräfte des Menschen zusammen, durch die er sich aufblasen und die verschiedensten Gestalten geben konnte und die so in seine Willkür gegeben waren; während von der Zirbeldrüse abhing, was weniger willkürlich war.

Allmählich differenzierten sich so die Organe. Und indem der Mensch nach und nach seine heutige Gestalt annahm, wurde er auch immer mehr fähig, sein eigener Herr zu werden, ein Ich-Bewußtsein zu entwickeln. Dadurch, daß er selbst eine feste, sichere Gestalt bekommt, entreißt er sich mehr und mehr den Wesenheiten, die von außen auf ihn wirkend, ihn zu einer instinktiven Wesenheit machten. Zugleich aber beginnt die von der Norm abweichende und auf vorzeitiger Verhärtung beruhende Bildung der verschiedenen Rassen (s. S. 130). Von ihnen jedoch erreichten die Menschen der sogenannten arischen oder Jupiterrasse den Reifezustand, daß sie für alles das empfänglich wurden, was die Erde ihnen in ihrem äußeren Anblick darbieten konnte. Es waren die, die vom Westen nach Osten auszogen, die verschiedenen Gegenden bevölkerten, sich mit den Resten von Völkern, die auf anderem Wege dorthin gelangt waren, vermischten. So daß aus diesen Mischungen die verschiedenen Kulturen entstanden.

Wir finden dann im Laufe der nachatlantischen Kulturentwicklung *Erinnerungen an solche frühen Entwicklungszustände, wo der Mensch nach und nach die Tierformen abgestoßen hat. So war es das Symbol der Fische, durch das die Eingeweihten die Menschen erinnerten an die alte Sonnenheimat.* Denn damals, als Sonne und Erde noch vereint waren, war der Mensch schon in einer sehr geistigen, feinen ätherischen Art vorhanden. Aber als Sonne und Erde sich trennten, stieß er die Fische als die Tiere ab, die dann auf jener Entwicklungsstufe stehengeblieben sind, die dem Stadium entspricht, da die Sonne noch in der Erde war. Und während vor dieser Trennung der ganze Mensch hinsichtlich seines physischen-, Äther- und Astralleibes unter dem Einfluß und der Herrschaft der materiellen und geistigen Sonnenkräfte stand, trat jetzt immer mehr beim Erdenmenschen ein Wechselzustand im Bewußtsein, ein Wachen und Schlafen, ein. Es hing auch von der Sonnenstellung ab, ob der Mensch in bezug auf seinen physischen, ätherischen und astralischen Leib unter dem Einfluß der ihn direkt bescheinenden Sonne war. Doch damals, als wegen der Dichtigkeit der Atmosphäre noch kein physisches Auge die Sonne sehen konnte, da empfingen der Ätherleib und Astralleib, wenn sie außer dem physischen Leibe waren, wichtige Einflüsse der geistigen Kräfte, die von der Sonne ausgingen, jedoch sehen konnte der Mensch diese Einflüsse nicht. — Allmählich aber strömten diese Kräfte in die Erde ein. Allmählich reiften auch die Menschen dazu heran, nicht nur die physischen, sondern auch die geistigen Kräfte der Sonne in vollem Bewußtseinszustand in sich aufnehmen zu können. Der entscheidende Zeitpunkt dafür ist die Erscheinung des Christus auf Erden.

Es bedeutete für die Erde in ihrer Entwicklung der Austritt der Sonne zunächst ein Zurückgehen, eine Verschlechterung. Bis dahin hatte sie eine Zeitlang in einer aufsteigenden Entwicklung an der Evolution teilgenommen[31]. Dann aber wurde diese eine absteigende, alles wurde schlechter und grotesker. Erst als auch der Mond hinausging, trat wieder eine Verbesserung, eine Erhebung ein. Und diejenige Tierform, die den Menschen erinnert an seinen tiefsten Stand der Entwicklung, wo er am weitesten in die Leidenschaften hineingestiegen ist, und sein Astralleib den schlechtesten äußeren Einflüssen zugänglich war, das ist die Schlange. Sie ist diejenige Form, wenn auch heute degeneriert, die der Mensch damals gehabt hat, bevor der Mond hinausgegangen ist, bevor noch der Mensch ein Ich hatte. So ist auch *das Schlangen-Symbol* der Entwicklung entnommen. *Es weist auf solche Urzeiten zurück, wo der Mensch physisch auf der Stufe der Schlange war, wo aber auch diejenigen Wesenheiten anfingen einzugreifen, die dem Menschen geholfen haben, nicht hinunterzusinken in die Tiefe, sondern sich aufzurichten, ihn vorbereitend zu seiner Freiheit und damit auch dazu, den Christus in seiner vollen Bedeutung und Größe empfangen zu können. Als Symbol dafür kann gelten: die Schlange, sich aufrichtend und so den Merkurstab umwindend. Es sind dies diejenigen Wesenheiten, die sich geopfert haben, indem sie nicht bei der Sonne geblieben sind und dafür auf Venus und Merkur sich zurückgezogen haben.* Diese Wesenheiten wirkten auf den Menschen, indem sie selber auch äußerlich die damalige Gestalt der Menschen annahmen. Aber weil sie ihre eigentliche Heimat nicht auf dem irdischen Planeten hatten, der sich erst bilden sollte, sondern auf der Venus und dem Merkur, konnten sie den Menschen als Lehrer und Leiter geben, was sie brauchten. Die Erinnerungen daran lebten dann in folgenden Zeiten in den Seelen noch weiter, so bei den alten Bewohnern Europas, wenn sie von ihren Göttern Wotan und Thor sprachen; ebenso bei den Griechen, wenn sie von Zeus, Apollo, Mars sprachen. Aber als in den späteren Religionssystemen die letzten Erinnerungen verklangen, war eben auch die Zeit, wo eintrat, wozu diese luziferischen Venus- und Merkurwesenheiten den Menschen zubereitet haben: nämlich, daß er fähig war, mit dem neuen Einschlag, den der Christus durch seinen Herabstieg auf die Erde in die Erdenentwicklung gebracht hat, den ersten Impuls zu empfangen, daß die Sonne ihn nun nicht nur äußerlich bestrahlte, sondern auch mit ihren inneren Kräften auf den Menschen wirkte. Wäre dieser Einschlag nicht gekommen, die Menschen hätten allmählich keine für ihre Fortentwicklung geeigneten Leiber mehr auf Erden gefunden.

Doch war durch das Mysterium von Golgatha auf Erden nur ein erster Impuls dieses neuen Einschlages in die Erdenentwicklung gebracht. Der Reifezustand der Menschen war längst noch nicht soweit, diesen Impuls voll in sich aufzunehmen. Das bedarf noch der weiteren Entwicklung auf Erden. Und so ist auch *mit dem Eintreten des Mysteriums von Golgatha die Aufgabe dieser Venus- und Merkurwesenheiten noch lange nicht beendet;* es wird erst sein, wenn die Entwicklung der Erde und der Menschheit wieder auf einer höheren Entwicklungsstufe ihren Sonnenzustand erreicht haben wird. Sie stehen den Menschen auch weiterhin bei. So sind sie es ja auch, denen der Mensch nach dem Tode zu begegnen hat beim Aufstieg in die geistigen Sphären. Sie sind es dann wiederum, die beim Abstieg, nach dem Durchgang durch die Sonnensphäre, im Sinne des Karma die neue Inkarnation für ihn vorbereiten. Auch stehen diese Venus- und Merkurwesenheiten dem Menschen als Ich-Träger weiterhin im Erdenleben am nächsten. Als solche stehen sie ihm zur Seite, damit er von seinem Ich aus zunächst seinen astralischen Leib, dann seinen Ätherleib und physischen Leib umarbeiten kann. Das geschieht zunächst unbewußt, bis der Mensch es auch in mehr bewußter Weise tun kann. Für die Menschheit im allgemeinen begann diese Möglichkeit erst am Ende der atlantischen Zeit und beginnt heute auch beim heranwachsenden Menschen erst mit der Geburt des Ich, um das 21. Lebensjahr, besteht aber für das weitere Leben fort.

Dabei sind die Aufgaben der Venus- und Merkurwesenheiten verschiedener Natur. Als zwei Gattungen von Wesenheiten[52], die von dem Sonnendasein zurückgeblieben waren, mußten für sie ja auch zwei Schauplätze geschaffen werden, indem sich von der Sonne die zwei Planeten Merkur und Venus abspalteten. So haben in der Entwicklungsgeschichte der Menschheit die von ihnen auf der *Venus* zurückgebliebenen Wesenheiten in den Vorzeiten einen umfassenden Einfluß auf die ganze Menschheit ausgeübt, dem Menschen vermittelnd, was wir heute beim Menschen als Intelligenz finden. Hingegen waren es die erhabenen Feuergeister des *Merkur*, die in Mysterienstätten die damals fortgeschrittensten Menschen unterrichteten und so die Lehrer der ersten Eingeweihten waren. Das geschah auf eine ganz bewußte Art. Außerdem übten gerade die Merkurwesen noch eine zweite Tätigkeit aus, indem sie, als der Merkur bereits abgespalten war, dem Menschen ganz unbewußt, seine Verstandesseele entwickelten, solange er noch nicht bewußt von innen heraus an den Gliedern seiner Wesenheit arbeiten konnte. Ebenso hat, schon von außen her tätig, der Mars mit seinen Wesenheiten auf die Veranlagung der Empfindungsseele vorbereitend gewirkt, der Jupiter mit seinen Wesenheiten auf die der Entstehung der Bewußtseinsseele. Und insofern dann wiederum das Geistselbst in die Bewußtseinsseele hineinveranlagt wird, ist dabei die Venus mit ihren Wesenheiten tätig. Diese kommen den Jupiterwesen, von denen die Bewußtseinsseele angefacht wird, von der anderen Seite zu Hilfe.

Vom Standpunkt des ptolemäischen Weltsystems wiederum, das die Erde als Mittelpunkt hat, *ist es das Herrschaftsgebiet der Geister der Persönlichkeit, das hinausreicht bis zur Venussphäre.* Sie haben ihre Menschheitsstufe bereits auf dem alten Saturn absolviert (s. S. 44). Ihr Leib bestand damals nur aus Feuer. Da wirkten sie in dem Wärmestoff, den die Throne gegeben haben. Die Kraft, mit der sie da wirkten, war dieselbe, die wir beim Menschen heute als Denkkraft kennen[19], und sie veranlagten so im physischen Menschenleib die Fähigkeit, ein Ich-Träger zu werden. Ihr unterstes Glied ist das Ich, ihre höchsten Glieder aber sind „Heiliger Geist", „Sohn" und „Vater". Es verkörperten sich so diese Geister der Persönlichkeit im Beginne der menschlichen Entwicklung in Menschenleibern und wurden die Lehrer der jungen Menschheit. Das war vorzugsweise in der lemurischen Zeit. In der nachatlantischen Zeit wirkten sie dann auf einzelne Individualitäten, diese bis in ihren physischen Leib hinein durchseelend. Auf diese Weise regelten diese Geister der Persönlichkeit die irdischen Verhältnisse des ganzen Menschengeschlechtes auf der Erde. – Wie immer in der ganzen Erden- und Menschheitsentwicklung haben wir aber auch im Hinblick auf die Geister der Persönlichkeit zu tun mit normalen und abnormen, zurückgebliebenen Wesenheiten dieser Art. Andererseits hat jeder Planet im Kosmos normalerweise einen eigenen Geist der Form, auch seinen eigenen Geist der Bewegung, doch in Gemeinschaft den Geist der Weisheit (s. S. 15), daneben aber auch einen abnormen Geist der Form und einen abnormen Geist der Bewegung. Wir verdanken so dem abnormen Formgeist der Venus die Entstehung der Venusrasse (s. S. 130). Auch waren es zurückgebliebene Geister der Persönlichkeit, die schon auf der alten Sonne die Vorfahren der heutigen Tierreiche schufen[29]. Und während so *die abnormen Geister der Persönlichkeit* nicht auf Weiterentwicklung hinarbeiten, dienen gerade *die normalen Geister der Persönlichkeit, die Archai oder Urkräfte*, dem Zeitenwirken. Als solche griffen sie unmittelbar ein in die urindische Kultur und inspirierten die heiligen Rischis[53]. Sie waren es auch, die sich durch die Menschen der ägyptisch-chaldäischen Kultur aussprachen[54]. Sie haben dann später auch den Christus-Impuls in sich aufgenommen und werden die geistigen Führer der Menschheit in der siebten Kultur sein[53].

Hinter den großen Kultur-Impulsen hingegen haben wir uns das Wirken normaler *Geister der Bewegung* zu denken[9]. *Ihr Herrschaftsgebiet reicht*, die Erde nach dem Ptolemäischen Weltensystem als Ausgangspunkt gedacht, *hinaus bis zum Mars*[19]. Sie waren es auch, die schon auf dem alten Saturn in dessen Innern die Anordnungen der Geister der Weisheit ausführten und später auch die alte Sonne zum Monde verdichteten. Und durch ihr Opfer wurde auf dem alten Monde der Astralleib der Menschen veranlagt[31]. Da waren sie auch die Lenker und Leiter der alten Mondenentwicklung. – Im Laufe unserer Erdenentwicklung waren es dann *luziferische Geister der Bewegung*, die, von den verschiedenen Planeten hereinwirkend, die Menschenform in die der verschiedenen Rassen differenzierten. *Normale Geister der Bewegung* aber, mit ihrem eigentlichen Wohnsitz auf der Sonne, bewirken im Menschenwerdeprozeß die Kultur-Impulse. Da lösen sie sich, von den verschiedenen Planeten her wirkend, ab. Und so kam der Kultur-Impuls, der im Buddhismus seinen Ausdruck fand, von dem Geist der Bewegung, der, entsprechend der ursprünglichen Namengebung, vom Planeten Merkur herunterwirkt. Danach ist *Buddha gleich Merkur*.

Als normaler Geist der Bewegung und Abgesandter des Christus wirkte *Buddha* auch schon vor seinem Abstieg zur Erde in den Einweihungsstätten der germanischen Völker als *Wotan*[31]. Dieses Wirken war noch möglich, solange die europäische Bevölkerung noch auf einer früheren Stufe der Entwicklung war. Es bedurfte dazu gerade solcher Menschen, die ihrer ganzen Gesinnung und Wesenheit nach mehr noch in dem lebten, was die Erde bot. Denn nur in einer solchen Verfassung konnten die Seelen höhere geistige Wesenheiten in sich aufnehmen. Dann aber kam die Zeit, wo auch die Träger einer solchen Wesenheit nicht mehr vollständig verstanden werden konnten von den Menschen, die sich immer mehr bemühten, gerade den physischen Plan liebzugewinnen und ihre Arbeit auf diesem Plane zu verrichten. Mehr Verständnis konnten sie dann aber noch finden bei solchen Völkerschaften, die noch mehr den Charakter einer früheren Zeit sich erhalten hatten, wie es bei den mongolischen Völkern der Fall war. Und so kam es dann, daß schließlich eine Wesenheit wie Wotan, gerade, weil sie nicht tief genug hinabgestiegen war, in jenen Menschengruppen sich verkörpern konnte, die in einer gewissen Weise zurückgeblieben waren und so noch ein anderes Verhältnis zum physischen Plan hatten, indem sie gerade ihm gegenüber etwas von Nichtigkeit und ihn als Stätte des Leides und der Schmerzen empfanden. So daß in Buddha, der dann durch sein Wirken den Zusammenhang zwischen unserer Welt und den höheren Welten vermittelt hat, sich jene Individualität verkörperte, die einstmals über die Gegenden Europas zog und als Wotan in den europäischen Mysterien gewirkt hat.

Die Mission des Buddha auf der Erde war dann, das Vergangene zu bewahren, indem sein Wirken hineinfiel in eine Zeit des Abschlusses einer alten Entwicklung[55]. Er trug so als Konservator die Empfindungsseele, zu deren Entwicklung die ägyptisch-chaldäische Kultur diente, hinein in die Kultur der Verstandesseele, der die griechisch-lateinische diente. Und seine Aufgabe war, mit seiner Lehre durch das, was die noch vom Hellsehen durchzogene Empfindungsseele hervorgebracht hat, die Zeit der Verstandesseelen-Entwicklung zu durchwärmen. Dabei lebte in dem Buddha die Wesenheit des Bodhisattva vollständig, während sie sich bis dahin immer nur teilweise mit den Menschen vereinigen konnte[57]. Infolgedessen besaß Buddha auch den ersten Menschenleib, der so gestaltet war, daß er aus sich selbst solche Kräfte entwickeln konnte, die früher nur von oben her einströmten. So bildete er aus sich selbst heraus die Lehre vom achtgliedrigen Pfad und so auch die Lehre von Mitleid und Liebe. Damit aber bildet sich eine Kraft, die auf alle Menschen übergehen kann, so daß der Menschheit damit die Möglichkeit gegeben war, richtig zu denken, auch den achtgliedrigen Pfad, der mit der Entwicklung der 16blättrigen Lotosblume zusammenhängt, in der Zukunft aus sich selbst zu finden. Doch brachte Buddha nur die Lehre von der Liebe, der Christus erst die lebendige Kraft der Liebe.

Mit dem *Aufstieg des Bodhisattva zur Würde des Gautama Buddha* war aber verbunden, daß damit seine Inkarnationen auf Erden abgeschlossen waren. Seither aber wirkt er aus der geistigen Welt auch weiterhin auf die Erde herein, jedoch nicht mehr als Lehrer, sondern durch lebendige Wirksamkeit. Denn, selber auch fortgeschritten, ist er fähig geworden, in neuer Art zu den Gemütern der Menschen zu sprechen. Mit seinem Nirmanakaya überstrahlte er die Geburt des nathanischen Jesusknaben. Da hörten die Hirten im Engelgesang das Einströmen des Friedens-Evangeliums des Buddha, das dann durch den Christus-Jesus vollbracht wird. Und eine Verjüngung des Buddhismus fand statt durch Geschehnisse, wie sie im Hinblick auf die Wandlung im 12jährigen Jesusknaben im Tempel in den Vorträgen über das Lukas-Evangelium geschildert sind. — Dieser Buddhismus zeichnet sich, im Gegensatz zum Zarathustrismus, aus durch seine Pflege der Innerlichkeit, indem er absieht von dem großen Mutterschoße, aus dem der Mensch hervorgegangen ist[57]. Doch insofern der Buddhismus, als verbunden mit der Lehre des Buddha, noch hineinfiel in die Zeit vor dem Mysterium von Golgatha, konnte er ein Verständnis für dieses nicht vermitteln, denn es war gerade innerhalb der Buddha-Lehre die reale Wesenheit des Ich verlorengegangen. Aber *Buddha, geistig weiterwirkend, hat nach dem Mysterium von Golgatha den Christus-Impuls aufgenommen.* Als solcher wirkte er in einer Mysterienschule am Schwarzen Meer[58]. Ein Schüler, der dann im 7. und 8. Jahrhundert die ganze durchchristete Buddha-Stimmung in sich aufgenommen hatte, war später gegen Ende des 12. Jahrhunderts als Franz von Assisi wieder inkarniert. Er selbst aber war als geistige Wesenheit ein Schüler des Christian Rosenkreuz. So wurde ihm schließlich auch durch Christian Rosenkreuz, nach erfolgter Vorbereitung, zu Beginn des 17. Jahrhunderts der Auftrag erteilt, seine weitere Mission auf dem Mars für die Marswesen und die Marsmenschen zu erfüllen. Und überblicken wir so das Wirken von Wotan bis Buddha, dann ergibt sich aus der neueren okkulten Forschung des Westens wieder ein sehr wesentlicher Zusammenhang auch der europäischen Kultur mit den Buddha-Kräften, wie sie seither geworden sind. Der Buddha-Impuls wirkt, wenn auch ganz im Verborgenen und selbstlos, weiter[59], auch in der Weltanschauungsströmung der Philosophen des Abendlandes. Da ist er der Inspirator von Individualitäten wie Leibniz, Schelling, Solowjeff und Goethe, mit der Aufgabe, in der Welt des Geistes, in unseren Herzen die Kräfte zu entzünden, aus denen hohe Weisheit herausgeholt werden kann. In diesem Sinne ist auch der im Liebesfeuer sich hinopfernde Buddha der Inspirator unserer Geisteswissenschaft. Und während draußen die heutige Zivilisation so weitgehend beherrscht ist von der Herrschaft des Eisens in der Technik im Dienste des alten Mars, nehmen seit dem Opfer des Buddha, das er für den Mars vollbracht hat, auch die Menschenseelen im Leben nach dem Tode, beim Durchgang durch die Marssphäre, von dort Kräfte mit, die sie, nachdem die Entwicklung des Egoismus und Materialismus ihren Höhepunkt erreicht hat, nun wiederum mit dem Sinn der Erdenentwicklung verbinden. Und dieser ist die Liebe.

Innerhalb unseres Kosmos wiederum stellt nun auch *jeder Planet für sich sozusagen geistig eine Individualität dar*[18]. (Die geistigen Individualitäten unseres Planetensystems I.) Wie jede Individualität hat aber auch wieder jeder Planet eine gute und auch eine minder gute Seite (s. S. 40). Und innerhalb des Planetensystems mit seiner Geistigkeit sind im Hinblick auf den Menschen Venus, Merkur und Mond die sein Erdenschicksal bestimmenden Planeten gegenüber Mars, Jupiter, Saturn als die menschenbefreienden Planeten. So erhält der Mensch beim Eintritt aus dem vorirdischen Leben in sein irdisches Dasein seine *Gemüts- und Temperamentanlage* von der *Venus*, seine *Verstandes- und Vernunftanlage* vom *Merkur*. Der Mond hingegen baut mit dem, was ihm das Universum zustrahlt und er wieder zurückstrahlt, den Körper des Menschen auf. Mit diesen Einflüssen haben wir es auch weiterhin im Hinblick auf die Leibesnatur des Menschen im Laufe seiner Erdenleben zu tun. Es sind in dieser Hinsicht auch z. B. die *Venus-Kräfte*, die seine Gemüts- und Temperamentanlage bestimmen, nicht ohne *Einfluß auf den Ablauf der inneren Ernährungsvorgänge*. Diese verlaufen anders bei einem Phlegmatiker, anders bei einem Choleriker, Sanguiniker oder Melancholiker. Wir haben es da zu tun mit den drei Säftestufen, dem Chylus, der Lymphe und dem Blut[52]. Der Chylus als der Nahrungsstoff, der die Darmwände passiert hat, er wird aufgenommen in die Lymphe. Sie ist, gegenüber dem Chylus als noch einheitlicherem Speisesaft, schon vergeistigt. Die Lymphgefäße verlaufen im ganzen menschlichen Leib, durchziehen in einer gewissen Beziehung auch das Knochenmark und münden dann schließlich rechts und links in die Schlüsselbeinvenen ein. Dabei fließt die Lymphe bei einem Menschen, der sehr aktiv ist, viel lebhafter als bei einem Menschen, der träge ist und nicht gern etwas tun mag. Und so hängen auch viele andere seelische Zustände mit dem Verlauf der Lymphe im menschlichen Leibe zusammen. Erst das Blut als der dritte Saft, der als rotes, sauerstoffspeicherndes, lebenspendendes Blut in den Arterien, als kohlenstoffreiches Blut durch die Venen fließt, ist der Träger der Ichtätigkeit des Menschen, während sich in den Säften Scharen von Wesenheiten hindurchbewegen und in der Lymphe ihren Körper haben. Darunter sind auch Wesenheiten, die ihre eigentliche Heimat auf dem Devachanplan, insofern sie einen physischen Leib annehmen, auf der Venus ihr physisches Leben haben. Davon gibt es solche, die von friedlicher Natur sind, die auch in gewisser Weise außerordentlich klug sind, andere aber, im Gegensatz dazu, von wilder, rasender Vitalität, deren hauptsächliche Beschäftigung in gegenseitigem Krieg und Raub besteht. Und insofern die Venus in ihren Kräften in einer gewissen Weise zusammenhängt mit der ganzen Erdenvegetation und allem, was sonst auf der Erde lebt, also auch in der Menschennatur, leben diese Wesenheiten auch in dem den menschlichen Leib durchziehenden Speisesaft, dem Chylus. So besteht auch ein Zusammenhang zwischen dem, wovon sich der Mensch ernährt und dem, was aus dem Menschen durch diese Nahrung wird. Denn in allen Pflanzen und auch in allen Tieren leben die Einflüsse dieser Venuswesenheiten, auf der einen Seite die der guten, sanften, milden, auf der anderen Seite die der wilden, raubgierigen und miteinander im Kampf befindlichen. So daß es auch ganz und gar nicht gleichgültig ist, wovon sich der Mensch ernährt. Denn die aus dem Fleisch der Tiere oder aus der Pflanze gewonnenen Nahrungsstoffe verwandeln den Speisesaft, bauen dem Menschen in seinen Leib ihre Eigenart ein. Und es ist aus solchen Untergründen zu begreifen, daß die verschiedenen Volkscharaktere davon mitbedingt sind, was der Mensch an Nahrung zu sich nimmt, die aus seiner Umgebung entnommen ist. Es eröffnet sich daraus die Perspektive, wie aus der intimeren geographischen Beschaffenheit eines Landes der Charakter eines Volkes zu erkennen ist.

Der weitere Gesichtspunkt dafür aber ist, daß der Mensch bei seinem Rückweg aus den geistigen Welten, nachdem er die Sonnensphäre durchschritten hat, und bevor er wieder in den Bereich des Mondes kommt, zunächst in ein Venus- und Merkurdasein eintritt. Da wird ihm dann, nachdem ihm im Sonnen-Dasein die Uranlage des Herzens zuteil wurde, eingegliedert in die Uranlage, was weiter an Organen als Geistanlage (s. S. 141) an ihn herankommen muß[16]. Schon früher, beim Durchgang durch das Sonnendasein, hat der Mensch sich hineinbestimmt in die Generationenreihe, die in seiner Familie, in die er hineingeboren wird, ihr Ende findet. Auf seinem weiteren Rückweg, bei seinem Durchgang durch die Weltenkolonie von Venus und Merkur aber erarbeitet er sich nun, was er nötig hat, um sein Schicksal, soweit es möglich ist, zusammenzubringen mit dem, was ihm als äußeres Erlebnis dadurch entgegentritt, daß er in einer bestimmten Familie und in einem bestimmten Volke geboren werden muß. – Andererseits ist es beim Aufstieg in die geistigen Welten nach dem Tode, nachdem der Mensch seine Erfahrungen in der Mondensphäre, auch die der Merkursphäre hinter sich hat, gerade die Venus-Sphäre, wo er, ehe er in die Sonnen-Bereiche eingehen kann, überstrahlt wird von der kosmischen Liebe. Insofern er aber Reste von Haß- und Zornkräften mitbringt, erlebt er sie und schaut sich dann in dem, wovon er sich sagen muß: Es muß gemildert und in Einklang gebracht werden mit dem Wollen. *Und es ist immer das Wollen, das im Venus-Bereich eine besondere Pflege erfährt*, also der Anteil des menschlichen Seelenlebens, der im Erdenleben seinen Sitz im Stoffwechsel-Gliedmaßenmenschen hat. Dieser aber ist ja dann auch wiederum die Region des dreigliedrigen Menschen, in der sich der Mensch durch die Art, wie er darin seinen Willen moralisch betätigt hat, die Bedingungen schafft, die seinem zukünftigen Erdenleben das Gepräge geben werden.

Hier stoßen wir auf *die Tatsache des Zusammenschlusses des Physischen und des Geistigen im Verlaufe des Erdenlebens*. Da sind es die Nervenwege, auf denen vermittels der Sinne das vergangene Karma einströmt. Auf der anderen Seite sind es die Lymphwege, wo sich, bevor die Lymphe übergeht ins Blut, das werdende Karma bildet[60]. Aber das eigentliche menschliche Erdenleben steht zwischen dem vergangenen und werdenden Karma. Betrachten wir dann die entsprechenden zugrundeliegenden Vorgänge im Bereich des Physisch-Leiblichen näher, so findet gegenüber der Sauerstoff-Atmung von oben her, vermittels der Sinne, noch ein verfeinerter Atmungsprozeß statt. Darüber finden sich auch Ausführungen von Dr. Wegman in dem Artikel „Wie bewertet geisteswissenschaftliche Medizin Erscheinungen wie die in Konnersreuth?"[70]. Es ist ein Atmungsprozeß, der sich nicht im Luftelemente, sondern im Wärmeelemente abspielt. Zugleich aber mit der Wärme strömt Äther aus dem Kosmos ein. Was dabei ausgeatmet wird, geht jedoch nicht, wie bei der Luftatmung nach außen, sondern nach innen, hinunter in den unteren Menschen. Und wenn wir die Luft einatmen, verbindet sich damit, was von oben her kommt. Auf diese Weise werden die Materialien geliefert für den, vermittels der Atmung, fortwährend sich vollziehenden Menschenbildungsprozeß. Wir haben so in der Verbindung der inneren Ausatmung und inneren Einatmung, was der physische Leib tut, den eigentlichen Stoffwechsel-Verdauungsprozeß. Doch finden dabei Differenzierungen statt. Der Lichtäther wird nicht an die Atmung abgegeben, er bleibt zurück und wird zur Gedankentätigkeit, für die die Nervenwege die äußeren, die physischen Leiter sind. Der Chemismus aber wird aufgenommen, und abgelagert wird ein chemischer Organismus, der fühlt; und das spielt sich in physisch-sinnlicher Perspektive ab im arteriellen Zirkulationsprozeß. Noch tiefer hinein geht der Lebensäther. Zwischen Atmung und Stoffwechsel bildet er eine Organisation, die will; und die Wege dafür sind die venösen Zirkulationswege. Die Lymphwege hingegen dienen dem Prozeß, der sich mit seiner eigenen Vitalität von unten und außen her versorgen muß.

Auf diese Weise kommen nun auch *die vegetativen Prozesse im menschlichen Organismus* zustande. Wir können sie mit dem vegetativen Leben der Pflanze als verwandt betrachten[4, 60]. Da stehen auch im Bildungsprozeß sich Kräftewirkungen gegenüber. Die Anwesenheit der Sonnenkräfte auf der Erde bringt zustande, daß die Pflanze in strahliger Linienrichtung nach oben strebt. Zur rundenden Wurzel bedarf es der Anwesenheit der Mondenkräfte auf der Erde. Damit aber die Pflanze im Aufstreben zur Blütenentfaltung kommt, müssen die Venuskräfte mit den Sonnenkräften zusammenwirken; und damit sich die Blüten weiter nach unten entfalten, zu Blättern werden, müssen die Merkurkräfte den Sonnenkräften zu Hilfe kommen. Würden diese Kräfte aber allein wirken, die Pflanze käme nur zu einer Entwicklung im Sinne des Zusammenstrebens, nicht zur Entfaltung, insbesondere auch nicht zur Baumentfaltung. Damit dies aber zustande kommt, wirken den Venus- und Merkurkräften die Mars-, Saturn- und Jupiterkräfte entgegen. Im Menschen sind es die geistigen Kräfte der Sonne, die in ihrer Differenziertheit mit jeder Sinnesempfindung in ihn einströmen und damit alles, was wachsend und sprossend und gestaltend wirken will, im Menschen bewirken. Ihnen begegnen, von der anderen Seite her kommend, die Mondenkräfte im Lymphgebiet des menschlichen Organismus. Mit den Sonnenkräften aber ziehen auch helfend ein die Kräfte von Mars, Jupiter, Saturn. Dabei sind es die Saturnkräfte, die bei der Ausatmung nach innen haltmachen lassen das Licht, die Jupiter-Weisheitskräfte den Weltenchemismus, die Marskräfte das Leben[60]. Auf der anderen Seite aber werden die Mondenkräfte, die also in erster Linie der Entfaltung des embryonalen und kindlichen Lebens, seinem Wachstum und dem Aufbau und der Ernährung zugrundeliegen, im Heranreifen für das Erdenleben abgeschwächt durch die Venus- und Merkurkräfte. Sie kommen so nicht nur zur physischen Materie, sondern es kommt durch die Venuskraft im Seelischen zum Erwachen der Liebekräfte. Und es sind weiterhin die Merkurkräfte, die bewirken, daß die Mondenkräfte im alltäglichen Leben sich vereinigen können mit dem, was von der anderen Seite kommt. Sie werden so auch durch Merkur für das gewöhnliche Erdenleben hinaufgeführt in die oberen Kräfte. Auf diese Weise wird der Mensch durch die Venus- und Merkurwirkung nicht mehr physisch, sondern geistig geboren.

Wie sich aber die Pflanze nur stufenweise entfaltet, so auch der Mensch im Heranwachsen nach seinem Eintritt in das Erdenleben durch die Geburt. Er beginnt diese Entwicklungsprozesse nur in umgekehrter Richtung, vom Kopfe her. Zunächst ist das Erdenleben im ersten Lebensjahrsiebt noch ganz hingegeben an die unter Mondeneinfluß sich vollziehenden Ernährungs- und Wachstumsprozesse, und es wird dabei der eigene physische Leib, der auf dem Saturn seine Anlage erhalten hat, sozusagen erst geboren. Im 2. Lebensjahrsiebt wird der eigene Ätherleib geboren, und es entfaltet sich das rhythmische System unter den Einwirkungen von Jupiter und Merkur. Im 3. Lebensjahrsiebt wird der eigene Astralleib geboren, und für die Entfaltung der Stoffwechselorganisation gewinnt das Zusammenwirken von Venus und Mars seine besondere Bedeutung. Doch spielt in dieses Zusammenwirken der untersonnigen mit den obersonnigen Planetenkräften auch noch die Zeit mit hinein. Es geschieht insofern, als im kindlichen und jugendlichen Alter in erster Linie im absteigenden Sinne die Wirksamkeit von Saturn, Jupiter und Mars ihre besondere Rolle haben, im späteren Alter mehr die untersonnige Planetenwirksamkeit von Mond, Merkur, Venus. Diese Lebensphase beginnt mit dem Erwachen des Ich um das 21. Lebensjahr und findet in den folgenden Lebensabschnitten ihre Fortsetzung mit der Ausbildung der Empfindungsseele, Verstandesseele und Bewußtseinsseele. Das vollzieht sich im Lichte der Sonne durch das Ich. Es ist die Zeitspanne vom 21. bis um das 42. Lebensjahr. Doch um das 35. Lebensjahr ist der Zeitpunkt in der Entwicklung, wo das Leben von dem Menschen heute erwartet, daß er mit allem, was er bis dahin gelernt und an Erkenntnissen aufgenommen hat, beginnt, sich weiterhin im sozialen, man kann auch sagen, im Sinne der fortschreitenden Menschheitsentwicklung in das Leben hineinzustellen. Denn unsere Kulturepoche dient der Entwicklung der Bewußtseinsseele. Auch leben wir bereits in einer Zeit, wo die Erde aus ihrer Marszeit in ihre Merkurzeit eingetreten ist. Und da gilt es, gegenüber dem, was man an Gemüts- und Temperamentsanlagen durch Venus, an Verstandes- und Vernunftsanlagen durch Merkur mit auf den Weg bekommen hat (s. S. 41), sich auch in diesem Sinne mit seinem Denken, Fühlen und Wollen merkurial in das Leben hineinstellen zu lernen.

Von der physisch-leiblichen Seite aus gesehen vollzieht sich dieser Entwicklungsprozeß in der Weise[6, 43] (s. S. 49): Es findet im Stoffwechsel die Ernährung statt. Diese geht über in die Zirkulation, in die Heilung. Diese Heilungsvorgänge gehen in der Nerven-Sinnesorganisation über in geistige Vorgänge, und die geistigen Vorgänge gehen wieder zurück in Heilungsvorgänge. Wo aber die geistigen Vorgänge direkt Stoffwechselstörungen bewirken, gehen sie über in ein Stadium, wo sie durch den mittleren Organismus auch wieder geheilt werden müssen. Und in diesem Zusammenhang stehen *die zu Venus und Merkur gehörigen Prozesse mit ihren Organen* vermittelnd darinnen. Diese gehören im Mikrokosmos des Menschen zu seinem Sonnensystem. Die Gesamtheit der Planeten ist der lebendige Leib des Planetensystems (s. S. 16), im Erdorganismus ist es die den Planeten zugehörige Metallität. In diesem Sinne ist auch der Mensch ein siebengliedriges Metall[3]. Doch jeder Planet hat im Makrokosmos auch seinen besonderen Anteil. Er hat seinen eigenen Geist der Form, seinen eigenen Geist der Bewegung, aber einen gemeinsamen Geist der Weisheit (s. S. 15). Dem ordnen sie sich normalerweise unter und fügen sich so dem Ganzen, mit der Sonne als Fixstern in ihrer Mitte, ein. Daraus geht hervor, daß auch die ihnen zugehörigen Organsysteme eine entsprechende Aufgabe innerhalb des menschlichen Organismus vertreten; auch daß *die entsprechenden Metalle* dazu ihre besonderen Beziehungen haben. Als solche haben diese auch in der Entwicklungsgeschichte der Erd- und Menschheitsgeschichte, ebenso im Entwicklungsprozeß des einzelnen Menschen während seines Erdenlebens ihren besonderen Anteil. Sie stehen da vermittelnd zwischen den Prozessen im unteren und oberen Menschen. Dabei dienen sie auch, und jedes auf seine besondere Art, insofern der Mensch von seiner Geburt an in seinem Inneren bis zu dem Zeitpunkt, wo er das dem heutigen Menschen entsprechende Erdenbewußtsein erreicht, nochmals im Physisch-Leiblichen die Entwicklungsphasen durchlebt, die der Erdenorganismus durchlaufen hat seit dem Beginn unserer heutigen festgewordenen Erde als 4. Daseinsstufe ihrer Entwicklung.

Überschauen wir so den *Zustand der äußeren Natur* und verfolgen *die Stufen ihrer Entwicklung* bis zu ihrer heutigen Form, wo wir die verschiedenen Naturreiche um uns herum vorfinden, wir finden *Ähnliches in den stufenweise sich vollziehenden Entwicklungsphasen der Leibesnatur* des für sein heutiges Erdenleben heranwachsenden und heranreifenden Menschen. Aber selbst, wenn er für dieses Erdenleben herangereift ist, birgt er noch in sich den Erdenanfang. Denn jedesmal, wenn er ißt, gehen die mit der Nahrung aufgenommenen Substanzen, durch die Verwandlung, die sie durchmachen, in einen Zustand über, in dem die ganze Erde einmal war. Und wie die Erde sich im Laufe längerer Zeiträume zu dem entwickelt hat und zu dem geworden ist, was sie heute ist, dafür haben wir ein Entsprechendes bei dem Verfolgen dessen, wie die aufgenommenen Nahrungsstoffe im Verlauf der inneren Verdauungsvorgänge sich entwickeln bis hin zu den Ausscheidungen. Wir wiederholen so dasjenige, was einmal auf der Erde war, indem unsere physische Organisation in diesem Sinne hinorganisiert ist auf die Aufnahme und Ausscheidung der heutigen Substanzen. Und das beruht darauf, daß wir als Menschen noch etwas in uns tragen, was im Erdenanfange vorhanden war, was aber die Erde heute nicht mehr hat. Denn sie hat nur die Endprodukte, nicht mehr aber die Anfangszustände. Dadurch aber gerade, daß der Mensch heute noch in sich bewahrt, was die Erde nicht mehr hat, ist er hinausgehoben über das physische Dasein, während die Erde ihrerseits, wenn ihr beim Tode der Leichnam übergeben wird, diesen nur zerstören und nicht ihn erhalten kann.

Aber auch *das Physische des Menschen* ist, gleich unserer festen mineralischen Erde, insofern beide in ihrer ersten Anlage zurückgehen auf den alten Saturn, *das Endprodukt eines Ausscheidungsprozesses* im Bildungsprozeß der Leibesnatur von Erde und Mensch. Dadurch waren für den Menschen erst *die Voraussetzungen für das Zustandekommen seines heutigen Erdenbewußtseins* gegeben. Dieses ist auch abstrakt geworden, seitdem der Mensch seinen Zusammenhang mit den geistigen Welten, aus denen er herausgeboren ist, mit seinem Bewußtsein nicht mehr erlebt. *Zugedeckt für dieses heute normale Erdenbewußtsein trägt aber dennoch der Mensch seine früheren Bewußtseinsstufen als Erinnerung vorangegangener Daseinsformen noch immer in sich.*

Ebenso birgt unsere mineralisch feste Erde unter ihrer Oberfläche die Metalle als Erinnerung an längst vergangene Erdenzustände in sich, jedes nach seiner Art. Wir unterscheiden dabei an ihnen Form und Substanz[2]. Ihre Form weist zurück in die Vergangenheit. Der Substanz nach sind sie in der Erde zurückgebliebene Wesen. Als solche haben sie die Sehnsucht, wieder zurückzukehren in ihre kosmische Daseinsform. Damit dienen sie auch dem Leben und seinem Wandel auf Erden. Dasselbe gilt auch für die im Menschen unbewußt vorhandenen Erinnerungen an frühere Lebensstufen. In ihnen lebt ebenso das Bestreben, wieder aufleben zu können, und auf diese Weise wollen auch sie im Grunde dem Menschen auf seinem weiteren Entwicklungswege auf Erden von Stufe zu Stufe dienen.

Einen ganz wesentlichen Anteil an diesem Geschehen haben auch gerade die dem *Kupfer* und *Quecksilber* verwandten Kräfte *in ihrer Zugehörigkeit zu Venus und Merkur.* So schildert Dr. Steiner[2], was ein Mensch erlebt, wenn er sich in seinem Seelenleben ganz auf die Substanz des Kupfers oder auch des Quecksilbers konzentriert. Geschieht es ohne Vorbereitung durch einen entsprechenden Erkenntnisweg, durch den er innerlich in sich selbst fest verankert und sozusagen fest gegründet ist, dann verliert er sein normales Bewußtsein. Was sonst im Unterbewußtsein vorhanden ist, macht sich in einseitiger Weise dadurch als krankhafter Zustand geltend. *Die Konzentration auf die Kupfersubstanz ruft eine innere Seelenverfassung hervor mit einem Gefühl, daß man davon ausgefüllt ist von oben bis unten durch den ganzen Leib, bis in die Haut und die Fingerspitzen.* Es strahlt von einem Mittelpunkt, der unterhalb des Herzens liegt, in den ganzen Körper aus. Man fühlt sich innerlich gepreßt, eine leise und sich steigernde Schmerzempfindung macht sich bemerkbar. Das entsprechende Gefühl aber bei einem Initiaten würde sein, daß er einen zweiten Menschen in sich erlebt wie ein Sinnesorgan, mit Wahrnehmungen, die das gewöhnliche Bewußtsein nicht hat. Das ist für ihn ein Bewußtseinszustand, der es ihm ermöglicht, wie eine Schlange, die beim Häuten ihre Haut abstößt, mit diesem zweiten Menschen eine gewisse Zeit, die u. U. auch sehr kurz sein mag, aus dem Leibe herauszugehen und der Seele, die durch die Pforte des Todes geschritten ist, nachzufolgen. Hingegen können sonst beim Menschen Magen- und Verdauungsstörungen darauf beruhen, daß in derselben Gegend, in der der Mensch fortwährend, wenn auch unbewußt, das Leben der Toten in den Jahren nach dem Tode erlebt, eine Störung vorliegt. Man hat es dann in dieser Gegend unter dem Herzen mit einem zu starken Bewußtsein zu tun. Die spirituelle Seite dazu ist der Drang eines Menschen, mit dem Toten, den er im Leben gekannt hat, mitzugehen, aber ohne die Fähigkeit, in dieses Bewußtsein, das unter dem Herzen liegt, hinunterzukommen. Es weiß dieser Mensch nicht, daß er in die Region der Toten geht. Gibt man ihm dann aber Kupfer in entsprechender Dosis, so heilt man ihn von seinen Beschwerden, weil er wieder mehr an der Region der Toten vorbeigeht, statt immer in dieser Region zu bleiben. Mit Hilfe des Kupfers wird auf diese Weise das gestörte Tagesbewußtsein wieder mehr zur Norm gebracht. Was wir dabei mit Hilfe des Kupfers erreichen wollen, ist, daß wir sozusagen wie bei einer Waage, deren eine Waagschale zu tief gesunken ist, das Gleichgewicht herstellen, indem wir ein größeres Gewicht auf die andere Waagschale legen. Und indem das Herz die Mitte des Waagebalkens und auch unser heutiges normales Tagesbewußtsein ein mittleres Bewußtsein ist, müssen wir das zu starke Bewußtsein unterhalb des Herzens in der Gegend des Kehlkopfes schwächer machen. Denn es stehen die Verdauungsorgane und die Kehlkopforgane in einer so nahen Verbindung miteinander, wie der eine Waagebalken mit dem andern. – Würde aber ein heutiger Mensch z. B. versuchen wollen, durch Einnehmen von hochpotenziertem Kupfer eine höhere Bewußtseinsstufe zu erreichen, er würde kehlkopfkrank[2]. Das war nur möglich in Zeiten, wo der Intellekt des Menschen noch nicht entwickelt war, z. B. bei den alten Ägyptern; da war die Organisation des Menschen auch noch eine ganz andere. Mit dem Heraufkommen des intellektuellen Zeitalters hat aber der heutige Mensch eine Organisation, die nach Erkenntniswegen verlangt, die in seinem mittleren, für den heutigen Menschen normalen Bewußtsein verankert sind. Und da auch die Zusammenhänge des Menschen mit der Natur unter dem Einfluß der menschlichen Körperlichkeit andere geworden sind, entspricht dem als der richtige Weg: daß das äußere naturhaft Physikalische auf eine mehr moralische, seelische Art ersetzt wird mit Hilfe der Anleitungen, wie sie uns unter anderem im Buche „Wie erlangt man Erkenntnisse der höheren Welten?" gegeben worden sind.

Mit unserem Kupfermenschen tragen wir aber in uns unterhalb der Schwelle unseres Tagesbewußtseins ein Bewußtsein, das diejenige Welt wahrnimmt, in der die Bildekräfte zu suchen sind, die hinter der äußeren Natur, einschließlich der Leibesnatur des Menschen, schaffend wirksam sind. Von dort aus wirken herein in unsere physische Umgebung die Ätherleiber der Mineralien, die Astralleiber der Pflanzen und die Gruppenseelen oder Gruppen-Iche der Tiere[9]. Zugleich ist es aber auch die Welt, aus der Mensch und Tier die Sinne mit ihren Nerven-Fortsetzungen nach innen eingegliedert werden. Und wir können daraus entnehmen, daß, wo in dieser Hinsicht im Entwicklungsprozeß des Menschen eine Störung vorliegt, der Ätherleib als der Bildekräfteleib des Menschen, man kann auch sagen der Kupfermensch, in entsprechender Weise zu unterstützen oder einzuordnen ist. *Dabei hat das Kupfer*, insofern der Mensch in seiner Leibesnatur das Pflanzen-, Tier- und Mineralreich umfaßt, *eine enge Beziehung einerseits zu den lymph- und blutbildenden Prozessen[3], andererseits aber auch zu seinen Sinnen mit ihren Nervenfortsätzen nach innen zu* (Nr. 122).

Man wird hier allerdings nur richtig denken, wenn man sich nicht eine Evolution vorstellt, die vom Mineral heraufgeht über das Pflanzliche, durch das Tierische zum Menschen, sondern, wenn man den Ausgangspunkt in der Mitte nimmt und sich eine Evolution denkt, die, vom Pflanzlichen ausgehend, heraufgeht durch das Tierische zum Menschen, und eine andere, die hinuntergeht zum Mineralischen[3]. So daß wir es mit einer auf- und einer niedergehenden Evolution zu tun haben. Auf diese Weise kommt man zu der Einsicht, daß in der niedergehenden Evolution, also wenn man von den Pflanzen zum Mineral hinuntergeht, und namentlich zu den Metallen, Kräfte auftreten können, die in einem ganz besonderen Verhältnis zu dem Spiegelbild, der aufgehenden Evolution, stehen. In dieser Hinsicht ist *die lymph- und blutbildende Tätigkeit im Menschen das Polarische von dem, was auftritt in dem Mineralisierungsprozeß des Kupfers[3]. Darauf beruht auch die Verwandtschaft mit dem Kupfer.* Insofern diese Vorgänge noch dem unteren Menschen, und zwar den oberen Partien des unteren Menschen, angehören, ist eine solche Verwandtschaft mit dem Kupfer vorhanden, die sehr stark nach der kupferbildenden Kraft selber hinweist, so wie sie auf der Erde ist. Das beruht auf der Tatsache, daß alles, was mit unserem unteren Menschen zusammenhängt, auch mit den irdischen Prozessen zusammenhängt. Deshalb geben wir hier auch *das Kupfer zu Heil-zwecken in einer noch möglichst niedrigen Potenz,* so daß es seinem Verhalten auf der Erde noch ziemlich ähnlich ist. Und studiert man die Vorgänge, die im Kupfer vorgehen, indem es im Erdreich dies oder jenes bildet[6], so wird man dazu kommen können, sich zu sagen: Es geschieht hier draußen in der Natur im großen etwas entsprechend dem, was ein Pädagoge tut, um gewissen Trägheits-erscheinungen, die herrühren von Verdauungsstörungen, zu begegnen. Denn da findet man überall dort, wo durch einen *Kalkprozeß* etwas Schlimmes ge-schehen könnte, irgendwie einen *Kupferprozeß* eingefügt. So daß mit diesem Kupferprozeß in dieser Hinsicht innerhalb der übrigen Erdenprozesse auch fort-während Heilungen zugrunde liegen.

Im Hinblick auf den Gegensatz, der besteht zwischen den untersonnigen und obersonnigen Planeten, stehen sich auch weiterhin gegenüber die *Kupfer-prozesse* und *Eisenprozesse,* so daß gegenüber Krankheitserscheinungen, bei denen die Eisenkräfte zu stark sind, auch wiederum das *Kupfer als Heilmittel* in Frage kommt. Das kann der Fall sein, wenn *Unterernährung die Ursache von Zirkulations- und Atmungsstörungen ist*[3]. Da kommt aus dem unteren Men-schen gegenüber den ätherisch-geistigen Prozessen nicht genügend an umhül-lenden Stoffprozessen entgegen. Doch kann es auch sein, daß der Kupferprozeß in einseitiger Weise wirkt. Der Eisenprozeß ist dann im Verhältnis zu schwach. Dahinter zu denken haben wir uns noch die Wechselbeziehungen, die bestehen zwischen dem Kupfermenschen und dem Eisenmenschen[2], und die Beziehung, die die Verdauungsorgane und die Kehlkopforgane zueinander haben (s. S. 144). Dafür haben wir den Hinweis, daß eine unvorbereitete Konzentration auf die Substanz des Eisens ein leichtes Ohnmachtsgefühl bewirkt, das heraufreicht bis zur Kehlkopfgegend. Geschieht dies aber mit einer inneren Aktivität und star-ker Erkraftung des Bewußtseins, dann kann auch dieser Weg heranführen an die Welt, in der man die Gattungsseelen der Tiere erlebt. Es ist dies die gleiche Welt, die der Initiat erleben kann, wenn er sich auf die Substanz des Kupfers konzentriert, nur von einer anderen Seite.

Ein unvorbereitetes Konzentrieren auf die Substanz des Quecksilbers würde in krankhafter Weise einen Bewußtseinszustand bewirken, bei dem das Gehirn, die Sinne und damit alles, was der Mensch an Wirkungen aus der physischen Welt erfährt, ausgeschaltet wird[2]. Dafür fühlt man sich ergriffen von dem gan-zen Stoffwechsel der Organe, wie da durch die verschiedenen Gefäße die Säfte fließen. Es ist ein Gefühl, wie wenn da alles in innerer Bewegung und Regsam-keit ist, auch wie diese innere Regsamkeit verbunden ist mit der Regsamkeit im Äußeren. Es ist *ein Zustand, wie er auch ausgelöst werden kann durch einen Sonnenstich.* Jedoch nach einer entsprechenden, bewußt durchgemachten Trä-nierung der Seele ist es ein Erleben, das die Welt der Sterne über sich hat, unter sich das Irdische und Elementarische. Man ist in der Welt der Sterne, die sich als Kolonien geistiger Wesenheiten offenbaren. In sie hinein führt auch von der anderen Seite die Konzentration auf die Substanz des Zinns. Es ist die Welt, die wir als Mensch auch zwischen Tod und neuer Geburt erleben. Daraus folgt, daß wir auch *das Quecksilber als Heilmittel* dann zur Verfügung haben, wenn jene Organe angegriffen sind, die aus diesen Regionen stammen. Das ist der Fall, wenn der Säftekreislauf *schadhaft ist.* Und das Quecksilber, in geeigneter Weise zugeführt, hat die Wirkung auf den Menschen-Organismus, daß es die

Organe, die nur aus der spirituellen Welt heraus gebildet werden können, wenn sie sich losreißen, wieder mit dieser Welt in Kontakt bringt.

Doch haben auch alle reinen Metalle merkuriale Eigenschaften. *Durch ihre Beziehungen zu den einzelnen Planeten unseres Planetensystems und den ihnen entsprechenden Organen im menschlichen Organismus dienen die Metalle im merkurialen Sinne dem inneren Gleichgewicht zwischen Licht und Schwere*[3]. *Andererseits ordnen sich die Organe, als zugehörig zum Planetensystem mit der Sonne als Fixstern, dem menschlichen Organismus mit dem Herzen als Mittelpunktsorgan ein.* Wir haben so bei jedem dieser Organe aufsteigende und absteigende Prozesse zu unterscheiden. Dabei sind im Verdauungstrakt vorzugsweise Hilfen die schwefelhaltigen Stoffe, im Nerven-Sinnessystem als gestaltendem Prozeß vorzugsweise Stoffe wie die Kieselsäure und alkalische Salze. So sind gegenüber den aufsteigenden, dem Aufbau dienenden Prozessen die absteigenden Prozesse in der Regel mit Steigerung des Bewußtseins verbunden. Und daß klares Bewußtsein entstehen kann, dazu sind absteigende Prozesse, Zersetzung, Zerstörung, Wegräumung des Materiellen notwendig. In diesem Sinne sind die Nieren Abscheidungsorgane. Aber wichtiger noch als ihre Funktion des Abscheidens ist ihre Bedeutung für den Aufbau der menschlichen Konstitution. Andererseits stehen wir vor der Tatsache: daß die Niere zuletzt nach außen abscheidet, die Leber aber nach innen. Das stellt letzten Endes auch vor die Frage: *Was bedeutet es für das Verhältnis des Leberprozesses zum Nierenprozeß, daß die Niere relativ nach außen sich ergießt in ihren Ausscheidungsprodukten, die Leber sich aber nach innen ergießt* und so der Mensch einmal mit der Außenwelt, das andere Mal mit sich selbst kommuniziert[5]?

Verglichen mit den vegetativen Prozessen[3], wie sie in der Pflanze sich vollziehen, findet vermittels der Niere, wie in der Blüte, ein Verbrennungs- und Aromatisierungsprozeß statt (siehe auch die Ausführungen über Zinn, S. 122). Hingegen ist, was sich in der Organisation des Menschen, von der Lunge angefangen nach oben durch Kehlkopf und Kopf als Prozesse vollzieht, dem verwandt, was in der Pflanze zum Salzwerden neigt. Damit verbunden ist in der physisch-ätherischen Leiblichkeit der Pflanze ein Synthetisierungs- und ein Analysierungsprozeß. Und die Beziehung des Menschen dazu ist: er schmeckt, was die Pflanze innerlich ist; und riecht, was die Pflanze in ihrem Verbrennungs- und Aromatisierungsprozeß verduftet. Damit nimmt er teil an den Prozessen des Außermenschlichen. Doch trotz einer gewissen Verwandtschaft besteht eine Differenzierung. Das Riechen ist ein Prozeß, der sich mehr an der Oberfläche abspielt, indem es teilnimmt an den Prozessen des Außermenschlichen, die sich ausbreiten und im Raum ausgebreitet sind. Bei dem Schmecken kommt man auf Eigenschaften, die innerlich mit dem Substanziellen verbunden sind. Riechen und Schmecken treten so gegenüber der Pflanzenwelt in jene Beziehung, die das Ätherische einerseits gegenüber dem Astralischen, andererseits gegenüber dem Physischen hat. Im Riechen und Schmecken offenbart sich diese Beziehung des Ätherischen zum Astralischen und Physischen. Das spielt sich im Menschen selber an der Oberfläche ab. Doch gibt es auch eine nahe Verwandtschaft zwischen dem Prozeß, der sich im Auge abspielt und dem Prozeß, der sich im Geruch und namentlich im Geschmack vollzieht[3]. Dabei haben wir zu unterscheiden zwischen dem, was bei jedem Sinnesorgan der Organismus auf dem Wege des Blutes der Außenwelt entgegenbringt und dem, was die Außenwelt dem Organismus entgegenbringt. So ist oberhalb des

Schmeckens und Riechens das Sehen als metamorphosiertes Schmecken gelagert; aber eine Metamorphose nach innen, und in einem polaren Gegensatz zum veräußerlichten Sehen, ist die Verdauung. Denn es beruht ein gutes Verdauen auf der Fähigkeit, mit dem ganzen Organismus zu schmecken. – Da sondern sich also die Vorgänge, die im Riechen und Schmecken vor sich gehen, deren Organe im Kopfe so nahe beieinander liegen. Es spaltet sich der Vorgang, der im Schmecken in Wechselwirkung des Ätherischen mit dem Physischen besteht und jener, der im Riechen mehr in Beziehung steht zum Astralischen. Aber auch diese Fortsetzung des Schmeckens in den Organismus hinein ist einer gleichen Spaltung unterworfen, indem wir auf der einen Seite die Darm-, auf der anderen Seite die Nierenausscheidung haben. — Und wiederum: eine Fortsetzung des Sehens nach innen haben wir im Denken und Vorstellen. Das zerstreute, analytische Denken ist, innerlich angesehen, in seinem Gegenbild sehr ähnlich dem Sehen. Das zusammenfassende Denken aber hängt zusammen mit der Organisation des Gehirns. Das Assoziieren der Vorstellungen wiederum ist, innerlich organisch angesehen, eigentlich sehr ähnlich dem Riechen. Das drückt sich selbst aus in der Tatsache, daß man bei der Organisation des Gehirns auf Strukturen kommt, die sich wie eine Umbildung der Riechnerven ansehen.

Ferner aber gliedert sich zwischen all das, was, organisch betrachtet, im oberen Menschen liegt in der Gegend des Riechens und Schmeckens, der Atmungsprozeß ein. Der diesem zugeordnete Prozeß wiederum ist der Blut-Lymphbildungsprozeß. Es sind dies wieder zwei polarische Prozesse[3], der Blut-Lymphbildungsprozeß als eine Abspaltung der Verdauung, der Atmungsprozeß abgespalten von den mehr äußerlich gelegenen Sinnesvorgängen. Vorstellungen sind die Nahrung für das Seelische, dazwischen gliedert sich der Atmungsprozeß; andererseits ist der Verdauung, insofern sie dann zur Ausscheidung führt, vorgelagert der Blut-Lymphbildungsprozeß. Und diese zwei Prozesse begegnen sich im Herzen des Menschen. Die ganze Außenwelt, insofern sie auch das Äußere des Menschen einschließt, tritt uns hier als Dualität entgegen und strebt da im menschlichen Herzen zu einer Art Ausgleich. Da im menschlichen Herzen mit seiner Innerlichkeit findet ein Synthetisieren dessen statt, was äußerlich auf uns, nach dem ganzen Umfang des Leibes, einwirkt. In der Außenwelt hingegen haben wir ein Analysieren, ein überall Zerstreutsein dessen, was im Herzen zusammengeschoppt ist. Verglichen mit den Pflanzen haben wir so im Herzen einen der Samenbildung verwandten Prozeß, während wir bei der Nierenfunktion einen, dem in der Blüte sich vollziehenden Verbrennungs- und Aromatisierungsprozeß entsprechenden Prozeß vor uns haben. Wir stehen da vor einem Gegensatz, der zwischen dem Prozeß der Kieselsäurebildung und der Kohlensäurebildung besteht; indem das Kieselhafte verwandt ist mit dem, was den Menschen, von der Kopforganisation ausgehend, gestaltet, das Kohlensäurehafte mit dem, was ihn, ausgehend vom unteren Menschen, wieder auflöst. Doch erst in dieser fortwährenden Neigung zum Gestalten und zu der Auflösung vollzieht sich der eigentliche Lebensprozeß. Dabei sind die Abscheidungen durch das Gedärm, in Zusammenhang mit den Vorgängen im Kopf, eine menschliche Nachbildung des Verkieselungsprozesses; die Ausscheidungen dessen, was beim Urin abgeht, in Zusammenhang mit dem, was sich prozessual innen im Herzsystem abspielt, eine Nachbildung des Kohlensäureprozesses.

Verfolgen wir jetzt die Substanzen nach dem, was sie uns im Riechen und Schmecken darbieten. Da weist also das Riechen hinaus auf die übrige sichtbare Welt, das Schmecken hinein nach dem, was verborgen im Organismus liegt. Es fließen in dem, was sich abspielt im Beginn des Verdauungsprozesses, die Substanzen ineinander, vermischen sich. Doch im Verlauf der organischen Prozesse hat es dann der Mensch zu tun mit dem wieder Scheiden des Zusammengeflossenen[3], nicht so sehr des Substanziellen als des Prozessualen. Zunächst hat es dabei der Organismus mit einer Hauptausscheidung des Zusammengekommenen zu tun: auf der einen Seite mit der Ausscheidung alles dessen, was durch den Darm ausgeschieden werden soll, auf der anderen Seite mit der Ausscheidung alles dessen, was durch den Urin ausgeschieden werden soll. Dann aber haben wir im Verlaufe des Stoffwechselprozesses die Tatsache, daß, *während die Niere nach außen, die Leber gerade nach innen ausscheidet.* Verglichen mit der Pflanze *vollzieht sich* in dieser Hinsicht *im Leberprozeß ein Schmeckprozeß,* also eine Wechselwirkung des Ätherischen mit dem Irdischen, beim Nierenprozeß, entsprechend der Blüte, eine Wechselwirkung des Ätherischen mit dem Astralischen. Das Blühen aber kommt zustande durch das Zusammenwirken der Venuskräfte mit den Sonnenkräften (s. S. 140), und es sind Merkurkräfte, die der Sonne zu Hilfe kommen, damit sich die Blüten weiter nach unten entfalten, um zu Blättern zu werden. Die Blätter der Pflanze wiederum sind es, durch die sich diese vermittels der Kohlensäureeinatmung ihre Substanzen einlagern. Im menschlichen Organismus ist es das Nieren-Leber-System[5], von dem im Verlaufe der ernährenden und plastisch-gestaltenden Prozesse radikal ausgestaltet wird, was vom Kopfe her durch das Nerven-Sinnes-System seine Abrundung und Gestaltung erfährt. Auch die Form der Lunge kommt auf diese Weise zustande. – Regulierend auf die Atmung wirkt jedoch die Nierentätigkeit. Und damit nähern wir uns schon mehr den Funktionen des Nierensystems im menschlichen Organismus mit seinen ganz merkwürdigen Verzweigungen auch in seinen Prozessen, demgegenüber wir den Hinweis von Dr. Steiner haben[3], daß es ein Organsystem ist, für das beim Heilen die ärztliche Intuition ungeheuer stark in Betracht kommen wird.

Während nun das Astronomische im Menschen als das Allerunbewußteste zu den am meisten im Organismus zurückliegenden Prozessen gehört, haben wir auf der anderen Seite *die vier Organsysteme*[3], welche den menschlichen Organismus wieder von innen nach außen aufschließen und ihn in Zusammenhang bringen mit dem, was mehr in der Nähe unserer Erde sich abspielt. Das ist, im weitesten Sinne gedacht, *das Meteorologische.* Zu diesen Organen gehören *Leber, Blase-Niere, Lunge, Herz: die Leber,* insofern sie in ihrem Befinden abhängig ist von der Wasserbeschaffenheit eines Ortes, auch insofern sie bei einem zu starken Genießen im Fortsetzen des innerlichen Genießens dessen, was sich beim Schmecken auf den Gaumen beschränken sollte, sei es ein angenehmeres oder auch unangenehmeres Empfinden der Speisen, mit Entartung reagiert; *die Lunge,* insofern sie abhängig ist von der festen Bodenbeschaffenheit; *Blase-Niere* mit der Funktion als Zugmittel, einer Funktion, die aber gestört wird, wenn ein Mensch zu wenig Gelegenheit hat, Innenbewegungen richtig auszuführen, indem er nicht die richtige Sorgfalt auf das Essen verwendet, wenn er schlingt, statt zu kauen, und so den großen Verdauungsvorgang stört, indem er dem Körper nicht die nötige Ruhe läßt; *das Herz* in seiner Verwandtschaft mit dem Impuls der Wärme in der Welt, dessen Gesundheit davon abhängig ist, daß der Mensch durch seine eigene Tätigkeit genügend Wärme entwickelt.

Des weiteren bestehen im Innern des menschlichen Organismus vermittels dieser vier Organsysteme Beziehungen zum Erdorganismus, insofern wir zu unterscheiden haben[3]: den Wärmemantel der Erde, darunter die Luftzone, unter ihr die Flüssigkeitszone, unter dieser die Zone der festen Erdbildung; oberhalb des Wärmemantels aber in Beziehung zu den unteren Zonen zunächst die Zone des Lichtes, dann die der chemischen Kräfte und dann die der Lebenskräfte. Es ist von diesem Gesichtspunkt aus gesehen innerhalb des menschlichen Organismus *das Lebersystem in seinem Zusammenhang mit dem Wäßrigen zugleich der Chemikator* und hängt mit den Wechselbeziehungen der verschiedenen menschlichen Dursteigenschaften zusammen. *Die Lunge steht einerseits in Zusammenhang mit der festen Erde, andererseits mit der Sphäre der Lebenskräfte,* und mit ihrem inneren Stoffwechsel hängt zusammen die Erscheinung des Hungers. *Mit dem Nierensystem aber hängt zusammen einerseits der Atembedarf und die Regulierung der Atmung, andererseits die Entstehung von originärem Licht im oberen Menschen.* Insofern unterscheidet sich der Mensch von der Tierheit. Im Erdorganismus wiederum ist die Kohle der Erde der Regulator für den Sauerstoffgehalt der Erdumgebung im Atmungsprozeß der Erde. Dem liegt zugrunde eine Tendenz zum Tierwerden. Aber in dem, was da draußen vorliegt in diesem Prozeß, der sich abspielt zwischen der Verkohlung der Erde und dem Sauerstoffprozeß in der Luft, entstehen auch ätherische Wesenheiten. Sie streben in Umkehrung zur Tierheit fortwährend von der Erde weg, während die Tierheit, im Gegensatz zu dieser Entierung, im tierischen Prozeß zusammengefaßt wird. Dem entspricht im Menschen wiederum, daß eben das Nieren-Harn-System den Atmungsprozeß reguliert, der wie bei den Tieren auf Einatmung von Sauerstoff und Ausatmung von Kohlensäure beruht; doch mit dem Unterschied, daß der Mensch, während die Kohlensäure nach außen ausgeatmet wird, auf der anderen Seite im oberen Menschen originäres Licht erzeugt, mit dem er dem äußeren Licht von innen her begegnen kann. Und das Wesentliche in unserer Organisation beruht gerade darauf, daß wir da, wo diese beiden, äußeres und inneres Licht, zusammenwirken, sie nicht ineinander verfließen lassen, sondern sie auseinanderhalten, so daß sie nur aufeinander wirken, aber nicht sich miteinander vermischen. Dabei hat das äußere durch das Auge oder die Haut einstrahlende Licht nur die Bedeutung einer Anregung zur Entstehung des inneren Lichtes. Denn dieser Äther, bei der Ausatmung der Kohlensäure zurückgelassen vom Kohlenstoff[6], dringt in den Ätherleib des Menschen ein, macht den menschlichen Organismus geeignet, sich den geistigen Einflüssen zu öffnen und die astral-ätherischen Wirkungen aus dem Kosmos aufzunehmen. Es werden auf diese Weise die kosmischen Impulse angezogen, die auf den Menschen gestaltend wirken und sein Nervensystem so bereiten, daß es der Träger der Gedanken werden kann. Es muß auch dieser Äther fortwährend unsere Augen durchdringen, damit unsere Augen sehen und den äußeren Lichtäther aufnehmen können (s. S. 50).

Die andere, mehr animalische Seite dazu ist, daß *bei der Eiweißbildung,* die in der Pflanze vermittels des Sauerstoffs, Stickstoffs, Wasserstoffs und Kohlenstoffs der Luft geschieht, im menschlichen Organismus *beteiligt sind die vier genannten Organsysteme:* das Harnblase-Nieren-System, Lebersystem, Lungensystem und Herzsystem. Es geschieht unter Vermittlung des Schwefels. *In dieser Hinsicht vertritt das Nieren-Harn-System die Rolle des Sauerstoffs der Luft, das Lungensystem den Kohlenstoff, das Lebersystem den Stickstoff, das Herzsystem den Wasserstoff. Dabei aber besteht die Wichtigkeit des Wasserstofflebens für den oberen Menschen gerade darin, daß bei der Entwicklung des Wasserstoffs nach dem oberen Menschen hin dasjenige, was unten mehr tierisch ist, sich umwandelt in das eigentlich Menschliche, in dasjenige, was nach den Vorstellungen usw. hingeht*[3]. Eurythmisch gesprochen könnte man sagen: zu dem, was als „flammende Begeisterung" wirkt, gehört andererseits, was dem Laute T zugrunde liegt[49]. Ebenso gehört zu dem, was mit der „vernünftigen Ernüchterung" an Kräften verbunden ist, was den Lauten B und P entspricht, durch die wir heileurythmisch den Stoffwechsel der Niere regulieren können[50]. Oder, biologisch-chemisch ausgedrückt, ist der Wasserstoff im Umkreis der Welt ausgebreitet als der Welt-Phosphor[23]. Die Erde andererseits birgt in sich die Soda als das kohlensaure Natrium. Wo wir sie finden, wird von ihr Kohlensäure aufbewahrt. Als solche ist sie dem Licht verwandt. Und überall da, wo die Soda die Kohlensäure losläßt, entsteht Licht. So geschieht es draußen in der Natur. Aber die Natur wiederum verwendet die Soda, dieses kohlensaure Natrium, noch in der besonderen Weise, daß überall, wo die Soda mit dem umliegenden Wasserstoff als Phosphor der Welt in Berührung kommt, wieder Neues, Lebendiges entsteht, und der Tod vor allem verhindert wird.

Überblicken wir diese Beziehungen, dann ergibt sich daraus *der Zusammenhang des Nierensystems einerseits mit der Atmung und Regulierung des Luftorganismus, andererseits mit dem Astralleib als dem Lichtleib des Menschen, und damit im Verlauf der Ernährungs- und Stoffwechselprozesse sein Zusammenhang mit dem Nerven-Sinnes-Apparat; ebenso sein Zusammenhang mit dem Stickstoff*[5]. Denn überall wo Stickstoff ist, breitet sich Astralisches aus. So ist im Verlaufe der Stoffwechselprozesse die Tätigkeit, welche sich in der Atmung äußert und sich in der Absonderung von Kohlenstoff als Kohlensäure zeigt, nach innen eine Tätigkeit der Vergeistigung, die an den Stickstoff gebunden ist. Und während in der Ernährung bei der Eiweißbildung der Sauerstoff der Vermittler des Lebens, des Ätherischen im Physischen ist, führt der Stickstoff dieses Leben über in die Gestaltung, die mit dem Kohlenstoff verbunden ist. Auf diese Weise haben wir es bei der Eiweißbildung mit einer nach außen und nach innen sich entfaltenden Tätigkeit zu tun. *Überall grenzt die Ernährung und Verdauung an die Atemprozesse an, und es wird der Ernährung und Verdauung entgegengebracht der Prozeß des Atmens und Vergeistigens. Es findet dabei eine Wechselwirkung statt zwischen dem Astralleib und Ätherleib, d. i. eine Wechselwirkung des Luftorganismus mit dem Flüssigkeitsorganismus.* Es geschieht, indem der Astralleib in der Atmung sich des Luftorganismus bedient, der Ätherleib vorzugsweise tätig ist im Flüssigkeitsorganismus. In dieser Wechselwirkung wiederum wirkt der Astralleib durch Sympathie und Antipathie, der Ätherleib seinerseits stößt mit seinen Wirkungen auf die Sympathie und Antipathie des astralischen Leibes. *Darin eingeschaltet ist das Nierensystem. Wir haben es deshalb mit Störungen in diesen Wechselwirkungen zu tun, wenn es zu Atemstörungen kommt,* weil die Einatmung gegenüber der Ausatmung überwiegt, *wie es beim Asthma* (Nr. 120,121) *der Fall ist; auch z.B. bei Neigung zu Hydrops* (Nr. 143). Wir erinnern uns dabei für den Heilungsprozeß daran, daß es die Kupfer-Venuskräfte sind, die dem Geistig-Seelischen des Menschen dazu verhelfen, im Leib Besitz zu ergeifen von dem Flüssigen (s. S. 30). In dieser Hinsicht unterstützen wir nach der Seite der Antipathie, der Ausatmung, der Ausscheidung, so daß mit Hilfe des Nierensystems das Astralische den Organismus durchstrahlen kann.

Auf der anderen Seite ist das Nierensystem in seiner ganzen Grundlage das Ausstrahlungsorgan für den astralischen Organismus, der das Gasige durchsetzt und von da aus unmittelbar das Flüssige und Feste[5]. Nach dieser Seite unterstützen wir mit Kupfer im Sinne der Sympathie bei bestehender Schwäche auf seiten der Einatmung, der Verdauungs-, Ernährungs- und Aufbauprozesse. Das ist z. B. der Fall, wenn der Mensch sozusagen zu durchsichtig bleibt (Nr. 113). Da kommt in Betracht, daß für den Menschen im Verlaufe des Ernährungsprozesses erst nach der Aufnahme des Sauerstoffes in der Atmung gegenüber dem Absonderungsprozeß überhaupt die Möglichkeit besteht, ein Mensch mit Fleisch und Blut zu sein, durchsetzt mit Empfindungsfähigkeit, mit Beseeltheit usw. Denn, wovon sich die Absonderungen absondern, das ist erst durch die Funktion der Niere entstanden. Hätten wir nur eine Verdauungsorganisation und eine Herz-Lungen-Organisation, die Nahrung, die durch die Verdauung unorganische Nahrung geworden ist, würde vermittels des Herz-Lungen-Systems mit all seinen Anhängseln übergeführt in Lebendiges. Denn das Herz-Lungen-System ist dazu da, was physisches System ist, aufzufangen in die ätherische Organisation. Aber es kann sich dies im Verlaufe des menschlichen Ernährungsprozesses nicht ohne weiteres in der Gesetzmäßigkeit der Erde abspielen. Es könnten dies nur Engel. Man hätte, wenn es ausgeführt würde, nur Verdauungstrakte, getragen von unsichtbaren, ätherischen Engelwesenheiten. Das aber wäre nicht möglich. Es muß vielmehr das ganze ätherische System auch wieder eingegliedert werden in das Physische. Und das geschieht durch die Aufnahme des Sauerstoffs vermittels der Einatmung. Da verbindet sich der Sauerstoff mit dem Kohlenstoff, indem die rein physische Organisation zusammenhängt mit der Struktur des Kohlenstoffs, der Übergang in die ätherische Organisation mit der Struktur des Sauerstoffs. Doch erst der Stickstoff in seinem Zusammenhang mit dem Nierensystem, das die astralische Organisation in den menschlichen Organismus hineinstrahlt, macht das Ganze zu dem, daß der Mensch auf der Erde wandeln kann. Es wird so durch *das Nierensystem* alles, was der Mensch durch die Nahrungsaufnahme in sich herein bekommt, in den astralischen Organismus eingefangen; während es durch *das Leber-Gallen-System* aufgenommen wird in die Ich-Organisation, die mit dem Wasserstoff zusammenhängt und die gebunden ist an die Wärmedifferenzierungen im gesamten Organismus.

Auf diese Weise wirkt nun von unten nach oben die *Leber-Gallen-Nieren-Strahlung* aufbauend, ernährend und auch im plastizierenden Sinne auf das Nerven-System. Es geschieht dies, indem von oben her auch wieder zurückkommt, was da hinaufstrahlt. Einen entsprechenden Prozeß haben wir draußen in der Natur, wenn wir beobachten, wie von der Erde die Wasserdünste aufsteigen, sich in Wolkenbildungen sammeln und von da wieder als Regen zurückkommen, das Leben auf der Erde erfrischen. Das aber beobachten wir auch im Verhalten vom Quecksilber. Es verdunstet leicht und findet dann wieder in Tropfenform seinen Niederschlag. Dabei haben wir es im Verlaufe dieser inner- und außermenschlichen Vorgänge zu tun mit dem *Zusammen-*

*wirken von Kräften von seiten der Merkur- und von seiten der Jupiterwirk-
samkeit und der ihnen zugehörigen Metallprozesse.* Wir kommen damit auch
zugleich zu dem *Wesen des Merkurialen* in dem Sinne, der sowohl im Außermenschlichen, wie im Innermenschlichen gilt[3]: daß es durch seinen Eigensinn
zum lebenden Tropfen werden will, dem aber durch die planetarischen Wirkungen des Merkur das Leben weggenommen und nur die Tropfenform ge-
lassen wird. Auf diese Weise stellt es den mittleren Zustand dar zwischen dem
Salzigen und dem Phosphorigen. *Ein solches merkuriales Wesen ist auch die
Pflanze.* Sie strebt auf der einen Seite unter dem Einfluß von Venus, Merkur
und Mond, auf dem Wege über Blüte-, Blatt- und Wurzelbildung hin zum
Leben und würde, allein nur unter diesem Einfluß stehend, zur Kugelform hinstreben. Daß sie aber dem Lichte entgegenwächst, nach oben hin sich entfalten,
sich ihre Stützsubstanz einlagern, zuletzt auch noch zur Frucht- und Samenbildung kommen kann, das verdankt sie der Sonne und dem Einfluß von
Saturn, Jupiter und Mars (s. S. 21). Im menschlichen Organismus wiederum
ist es *die Leber, die, gleich der Pflanze, dem Merkur verwandt ist.* Sind es bei
der Pflanze Blatt und Stengel, die vermitteln zwischen dem Hinstreben zum
Salzprozeß in der Wurzel und hin zu dem Sulfur-Phosphorprozeß in Blüte-
und Fruchtbildung, und die auf diese Weise den Chemismus der Pflanzen regulieren, so ist im menschlichen Organismus die Leber dieser Chemikator. Als
solcher wirkt sie auf der einen Seite wie saugend auf die Beschaffenheit des
Blutes, auf der anderen durch die Gallenabsonderung regulierend auf die ganze
Zubereitung der Blutflüssigkeit im menschlichen Organismus[3]. Auf dieser
Verwandtschaft mit dem Pflanzenwerdeprozeß beruht auch ihre innere Beziehung zu allem, was laugenartig ist, zu den Alkalien und darunter insbesondere
noch zu dem Kalium carbonicum, der Pottasche, die ein wesentlicher Bestandteil der Pflanzenasche ist. Auch hängt alles, was Lauge werden will, zusammen
mit dem Pflanzenwerden des Menschen und mit dem Heraussetzen des Pflanzenreiches, während die Carbo vegetabilis und alles Carbonartige mit dem Tierwerden zusammenhängt. Wie aber im Haushalt der Natur eine Wechselbezie-
hung besteht in den Lebensbedingungen für Pflanze und Tier, so ist es auch im
menschlichen Organismus.

Betrachten wir jetzt weiterhin *die Leber im Hinblick auf die Tatsache, daß
der Mensch auch als ein siebengliedriges Metall zu verstehen ist,* so gilt[3]: Es
ist ebenso, wie der innere lymph- und blutbildende Vorgang dem Kupfer verwandt ist, alles was, auf dem Übergang stehend, den äußeren Verdauungsprozeß hinüberbefördert in den inneren, blutbildenden, lymphbildenden Verdauungsprozeß, verwandt mit der Leber und vor allen Dingen dem Merkur.
Doch wenden wir dafür das Merkurmetall zu Heilzwecken an, dann wird darauf zu achten sein, daß es etwas Rundes, Ausgleichendes hat, also schon mit
der Wechselwirkung der beiden Prozesse zusammenhängt. Diejenigen Prozesse
wiederum, die der Mensch ausbilden muß, damit nicht zu viel, aber auch nicht
zu wenig ins Blut übergeht (s. S. 26), werden reguliert durch die Silberwirkung
oder pflanzlich einerseits durch Nux vomica-Wirkung, andererseits durch
Thuja-Wirkung. Und auf diesen Zusammenhang weist uns z. B. eine Krankengeschichte (Nr. 156) hin, bei der als Heilmittel von Dr. Steiner ein Präparat
mit einer Kombination von Argentum D_3, Hydrargyrum D_3 und Thuja D_6
empfohlen worden war. – Andererseits steht der lymph-blutbildenden Tätigkeit, die dem Kupfer verwandt ist, vom oberen Menschen her gegenüber die

Verwandtschaft vom Eisen mit all dem, was von der Lunge ausgeht, und sich nach dem Kehlkopf hin öffnet (s. S. 26). — Ferner entsprechen wechselweise dem Übergangsprozeß vom Darm in die Lymph- und Blutgefäße, der dem Merkur verwandt ist, diejenigen Partien im Gehirn, die mehr der inneren Verdauungstätigkeit des Gehirns ähnlich sind, und sind verwandt dem zinnbildenden Prozeß. Sie wirken so den Verdauungsprozeß durchseelend und regelnd. Darauf kann uns die Entstehung des Präparates Mercurius vivus comp. (= Hydrargyrum viv. D 5, Stannum präp. D 15, Nasturtium offic. 5%) hinweisen. Es ist dies ein Präparat, das ursprünglich von Dr. Steiner für die Behandlung der Dickdarmtuberkulose angegeben und so als Phtisodoron coli I herausgegeben worden war. – Dem Blei hingegen verwandt ist, was zusammenhängt mit den Fäden der Nerven, als den Organen, die im Inneren des oberen Menschen die Fortsetzung der Sinne sind, und dem wiederum entspricht, was Schweiß- oder Harnabsonderung ist. Und speziell an diese verschiedenartigen Zusammenhänge zwischen Prozessen im unteren und oberen Menschen werden wir uns erinnern können bei der Wiedergabe der Krankengeschichte eines Patienten mit einer Paralysis cerebri[81] (Nr. 70). — Wir befinden uns dabei noch im Bereich der Vorgänge, die sich im Unterbewußtsein im Bereich des vegetativen Nervensystems abspielen, bei dem wir es also zu tun haben mit Wirksamkeiten, die von seiten des Sympathikus und Parasympathikus geregelt werden.

Doch ist *der ganze Mensch* auch noch *als Abbild eines Geistigen* zu verstehen[5]. Dabei stehen wir vor den Wechselwirkungen, die stattfinden von seiten des Bereiches des vegetativen Nervensystems. Wir kommen damit zu den Wechselwirkungen zwischen den Vorgängen im unteren Menschen gegenüber dem oberen Menschen, insofern wir es noch mit der Ich-Organisation beim Menschen zu tun haben, die dem Astralleib übergeordnet ist, und insofern wir es beim Menschen auch in dieser Hinsicht mit auf- und absteigenden Prozessen zu tun haben. Darauf beruht, daß im Ernährungs- und Aufbauprozeß das Nierensystem die Kräfte der Stoffe radial ausströmt, während das Nervensystem dem Organismus innerlich und äußerlich seine Formen gibt. Wir können deshalb, wenn Störungen auftreten in dieser Wechselwirkung der Nierenstrahlung mit dem Nervensystem im Sinne des Plastizierens und Gestaltens, diesen mit Hilfe von *Kupfer und Zinn* begegnen. Dabei kann es sich um Störungen auf verschiedenen Organgebieten handeln, so in erster Linie um solche im Aufbau der Nerven und Muskeln[79] (Nr. 7). Denn wir tragen nicht nur in der Embryonalzeit und frühen Kindheit diese plastizierend-gestaltenden Prozesse in uns, sondern auch fortwährend im späteren Leben. Es gilt dies auch für jedes Organ, insofern in ihm aufsteigende und absteigende Prozesse wirksam sind, insbesondere aber noch für das Nierenorgan (Nr. 110). Dazu kommt, daß die absteigenden Prozesse noch in der Regel mit einer Steigerung des Bewußtseins verbunden sind.

Da aber unterscheiden sich, wie schon angedeutet, *Leber und Niere* ganz wesentlich. Beide dienen den Ernährungs- und Aufbauprozessen. Aber *als Abscheidungsorgane differenzieren sie sich* und dienen so auf verschiedene Weise dem Menschen im Sich-Erschließen gegenüber der Außenwelt. Dem liegt zugrunde: Insofern die astralische Organisation mit der gasförmigen Organisation verbunden ist, fügt das Nierensystem alles, was der Mensch als Nahrungsstoffe in sich aufnimmt, in den astralischen Organismus ein[5]. Auf diese

Weise strahlt das Nierensystem die astralische Organisation einfach in den menschlichen Organismus hinein. Aber insofern die astralische Organisation mit dem Stickstoff zusammenhängt, und das Nierensystem auf diese Weise den Aufbau- und Ernährungsprozessen dient, bleibt das Ganze nicht nur übersinnlich, sondern bewirkt, daß der Mensch als Erdenwesen auf der Erde wandeln kann. In die Ich-Organisation aber wird alles zunächst aufgenommen durch das Leber-Gallen-System und dadurch in die Wärmeorganisation, insofern die Ich-Organisation zusammenhängt mit dem Wasserstoff. Was damit weiter geschieht, dafür finden wir die Verständnisgrundlage, wenn wir draußen in der Natur beobachten, wie die einjährige Pflanze im Frühling herauswächst aus der Erde und dann ihren einjährigen Kreislauf durchmacht; wenn wir dann aber auch im Zusammenhang damit erleben, daß wir, was daraus entsteht, die Samen, für die folgenden Wintermonate hineinsenken in die Erde. Da spielen sich im Winter in der Erde die Wärmeverhältnisse und auch die Lichtverhältnisse als Nachwirkung des Sommers ab. Dadurch geschieht es, daß wenn im nächsten Jahr daraus die neue Pflanze aus der Erde ersteht, sie zunächst wächst mit den Kräften, die die Sonne der Erde gegeben hat. Denn sie zieht ihre Dynamik aus der Erde heraus. Diese Dynamik läßt sich auch noch verfolgen bis herauf zum Fruchtknoten. So daß wir in der Pflanzen-Physiologie nicht nur in Betracht zu ziehen haben die Wärme-Licht-Dynamik und die Lichtverhältnisse in dem Jahre, wo die Pflanze wächst und ihre Blüten und Blätter entfaltet, sondern auch, von der Wurzel ausgehend, mit der Licht-Wärme-Dynamik mindestens des vorigen Jahres. Dabei kommen die Laubblätter zustande zwischen der Dynamik des vorigen Jahres, die die Pflanzen aus der Erde herausstößt, und dem, was aus der Umgebung auf sie einwirkt. In den Blütenblättern hingegen kommt am reinsten das gegenwärtige Jahr erst zum Vorschein.

Daraus läßt sich ein *Übergang finden zu der Einsicht, daß auch der dreigliedrige Mensch eine gewisse Beziehung hat zu den einzelnen Wesensgliedern der übersinnlichen Natur, nicht nur die einzelnen genannten Organsysteme* (s. S. 153). Wie bei der Pflanze sind auch im menschlichen Organisieren, namentlich im menschlichen Wachstum, zwei Kräftekomplexe tätig[5]: diejenigen, die vom Leber-Nieren-System ausgehen und diejenigen, die, ausgehend vom Nerven-Sinnes-System, abrunden die Formen, sie gestaltend, ihnen die Oberfläche gebend. Die einen wirken, wie bei der Pflanze nach der Wurzel unter dem Einfluß von Venus, Merkur, Mond, im vitalisierenden Sinne, die anderen, wie bei der Pflanze im Hinstreben von der Wurzel zur Stengel- und Fruchtknotenbildung hin, im entvitalisierenden Sinne. Beide stoßen im Menschen ineinander. Doch es geschieht *in verschiedenen Rhythmen.* Im Menschen schreitet das vom Kopfe her plastizierende Prinzip viermal langsamer vor als das von der Stoffwechsel-Organisation her ausstrahlende Prinzip. Deshalb ist das heranwachsende Kind, das zunächst mit einer Hypertrophie seines Sinnes-Nerven-Organismus sein Erdenleben beginnt, schon am Ende des ersten Lebensjahrsiebtes in bezug auf das, was vom Stoffwechsel her kommt soweit, wie es, insofern es dem Nerven-Sinnes-System unterliegt, in bezug auf die Gesamtorganisation erst mit dem 28. Lebensjahr sein kann. So haben wir beim Zahnen noch ein Präponderieren des plastischen Elementes. Zur Zeit der Geschlechtsreife zieht sich das plastische Element gewissermaßen zurück, und wir haben ein Präponderieren des Stoffwechselelementes.

Hingegen gilt, während auf der einen Seite die Ich-Organisation ausgeht vom Leber-Gallen-System, die astralische Organisation vom Nierensystem, für die Kopforganisation, daß alles, was von da kommt, mit der Ich-Organisation und mit der astralischen Organisation zusammenhängt. Es ist so auch, gegenüber der Ausstrahlung von Leber- und Nierensystem im ersten Lebensjahrsiebt bis zum Zahnwechsel, die Abstumpfung vom Nerven-Sinnes-System her das Wesentliche. Es wird das Lebersystem und das Nierensystem vom Kopfsystem reflektiert, und erst die Reflexion in den Organismus hinein erscheint als das wirksame Prinzip. Das eigentliche physische System und das ätherische System wirken von unten nach oben, die physische Organisation mit ihrem Ausgangspunkte im Verdauungssystem, die ätherische Organisation mit dem Ausgangspunkt im Herz-Lungen-System; und in diese Strahlung hinein wirkt der Rhythmus, der sich zu der Strahlung von oben nach unten verhält wie 4:1. Den auffälligsten *Kinderkrankheiten* liegt demnach zugrunde: auf der einen Seite, daß es zwischen dem von unten nach oben Strahlenden und dem, was von oben nach unten strahlend entgegenkommt, zu keinem Ausgleich kommt. Ist es dann so, daß das von unten nach oben Strahlende sich nicht eingliedern will, während der vererbte Kopfrhythmus in Ordnung ist, dann entstehen auch beim Kinde, das damit beschäftigt ist, seinen eigenen physischen Leib aufzubauen, Stoffwechselkrankheiten infolge von Stauung gegen das Nerven-Sinnes-System, und es können u. U. daraus Krankheitszustände entstehen, die bis zu einer Art Vereiterung des Blutes führen[5]; doch auch alle anderen Kinderkrankheiten, die als Stoffwechselkrankheiten zu bezeichnen sind. So kann es sein, daß zuviel von Nahrungsstoffen, z. B. bei zu reichlicher Ernährung, in das Blut übergeführt wird. Der Körper muß sich dann wehren, um es wieder wegzuschaffen. Durch den Darm kann es dann nicht mehr geschehen, deshalb geschieht es durch die Haut. Das ist der Fall beim Auftreten von Scharlach oder Masern[61]. Wir verwenden ja auch das Zinn bei der Behandlung des kindlichen Scharlachs (Nr. 101). Ist hingegen der Stoffwechselorganismus der kindlichen Individualität angepaßt, werden aber durch irgendwelche Vererbungsverhältnisse des Sinnes-Nerven-Systems von dessen Wirkungen die Ausstrahlungen des Leber-Gallen-Systems und des Nierensystems mitgenommen, dann entstehen daraus alle krampfhaften Kinderkrankheiten, die darauf beruhen, daß die Ich-Organisation und astralische Organisation nicht ordentlich hinein können in die physische und ätherische Organisation. So ist es z. B. beim Keuchhusten oder bei der Chorea infantilis der Fall. Da bringen wir u. a. das Kupfer in Anwendung. Es geschieht in Form des Cuprum aceticum D 3 (das frühere Pertudoron II) und als Präparat Cuprum acet. D 4/Zincum valerianicum D 4 (das frühere Choreodoron II).

Normalerweise aber ist das heranwachsende Kind, wenn es die zweiten Zähne bekommt, so weit, daß es mit dem Aufbau seines eigenen physischen Leibes auch seinen Atmungsorganismus in Ordnung bringen kann, so daß es dann nicht mehr seinen Atmungsorganismus vom Kopf her beherrschen muß. Es atmet dann nicht mehr mit dem schwachen vererbten Organismus, sondern mit seinem zweiten aufgebauten Organismus[61] und so auch mit seiner zweiten Lunge und seinen zweiten Bronchien. Damit wiederum hängt zusammen, daß das Kind, wenn es dazu gekommen ist, seine zweiten Zähne wirklich richtig entwickeln zu können, im Alter zwischen 7 und 14 Jahren am gesündesten ist, weil jetzt der rhythmische Organismus es ist, von dem selbst alles ausstrahlt[5].

Da paßt sich das Kind mit seiner Atmung, im Einatmen der Luft und durch dasjenige, was sich durch den Stoffwechsel — zu dem die Gliedmaßenorganisation gehört — ausdrückt, seiner Umgebung an. Wie bei der Pflanze geht es dabei auch um die Entwicklung des eigenen ätherischen Leibes im physischen Leib. Nur strahlt in die astralische und in die ätherische Organisation des Menschen alles das hinein, was das Atmungssystem und das Zirkulationssystem in ihren Funktionen vollführen. Und indem das Atmungssystem dem Kopforganismus angegliedert ist, das Zirkulationssystem dem Stoffwechsel-Gliedmaßen-Organismus, kommt es in der Erziehung und im Unterricht in diesem Alter gerade darauf an, daß das rhythmische System nicht dadurch in Unordnung gebracht wird, daß es von außen her, sei es vom Kopf, sei es von der Stoffwechsel-Gliedmaßen-Organisation, in einseitiger Weise und nicht in rhythmischem Wechsel beansprucht wird. Wo dies beim heranwachsenden Menschen im Schulalter nicht bedacht wird, können sich Erkrankungen einstellen. Diese beruhen darauf, daß es zu Schwierigkeiten kommt, das Gleichgewicht zu halten zwischen Schwere und Auftrieb. Das merkuriale Prinzip, das dem rhythmischen System von Natur eigen ist, wird von der einen oder anderen Seite her gestört. Es kommt zu Schwierigkeiten im Eingliedern des Ätherleibes in den physischen Leib. Das kann zu Deformierungen in der Entwicklung des Ätherleibes in seinem Verhalten zum Astralleib führen, und diese machen sich dann in erster Linie im Drüsensystem als der physischen Grundlage des Ätherleibes und der vegetativen Prozesse geltend. Es kommt sozusagen nicht bei der Entfaltung der vegetativen Prozesse, entsprechend dem Pflanzenwachstum, zur gesunden Entwicklung der Stengel-, Blatt-, Blüten- und Samenbildung. Wir haben es dann mit *Krankheitsdispositionen* zu tun, die, umfassend gedacht, mit dem Wirken des Merkur in Zusammenhang zu sehen sein werden. Die dabei nächstliegenden Krankheitsformen, bei denen wir schon aus der Erfahrung das Quecksilber als Merkur anwenden, sind dann auch solche, die gerade mit Erkrankung des Drüsensystems einhergehen. Auch hat man es mit der Tatsache zu tun, daß eine innere Verwandtschaft besteht zwischen Kopf, Lunge und Leber, insofern sowohl der Kopf, die Lunge und auch die Leber atmen[4]. So gesehen ist *die Leber eine nicht zu Ende gekommene Lungenbildung und eine nicht zu Ende gekommene Kopfbildung.* Bei der Leber überwiegt nur die Nahrungsaufnahme und die Nahrungsverarbeitung als die polarische Metamorphose der Sinnesempfindung. In dieser Hinsicht stehen auch Lungen- und Leberbildung wiederum in der Mitte zwischen der Magenbildung und der Gehirnbildung. — Bis zur Geschlechtsreife vollzieht sich die Entwicklung jetzt noch eingehüllt in die mütterliche Astralhülle von außen. Es entspricht dies der Entwicklung der Pflanze. Aus dem vorgeburtlichen Dasein herein war dieses Reifwerden bis dahin vorbereitet worden.

Es wurde dies auch so erlebt in den Mysterien von Ephesus; insbesondere aber auch im Hinblick auf das Pflanzenwerden auf der Erde: wie der Mensch, der aus dem Weltenall an die Erde herankommt, es war, der alles Pflanzliche von sich abgesondert hat, während die Erde dieses Pflanzliche aufnimmt und ihr das Wurzelhafte gibt.

Mit dem *Eintritt in die Geschlechtsreife* tritt eine einschneidende Veränderung ein. Die Entwicklung geht jetzt aus von der Stoffwechsel-Gließmaßen-Organisation. Alles, was vom Stoffwechsel her als Leber-Nieren-Strahlung den Organismus von unten her durchdringt, kommt in ein völlig neues Geleise[5].

Denn ein Teil des Stoffwechsels wird abgegeben an die Geschlechtsorgane. Und es kommt hinzu das Wirken des eigenen Astralleibes, als der Seelen-Lichtleib von innen nach außen wirkend. Ihn hat der Mensch gemeinsam mit dem Tier. Gemäß der Natur in unserer Erdumgebung besteht aber ein polarer Gegensatz zwischen der Pflanzenwelt und der Tierwelt in ihrem Verhältnis zur Erde und so auch zum Erdenmenschen. Im Entstehen der Naturreiche, zu denen neben dem Pflanzen- und Tierreich auch die Mineralwelt und die Menschen-Leibesnatur gehören, beruht dieser Gegensatz auf der Zugehörigkeit der Pflanzenwelt zum Kiesel, der Tierwelt zum Kalk und auf den polaren Eigenschaften von Kiesel und Kalk[6]. Zum Ausdruck kommt dieser polare Gegensatz von Tier und Pflanze durch die Verschiedenheit im Verhalten ihres Atmungsprozesses gegenüber der die Erde umgebenden Luft mit ihrem Gehalt an Kohlenstoff, Sauerstoff, Stickstoff und Wasserstoff und den durch sie sich offenbarenden Kräften; dann aber vor allem noch in ihrem verschiedenen Verhalten zur Erde. Während die Pflanzenwelt hinstrebt zur Erde, um sich ganz mit ihr zu verbinden, strebt die Tierwelt von der Erde weg, gehört also nicht in dem Sinne zur Erde wie die Pflanzenwelt. Es liegt so im Wesen der Tierwelt die Tendenz, dem Entwicklungsprozeß der Erde entgegen zu wirken. Auf diese Weise wäre jedoch die Entwicklung auf der Erde zu schnell verlaufen. Um dem Menschen aber für seine Entwicklung auf der Erde die geeigneten leiblichen Bedingungen bieten zu können, mußte auch die Tierwelt aus dem Entwicklungsprozeß ausgeschieden werden.

Darum geht es auch beim Eintritt des heranwachsenden Menschen in die *Geschlechtsreife*, damit auch die *Erdenreife* erfolgen kann. Zunächst haben wir es noch zu tun mit dem Vorherrschen der physisch-ätherischen Organisation gegenüber der Nerven-Sinnes-Organisation. Alles, was an Durchdringen vom Stoffwechsel aus geleistet wird, kommt aber erst dann eigentlich in ein völlig neues Geleise, wenn eben mit der Geschlechtsreife das eintritt, daß ein Teil des Stoffwechsels abgegeben wird an die Geschlechtsorgane. Damit wird der Stoffwechsel in eine ganz andere Konstitution hineingebracht. Es muß sich dabei zugleich etwas vollziehen wie bei der Pflanze, wenn sie von der Blattbildung zur Blütenbildung übergeht. Da gehören zur Blüte einerseits die sich entfaltenden Blütenblätter und Staubgefäße, andererseits in ihrer Mitte der Fruchtknoten mit dem Stempel. Dabei findet ein Zusammenwirken von Venus und Mars statt. *Die Voraussetzung dabei ist, daß sich das Eiweiß und das Eisen die rechte Waage halten*[3], so daß es zu einem richtigen Verhältnis von Eisenwirksamkeit und Kupferwirksamkeit kommen kann. Wie die Pflanze, wenn sie ihre Knospe zur Blüte entfaltet, sich nach außen öffnet, so muß auch der Mensch in diesem Lebensabschnitt beginnen, sein Inneres der Umwelt zu erschließen. Deshalb sind auch nach der Geschlechtsreife, wo man es mit einem Vorherrschen der physischen Organisation, ausgehend vom Stoffwechsel-Gliedmaßen-System, zu tun hat, *die Ursachen von Stoffwechsel-Erkrankungen* im Innern zu suchen[5]. Sie verlangen auch zu ihrer Unterstützung, wenn wir therapeutisch von der Anschauung der Pflanze ausgehen, nach dem Blütenhaften. Hingegen benötigen wir von der Pflanze bei den Kinderkrankheiten zur therapeutischen Anwendung die Wurzeln oder Samen; bei den im Alter zwischen Zahnwechsel und Geschlechtsreife erworbenen Erkrankungen Präparate, die wir aus dem Laubartigen, Blätterartigen bereiten.

Das Blattartige wiederum ist im älteren Sinne das Merkuriale[5]. In verstärk-

tem Maße liegt es dann vor im *Quecksilber als dem Merkur unter den Metallen.*
Deshalb ist auch gerade das Quecksilber *ein Spezifikum für ausgesprochen
äußerlich acquirierte Erkrankungen infektiöser Art,* wie z. B. bei Anginen,
Diphtherie, auch bei der Lungentuberkulose, ferner bei einer Disposition zu
Colitis, Appendizitis und u. U. bei einer Disposition zu rezidivierenden aufsteigenden Infektionen im Urogenital-Trakt. Dazu gehört noch insbesondere,
was als Geschlechtskrankheiten auftritt. Diese sind im Grunde nur die poten-
zierte Form von Erkrankungen, die in der zweiten Lebensepoche in einer nur
milderen Form auftreten können[5]. Es werden dann nur noch keine Geschlechtskrankheiten daraus, weil der Mensch noch nicht geschlechtsreif ist. – Kommt
es aber auch noch, im Hinblick auf die Tatsache, daß alle reinen Metalle im
merkurialen Sinne nach dem Innern zu das Gleichgewicht zwischen Schwere
und Auftrieb regulieren[5], *zu einer Störung im Wechselverhältnis von Formie-
rung und Deformierung, dann kommt für die Anwendung das Quecksilber
gerade dann in Betracht: wenn* durch längere Störungen in diesem Prozeß *schon
Organe deformiert sind, weil die plastische Tätigkeit nicht herunter kann zu
diesen Organen.* Diese haben dann schon unter dem Mangel der plastischen
Tätigkeit gelitten. Da kommt in Betracht, daß das Quecksilber schon Form-
kräfte in sich hat, und indem es die metallisch haltbare Tropfenform hat, ganz
besonders wirksam ist auf die unteren Organe des Menschen.

Damit verbindet sich ferner die Einsicht, daß alles, was auf unserer Erde
die Tropfenform hat, sei es im Außermenschlichen, sei es im Innermenschlichen, *ein Resultierendes zweier Kräfte* ist, von etwas, was zum Leben will,
und von etwas, was dieses Leben aussaugen will. So daß wir auch im *Metall
Merkur* etwas zu sehen haben, *was durch seinen Eigensinn zum lebenden Tropfen, d. h. zur Zelle werden will, aber durch die planetarischen Wirkungen des
Merkur daran verhindert wird, und so nur bloß der Leichnam der Zelle, eben
das Quecksilbertröpfchen resultiert.* Ebenso haben wir im Menschen den Menschenbildungsprozeß und den Zellenprozeß. Da stehen sich gegenüber terre-
strische und außerterrestrische Kräfte. *In der Mitte liegen die Organe.* Diese
sind Leber oder Herz oder dergleichen, je nachdem das eine oder andere überwiegt. Dabei gibt es Organe, die zuweilen mehr hinneigen zum Zellenhaften,
was dann bekämpft werden muß durch das Kosmische oder solche, bei denen
mehr das Kosmische überwiegt und das Zellenhafte zurücktritt. Und da sind
es die Organsysteme, die zwischen dem eigentlichen Sexualtrakt, dem Aus-
scheidungstrakt und dem Herzen liegen, in denen am meisten Ähnlichkeit vorhanden ist mit dem Zellenleben. Deshalb ist es auch gerade dieser Trakt im
menschlichen Organismus, der am meisten darauf angewiesen ist, der rechten
Einwirkung des Planeten Merkur ausgesetzt zu werden. Hier muß das Zellige
in einem Mittelzustand aufrecht erhalten werden. Es darf nicht soweit kommen,
daß es vom Leben ganz überwuchert würde. Und darauf beruht die Beziehung
zwischen diesen Organen und dem Metall Merkur als Repräsentant des
Merkurzustandes.

Auch die Erde würde wuchern, wenn nicht der Merkur am Himmel stünde[3].
Und *wir haben in der äußeren Natur in einer Art Dreigliederung als zwei ein-
ander entgegengesetzte Zustände das salzartig Wirkende und das phosphorig
Wirkende, dazwischen aber das merkurial Wirkende, das weder in starkem
Maße* sich hingibt dem Imponderablen wie das Salzartige, noch auch in starkem
Maße es in sich verinnerlicht, sondern die Waage hält zwischen diesen beiden

Tätigkeiten, indem es sich in der Tropfenform ausleben will. *Dem entspricht im Menschen als einem dreigliedrigen Wesen der Gegensatz des Nerven-Sinneswesens und Stoffwechselwesens und, vermittelnd dazwischen stehend, das Zirkulationswesen. Dabei kommt es aber bei dem Merkurialen nicht an* auf die Substanz, die man heute als Quecksilber bezeichnet, sondern *auf den Kräftezustand, der die Waage hält zwischen dem Zerfließen des Salzigen und dem In-sich-gedrungen-sein, in dem Zusammenhalten der Imponderabilien.* Diesen Kräftezustand herzustellen, gilt es insbesondere auch bei der *Behandlung der syphilitischen und ähnlichen Erkrankungen.* Darauf beruht andererseits auch die Tatsache, daß das Quecksilber, das unter den Metallen als ein aus früherem Zustand zurückgebliebenes Metall zu verstehen ist, nur insoweit heilsam werden kann, als es in der rechten Dosis vom Blute aus wirken kann, während jedes Mehr von Übel ist. Da würden sich dann die Eigenschaften des Quecksilbers geltend machen, die, weil im Überfluß vorhanden, erst recht zu Erkrankungsformen Anlaß geben, die denen ähnlich sind, die man eigentlich heilen wollte. Denn wir haben es bei den luetischen Erkankungen[38] mit einem unharmonischen Zusammenwirken von Nerven-Sinnessystem, Rhythmischem- und Gliedmaßensystem zu tun.

Normalerweise wirken im Stoffwechsel-Gliedmaßenorganismus hauptsächlich der physische und ätherische Organismus zusammen, aber hineinspielen auch der astralische Leib und die Ich-Organisation. In der Nerven-Sinnesorganisation andererseits spielen hauptsächlich hinein Ich-Organisation und astralische Organisation, in untergeordneter Weise nur das Ätherische. Auch ist es so, daß im Schlafzustand noch nachwirkt die Tätigkeit von astralischem Leib und Ich-Organisation. Der Schlaf muß aber aufhören, wenn Gefahr droht, daß das Nachwirken des Astralischen und des Ich aufhört. *Die syphilitische Erkrankung* aber beruht gerade darauf, daß für das Stoffwechsel-Gliedmaßensystem die Ich-Organisation des Menschen zu stark in Anspruch genommen wird[38]. Diese gleitet zu stark in den Unterleib hinunter, und die entsprechenden Krankheitssymptome beruhen auf einem Überwiegen der Ich-Organisation über die ätherische Organisation im Sexualtrakt. Es gilt deshalb diese Ich-Organisation wieder zu entlasten, frei zu machen, indem man in der Blutzirkulation sozusagen ein Phantom der Ich-Organisation hervorruft. Das Quecksilber aber, wenn es zuviel dem Körper verabreicht wird, hat die Eigentümlichkeit, nicht nach außen, sondern nach innen abgeschieden zu werden. Der ganze Organismus nimmt es dann auf, und die ganze Ich-Organisation hat bei einem Quecksilber-Behandelten immerfort zu tun mit der Durchorganisierung dieser kleinsten Quecksilbertröpfchen, die sich überall und namentlich in den kalkigen Teilen des Organismus befinden. Deshalb ist es angezeigt, das Quecksilber für *die Behandlung der luetischen Erkrankung* zu ersetzen durch ein entsprechendes Präparat aus dem Pflanzenbereich, in dem der Same auch etwas darstellt, was dem Tropfen entspricht. So empfahl Dr. Steiner[38] u. a. zur Verabreichung in Form von Injektionen ein Präparat aus dem fast schon steinharten Samen des Bocksdorn (Astragalus excarpus), verarbeitet mit dem eigenen Blüten- und Blattsaft der Pflanze. Aber auch diese Behandlung erfordert noch, daß durch starke Schwitzbäder der Überschuß nach außen ausgeschieden wird. Doch ist auch dann der Kranke zunächst nur scheinbar kuriert. Es kann die Krankheit später unter Umständen wieder aufflackern. Denn ein scheinbar kurierter Syphilitiker hat seinen Organismus zu etwas anderem gemacht als ein Nichtsyphilitiker. Und er muß diese andere Konstitution unterhalten, sonst erweist sie sich gewissen Attacken des gewöhnlichen Lebens gegenüber zu schwach, und es kann die Syphilis wieder aufflackern. Der Syphilitiker hat für das ganze folgende Erdenleben seine Ich-Organisation selbständiger als der normale Mensch. Und dem muß Rechnung getragen werden. Er muß diese künstliche Verabstrahierung seines Ich-Organismus auch in entsprechender Weise unterhalten. Und das kann er, wenn er damit beginnt, stark abstrakte Gedanken immer wieder und wieder in seinem Kopfe meditativ durchzudenken und sich z. B. mit geometrisch-mathematischen Problemen in rhythmischer Wiederkehr meditativ zu beschäftigen, wofür Dr. Steiner selbst noch ein Beispiel gibt[38].

Es besteht eben eine enge *Beziehung zwischen dem Intellekt und der Sexualität*. Und eine einseitig abstrakte Beanspruchung des Intellektes hat eine übertriebene Hinneigung zur Sexualität zur Folge[3]. Was bei der Urmenschheit noch zentral war, wird bei der modernen Menschheit in diese zwei Pole auseinandergetrieben. Der Mensch aber hat gegenüber dem Einfluß einer Unternatur und einer Übernatur aus Freiheit sein inneres Gleichgewicht im Erdenleben zu finden. Dieses Gleichgewicht ist verbunden mit einer gesunden Entfaltung seines Erdenbewußtseins. Es beruht auf einem Ausgleich der Wirkung, die ausgeht vom oberen Menschen nach dem unteren Menschen und vom unteren Menschen nach dem oberen Menschen. Dieser findet in der Mitte durch die Herzstauung statt, zwischen Zirkulation und Atmung. Treten in dieser Hinsicht Störungen auf, dann ist das ausgleichende Metall auch das Aurum[4]. Durch seine Beziehung zur Sonne dient es so dem Gleichgewicht zwischen Geist und Materie. Es verdankt auch der Mensch dem Gold sein Erdenbewußtsein.

Das normal entwickelte Erdenbewußtsein aber deckt auch die auf frühere Lebensstufen zurückweisenden Bewußtseinszustände zu (s. S. 142). Wenn nicht, haben wir es mit tiefer liegenden *Krankheitsursachen* zu tun. Zum Ausgleich kommen dann in Betracht die Metalle, insofern von ihnen auf der Erde in verschiedener Form *ihre Strahlenwirkungen*[4] hinausgehen in den Weltenraum, andererseits aber von dort auch wieder ihre Strahlenwirkungen auf die Erde zurückkommen. Dabei sind die Zinn- und Eisenstrahlungen Metamorphosen der Bleistrahlungen als dem eigentlichen Strahlungsprozeß. Ihnen als mehr ätherisch-geistige Prozesse kommen von der anderen Seite die umhüllenden Stoffprozesse entgegen. Denn was vom oberen Menschen nach dem unteren Menschen wirkt, geht nur bis zum Ätherischen und muß in Empfang genommen werden. Kommt aber aus dem Menschen heraus nicht genügend an solchen umhüllenden Stoffprozessen entgegen, dann haben wir es mit krankhaften Störungen zu tun. Findet man sie im Innern, im Verdauen, jenseits der Darmwände, dann ist gegenüber der Eisenstrahlung der entsprechende Prozeß der Einhüllung das *Kupfer*. Wirken die mit dem Zinn verwandten Prozesse abnorm, so zeigt sich das in alldem, was im Verdauen, im Verarbeiten des Aufgenommenen durch den Darm und nach außen zu gehend, diesseits liegt. Da geht der Prozeß der Einhüllung aus vom *Merkur*, ebenso in allem, was sich z. B. abspielt in der Sexualität. Denn was sich da abspielt in der Sexualität, sind Strahlungen aus dem Menschen heraus, die merkurstabähnlich verlaufen. Und wiederum, das Einhüllende für die eigentlichen Blei-Strahlungsprozesse, wenn sie sich abnorm bemerkbar machen, sei es durch die Haut nach außen, sei es nach innen harntreibend und ausleerend, ist das Silber.

Vom Standpunkt des Herzens ist also von ganz einschneidender Bedeutung, daß der Boden in gesunder Weise vorbereitet ist, damit das Ich und damit der Mensch im Herzen sich dem Sinn seiner Erdenentwicklung gemäß entwickeln kann. Geboren wird das Ich ja erst um das 21. Lebensjahr. Es ist dies auch heute das Alter, mit dem man den heranwachsenden Menschen erst als volljährig erklärt. Bis dahin hatte der Astralleib, der auch der Empfindungsleib ist, noch im menschlichen Leib seine Aufgabe. Jetzt beginnen, mit dem Einsetzen der Tätigkeit des Ich, seine Kräfte im Seelisch-Geistigen zu wirken. Dabei dient die Zeit vom 21. bis 28. Jahr der Entfaltung der Empfindungsseele. Die Seele erschließt sich damit für die Sinneswelt. Auch ist erst in dem reiferen Lebensalter der zwanziger Jahre der heranreifende Mensch dafür aufgeschlossen, aus innerer Sympathie den Intellektualismus zu erfassen[63]. Da erst beginnt er naturgemäß, den Intellektualismus wie ein inneres seelisches Knochensystem zu empfinden. Tritt er dann mit dem 28. Lebensjahr in die Entwicklung seiner Verstandes- oder Gemütsseele ein, dann ist er in seinem Inneren nach außen hin ganz auf sich selbst gestellt. Die abstrakt gewordene Weltanschauung kann ihm nichts mehr an Lebens- und Wachstumskraft vermitteln. Hat sich aber das innerste geistig-seelische Wesen im Menschen frei entwickeln können, dann hat er doch so viel von der Welt empfangen, daß er mit seinem Leben nicht an einem gewissen Abschluß angekommen ist, sondern von innen heraus die eigene Erneuerung seines physisch-materiellen Lebens selber besorgen kann[60]. So daß er um die Zeit seines 35. Lebensjahres, sozusagen in der Mitte seines Lebens, wenn seine Bewußtseinsseelen-Entwicklung einsetzt, als freier Mensch und mit voller Verantwortlichkeit in das soziale Leben hineinwachsen kann.

Wo aber diese freie Entwicklung des geistig-seelischen Wesens gestört worden ist, geschieht etwas wie bei einer Pflanze, die man, wenn in den Boden gepflanzt, sich nicht durch Licht und Luft frei entwickeln läßt, sondern in deren freie Entfaltung eingreift. Es entwickeln sich, wenn man in Schablonen einschnürt, statt eventuell bestehende Hindernisse für die freie Entfaltung helfend wegzuräumen, *Einseitigkeiten in der geistig-seelischen Entwicklung. Solche Disharmonien in der Seelenentwicklung spiegeln sich dann in den leiblich-vegetativen Prozessen.* Es geschieht dies auch im Organismus unserer heutigen Erde, insofern die sie bedeckende Pflanzenwelt einen lebendigen Spiegel der Erdenseele darstellt. Allerdings ist dabei noch zu bedenken: was sich da auf der Erde so abspielt, daß auf der einen Hälfte der Erde Sommer, auf der anderen Hälfte der Erde Winter ist, vollzieht sich im Innern des Menschen in der Weise, daß es sich gegenübersteht und so gegenseitig aufhebt. Dadurch erst sind die Bedingungen gegeben, daß der Mensch sich in Freiheit entwickeln kann. Und zwar geschieht es so: der Leib befindet sich im Schlafe in einem Frühling-Sommerzustand, Ich und Astralleib aber in einem Winterzustand; und umgekehrt, beim Wachen das Ich und der Astralleib in einem Sommerzustand, der Leib aber in einem Winterzustand[64]. Dabei verstehen wir unter Sommerzustand ein Hingegebensein an die Umwelt, unter dem Winterzustand ein Auf-sich-selbst-Zurückgezogensein gegenüber der Umwelt. Auf diese Weise ist auch wiederum das Herz als der Ort im Innern des Menschen zu verstehen, wo es darauf ankommt, ob der Boden gut oder schlecht vorbereitet ist für die Saat, und auch, ob es gute oder taube Samenkörner sind, die er im Herbste empfängt. War es ein guter Boden und ist es eine gute Saat gewesen, dann ist gut vorbereitet, daß ein „Stirb und Werde" sich im Inneren des Menschen vollziehen kann, gleich der Pflanze, die im Blühen und Samenbilden sozusagen ihr Leben hingibt, deren Samen aber im Herbst auf die Erde fällt, da im Winter ruht, und aus dem im Frühling eine neue Pflanze ersteht.

Ein solches „Stirb und Werde" findet auch wiederum statt, insofern die Ernährung übergeht in die Zirkulation, in die Heilung, die Heilungsvorgänge in der Nerven-Sinnes-Organisation übergehen in geistige Vorgänge und diese wiederum zurück in Heilungsvorgänge[6]. Dabei wirkt in den ernährenden Impulsen des Menschen Gabriel, der auch im Jahreslauf aus dem Kosmos die nährenden Kräfte nimmt und diese einführt in den Menschen zur Hochsommerzeit[43]. Er reicht die Nahrung dem Raphael. Da wird die Nahrung Heilung. Dadurch sind diese Ernährungskräfte nicht bloß Hunger und Durst stillende Kräfte, sondern den kranken Menschen innerlich korrigierende Kräfte. Die in Heilung verwandelte Nahrung reicht Raphael weiter an Uriel, und es wird Gedankenkraft. Von Uriel wiederum empfängt Michael die Gedankenkräfte, die, kraft des kosmischen Eisens, in Bewegungskräfte übergeführt werden.

Andererseits erlebt der Mensch auch als seelisch-geistiges Wesen im Jahreslauf den Wechsel der Jahreszeiten mit[43] (s. S. 89). Da wirkt Michael im Herbste mit seinem aus dem Meteoreisen geschmiedeten Schwerte, den in den Schwefeldünsten aufsteigenden Drachen bekämpfend, der vom Menschen Besitz ergreifen will. Gabriel ist der Geist, der im Winter vom Kosmos herein die Geburten regelt. Raphael ist das geistige Wesen, das zur Frühlingszeit in der Natur wirkt und durch das inspirierte Ohr zur Osterzeit der Menschheit die Heilswahrheiten lehren kann. Uriel ist es, der zur Sommerzeit als leuchtende Intelligenz in den leuchtenden Wolkengebilden erscheint und in seinem eigenen Denken das Weltendenken in sich hegt. Da müssen wir ihn uns vorstellen in die Natur hineinwirkend, seine Kräfte einstrahlend in unsere Wolken, in unseren Regen, in Blitz und Donner, einstrahlend in das Pflanzenwachstum. – Doch während auf unserer Erdhälfte Sommer ist, ist dann auf der anderen Hälfte Winter, und ist bei uns Winter, ist dort Sommer. Da ist dann Uriel dort für die Höhen. Aber die Erde ist kein Hindernis, daß die Kräfte des Uriel zu uns kommen. Seine Kräfte dringen durch die Erde zu uns, durchdringen uns von der anderen Seite, machen Halt in unserem Haupte. Hier werden dann die Kräfte, die sonst draußen in der Natur sind, zu den Kräften, die uns eigentlich zum Bürger des ganzen Kosmos machen, die in unserem Haupte wieder erstehen lassen ein Abbild des Kosmos, die da erleuchtend wirken, so daß wir Besitzer der menschlichen Weisheit sind. Auch Raphael umkreist die Erde. Während Michael zur Herbsteszeit kosmischer Geist ist und vermittels des Eisens im Menschen wirken kann, sendet Raphael seine Strahlungen durch die Erde hindurch und schafft die Kräfte der menschlichen Atmung, Sinn habend für jeden Atemzug und für alles, was von der Lunge aus zum Herzen und vom Herzen wiederum durch den ganzen Blutkreislauf geht. Auf diese Weise lernt der Mensch jene heilenden Kräfte, die zur Raphael-Zeit im Frühling den Kosmos durchwehen, in sich selber kennen. Folgt dann der Winter, dann ist Gabriel der Weihnachtsengel. Und wiederum Michael als der kosmische Geist, der im Herbst seine Kulmination hat, seine Kräfte durchdringen zur Frühlingszeit die Erde und leben in alledem, was im Menschen Bewegung und Ausdruck des Willens ist.

So ist es im Jahreslauf. Überschauen wir aber in geistiger Hinsicht dieses Geschehen im Hinblick auf das Wirken in der Zeit[43]: dann wirken zur Sommerzeit zusammen Uriel im Kosmos, Gabriel zur Seite des Menschen. Nach dem Herbste zu haben wir Michael mit seinem aktiven, positiven, in die Welt hinausschauenden, den Menschen auf seine Wege weisenden Blick; drunten, im Zusammenwirken mit Michael, Raphael, der mit tiefsinnigem Blick an den Menschen herantritt und die heilenden Kräfte, die er im Kosmos entzündet hat, an den Menschen heranbringt, gestützt auf die inneren Kräfte der Erde, gestützt auf seinen Merkurstab. Dann wiederum haben wir im Frühling Raphael mit tiefsinnigem Blick, den Merkurstab jetzt nicht mehr stützend auf die Erde, sondern wie eine feurige Schlange hingehalten, die Kräfte der Luft, alles was als Feuer, Wasser, Erde im Kosmos vorhanden ist, benützend, sie gewissermaßen zusammenmischend, um sie in Heilkräfte zu verwandeln; während Michael, an den Menschen herantretend, da ganz besonders sichtbar wird mit seinem positiven Blick, der wie in die Welt zeigt und des Menschen Blick ganz mitnehmen möchte.

Von noch tieferer Bedeutung aber wird uns dieser Zusammenhang im Hinblick auf den Entwicklungsprozeß unserer Erde mit der Erdenmenschheit und dann auch wieder im Hinblick auf den Werdegang des einzelnen Menschen im Laufe seines Erdenlebens. Im Verlaufe der größeren Zeitenrhythmen steht darin heute die Menschheit an einem sehr bedeutsamen Übergang. Es ist, vom Seelisch-Geistigen aus gesehen, ein Übergang aus einer Herbst- und Winterzeit in eine Frühling-Sommerzeit. Wir stehen auch im Beginne eines Michaelzeitalters, wo Michael zum Zeitgeist geworden ist. Neue Quellen spirituellen Lebens, das versiegt war, haben sich damit gleichzeitig der Menschheit erschlossen. Und Raphael als Merkurwesen, er will, wo er ein offenes Ohr dafür findet, den Menschen belehren, inwiefern die ahrimanischen und luziferischen Kräfte den Menschen krank machen und inwiefern, verbunden mit dem Ostergeheimnis, das Christus-Prinzip als das heilende Prinzip zu durchschauen ist. Dabei kann der Mensch erkennen lernen: wie der Kalk zur Frühlingszeit lebendig wird und dann bestrebt ist, das Kosmisch-Astralische begierdenhaft aufzunehmen und so den Menschen, wenn er diesem Einfluß gegenüber unterliegen würde, in seinem Organismus ähnlicher und ähnlicher dem lebendigen Kalk machen würde; wie andererseits aber, wenn im Frühling die Ausatmung der Erde beginnt, wenn die Kohlensäure auch wieder mehr in einer höheren Region wirkt, als sie im Winter gewirkt hat, und damit auch die Pflanzen wieder zu sprießen beginnen, die luziferischen Wesenheiten eine Art Kohlensäure-Verdunsten von der Erde anstreben. Auf diese Weise würde auf der Erde alles Atmen aufhören. Was der Mensch ohne sein Atmen ist, sein Ätherisches, würden sie hinaufziehen und dadurch in die Lage kommen, ätherische Wesen zu werden, statt nur astralische Wesen zu sein. Die Menschen würden als physische Menschen verschwinden, und ihre Ätherleiber würden sich mit dem verbinden, was oben astralisch, luziferisches Engelwesen ist. Doch will uns Raphael auch belehren: wie mit allem, was salzartig ist, die Heilkräfte verbunden sind, und wie man auch die Heilwirkungen, z. B. aller Salzablagerungen, erkennen lernt, indem man das Weben und Leben des Ahrimanischen in den Salzablagerungen der Erde studieren kann; auch wie in allem Wasser ein Merkuriales, ein Quecksilbriges wirkt, in allem, was Kohlensäure ist, ein Sulfuriges, ein Phosphoriges; wie aber der *Christus*, indem er sich durch das Mysterium von Golgatha mit der Erde verbunden hat, *als der Luzifer verus und der Mercurius verus* zu verstehen ist, *dem die Merkur- und*

Venuswesenheiten als Mittler dienen. – Wir können auf diese Weise auch wieder verstehen lernen, welche spezielle Rolle in dieser Hinsicht den entsprechenden Organsystemen im menschlichen Organismus, dem *Lebersystem* und dem *Nierensystem* zukommen: wie sie im Menschen zu vermitteln haben gegenüber den ihn auf Erden von seiten des Erdig-Flüssigen und gegenüber den ihn von seiten des Luftigen beeinflussenden und beherrschen wollenden ahrimanischen und luziferischen Einflüssen, indem sie auf der einen Seite dem Aufbau und Unterhalt des Organismus von seiten der Stoffwechsel-Gliedmaßenorganisation dienen, nach der anderen Seite aber der seelisch-geistigen Entwicklung.

Überblicken wir jetzt auch noch ein ganzes Menschenleben, dann haben wir von der Jugend bis zum Alter in der Mitte des Lebens leiblich etwas wie einen Übergang aus einer aufsteigenden Frühlingszeit in eine absteigende Herbsteszeit. Dazu kommt[3], daß der Mensch in der Jugend mehr ausgesetzt ist den obersonnigen Einflüssen von Saturn, Jupiter, Mars, im späteren Alter den untersonnigen Einflüssen von Venus, Merkur, Mond, von denen dann der Mondeneinfluß verhältnismäßig am frühesten und deutlichsten eintritt. Andererseits leben wir heute im Hinblick auf die ganze Entwicklung unserer Erde und der auf ihr sich entwickelnden Erdenmenschheit bereits in einem Übergang von einem Erdenfrühling in einen Erden-Herbst. Es hängt damit zusammen, daß *unsere heutige Erde als Mars-Merkur* zu bezeichnen ist. Dahinter steht als geistige Tatsache: daß unsere Erde in der ersten Hälfte ihres Daseins, nachdem sie eingetreten war in die lemurische Zeit, ihre Begegnung mit dem Mars hatte und so vom Mars beeinflußt wurde, während für die zweite Hälfte ihres Daseins der Merkureinfluß von wesentlicher Bedeutung ist. Es war in der lemurischen Zeit ein heftiger Kampf entstanden zwischen den Jehovageistern und den Scharen Luzifers (s. S. 85). Jehovas Bestreben war die Ausgestaltung der Form[41]. Durch Luzifer war die Leidenschaft entfacht für eine verfrühte Entwicklung. Es war so die Gefahr, daß durch Jehova lebendige Statuen entstehen würden, durch Luzifer jedoch rasch vergeistigte Wesen. Aber dafür war dadurch ein Ausgleich geschaffen, daß neues Material geholt wurde vom Mars, dem die Erde ihr Eisen und der Mensch die Entstehung seines roten Blutes verdankt. Die Leidenschaften waren dadurch weniger vehement. Luzifer hat zu seinem Träger gemacht, was von dem Mars gegeben war. So war es bis zur Mitte der atlantischen Zeit. Der Mensch hatte Weisheit in sich aufgenommen. Aber der Weisheit allein würde es in der Zukunft nicht möglich sein, Gestalten-schaffend aufzutreten. Man würde das Mineralreich aufbauen können durch Luzifer, aber beleben könnte Luzifer das nicht. Der Mensch hätte niemals unter dem Einfluß dieser Mächte leben können. Dafür mußte eine höhere Wesenheit als Luzifer, ein Sonnengott kommen. Es mußten die menschlichen Astralleiber noch einen dritten Einschlag bekommen. Dieser wurde vom *Merkur* heruntergeholt. Es vereinigte so der Christus seine Herrschaft mit dem Luzifer. Und will man auf der Bahn hinauf den Weg zu den Göttern finden, braucht man *den Götterboten* Merkur. Er ist auch derjenige, der die Wege des Christus von der Mitte der atlantischen Menschheit an vorbereitete, damit später der Christus in die Astralleiber einziehen könne, die das merkuriale Element in sich aufgenommen haben. Und *wie das Eisen, vom Mars der Erde in der lemurischen Zeit einverleibt, zuerst in astraler Form vorhanden war und dann sich verdichtet hat, so ist damals in*

der atlantischen Zeit das Quecksilber vom Merkur her in ätherischer Form auf
die Erde geholt worden. Noch hat es sich nicht verfestigt wie die anderen
Metalle. Andererseits werden aber alle Metalle, wenn man sie erhitzt, erst
warm, dann flüssig, dann gasförmig. Gold und Silber bildeten auch einstmals
Tropfen wie das Quecksilber. Aber *daß das Quecksilber heute noch flüssig ist,*
hängt zusammen mit dem ganzen Prozeß der Erdenentwicklung. Es wird erst
fest werden, wenn einmal der Götterbote seine Aufgabe erfüllt haben wird.

Der Sinn für solche Zusammenhänge erschließt sich im Hinblick auf die
Tatsache, daß wir es überall *in der Welt* mit einem *gewissen Vergehen und*
Entstehen zu tun haben. Insofern sich der Mensch aus der Welt der Sinne
wieder in die Welt der Geistigkeit hinaufentwickelt, verhält sich diese Welt
der Sinne zu der Welt der Geistigkeit dahingehend, daß die Welt der Sinne
uns angezeigt wird durch lauter *absterbende Organe*, die Welt des Geistes
durch lauter *aufsteigende Organe*[65]. Entsprechendes vollzieht sich auch in der
Welt um uns herum. So ist in der Welt des Mineralischen im *Quecksilber*
etwas gegeben, das jetzt noch in einer Art von Samenzustand und *in einer ge-*
wissen Weise in einer aufsteigenden Entwicklung ist. Es wird Verwandlungen
zum Vollkommenen durchmachen. Es hat noch nicht alle die Kräfte pulveri-
siert, die ein jeder Stoff im Geistigen hat, bevor er Stoff wird. Infolgedessen
wird es in der Zukunft noch Wesentliches aus seiner Spiritualität heraussetzen
und andere Formen annehmen können. So daß im Mineralischen das Quecksilber dem menschlichen Kehlkopf und auch in gewisser Weise den Lungen,
dessen Anhangsorgan der Kehlkopf ist, entspricht. Das ist insofern der Fall,
als im Verhältnis des Menschen zum schöpferischen Weltenwort der Kehlkopf
ein aufsteigendes Organ ist, das Ohr hingegen ein auf absterbender Linie
begriffenes Organ.

Im Gegensatz zum Quecksilber aber ist gerade *das Kupfer in einer Art*
absteigenden Entwicklung. Es wird in der Zukunft nicht mehr innere spirituelle
Kräfte haben, die es heraussetzen kann[65]. Es muß sich immer mehr und mehr
zersplittern, bloß zerfallen, bloß zum Weltenstaube werden. Wir werden dabei auch wieder hingewiesen auf die *Beziehung*, die besteht *zwischen dem*
Nierensystem und den Augen, dies in Zusammenhang mit der Tatsache, daß
wir als Menschen dem Einfluß Luzifers unsere heutige Sinneswahrnehmung
zu verdanken haben, ebenso die groben materiellen Prozesse der Ernährung,
Verdauung, Drüsenabsonderung. Damit ist der Mensch hineinversetzt in die
irdische, materielle Welt, die der Vergänglichkeit angehört, keinen Ewigkeits-
wert hat. Auch der Mensch läßt sie seiner Natur nach hinter sich. Er ist in sie
in diesem Leben eingespannt wie durch ein Rad, das sich fortwährend in der
gleichen Weise dreht. Und hätte er nicht Nerven, Muskeln, Knochen, es wäre
das Verhältnis von Ich zum astralischen Leib geblieben wie es ursprünglich
eigentlich war.

Durch den luziferischen Einfluß aber ist der Mensch auch ichlicher geworden, als er hätte sein sollen. Es ist ein Überschuß des Ich über den Astralleib
entstanden. Dadurch hat das Ich sich unrein vermischt mit Denken, Fühlen
und Wollen. Das hat zur Folge ein Übergewicht des Astralleibes über den
Ätherleib. Der setzt nun aber diesen Schlag nicht einfach fort; es dreht sich
vielmehr das Verhältnis um. Jetzt erhält der Ätherleib über den Astralleib das
Übergewicht, und es folgt dem das Übergewicht des physischen Leibes über
den Ätherleib. Das wiederum bewirkt Ahriman. Weil Luzifer gewirkt hat, um

hinzuschlagen, schlägt Ahriman von der anderen Seite im physischen Leib und Ätherleib zurück, so daß in der Mitte, wo wir auf der einen Seite das Übergewicht des Ätherleibes über den Astralleib und des physischen Leibes über den Ätherleib und auf der anderen Seite das Übergewicht des Astralleibes über den Ätherleib und des Ich über den Astralleib haben, Ahriman und Luzifer zusammenprallen. Mit solchen Kraftwirkungen haben wir es zu tun. Der Mensch hat so die Gelegenheit, nach der einen oder anderen Seite hinzuschwingen. Unsichtbare, nicht räumliche Formen aber haben zunächst dem Menschen die Geister der Form beim Beginne seines Erdenwerdens gegeben[65].

Etwas Ähnliches zu dem, was so in unserer Seele selber lebt, ist nun auch hinter jeder äußeren, räumlich-materiellen Dinglichkeit zu sehen. Nachdem im Weltenall auf dem alten Saturn die Geister des Willens, auf der alten Sonne die Geister der Weisheit, auf dem alten Monde die Geister der Bewegung, auf der Erde die Geister der Form gewirkt haben, und ein Prozeß im Weltall fortgeschritten ist bis zur Form, ist diese zunächst ganz übersinnlich im Geistig-Seelischen, ist noch keine Raumesform. Dann aber ist der nächst mögliche Schritt, daß die Formen zerbrechen. Das ist der Übergang vom Übersinnlichen in das Sinnliche des Raumes. Es entsteht *Materie* im Raume. Sie ist *ein Trümmerhaufen des Geistes*[65]. Geschieht dieses Zerbersten ins Leere hinein, dann entsteht mineralische Erde. Wirkt in den auseinanderfallenden Trümmern noch nach, was als geistige Form vorhanden war, da entstehen die Kristalle. Geht es aber sozusagen nicht in jungfräulicher Art vor sich, zerbricht die Form nicht hinein ins Leere, sondern findet sie schon eine vorbereitete Welt, dann entwickelt sie sich in einer Ätherleiblichkeit zu Pflanzenmaterie. In einem Ätherleib aber, über den das Physische Übergewicht hat, entsteht Nervenmaterie. Überwiegt die Ätherleiblichkeit über die Astralleiblichkeit, dann entsteht Muskelmaterie. Wo aber das Ich in seiner Ichlichkeit mit Überschuß hineinwirkt in den Astralleib, da entsteht, wenn der Geist hineinsprüht und zerstiebt, aber erst auf vielen Umwegen, in dieser durch den luziferischen Einfluß zustande gekommenen Unregelmäßigkeit der Leiblichkeit Knochenmaterie. So ist also auch *der Mensch*, wie er uns *als materieller Mensch* entgegentritt, *ein Ergebnis des luziferischen Einflusses*. Ohne diesen wäre er paradiesisch geblieben. Durch die Geister der Form hätte er nur rein übersinnliche Form, nichts Räumliches zunächst. Was geworden wäre, könnte kein äußeres Auge sehen. Denn rein seelische Formen können nicht von äußeren Sinnen wahrgenommen werden. „Imagination" wäre das, was die Geister der Form zunächst geschaffen hätten. Das wäre durchsetzt von dem, was dem Menschen geblieben ist aus der Schöpfung der höheren Hierarchien, den Geistern der Bewegung. Es würde uns entgegentreten durch „inspirierte Erkenntnis". Und was die Geister der Weisheit geben, würde „Intuition" sein. Demnach gehört die Materie, womit wir ausgefüllt sind, nicht zu uns. Weil wir sie aber in uns tragen, müssen wir sterben. Und weil der Mensch seinen geistigen Zustand verlassen hat, lebt er im physischen Dasein nur so lange, bis die Materie überwindet, was sie zusammenhält. Denn sie will eigentlich fortwährend zerbersten. Und sobald die Materie in den Knochen, Muskeln, Nerven die Überhand bekommt über Imagination, Inspiration und Intuition und zerbersten kann, muß der Mensch seinen physischen Leib ablegen. Doch die Sehnsucht nach seinem geistigen Dasein ist ihm geblieben. So kehrt er nach dem Ablegen seines physischen Leibes in die geistige Welt, in der er urständet, zurück.

Aber während *der Sinnes-Drüsen-Verdauungsmensch* der Verfallsmensch ist, der Vergänglichkeit angehört, kommt es dem *Nerven-Muskel-Knochenmenschen* zu, das Menschliche für die Ewigkeit zu retten, ihn hinüberzutragen für späteres Dasein[65]. Wenn das Knochensystem materiell zerfällt, bleibt die Imagination. Zerfallen die Muskeln, dann verbleibt die Inspiration, von der sie eigentlich der Ausdruck sind; und so verbleibt auch beim Zerfall des Nervensystems die Intuition. Auch insofern der Mensch im Leben sein Nervensystem abnützt und ins Zerbröckeln bringt, strahlt er intuitiv erfaßbare geistige Substanz aus; wenn er seine Muskeln benützt, durch Inspiration erfaßbare Substanz, und von seinen Knochen strömt aus imaginativ zu erfassende Substanz. Geschähe dies nicht von seiten des Menschen, daß durch das In-Tätigkeit-Setzen seines Nerven-Muskel-Knochensystems fortwährend solche Strahlungen in die Welt übergingen, es müßte zur Folge haben: Von unserer Erde, wenn sie am Ziele ihrer Entwicklung angelangt wäre, würde nichts vorhanden sein als pulverisierte Materie, die in den allgemeinen Weltenraum in Staub übergehen würde. Doch auch das, was der Mensch so in die Welt hinausstrahlt, gliedert sich wieder in eine Zweiheit, in das, was ganz aufgenommen und in das, was zurückgewiesen wird. Was nicht aufgenommen wird, bleibt stehen, bis der Mensch kommt und es selbst vernichtet durch solche Ausstrahlungen, die dazu geeignet sind. Und es wird ihm, dem Karma gemäß, solange nachgehen, bis er es ausgeschieden hat. So hat also der Mensch, der im Grunde genommen heruntergestürzt ist aus seiner geistigen Höhe und zum Sinnes-Drüsen-Verdauungsmensch geworden ist, als Gegengewicht erhalten den Nerven-Muskel-Knochenmenschen, um sich wieder hinaufarbeiten zu können in sein geistiges Dasein. Könnten aber unsere Nerven, Muskeln, Knochen durch die Aktivität des Menschen nicht zerfallen und endlich im Tode ganz zerfallen, der Mensch würde verurteilt sein, ein an ein Dasein innerhalb der Erde gebanntes Wesen zu sein. Er würde nicht teilnehmen können an der Weiterentwicklung in die Zukunft hinein; während der Mensch eigentlich dazu bestimmt war, im Umkreis der Erde zu leben.

Doch ist auch *das Blut des Menschen* etwas anderes geworden, als es hatte werden sollen[65]. Obgleich es durch den luziferischen Einfluß geschehen ist, daß die Art und Weise, wie physischer Leib, Ätherleib, Astralleib ineinanderwirken sollten, in Unordnung kam und dadurch Nerven-, Muskel- und Knochensubstanzen entstanden sind, so ist es doch so, daß Luzifer auf diese Substanzen keinen Einfluß hat. Auf das Blut als Materie aber hat er seinen direkten Einfluß. Ursprünglich war die Blutsubstanz ebenfalls dazu veranlagt, geistig bis zu einer Grenze der Form zu kommen, doch nicht, um dann in dem Raum zu zerspritzen und als pulverisierte Form mineralische Materie darzustellen. Sie sollte nur an der Grenze eben materiell werden und wieder in sich selbst zurücksprühen. Ein fortwährendes Heranwogen und Zurückschießen ins Geistige hätte es werden sollen, ein fortwährendes Aufleuchten, Aufglänzen im Materiellen. Es sollte etwas ganz Geistiges sein. Das wäre auch geworden, wenn die Menschen im Beginne der Erdenentwicklung nur von den Geistern der Form aus ihr Ich bekommen hätten. In diesem Aufleuchten im Blut hatte der Mensch das Organ seiner Ichwahrnehmung. Das wäre auch seine einzige Sinneswahrnehmung gewesen, es wäre ein Miterleben mit dem waltenden Willen. Auch wäre das Blut die einzige Substanz im Materiellen. Ein rein geistiges Wesen, aus Imagination, Inspiration und Intuition bestehend, wäre der

Mensch gewesen, in dem aufschießt, mit dem Versuch zu zerbrechen, das Ich, im Aufglänzen sagend: Ich bin, denn ich bewirke das, was da unten von mir ist. Als Mensch sollten wir die Erde umkreisen, unsere Eintragungen machen und an diesen erkennen, daß wir ein Ich sind.

Statt dessen verfiel der Mensch in die Materie, weil Luzifer ihn dazu brachte, nicht nur sein Ich als Sinneswahrnehmung zu haben, sondern auch alles das als sein Ich zu empfinden, was er schon auf dem Monde gehabt hat als Astralleib: Denken, Fühlen und Wollen[65]. Das Ich wurde damit vermischt. Die Blutsubstanz wurde so veranlaßt zu zersprühen, statt im Augenblick des Aufleuchtens wieder zurückzukehren ins Geistige. So daß sie in dem Augenblick, wo sie materiell wird, in den übrigen Körper hineingeht, die übrige Organisation ausfüllt und sich entsprechend, nach den Kräften dieser Organisation, verändert. So ist das Blut eine Schöpfung Luzifers. Und indem der Mensch mit dem Blut zugleich den physischen Ausdruck seines Ich hat, ist er mit seinem Ich hier auf der Erde verknüpft mit der Schöpfung des Luzifer. Da aber auch Ahriman an den Menschen herangekommen ist dadurch, daß Luzifer vorher da war, wird von Ahriman das aufgefangen, was von Luzifer kommt. Die Folge davon ist, daß der Mensch zwei Wesen in sich hat, den Sinnes-Drüsen-Verdauungsmenschen und den Nerven-Muskel-Knochenmenschen. Beide werden in ihrer groben Materialität wieder versorgt von dem, was das Blut durch den luziferischen Einfluß geworden ist. Alles, was am Menschen Materie ist, wird aus dem Blut ernährt, ist umgewandeltes Blut. Und insofern der Mensch Blut ist, ist er so der wandelnde Luzifer-Ahriman selber. Nur allein durch das, was der Mensch hinter diesem Materiellen hat und der Materie vom Blute aus eingegossen wird, gehört er den göttlichen Welten, der Vorwärtsentwicklung an.

Wäre das Blut so geblieben, wie es von Anfang an dem Menschen bestimmt war, es wäre ein reiner Ausfluß der Geister der Form, der sieben Elohim. Der Mensch hätte sein Ich in einer Siebengliedrigkeit gefühlt. Davon wäre das dem Jahve entsprechende das Hauptglied, die sechs anderen wären Nebenglieder des Menschen. Sie würden, wenn das Blut nicht durch Luzifer verdorben worden wäre, den Menschen mit dem begabt haben, was wir uns jetzt mit großer Mühe wieder aneignen als siebengliedrige Menschennatur. Doch hat die Menschheit solange warten müssen darauf, daß eine Siebengliedrigkeit in ihr zur Offenbarung kommt, bis sie umgekehrt, durch genügende Ausstrahlungen von intuitiver, inspirativer und imaginativer Substanz aus Nerven, Muskeln und Knochen, reif geworden ist, diese siebengliedrige Menschennatur wieder hereinzubekommen. Jetzt sind wir auch erst dabei, in abstrakter Form jene Natur des Menschen aufzuzählen, die ins Ich hereinspielt vom physischen Leib, vom Ätherleib, vom Astralleib, von sich selbst, Jahve oder Jehova, von Manas, dem Geistselbst, von Buddhi oder Lebensgeist, von Atma oder dem Geistesmenschen. – Doch war es im Sinne der Entwicklungsziele, daß Luzifer eine spezielle Verdunkelung der sechs Nebenglieder und eine besondere Erhellung des einen Gliedes, des Ich bewirkte. Nur dadurch, daß das Ich hereinbefördert worden ist in die dichte Materie, kam der Mensch zu seinem Bewußtsein als Einzelheit, während er sich sonst von Anfang an als Siebenheit gefühlt hätte. Dabei verläuft auch der Weltenprozeß so, daß der Mensch durch Luzifer veranlaßt wird, immer selbständiger und selbständiger zu werden, während er durch die 7 Elohim veranlaßt wird, immer mehr und mehr sich als Glied der gesamten Menschheit zu fühlen. Es streben so die luziferischen Wesenheiten danach, das gesetzmäßige Wirken der Geister der Form zu durchbrechen. Sie reißen den Menschen aus seiner Blutsverwandtschaft heraus. Sein Angriff ist vorzugsweise auch gegen das, was in der Liebe an das Blut geknüpft war, gerichtet.

Seine Erfüllung aber findet dieses den Menschen Auf-sich-selbst-stellen erst durch das Erscheinen des Christus auf Erden als das Licht der Welt, als der Luciferus verus. Und was durch Luzifer im Astralleib als gesteigertes Selbstgefühl, auch als Selbstsucht entstanden ist und im Ätherleib Irrtum, im physischen Leib Krankheit zur Folge hat, kann erst geheilt werden durch das Verbundensein des Christus mit der Erde seit dem Mysterium von Golgatha als des Mercurius verus. Dadurch, daß auf Golgatha das Blut des Christus in die Erde geflossen, er aber nach dem Tode im Leibe wieder auferstanden und durch die Ätherisation seines Blutes mit der Erde verbunden ist, findet auch im menschlichen Blute, zum Heil der Menschheit, die Ätherisation statt. Sie gibt dem Menschen die Möglichkeit, auch Anteil zu haben an der Auferstehung im Leibe. Es wird in dem Maße geschehen können, als der Mensch dazu gelangt, Anschluß an den Christus-Impuls auf Erden zu finden. Das geschieht, insofern er von sich sagen kann „Nicht Ich, sondern der Christus in mir", verbunden mit der Erkenntnis: daß Christus der Weg, die Wahrheit und das Leben ist und niemand den Weg zum Vater zurückfindet, denn durch ihn.

Auch hat die Erde ihren eigentlichen Sinn erst durch das Mysterium von Golgatha und mit dem Einzug der göttlichen Liebe auf Erden erhalten. Ereignet hat sich dieses Mysterium auf Erden für die Menschheit im Zeitalter der Verstandes- oder Gemütsseelen-Entwicklung. Wir stehen heute als Menschheit im Zeitalter der Bewußtseinsseelen-Entwicklung. Die Ausbildung des Intellektes und des Materialismus hat ihren Höhepunkt bereits erreicht. Ihre Aufgabe ist damit für die Entwicklung der Menschheit erfüllt. Sie hat die Menschheit herangeführt an die Schwelle zur geistigen Welt, die es, verbunden mit dem Christus-Impuls, zu überschreiten gilt. So ist es an der Zeit, dafür die Brücken zu bauen. Imaginativ erlebt hat es Goethe und wiedergegeben in seinem Märchen von der grünen Schlange und der schönen Lilie. Und da ist es gerade die grüne Schlange mit ihrem Interesse für alles, dem sie in den Klüften der Erde begegnet, die auch mit Gier das Gold verschluckt, das von den Irrlichtern stammt und dessen sich der Fährmann entledigt hat, indem er es in eine Erdspalte schüttete. Die grüne Schlange wurde dadurch fähig, mit ihrem eigenen Licht ihre Umgebung zu beleuchten. Sie war es dann aber auch, die auf diese Weise den unterirdischen Tempel, ihn erleuchtend, entdeckte und dann dem dazukommenden Alten mit seiner Lampe etwas ins Ohr flüsterte, worauf dieser ausrief: „Es ist an der Zeit." Sie war es dann, die dafür das Opfer gebracht hat. Nachdem sie als Brücke über den Fluß gedient hatte und damit verholfen hatte, daß der unterirdische Tempel gehoben und offenbar wurde, zerfiel sie selbst, doch in lauter leuchtende Edelsteine.

Das Kupfer

Betrachten wir *das Kupfer*. Auf den Zusammenhang hingewiesen[3], daß das Kupfer unserer Erde den durch anderes nicht gestörten Venuswirkungen zuzuordnen ist, kann uns seine warme Farbe und sein heller Glanz etwas davon offenbar werden lassen. Wir können ihm gegenüber etwas Verwandtes empfinden zu dem, was wir auch der Venus gegenüber an Empfinden haben können, wenn sie uns am Himmel in ihrem strahlenden Glanze als Abend- oder Morgenstern entgegenleuchtet. Auch weist die Vielfarbigkeit seiner Erze auf seine ihm eigene Beziehung zum Lichte hin. Wir finden unter diesen *Kupfererzen* alle Farben des Spektrums vertreten, vom Rot bis zum Violett. Und damit lassen auch sie wieder jedes für sich etwas von ihrem besonderen Wesen erkennen; auch im Hinblick auf die Tatsache, die Goethe in seiner Farbenlehre uns wieder erschlossen hat: daß Licht, durch ein dunkles Medium gesehen, rot erscheint, Finsternis durch ein lichtes Medium gesehen, blau.

Noch schwarz, allerdings auch in prächtigen blauschwarzen Kristallen zu finden, ist der Kupferglanz (Cu_2S), das kupferreichste Schwefelerz[78]. – Der *Buntkupferkies* ($Cu_3FeS_3 = Cu_2S \cdot CuS \cdot FeS$) aber hat seinen Namen davon, daß er sozusagen in allen Farben des Regenbogens erscheinen kann. Auf frischem Bruch erglänzt er metallisch in rotviolett, dann aber überzieht er sich bald mit tief veilchenblauen, blaugrünen und auch schwarzglänzenden Anlauffarben; auch sein Strich ist schwarz. – Dem Buntkupferkies noch etwas ähnlich erscheint der *Kupferindig* (CuS): er ist tiefblau, metallisch glänzend, unterscheidet sich aber von dem Buntkupferkies durch seinen indigoblauen Strich. – Der *Kupferkies* ($CuFeS_2 = CuS \cdot FeS$) selber ist gelb, ähnlich dem Pyrit, aber mit einem Stich, der etwas mehr ins Grünliche geht; auch hat er karminrote, grünliche und bläuliche Anlauffarben, die der Pyrit nur selten hat. Er ist auch weicher als der Pyrit.

Charakteristisch für diese Schwefelverbindungen des Kupfers ist auch, daß sie sich mehr in den tieferen Schichten der Erde finden. In den oberen Teilen der Kupferlagerstätten wandeln sie sich um und bilden, neben dem Brauneisen, das *Rotkupfererz* (Cu_2O) und in der Nähe der Erdoberfläche den Malachit und Kupferlasur. Das Rotkupfererz = *Cuprit* ist in seinen derben Massen rot bis schwarzbraun, seine Kristalle (reguläre Oktaeder oder Kombinationen mit dem Rhombendodekaeder) besitzen aber cochenillerote, man kann auch sagen dunkel-kirschrote Farbe mit metallischem Glanz; ihre Lichtbrechung ist auch stärker als beim Diamant[78]. – *Malachit* und *Kupferlasur* sind gegenüber dem Cuprit die kohlensäure- und wasserhaltigen Verbindungen des Kupfers. Die häufigere Verbindung davon ist der *Malachit* ($CuCO_3 \cdot Cu[OH]_2$) mit seiner meergrünen Farbe. Dabei bildet er bekanntlich bisweilen strahlige, smaragdgrün-durchsichtige Kristalle, doch häufiger findet er sich in seidenglänzenden Aggregaten oder grünen Anflügen. Auch kommen z. B. im Ural gewaltige Massen von knollig-nierenförmigen Strukturen vor, die in verschieden grünen Farbtönen gebändert und gezeichnet sind. – Die Kupferlasur ($2CuCO_3 \cdot Cu[OH]_2$) hingegen hat auch wegen ihrer tiefblauen Farbe den

Namen *Azurit*. Als solche ist sie in Form von Auflagen und Überzügen auf Erzlagerstätten verbreitet, bildet aber auch tiefblaue, glasglänzende Kristalle von tafliger oder schiefsäuliger Form, die dem monoklinen System angehören.

Schließlich aber kommt *das Kupfer* auch als solches *in gediegener Form* in der Erde vor. Man findet es relativ häufig auf seinen Erzlagerstätten in Form von Blechen, Platten oder als moos-, eisblumen- und bänderartige Gebilde; aber auch in größeren massiven Massen, Spalten und Blasenräume alter vulkanischer Gesteine ausfüllend oder die aus denselben hervorgehenden Trümmersteine verkittend[78]. In dieser gediegenen Form pflegt es ganz rein zu sein. Und was seine Farbe, seinen Glanz, seine Schmiedbarkeit und seine Leitfähigkeit für Wärme und Elektrizität betrifft, steht es als halbedles Metall den Edelmetallen Gold und Silber sehr nahe.

Überblicken wir diese Stufenfolge des natürlichen Vorkommens von Kupfer, dann können wir in ihr sozusagen Marksteine der Entwicklung unseres Erdorganismus erkennen. Sie führt uns zurück in die Zeit, wo unser Erdorganismus noch nicht wie heute differenziert war in einen festen, flüssigen und luftförmigen Organismus, sondern umgeben von einem Wassermantel, darüber von einer Sphäre von Lichtäther, chemischem Äther und Lebensäther. Und sie erstreckt sich bis hinein in die Zeit, wo sich die Meere gebildet haben, wo allmählich auch die Atmosphäre sich bis zu dem Grade geklärt hatte, daß über dem Horizonte der Auf- und Niedergang der Sonne geschaut und die Himmelsbläue, sich im Meere spiegelnd, auch vom Menschen geschaut werden konnte. Es beginnt diese Zeit mit dem Urzustand unserer Erde, wo alle Planeten mit ihr noch vereint und der Mensch noch in dem Uratom des Menschen nur geistig vorhanden war[34]. Mit dem Austritt der Sonne aus der Erde entstand dann aus der früheren Einheit eine Zweiheit. Die Sonne stand als Lichtprinzip dem Monde als Prinzip der Finsternis gegenüber. Was man als Lichtprinzip empfunden hatte, das hatte man als eine leuchtende Aura im Weltenall gesehen. Die Erde aber machte einen Verdichtungsprozeß durch. Ihr Kern war eine feurige Masse, umgeben von mächtigen Wassergewalten, in denen die Metalle in flüssiger Form enthalten waren. Und in all dem darinnen war der Mensch, aber in ganz anderer Form. Luft war damals noch nicht zu finden. Diese brauchten auch die Wesen, die damals da waren, noch nicht. Der Mensch war eine Art Fisch-Amphibium geworden. Die Erde stand noch tiefer als die heutige Erde, mit ihr waren eben noch all die Kräfte verbunden, welche auch die edleren Kräfte im Menschen herunterzogen. Und der Mensch stand physisch auf der Stufe der Schlange (s. S. 134). Es war der Tiefstand seiner Entwicklung. Sein Astralleib war noch am tiefsten in die Leidenschaft hereingestiegen, auch den schlechtesten Einflüssen zugänglich. Denn er hatte noch nicht sein Ich. Wäre er in diesem Verhältnis geblieben, dann wäre das Menschengeschlecht immer mehr und mehr in die Form des Greulichen, Bösen gesunken.

Doch als sich dann in der Mitte der Lemuria auch der Mond von der Erde trennte, trennten sich damit auch die gröbsten Substanzen heraus. Der Mensch blieb auf der Erde zurück. Die Wesen aber, die sich von der Sonne getrennt und auf Venus und Merkur ihren Wohnplatz genommen hatten (s. S. 128), begannen schon ihm beizustehen, um ihn seiner Aufwärtsentwicklung entgegenzuführen. Mit dem Austritt des Mondes begann auch für die Erde wieder eine Entwicklung nach oben. Es bereitete sich oben die Trennung einer Lufthülle und des Wasserelementes vor. Und es begannen von nun an, durch das Wirken der Sonne von außen her, nach und nach die Naturreiche unserer jetzigen Erde zu entstehen. Insbesondere galt dies auch für die Leibesnatur des Menschen. Bis zu ihrer äußeren Ichgestalt, in der der Mensch die feste Erde mit seinen Füßen betreten konnte, bedurfte es allerdings noch eines langen Entwicklungsweges. Es mußte aus der noch flüssigen, eiweißartigen Atmosphäre erst die heutige mineralische Erde entstehen, damit sich auch unsere heutige Pflanzenwelt, unsere heutige Tierwelt und schließlich auch die innere und äußere Menschennatur entwickeln konnte. Vom Mineral angefangen und aufsteigend vom Mineral zur Pflanze, von der Pflanze zum Tier und dann zum Menschen, war so der Mensch das höchste physische Wesen[34]. Die heutige Menschengestalt begann sich jedoch erst in der ersten Hälfte der atlantischen Zeit herauszubilden[31]. Es fing auch der Mensch erst an, sich in sie hineinzufinden. Da ragten nur erste Anfänge von Land aus den Wassermassen hervor. Auch bewegte sich der Mensch zunächst noch als eine weiche, sozusagen schwimmende, schwebende Masse fort. Erst allmählich entwickelte sich das Knochensystem. Und um die Mitte der Atlantis erst war der Mensch soweit, daß er einigermaßen unserer heutigen Gestalt ähnlich sah. Er hatte auch noch ein hellseherisches Bewußtsein. Nachts war er noch Genosse der Götter, wenn er aber untertauchte in seinen physischen Leib, erlebte er die Gegenstände nicht in scharfen Konturen, sondern wie durch einen Nebel. Gegen Mitte der atlantischen Zeit aber näherte sich das Bewußtsein dem Zustande, der sich in der nachatlantischen Zeit zu entwickeln hatte. Das ist helles Tagesbewußtsein und Verdunklung des Schlafbewußtseins.

Die Aufgabe des Atlantiertums war dann auch, dem Menschen das Ich einzuprägen, insofern es den physischen Leib betrifft[66]. Doch kam es dabei zu den Rassenbildungen (s. S. 130), die dann durch Auswanderungszüge, Ende der atlantischen Zeit, sich über die Erde hin verbreitet haben. So daß wir im Westen bei den amerikanischen Indianern Reste der Saturn-Rasse haben, die sich zu früh in ihrem Knochensystem verhärtet hat. – Die schwarze Rasse, als Merkur-Rasse, bei der, außer dem Knochensystem, auch das Ernährungssystem zu früh verhärtet ist, sie zog nach Afrika. – Die malaiische oder Venus-Rasse, mit ihrem zu früh verhärteten Nervensystem, zog hinüber nach Asien. – Die am meisten schmiegsam gebliebene arische, kaukasische oder Jupiter-Rasse bildete den Menschenstrom, der überall im europäischen Kontinent Völkerschaften zurückließ, und deren Fortgeschrittenste bis nach Asien wanderten. Somit hat gerade diese Jupiter-Rasse für unsere nachatlantische Zeit und insbesondere für die Kulturentwicklung Europas, als der Mitte zwischen Ost und West, noch ihre Aufgabe, während die übrigen Rassen Dekadenzerscheinungen im Menschheitsorganismus darstellen, gleich Krankheitsprozessen, die dem Zerfall entgegengehen. Und wir können uns dabei erinnern an die Bedeutung der gegenseitigen Beziehungen, die auch im leiblichen und geistigen Entwicklungsprozeß des Menschen bestehen im Hinblick auf das Wirken der Jupiter-Zinnkräfte und die vermittelnde Rolle, die das Nierensystem als der Venus verwandt, in diesem Entwicklungsprozeß hat (s. S. 125). Es können uns solche Einsichten auch von Hilfe sein gegenüber Krankheitsprozessen, denen wir durch Unterstützung mit Kupfer und Zinn begegnen können (s. S. 126).

Schauen wir so auch nochmals auf diesen ganzen Entwicklungsprozeß zurück, den der Mensch bis dahin gemeinsam mit der Erde durchgemacht hat.

Wir werden seine Wiederholung erkennen lernen in dem, was sich auch heute im Menschen abspielt auf den Entwicklungsstufen, die die Substanzen durchmachen im Ernährungsprozeß, indem sie den plastischen und gestaltenden Kräften dienen, vermittels des Nierensystems als Organsystem des astralischen Leibes (s. S. 153). Es wird daraus hervorgehen können, auf welche Etappe in diesem Entwicklungsprozeß, in dem auch der Entwicklungsprozeß des Nierensystems und seine darauf noch hinweisenden verschiedenen Funktionen im heutigen Menschen einen so wesentlichen Anteil haben, uns die verschiedenen Erze des Kupfers heute noch hinweisen. Wir werden dann auch auf diese Erze zurückgreifen können als Heilmittel, wenn im Ablaufe der Prozesse, die der Ernährung, dem Aufbau einerseits und der Gestaltung andererseits dienen, Störungen vorliegen durch Einseitigkeiten im Nierensystem als Organsystem des Astralleibes und als Regulator der Ein- und Ausatmung. Man hat es dann mit Störungen in dem harmonischen Ablauf der Wechselwirkungen von Astralleib und Ätherleib zwischen dem unteren und oberen Menschen zu tun und, im Zusammenhang damit, daß diese nicht genügend von der Ichorganisation beherrscht sind.

Ein Beispiel dafür ist der *Basedow*. Hier dominiert der Astralleib[67] fast durch den ganzen Organismus hindurch. Man hat es zu tun mit einer Versteifung des Astralleibes. Er entwickelt zu stark seine inneren Kräfte. Deshalb kann er nicht beherrscht werden von der Ich-Organisation und wird so in seinem Abbau nicht durch Wiederbelebungsprozesse in entsprechender Weise im Gleichgewicht gehalten. Dabei kommt es auch zu der bekannten abnormen Herztätigkeit, zur Anschwellung der Schilddrüse, zum Exophthalmus, zur allgemeinen Unruhe und Nervosität. Es ist ein Krankheitsprozeß, von dem man heute weiß, daß er mit einem zu hohen Kupferwert im Blutserum verbunden ist. Das kann erinnern an die entwicklungsgeschichtliche Tatsache, daß die Schilddrüse ein nicht zu Ende gekommenes Gehirn ist[4], und das Gehirn, das Rückenmark und die davon ausgehenden Nerven zurückweisen auf die Zeiten, wo die niedere Tierwelt, ausschließlich der Reptilien, ausgeschieden werden mußte. Das geschah, um die Aufwärtsentwicklung des Menschen, dessen Leiblichkeit zunächst nur aus physischem Leib, Ätherleib und Astralleib bestand, zur Ichheit zu bewirken. Die Möglichkeit wiederum, die Ich-Organisation gegenüber dem im Innern vorherrschenden Astralleib für das Wiederherstellen des inneren Gleichgewichts entsprechend zu unterstützen, ist gegeben in der Anwendung von Kupferglanz (Nr. 99, 142) oder von Cuprit (Nr. 98, 139—141), wenn nötig auch noch zusätzlich unterstützt durch Verabreichen von Zinnglanz (Nr. 99) oder auch von Kasserit (Nr. 98).

Von besonderer Bedeutung ist auch noch der Unterschied der verschiedenen *Rassen* in ihrer *Hautfarbe*. Es offenbart sich darin etwas von der Art, wie der Mensch in seinem Leib inkarniert ist. Man spricht deshalb auch vom „Inkarnat" des Menschen. Als Europäer gehören wir der weißen Rasse an. Aber selbst der heutige Kulturmensch, als der weißen Jupiterrasse angehörig, wäre nicht gesund, wenn er kreideweiß wäre und nicht naturfrische Farbe hätte, die er selbst in seinem Inneren erzeugt und die so durch das Weiß hindurchschimmert[68]. Er würde zu vorzeitiger Arteriosklerose neigen. Und wir können uns hier an den Hinweis erinnern (s. S. 145), daß wir das Kupfer in der Erde finden als Gegengewicht gegenüber einem Überwiegen der Kalkwirkung. Wir geben deshalb auch Kupfer als Heilmittel, wo in der Konstitution eine solche Tendenz vorliegt, also bei Bläßlingen. Es sind dies z. B. auch Kinder, die pädagogischerseits die Neigung zeigen zu Trägheitserscheinungen, die von Störungen im Verdauungssystem herrühren.

Insofern aber auch *die Farbe der Rassen* nicht nur abhängt von den inneren Gründen, sondern auch von der Anpassung an das entsprechende Erdgebiet[66], und die einzelnen Menschengruppen bestimmter Gebiete auch mit ein Ergebnis dieser Gebiete sind, so ist es auch kein Zufall: daß man die Jupiterrasse auch die kaukasische Rasse nennt; daß der Neger in Zentralafrika verwurzelt ist; die indianische Rasse, wenn wir von Europa als der Mitte ausgehen, im Westen; die mongolische und malaiische Rasse im Osten. — Ebenso sind auch die kleinen Unterschiede der Völker-Individualitäten dadurch entstanden, daß der Mensch etwas angenommen hat von der Beschaffenheit des Bodens, mit dem er verwurzelt ist. Damit in Zusammenhang steht auch die Spezialisierung in der Entwicklung der Seelenkraft, was das Interesse und die daraus resultierende Einstellung zu dem Begriff der Liebe ist[66]. Gehen wir davon aus, daß der Europäer eine weiße, der Neger eine schwarze Haut hat, und daß eine Oberfläche weiß ist, wenn sie das Licht zurückwirft, schwarz, wenn sie das Licht in sich aufnimmt. Ein Entsprechendes im Hinblick auf unsere Erdoberfläche ist: daß die Erde, wenn wir sie von außen sehen könnten, nach den Polen hin hellglänzend erscheint, in der Tropenwelt dagegen weniger. Denn in der Tropenwelt besteht ein inniges Zusammenwirken von Luft, Licht und außerirdischer Wärme mit dem, was innerhalb der Erde ist; es wirkt in starkem Maße eine gewisse Innigkeit zwischen dem irdisch Ätherischen und dem außerirdisch Astralischen[4], während an den Polen das Astralische in einer gewissen Weise zurückgeschleudert wird. Darauf beruht auch der Gegensatz der Vegetation in diesen verschiedenen Erdgebieten. Entsprechend macht sich dies auch bei den dazugehörigen Menschengruppen geltend. Es ist der Neger in Afrika schwarz, weil er die Eigentümlichkeit hat, alles Licht und alle Wärme aus dem Weltenall aufzusaugen, und weil sein Vorderhirn nicht wie bei der Jupiterrasse zur vollen Ausbildung gekommen ist, dafür aber sein Hinterhirn[68]. Sein ganzer Stoffwechsel geht so vor sich, wie wenn er in seinem Inneren von der Sonne gekocht würde. Daher kommt auch sein starkes Triebleben; er wird in seinem Stoffwechsel-Gliedmaßenorganismus davon beherrscht. — Der Europäer hingegen bekommt nichts von der Sonne, wenn er nicht sein eigenes Menschliches entwickelt, das zu gleicher Zeit mit der Außenwelt in Beziehung tritt, d. h. er entwickelt nur dasjenige an Licht und Wärme, was im Innern durch seine eigene innere Tätigkeit entsteht. Er hat das Denken und fühlt dadurch gewissermaßen seinen inneren Menschen gar nicht, ist dafür aber, weil er sein Vorderhirn ausbilden muß, hauptsächlich auf die Außenwelt hingewiesen. Dadurch wird er leicht ein Materialist. Es kommt dabei aber wiederum auf das Wie an, ob er durch seine innere Einstellung das richtige Interesse, ein gesundes Verhältnis zur Materie und zur Umwelt erlangt. — Der Angehörige der gelben, mongolischen Rasse, also der Japaner und Chinese, er gibt schon etwas Licht zurück, aber nimmt noch viel Licht auf. Es ist ja auch das Gelb schon verwandt mit dem Rot. So ist bei ihm das Mittelhirn stark ausgebildet. Er begnügt sich mit weniger Licht und entwickelt ein mehr innerliches Traumleben, und dieses Licht arbeitet bei ihm in der Atmung und Blutzirkulation, und der Stoffwechsel ist schon auf seine eigene Kraft angewiesen. Das sieht man ihm an, er bleibt klein im Gegensatz zum Neger, sein Gang ist lässiger. Damit steht der Japaner mit seinem Knochenbau zwischen dem Europäer und dem Afrikaner. Die Afrikaner haben zu starke Knochen, die immer ausschlagen, der Europäer hat mehr das Blutsystem.

In diesem Sinne gehört die gelbe Rasse zu Asien, die weiße zu Europa, die schwarze zu Afrika[68]. — Die Malaien mit ihrer braunen Hautfarbe jedoch sind weiter nach Osten hin ausgewanderte Mongolen. Sie werden dort braun, weil sie, von einem anderen Erdstück kommend, dann weniger Licht zurückwerfen, aber mehr Licht und Wärme aufnehmen. Es widerspricht dies ihrer ursprünglichen Natur. Sie sind deshalb gegenüber den Mongolen, die noch Menschen in der Vollkraft sind, Absterbende mit zerbröckelnden Körpern. — Ebenso ist die amerikanische Rasse der Indianer ein Seitentrieb der afrikanischen Negerrasse. Sie sind noch zur Zeit der Atlantis nach dem Westen ausgewandert. Da aber kommt ihnen weniger Licht und Wärme zu, als ihrer ursprünglichen Natur entspricht. Diese ist dazu eingerichtet, schwarz zu werden. Weil sie aber nicht so viel Licht und Wärme erhalten, als sie zum Schwarzwerden nötig hätten, werden sie als Indianer kupferrot. Denn sie werden gezwungen, etwas von Licht und Wärme zurückzuwerfen. Das bewirkt ihre Farbe. Sie entspricht dem Kupfer, das selber in dieser Farbe erglänzt, weil es bei seiner starken inneren Beziehung zu Licht und Wärme, doch auch ein wenig davon zurückwerfen muß. Das Irdische ihrer Natur, ihr Triebleben, können die Indianer nicht mehr ordentlich ausbilden, während sie noch starke Knochen ausbilden, die aber so stark werden, daß der ganze Mensch an seinen Knochen zugrunde geht. – Die Weißen hingegen sind diejenigen, die das Menschliche in sich entwickeln, d. h. Seele und Geist wird mehr unabhängig von der irdischen Natur. Und indem sie mehr die seelisch-geistigen Eigenschaften ausbilden, bilden sie auch weniger von ihrer Rasseneigentümlichkeit aus. Das hat zur Folge, daß sie es auch am ehesten ertragen, in verschiedene Erdteile zu gehen. – Auch bei den Indern ist es so gewesen, daß sie einmal als Strom einer weißen Bevölkerung von oben her auf ihrem Zuge bis nach Indien heruntergekommen sind, in das Erdgebiet, wo man gelb wird. So entstand in Indien eine Mischung von Mongolischem und Kaukasischem mit all den besonderen Seelenfähigkeiten. Der Inder ist schon etwas träge geworden, weil nicht mehr als Weißer in seinem eigentlichen Gebiete lebend. – Ebenso ist die weiße Bevölkerung Amerikas einmal aus Europa hinübergekommen. Das wiederum bewirkte, und läßt sich auch heute noch an den Nachkommen von Auswanderern nach Amerika beobachten: Arme und Beine werden wieder länger, auch der Gliedmaßenanteil des Kopfes, der Unterkiefer, tritt mehr hervor; Vorderhirn und Hinterhirn kommen gewissermaßen in Kampf mit der Tendenz vom Mittelhirn nach dem Hinterhirn. Als Amerikaner lebt er nicht mehr so ganz in seinem Innern wie als Europäer, der sich als Denker entwickelt hat. So kommt es, daß der Europäer dazu neigt, erst alles zu bedenken und erst beweisen zu wollen, wenn es etwas zu tun gibt; der Amerikaner hingegen beweist nicht, sondern behauptet, wenn er etwas tun will, läßt sich wieder mehr instinktiv leiten. So nähert er sich auf der einen Seite dem Zugrundegehen, was ja der Indianer auch tut, andererseits aber wird er gescheit, indem er sich das Beweisenwollen abgewöhnt, das auch nicht gerade eine vorwärtsbringende Eigenschaft ist.

Dieser Zusammenhang weist also hin auf die Beziehungen, die bestehen im Hinblick auf den Erdorganismus und die über die Erde hin verteilte Menschheit. In bezug auf das nun hier gestellte Thema lernen wir daraus, wohin es führt, wenn einseitige Einflüsse sich geltend machen. Wir können dabei anknüpfen an die kupferrote Farbe des Indianers und an die Beziehung, die besteht zu dem Wesen des Kupfers, indem wir hinzunehmen die Tatsache, daß hinsichtlich *Reichtum an Kupfer* Amerika weitaus, mit über der Hälfte, an erster Stelle steht. Ihm folgt an zweiter Stelle Afrika, an dritter Stelle Europa, dann erst Asien und, mit nur ganz geringem Anteil, Australien[77]. Für die Zinnförderung hingegen fällt auf die asiatischen Gebiete etwa die Hälfte, auf Südamerika nur etwa ein Fünftel, auf Afrika etwa ein Sechstel, auf Australien ein Zehntel und auf Europa nur der Rest. Dadurch erhalten wir Einsichten, welche Krankheiten entstehen, wenn die Venus-Kupferkräfte im Menschen vom Gliedmaßen-Stoffwechselorganismus aus vorherrschen können und umgekehrt, wenn die Jupiter-Zinneinwirkungen auf dem Vordergrund stehen. Es gehen damit Einseitigkeiten einher in der Ausgestaltung der Gliedmaßen-Stoffwechsel-Organisation, verbunden mit einseitiger Seeleneinstellung der Umwelt gegenüber. Die einen bleiben vom Stoffwechsel her mehr beherrscht von Trieben und Instinkten (s. S. 174), und die Entfaltung des Denkens bleibt zurück. Menschen wie die Asiaten bilden den mittleren Menschen aus, aber sind dabei verhärtet gegenüber der Entfaltung der Ichkräfte vom Blute her. Der Europäer wieder neigt zur Hypertrophie im Ausbilden des Denkens, und er hat u. U. zu wenig von dem, was den Eigenschaften des gediegenen roten Kupfers mit seiner warm anmutenden, hellroten Farbe entspricht. Deshalb spielt auch gerade *das Kupfer* als solches *in unserer Therapie* eine so bedeutsame Rolle. Wir können mit seiner Hilfe die Ernährungs- und Stoffwechselprozesse, wenn sie darniederliegen, durchwärmen und damit auch unterstützen. In diesem Sinne wollen wir auch wirken, wenn wir das Kupfer anwenden, äußerlich in Form von Salben (Nr. 123–129), als Kupfergürtel (Nr. 113, 130, 131, 133, 135, 171) oder als Kupfersohlen (Nr. 132, 136, 137), innerlich in Form einer niedrigen Potenz (Nr. 113–118). Mit Hilfe der ihm innewohnenden Wärme- und Lichtkräfte, auch der ihm eigenen Geschmeidigkeit und Plastizität können wir auf diese Weise die von unten nach oben wirkende Leber-Gallen-Nierenstrahlung in ihrer Bedeutung für den Aufbau- und Ernährungsprozeß unterstützen, d. i. die radiale Strahlung, die ausgeht vom Nieren-Lebersystem[4], um ihrer Abrundung vom Kopfsystem her begegnen zu können. Denn zugrunde liegt bei diesen darniederliegenden Ernährungs- und Stoffwechselprozessen ein Mangel an hinaufströmendem Lebensäther und chemischem Äther. Dadurch drückt von oben nach unten der Lichtäther und der Wärmeäther. Das schafft den ganzen Organismus so um, daß er zu stark der Hauptorganisation ähnlich wird, und wirkt ätherisch erstarrend. Das Gegenteil aber der Unterernährung ist die Gehirnerweichung: es wirkt zuviel Lebens- und chemischer Äther vom Stoffwechsel-Gliedmaßen-Organismus hinauf nach dem Kopfe zu. Und dieses über das Maß Hinausgehende wirkt im ganzen erweichend, zerfließend, während der Organismus dafür veranlagt ist, die beiden Ätherarten in sich in der richtigen Weise zusammenwirken zu lassen.

Hier kommt uns das *Kupfer als Metall* therapeutisch entgegen mit seinen Eigenschaften, durch die es insbesondere noch unseren Edelmetallen nahe steht. Das ist sein spiegelnder Glanz, seine Schmiedbarkeit, auch seine Beständigkeit gegenüber dem Sauerstoff und dem Wasser. Auf eine weitere Eigenschaft können wir noch rechnen, wenn wir es statt in niederen, in den mehr höheren Potenzen verwenden (Nr. 26, 119–122). Wir haben es dann nicht mehr in erster

Linie nur mit dem zu tun, was in der roten Farbe des Kupfers physisch zur Offenbarung kommt, sondern mit der Tatsache, daß, wenn wir durch eine sehr dünne Kupferschicht hindurchschauen, die Gegenfarbe, ein Blau-Grün, entsteht[77]. Auch verbrennt es ja mit hellgrüner Flamme. Dadurch gibt sich seine Beziehung zu erkennen, die es auch zur passiven Seite des Farbspektrums hat. – Von grüner Farbe ist andererseits auch der *Malachit*. Er findet sich, gleich dem gediegenen Kupfer, im Gegensatz zu den Kupfer-Schwefelerzen, näher der Erdoberfläche zu. Wie die Niere hat er im Innern eine strahlige Struktur, an seiner Oberfläche die Tendenz zur Abrundung. Ebenso ist *die Patina* ein Kupferkarbonat gleich dem Malachit, mit der sich das Kupfer, wenn an feuchter Luft der Einwirkung von Kohlensäure ausgesetzt, wie mit einer Haut von grüner Farbe als Schutz überzieht. Dabei kann man sich erinnert fühlen an *die Schlange mit ihrer schuppenbesetzten Haut*, die sie von Zeit zu Zeit abwirft, um sie aber immer wieder auch von neuem zu bilden. Daneben aber kann sich auch stellen das Bild von der grünen Schlange in Goethes Märchen, die sich selbst opfert und zuletzt in lauter Edelsteine zerfällt.

Noch ist es auch so, daß die niederen Weich- und Schalentiere an Stelle des Eisens mit Hilfe des Kupfers ihren Atemprozeß vollziehen. Andererseits wissen wir, daß auch das Dasein von Kupfer auf das Pflanzenleben wesentlichen Einfluß hat. Er ist verschieden. Das niedere einzellige pflanzliche Leben, wie auch das der Pilze und Algen, wird in der Entwicklung durch Kupfereinwirkung gehemmt. In der höheren Pflanzenwelt werden die Lebensvorgänge durch seine Wirkung unterstützt. Wenn in Spuren vorhanden, fördert es den inneren Tonus ihrer Gewebe. Es kann sich sogar dahingehend als vorhanden im Erdboden bemerkbar machen, daß die Blätter der da wachsenden Bäume die Tendenz zeigen, runzelig zu werden[23]. Dem entspricht auch *die tonisierende Wirkung des Kupfers* auf den menschlichen Organismus, z. B. bei Hämorrhoiden, Phlebektasien mit Neigung zu Thrombosen. Wir verwenden dann z. B. das Cuprum metallicum äußerlich in Salbenform oder u. U. in der Form, wie es uns eine Pflanze wie die Borrago officinalis zu äußerlichem und innerlichem Gebrauch darbietet. Andere Kupferpflanzen wären die Pflanzen mit sukkulenten Blättern, wie beispielsweise die sogenannten Fetthennen. Mit Hilfe dieser tonisierenden Wirkung des Kupfers unterstützen wir zugleich den Organismus in dem Sinne, daß das Seelisch-Geistige Besitz ergreifen kann vom Flüssigkeitsorganismus innerhalb der Leibesorganisation (s. S. 30). Dabei kommen insbesondere noch seine Eigenschaften zutage, daß es selbst unbeeinflußbar ist gegenüber dem Wasser und dem Sauerstoff. Imaginativ kann, was mit diesen Eigenschaften zusammenhängt, nacherlebt werden gegenüber dem Bilde der aus den blaugrünen Wogen sich erhebenden Venus mit ihrem goldenen Haare.

Wir stoßen hier ferner noch auf *eine Eigenschaft des Kupfers*, der wir auch beim Eisen begegnet sind. Es tritt *sowohl einwertig wie auch zweiwertig in Erscheinung*. So haben wir den Kupferglanz als Cu_2S, das Kupferindig als CuS, das Rotkupfererz oder Cuprit als Cu_2O, den grünen Malachit als $CuCO_3 \cdot Cu(OH)2$. Ebenso haben wir bei den Kupfersalzen zu unterscheiden einwertige Cuprosalze und zweiwertige Cuprisalze: so seine Oxydsalze, in denen das Kupfer zweiwertig auftritt und seine Oxydulsalze, in denen es als Doppelatom zweiwertig auftritt. Auch unterscheiden wir das Kupferchlorid als $CuCl_2$ und das Kupferchlorür als Cu_2Cl_2. Davon kennen wir das Kupferchlorid mit seinen schönen, grüngefärbten Kristallen durch seine Verwendung in unseren Untersuchungslaboratorien zur Darstellung der Blutkristallisations-Bilder. Ferner haben wir neben dem Kupfersulfat, dem Kupfervitriol ($CuSO_4 . 5H_2O$) mit seinen so schönen himmelblauen in Wasser leicht löslichen Kristallen, die Kupfersulfide (Cu_2S), zu deren letztern auch wieder der Kupferglanz (Cu_2S) mit seiner schwarzen Farbe oder bläulichschwarzen Kristallen gehört. Darunter sind *therapeutisch von besonderer Bedeutung der Kupferglanz und der Cuprit, von den Salzen neben dem Kupferacetat vor allem das Kupfersulfat.* Allen gemeinsam ist, daß wir sie anwenden, wenn im Bereich des Ernährungs- und Gestaltungsprozesses, in dem das Nierensystem eine so vermittelnde Rolle hat, der harmonische Verlauf gestört und zu unterstützen ist. Das gilt, wie schon angeführt, für *die basedowoiden Erkrankungsformen* (s. S. 173). Da dominiert der Astralleib, kann sich in seiner Tätigkeit nach innen einseitig versteifen. Und wir geben, weil die ihm übergeordnete Ich-Organisation zu schwach ist, Kupferglanz oder Cuprit (ursprünglich war dafür 1% als Dosis angegeben), um diese im Herstellen des notwendigen Gleichgewichtes entsprechend zu unterstützen. Der Unterschied in ihrer Wirkung beruht darauf, daß das eine ein Kupfersulfid ist, das andere ein Kupferoxyd; er gibt sich auch zu erkennen an der Farbe ihrer Kristalle. Diese ist beim Kupferglanz schwarz bis blauschwarz, beim Cuprit kirsch- oder cochenillerot.

Die Kupfersalze wiederum weisen hin auf die Frage: Wie stellt sich der Mensch in das Basische, das Säurehafte und Salzhafte hinein?[3] Dafür haben wir den Hinweis (S. 24): Insofern wir es zu tun haben mit dem Vornemenschen und dem rückwärtigen Menschen, hat alles Basische im Menschen die Tendenz, die Wirkungen zu unterstützen, die von vorn nach rückwärts gehen, alle Säuren die Wirkungen von rückwärts nach vorn; das Salzhafte steht senkrecht darauf. Dieses wiederum ist verwandt der Erde. Auch da hat es die Tendenz zur Erde hin und bringt so die Erde zustande; während das Basische und Säurehafte die Tendenz haben, die Erde zu umkreisen. Und insofern die der Erde zugrunde liegenden Salze für die Entwicklung von Bedeutung sind, spielen dabei Polaritäten mit im Sinne von positiven und negativen elektrischen Kraftwirkungen[4]. Räumlich gesehen findet in der Richtung Basen, Säuren, Salze — gleich einer Kathode — ein Ablagerungsprozeß statt; in der Richtung Salze, Säuren, Basen — gleich einer Anode — ein Wiederwegnehmen des Abgelagerten. Wir können dabei denken an die Verschiedenheit der Erdkonfiguration in West, Ost und Mitte. Im Westen haben wir einen in vertikaler Richtung über ganz Nord- und Südamerika sich erstreckenden Gebirgszug, im Osten Vulkane und das Land in viele Inseln aufgeteilt; während die Mitte, gleich einem Waagebalken Ost und West verbindend, horizontal orientierte Gebirgszüge aufweist. Auch ist, indem im Osten und Westen die Erde unter so verschiedenen Einflüssen steht, die Vegetation dieser Erdgebiete entsprechend verschieden, ebenso sind es die dazugehörigen Menschen, was ihre physische Konstitution, ihre Lebensweise, ihre Seelenkonfiguration, auch ihre Krankheiten betrifft. — Doch fanden andererseits als Übergang aus der alten untergehenden Atlantis in die nachatlantischen Zeiten auch jene Wanderungen vom Westen nach dem Osten bis weit in die Gegenden hin statt, von wo dann auch die nachatlantische Zeit ihren Ausgang genommen und stufenweise von Kulturepoche zu Kulturepoche in Richtung Ost–West ihren Entwicklungsweg genommen hat.

Ein Endpunkt in dieser Entwicklung war jedoch, auf der Mitte dieses

Weges, in der griechisch-lateinischen Kulturepoche erreicht. Es fiel in diese Zeit ja auch hinein das Mysterium von Golgatha als das Mittelpunktsereignis in der ganzen Erd- und Menschheitsentwicklung. Nachdem in der Mitte der atlantischen Zeit der Mensch zunächst seinen fertig geformten Leib mit seinem Knochengerüst als physische Stütze für sein Ich erhalten hatte, war er jetzt in seinem Leib auch als Persönlichkeit soweit heranentwickelt, daß er als Ich-Mensch ganz auf sich selbst gestellt werden konnte. So entwickelte sich jetzt an Stelle des alten Schauens die Fähigkeit des Denkens über die äußeren Erscheinungen im Raume. Insofern dem Knochensystem auch Salze eingelagert sind, war der Mensch als denkendes Wesen auch schon vorgebildet[8], denn es finden bei jedem Denkvorgang Salzablagerungen statt. Dem eigentlichen Denkprozeß jedoch liegt zugrunde der Salzprozeß im Blute als Werkzeug des im Erdenleben tätigen Ich. Hier sind die Prozesse lebendig, im Gegensatz zum Knochensystem als feste Stütze für das Ich, und wir haben es mit Prozessen zu tun, die in Zusammenhang mit dem bewußten Gedankenleben beginnen, aber auch mit solchen, die das Abgelagerte wiederum auflösen, damit am nächsten Tage auch wieder bewußte Gedanken entwickelt werden können. — Das Blut ist außerdem mit einer Tafel[8] zu vergleichen, die von zwei Seiten her ihre Eindrücke erhält: von unten her, zugedeckt für das Bewußtsein, von wo auch die Ernährungsprozesse heraufwirken; von der anderen Seite durch das bewußte Seelenleben: das sind die von der physisch-sinnlichen Welt her angeregten Gedanken, Gefühle und Willensimpulse. Insofern aber der Inhalt des Bewußtseins die physische Welt ist, gehört der Mensch selber auch der physischen Welt an. Damit in Zusammenhang spielen auch physisch-chemische, anorganische Prozesse in das Blutgeschehen hinein, ebenso ein Prozeß, der mit einem äußeren Verbrennungsprozeß zu vergleichen ist.

Viel aber hängt für den Menschen ab von einer gesunden Entwicklung des Denkens. Nur dann kann sich das Seelenleben harmonisch entfalten und damit auch im Hinblick auf seine physisch-leibliche Seite. Wo sich aber Einseitigkeiten in der Entwicklung des Denkens, Fühlens und Wollens geltend machen können, da sind die ihnen zugrunde liegenden leiblichen Prozesse entsprechend gestört. Auch kann auf diese Weise der Nährboden für Krankheitsherde entstehen. — Damit ist auf Zusammenhänge hingewiesen, in deren Rahmen die therapeutischen Möglichkeiten verständlich werden können, die für die Anwendung der löslichen *Kupfersalze* gegeben sind. — Da verwenden wir z. B. das *Cuprum aceticum* mit seinen grünlichen Kristallen als Cuprum aceticum D 3 (das frühere Pertudoron II) bei Keuchhusten; Cuprum aceticum D 4 / Zincum valerianicum D 4 (das frühere Choreodoron II) bei choreatischen Zuständen. Doch umfassender ist das Anwendungsgebiet des *Kupfersulfat.*

Ein natürlich vorkommendes, wasserhaltiges Kupfersulfat ist das *Kupfervitriol* ($Cu SO_4 \cdot 5 H_2O$) mit seinen schönen blauen durchscheinenden Kristallen. Wegen ihrer leichten Löslichkeit in feuchter Umgebung ist jedoch ihr Vorkommen an warmes, trockenes Klima unter Abschluß von Feuchtigkeit gebunden. Und was als Kupfervitriol in den Handel kommt, wird künstlich hergestellt, z. B. durch Lösen von Kupfer in Schwefelsäure und Auskristallisieren aus den so gewonnenen Lösungen. Verwendung findet dies so gewonnene Kupfersulfat dann in gelöster Form, z. B. in der Elektrotechnik für manche galvanische Batterien; in der Galvanoplastik zum Verkupfern; in der Färberei zur Darstellung von Farben; in der Landwirtschaft zur Bekämpfung von Pflanzenschädlingen; in der Medizin als Adstringens, z. B. als Ätzstift bei Trachom, auch als Antidot bei Phosphorvergiftung, ferner z. B. als Reagens in Form der Fehlingschen Lösung zum Nachweis von Zucker im Urin. — Seiner Natur nach aber kann das Kupfersulfat durch seine Farbe erinnern an die Bläue des Himmels, auch an das blaue im Gegensatz zum roten Blut. Als Salz wiederum weist es hin auf die Erde und durch seine Eigenschaft, sich leicht zu lösen und auch relativ leicht wieder aus den Lösungen die Kristallform anzunehmen, noch insbesondere auf den Salzprozeß wie er sich im menschlichen Blute abspielt. In dieser Eigenschaft ist das Kupfersulfat auch verwandt unserem Salz (Na Cl). Dieses jedoch kristallisiert nach dem regulären Kristall-System — drei gleiche und aufeinander senkrecht stehende Achsen — in farblosen bis zu wasserklar durchsichtigen Würfeln; das Kupfersulfat nach dem triklinen System, dem drei ungleiche, auch alle drei zueinander schief stehende Achsen zugrunde liegen. — Alle diese Eigenschaften des Kupfersulfat können Hinweise sein für die therapeutischen Möglichkeiten, die durch es gegeben sind. Ob innerlich oder äußerlich angewendet, werden wir damit den Ablauf der Ernährungs- und Stoffwechselprozesse in ihren verschiedenen Richtungen unterstützen können, wenn es darum geht[6, 43] (S. 162): daß die der Ernährung zugrunde liegende Kraft nach dem Innern zu, im Atmungssystem, übergehen kann in die heilende Kraft, diese nach dem Haupte zu in die geistige Kraft des Menschen; daß andererseits aber auch die geistigen Vorgänge einmünden in die heilenden Vorgänge im mittleren Organismus.

Dafür sind in den Krankengeschichten (Nr. 78, 112, 132—134, 143—154) in verschiedener Hinsicht Beispiele gegeben. Auch kann hier noch auf das Präparat Cuprum sulfuricum compositum (das frühere Phtisodoron ileo-jejunale I) hingewiesen werden, das ursprünglich von Dr. Steiner für die Behandlung von Dünndarm-Tbc angegeben war. Ferner haben wir durch Dr. Steiner den Hinweis erhalten, bei Malaria mit Eukalyptus-Injektionen und Kupfersulfat D 6 innerlich zu behandeln. — Ein weiteres Nachsinnen aber über das Wesen des Kupfersulfat und wie es dem Heilen dient, wird uns in Erinnerung bringen können das Bild der Jungfrau mit ihrem blauen Mantel, dem roten Gewande und in ihrem Arm ein Bündel reife goldene Ähren oder auch das Sonnenkind tragend.

Das Quecksilber

Das Wesen, das dem Quecksilber als dem Merkur unter den Metallen zugrunde liegt, haben wir bereits besprochen (s. S. 151). Es offenbart sich überall da, wo wir, ob im Makrokosmos oder im Mikrokosmos, der Tropfenform begegnen. Sie kommt dadurch zustande, daß etwas zum Leben hinstrebt, dann aber sein Eigenleben hingibt, indem es einem Übergeordneten sich unterordnet und dabei die Tropfenform annimmt. Mit dem Merkureinfluß in der Geschichte der Erdenentwicklung hat andererseits die Erde, während sie sich zu ihrer festen Form verdichtet hat, zugleich schon auch den merkurialen Impuls einverleibt erhalten (s. S. 164).

Nach dem Sonnenaustritt aus der Erde war in der lemurischen Zeit auf der Erde ein Kampf entstanden zwischen den Scharen Luzifers und den Jehovageistern[41]. Dieser Kampf wurde paralysiert durch den Durchgang des Mars durch die Erde, dem wir die Entstehung des Eisens und des roten Blutes verdanken. Es wurde so für die äußere Kultur auf der einen Seite abgewandelt ein Verhärten, auf der anderen Seite ein zu rasches Vergeistigen. Indem nun Luzifer sich zum Träger dessen gemacht hat, was von den Marskräften gegeben war, hatte der Mensch wohl die Weisheit in sich aufgenommen, es wäre ihm aber in der Zukunft nicht möglich gewesen, Gestalten zu schaffen. Luzifer hätte das Mineralreich aufbauen, hätte es aber nicht beleben können. Es haben deshalb die menschlichen Astralleiber noch einen dritten Einschlag bekommen. Durch diesen wurden, von der Mitte der atlantischen Zeit an, die Wege dem Christus vorbereitet, um später in die Astralleiber eintreten zu können, die das merkuriale Element aufgenommen haben. Deshalb ist die zweite Hälfte der Erde als Merkur zu bezeichnen. Merkur ist der Götterbote geworden auf dem Wege hinauf zu den Göttern. Und wäre dazumal in der Mitte der atlantischen Zeit das Quecksilber nicht von Merkur auf die Erde in ätherischer Form heruntergebracht worden, wir hätten das Christusprinzip nicht.

Dabei ist im weitesten Sinne alles, was die Tropfenform bewahrt, als Quecksilber zu bezeichnen, so auch das Wasser und der Wasserorganismus unserer Erde[43]. Und da jede Tropfenform der Ausdruck dafür ist, daß ein zum Leben Hinstreben und ein auch wieder das Leben Nehmen sich das Gleichgewicht halten, ist sie zugleich der Ausdruck eines Merkurialen. In diesem Sinne sind auch wiederum alle Metalle merkuriale Wesen, insofern sie einmal flüssig waren und, nachdem sie fest geworden sind, auch durch den Schmelzprozeß wieder in den flüssigen Zustand zurückgebracht, durch weiteres Erhitzen verdampfen, um dann auch wieder in Tröpfchenform ihren Niederschlag zu finden. Unter ihnen aber hat das Quecksilber sich die flüssige Form bewahrt. Es ist somit in seiner Entwicklung gegenüber den anderen Metallen zurückgeblieben. Es wird in seiner Verbundenheit mit dem ganzen Prozeß der Erdenentwicklung erst fest werden, wenn die Menschen sich in die Zukunft hinein immer mehr und mehr vergeistigen werden, und Merkur als Götterbote seine Aufgabe erfüllt haben wird (s. S. 165).

Auf dem Hintergrunde dieses so bedeutsamen Zusammenhanges des Quecksilbers mit der Entwicklungsgeschichte der Erde und der mit ihr so eng verbundenen Entwicklungsgeschichte der Erdenmenschheit ergibt sich auch erst der Überblick über den *Wirkungsbereich des Quecksilbers*. Zusammenfassend können wir uns sagen: Es ist auf der Erde zurückgeblieben, um in seinem Verbundensein mit dem Merkur am Himmel der Ich-Werdung des auf der Erde sich entwickelnden Menschen im Sinne des „Ich-bin" zu dienen. So hat es damals in der Mitte der atlantischen Zeit mitbewirkt, daß der menschliche physische Leib sich ichgemäß gestalten und zum Träger des Ich-bin werden konnte. Unter Luzifers Einfluß allein hätte auf Erden nur das Mineralreich, auch was diesem in der menschlichen Leibesorganisation entspricht, entstehen können. Nicht aber hätte entstehen können die Pflanzenwelt, die das vegetative Leben auf der Erde unterhält und damit auch das Leben von Tier und Mensch. Denn Merkur war es, der die Pflanzenwelt auf die Erde heruntergetragen hat. Und mit Merkur als dem Pflanzenbringer auf der Erde kann sich auch wiederum der Mensch verwandt fühlen lernen, insofern der Mensch es war, der auf seinem

Abstieg die Pflanzen bis zur Erde mitgenommen und sie dann der Erde übergeben hat[62]. Noch innerhalb der Ephesischen Mysterien konnte es nacherlebt werden, wie der Mensch mit dem Pflanzenwachstum die Erde sozusagen umschlungen hat, und wie die Erde, dankbar für dieses Umschlungenwerden, aufgenommen hat, was ihr der Mensch an wäßrig-luftigen Pflanzenelementen einhauchen konnte. Hingegen fühlte man den Tieren gegenüber, daß man sie gerade nicht mit auf die Erde bringen konnte, sondern daß man sie absondern mußte, um sich von ihnen zu befreien, damit die menschliche Gestalt sich in der richtigen Weise entwickeln konnte. Damit in Zusammenhang sehen können wir heute auch die Tatsache, daß der Mensch mit seiner Kopforganisation in seinem vorgeburtlichen Dasein verwurzelt ist und von da aus im ersten Lebensjahrsiebt vom Kopfe her seinen eigenen physischen Leib ausbildet; daß er im zweiten Lebensjahrsiebt, mit der Geburt seines eigenen Ätherleibes, übergeht in die Ausgestaltung seines eigenen rhythmischen Systems; im dritten Lebensjahrsiebt, mit der Geburt des eigenen Astralleibes, zur Ausgestaltung seines eigenen Stoffwechsel-Gliedmaßenorganismus; um das 21. Jahr aber erst zur Geburt des eigenen Ich und damit zur Entwicklung der Empfindungsseele usw. kommt. Die andere Seite dazu aber wiederum ist der Verlauf der Ernährungsprozesse. Da haben wir es auf der einen Seite zu tun mit der Leber-Nieren-Strahlung als plastizierenden Kräftewirkungen, auf der anderen Seite mit den diese, vermittels des Nervensystems, abrundenden Kräftewirkungen, als weitere Grundlage für das Wirken der von draußen einstrahlenden Gestaltungskräften, die in ihrer stufenweisen Entfaltung auch wiederum der stufenweisen Entfaltung des Bewußtseins zugrunde liegen. Das eigentliche Erwachen für die Umwelt beginnt dabei, wie aus einer Traumwelt, erst mit der Geburt des Ich.

Doch ist ja der Mensch, wenn er herangereift ist, zum Unterhalt seiner Leibesorganisation auch weiterhin noch abhängig von der Wirksamkeit dieser plastizierenden, abrundenden und diese auch gestaltenden Kräfte. Das wiederum weist uns von einer anderen Seite hin zum Verständnis des Mysteriums des Quecksilbers[2]. Es macht uns mit der Tatsache vertraut, daß das Quecksilber überall in der Welt in feiner Dosierung da sein muß. Wir leben also in einer Atmosphäre von Quecksilber. Denn die Hydrosphäre unseres Erdorganismus entspricht einem Quecksilbertropfen im Weltenall[43]. Damit ist gesagt, daß dieser große Quecksilbertropfen, dem alles, was erdig ist, darunter auch die metallischen Substanzen, eingelagert ist, mit seiner Kugelform den Kosmos nachbildet. Kräfte, die zum Leben hinstreben und Kräfte, denen sie ihr Eigenleben unterordnen, finden da ihren Ausgleich in einem Gleichgewicht von Licht und Schwere. Es verschiebt sich allerdings dieses Gleichgewicht im Verlauf des Jahres. Im Winter verdichtet sich die Hydrosphäre und hüllt die Erde in eine Eis- und Schneedecke ein, im Sommer dehnt sie sich aus, dabei aber kommt es zu Wolkenbildungen. Aus ihnen fallen dann die Regentropfen herunter und benetzen wieder die Erde. Wie abhängig davon aber das ganze Leben auf der Erde mit ihren Naturreichen und der menschlichen Leibesnatur ist, lehren die Tatsachen; auch welchen Einfluß dieser Wechsel der Jahreszeiten auf das menschliche Bewußtsein hat (s. S. 162). Ebenso hat ja auf die Entfaltung des Lebens sowohl nach der physisch-leiblichen wie nach der seelisch-geistigen Seite seinen Einfluß, ob sich dieses in einer kalten oder warmen Zone, auch ob es sich unter den Erdbedingungen des Ostens oder Westens entwickelt. So daß erst die dazwischen liegenden, gemäßigten Zonen mit ihrem rhythmischen

Verlauf der Jahreszeiten es sind, die für ein harmonisches Entfalten des Naturablaufes, auch innerhalb der menschlichen Natur, die notwendigen Bedingungen bieten können.

In der atlantischen Zeit war für den damaligen Stand der Entwicklungsgeschichte der Erde und der Erdenmenschheit die Atlantis der Erdteil, der zu einem Teile in der gemäßigten Zone lag und dadurch in diesem Teile günstig für die Entwicklung der Menschheit wirkte[51]. Da gestaltete sich das Mineralreich in der Folge eines allgemeinen Verhärtungsprozesses, der sich schon seit der lemurischen Zeit vollzog. Damit parallel ging die Knochenbildung. Mit der Gliederung der Knochenmasse bildete sich auch das geschlechtliche Leben heraus; ein Prozeß, der auch schon begonnen hatte in der lemurischen Zeit. Die Luft war noch mit Nebel- und Wassermassen geschwängert[66]. Bis zur Mitte der atlantischen Zeit ist auch noch das Wasser der Träger der menschlichen Entwicklung[32]. Dann erst entreißt sich der Mensch dem Wasser und betritt den festen Boden. Der physische Leib war noch weich, und der Mensch hatte die Fähigkeit, seine Glieder elastisch zu dehnen und zu strecken. Und erst am Ende der atlantischen Zeit wurde seine Gestalt der heutigen ähnlich. Auch begann da erst die Fähigkeit, zu sich selbst „Ich" zu sagen. Es fiel dies zusammen mit dem Zusammenrücken zweier korrespondierender Punkte im physischen und Ätherleib in der Kopfregion, während in der ersten Zeit der Ätherleib noch weit über den physischen Leib hinausragte. Als dieses Ich-Bewußtsein noch nicht begonnen hatte, lebte der Atlantier noch in innigem Kontakt mit der Natur, hatte auch noch keine artikulierte Sprache. Das Bewußtsein war ein Bilderbewußtsein[35]. Zu Beginn war es noch dämmerhaft, d. h. wenn der Atlantier aus seinem physischen Leib herausging, umfing ihn das blendende astralische Licht, dann trat er sehend in eine Welt von göttlich-geistigen Wesenheiten ein, deren dichtester Leib der Ätherleib war; wenn er wieder in seinen physischen Leib untertauchte, wurde es Nacht um ihn. Die Mission des Atlantiertums war dabei, dem Menschen das Ich einzuprägen, insofern es den physischen Leib betrifft. Dieser wurde bis zur atlantischen Flut hin auch reif, ein Ichträger zu sein. Daneben entstanden dann aber auch, durch zu frühes Verhärten, die verschiedenen Rassen (s. S. 130).

Die geistigen Lehrer in den Einweihungsschulen waren die hohen geistigen Wesenheiten von Merkur und Venus (s. S. 128). Aber während bei normaler Entwicklung der Mensch in der Mitte der atlantischen Zeit sein Ichbewußtsein und die Vergeistigung durch den Christus erlebt hätte, wurde dieser Zeitpunkt durch das Wirken der luziferischen Wesenheiten verzögert. Der Mensch ist so unter denjenigen Punkt hinuntergestiegen, der normalerweise der tiefste hätte sein sollen[31]. Es war infolgedessen erst in der vierten nachatlantischen Kultur, die in gewissem Sinne eine Wiederholung der atlantischen Zeit darstellt, der Mensch herangereift zum Begreifen der Persönlichkeit. Es hatten sich Züge von Asien und Afrika vermischt mit solchen, die von Norden kamen. Sie trafen sich auf Kleinasien, auf der griechischen und italienischen Halbinsel, und sie bildeten die griechisch-lateinische Kultur. Auf diese Weise mischten sich Menschen, die von der Wertlosigkeit des Irdischen überzeugt waren, mit denen, die die stärksten spirituellen Kräfte und ein entwickeltes Persönlichkeitsgefühl hatten. Erst dann war der Zeitpunkt gekommen, daß die Christus-Sonnenwesenheit selbst auf den physischen Plan herunterstieg, um sich mit der Erde und der Menschheit auf Erden zu verbinden.

Als in der Mitte stehend in unserem nachatlantischen Zeitenzyklus, stellt diese griechisch-lateinische Kultur einen Wendepunkt in der Entwicklungsgeschichte der Erde und der Erdenmenschheit dar. Jetzt deckte sich Ätherleib und physischer Leib vollständig[33]. Der Mensch war auf der Erde nunmehr ganz auf sich selbst gestellt. Es hörten mit dem Beginn dieser griechisch-lateinischen Kulturperiode die letzten Reste des Miterlebens der geistigen Welten auf. Dafür aber offenbarten sich jetzt die Geister der Form durch die mineralischen, pflanzlichen und tierischen Reiche. Man prägte jetzt der Außenwelt auch selbst den Geist ein durch die Kunst. In ihr wurde die Form zugleich der ideale Ausdruck des in ihr sich offenbarenden Geistigen. Dabei diente die griechisch-lateinische Kulturperiode der Ausbildung der Verstandes- oder Gemütsseele. Der Mensch kam zum Begreifen der Persönlichkeit. Er war auch dadurch soweit, beim Auftreten des Christus-Jesus auf Erden den Gott als persönliche Erscheinung zu begreifen[66]. Es bedeutet so die griechisch-lateinische Kultur das Eintreten des Ich in die Verstandesseele. Der Mensch trat sozusagen voll aktiv in sein eigenes Seelenleben ein. Dabei näherte sich die Anschauungsform der des heutigen Menschen, der nur noch die sinnliche Wirklichkeit der Sterne sieht. Hand in Hand damit vollzog sich der Wandel im Verhältnis zur Gedankenwelt. Noch aber erlebte man durch die Philosophie ein Verbundensein mit der Weisheit, und das Naturgeschehen erlebte man als Ausdruck des dahinter wirkenden Geistigen. Man erschaute im Irdischen das Werk des Göttlich-Geistigen[12]; doch noch nicht in der abstrakten Form, in der es heute geschaut wird als sinnlich physische Wesen und Geschehnisse, die durch diejenigen abstrakten Ideen-Inhalte zusammengehalten werden, die man „Naturgesetze" nennt. Der Grieche schaute es als göttlich-geistiges Wesen. Dieses wogt auf und ab in allem, was er als Entstehen und Vergehen der tierischen Lebewesen, im Wachsen und Sprossen der Pflanzenwelt sieht, was er in Quell- und Flußtätigkeit, in Wind- und Wolkenbildung wahrnimmt. Es waren so für den Griechen die „Naturtatsachen" der Ausdruck für die Erdgöttin. Von ihr berichtet der Mythos als von Persephone.

Reste dieser Vorstellungsart, als imaginative Erfüllung der Verstandes- oder Gemütsseele, ragen noch herein bis ins Mittelalter. Man sprach noch von der Göttin Natura an den Stätten, wo Erkennende das Naturgeschehen zum Begreifen bringen wollten. Doch mit dem Heraufkommen der Bewußtseinsseele ist diese lebendige, innerlich beseelte Naturbetrachtung für die Menschheit unverständlich geworden. Und es konnte, als die Verstandes- oder Gemütsseele entfaltet war, die Menschenwesenheit nur durch die Wirklichkeit vor der Loslösung von ihren göttlichen Wesenheiten bewahrt bleiben. Deshalb war es notwendig, daß in die, während des irdischen Daseins vom Irdischen lebende Organisation der Verstandes- oder Gemütsseele, auch innerlich im Irdischen das Göttliche als Wesenheit eintrat. Das geschah, indem der Christus als der göttlich-geistige Logos für die Menschheit sein kosmisches Schicksal mit der Erde verband. War es Persephone, die Tochter von Zeus-Jupiter und der Demeter, die in das Irdische untergetaucht ist, um die Pflanzenwelt davon zu befreien, bloß vom Irdischen sich bilden zu müssen, und die seither durch ihre Auferstehung in jährlich rhythmischer Folge die Natur in ihre ursprüngliche Orientierung bringt, so ist der Herabstieg des Logos in die Menschheit nur ein Glied in einem gigantischen Weltenrhythmus[12]. Und heute, im Zeitalter der Bewußtseinsseelen-Entwicklung, deren Erkraftung dadurch geschieht, daß sie zunächst die Intellektualität aufnimmt, muß nun noch hinzukommen die Entfaltung der Liebe als Erkenntniskraft. Denn es gilt, die Natur wieder so erkennen lernen, daß in ihr sich die göttlich-geistige Ursprungs- und ewige Kraft offenbart, aus der sie entstanden ist und fortdauernd entsteht als die Grundlage des irdischen Menschendaseins. Und es muß die Menschenwelt so erkannt werden, daß sie in Christus den Ursprungs- und ewigen Logos offenbart[12]. Intellektuelle Entwicklung und ein Durchfeuern des kalten Licht-Elementes der Bewußtseinsseele ist dafür die Voraussetzung. Ohne diese Durchfeuerung würde der Mensch nicht zu deren Durchgeistigung kommen. Das würde ein Zurückbleiben in der Kulturentwicklung bedeuten. Ein solches Zurückbleiben würde auch nicht solche Einsichten in die Entwicklung der Menschennatur ermöglichen, die heute notwendig sind gegenüber den die Zivilisation beherrschen wollenden Einflüssen in der Pädagogik und vor allem auch in der Medizin. Es würde auch nicht eine gesunde Entwicklung eines normalen dreigliedrigen sozialen Organismus möglich sein, wenn sich nicht durch ein Verständnis für das Mysterium von Golgatha der Christus-Impuls im sozialen Leben entfalten könnte. Der Mensch würde in einem kranken sozialen Organismus sich auch nicht in seinem Denken, Fühlen und Wollen als freier Mensch entwickeln.

Auf diesem Hintergrund wird es um so mehr ersichtlich, wieviel davon abhängt, daß der heranwachsende Mensch im Schulalter sich naturgemäß entwickeln kann (s. S. 115). Denn dieses dient von Natur der Ausbildung des eigenen Ätherleibes. Dieser wiederum ist die Grundlage für die spätere Entwicklung der Verstandes- oder Gemütsseele. Sie wurde im alten Griechenland gepflegt mit Hilfe der Gymnastik. Das war ein merkuriales Element in der damaligen Erziehung im Hinblick auf eine gesunde intellektuelle Entwicklung, insofern sie in Zusammenhang zu sehen ist mit dem Wirken des Merkur. Und heute, im Zeitalter des Materialismus, das noch ganz beherrscht wird von dem Intellektualismus auf der einen Seite und der Technik auf der anderen Seite, gilt es, darauf bedacht zu sein, daß das heranwachsende Kind im Schulalter naturgemäß sein eigenes rhythmisches System ausbildet, sich diesem Alter entsprechend harmonisch, man kann auch sagen, in merkurialem Sinne entwickeln kann. Dann erst kann es, wenn es als heranwachsender Mensch das entsprechende Alter erreicht hat, selbst als merkuriales Wesen, d. h. nicht in einseitiger Weise beherrscht, sich in das materiell gewordene Leben hineinstellen und ihm als solches auch dienen.

Wie bei einem nicht harmonischen Sich-entwickeln des Ätherleibes im Schulalter der Organismus äußeren Krankheitseinflüssen parasitärer Natur ausgesetzt ist, insbesondere auch noch Erkrankungen im Bereich des Drüsensystems als zugehörig zum Ätherleib, davon war schon gesprochen (s. S. 115). Es sind dies naturgemäß Krankheitserscheinungen, bei denen wir *das Quecksilber therapeutisch in Anwendung* bringen können, so z. B. auch bei der Diphtherie. Wir haben es dabei zu tun mit sich im Organismus absondernden Prozessen, die wiederum in die Herrschaft des ganzen Organismus übergeführt werden sollen[1]. Demgegenüber haben die Quecksilberkräfte in entsprechender Verdünnung die Eigentümlichkeit, diese abgesonderten Kräfte wieder zur Resorption im ganzen Organismus zu bringen (Nr. 155, 156, 164).

In älteren Zeiten sagte sich noch der Erkennende, *daß die Merkurkräfte es sind, die den Menschen Besitz ergreifen lassen vom Festen seines Körpers*[10]. Denn sie erfüllen den ganzen uns zugänglichen Raum, sie gehen durch alle

Körper des Sonnensystems durch, so auch durch den Menschen; und nur da, wo am Himmel der Merkur ist, da sind sie physisch-mineralisch konzentriert. Und in der Art, wie von dieser Sicht aus der Merkur antwortet auf den Mars, haben auch diese Merkurkräfte für den Menschen im Unbewußten ihre Bedeutung; so z. B. wenn wir gehen wollen, müssen wir auch Kräfte haben, durch die wir unsere Knochen und Muskeln vom Geiste aus durchdringen[79] [(Nr. 1)]. Hingegen, von der geistigen Seite aus gesehen, ist, was unsere angeborenen Verstandesanlagen, unsere angeborene Klugheit ist, im Merkurhaften des ganzen Weltenalls bodenständig. Und alles, was wir mitbringen an moralischen Impulsen, nicht die vollbewußten, die im reinen Denken wurzeln, sondern die noch immer mit einem Grad von Unbewußtheit behaftet sind, ob wir mutartig sind in bezug auf das sittliche Handeln oder lässig, das kommt, von der anderen Seite angeschaut, vom Mars.

Von einem noch weiteren Standpunkt aber, der dann noch tiefer in die Organisation des menschlichen Organismus hineinschauen läßt, ergibt sich im Hinblick auf das Quecksilber[2], wie das, was als Geistiges dem Säftekreislauf und den damit verbundenen Temperamenten zugrunde liegt, hinein wirkt in den Menschen aus der Welt zwischen dem Tode und einer neuen Geburt. Man erkennt wie in den Temperamenten, die im Säftekreislauf liegen, das Leben zwischen Tod und neuer Geburt sein Siegel hinein drückt. Und schaut man nochmals tiefer hinein, dann ist dem beigemischt, was man Schicksalsprüfung, Karma nennt. Auf dem Wege zu solchem Erlebnis war Brunetto Latini in einem Bewußtseinszustand, wo er der Göttin Natura begegnete und diese ihm die Temperamente erklärte. Er war durch einen Sonnenstich herausgehoben worden in einen Bewußtseinszustand, in den man auch versetzt würde, wenn man sich auf die Metallität des Quecksilbers konzentrieren würde (s. S. 145). Geschieht dies unvorbereitet, dann bewirkt es das Gefühl, wie wenn man kein Gehirn und keine Sinne hätte. Dafür aber würde man mit allem, was einem jetzt durch das Quecksilber wird, den ganzen Stoffwechsel der Organe ergriffen fühlen und erleben, wie durch die verschiedenen Gefäße die Säfte im Innern fließen. Da ist plötzlich alles in innerer Regsamkeit, wie wenn alles in Kribbeln und Krabbeln, in innerem Rühren, Tun und Weben und Leben wäre. Kann aber dieser Zustand durch Trainieren der Seele bewußt durchlebt werden, dann werden diese inneren Bewegungen als in Verbindung stehend mit äußeren Bewegungen erlebt. Man hat den Eindruck, daß nun die Erde, auch die Welt der Elemente, die dem Kupferzustand des Menschen entspricht, nach unten qualmt und dampft. Die göttliche Natur, d. i. für die Griechen Persephone, die vorher ihr Antlitz mehr der Erde zuwandte und erklärte, was noch mit dem Irdischen zusammenhängt, sie dreht sich jetzt um. Man hat die irdische Welt unter sich, über sich die Welt der Sterne. Man ist hineingewachsen in die Welt der Sterne, und die Sterne enthüllen sich als Kolonien geistiger Wesenheiten.

Es ist ein Bewußtsein, mit dem wir auch sonst im Leben als Mensch verbunden sind, nur daß es uns im gewöhnlichen Leben nicht zum Bewußtsein kommt. Der Sitz dieses Bewußtseins ist oben in der Augengegend. Es ist das Bewußtsein der Pflanzenwesen, drunten sind ihre Spiegelbilder. Während mit dem Kehlkopf, in Zusammenhang mit dem Eisen, das Bewußtsein entwickelt wird, das nur hinaufreicht in die Welt, die dem Tierreich zugrunde liegt. Das wiederum sind ja dann auch die Welten, die wir im Leben zwischen Tod und neuer Geburt durchleben. Andererseits geht die Welt, mit der wir durch das

Bleibebewußtsein verbunden sind, aus vom Kopf und führt von da ganz hinaus in den Kosmos. Ein weiteres Bewußtsein hat seinen Sitz unter dem Herzen, es führt nicht in Raumesweiten hinaus, sondern in die Zeiten zurück. Es ist der Weg, den der Tote zurückgeht. – Schaut man nun mit diesem Bewußtsein auf das metallisch fließende Quecksilber in seinem physikalischen Dasein hin, dann offenbart sich der Erkenntnis der tiefgehende Zusammenhang, daß dieses Tröpfchen des dahinfließenden Quecksilbers imstande ist, des Menschen Geistiges zusammenzuziehen mit denjenigen Organen, die in ihren Formungen, in ihrem Ursprung aus dem Leben zwischen Tod und neuer Geburt stammen. Und hat man als Arzt es mit einem Kranken zu tun (Nr. 157), bei dem man einen Säftekreislauf diagnostiziert, der sich zu stark losgerissen hat von der spirituellen Welt, die wir durchleben zwischen Tod und neuer Geburt, dann wird das *Merkur die geeignete Metallität* sein, die, dem Körper in geeigneter Weise zugeführt, dazu verhelfen kann, *den Säftekreislauf wieder in Kontakt zu bringen mit der spirituellen Welt*[2].

Die geeignete Form für die Anwendung des Quecksilbers wird sich ergeben aus der Beobachtung des physischen Verhaltens des Quecksilbers. Ihm eigen ist die Tropfenform mit der Tendenz, bei schon leichtem Stoß in viele kleine Tröpfchen zu versprühen, die ihrerseits aber, wenn sie sich berühren, auch wieder sich zu einem großen Tropfen vereinigen. Dabei zeigt es geringe Tendenz zu Adhäsion. Es benetzt seine Umgebung nicht und bewahrt sich seine Tropfenform, selbst gegenüber dem Wasser. Doch anders verhält es sich gegenüber den Metallen. Die gerade benetzt es, löst sie in sich auf, nur nicht das Eisen, und auch schwerer die Sprödmetalle, zu denen Antimon, Wismut, Arsen gehören als z. B. Gold, Silber, Zinn, Blei, Kupfer. Man bewahrt deshalb das flüssige Quecksilber in Eisenflaschen auf und verwendet es andererseits zur Bildung der verschiedenen Amalgame. Auch benutzt man diese Eigenschaft, um Metalle wie Gold, Silber und dergleichen aus dem Gestein, in dem sie nicht massiv, sondern in Spuren vorhanden sind, zu gewinnen. Mit dieser Eigenschaft des Quecksilbers werden wir auch rechnen, wenn wir es in noch verhältnismäßig niederer Dosierung in Anwendung bringen. (Nr. 155–157). Darauf beruht auch im Ernährungsprozeß seine unterstützende Wirkung auf den Übergang des äußeren Verdauungsprozesses in den inneren, lymph-blutbildenden Verdauungsprozeß[3]. – Hinzu kommt die Eigenschaft des Quecksilbers, daß es sich bei Erwärmung ausdehnt und so schon bei normalen Temperaturen verdunstet. Es hilft auf diese Weise, im weiteren Verlauf des Ernährungsprozesses, die plastischen und damit auch die sie abrundenden Kräfte zu unterstützen im Sinne des Wiederherstellens eines Gleichgewichtes gegenüber den abbauend gestaltenden Prozessen. Darauf rechnen wir bei einer Verarbeitung mit Stannum, wie es uns nach Angaben von Dr. Steiner in dem Präparat Mercurius viv. comp. zur Verfügung steht (s. S. 153). Es ist ein Präparat, das ursprünglich unter dem Namen Phtisodoron coli I zur Behandlung der Dickdarmtuberkulose in Anwendung gekommen ist. – Wie aber das verdunstende Wasser sich auch wieder zu Wolken sammelt, dann als Regentropfen wieder zur Erde fällt und diese benetzt und auf diese Weise das Leben und vor allem auch das Pflanzenwachstum unterstützt, so unterstützt auch das Quecksilber, insbesondere, wenn in etwas höherer Potenz innerlich gegeben (Nr. 160–162), zugleich mit den plastisch-abrundenden Prozessen auch noch die gestaltenden Prozesse. – Insofern aber das Quecksilber einerseits zum Leben hinstrebt, andererseits ihm von außen her dieses Leben genommen wird und es dafür die Tropfenform behält, kommt darin auch ein Gleichgewicht zum Ausdruck, das im Bereich des Irdischen die Waage hält zwischen dem Zerfließen des Salzigen als der Substanz der Erde und dem In-sich-gedrungensein, in dem Zusammenhalten der Imponderabilien (s. S. 20). Das macht das Quecksilber zu einem wichtigen Regulierungsmittel[4].

In diesem Sinne verwenden wir es insbesondere, wenn wir den Organismus anregen wollen, von innen heraus seine Tätigkeit zu entwickeln, die gewisse äußere Organisationskräfte im Wechselspiel reguliert[4]. Das tun wir z. B., wenn wir bei dem Verhärtungsprozeß der Lunge, wie er bei der sogenannten Lungenschwindsucht vorliegt, Salzabreibungen oder Salzbäder zur Anwendung bringen und dadurch den Organismus geneigt machen wollen, dieses auch wirklich im Innern zu verarbeiten. Die Quecksilberdosierung wird in diesem Falle, wo man es mit der Lungentätigkeit zu tun hat, die dem mittleren Menschen angehört, eine mittlere sein. Rechnet man jedoch besonders darauf, daß es auf die Kopforganisation wirkt und von da wiederum zurück auf den ganzen Organismus, bedarf es höherer Potenzen; während niedere Potenzierungen in Frage kommen, wenn man weiß, man hat vom Stoffwechsel aus zu heilen. Wir sind diesbezüglich hingewiesen auf Krankheiten, bei denen Hirn und Leber gleichzeitig betroffen sind, darauf beruhend, daß die Leber nur ein metamorphosiertes Gehirn (s. S. 156) ist. Findet man in dieser Hinsicht eine Leberentartung und Degeneration der Gehirnganglien, dann liegt das in derselben Richtung. Es ist eine gesteigerte Metamorphose der Lungenschwindsucht. Man hat deshalb gröbere Dosierungen anzuwenden, auch nicht äußerlich Salzeinreibungen oder Salzbäder, sondern man wird übergehen müssen zu Kalksalzen. – Mit einem gestörten Gleichgewicht im dreigliedrigen Organismus durch ein unharmonisches Zusammenwirken vom Nerven-Sinnes-System, rhythmischen System und Stoffwechsel-Gliedmaßen-System haben wir es ferner zu tun bei den luetischen Erkrankungen. Diese beruhen darauf, daß die Ich-Organisation zu stark für das Stoffwechsel-Gliedmaßen-System in Anspruch genommen wird. Es kommt dabei zu einem Überwiegen der Ich-Organisation über die ätherische Organisation im Sexualtrakt. Und die besondere Art, wie demgegenüber die Quecksilber-Behandlung zu handhaben, auch besser noch durch ein Astragalus-Präparat zu ersetzen ist, wurde bereits ausgeführt (s. S. 159).

Eine besondere Eigenschaft des Quecksilbers ist noch sein Verhältnis zur Wärme. Es dehnt sich bei Erwärmung aus, erstarrt aber schon bei minus 39° zu einem in Glanz, Farbe und Geschmeidigkeit an das Silber erinnernden Metall. Sein Siedepunkt hingegen liegt schon bei 359°, also viel niedriger als bei anderen Metallen. Die Technik macht sich diese Eigenschaften in verschiedener Weise zunutze. Wir gebrauchen sie vermittels des Thermometers zum Messen der Körpertemperatur. Auf diese Weise kontrollieren wir die Eigenwärme des Menschen, ob sie normal, vielleicht auch zu hoch oder zu tief ist. Dadurch gewinnen wir einen Einblick in das innere Wesen des Menschen, insofern der Wärmeorganismus seiner Ich-Organisation zugrunde liegt. Dabei können wir uns auch wieder erinnern an die Entstehung des Quecksilbers (s. S. 164) auf der Erde in ihrer Beziehung zur Entwicklung der Ich-Natur des Menschen. Sie fällt hinein in die atlantische Zeit. Und bedenken wir ferner, daß die Fortentwicklung der Menschheit auf Erden auch entsprechende äußere Lebensbedingungen voraussetzt, dann wirft dieser Gedanke auch ein Licht auf das Vorkommen des

Quecksilbers in unserem heutigen Erdorganismus und die Art seiner Verbreitung über die Erde hin. Das sind, von unserem Standpunkt aus gesehen, an erster Stelle zentralgelegene Gebiete auf unserer Erde. Wir finden sie dort, wo, in unserer klimatisch mehr gemäßigten Zone und in der Mitte zwischen Ost und West gelegen, sich die Kulturentwicklung abspielte, die den Übergang darstellt aus der griechisch-lateinischen, der Verstandes- oder Gemütsseele dienenden, zu unserer angelsächsischen Kulturperiode, deren Aufgabe die Entwicklung der Bewußtseinsseele ist. So befindet sich die Stätte ältester Förderung des Quecksilbers durch Bergbau in der Umgebung von Almaden in Spanien[78]. Schon den Griechen war sie bekannt, Karthago und Rom beuteten sie bereits aus. Auch unter maurischer Herrschaft blühte der Bergbau dort. Darauf deutet der Name Almaden hin, er ist arabischen Ursprungs und besagt „das Bergwerk". In den Jahren 1525—1645 waren diese Minen in Händen der Fugger-Familie, als handelstüchtige Kaufleute und Bankiers bekannt. Sie gingen dann in spanischen Staatsbesitz über und stehen auch bis heute noch an erster Stelle. Die zweite große europäische Fundstelle ist seit 1500 Idria in Krain (Norditalien). Wesentlichen Anteil an den Förderungen hatten ferner Mittelitalien (Monte Amiata), Südrußland (Nikitowka). Auch in der Pfalz gab es Quecksilbergruben, wurden aber 1830 aufgegeben. Doch weitere Vorkommen kleineren Ausmaßes kommen auch im Westen hinzu, so 1850 New-Almaden in Kalifornien, andere in Nordamerika, Texas, Mexiko.

Gefunden wird das Quecksilber in der Erde hauptsächlich in der Form seines Schwefelerzes, des *Zinnober* (HgS); sonst als Bestandteil von Fahlerzen. Es sind dies zusammengesetzte Sulfide, die vor allem reich an Kupfer sind, aber auch Silber, daneben Eisen, Zink, Quecksilber, Arsen und Antimon enthalten; gelegentlich auch als Quecksilberhornerz (HgCl). Daneben aber findet man das Quecksilber auch in der Tiefe der Zinnoberlagerstätten in kleinsten Mengen als feinste Tröpfchen im Gestein eingesprengt oder gelegentlich in etwas größeren Mengen in Spalten und Höhlungen seines Erzes. So können einem diese Zinnoberlagerstätten, wie wir sie unter der Erdoberfläche finden, anmuten wie eine Erinnerung an die Entwicklungsgeschichte des Erdorganismus in Zusammenhang mit der entsprechenden Entwicklungsgeschichte des menschlichen physischen Organismus als Grundlage seiner seelisch-geistigen Entwicklung. Sie führt uns zurück bis in die atlantische Zeit (s. S. 164). Damals war es, daß das Quecksilber in ätherischer Form vom Merkur heruntergeholt wurde auf die Erde. Ohne dieses Geschehen hätte der Mensch nur Weisheit aufgenommen. Doch damit allein wäre nur der Aufbau des Mineralreiches möglich gewesen und nicht auch das in der Zukunft Gestalten-Schaffende. Andererseits war die Aufgabe der atlantischen Zeit die Ausgestaltung des physischen Leibes des Menschen als Träger der Ich-Gestalt und somit dem Menschen das Ich einzuprägen. Zunächst aber überragte diesen physischen Leib der Ätherleib noch weit, das Bewußtsein war dementsprechend noch ein Bilderbewußtsein. Erst nach und nach überdeckten sie sich, und das Bewußtsein näherte sich dem Zustande, der sich in der nachatlantischen Zeit entwickelt. Ganz zur Deckung kamen sie aber erst in der griechischen Zeit, und in der Folge ordnete sich der Ätherleib dem physischen Leib unter. Es entwickelte sich der menschliche Intellekt, andererseits wird die Vorstellungs- und Gedankenwelt der Menschen immer abstrakter und abstrakter. — Das wiederum findet auch nach Innen zu im Leiblichen seinen Ausdruck.

An solche Phasen im Entwicklungsprozeß hinsichtlich des Verhältnisses vom Ätherleib zum physischen Leib in Zusammenhang mit der seelisch-geistigen Entwicklung erinnern uns auch wieder die verschiedenen Entwicklungsstufen, die der heranwachsende Mensch durchzumachen hat. Liegen Störungen in dieser Hinsicht vor, dann haben wir es mit Krankheitsanlagen zu tun. Es handelt sich dabei um Zurückbleiben oder Überhandnehmen der Kopfkräfte gegenüber dem Ernährungssystem im Stoffwechsel-Gliedmaßen-Organismus, und insbesondere noch um Störungen im Hinblick auf das dazwischen eingeschaltete Lymph-Drüsen-System mit seiner nach außen und innen regulativen Aufgabe. Als solches reagiert es auch, wie bekannt, sehr stark auf krankhafte Einflüsse. Doch kann es sich auch selbst in krankhafter Weise bemerkbar machen, wenn Entwicklungsstörungen vorliegen, so z. B. bei einer lymphatischen Konstitution. Harmonisch und seinen Aufgaben entsprechend in die Leibesorganisation eingegliedert ist es jedoch dann, wenn sich der Ätherleib als der Bildekräfteleib nach innen und außen hin in gesunder Weise, man kann auch sagen, Ich-gemäßer Weise entwickeln kann, und insofern alle Heilung ausgeht von dem Ätherleib. Haben wir es aber in dieser Hinsicht mit akuten Krankheitserscheinungen oder auch Konstitutionsanomalien zu tun, dann können wir uns an die Ausführungen im Buche „Grundlegendes für eine Erweiterung der Heilkunst" über das Quecksilber und seine Anwendungsbereiche erinnern. Dort finden wir den Hinweis, daß das Quecksilber, als erstarrter Prozeß, mitten drinnen steht zwischen den Fortpflanzungsvorgängen, die innerhalb des Organismus dessen Wesen von ihm selbst fast völlig abtrennen. Das wurde hier auch schon näher behandelt. Die Quecksilberkräfte andererseits haben die Eigenschaft, diese abgesonderten Kräfte wieder zur Resorption im ganzen Körper zu bringen. Wir können infolgedessen diese Quecksilberkräfte gerade überall da zu Hilfe nehmen, wo sich im Organismus in krankhafter Weise absondernde Kräfte bilden, die wiederum in die Herrschaft des ganzen Organismus geführt werden sollen. Die erstarrte Form aber des Quecksilbers ist der *Zinnober*. Er ist eine Verbindung des Quecksilbers mit Schwefel. Dieser wiederum erweist sich gerade in dem Bereiche des Organismus als wirksam, wo die Zirkulation und die Atmung aneinander grenzen. Und wir haben deshalb speziell im Zinnober ein Heilmittel gegeben, wenn sich in dieser Hinsicht absondernde Prozesse bilden, die wieder der Herrschaft des ganzen Organismus zurückzuführen sind. Das ist der Fall beim Luftröhrenkatarrh und allen in der Nähe befindlichen katarrhalischen Erscheinungen[1].

In diesem Zusammenhang kann es auch schon aufmerksam werden lassen, daß die Farbe des Zinnober eben rot ist. Wir kennen sie z. T. als die unter Zinnoberrot bekannte künstlich hergestellte Malerfarbe[78]. Der derbe und der kristalline Zinnober zeigt hingegen meist statt dem Dunkelrot bis Schwarzrot, selbst stahlgraue und braunrote Farbe auf. Zinnoberkristalle wiederum sind selten, auch stets klein. Sie sind durchsichtig, cochenillerot, ihre Flächen fast metallisch diamantglänzend, mit noch stärkerer Lichtbrechung als die des Diamanten. So hat der Zinnober Farbennuancen des Rot, die uns erinnern können an das Auftreten von Entzündungserscheinungen im Halsbereich. Diese sind bereits als Abwehrreaktion zu verstehen. Denn überall, wo im Naturprozeß eine Rötung auftritt, ist ein starkes Gegenwirken gegen eine zu starke Astralisierung vorhanden wie z. B. beim Pilzigwerden, das nach dem Farblosen hin tendiert[4]. Und therapeutisch können wir vielleicht daraus für die Anwendung des Zinnobers entnehmen, welche Reaktion wir bewirken wollen, wenn wir die mehr mittleren Potenzen in Anwendung bringen oder die höheren. Die letzteren waren ursprünglich, wenn keine andere Dosierung angegeben war, als D 20 die gebräuchlichen. Erstmalig wurde dieser Zinnober D 20 bei einem Mädchen mit hypertrophischen Rachenmandeln angegeben[81] (Nr. 102).

In der Verschiedenheit der Erscheinungsform des Zinnobers, was Konsistenz und Farbe betrifft, drückt sich bereits eine Polarität aus. Einer Polarität begegnen wir dann auch im Hinblick auf die uns bekannten *Salze des Quecksilbers*. Denn es bildet ein- und zweiwertige Salze. Diese unterscheiden sich schon durch ihre Verschiedenheit hinsichtlich der Löslichkeit. So kennen wir: als Chlorverbindungen das *Quecksilberchlorür* ($Hg_2 Cl_2$), natürlich vorkommend als das Quecksilberhornerz, für therapeutische Verwendung als das in Wasser und Weingeist unlösliche *Calomel*, und als *Quecksilberchlorid* ($Hg Cl_2$), das lösliche *Sublimat*[81] (Nr. 73); als Jodverbindung das *Quecksilberjodid* ($Hg J_2$) als scharlachrotes feines, nur in 20 Teilen heißen Alkohols lösliches Pulver, und das *Quecksilberjodür* ($Hg_2 J_2$) oder *Hydrargyrum jodatum flavum* als grünlichgelbes unlösliches Pulver. Ferner das lösliche *Quecksilbercyanid* ($Hg [CN]_2$) oder *Hydrargyrum cyanatum* (als Mercurius cyanat. D 4, das früher als Diphthodoron I bezeichnete Präparat), und das lösliche *Quecksilberoxycyanid* ($Hg [CN]_2 \cdot HgO$) oder Hydrargyrum oxycyanatum. Schließlich als Merkurioxyd das *Quecksilberoxyd* oder Hydrargyrum oxydatum rubrum, ein gelblich-rotes, in Wasser fast unlösliches Pulver, bekannt als *rotes oder gelbes Quecksilberpräcipitat*, und als Merkurooxyd das *Quecksilberoxydul* als schwarzes unlösliches Pulver ausfallend. — Auch kennt man, entsprechend dem Zinnober, ein künstlich erzeugtes Quecksilbersulfid von schwarzer Farbe, deshalb auch Quecksilbermohr oder Mineralmohr genannt, wodurch man sich erinnert fühlen kann an die schwarze Farbe des Negers mit seinem zu früh verhärteten Drüsensystem.

Nochmals, am Ende unserer Betrachtungen über das Quecksilber, das Ganze überschauend, werden wir uns sagen können: was für alle Metalle gilt, daß sie, unter der Erdoberfläche ruhend, der Erde nicht dienen im Sinne des Sich-Konservierens, sondern im Sinne des Entwerdens (s. S. 24), gilt im besonderen noch für das Quecksilber, indem es sich neben seinem Erz auch noch in seiner flüssigen Form als im Gestein eingelagert findet. Es würde so vor allem auch die Erde unter seinem Einfluß wuchern, wenn dem nicht von außen her der Planet Merkur entgegenwirkte. Auch könnte Ahriman, wenn im Frühling wieder das Eis und der Schnee schmelzen und mit dem sich wieder Ausweiten der Hydrosphäre das sprießende, sprossende Leben auf der Erde beginnt, seine Hoffnung, die Erde zu einem beseelten Wesen zu machen und sie dem Kosmos zu entreißen, *zur Erfüllung bringen*, würde sie nicht immer wieder zur Frühlings- und Osterzeit, wenn Raphael-Merkur der Frühlingsgeist ist, zunichte gemacht[43]. Ebenso ist es Merkur-Raphael, der angesichts der Gefahr, daß doch der Mensch nicht ungefährdet bleibt gegenüber den im Frühling sich geltend machenden Hoffnungen von seiten Ahrimans auf der einen Seite, von seiten Luzifers auf der anderen Seite, insbesondere zur Osterzeit den Menschen belehren will, inwiefern die ahrimanischen und luziferischen Kräfte den Menschen krank machen, während das Christus-Prinzip zu erkennen ist als das heilende Prinzip. Andererseits ist es auch Merkur-Raphael, der zur

Herbstes-Michaelizeit in heilendem Sinne auf die Atmung des Menschen regulierend wirkt. Ebenso ist es Merkur-Raphael, der es im menschlichen Organismus vermittelt, daß die Ernährungskräfte im Atmungssystem sich metamorphosieren in den kranken Menschen heilende Kräfte. Es werden dann die Atmungskräfte, als die heilenden Kräfte, wenn sie in das menschliche Haupt hinaufkommen, die geistigen Kräfte des Menschen, die in den Sinneswahrnehmungen und im Denken wirken (s. S. 162). Und der Mensch lebt eben nur unter gesunden Bedingungen, wenn er sich so entwickeln kann, daß seine Ernährungsvorgänge in Heilungsvorgänge, diese in geistige Vorgänge und auch diese wiederum zurück in Heilungsvorgänge übergehen können.

Nur auf diese Weise kann sich auch das Blut, wie es durch unsere Adern strömt, in gesunder Weise, man kann auch sagen, in merkurialem Sinne zu dem entwickeln, wozu es dienen soll als Träger der Ichtätigkeit (s. S. 9). Was im Blute läuft, muß auch im Blut bleiben. Ebenso müssen die Vorgänge, die im Nerv laufen, im Nerv bleiben. Drängen aber die im Blute nach dem Phosphorigen hintendierenden Vorgänge hinüber in benachbarte Gebiete, dann entstehen da Entzündungen. Wandern andererseits die Vorgänge, die entlang der Nervenbahnen laufen, aus in die benachbarten Organe oder auch ins Blut, dann entstehen die Impulse für die Geschwulstbildungen. Deshalb muß auch wiederum zwischen den Vorgängen im Nervensystem und zwischen den Vorgängen im Blutsystem ein richtiger Rhythmus stattfinden. Es geschieht vermittels der Einatmung des Sauerstoffs und der Ausatmung der Kohlensäure. Dabei vollzieht sich ein Stirb- und Werdeprozeß. Denn bevor der Kohlenstoff als Kohlensäure den Körper verläßt, verbreitet er im ganzen Organismus eine Ausströmung von Äther (s. S. 50). Dieser Äther dringt in den Ätherleib des Menschen ein und macht die menschliche Organisation geeignet, sich den geistigen Einflüssen zu öffnen, er nimmt die astral-ätherischen Wirkungen aus dem Kosmos auf. Es werden von diesem Äther die kosmischen Impulse angezogen, die das Nervensystem so bereiten, daß es der Träger der Gedanken werden kann.

Im äußeren Leben aber stehen wir heute in unserer, der fünften nachatlantischen Kulturperiode als Menschheit im Zeitalter der Bewußtseinsseelen-Entwicklung. Ihr verdanken wir mit Recht den heute zu seiner vollen Ausbildung gekommenen Intellekt, auch als seine Konsequenz den Materialismus und die Technik. Demgegenüber aber steht die Menschheit auch in der Gefahr, innerhalb ihres sozialen Lebens nach Denken, Fühlen und Wollen vom Geist des Intellektualismus, des Materialismus und der Technik beherrscht zu werden. Doch fordert kulturell jetzt die Zeit, daß die Marsimpulse abgelöst werden von den Merkurimpulsen. Es gilt, die bis zu ihrer äußersten Abstraktion herangereifte Gedankenwelt wieder durch innere Aktivität zum Auferstehen zu bringen, um im Denken wieder von innen her den Anschluß an die geistigen Zusammenhänge zu finden. Das würde wieder erstehen lassen ein geistgemäßes Verhältnis zur äußeren materiellen Welt, auch ein geistgemäßes Verständnis für die sozialen Forderungen unserer Zeit. Statt dessen krankt die Menschheit heute an dem Nicht-Mitgehen mit der Zeit, weil man an den materialistischen Denkgewohnheiten festhält. Die Zeit ihrerseits jedoch drängt hin nach sozialer Gestaltung des äußeren Lebens. Aber auch da können sich die heute schon entgegen den alten Traditionen sich geltend machenden Impulse zunächst nur in revolutionärem Sinne auswirken. So stehen sich auch im Wirtschaftsleben kapitalistische und antikapitalistische Tendenzen gegenüber. Beide Seiten aber sind noch beherrscht vom Egoismus des Materialismus, nur mit verschiedenen Vorzeichen, statt aus innerer, christlich-sozialer Einstellung, durch ein harmonisches Zusammenwirken der gesunden Entwicklung unseres Menschheitsorganismus dienen zu können. Das hat bereits auch schon zu Auswüchsen geführt. Sie gleichen den Krankheitserscheinungen, die im menschlichen Organismus auftreten, weil die nach dem Leben hinstrebenden und die gestaltenden Prozesse nicht ihren merkurialen Ausgleich finden können. Auch hat man bereits mit Krankheitssymptomen in dem Sinne zu tun, daß die in den Bereich des Lichtes gehörigen Prozesse übergreifen in die dem Bereich der Schwere angehörigen Prozesse, wie es bei den Geschwulstbildungen der Fall ist; andererseits, daß die dem Bereich der Schwere angehörigen Prozesse übergreifen und in ihren Bereich einbeziehen wollen, was dem Bereich des Lichtes angehört, womit wir es bei den Entzündungsvorgängen oder bei den manischen Erkrankungsformen zu tun haben. Beide sind den Organismus zerstörende Prozesse. Ebenso sind es die Vergiftungserscheinungen, die das Quecksilber hervorrufen kann. Auf der einen Seite bewirken sie Erkrankungen der Mund-Magen-Dickdarmschleimhaut entzündlicher, diphtherischer und ulceröser Art; und weil es die Eigenschaft hat, nicht nach außen, sondern nach innen ausgeschieden zu werden, führt es schließlich noch zum Übergreifen auf das Gehirn, gleich der Paralysis cerebri und schließlich auch zu allgemeiner Kachexie. Auf der anderen Seite aber dient auch wieder gerade das Quecksilber in der Hand des Arztes, wenn es im merkurialen Sinne zur Anwendung kommt, als Heilmittel.

In dieser Hinsicht hat das Quecksilber ein ähnliches Schicksal wie z. B. die Mistel. Auch sie ist ein zurückgebliebenes Wesen, mußte als solches einmal dazu dienen, den Baldur zu töten. Sie darf aber heute, wo die Zeit gekommen ist, daß Baldur wieder aufersteht, gerade der Heilung bei den Krankheitsdispositionen zu Geschwulstbildungen im merkurialen Sinne dienen. Auch können wir hier an die Rolle denken, die Kundry in der Parzifalsage spielt. Auch sie ist ein zurückgebliebenes Wesen. Sie steht als Mittelwesen zwischen der Burg des Klingsor und der der Gralsritter. Da aber muß sie zunächst mehr dem Klingsor dienen und kann von diesem Fluch erst erlöst werden, als es geschehen konnte, daß Parzifal, der reine Tor, durch Mitleid wissend geworden, als Repräsentant der Bewußtseinsseelen-Entwicklung zum Gralskönig erhoben werden und damit auch der kranke Amfortas wieder geheilt werden konnte.

KRANKENGESCHICHTEN
UND
THERAPEUTISCHE NOTIZEN

Die hier wiedergegebenen Krankengeschichten und therapeutischen
Notizen stammen aus dem Klinisch-Therapeutischen Institut Arlesheim,
einige Ausnahmen sind als solche vermerkt.

Krankengeschichten:

Nr. 1   Patient, 45 Jahre alt, Sänger
Gelenkrheumatismus, Erkältungsdisposition

Diese Krankengeschichte ist bereits einmal besprochen im Blei-Beiblatt der Zeitschrift „Natura".

Anamnese: Patient ist als Kind schnell gewachsen, war blutarm und schwächlich; neigte immer sehr zu Erkältungen und Katarrhen; war auch äußerst hypochondrisch veranlagt.

Mit 17 Jahren Lungenspitzenkatarrh.

Seine Erziehung war einseitig intellektuell. Er studierte Chemie, sattelte dann aber mit 24 Jahren um und wurde Sänger, was sich auf seine körperliche Entfaltung günstig auswirkte. Mit 25 Jahren jedoch Auftreten eines akuten Anfalles von entzündlichen Schwellungen der Hand- und Fußgelenke. Seitdem litt Patient viel an reißenden Schmerzen in den Gliedern und im Kopfe, und alle Behandlungen blieben bisher erfolglos. Dagegen hat der Patient selbst die Beobachtung gemacht, daß er im allgemeinen kräftiger und widerstandsfähiger geworden ist, seit er sich in den letzten Jahren auch mehr mit spirituellen Fragen beschäftigt hat.

Befund: Patient ist hochgewachsen, knochig; seine Gliedmaßen und vor allem Hände und Füße sind im Verhältnis zum Brustumfang relativ groß. Die Haltung ist lässig; die Haut blaß und schlaff. Es bestehen Verdickungen einzelner Gelenke an Händen und Füssen. Die Tonsillen sind vergrößert, der Rachen ist gerötet und schleimig belegt.

Der Schlaf ist angeblich gut und die Verdauung regelmäßig.

Nach einer Beratung mit *Dr. Steiner* erhält der Patient:

Bleiglanz D 4 innerlich
Cuprum metallicum D 3 innerlich.

Als Meditation: Sich vorstellen irgend ein Tier, einen Skorpion z. B., das ihn in die Ferse sticht. Dabei versuchen, durch „Ich bin" das Tier zu verscheuchen.

Verlauf: Laut schriftlichen Berichten im Verlauf der folgenden drei Jahre wurde die Kur immer wieder in größeren Abständen durchgeführt und war dem Patienten unentbehrlich. Wohl traten noch zeitweise Schmerzen in den Füßen auf, gelegentlich auch Wadenkrämpfe. Doch der Patient fühlt, daß ihm die Medikamente helfen. Die Erkältungsgefahr ist jedenfalls auch wesentlich gebessert, und besteht ein Katarrh, so hilft das Einnehmen der beiden Medikamente immer rasch, dem früher so häufigen und heftigen Bronchialkatarrh vorzubeugen.

Nr. 2   Frau von 41 Jahren
Muskel- und Gelenkrheumatismus

Anamnese: November 1923.

In den Kinderjahren Scharlach, Masern, Keuchhusten, mehrmals Mandelentzündung; im Winter viel Frostbeulen an den Füßen; sonst kräftig und gesund. Menses mit 13 Jahren eingetreten; Blutungen meist regelmäßig und ohne besondere Beschwerden.

Vom 22. bis 37. Lebensjahr im Ausland gelebt.

Mit 30 Jahren Beginn von Magen-Darmbeschwerden mit allmählicher Verschlimmerung; dabei sehr schlechter Geruch aus dem Munde und abwechselnd Obstipation und Diarrhoe. Gleichzeitig Auftreten von chronischem Schnupfen besonders am Morgen, was durch eine Nasenoperation besser wurde.

Nach Rückkehr vom Ausland allmähliche Besserung der Magen-Darmbeschwerden; doch besteht noch eine gewisse Empfindlichkeit, und die Zunge ist morgens beim Aufwachen belegt. Dabei guter Appetit mit Vorliebe für salzige Speisen.

Herbst 1921, 39 Jahre alt, Beginn von rheumatischen Beschwerden. Ein halbes Jahr vorher Flechten an den Händen, die nachher ganz verschwunden sind. Winter 1922 und Sommer 1923 fast dauernd Rheumatismus in den Muskeln, abwechselnd am ganzen Körper, auch in den Hand-, Finger-, Knie- und Zehengelenken. Dabei große Müdigkeit und zeitweise leichte Anfälle von Herzklopfen bei Überanstrengung und Herzschmerzen. Auch klagt Patientin in den letzten Jahren über Konzentrations-Schwierigkeit.

Schlaf gut; rasches Einschlafen, morgens erfrischt, doch gegen 9 bis 10 Uhr morgens oft schon wieder müde; wenig und ruhige Träume.

Im Sommer 1923 Schlafsucht, Müdigkeit, viel Herzklopfen. Durch Behandlung mit Prunus spinosa-Injektionen leichte Besserung. Auch waren 1922 zeitweise Schwitz-bäder (Lichtkasten) gegeben worden.

Befund: Kleine Statur, grazil gebaut; sehr blasses Aussehen; reduzierter Ernäh-rungszustand; schwarze Haare.

Sinnesorgane und innere Organe: o. B.

Urin: o. B.

26. 11. 1923 Beratung mit Dr. Steiner.

Dabei stellte Dr. Steiner zunächst noch folgende Fragen: „Salzige Speisen essen Sie gern?" — „Ja, ich ziehe sie vor." — „Und Sie stammen aus L..., und waren da in der Jugend?" „Magnetismus durch S... hat Ihnen gut getan? An den Händen haben Sie Rheumatismus und ebenso an den Beinen?" „Wann wachen Sie morgens auf?" — „Um 7 Uhr." — „Und um 9 bis 10 Uhr sind Sie oft schon wieder müde? Was haben Sie bis dahin gegessen?" — „Ich nehme Milchkaffee und zwei Stücke Brot." — „Und dann bleiben Sie müde?" — „Nein, es wird wieder besser; ich lege mich meist etwas nieder." — „Sie haben oft Schnupfen?" — „Früher, jetzt nicht." — „Haben Sie eine starke Ohrenabsonderung?" — „Nein." — „Wäre es möglich, mit den Ohren-schmalz eine Analyse zu machen?" „Die Sache liegt ziemlich in den Organismus hin-ein verkrochen." „Sie wohnen noch in R...? Sind Sie gerne eigentlich hier?" — „Ja, aber wir leben so sehr einsam und ich bin sehr abgeschnitten von allem." — „Waren Sie schon in B... Mitglied?" — „Nein, aber ich habe mich mit Anthroposophie beschäftigt."

Danach erhält die Patientin folgende *Meditation:*

„Versuchen Sie auf Ihren Kopf sich zu konzentrieren, so innerlich hinter der Stirn, und versuchen Sie das Gefühl: Ich versuche mich da emporzuheben. Dann versuchen Sie sich auf den Unterleib zu konzentrieren in der Nabelgegend: Ich fühle mich fest auf den Boden gestellt. — Dies fleißig jeden Morgen und Abend.

Dann möchte ich innerlich etwas geben."

Und an die Ärzte nachträglich noch allein gerichtet:

„Das ist so, wie wenn sich... (der Mann der Patientin) in ihre Brust hinein-begeben hätte und dort fortwährend schwatzen würde. Die Physiognomie ist so, wie er innerlich ist. Und nun möchte ich, daß sie innerlich von ihm frei wird. Sie ist zu stark abhängig von ihm. Deshalb *Mennige D 6* innerlich."

15. 12. 1923: Patientin fühlt sich in der letzten Zeit wesentlich besser.

8. 6. 1924: Hämoglobin 60% nach Sahli.

Später ist, soweit bekannt, eine Verschlimmerung der arthritischen Beschwerden eingetreten.

Nr. 3   Fräulein, mittleren Alters
Große Struma u. a.

Sommer 1924, Beratung.

Befund: mittelgroß, mittelkräftig, blaß, blond, starker Kropf.

Sie erhält nach Angaben von *Dr. Steiner* die folgende Ordination:
Bauchumschlag mit:

> *Klettenwurzel,*
> *Sauerampfer,*
> *Meerrettich* zu gleichen Teilen.

An den Füßen Umschläge mit:
> Sonnenblumensamen,
> Prunus spinosa zu gleichen Teilen

und dazu etwas
> Bleiweiß.

Mit dem Hinweis: „Das sind ganze Aussackungen, die erst in dem Gefäß-System und dann auch in den anderen Organen kommen. Und zuletzt könnten diese Aussackungen auch brüchig werden und zu Blutungen neigen."

Nr. 4   Junge Frau
Neigung zu Muskel- und Gelenkrheumatismus;
Warze auf Fußsohle

Mutter des in der Krankengeschichte Nr. 5 beschriebenen Kindes.

Anamnese: Der Vater (Magyare) war sehr groß, die Mutter (Österreicherin) sehr zierlich.

Ihre Verdauung war und ist immer schlecht, gelegentlich bis zu Benebelung des Kopfes. Und obwohl früher Tänzerin und jetzt Eurythmistin, besteht starke Neigung zu rheumatischen Muskel- und Gelenkbeschwerden. Auch stört sie eine große Warze auf der Fußsohle.

Befund: klein im Wuchs, untersetzt, kräftiger Knochenbau, zu Adipositas neigend, blasse Hautfarbe, dunkles kräftiges Haar mit einer weißen Strähne auf der einen Seite.

Sie hatte bereits von Stuttgart her auf Rat von *Dr. Steiner* die Ordination:

Zum Einnehmen:
> Barium D 15 (D 30 ?)

Äußerlich:
> Badezusatz aus Klee- und Malvenblüten
> Uranpechblende-Pflaster am Rücken
> Antimon-Salbe am Fuß

Außerdem sollte sie viel Milchspeisen zu sich nehmen.

Nachtrag 1964: Bei dieser Patientin entwickelte sich in späteren Jahren eine Hypertonie, die im Laufe der letzten Jahre zu apoplektischen Insulten führte.

Nr. 5   Kleines Mädchen
Lymphatische Konstitution

Geboren 1920.

Anamnese: Einziges Kind; Zangengeburt; war ganz blau bei der Geburt; wog 8 Pfund; wurde 6 Monate gestillt. — Beim Abstillen starker Durchfall, der monatelang nicht besser wurde. *Dr. Steiner* machte ihm damals selbst einen hohen Einlauf mit ganz verdünntem Kaffee, dann war es gut.

Später immer geschwollene Mandeln und stets Erkältungen. *Dr. Steiner* sagte: es brauche viel mehr Wärme als ein normales Kind; es sei ganz wie die Mutter (Nr. 4) in ihrer Konstitution, und empfahl auch für es, wie der Mutter

> Barium innerlich, 1mal täglich (Barium citr. D 4 wahrscheinlich).

Die Mandeln, so gab *Dr. Steiner* an, sollten eventuell zum Teil geschnitten werden, wenn es gar nicht anders ginge, aber nur kleine Teile.

Das Kind lachte viel, konnte aber, wenn es weinte, gar nicht aufhören. Dafür empfahl Dr. Steiner auf die Gefühlssphäre *am Kopf nachts eine ganz dünne Auflage mit Uranpechblende.*

Zuletzt empfahl *Dr. Steiner* noch, da die Erkältungen gar nicht aufhörten, *Baumflechte, jeden zweiten Tag mittags* (wahrscheinlich als Tee). Nähere vom Vater 1925 übermittelte Angaben waren: Ihre Konstitution ist so, daß der Ätherleib von oben nach unten und von rückwärts nach vorn schwach, hingegen von unten nach oben und von vorne nach rückwärts stark wirkt. Als Gegenmittel gegen diese Veranlagung wurde ihr Barium per os verabreicht, ebenso eine Binde nachts über den Mittelkopf gelegt, die bestrichen worden war mit Uranpechblende. Nachdem dies eine Zeit fortgesetzt war, empfahl *Dr. Steiner*, daß Barium abwechselnd gegeben werden sollte mit Baumflechte.

Sommer 1925 werden auf Anraten von Dr. Wegman Abwaschungen mit Meersalz gemacht.

September/Oktober 1925 Masern-Erkrankung; dabei Bronchialkatarrh; gefolgt von einer Neigung zu Verstopfung; aber Durchfall bei Gebrauch von Clairotee. In der Folge auch viele Angstträume. Das Kind konnte schwer einschlafen, sprach im Halbschlaf, schlief unruhig. — Dr. Kolisko gab damals Kupfersalbe für die Milzgegend; Waldon II.

Winter 1925 Lungenentzündung; Behandlung angeblich mit Knoblauchtropfen und baldige Besserung.

Juni 1926: Seit dem Herbst besteht ein chronischer Schnupfen, der hauptsächlich nach rückwärts läuft. Morgens ist das Kind immer heiser; tagsüber und auch nachts heiserer Husten.

Das Aussehen ist sehr blaß mit bläulichen Ringen um die Augen.

Ordination durch Dr. Wegman:
> Sauerbrunn-Mineralwasser
> Höhenluft
> Meersalzabwaschungen
> Südfrüchte

September 1926: Aufnahme in die Klinik.

Aussehen sehr blaß, etwas pastös; große Tonsillen. Gewicht 22,5 kg; Stuhlgang breiförmig; die ersten Tage wird auch ein Ascaris im Stuhl gefunden. Temperatur rectal 37,6 bis 37,8.

Behandlung: Phosphor D 6 2mal täglich 3 Tropfen
> Waldon II 3mal täglich
> Zitronenabreibungen des Körpers
> Leibwickel mit Baumflechtenabkochung
> später auch Barium citric. D 4 innerlich 1mal täglich
> und einige Höhensonnenbestrahlungen.

Verlauf: Das Kind wurde ganz vergnügt und munter; hatte allmählich guten Appetit; doch der Stuhl blieb trotz Diät breiförmig; war manchmal auch unverdaut. Der Schlaf war befriedigend. Doch warf eine Erkältung und eine Furunkelbildung vorübergehend etwas zurück.

26. September 1926 bis 15. April 1927: Zu weiterer Erholung nach Figino, der damaligen Dependance des Klinisch-Therapeutischen Institutes, in den Tessin geschickt. Dort wurde das Kind die letzte Zeit viel kräftiger, hatte großen Bewegungsdrang, lief und kletterte viel; hatte bessere Gesichtsfarbe, war aber auch noch sehr wärmebedürftig. Das Aussehen dabei war noch immer etwas blaß und pastös; der Appetit aber sehr gut, der Stuhlgang auch geformt. Die Urinabsonderung war zeitweise etwas stockend.

Die Behandlung der letzten Zeit war:
> Renodoron: 1 Tablette pro Tag
> Passugger Wasser
> Zitronenabwaschung
> 2mal wöchentlich Zitronenbad
> Kupfersulfat-Wickel 1mal täglich
> Arm- und Beinmassage
> Eurythmie und Singen
> nachts Uranpechblende am Kopf.

Es waren auch einige Silber D 30-Injektionen gemacht worden, da etwas Neigung zu subfebriler Temperatur vorhanden war.

Weiterer Verlauf: Als Waldorfschülerin entwickelte dieses Kind sich in befriedigender Weise, wurde körperlich robuster und ist heute (1965) eine sehr leistungsfähige Frau mit zwei gesunden Kindern.

Nr. 6   Frau, mittleren Alters
Neuralgien von Nierengegend ausstrahlend; Schmerzen durch Zellgewebshypertrophie an den Unterschenkeln

März 1921 Konsultation: Sprechstunde von Dr. Wegman in Basel.

Anamnese: Patientin ist schon länger leidend. Es bestehen neuralgische Schmerzen, welche von der Nierengegend ausgehen und bis nach vorn ausstrahlen. Diese Schmerzen gehen bis zum Kopf, den Rücken entlang. Es bestehen dicke, geschwollene Beine, ohne daß Ödeme nachweisbar sind; auch Müdigkeit, schlechter Stoffwechsel. Die Patientin ist verheiratet und hat eine Tochter.

Befund: mittelgroß, mittelkräftig gebaut, in mittlerem Ernährungszustand, blond, blaß, ovales Gesicht.

Febr. 1922:   Patientin klagt über Herzbeschwerden
               Herzaktion wenig kräftig.
Ordination: Aurum D 25 innerlich
               Abreibungen mit Zitronenwasser
               Birkenblättertee.
Aug. 1923:   Blutstatus:
               Hämoglobin: Sahli 84%, Ery. 5,9 Mill, Leuco. 5500
               Neutrophile 58%, Eosinophile 4%, Lympho 33%
               Mononucleäre 4,5%.

Januar 1924: Patientin klagt sehr über Beinbeschwerden. Die Beine sind unförmig dick. Es bestehen knotige Verdickungen im subcutanen Gewebe.

Dr. Steiner empfiehlt *Bandage der Beine mit:*
       1 Teil Uranpechblende-Salbe
       2 Teile Kupfersalbe

Und auf eine Bemerkung der Patientin, daß sie Tannbacher Wasser gebrauche, erwidert Dr. Steiner: „Das ist eine ganz feine Sache." Eine weitere Aussage von Dr. Steiner, an die Ärzte gerichtet, ist: „Bei Frau ... ist alles nur eine Ernährungsstörung. Und das ist auch furchtbar schwer ... Diese Frau und der Mann zusammen, ..., das ist doch furchtbar schwer."

Nr. 7   Jüngere Frau
Lipom im Nacken, praetibiale Schwellung und Schmerzen

September 1923, Beratung: Die Patientin ist Eurythmistin, verheiratet und Mutter von zwei Kindern im Alter von etwa drei und fünf Jahren. Sie ist mittelgroß und mittelkräftig. Es besteht eine Fettgeschwulst im Nacken mit davon ausgehenden Genick- und Kopfschmerzen.

Dr. Steiner: „Das muß man herausnehmen, man könnte es vielleicht auch einfach zerdrücken. Sie kriegen es auch los, wenn Sie es einfach massieren."

Auf Fragen gibt Patientin an, daß der Kopfschmerz ein Gefühl von Druck ist, von unten nach oben heraufziehend. Seit acht Wochen hat Patientin diese Kopfschmerzen fast täglich, früher nicht so stark. Letztere waren auch andere Kopfschmerzen, die mehr von vorn nach hinten zogen.

Dr. Steiner: „Was ging dem voran?"

Patientin gibt an, daß sie im vergangenen Winter sehr viel und schnell müde geworden ist und an Herzbeschwerden gelitten hat. Die Verdauung war gut, aber öfter. Auch treten, besonders abends nach der Eurythmie, Schwellungen und Schmerzen an den Beinen, beiderseits in der Gegend der Schienbeine, auf. Der Schmerz ist zusammenziehend.

Dr. Steiner: „Das was da in den Beinen zu stark ist, ist hier am Hals zu schwach, da schoppt sich der Astralleib zusammen an den Beinen. Da müssen wir versuchen, starke Bandagen zu machen und unter diese, weil es am leichtesten zu haben ist, und es wird sehr gut wirken, die *Uranpechblende*, gerade *an den Beinen,* wo die Schmerzen sind. Dann wird der Kopfschmerz nachlassen. Aber es muß fest gemacht werden, daß der Astralleib weniger tätig ist. — Das ist doch zusammenhängend damit, daß Sie nach der Geburt, wenn der Astralleib noch sehr ausgedehnt ist, wahrscheinlich zu bald Eurythmie gemacht haben, und dadurch ist diese Unregelmäßigkeit gekommen, dadurch hat sich das ausgesackt."

Nr. 8   Patient, etwa 50 Jahre alt
Beschwerden durch beginnenden Muskelschwund

Stationäre Behandlung: 20. Februar bis 16. März 1923.

Patient leidet seit vielen Jahren an Verdauungsbeschwerden; in den ersten Jahren mit viel Schmerzen und Schleim im Stuhl. Es besteht hauptsächlich Neigung zu Obstipation und leichtes Unbehagen im Leib. Er hält immer strenge Diät, ißt fast alle Speisen ungesalzen, das Obst gekocht usw. Außerdem besteht eine leichte Bronchitis.

Verlauf: Auf Behandlung mit
    Zinnober D 20 (2mal täglich)
    Eucalyptussalbe (Brust)
    Inhalationen
bessert sich der Husten.

Die Verdauungsbeschwerden bessern sich auf:
    Wermut-Malven-Wickel
    Heileurythmie und
    Leibmassagen mit Kupfersalbe.
Der Stuhlgang erfolgt auf diese Weise täglich.

Januar 1924 Beratung: wegen Anzeichen von Muskelschwund am Unterschenkel.

Dr. Steiner empfiehlt:
    Myosin D 10-Injektionen
    Malventee.

Die Injektionen werden in der Zeit von Januar und Februar jeden zweiten Tag in Serien von sieben Injektionen mit 14 Tagen Pause dazwischen gegeben.

Außerdem fanden sich bei Dr. Wegman Notizen mit noch folgenden Angaben, diesen Patienten betreffend: gegen rheumatische Beschwerden

äußerlich:
    Uranpechblende ¹/₃ + Kupfernitrat ²/₃
    Bad mit Birkenrinde und Rosmarin.
innerlich: Austernschale
    Birkenblättertee
mit der Bemerkung: Sclerose! Leber!

Nr. 9   Patientin, 53 Jahre alt
Erschöpfungszustände, Schlaflosigkeit, Kopfschmerzen

1. September 1924 Konsultation.

Anamnese: Patientin ist in Rußland geboren und auch dort aufgewachsen; die Eltern sind Deutsche. Sie leidet seit der Kindheit an denselben Beschwerden wie jetzt; ist schon als Kind und auch später immer über ihre Kräfte angestrengt gewesen und ist jetzt am Ende ihrer Kräfte.

Ihre Kinderkrankheiten waren Masern, Lungenentzündung, Diphtherie. Mit 9 Jahren hatte sie bereits ihre jetzige Größe. Reifebeginn erst mit 19 Jahren.

Ihre Klagen sind: Müdigkeit, Schwäche, Schlaflosigkeit, Gedächtnisschwäche, Atemnot. Sie hat das Gefühl, ein Kopfleiden zu haben. Das Sehen ermüdet sie; auch kann sie sich nicht im Raum orientieren. Beim Lesen und Nachdenken bekommt sie sofort Kopfschmerzen und Brennen im Kopf. Jetzt ist das Brennen im Kopf und das Druckgefühl sogar immer da. Der Schlaf ist sehr schlecht; sie wird nicht schläfrig, aber ist zu keiner Tätigkeit fähig aus Müdigkeit und Zappeligkeit.

Patientin ist seit 14 Jahren Anthroposophin, und es geht ihr seitdem angeblich besser. Doch ist sie mit einem Italiener und Nichtanthroposophen verheiratet und lebt dadurch zwei Leben, eines als Anthroposoph, eines in der Gesellschaft.

In Rußland, wo sie bis 1898 lebte, litt sie sehr unter der Kälte und war lungenkrank. Das wurde mit der Übersiedelung nach Rom besser. — Die Ärzte sagen, daß sie Tuberkulose hat, daß vernarbte Lungenprozesse vorliegen und auch ein alter Tuberkel im Kopf. Bei einer Röntgenaufnahme wurde angeblich eine vergrößerte Zirbeldrüse (Hypophyse?) gefunden.

Appetit und Verdauung sind gut und regelmäßig.

Patientin schwitzt nicht und wird, je mehr sie sich anstrengt, desto kälter.

Befund: Mittelgroß, mittelkräftig. Müder, welker Gesichtsausdruck; relativ stark gealtert. Harn sauer, frei von Eiweiß und Zucker.

Bei der Beratung erkundigt sich *Dr. Steiner*, ob eine Krisis mit 18 Jahren vorgelegen habe, was bestätigt wird. Auch wurde auf die verschiedene Abstammung als wesentlicher Faktor hingewiesen.

Patientin erhält eine Meditation und *Dr. Steiner* empfiehlt:

„Die nächsten drei Tage Blei in der 3. Dezimale und prüfen, ob dadurch — es ist natürlich subjektiv — das Gefühl im Kopf wärmer wird"; mit der Erklärung: *„Es paßt ihr Kopf und Unterleib nicht zusammen."*

Zu einer weiteren in Aussicht genommenen Beratung mit Dr. Steiner kam es leider nicht mehr. Patientin hatte eine Woche *Plumbum D 3* 2mal täglich eingenommen und erhielt dann Quarz D 12.

25. August bis 17. Oktober 1927 Aufnahme in die Klinik:

Patientin hat noch mehr oder weniger die obigen Beschwerden. 1926, nach Überanstrengung beim Bergsteigen, trat eine akute Gürtelrose mit Fieber auf; Patientin suchte deshalb eine Nervenanstalt am Comersee auf. — Sie hat seitdem immer Rückenschmerzen, wie wenn etwas gerissen sei. — Früher hatte sie auch schon einmal Ischias am rechten Bein.

Behandlung in den ersten Tagen:

Plumbum D 20: als Injektion, weiterhin
Scleron: 2 × tägl. 1 Tablette
Quarz D 12:   2 × tägl. 1 Tablette
Phosphor D 5:   2 × tägl. 5 Tropfen
Eisen D 20:   2 × tägl. 1 Messerspitze

zuletzt auch Gold D 10-Injektionen.
Außerdem unter anderem: Birkenelixier, Choleodoron, Schlaftee
Leberkompressen mit Wermuttee, Heublumen
Heileurythmie.

Verlauf: wechselnd. Patientin ist überempfindlich gegen Geräusche. Der Erfolg zeigte sich erst recht zu Hause. Patientin fühlte sich da sehr gut, machte auch die Gold-Injektionskur weiter und konnte so einen sehr ermüdenden Winter durchhalten.

21. August bis 1. Oktober 1928 Wiederaufnahme in die Klinik:

Patientin macht im ganzen einen viel besseren und kräftigeren Eindruck; hustet anfangs viel; die rechte Lungenspitze ist voll Rhonchi. Das bessert sich allmählich; Anistropfen lösen gut. Eine Röntgenaufnahme ergibt deutliche Verschleierung der

Stirnhöhlen, besonders rechts. Dafür helfen Inhalationen mit Malventee und Zitrone gut.

Ende September tritt eine leichte Gürtelrose auf, die auf Ölkompressen gut reagiert. Die übrige, mehr aufs Allgemeine gehende Behandlung war im wesentlichen:

> Plumbum D 3: eine Woche 2mal täglich, dann eine Woche Pause.
> Kieselsäure D 12: 2mal täglich
> Choleodoron: 2mal täglich 5 Tropfen
> Phosphor D 5: 2mal täglich 5 Tropfen
> Warme Milch mit Honig.
> Injektionen von Aurum D 10.

Der Verlauf war im ganzen besser als das Jahr vorher.

Nr. 10 Patient, 23 Jahre alt
Gesichtsneuralgien nach Sinusitis
Neigung zu Patellarluxationen

Januar 1923 Beratung.

Anamnese: Patient war mit 1½ Jahren sehr krank, hatte wahrscheinlich eine Rachitis. Als Kind häufig Erkältungen und öfter Mittelohrentzündungen. Hatte angeblich 3mal Wasserpocken. Mit 14 Jahren Masern. Während des Krieges 1918/19 eine Schimmelvergiftung und eine Arsenvergiftung.

Seit dem 16. Lebensjahr (1916) und bis zum Jahre 1920 7mal Kniescheibenluxationen: 4mal am linken und 3mal am rechten Knie.

Frühjahr 1922 nach Erkältung Stirnhöhlen- und Kieferhöhlenkatarrh, seitdem sehr viel neuralgische Gesichtsschmerzen, auch Augenschmerzen mit Augenblenden.

Mit 18 Jahren Grippe.

Mit 21 Jahren, Herbst 1921, Grippe mit Gelbsucht und seitdem noch mehrmals leichte Grippeanfälle.

Schlaf: sehr tief, mit wenig Träumen; schläft schnell ein, doch morgens noch sehr müde.

Appetit: ziemlich gut. Verdauung: regelmäßig. Urin: o. B.

Befund: Mittelgroß, schlank, mäßiger E. Z., braune Haare, schmale hohe Stirn, hagere Beine und Arme.

Beratung mit Dr. Steiner: Es liegt vor eine „Verkümmerung des Astralleibes nach oben, daher Neigung zur Verfestigung".

Empfohlen wurde

innerlich: *Blei D 6*
                Sulfur D 5
                Kieselsäure D 6
äußerlich: *Abwaschungen mit Schwefel.*

Nr. 11 Frau, etwa 50 Jahre alt
Rheumatische Beschwerden, Alveolarpyorrhoe, schwere Beine

1921 erste Beratung: Es besteht seit Jahren eine *Alveolar-Pyorrhoe;* empfohlen wird Argentum nitr. D 20 innerlich und Rosmarinbäder.

Befund: Patientin ist groß und kräftig gebaut, gut proportioniert, zum Dicklichwerden geneigt. Sie erscheint für ihr Alter noch relativ jugendlich; war auch sonst noch nicht ernstlich krank gewesen.

Ferner erhält Patientin wegen *rheumatischer Beschwerden* nach Beratung mit Dr. Steiner noch:

> *Blei D 15 innerlich*
> *Schwefelwasserstoff-Bäder*
> *Kalium carbonic. D 5 innerlich,* abwechselnd jeden zweiten Tag mit
> *Kieselsäure D 3 innerlich.*

Eine weitere Ordination war:

Blei D 15 und Silber D 15 aa innerlich und
Rosmarinbäder.

1922: Patientin klagt noch über *Müdigkeit* und *Schwere*, auch *Schmerzen in den Beinen.* Dr. Steiner gibt den Hinweis: „Sie schleppt ihren Ätherleib mit sich herum" und rät zu:

Antimon D 6-Injektionen
Fußumschläge mit: *Arnica/Zitrone/Prunus spin./Klettenwurzel*
zu gleichen Teilen als Abkochung.
Prunus spinosa innerlich.

Dazu wird noch etwas später empfohlen:

Eisensalbe auf die Stirn
Schwefel D 6 innerlich
Kieselsäure D 5 innerlich.

1924 Auftreten von *klimakterischen Blutungen* und nervösen Störungen. Dafür riet *Dr. Steiner* zu: *Kalium arsenicos. D 4 innerlich,* mit dem Hinweis, daß sie nicht richtig alt werden kann. Außerdem erhielt Patientin noch den Rat, täglich ein Glas Honigmilch zu trinken.

Nr. 12 *Fräulein*
Gedächtnisschwäche, Magenbeschwerden, Erschöpfungszustand

August 1924 *Konsultation.*

Anamnese: Die Patientin war vom 16. bis 22. Lebensjahr am Telegraphen- und Fernsprechamt tätig. Seit Monaten leidet sie an Gedächtnisschwäche und Magenbeschwerden. Dabei ist sie immer müde, könnte auch immerzu schlafen. Der Schlaf ist traumlos.

Ordinationen nach Beratung mit Dr. Steiner:

1. *Kupfer D 10*
   Blei D 15 aa morgens 1 Messerspitze vor dem Frühstück
2. *Colchicum*
   Melilotus
   Belladonna je D 6 abends als Tropfen vor dem Abendessen.
   7 Tage, 3 Tage Pause usw., 6 Wochen lang
3. *Kupfersalbe* auf den Leib und auf die Sohlen.

18. August 1925: Diese Behandlung wurde von Patientin bis Dezember 1924 durchgeführt. Angeblich ohne Erfolg. Dann wegen zeitweiser Blasenschwäche bei Dr... in Behandlung.

Seit Weihnachten 1924 Kältegefühl in den Oberschenkeln, hinten bis zum Kreuzbein, auch in den Schultern. Manchmal Herzstechen. Stuhlgang oft schmerzhaft, besonders vor der Periode. Neigung zu Obstipation. Periode unregelmäßig, bald zu früh, bald zu spät, immer mit vorausgehenden starken Schmerzen; schwach, von 1½ Tagen Dauer.

Befund: Kräftig gebaut, innere Organe o. B., Puls 84/Min. Urin: Eiweiß, neg.; Zucker: neg.; Sediment: wenig Epithelien.

Ordination: Wiederholung obiger Behandlung.

Nr. 13 *Jüngere Patientin, Kunstgewerblerin*
Beschwerden nach Commotio cerebri

Januar 1926 in *Klinikbehandlung:* 24 Jahre alt.

Es liegt eine seit einer Woche bestehende, beiderseitige, aber rechts beginnende Bindehautentzündung vor. Vorangegangen waren drei Tage mit Untertemperaturen (35,8) und Pulsbeschleunigung bis zu 120/Min., während Patientin sonst morgens immer höhere Temperaturen hat als abends. Außerdem bedarf Patientin einer Behandlung wegen Oxyuren, an denen sie seit zwölf Jahren leidet. Auch ist die Periode schon um zwei Wochen verspätet.

Behandlung: Senfpackungen an den Beinen, neben Salbenbehandlung der Augen. Cuprum sulfurum innerlich und Einläufe abwechselnd mit Zusatz von Cuprum sulfurum und Johanniskraut. Cerebellum D 15-Injektionen.

Die Vorgeschichte ist:

Als Kind Keuchhusten, mit neun Jahren Herzvergrößerung, mit 15 Jahren Masern. Außerdem dreimal Blinddarmentzündung, doch ohne Operation, zuletzt mit 19 Jahren.

Mit 18 Jahren (1920) Unfall mit „Schädelsprung" und Gehirnerschütterung. Bei einem Holztransport schlug ihr ein Brett rechts gegen die Stirn. Zunächst bewußtlos, erbrach dann beim Erwachen angeblich große „Fleischklumpen" und Blut. Danach fünf Jahre lang viel Beschwerden: starke Kopfschmerzen, Rückenschmerzen; auch konnte Patientin vorübergehend mit dem rechten Auge nicht sehen (Augenbefund vom 6. Januar 1926: keine Opticusatrophie rechts). Außerdem treten seitdem in Abständen von ein paar Wochen die folgenden Störungen auf: Beim Einschlafen bleibt der Atem aus, dann kommt wie blendendes Licht hinein, und danach schnappt sie nach Luft. Dabei kommt es häufig bis zu Schweißausbruch. Eine Behandlung sei damals zunächst nicht angeraten worden; *Dr. Steiner* habe gesagt, daß es zuheilen müßte. Seit 1¹/₂ Jahren sei seelisch ein Umschwung eingetreten, so daß Patientin sich wieder normal gefühlt habe. Dann begann auf Rat von *Dr. Steiner* eine physische Behandlung, zuerst versuchsweise mit *Biodoron*, das aber nicht half, dann mit *Plumbum innerlich.*

Das rechte Auge war gestört, wich nach innen ab.

Winter 1923: Zweite Gehirnerschütterung durch Fall von der Kellertreppe und Stoß gegen eine Eisenstange auf den Scheitel. Bekam auf Rat von *Dr. Steiner Plumbum innerlich*; außerdem *Salzsäure für den Magen* und *Zitronen-Fußbäder*; ferner *Biodoron* und vor allem noch *Cerebellum D 15-Injektionen* (drei Monate lang).

Nach dieser Gehirnerschütterung hatte Patient Zustände, in denen sie sich wie in zwei Welten fühlte. Es war alles finster, tonlos, farblos, ein Nichts, doch hatte sie das Bewußtsein. Aber es war, wie wenn sich alles auflöste, sie empfand, wie wenn die Welt zerbräche, mit dem Gefühl, sie müsse sie ausfüllen, konnte es aber nicht. *Dr. Steiner* riet zu Übungen, um diese Zustände vergessen zu helfen; erst nach dem 35. Lebensjahr könne er andere Übungen geben, wodurch diese Erlebnisse für sie bedeutungsvoll werden könnten. Patientin konnte aber diese Übungen nicht machen, sie verursachten ein Gefühl von Bedrücktsein, das sie nicht aushalten konnte. Sie hatte nur den Drang, sich an die Welt hinzugeben, wollte auch nicht allein, sondern unter Menschen sein, doch ohne dabei etwas zu reden oder sonst zu tun, auch nicht die Aufmerksamkeit auf sich lenkend. Morgens beim Erwachen brauchte sie zwei Stunden, bis sie sich an den vorhergehenden Tag erinnerte, ja, nicht einmal wußte, wo sie war. Dagegen bekam sie von *Dr. Steiner* als *Übung*: stark konzentriert zu denken: „Ich bin die... (Vorname)" und diesen Gedanken nach der Gegend der Schulterblätter zu lenken; der Kopf würde es nicht ertragen. Sie sollte auch wenig denken. Daraufhin verschwanden die Gedächtnislücken. So ging es auch längere Zeit recht gut. Nur Untertemperaturen waren noch vorhanden.

Unabhängig von dieser anamnestischen Angabe liegt außerdem noch, gelegentlich einer Ärztebesprechung, die Angabe von *Dr. Steiner* vor: „Sie hat eine Lethargie um das Hinterhaupt."

Oktober 1926: Während eines Aufenthaltes in Stuttgart wieder Eintreten folgenden Nervenzustandes: Angstzustände, besonders abends; schlief schlecht, nur bei Licht, mit wilden Träumen und tagsüber schreiend wach. Hatte auch am Tage auf der Straße Angst vor jedem Menschen, der sie anschaute. Damit verbunden war ein zerstörtes Gefühl hinter der Stirn. Damals erhielt sie durch Dr. Kolisko *Plumbum (D 20?)-Injektionen* mit dem Erfolg, daß sie schon nach der ersten Injektion wieder im Dunkeln schlafen konnte. Diese Injektionen wirkten schon nach einer Stunde, doch unmittelbar gefolgt von Entzündungsgefühlen, einem Gefühl wie Feuer im Unterleib, verbunden mit Ausfluß. Es wurden die Injektionen (im ganzen sieben) mit Metratee-Leibwickeln kombiniert. — Als Nachkur zu Hause dann noch Plumbum D 20 innerlich.

Dann weiterhin:

1926: Leberschmerzen und Schwierigkeiten mit dem Essen.

1927: wiederholt grippale Erkrankungen mit Herzbeschwerden und dreimal Bronchitis.

Mai 1927: 14 Tage Klinikaufenthalt wegen Druck in der Lebergegend mit nach dem Rücken ausstrahlenden Schmerzen; Sodbrennen, Aufstoßen, Übelkeit nach dem Essen; Schwindel, Herzschmerzen und Herzklopfen.

Sommer 1927: ambulante Behandlung: Es besteht wieder Schlaflosigkeit. Drei Nächte konnte Patientin kein Auge zu tun. Doch seelisch geht es besser. Auf *Plumbum D 20-Injektion* erfolgt Schlaf. Sie bekam vier dieser Injektionen und schlief weiterhin herrlich, bekam aber Fiebergefühl (37,3 axillar) und Gliederschmerzen. Mit *Argentum D 30 als Injektion* konnten aber alle diese Beschwerden behoben werden.

1930: Vorübergehend in Behandlung wegen Leberbeschwerden, Appendixschmerzen und Oxyuren.

1954: Operation wegen Beschwerden durch Nebenhöhleneiterung.

November 1954: Während eines Nacherholungsaufenthaltes an der Riviera erhebliche Infektion im Operationsbereich. Schwellung des Nasenrückens (re), der rechten Wange, mit Lymphangitis und Lymphadenitis rechts am Hals. Wurde mit Penicillin behandelt; danach Rückgang der Entzündung, doch vorübergehend noch Gelenkbeschwerden. — Seitdem immer wieder Beschwerden im Bereich der Kieferhöhlen und des Trigeminus, besonders links. Es wurde auch zweimal beiderseits eine Luc-Caldwell-Operation durchgeführt.

Nr. 14   *Fräulein, 37 Jahre alt*
Gestörte Drüsenfunktion, Adipositas

30. Oktober 1921 Aufnahme in die Klinik.

Anamnese: Familiär starke Kurzsichtigkeit. Der Großvater war gichtleidend; die Mutter ist früh gestorben, litt viel an Kopfschmerzen.

Patientin selbst war als Kind gesund, hatte nur Masern; ist langsam und gleichmäßig gewachsen.

Menarche mit zwölf Jahren. Perioden immer regelmäßig, mäßig stark, ohne Schmerzen, nur mit Müdigkeit verbunden.

Seit dem 21. Lebensjahr „Drüsenstörung" mit Übersensibilität.

Nach Übermüdung, Emotion usw. ist das ganze Drüsensystem erregt, die Schilddrüse insbesondere und auch die anderen Drüsen sind schmerzhaft; die Glieder werden schwer und schmerzhaft. Patientin hat dabei das Gefühl, wie wenn die Muskeln an Beinen und Armen zu kurz wären. Außerdem nach Überanstrengung sehr leicht Augenschmerzen, Kopfdruck und Nackenschmerzen oder Leeregefühl im Kopf. Das dauert jetzt zwei Tage und danach große Müdigkeit.

Vom 23. bis 34. Lebensjahr war dieser Zustand dauernd, und Patientin wurde viel mit Arsen, Strychnin und „Schilddrüsenserum"-Injektionen behandelt. In den folgenden Jahren allmähliche Besserung, da Patientin sich mehr schonen konnte. Die Beschwerden treten nur noch bei Überanstrengung auf.

Der Schlaf ist in guten Tagen sehr gut, bei Beschwerden meist schlecht, oberflächlich, unruhig, mit vielen Träumen.

Der Appetit ist gut, viel Durst.

Stuhlgang: o. B.

Befund: mittelgroß, kräftig und gut proportioniert gebaut, mittelkräftiger Muskelbau, starke Adipositas (Gewicht etwa 81/82 kg); hellblond, blaß. Sehr temperamentvoll, gesellig, heiter, musikalisch (spielt gut Klavier), doch nervös. Sehr kurzsichtig. Gehör- und Geruchsinn gut. Leichte Schilddrüsenschwellung, Exophthalmus. Urin: o. B.

Ordination: Massage, hauptsächlich von Rücken, Nacken und Kopf
Heileurythmie
Fichtennadelbad jeden 2. Tag mit leichtem Schwitzen
Innerlich Kupferglanz, 2mal täglich.

15. November 1921: Befinden noch etwas labil, klagt gelegentlich noch über Müdigkeit, Drüsenschmerzen und Kopfdruck. — Neuordination: zweimal wöchentlich teilweiser Fasttag. Stopp mit Schwitzen.

23. November 1921: Fühlt sich im allgemeinen besser. Hat drei Pfund abgenommen. Neuordination: Biodoron 2mal täglich eine Tablette.
Entlassung.

März 1922: Patientin hat nach der Entlassung noch mehrere Wochen die Biodoron-Tabletten weiter genommen und fühlt sich seitdem vollkommen leistungsfähig. Sie kam vom 3. März bis 29. Mai 1922 zu einer Nachkur in die Klinik.

16. Februar 1924: Konsultation.

Seit Dezember/Januar wieder Rückfall. Ist sehr viel müde, hat schmerzhaftes Gefühl im ganzen Drüsensystem, Kopfdruck, Nacken- und Rückenschmerzen; Vordrängen und Schmerzen der Augen; Neigung zu Herzklopfen und bei starker Ermüdung häufiger Urindrang. Morgens meist sehr müde. — Seelisch belasten die Patientin Probleme, die sie schwer bewältigen kann.
Appetit und Verdauung: o. B.
Harn: o. B.

Dr. Steiner rät zu: abwechselnd
    1 Tag Silber
    1 Tag Blei
Injiziert wurde Silber D 20 und Blei D 20.

Außerdem erhielt die Patientin eine *Meditation.*

Es lag ein „stark durchlöcherter Ätherleib" vor.

Die Injektionsbehandlung wurde, mit Pausen, bis Anfang November 1924 durchgeführt.

Eine Harnanalyse vom 31. März 1924 (E. Pfeiffer) ergibt:

    24stündige Harnmenge: 750 cm³
    Gelblich mit etwas rötlichem Schimmer
    Geruch: unangenehm herb-bitter
    Milchweiße trübe Flocken
    Beim Kochen schwache Schaumbildung
    Reaktion: schwach sauer
    Keine Kohlensäure, keine Harnsäure, Spuren Ammoniak,
    keine Kieselsäure, etwas Oxalsäure. —
    Alkaliphosphate: mittlerer Gehalt
    Erdalkaliphosphate: wenig
    (normales Mengenverhältnis zwischen beiden 1 : 3)

Verlauf: Patientin lebte in Frankreich und war dort weiter beständig in ärztlicher, doch nicht anthroposophisch orientierter Behandlung. Ihr Gesundheitszustand blieb mehr oder weniger labil. Es fehlte ihr an genügendem Seelengleichgewicht. — Sie *starb 1940,* offenbar nach einem kurzen Krankenlager.

Nr. 15   Miss W . . ., 49 Jahre alt
Multiple Sklerose

Mai 1922 bis Januar 1923 in Klinikbehandlung.

Anamnese: Familienanamnese o. B.

Die kindliche Entwicklung verlief normal. Bis zum 11. Jahr war Patientin relativ klein, hat dann bis zum 14. Jahr ihre mittlere Größe erreicht. Ihre Kinderkrankheiten waren Keuchhusten, Masern, Varicellen. Im übrigen war sie gesund. Besondere Dispositionen lagen nicht vor, auch war sie nicht beeinflußt von den jährlichen Schwankungen des Witterungswechsels. Doch Kälte empfand sie angenehmer als Wärme, und gegen Abend war sie munterer als am Morgen.

Die ersten Anzeichen ihrer Erkrankung meldeten sich 1915, im Alter von 42 Jahren. Sie hatte eine Zeitlang einen heftigen Schmerz im rechten Oberarm, konnte keine Handarbeiten mehr machen. 1916 hatte sie einige Tage starke Schmerzen im linken Auge und konnte dann plötzlich auf diesem Auge nicht mehr sehen, während dann die Schmerzen verschwanden. Dieser Zustand dauerte vier bis fünf Wochen. Dann kehrte die Sehkraft allmählich wieder ganz zurück, nur ermüdete sie leichter. 1918 bestand sechs Monate lang etwas Steifheit im Hals. Frühjahr 1919 bemerkte sie Sensibilitätsstörungen an den Beinen, heißes Wasser empfand sie kalt. Um diese Zeit bestand auch Incontinentia alvi, andererseits Urinverhaltung. Dazu kam Kribbelgefühl im linken Oberarm und in der linken Hand, verbunden mit Schmerz und einem starken Kältegefühl in der linken Hand, besonders am Daumenballen, wie wenn die Muskeln Eis wären.

Winter 1919 trat erstmalig Gefühl der Steifigkeit in den Beinen auf, sie mußte sich morgens erst strecken, um sie in Gang zu bringen.

1920 und 1922 hatte sie, jeweils im Oktober beginnend, unter dem Ballen des rechten Fußes schmerzhafte Sugillationen, so daß sie etwa fünf Monate nicht darauf gehen konnte. Eine dieser Beulen vereiterte. Auch die Spitzen der Zehen waren verdickt, wie erfroren. Außerdem bestand für etwa 2 Jahre Schwierigkeit, die rechten Worte zu finden, doch geht es damit seit Anfang 1922 besser.

Aufnahmebefund: sehr zarte, hagere Konstitution, Gewicht 48 kg bei mittlerer Größe; dunkelblond, blaß; im Wesen aktiv und munter. Der Appetit ist mäßig, die Verdauung ist chronisch obstipiert, der Schlaf gut.

Neurologisch bestand leichter Nystagmus, kein Intentionstremor, keine skandierende Sprache, etwas schwankender Gang, Romberg angedeutet, keine wesentliche Sensibilitätsstörung.

Links: Babinsky (?), sehr lebhafte P.S.R. Motorische Kraft der oberen Extremitäten gut.

Die Behandlung beginnt mit:
>Scleron: 3 × tgl. 1 Tabl.
>Aurum D 6: 2 × tägl. 1 Tabl.
>Folia bet. o. 1% als Injektion und
>Bad mit Birkenblätterextrakt im täglichen Wechsel
>Heileurythmie
>Leibmassage, Wechselsitzbäder.

Dazu empfiehlt *Dr. Steiner* noch:
>*Lavendel/Birkenblätter als Badezusatz*
>und *Carbo veg.* D 10 innerlich

mit dem Hinweis: „Wirkt auf den Ätherkörper."

Außerdem erhält die Patientin eine *Meditation:*
>I shall throw my breath
>In the left nose
>Then
>I shall throw my breath

In the right nose
And in the both breath — feeling
— thinking
I am
Morning 7 times   Evening 7 times.

Verlauf: Die Injektionen und Bäder werden serienweise durchgeführt mit Berücksichtigung der Menses, die relativ stark und langdauernd waren und zeitweise Nachhilfe mit Menodoron und Tormentilltee notwendig machten. Schon bald nach Beginn der Kur fühlte sich Patientin subjektiv viel wohler, vor allem der Kopf war bedeutend besser, während sie früher sehr müde war. Eine merkliche Besserung der Beine war nach etwa 2^1/2 Monaten zu verspüren. Patientin fühlte sich viel leichter, und dementsprechend ging es auch allmählich mit dem Gehen besser, weil sie die Beine weniger schwer und steif wie Holz empfand und sie nicht mitziehen mußte. Hand in Hand mit dieser Besserung trat auch in den Beinen ein Gefühl von fließendem Feuer auf, oft einen ganzen Tag andauernd, manchmal auch für Augenblicke.

Nach etwa 4^1/2 Monaten war der Untersuchungsbefund: Kein deutlicher Nystagmus. Babinsky rechts deutlich, schon durch seitliches Streichen am Fuße auslösbar. Kalt und warm wird beiderseits genau unterschieden, doch ist die Wärmeempfindung rechts deutlich verzögert und die Empfindlichkeit sehr gesteigert, so daß eine verspätete Reflexbewegung folgt. Spitz und stumpf wird überall gut empfunden. Romberg ist nicht mehr vorhanden, der P.S.R. beiderseits sehr lebhaft. Kein Fußklonus.

Auch waren weiterhin Fortschritte im Gehen zu verzeichnen. Dabei lebte Patientin mehr auf, zeigte lebhaftes Interesse und las sehr viel, was ihr vor ihrem Kommen sehr schwer gefallen war. Doch gab es dazwischen auch Schwankungen im Befinden, verbunden mit interkurrenten Beschwerden durch Erkältung; gelegentlich Migräneanfälle, verbunden mit Magenbeschwerden. Das erforderte dann entsprechende Behandlung. In Anwendung waren auch noch zusätzlich gekommen: *Wechselsitzbäder* oder *leichtes Galvanisieren in* der Blasengegend mit Besserung bestehender Entleerungsschwierigkeit; *leichte Massage der Beine, leichte Rückenmassage* entlang der Wirbelsäule *mit Ungt. Cupri 0,4*%.

Lavendelblüten als Tee zum Trinken, auch *Lavendel z. B. für Gesichtswaschungen.*

Die Entlassung erfolgte nach 9 Monaten: Das Allgemeinbefinden war gut, auch die Stimmung. Beim Gehen bestand noch eine gewisse Neigung zu Spasmen, besonders bei seelischer Unruhe, wie es auch z. B. die Vorbereitung für die Abreise mit sich brachte.

Nr. 16   Schwedin, 54 Jahre alt
Magenbeschwerden, Depressionen, „Mädchen-Apoplexie"

27. August 1924 *Aufnahme in die Klinik.*

Anamnese: Als Kind sehr kräftig, mit 7 Jahren Lungenkatarrh, mit 13 Jahren Masern, mit 14 Jahren bleichsüchtig. Die Menses begannen mit 15 Jahren, waren immer stark, meist alle 2 bis 3 Wochen, und schmerzhaft. Menopause seit dem 48. Jahre.

Mit 22 Jahren geheiratet; mit 23 und 27 Jahren je eine normale Geburt, nach der letzten wegen starker Blutungen Abrasio und danach 3 Jahre lang Besserung derselben.

Mit 28 Jahren 2 bis 3 Monate lang Sehstörung und Schmerzen im rechten Auge.

Seit dem 30. Jahr Neigung zu Muskel- und Gelenkrheumatismus.

Seit dem 36. Jahre Beginn von Obstipationsbeschwerden und Hämorrhoiden.

Mit 44 Jahren Magenbeschwerden und Schmerzen in der Pylorusgegend; damals auch Ischias.

Mit 50 Jahren Gallensteinbeschwerden mit Fieber.

Seit diesem Jahr neuerdings wieder Magenbeschwerden mit Schmerzen in der Gegend des Magenausganges, die meist 2 Stunden nach dem Essen auftreten. Außerdem ist Patientin sehr müde und klagt über unwillkürliche Zuckungen der Mundwinkel und der Zunge.

Der Schlaf ist sehr schlecht; beim Erwachen morgens oft sehr müde.

Der Appetit ist gering.

Befund: Mittelgroße, schon verhältnismäßig alt aussehende Patientin mit grauem Haar; zu depressiver Stimmung neigend. Herz und Lunge ergeben keinen besonderen Befund.

Blutdruck 135 bis 140 mm Hg.

Temperatur subfebril.

Urin frei von Eiweiß und Zucker.

Der Leib ist schlaff; im Epigastrium, oberhalb des Nabels, ist eine zirkumskripte Druckempfindlichkeit. Süßes wird nicht vertragen.

Das rechte Knie ist etwas geschwollen, nach einem Fall auf der Straße vor ein paar Tagen.

Gewicht: 55,5 kg.

Beratung mit Dr. Steiner: „Es ist eine absolute Erschlaffung des Stoffwechselsystems, die karmisch bedingt ist, so daß sie versäumt ganz ihre Individualität, wenn sie den Astralleib nicht richtig eingliedern kann."

„Das ist eine Mädchen-Apoplexie. Sie ist früh ergraut."

„Sie sollte *einnehmen:*
  Arnica D 6 abwechselnd mit
  Anissamen D 6 in dreitägigem Wechsel.
Dazu *Waschungen am Rücken mit ganz verdünnter Arnica.* Auch kann sie *Scleron-Tabletten* haben." Dazu wurde weiterhin noch *Arsensaures Eisen D 6* innerlich empfohlen.

Verlauf: Patientin litt unter heftigem Heimweh; glaubte auch infolge einer Weissagung, daß sie in diesem Jahr sterben werde. Nur die Aussicht auf eine baldige Heimreise macht sie munterer, besserte auch ihre Magenbeschwerden. So verließ sie schon nach drei Wochen die Klinik.

Nr. 17   Patient, Russe, 41 Jahre alt
Schwerhörigkeit, frühes Altern, Bandwurm

27. Oktober 1923 Aufnahme in die Klinik wegen Grippe.

Die *Anamnese* ergibt:

Im ersten Lebensjahr eine Art Dysenterie, als Knabe viel Anginen und Drüsenschwellung, mit 10 Jahren Scharlach, mit 12 Jahren Masern; hatte auch öfters leichte Erkältungen. Bis zum 11. Jahr langsames, dann schnelles Wachstum. Als Student zweimal Nasenoperation, seitdem zunehmende Schwerhörigkeit auf dem rechten Ohr. Mit dem 24. Lebensjahr Beginn leichter Ermüdbarkeit, seitdem weniger kräftig, auch öfter Bronchitiden. Mit 35 Jahren als Soldat starke Dysenterie und seitdem von Zeit zu Zeit Milzschwellung. Seit dem 35. Jahr Bandwurm, alle Kuren dagegen waren bis jetzt erfolglos. Seitdem auch zeitweise Magenschmerzen. Jetzt läßt das Gedächtnis sehr nach, Patient fühlt sich seit 1 bis 2 Jahren sehr gealtert. Die Schwerhörigkeit nimmt zu. Die Stimmung ist zeitweise melancholisch.

Befund: 181 cm groß, Gewicht 69,5 kg, sehr geringes Fettpolster, mäßig kräftige Muskeln, blasse Hautfarbe. Der Appetit ist im allgemeinen gut, der Schlaf sehr gut. Der Stuhl wechselt zwischen Neigung zu Durchfall und Obstipation, und es sind noch immer Bandwurmglieder nachweisbar. Der Urin ist frei von Eiweiß und Zucker.

Nach Abklingen der Grippe erhielt Patient gegen die Schwerhörigkeit und Gedächtnisschwäche nach einem auf *Dr. Steiner* zurückgehenden Rat:

Edelweißtropfen 3% und	in täglichem Wechsel sieben Tage, sieben
Scleron-Tabletten	Tage Pause usw. drei Monate lang

26. *November 1923:* Patient ist darüber deprimiert, daß wohl die Dumpfheit im Kopf nachgelassen hat, das Gehör aber nicht besser wird; auch darüber, daß er schon 7 Jahre Wurmkuren gemacht hat ohne Erfolg, und er glaubt, er müsse jetzt eine moralische Kur machen, um das Verbleiben der Würmer in seinem Innern unmöglich zu machen.

Dazu äußerte sich *Dr. Steiner* in einer Beratung: „Der Bandwurm beeinträchtigt alle Kuren. Woher haben Sie diesen Wurm acquiriert?" — „Im Kriege, in der Türkei, viele Russen haben ihn bekommen." — „Und was stellen Sie sich unter einer moralischen Überwindung, die notwendig wäre zur Vertreibung der Würmer, vor? Sie sind ja so gut, und ich weiß nicht, wie Sie besser sein sollen. Sie tun ihre Pflicht usw. Haben Sie Übungen bekommen und machen Sie diese?" — „Ja." — „Sie müssen diese Übungen so machen, daß Sie sich vorstellen, Sie machen sie in einem Tempel. Sie gehen in den Tempel hinein und stellen sich vor, daß in dem Augenblick, wo Sie das Tor selber aufmachen, Ihnen gleich ein sanftes Licht entgegen kommt. In diesem sanften Licht machen Sie die Übungen und dann machen Sie sich klar, daß Sie herausgehen aus diesem Licht, wenn Sie die Übung gemacht haben."

„Und dann würde ich meinen, man müßte einmal versuchen *Oxalsäure*, die aber so genommen wird, daß sie bloß *1. oder 2. Dezimale* ist. Das kann man mit Oxalsäure machen. Da möchte ich probieren, ob wir dem Wurm beikommen. *Oxalsäure noch besser als Klistier."*

Nr. 18 *Patientin in den 50er Jahren*
Otosklerose

August 1921: Konsultation.

Anamnese: Patientin klagt über Schwerhörigkeit. Das linke Ohr ist vollständig taub, am rechten Ohr hört sie Flüsterstimmen in 1,73 m Entfernung. Das Leiden entstand nach einer Influenza, ist aber in den letzten drei Jahren viel schlimmer geworden. Sie hat Jodbehandlung gehabt. Es besteht auch Leere im Kopf mit viel Müdigkeit und Neigung zu Gedächtnisschwäche.

Befund: mittelgroß, kräftig gebaut, gute Fettpolster, blaß, schwarze Haare (Italienerin).

Ordination: Edelweiß-Tropfen (3%)
Scleron-Tabletten

März 1924: briefliche Beratung. Patientin schreibt: Die ärztliche Diagnose lautet „starke Otosklerose". Der Arzt in Italien rate Jodbäder zu machen. Und Patientin fragt um Rat, was sie tun soll. *Dr. Steiner* rät, nach Arlesheim zu kommen, *Injektionen mit Birkenblättern* zu machen und *Phosphor innerlich* zu nehmen, auch weiter *Edelweißtropfen* und *Scleron*, doch keine Jodbäder.

Nr. 19 *Patient, 58 Jahre alt*
Gehirnsklerose

7. Januar 1923 *Konsultation.*

Anamnese: Bei Erregung und kleinster Anstrengung Atembeklemmung, vorübergehend etwas Schwindel, ab und zu etwas Kopfschmerz und Schwächegefühl.

Verdauung regelmäßig, Appetit sehr gut.

Schlaf: im allgemeinen gut, schläft meist schnell ein und wacht erfrischt auf; selten Träume.

Blutdruck: 130 bis 135 mm Hg.

Ordination nach Beratung mit Dr. Steiner:
    Scleron
    Birkenrinde-Injektionen
    Birken-Bäder (Blätter).

Nach einer weiteren Beratung mit Dr. Steiner: 3mal täglich *Abreibung des Kopfes mit einer Mischung von Eichenrinde und Arsenwasser.* 14 Tage der Kur im Bad anstatt Birkenblätter 5% *Ameisensäure;* in dieser Zeit auch *Injektionen mit Belladonna D 6* statt der Birkenrinden-Injektionen.

Nachtrag: Patient ist 1938 in senilem Zustand gestorben.

Nr. 20 Patient, gegen 50 Jahre alt
Rheuma, Gicht

August 1924 *Konsultation.*

Anamnese: Eine schon früher wegen *Rheumabeschwerden* auf Anraten von Dr. Steiner erhaltene Ordination war: zum Einnehmen

  Plumbum
  Ammoniumphosphat D 5
  Graphit.

Doch sind in der Folge *Gichtanfälle* aufgetreten. Vor 2 Jahren nach starkem Ärger Gelbsucht. Daraufhin geschwollene Leber. Einmal waren auch ganz schnell in der Zeit von 4 Stunden Rücken, Beine, Arme, linke Hand geschwollen und 2 Tage nach einer Baunscheidt-Behandlung starke Schmerzen im Daumengelenk aufgetreten.

Befund: mittelgroßer, schlanker Patient mit einer Spina bifida.

Urin: o. B.

Neue Ordination nach Angaben von Dr. Steiner:
  1. *Scleron* auflösen in Saft von *Nelkenstaubgefäßen D 10*
     zum Einnehmen
  2. *Abreibungen mit 5% Ligustersaft.*

Nr. 21 Patient, 61 Jahre alt
Hypertonie, periphere Durchblutungsstörungen

Juni 1924 *Konsultation.*

Anamnese: Im 2. Lebensjahr Masern. Im 12. Lebensjahr Augenentzündung, $2^{1}/_2$ Wochen ungefähr verklebte Augen. Als Gymnasiast und Hochschüler wiederholt Darmkatarrhe. Mit 24 Jahren Gonorrhoe. Seit dem 29. Jahre rheumatische Muskelschmerzen, doch nur an den Beinen. Dazwischen monatelange Pausen, besonderes in trockenen Sommern.

Wiederholt Influenza und leichte Halsentzündungen.

Mit 41 Jahren Gesichtsrose; mit 42 Jahren Schreibkrampf; mit 43 Jahren Kopftyphus mit Gehirnhautentzündung.

Seit ungefähr 1905, 42 Jahre alt, Erkrankung der großen Zehe am linken Fuß mit harten Häuten, Blutexsudaten und Ausfluß von Sekreten. Operation der vereiterten großen Zehe im Dezember 1918. Bald darauf ähnliche Erkrankung an der zweiten äußeren kleinen Zehe am rechten Fuß, die noch besteht.

Seit etwa dem 52. Lebensjahr Unsicherheit im rechten Bein, namentlich bei schlecht beleuchteten Treppen, steilen Wegen und in absoluter Dunkelheit. Es besteht auch leichtes Einschlafen der Unterschenkel und Füße.

Mit 54 Jahren Durchfall. Niemals Verstopfung, Kopfschmerzen oder Schwindel.

Befund. Herz: leichte Verbreiterung nach links, Töne rein, regelmäßig, bei jedem dritten Schlag eine Extrasystole. Blutdruck: Maximum 180 mm Hg. Lungen: o. B.

Ordination nach Beratung mit Dr. Steiner:
  Antimonspiegel jeden Mittag vor dem Essen
  Phosphorsaures Calcium D 6 abends vor dem Schlafen
  Morgens nüchtern: *Tee von Sambucus nigra/Nasturtium aquatic.*
  Im Laufe des Tages: *Birkenblättertee* und eine Tablette *Scleron*
  Abends *Abreiben der Beine mit Rosmarinsaft 5%.*

5. September 1927: Patient fühlt sich im ganzen mit seinen Mitteln sehr wohl, trotz großer Arbeitsüberlastung. Nur wenn er sehr müde ist, wird er unsicher in Beinen und Armen. Schlaf immer gut. Augen im allgemeinen gut, aber die Anpassungsfähigkeit läßt sehr nach. Er sieht auch bei Lichtwechsel nichts, ist dann um so unsicherer im Gehen. Beine auch oft sehr schwer. Blutdruck: Maximum 170 (bis 190). Nimmt jetzt morgens und abends *Scleron*, mittags *Antimonspiegel*; außerdem *Birkenelixier*, *Digestodoron* 2mal täglich 5 Tropfen vor den Mahlzeiten; 1- bis 2mal wöchentlich ein *Bad mit Ameisensäure und Berberis*. Macht neben *Gehübungen* auf einem Strich *heileurythmisch dreiteiliges Schreiten und Rhythmen*.

Nr. 22   Patientin, 63 Jahre alt
Erblindung nach Hunger und Erfrierungen

24. April 1923 *Konsultation*.

Anamnese: Seit 2 Monaten aus Rußland zurück. Seit 2 Jahren linkes Auge erkrankt: zuerst leuchtende Flecke, dann allmählich totaler Ausfall des zentralen Gesichtsfeldes, so daß Patientin nur noch in einem peripheren Ring des Gesichtsfeldes Gegenstände erkennen kann. Seit 1 Jahr rechtes Auge ebenfalls erkrankt mit Auftreten von leuchtenden Flecken.

Hatte außerdem die Füsse erfroren, infolgedessen jetzt sehr dicke Fußnägel und öfter Schmerzen daran.

Das Herz war angeblich immer schlecht gewesen mit unregelmäßiger Herzaktion, sei jetzt aber besser.

Früher einmal Lungenentzündung gehabt, jetzt noch etwas leichten Husten und bei Kälte etwas Schmerzen links hinten unten.

Ordination nach Beratung mit *Dr. Steiner:*
> *Belladonna D 6:* 2 × tägl. 5 Tropfen
> *Scleron:* 2 × tägl. 1 Tablette; in täglichem Wechsel,
>   nach 7 Tagen jeweils 7 Tage Pause, 3 Monate lang.

Weitere Ordinationen waren:

14. 3. 1924: *Tartarus stib. D 6* innerlich
>   *Warme Bäder* mit Nachschwitzen

24. 4. 1924: *Scleron*
>   *Tartarus stib.*
>   *Clairotee.*

Durch die Klinik erhielten ferner nach Beratung mit Dr. Steiner:

Nr. 23   Eine Patientin,
die offenbar an *Rückenbeschwerden* litt,

zum Einreiben links und rechts entlang des Rückgrats *als Salbe:*
> *Blei D 5* und
> *Kupfer D 4*

zum Einnehmen:
> *Levico.*

Nr. 24   Älteres Fräulein
mit beginnendem grauen Star

zum Einnehmen:
> *Scleron*-Tabletten
> *Belladonna D 5*-Tropfen
> *Birkensaft.*

Nr. 25   Frau mittleren Alters
mit trockener Rippenfellentzündung
zum Einnehmen:
> Bleioxyd D 6.

Nr. 26   Junge Frau, 34 Jahre alt
Erschöpfungszustand, zarte Konstitution, Bronchiektasien
1922 kurzer Klinikaufenthalt.

Anamnese: Als Kind war Patientin sehr blutarm und schwächlich, hatte einmal Furunkulose, vom 6. bis 12. Jahr auch ein Kopfekzem und zeitweise Ohrenlaufen.

Die Menarche setzte mit 12 bis 13 Jahren ein. Die Blutungen waren immer sehr stark und schmerzhaft, zuweilen unregelmäßig, setzten gelegentlich auch aus.

In den Entwicklungsjahren Neigung zu Ohnmacht. Nach dem 14. Jahr ist sie nicht mehr viel gewachsen.

Mit 17 bis 18 Jahren litt sie an Drüsenschwellungen am Hals, fühlte sich damals und auch später sehr schwach, oft so sehr, daß sie kaum gehen konnte.

Vor 2 Jahren hatte sie angeblich eine Nervenentzündung am Rücken und wieder Drüsenschwellungen am Hals.

Frühjahr 1921, 33 Jahre alt, trat nochmals eine Halsdrüsenschwellung und zwar mit Vereiterung auf, die von Dr. Wegman mit Punktion und Eucalyptus-Injektion behandelt wurde. Seit einem Jahr zeitweise Husten, einmal mit zähem, übelriechendem Auswurf. Das Röntgenbild zeigte angeblich Bronchiektasien.

Patientin hatte in letzter Zeit viele Aufregungen und kommt für ein paar Tage zum Ausruhen in die Klinik. Sie ist sehr erschöpft, sieht elend aus, hustet etwas, leidet auch an Hämorrhoiden. Ihr einziges Kind leidet an einer traumatischen Epilepsie.

Befund: Die Patientin ist klein bis mittelgroß, sehr grazil gebaut, wiegt 49,4 kg, ist sehr blaß und müde in ihren Bewegungen.

Ein Rat von *Dr. Steiner* war:
> *Sonntag: Aurum 10. Dez. innerlich*
> *Montag: Argentum 3. Dez. innerlich*
> *Dienstag: Eisen 4. Dez. innerlich und Kupfersalbe am Unterleib*
> *Mittwoch: Mercur 6. Dez. innerlich und Zinnsalbe am Unterleib*
> *Donnerstag: Zinn 10. Dez. innerlich*
> *Freitag: Kupfer 10. Dez. innerlich*
> *Samstag: Blei 10. Dez. innerlich, Antimonsalbe auf dem Kopf.*

Nr. 27   56jähriges Fräulein, Schwedin
Ekzem, Gürtelrose, Ohrensausen
Ihre Krankengeschichte wurde schon einmal näher besprochen in dem Gold-Beiblatt der Zeitschrift „Natura".

7. Juni 1923 Aufnahme in die Klinik.

Die Patientin befindet sich seit ihrem 49. Jahre in der Menopause. 2 Jahre danach, im Anschluß an eine Gürtelrose, Beginn eines Ekzems, abwechselnd im Gesicht (besonders um die Augenlider) und am ganzen Körper, das kommt und geht. Es war dies etwas besser die letzten Jahre, angeblich mit Hilfe von Schwefelinjektionen. Doch durch den Klimawechsel hier erfolgte sofort wieder ein heftiger Ausbruch des Ekzems im Gesicht, vor allem in der Augengegend und auf der Brust.

Außerdem leidet Patientin öfter unter Magenbeschwerden mit viel Aufstoßen. Auch hatte sie mit 13 Jahren eine Gelbsucht. Sie schwitzt auch viel im Zusammenhang mit der Ekzemerkrankung, und die Ausschwitzung hat eine gelbe Farbe. Beim Steigen neigt sie zu Herzbeklemmung.

Früher litt Patientin viel an Rheumatismus, der seit Ausbruch des Ekzems nicht mehr vorhanden ist.

Die Verdauung war immer etwas träge; jetzt aber besteht neben Verstopfung gelegentlich auch etwas Diarrhoe.

Befund: Die Patientin ist mittelgroß, von kräftigem Knochenbau, in mäßigem Ernährungszustand. Das Haar ist ziemlich ergraut. Die Haut, soweit sie frei von Ekzem ist, ist blaß und welk. Es besteht Ekzem auf Gesicht und Brust, die Augenlider sind stark geschwollen. Das Ekzem hat auch große Neigung, sich auszubreiten. Überall, wo die Haut einem Reiz ausgesetzt ist, droht es neu aufzuflammen. Der Juckreiz ist sehr quälend, besonders in der Nacht. Die Nägel sind trocken, auch die Nase.

Der Darm ist irritiert und stark gebläht. Dies verursachte in den ersten Tagen der Beobachtung einen Ohnmachtsanfall. Die Herzaktion ist labil; die Zunge belegt; der Appetit mäßig; die Diurese vermindert. Der Urin zeigte bei der ersten Untersuchung Spuren von Eiweiß, ist aber bei weiteren Kontrollen o. B. Die Stuhluntersuchung ist o. B., ohne Anhalt für Parasiten.

Verlauf: Das Ekzem reagiert am besten auf Zinkpaste und Reinigung mit Öl. Für die Augen wirken günstig warme Borwasserumschläge.

Trotz einer interkurrenten Grippe mit Husten und Temperatur bis 38° ist das Gesicht nach etwa drei Wochen schon fast wieder ganz frei von Ekzem.

2. Juli 1923 stellt *Dr. Steiner* gelegentlich eines Besuches die Frage an die Patientin: „Haben Sie mit dem 13. bis 14. Jahre eine besondere Krankheit gehabt?" — „Ein Jahr vor Ausbruch des Ekzems eine starke Gürtelrose, sonst sehr wenig krank; mit 13 Jahren Gelbsucht."

„Wann war das Klimakterium?" — „Vor etwa 8 Jahren."

Daraufhin gibt Dr. Steiner die Hinweise: „Sehen Sie, auf der einen Seite können wir bekämpfen das Ekzem dadurch, daß wir *Aurum D 10* nehmen würden und sie *impfen.* Da würden wir eine solche Erregung bekommen, daß die Ekzemneigung zurückgeht. Nun wird sie aber dadurch eine sehr starke Stoffwechselstörung bekommen können. Deshalb muß man gleichzeitig *Tartarus stibiatus* geben. Dies müßte streng 3 Wochen lang gemacht werden und dann noch eine Woche Kontrolle. Es ist hart eingenistet. Sie hat damals eine Art Atonie gehabt, mit 13 bis 14 Jahren. Da hat der Astralleib gar nicht gearbeitet. Hier hoffe ich, daß sie gesund wird. Es ist dazumal sehr viel Galle produziert worden und unregelmäßig übergeschossen, und das hat das unregelmäßige Arbeiten des Astralleibes hervorgerufen und die Erregung an der Körperperipherie. Und das Ekzem ist eine Folge davon.

Aurum innerlich würde das Gegenteil bewirken. Es ist so (Dr. Steiner machte eine kleine Skizze), wenn Sie hier den Astralleib haben, jetzt ist er da (Unterleib) untätig geworden, und jetzt spritzt das aus nach allen Richtungen und unterbindet da die periphere Verdauung."

Verlauf: Die Aurum D 10-Injektionen werden jeden 2. Tag gemacht und Tart. stib. D 3 innerlich 2mal 5 Tropfen gegeben. Äußerlich wurde später von Dr. Steiner auch noch *Eichenrinden-Salbe* empfohlen.

23. Juli 1923. Das Allgemeinbefinden ist viel besser. Das Ekzem ist bis auf einige Reste zurückgegangen. Bei Diätkost ist die Verdauung gut.

25. Juli 1923. Gürtelrose auf der rechten Lenden- und Leibseite mit heftigen Schmerzen und leichtem Fieber.

Es werden abwechselnd mit dem Aurum D 10 einige Apis D 3-Injektionen gemacht, zur Beruhigung Malventee gegeben . . . Lokal wird abwechselnd mit Antimonsalbe, Ölkompressen, Kleiewaschungen und Zinkpaste behandelt.

5. August 1923. Die Gürtelrose ist abgeheilt. Die Patientin hat in letzter Zeit viel geschwitzt und damit auch einen leichten Rückfall des Ekzems. Es werden gegen das Schwitzen zunächst Salbeitropfen, dann Conchae gegeben.

In etwa diese Zeit fällt auch folgende Unterredung mit *Dr. Steiner:* „Es ist nicht zu leugnen, daß diese Sache, die wir damals in Aussicht genommen haben, heute besser geworden ist. Dann müßte die Kur noch etwas fortgesetzt werden. Und da ist noch ein kleiner Rest geblieben (z. B. klagt Patientin auch über Herzklopfen und Ohrensausen). — Sie sind doch Anthroposophin? Können Sie sich nicht jeden Nachmittag etwas hinlegen, dann versuchen hinzuhören auf Ihr eigenes Ohrensausen, daß Sie dieses einzig und allein hören?" — „Aber ich fürchte, daß wenn ich diese Übungen mache, diese ätherischen Laute erscheinen." — „Dann versuchen wir die Sache anders, so, daß Sie sich vorstellen, vor Ihnen bewegte sich eine Glocke und die mache Schläge und denen hören Sie zu. Und dann versuchen Sie zu verspüren, wie wenn die Glockenschläge immer näher und näher kommen würden, und denken Sie sich:

Ich bin stark.

Es (die sogenannten ätherischen Laute) sind allerlei Wahrnehmungen, die Sie im Ätherleib machen und sich nach außen projizieren. Wenn Sie sich nicht fürchten, dann macht es nichts."

15. August 1923. Die Patientin ist in ziemlich gutem Zustand nach Hause abgereist. Das Ekzem ist bis auf geringe Spuren abgeheilt.

November 1923. Patientin berichtet: Sie hat sich zu Hause weiter erholt. Es ist inzwischen kein weiterer Ekzemausbruch vorhanden gewesen. Patientin hat auch zu Hause wieder einige Aurum-Injektionen gemacht und Tart. stib. D 3 eingenommen.

Laut weiterer Berichte hat die Patientin auch im Verlauf der folgenden 3 bis 4 Jahre von Zeit zu Zeit ihre Kur mit Serien von jeweils 7 bis 10 Aurum-Injektionen und Tart. stib. innerlich wiederholt. So ist sie auch mit Ausnahme von kleineren Eruptionen über das Ekzem hinweggekommen und konnte sich ihre Leistungsfähigkeit erhalten.

Nr. 28   26jährige Patientin
Reduzierter Kräfte- und Ernährungszustand, Kopfschmerzen, verzögerte Erholung nach Grippe

Mitte Dezember 1921 Aufnahme in die Klinik.

Anamnese: Patientin kann sich nach einer Grippe nicht erholen. Es besteht Appetitlosigkeit, große Ermüdbarkeit, auch klagt Patientin über Kopfschmerzen.

Die weitere Anamnese ergibt: Als Kind war Patientin fast immer krank. Sie hatte alle Kinderkrankheiten, bis zum 9. Jahr auch stark geschwollene Halsdrüsen und noch lange Atemnot mit Angstgefühl. Mit 13 Jahren hatte sie eine Gehirnerschütterung, durfte 1/2 Jahr nicht zur Schule gehen und sich auch mit nichts beschäftigen. Dann vom 14. bis 16. Jahr einige Ohnmachtsanfälle.

Mit 18 Jahren 2mal Lungenentzündung, später Herzmuskelschwäche und sehr viel Kopfschmerzen.

Mit 22 Jahren (1918) Grippe und danach häufiger Kopfschmerzen, auch stärker als vorher.

Befund: Patientin ist schmal und grazil gebaut und in sehr reduziertem Ernährungszustand, sehr blaß, schmales Gesicht, Haar dunkelbraun.

Die Ordination war:
> *Biodoron (Kephalodoron)-Tabletten*
> *Aurum D 6*
> *Gentiana dec. 10 %* (als Tropfen)
> *Milzmassage mit Kupfersalbe 0,4%.*

Außerdem riet Dr. *Steiner* noch zu täglichen *Rückenabreibungen mit Salz.* Auch sollte die Patientin *pro Tag drei frische, rohe Eier* austrinken.

Juli 1922 Beratung: Seit der Klinikbehandlung haben sich die Kopfschmerzen gebessert, doch bestehen Herzbeschwerden, Appetitlosigkeit und Verdauungsstörungen.

Ordination: *Aurum D 6*
Cardiodoron
Milzmassage mit Kupfersalbe
Salzabreibungen am Rücken.

Oktober 1923 wird die Patientin wieder 14 Tage in die Klinik aufgenommen, weil sie schon längere Zeit sehr müde und schlaflos ist. Auch bestehen Schmerzen in der Gegend der Ileosacralgelenke und ein Schwächegefühl im linken Knie.

Der Appetit ist sehr schlecht; wegen Abscheu vor fast allem Essen nahm die Patientin fast nur noch Rohkost zu sich.

Die Ordination war:
Phosphor D 6 morgens und nachmittags 5 Tropfen
Prunus spinosa 10% 2mal 5 Tropfen täglich
Carbo veg. 5% 2mal täglich.

Außerdem wegen Hustenreiz durch Pharyngitis Zinnober D 20 zweimal täglich.

Nr. 29   49jährige Patientin

Herz-Kreislaufbeschwerden, Magenptose,
Struma, Klimakterium, Hyperthyreose (?)

Anamnese: Patientin befindet sich seit ¹/₂ Jahr im Klimakterium und hat seit 14 Tagen viel Ausfluß, Schwindel, Schwäche, Neigung zu Herzklopfen. Der Schlaf ist unruhig. Sie wird häufig wach und ist morgens müde.

Der Stuhlgang ist gut, doch 2- bis 3mal täglich. Dabei ist Patientin immer hungrig. Durch Kropf bestehen Atembeschwerden.

Befund: mittelgroß, hager; Struma; Thorax sehr lang und schmal. Tachykardie: Puls 100/Min.; Herz o. B.; Abdomen: Plätschergeräusche bis unterhalb des Nabels; Zunge leicht belegt.

Ordination: Leibwickel, Leibmassage, Aurum D 6, Cuprum (wahrscheinlich D 3).

Vorgeschichte: Patientin war als Kind gesund, hatte aber alle Kinderkrankheiten. Seit dem 20. Lebensjahr litt sie an Verdauungsbeschwerden mit aufgetriebenem Leib, Blähungen, Plätschern, viel Durchfällen, besonders nach Erregungen. Dazwischen aber war sie auch wieder monatelang beschwerdefrei.

Dazu kamen später Herzneurosen.

1910, 34jährig, bestanden trockene Rachen-Nasenschleimhäute. Dazu sagte *Dr. Steiner,* sie haben ihre Ursache im Seelischen. Gegen kalte Füße sollte sie eine Leibbinde tragen. Gegen Darmbeschwerden sollte *Diät* eingehalten werden: häufige und kleine Mahlzeiten, Gemüse und Obst nicht gleichzeitig.

Ein etwas späterer Rat von *Dr. Steiner* gegen bestehende Herzbeschwerden war: *Aurum innerlich* (wahrscheinlich D 6 wie üblich). Auch sollte sie sich immer warm halten. Außerdem erhielt sie noch eine *Meditation.*

Mit 47 Jahren (1923) wurde ihr von *Dr. Steiner* in Stuttgart empfohlen: alle 2 Tage Packungen mit Levicowasser und Wärmflasche, mit dem Vermerk, es bestehe keine richtige Verbindung mit der Außenwelt. Darüber liegt vom Klinisch-Therapeutischen Institut in Stuttgart der folgende Bericht aus der Beratung mit *Dr. Steiner* vom 1. Februar 1923 vor: Einpackungen mit ziemlich stark verdünntem Levico-Wasser, zwei bis drei Stunden liegen lassen. „Es fehlt die richtige Verbindung des Körpers mit der Außenwelt durch die Haut. Es kommen die Leucocyten nicht zu ihrem Rechte, sie kommen nicht genügend an die Oberfläche, sie sind abgesperrt. Die Haut ist ja wie Glas. Es ist keine richtige Weiße-Blutkörperchen-Tätigkeit an der Oberfläche."

Dazu findet sich in den von Dr. Degenaar herausgegebenen Krankengeschichten noch der ergänzende Bericht (CLXIII):

Die Mutter hatte Weinkrämpfe und Lachkrämpfe. Als Kind war die Patientin sehr eigensinnig und pflichtbewußt. Mit 20 Jahren Durchfälle und Leibschmerzen, durch Jahre hindurch, besonders im Zusammenhang mit Aufregungen. Mit 24 Jahren Heirat, ein Kind, eine Fehlgeburt, Trennung vom Manne. Heirat mit einem anderen Manne von gleicher Geistesrichtung. Fortwährend Magen- und Darmbeschwerden, nervös, anämisch, hysterische Züge.

Dr. Steiner rät der Patientin, daß sie sich morgens und abends vor dem Schlafen lebhaft mit einem kleinen Kapitel geisteswissenschaftlicher Lektüre, die sie liebt, beschäftige.

Verordnungen siehe oben.

Nr. 30   Frau mittleren Alters, Polin
Herzbeschwerden

Juni 1922 Beratung.
Patientin klagt über Herzstiche und Herzklopfen beim Steigen und Schwindel.
Befund: Geräusche in der Herzspitze.
Ordination: Cardiodoron
    Aurum D 6
    Rosmarin äußerlich zum Waschen.
August 1922: Herz viel besser, Puls kräftig. Doch Angstzustände, da der Vater an Herzkrankheit gestorben ist.
Zusätzliche Ordination nach Beratung mit *Dr. Steiner: zum Einnehmen*
    Goldregenblüten mit
    rotliegender Erde, Tabl. D 3
Meditation: Den Goldregen in der roten Erde sich vorstellen mit dem Hinweis: Es handelt sich um „Depressionen, die im Blute verborgen bleiben".
Juli 1927: Die Herzbeschwerden sind schlimmer. Es bestehen Schmerzen in größeren und kleineren Wellen, Druck bis in den Hals. Füße oft geschwollen. Patientin hat in der letzten Zeit an Medikamenten nur Goldregen und Birkenelixier genommen.
Befund: Herzgegend bei Berührung sehr schmerzhaft, Grenzen normal, Töne leise, Puls 62/Min., weich.
Keine Ödeme an den Füßen.
Ordination: Präparat mit Goldregen und rotliegender Erde D 3
    Aurum D 6
    Herzkompressen mit Ameisensäure.

Nr. 31   28jährige Patientin
Erschöpfungszustand nach Schockwirkung und Grippe

1922 stationäre Behandlung.
Anamnese: Patientin war als Kind immer gesund und hat, soweit bekannt, an Kinderkrankheiten nur Varicellen durchgemacht. Auch die Schul- und Studienjahre (Medizin) verliefen trotz zarter Konstitution bei guter Gesundheit, abgesehen von einem Sturz mit einer tiefen Wunde an der Stirn (mit 9 Jahren) und, um das 14. Jahr, einem Fall von einer Treppe herunter mit starker Prellung am Gesäß. Mit 24 Jahren, während der großen Grippe-Epidemie 1918, war sie an einem Krankenhaus tätig und erkrankte ebenfalls an Grippe, doch ohne Schonungsmöglichkeit. Zuletzt wurden damals Reste eines pneumonischen Herdes links unterhalb des Schlüsselbeins röntgenologisch festgestellt. Danach schnelle gute Erholung. Doch in der Folge trat noch eine Angina mit Abszeßbildung auf.
Frühjahr 1922, in einer Zeit, die körperlich und seelisch große Anforderungen stellte, bestanden nach einer vorangegangenen leichten Grippe folgende Beschwerden: Neigung zu subfebrilen Temperaturen, Appetitlosigkeit, beschleunigter Puls mit dumpfem Schmerz in der Gegend der Herzbasis, auch etwa in der Gegend, wo 1918

die Reste des abgeheilten pneumonischen Herdes festgestellt wurden. Ferner bestand ein Anflug von Ischias, auch Neigung zu rheumatischen Muskelschmerzen.

Dr. Steiner nahm eine vorausgegangene Schockwirkung als zugrunde liegend an und benannte das bestehende Krankheitsbild als Erschöpfungszustand mit der weiteren Erklärung, daß die rheumatischen Beschwerden auf dadurch verursachte, feine Kristallablagerung zurückzuführen seien; der Druckschmerz oberhalb des Herzens auf ein zerschleustes (zerschlissenes?) Gefäß, mit dem Hinweis, daß eine Grippe immer sonst latent bleibende Beschwerden an die Oberfläche bringe. Der Rat war: Zunächst mindestens 14 Tage volle Bettruhe und folgende Behandlung:

„Es ist eine Wurzelauskochung von *Orchis militaris* zu machen und diese dann mit Wasser 1:20 zu verdünnen, so zu trinken; dies am Morgen.

Am Mittag wäre zu nehmen:

      Aurum 6. Dezimale

Abends: *Brustumschlag von Kochsalz*
        Tonerde } in Wasser.“
        Saft aus Kiefernnadeln

Auch wurde eine Meditation gegeben.

Dazu kam etwas später noch: *Eucalyptus D 6 oder Levico D 3 innerlich* zur Behebung der Neigung zu subfebrilen Temperaturen und wegen bestehender Lichtempfindlichkeit der Augen der Rat: *Mit Senfpflastern auf den Fersen die Augen 4 bis 5 Minuten einer himmelblauen Fläche zu exponieren und dabei empfinden, daß die Vitalität vom Kopf nach den Fersen strömt.*

Nr. 32   Miss ..., 31jährige Lehrerin
Erschöpfungszustand mit Disposition zu Neuritis und peripheren Entzündungen

Mai 1929 Beratung.

Anamnese: Patientin war als Kind sehr mager und schwächlich und hatte jeden Winter Bronchitis. Erst ein Seeaufenthalt brachte wesentliche Besserung. Auch hatte sie immer viel Schnupfen und Neigung zu rheumatischen Beschwerden.

Ihre Kinderkrankheiten waren: Wasserpocken, Keuchhusten, Masern. Mit 16 Jahren machte sie eine Tonsillektomie durch.

Als junges Mädchen litt sie häufig an Influenza, zuletzt mit 24 Jahren. Und nach Influenza-Anfällen traten meist etwas Herzbeschwerden auf, die sich in Druckgefühl am Magen äußerten.

Mit 23 Jahren Neuritis am rechten Arm. Diese Schmerzen wiederholten sich seit dieser Zeit auch immer, wenn Patientin den Arm sehr stark in Anspruch nahm.

Mit 25 Jahren schwere Halsentzündung. Danach ¹/₂ Jahr landwirtschaftliche Tätigkeit, um sich zu kräftigen.

Mit 26 Jahren Operation an der Scheide, um den Ausgang zu erweitern, da Patientin wegen Ausfluß mit Spülungen behandelt werden mußte.

Mit 28 Jahren, bei einem Aufenthalt in Wien, sehr hartnäckige Furunkulose, besonders Schweißdrüsenabszesse, die mit Injektionen (Antitoxin?) behandelt wurden.

Seit 1922 unterrichtet Patientin an einer Schule, die sehr auf „Abhärtung" gegen Kälte eingestellt ist. Hinzu kamen Schwierigkeiten mit einer Schülerin. Und infolge Überarbeitung besteht seit Sommer 1923 große Ermüdbarkeit, Schwäche, Neigung zu Schwindel bei Vorträgen oder beim Stehen; bei kaltem Wetter Absterben der Finger.

Der Schlaf ist bei Übermüdung sehr oberflächlich und unruhig. Sie schläft leicht ein, erwacht müde, hat viele und deutlich in Erinnerung bleibende Träume, meist anknüpfend an die Tageserlebnisse. Der Stuhlgang neigt zu Obstipation. Der Appetit ist gut. Die Periode ist regelmäßig, beginnt mit Schmerzen am 1. Tag, dauert 5 bis 6 Tage, ist sehr stark und macht sehr müde.

Befund: mittelgroß, mittelkräftig, mittlerer Ernährungszustand; dunkelhaarig, blaßgraue Gesichtsfarbe, müder Gesichtsausdruck. Pollakisurie; Urinmenge: 900 bis 1000 pro Tag.

Dr. Steiner empfiehlt zum Einnehmen

> *Prunus spinosa*
>
> *Aurum*

Außerdem *an den Beinen Bandagen* mit *Kupfer-Graphit-Salbe*, jeden Abend ¹/₂ Stunde, und dabei denken:

> „Meine Schwäche geht in die Erde,
>
> Meine Stärke kommt von oben."

Ein weiterer Rat war: Die obigen Medikamente alle drei Wochen wechseln mit *Prunus spinosa* und *Biodoron*.

Juni 1924 konnte so die Patientin von einer wesentlichen Besserung durch die Kur berichten. Doch hinzu kam noch wegen bestehender Herzbeschwerden, verbunden mit raschem Puls, der Rat, innerlich zu geben:

> *Teucrium marum D 6*
>
> *Cuprum D 6*

mit dem Hinweis von Dr. Steiner: Teucrium schiebt den Astralleib nach dem Kopf. (Eine frühere Angabe ist: Allgemeine Nervosität vom Unterleib ausgehend.)

Nachtrag: Es traten im April 1926 bei dieser Patientin neuralgische Schmerzen im ganzen Körper, besonders aber in der linken Leistengegend, auf, ferner häufiger Urindrang und wenig Urinabgang. Nach einer Besserung ein Rückfall, der eine Aufnahme in die Klinik und während der folgenden Wintermonate eine Nachkur im Tessin nötig machte.

Der Befund bei der Aufnahme war: in der linken Leistengegend eine auf Druck sehr schmerzhafte Drüsenschwellung mit starken, bis in das Bein ausstrahlenden Nervenschmerzen, verbunden mit großer Müdigkeit, Appetitlosigkeit, Magendruck, leichten Temperatursteigerungen und Fluor albus.

Lunge und Herz waren o. B.

Der Blutstatus ergab: Hbg. 90⁰/o n. Sahli, 4,7 Mill. Ery., 7800 Leuco., Segment 45⁰/o, Lympho 44⁰/o, Mono 8⁰/o, Eos. 2⁰/o.

Bei der Behandlung erwiesen sich hier u. a. als sehr wirksam *Argentum D 30-Injektionen.*

Danach hat sich Patientin bis zu Beginn des Jahres 1928 wieder ganz wohl gefühlt. Doch war im März 1928 nochmals eine Klinikaufnahme notwendig wegen Nervenschmerzen an beiden Ellbogen, den Leisten und Beinen, besonders bei Bewegung und auf Druck, nicht bei Bettruhe, manchmal aber auch anfallsweise nachts im Leib. Außerdem klagte Patientin über Druck auf der Brust, etwas Husten mit Verschleimung im Hals und verlegter Nase am Morgen; auch Blasenbeschwerden mit Druck und Urindrang.

Befund: Die Halsdrüsen sind geschwollen, die Temperatur subfebril, und zeitweise sind Extrasystolen zu beobachten. Der Stuhlgang ist verstopft. Appetit und Schlaf sind schlecht. Die Entlassung erfolgte im September nach einigen Wochen Nacherholung in den Bergen.

Soweit bekannt, ist dann im Laufe der folgenden Jahre der Gesundheitszustand allmählich wesentlich stabiler geworden.

Nr. 33   27jähriges Fräulein
„Heruntergekommene Vitalität"

Patientin ist seit 1917 (22 Jahre alt) in ärztlicher Behandlung von Dr. Wegman. November 1917 wegen Neigung zu Ermüdung und seit Jahren bestehenden Hämorrhoiden.

März 1919, 25 Jahre alt, wegen Magenbeschwerden mit Druck- und Völlegefühl, Aufstoßen, Metallgeschmack, Empfindlichkeit gegen fette Speisen; Kropfbeschwerden.

August 1919 wegen Schwindelanfällen bei der Periode und Augenschmerzen. Die Patientin ist myop und trägt eine Brille.

Juni 1921, 27 Jahre alt, wegen Schlaflosigkeit, Abmagerung und innerer Unruhe.

23. September 1921 Aufnahme in die Klinik.

Anamnese: Als Kind war die Patientin zart und hat erst mit 2 Jahren laufen gelernt, entwickelte sich aber sonst normal. An Kinderkrankheiten hatte sie Scharlach und Diphtherie, Keuchhusten, Masern. Als junges Mädchen viel Migräne und häufig Darmkatarrh, doch später Neigung zu Verstopfung und Hämorrhoiden. Auch weiterhin Neigung zu Migräne.

Mit 18 Jahren Lungenspitzenkatarrh.

Die letzten 4 Jahre auch Kropfbeschwerden mit Druckgefühl im Hals. Im übrigen klagt die Patientin über nervöse Beschwerden, Schlaflosigkeit, Nackenschmerzen; seit 4 Wochen auch fast dauernd über Schmerzen im Unterleib, die durch Wärme schlimmer werden. Seit ½ Jahr Schmerzen beim Wasserlassen.

Vor 2 Monaten leichte Geschwulstbildung an der Impfstelle des linken Armes mit Schmerzen, die bis in den Nacken und in die Achselhöhlen ausstrahlten.

Die Patientin hat viel Durst, der Appetit ist mäßig, dabei Vorliebe für süße Speisen.

Der Schlaf ist die letzten 10 Jahre zunehmend schlechter geworden: schlechtes Einschlafen, mehrmaliges Aufwachen mit Herzklopfen, wenig Träume. Oft auch 6 bis 7 Stunden Schlaf. Das Befinden ist am Morgen frischer als am Abend.

Die Menses begannen mit 13 Jahren, sind regelmäßig, jetzt wesentlich stärker als früher; 8 Tage vor Beginn leichte Übelkeit. Stuhlgang unregelmäßig, meist nur alle 2 Tage.

Bei Mond- und Witterungswechsel vermehrtes Druckgefühl am Hals. Im Winter und Frühjahr fühlt sich die Patientin im allgemeinen wohler als in der Wärme.

Befund: Größe 1,60 m, Gewicht 52,8 kg.

Patientin ist seit einigen Tagen vor ihrer Reise hierher erkältet, hat etwas Halsschmerzen, Husten, Kopfschmerzen und subfebrile Temperatur.

Asthenischer Habitus, Thorax seitlich eingedrückt; geringes Fettpolster, blasses Aussehen, schwarze Haare; starke Kurzsichtigkeit, rechts mehr als links. — Sie hatte auch eine Schieloperation durchgemacht. — Neigung zu depressiver Stimmung.

Herz und Lunge o. B.; Hals gerötet.

Urin frei von Eiweiß und Zucker.

Verlauf: Zunächst wurde die interkurrente Erkältung behandelt mit Bettruhe, Zinnober, Cucurbita und Cichor. int. (Rittermittel), äußerlich Plantago-Salbe und Bolus alba-Kataplasmen am Hals. Sonst bestand die Behandlung im wesentlichen in Darmregelung mit Hilfe von Diät, Clairotee, Heileurythmie; wegen prämenstruellen Beschwerden in Pulsatilla und Majoran-Malven-Tee innerlich und einigen Wechsel-Sitzbädern.

Bei der Entlassung am 21. Oktober 1921 ging es der Patientin wesentlich besser. Sie hatte auch an Gewicht zugenommen.

Beratung am 2. April 1923: Nach der Entlassung im Oktober fühlte sich die Patientin eine Zeitlang ganz gut. Doch im Frühjahr 1923 begannen wieder Schmerzen im Leib, ausgehend vom Epigastrium und in die rechte Unterbauchgegend ausstrahlend. Diese Schmerzen sind seitdem immer nur vorübergehend verschwunden. Sie treten unabhängig vom Essen auf, werden aber durch das Essen verstärkt. Es ist ein klopfender Schmerz.

Außerdem klagt die Patientin über sehr häufigen, besonders nach Erregungen und Mondwechsel auftretenden Stirnkopfschmerz, zuweilen mit Muskelzuckungen in der Stirn.

Der Appetit ist morgens schlecht, tagsüber befriedigend. Der Schlaf ist wechselnd, bei Abreibungen mit Salzwasser gut; wenig Träume. Beim Wasserlassen manchmal leichte Schmerzen.

Befund: Reduzierter Ernährungszustand, blasses Aussehen. Herz und Lunge o. B.; Zunge etwas belegt. Leib flach und weich; Druckempfindlichkeit im Epigastrium, weniger stark in der Unterbauchgegend; keinerlei Resistenzen fühlbar; in der Tiefe fühlt man das Pulsieren der Gefäße.

Urin: Zucker positiv (Nylander), Eiweiß negativ, Sediment o. B.

Ordination: *Diät, Abwaschungen mit Zitronensaft*
innerlich Aurum D 6

Beratung am 13. Juni 1923: Die Patientin klagt über Abmagerung, starke und schmerzhafte Perioden; Schmerzen im rechten Unterbauch; häufig Verdauungsbeschwerden mit Stuhlverstopfung und Hämorrhoiden. Von Zeit zu Zeit Zucker im Urin.

Die Ordination war:
Zitronenumschläge
innerlich Pulsatilla und Tormentilla.

Etwa in diese Zeit fällt auch noch folgender Hinweis und Rat von *Dr. Steiner:*

„Die Sache könnte besser werden mit schwacher *Injektion von Zitrone,* weil der ganze Organismus erst wieder gestärkt werden muß. Nur wegen der Konstitution muß man gleichzeitig oder abwechselnd etwas *Prunus spinosa* eingeben."

Zitrone wurde als D 6 injiziert.

„Es wäre gut, wenn sie in die Nähe von Dornach kommen könnte." Dies wegen aufregender häuslicher Verhältnisse.

„Versuchen Sie, am Abend sich möglichst innerlich zu beruhigen, und dann versuchen Sie, wie wenn das innen aus der eigenen Wärme herauskommen würde:

Wärme und Licht
stärke mich

und ein paar Minuten in dieser Meditation bleiben. Und am Morgen stellen Sie sich vor, die Sonne breitet Licht aus, das Licht kommt auch über Sie, danach:

Licht und Wärme
stärke mich

einige Minuten."

„Für Sie ist der wichtigste Gesundheitsfaktor eine vollständige Veränderung der Lebensweise."

Es liegt vor eine „heruntergekommene Vitalität". Die Patientin hat Traumzustände auf der Straße. „Licht wirkt wahrscheinlich sehr stark, deshalb auch seelisch."

Am 4. Juni 1924 empfiehlt *Dr. Steiner* anläßlich einer weiteren Beratung:

3 Tage: Orthoklas D 6 innerlich
Ameisensäure D 6 innerlich
äußerlich Umschläge mit Ameisensäure unterhalb des Zwerchfells

3 Tage: Kleesäure D 6 innerlich
äußerlich Umschläge mit Kleesäure oberhalb des Zwerchfells, usw.

Beratung am 16. April 1926: Die Patientin klagt über plötzliche Schweißausbrüche, Zwerchfellkrampf mit Herzklopfen, Hämorrhoiden und Krampfadern am rechten Bein. Der Schlaf ist wechselnd, die Menstruation o. B., doch besteht Fluor.

Befund: Varicen am rechten Bein, Herz o. B., geringe Struma, Magen schlaff, ptotisch, Druckempfindlichkeit im Epigastrium.

Ordination: Wiederholung der am 4. Juni 1924 gegebenen Therapie, zusätzlich Stibium präp. D 6, Choleodoron und Beinumschläge mit essigsaurer Tonerde.

Nr. 34 Fräulein, 33 Jahre alt
„Generalisierte Parasitenerkrankung"

20. Februar 1922 *Aufnahme in die Klinik.*

Anamnese: Die Eltern sind gesund, doch eine jüngere Schwester ist ebenfalls in ärztlicher Beratung der Klinik (Nr. 33). Die Patientin selbst hat erst mit 2 Jahren laufen, auch spät, aber dann plötzlich, sprechen gelernt.

Mit 7 Jahren war angeblich der Zahnwechsel bereits beendet. Mit 8 bis 10 Jahren rasches Wachstum.

An Krankheiten hatte sie als Kind öfter Darmkatarrh. Mit 7 Jahren Mumps, Lungenentzündung und Brustfellentzündung (re.) Mit 8 Jahren Keuchhusten.

Mit 11 Jahren Blutvergiftung durch Fingerhut (Digitalis); hart geschwollene, schmerzhafte Beine. Mit 12 Jahren Masern.

Mit 14 Jahren Scharlach oder Röteln (?) und Lungenkatarrh (5 Monate). Menarche mit 13 Jahren. Die Menses waren bis zu 20 Jahren dreiwöchentlich, stark (7 bis 8 Tage), mit heftigen Krämpfen. Mit 20 Jahren auch einmal 6 Wochen andauernde Blutung, deshalb Abrasio und danach ¹/₂ Jahr Aussetzen der Periode. Dann wieder dreiwöchentliche, weniger starke, aber mit Krämpfen verbundene Perioden und auf Pituitrin-Injektionen wieder einige Zeit Amenorrhoe. Diese wurde durch Solbäder behoben. Dann wurden wieder Pituitrin-Injektionen gemacht, doch danach Vergiftungserscheinungen (hatte 3 Injektionen pro Tag ohne Erfolg). Erst Besserung durch Behandlung mit Rittermitteln (Herb. burs. past. und Vicia faba).

Aber seit 1915 (26 Jahre alt) *Amenorrhoe.*

Mit 16 Jahren Natterbiß am Finger mit Blutvergiftung und Schwellung unter dem Arm. — Ein halbes Jahr später steifes Bein (rechts), konnte fast nicht mehr gehen. Das ganze Bein war schmerzhaft.

Mit 18 Jahren monatelang Darmkatarrh mit Blut und Schleim.

Mit 19 Jahren Influenza mit Stirnhöhleneiterung, behandelt mit Phenacetin, Migränin u. a. Danach Magenkrämpfe, außerdem Steißbeinentzündung und Nervenschmerzen an den Füßen.

Mit 19 Jahren Scharlach mit Rippenfellentzündung. Danach einen Winter lang Lungenkatarrh und während dieser Zeit kleine Magenblutung. Danach zwei Monate in Behandlung wegen Magengeschwür. Trotzdem auch weiterhin noch Schmerzen in der Magengegend (oberhalb des Nabels). Es war ein dumpfer, klopfender Schmerz, bis zum Rücken ausstrahlend. Es wurde eine Bauchfellreizung festgestellt. Auch jetzt, nach 6 Jahren Pause, wieder ähnliche Schmerzen.

Mit 20 Jahren Kehlkopfkatarrh; war vier Wochen lang ohne Stimme, dabei Gehörstörungen.

Mit 21 Jahren Abrasio uteri (s. o.).

Mit 23 Jahren Lungenkatarrh mit Schmerzen am Rippenfell, auch häufig Atemnot (seit der Abrasio).

Seit dem 26. Jahr häufig rheumatische Beschwerden, besonders Hexenschuß.

Mit 29 Jahren starke Grippe mit Lungenkatarrh und leichter Lungenblutung.

Die bei der Aufnahme bestehenden Beschwerden sind die oben erwähnten Magenbeschwerden. Diese sind seit 8 bis 10 Wochen beständig vorhanden, verstärken sich direkt nach der Nahrungsaufnahme und besonders nach flüssiger Nahrung.

Außerdem besteht ein zirkumskripter Schmerz in der rechten Unterbauchgegend, der bei Bewegung auftritt. Seit einem Vierteljahr auch Schlingbeschwerden, Rachenverschleimung und Atemnot. Besonders die Einatmung ist behindert. Seit 1 Jahr auch sehr viel Kopfschmerzen, meistens stoßartig in der linken Schläfe.

Mondwechsel verstärkt die Beschwerden; Witterungswechsel wirkt ebenfalls ungünstig auf das Atmungssystem, und Wärme wird besser vertragen als Kälte. Wasser verstärkt die Magenbeschwerden.

Der Appetit ist im allgemeinen gut, doch Abneigung gegen Süßes und Saures. Vorliebe für Früchte, Milch und Brot.

Es besteht immer Neigung zu Verstopfung.

Der Schlaf war in der Kindheit schlecht, ist jetzt in gesunden Tagen gut, doch oberflächlich und mit vielen Träumen.

Befund: mittelgroß und mittelkräftig in Knochen- und Muskelbau, normal proportioniert, schmales Gesicht. Gewicht 54 bis 55 kg. Kastanienbraunes Haar; Wangen leicht gerötet; etwas weitsichtig, scharfer Geruchssinn, gutes Gehör; heitere Natur.

Harn: Zucker negativ, Eiweiß Spuren, Sediment: o. B.

Stuhl: Blut negativ, Askarideneier: +

Verlauf: Wegen der bestehenden Schmerzen im Epigastrium und in der rechten Unterbauchgegend und der vorhandenen Askariden zunächst folgende Behandlung:

> Leichte Diät
> Wermut-Leibwickel
> Knoblauchtropfen: 2 × 10 Tropfen in etwas Milch
> Bleibeklistiere mit Knoblauch- und Karottensaftzusatz
> Nach etwas Santonin auch Abgang einiger Askariden.

22. Februar 1922. *Dr. Steiner* empfiehlt mit dem Hinweis, daß eine „generalisierte Parasitenerkrankung" vorliegt, *innerlich:*

> *Ferrum*
> *Aurum*
> *Argentum aa* D 6 Tabletten

Für Tee zum Trinken eine Mischung von:

> *Schafgarbe, Malven, Rotklee*
> dazu *Mohnsafttropfen*
> (gegeben wurden 5 Tropfen von Papav. somn. D 3 in einer Tasse Tee).

Bäder: 3mal wöchentlich *mit Zusatz* eines Präparates, *enthaltend:*

> *Eierschwämmchen* 2 T.
> *Flechte 1,5 T.*
> *Wilder Rosmarin 1 T.*
> *Tonerde.*

Auch erhält Patientin etwas später noch Heileurythmie (D-, R-Übung) zur Regelung der Darmentleerungen, außerdem nach Bedarf Kamillenklistiere und Sennesblättertee.

Am 7. März 1922 nochmals Santonin.

Weiterer Verlauf: Allmählich werden bei dieser Behandlung die Beschwerden besser.

Am 14. März 1922 (Vollmond) nochmals verstärkte Leibschmerzen, Übelkeit, Brechreiz, schlechter Schlaf, Schlingbeschwerden, danach jedoch schnell weitere Besserung.

Ab 15. März 1922 nur noch selten Klage über Leibschmerzen.

Ab 21. März 1922 beschwerdefrei, nur der Stuhlgang regelt sich noch nicht ganz von selbst, und Leibmassage wird noch als Hilfe empfunden.

Am 31. März 1922 verläßt die Patientin die Klinik, um zu Hause die Kur noch fortzusetzen.

Auf tägliche Leibmassage und Heileurythmie hin hatte sie die letzten Tage spontan Stuhlentleerungen. Patientin fühlt sich im ganzen wohler, hat etwas an Gewicht zugenommen. Doch ermüdet sie noch ziemlich leicht. Im Stuhl sind auch noch einzelne Askarideneier zu finden.

Eine spätere Ordination nach Rat von *Dr. Steiner* war:

> Zum Einnehmen: *Waldon I* und *FeS* D 4
> Als *Meditation:* Vorlesen aus dem Johannes-Evangelium.

Nr. 35   Miss . . ., 61 Jahre alt
„Nicht zum Ausdruck gekommener Basedow"

16. Mai 1924 *Aufnahme in stationäre Behandlung.*

Anamnese: Als Kind Scharlach, Masern; sonst gesund. Periode war regelmäßig und ohne wesentliche Beschwerden. Menopause seit dem 43. Jahre.

Mit 15¹/₂ Jahren Basedow, davon nach 7 Jahren geheilt.

Mit 25 Jahren Anämie.

Mit 35 Jahren Diphtherie.

Mit 51 Jahren Exophthalmus mit Schilddrüsen-Vergrößerung; bekam Thyreoidin, wurde danach sehr schwach und müde; die Augen traten etwas zurück.

Mit 58 Jahren Bauchoperation, angeblich wegen Verwachsungen am Colon (Ileus). War danach 3 Monate ganz wohl, dann fing sie an mit myxödematösen Symptomen: geschwollene Gliedmaßen, sie waren hart und steif, das Gesicht auch ganz verändert. Das dauerte eine Zeitlang, bis sie wieder Thyreoidin nahm. Dann fühlte sie sich in den letzten 3 Jahren im allgemeinen besser, ist aber sehr leicht müde, hat bisweilen wieder ein Steifheitsgefühl in den Beinen. Manchmal hat sie das Gefühl, als sei ihr Gehirn ganz leer, und sie muß dann sofort zu Bett gehen.

Herbst 1923 Begegnung mit *Dr. Steiner* in Penmeanmawr.

Sie bekam den Rat, *Aurum einzunehmen,* im Winter in Italien zu sein, dann im Frühjahr zu einer Kur nach Arlesheim zu kommen.

Jetzt klagt Patientin über Flatulenz, Müdigkeit und Schlaflosigkeit, auch daß sie immer schon viel mit dem Magen zu tun hatte. Sie leidet außerdem an Obstipation und benötigt Nachhilfe mit Clairotee, hat zuletzt auch schon Tartar. stib. D 3 2mal täglich 5 Tropfen und Carbo bet. zum Einnehmen erhalten.

Befund: klein, blaßgraue Haut und das ganze Aussehen etwas an myxödematösen Zustand erinnernd.

Dr. Steiner sagt zur Erklärung: „Hier liegt ein nicht zum Ausdruck gekommener Basedow vor", und rät zu *Scleron,* das 2mal pro Tag gegeben wird, außerdem zu

    1. Tee von Renntierflechte

    2. Injektionen von Colchic. autumnale D 15

    3. Sitzbäder mit Antimon 5⁰/₀ auf 10 Liter

    4. Heileurythmie SMJA 75, S. 196

Verlauf: Die Colchicum D 15-Injektionen werden jeden 2. Tag gegeben, die Antimonsitzbäder 3mal wöchentlich.

Patientin klagt die ersten Wochen viel über Blähungen und aufgetriebenen Leib, Müdigkeit im Kopf, kann wenig gehen, vermißt angeblich ihre Thyreoidintabletten, die sie dann ab 13. Juni wieder erhält, und fühlt sich danach etwas besser. Nach einigen etwas besseren, wenn auch noch im Zustand wechselnden Wochen, ab 10. Juli wieder weniger gut. Es entwickelt sich eine Grippe, von der sich Patientin nur sehr schwer erholt. Die Temperatur bleibt wochenlang erhöht (bis 37,8 abends). Patientin schläft wenig in der Nacht, hat öfter Magen- oder Nierenschmerzen, ist tagsüber schlapp; Diurese etwas erschwert, häufige, aber kleine Urinmengen. Die obige Behandlung mußte durch diese interkurrente Erkrankung unterbrochen werden.

Ende Juli 1924 rät *Dr. Steiner* zu: *Injektionen* von

    Schnecke D 6 (Tier) in die Bauchwand

    Schneckenschale D 6 in den Rücken

mit der Erklärung: „Es liegt jetzt vor ein Nichteingreifenwollen des Astralleibes, daher ein ungeordnetes Schlafen und Wachen."

16. August 1924: Nach den Injektionen ist immer die erste Nacht schlecht und schlaflos, aber dann der nächste Tag viel besser. Im ganzen ist Patientin frischer und wohler als vorher, nur hat sie sehr schlechten Appetit.

22. August 1924: Nach Aussetzen der Injektionen wird der Zustand wieder schlimmer. Patientin ist fast die ganze Nacht wach und schläft am Tage, schläft auch mitten

in einem Gespräch oder in einer Beschäftigung ein, wacht ebenso leicht wieder auf. Klagt oft über Augenschmerzen. Die Diurese ist 300 bis 500 pro Tag.

19. September 1924: Patientin war teilweise besser, hatte öfter gute Nächte; auf Equisetumbehandlung (Kompressen, Darmklistiere, Vaginalspülungen) auch etwas bessere Diurese (tageweise bis zu 1000 ccm).

Ab 26. September 1924 wieder Verschlechterung.

Patientin kommt allmählich mehr und mehr in einen soporösen Zustand und ist am 4. Oktober 1924 gestorben.

Nr. 36   Junge Frau von 26 Jahren
Augenbeschwerden durch „degenerierte Iris"

1924 Beratung.

Anamnese: Vor dem 10. Jahre Masern und Scharlach, bis zum 14. Jahr zart, blutarm, aber nie ernstlich krank.

Seit dem 10. Jahr Augenleiden. Es begann mit einer Bindehautentzündung. War 5 Jahre lang in Behandlung von Augenärzten. Die Sehschärfe war immer normal.

Seit 1921 verheiratet.

Die letzten 3 Jahre Verschlimmerung des Augenleidens.

Im Herbst 1922 empfahl *Dr. Steiner Iraden* (Iris bovis)-*Injektionen.* Davon wurden 16 Injektionen durch ihren behandelnden Arzt durchgeführt, doch ohne sichtbaren Erfolg. Seither Iraden innerlich als Pulver.

Winter 1923 erhielt sie den weiteren Rat, *Senfpflaster an den Fersen aufzulegen* und *gleichzeitig 10 Minuten lang eine blaue Fläche anzusehen.*

Patientin klagt jetzt über andauernde starke Schmerzen in der Umgebung der Augen, Gefühl von Blutandrang, schmerzhaftes Zusammenziehen des Augapfels. Sie ist sehr empfindlich gegen Kälte und Luftzug, weniger gegen Licht.

Der Schlaf ist gut, und es besteht großes Schlafbedürfnis.

Befund: Augen etwas vorgetrieben, starke Konjunktivitis. Urin frei von Eiweiß und Zucker.

Dr. Steiner empfiehlt Iris von einem Schaf D 3 oder D 5 mit dem Hinweis, daß es sich um eine „degenerierte Iris" handelt. Außerdem erhielt Patientin noch:

> *Gold D 6*
> *Waldon 3*
> *Tee zur Anregung der Nierentätigkeit.*

Weitere Ordinationen auf Hinweis von *Dr. Steiner* zurückgehend sind:

> *1. Holzessig D 3 als Injektion*
> *Senfpflaster* wie oben
> *2. Injektionen mit Holzessig D 7 in der Leistengegend*

mit dem Vermerk: Tränensekret, Harnsäure.

Nr. 37   Patient in Prag
„Veraltetes Herzleiden"

Dr. Steiner sah diesen Patienten auf einer Vortragsreise nach Prag, und auf seinen Rat wurden ihm folgende Medikamente und Ordinationen übermittelt:

> *1. Tag: Hyoscyamus D 5 (?): 2 × täglich 5 Tropfen*
> *2. Tag: Zinnober D 20: 2 × täglich 1 Tablette*
> *3. Tag: Aurum D 6: 2 × täglich 1 Tablette*
> *4. Tag: Zinnober*
> *5. Tag: Hyoscyamus*
> *6. Tag: Zinnober*
> *7. Tag: Aurum*
> *8. Tag: Hyoscyamus — usw.*

Nr. 38   Patientin mittleren Alters
         Zarte Konstitution

Sie ist schon ergraut, von grazilem Bau, zarter Konstitution und erhält auf Rat
von *Dr. Steiner* innerlich:
   Gold
   Eisen
als *Heileurythmie:*
   MRON

Nr. 39   Junge Frau von 24 Jahren
         Schwangerschaftsbeschwerden,
         „schwache Lungen-Herzverbindung"

31. Januar 1924 *Beratung.*

Anamnese: Als Kind kräftig; an Kinderkrankheiten nur Masern, Keuchhusten
und Wasserpocken.

Erste Periode mit 16 Jahren, Blutungen bis vor 2 Jahren sehr unregelmäßig, oft
nur nach ½ Jahr und sehr stark; in den letzten 2 Jahren regelmäßig, aber noch sehr
stark.

Seit 4 Jahren starker Ausfluß aus der Scheide und oft wochenlang, hauptsächlich
nachts, Druckschmerz im Unterleib mit Blähungen und Neigung zu Verstopfung.

Viele Halskatarrhe.

Verheiratet seit September 1923; jetzt gravid. Eine letzte Periode, anfangs Januar,
kam zwei Wochen verzögert und sehr schwach. Danach starker gelblicher und manchmal rötlichgefaserter Ausfluß. Seit 6. Januar vollständige Appetitlosigkeit, große
Übelkeit, besonders am Morgen mit Erbrechen; starke Speichelabsonderung im
Munde. Das Erbrochene besteht oft nur aus Schleim. Schleimansammlungen im Hals
lösen oft das Erbrechen aus. Beim Erbrechen Schmerzen im Unterleib.

Vertragen werden angeblich nur Äpfel, Bananen, weichgekochte Eier und kühle
Getränke. Alles andere reizt sofort zum Erbrechen. Seit 14 Tagen etwas Schmerzen
in den beiden Kiefergelenken und Kopfweh. Der Schlaf ist gut, doch mit vielen Träumen (oft Prügelszenen). Stuhlgang geregelt durch Äpfel.

Befund: mittelgroß, mittelkräftig, hellblond, glattes Haar, helle blasse Hautfarbe,
Neigung zu Gemütsverstimmung.

Urin o. B.

Rachen gerötet, schleimig.

Dr. Steiner empfiehlt innerlich:
   Aurum D 6/
   Zinnober D 6 als Verreibung
   Hyoscyamus D 6/
   Sonnenblumenkerne 33⅓% als Tropfen

mit dem Hinweis: „Die Lungen-Herzverbindung ist sehr schwach. Es wird nicht verarbeitet die Schleimabsonderung, dadurch ist die Gemütsstimmung düster."

Mai 1924: Es bestehen heftige Interkostalneuralgien auf der linken Seite. Patientin ist viel müde.

Bei diesem Anlaß empfiehlt *Dr. Steiner* noch zum Einnehmen ein Präparat aus:
   Isländischem Moos 5%
   Schafgarbenblüte 5%
   Anisfrucht 5%
   Königskerzenfrüchte 0,5%.

Nr. 40   55jährige Frau
         Hypertonie, Arthritis der Kniegelenke

August 1924 *Konsultation.*

Anamnese: Als Kind gesund und kräftig, an Kinderkrankheiten nur Masern. Menarche mit 15 Jahren. Periode in der Jugend regelmäßig und mäßig stark.

Mit 32 Jahren Beginn von starken Blutungen und dafür Röntgenbestrahlungen; danach einige Zeit Besserung. Dann mit 48 Jahren zweite Bestrahlung und Eintritt der Menopause.

Erste Heirat mit 21 Jahren, 4 Kinder. Vor der ersten Geburt schwere Blinddarmentzündung, die nicht operiert werden konnte.

Zweite Heirat mit 43 Jahren.

Seit der Menopause zeitweise sehr schwer stillbares Nasenbluten, sehr viele Wallungen zum Kopf und Hitze in den Händen. Neigung zu Schwindel, was sich seit $^1/_2$ Jahr durch Einnehmen von Scleron-Tabletten wesentlich gebessert hat; ebenso eine bestehende Gedächtnisschwäche.

Seit $^1/_2$ Jahr Schwellung und Schmerzen im linken Knie, auch seitdem Neigung zum Frösteln.

Verdauung und Appetit gut.

Schlaf meist gut, nur vorübergehend kleine Perioden von Schlaflosigkeit und Neigung zu vielen Träumen.

Befund: mittelgroße, mittelkräftige Frau.

Blutdruck 185 mm Hg.

Urin: Spuren von Eiweiß, Zucker negativ.

Die Ordinationen sind nach Beratung mit *Dr. Steiner:*

> *Scleron-Tabletten*
> *Birkenblätter-Tropfen*
> *Sitzbäder mit Birkenblätter-Aufguß*
> *Kniekompressen mit Arnika*
> *Stauung oberhalb des Knies.*

Dazu speziell noch wegen der Hypertonie neben dem Scleron:

> *Eisen D 20 morgens innerlich*
> *Aurum D 4 mittags innerlich*
> *Cuprum D 6 abends innerlich*
> und Schröpfen am Rücken.

Weiterer Verlauf: Patientin soll anfangs des Jahres 1925 $^1/_2$ Jahr lang mit einer Nierenentzündung krank gelegen haben.

September 1927 erfolgte eine etwa 14tägige stationäre Behandlung in der Klinik. Bestehende Ermüdungserscheinungen mit etwas Herzbeschwerden (Stechen) waren bei der Entlassung gebessert. Der Blutdruck war 175 mm Hg, bei Puls von 65/Min. Der Puls war etwas gespannt, die Herztöne etwas leise; sonst Herz, Leber, Milz o. B. Die Urinprobe ergab kein Eiweiß.

Weitere Kontrollen ergaben:

im November 1928: Blutdruck 168 mm Hg.

Mai 1930: Blutdruck 120/60, nachdem Patient am Tage vorher vermutlich einen kleinen apoplektischen Insult gehabt hatte: auf der Straße eine plötzliche Schwäche mit Schwindel, Augenverdrehen und vorübergehend etwas starrem Gesichtsausdruck, doch ohne vollständigen Bewußtseinsverlust.

Juli 1930: Blutdruck 130/80.

Die Patientin ist *1939 gestorben*, doch sind die näheren Umstände nicht bekannt.

Durch die Klinik erhielten auf Rat von Dr. Steiner die folgenden Ordinationen:

Nr. 41   Ein Patient mittleren Alters

> *Aurum D 4 innerlich* alternierend mit
> *Belladonna D 6 innerlich.*

Nr. 42   Eine junge Patientin

von mittlerer Größe, *schmal gebaut, blaß, blond,* mit glatt anliegendem Haar:
Aurum
Phosphor D 5.

Nr. 43   Knabe, etwa 6 Jahre alt
Enuresis

Er ist zart, blaß, hellblond; leidet an Enuresis.
Der Rat von *Dr. Steiner* für die Behandlung dieses Kindes war:
Eine Kur mit *Prunus spinosa innerlich* und
täglichen *Abreibungen mit Nordseesalz.*

Nr. 44   Schwede, mittleren Alters
Gefühl von Intoxikation

Der Patient ist mittelgroß, kräftig gebaut, blaß, pastös. Ihm wird wegen Klagen
über Gefühl von Intoxikation von *Dr. Steiner* empfohlen:
Carbo veg. 5%
Fußbäder im Nordseebad
Salz extra einreiben auf die Fußsohlen.
Eine weitere Angabe für ihn war:
Antimonspiegel in einem Helm.

Nr. 45   53jähriger Patient aus England
Heufieber

1921 ambulante *Gencydo-Behandlung.*
Anamnese: Das Heufieber begann mit 20 Jahren. Patient leidet seitdem jedes
Jahr daran mit Ausnahme bei Aufenthalten an der See. Als er 42 Jahre alt war, 1910,
erhielt er auch auf Rat von *Dr. Steiner Prunus spinosa mit Nordseesalz* als Medi-
kament *zum Einnehmen.*
Der Hals war seit der Kindheit immer schwach. Es wurden ihm auch im Alter von
51 Jahren die Tonsillen operativ entfernt, so daß er seitdem in dieser Hinsicht keine
Beschwerden mehr hat. 1918 hat er außerdem eine Operation durchgemacht, bei der
Nierensteine der rechten Niere entfernt wurden.
Als Kind hatte er Krämpfe und war todkrank, angeblich, weil er zu früh Kuh-
milch bekam. An Kinderkrankheiten hatte er Windpocken, Keuchhusten, Scharlach.
Seine Zirkulation war immer schlecht, auch litt er an Verdauungsstörungen und
mußte deshalb viel Rotwein trinken. Jetzt hat er auch noch immer leicht kalte Hände
und Füße und schwitzt wenig. Sonst aber sind Verdauung und Schlaf gut.

Nr. 46   Junge von 13 Jahren, Waldorfschüler
Nachtwandeln, Enuresis

Eine Krankengeschichte, dem Bericht von Dr. Wegman über Silber in den Ärzte-
Beiblättern der Zeitschrift „Natura" entnommen.

„Sehr blaß, hoch aufgeschossen, sehr zerstreut und kraftlos. Träumt sehr viel.
Öfters Bettnässen; läuft nachts öfters, besonders bei Mondschein, traumwandelnd
herum. Stets heiser ohne erkennbaren Grund. — Der Junge erhielt bei zunehmendem Mond, also 14 Tage lang, Silber D 5 innerlich; bei abnehmendem Mond Phosphor D 6 innerlich. — Nach 2 bis 3 Monaten war das Nachtwandeln verschwunden.
Auch das Bettnässen hörte allmählich auf.
Wir haben hier den Typus eines Menschen, der zu stark unter dem Einfluß des

Mondes steht. Ihm fehlt die nötige Erdenschwere, was so weit geht, daß diese Erdenschwere im Nachtwandeln völlig aufgehoben wird. Er wird ergriffen von den der Erdenschwere entgegenwirkenden Kräften, ist in krankhafter Weise in einen Zustand versetzt, in dem der Mensch während der Mondenentwicklung war, und er ist völlig hingegeben den Einwirkungen der astralen Welt, die von dem Monde ausgehen. Der physische Leib wird von den Astralkräften beherrscht, da der Ätherleib den Erdenwirkungen entzogen, d. h. nicht in gesunder Weise mit dem physischen Leib verbunden und in abnormer Weise den Astralwirkungen unterworfen ist. — Gibt man in einem solchen Falle Silber, so wird man erreichen, daß die Erdenkräfte durch den physischen Leib mehr Einfluß auf den Ätherleib erhalten, daß eine gesunde Verbindung von physischem Leib und Ätherleib hergestellt wird und der Astralleib seinen allzu großen Einfluß verliert. Dies wird sich auch äußerlich bemerkbar machen in einer besseren Stoffwechseltätigkeit und besserem Aussehen des Patienten. — Der Phosphor wirkt polar dem Silber, stärkt die Ich-Kräfte, und es sollte in diesem Falle der zu rege und zu wenig beherrschte Astralleib mehr in gesunder Weise von den Ich-Kräften durchdrungen werden. Daß dies erreicht wurde, zeigt, daß die Absonderungen den bloßen Einwirkungen des Astralleibes entzogen und willkürlich beherrscht werden konnten."

Nr. 47 Patient von 17 Jahren
Migräne

Eine Krankengeschichte, dem Bericht von Dr. Wegman über Silber in den Ärzte-Beiblättern der Zeitschrift „Natura" entnommen.

„Er litt an migräneartigen Zuständen. Mager, blaß, dunkles Haar, dunkle Augen und Teint. Melancholisches Temperament. Viel Obstipation und Müdigkeit. Die Kopfschmerzen traten immer auf, wenn der Mond aufging, oder sie verstärkten sich in diesem Falle, so daß er nach seinen Kopfschmerzen, Übelkeit usw. beurteilen konnte, wie der Mond gerade stand. — Auch er erhielt bei zunehmendem Mond, also dann, wenn der Mond in das Stadium eintritt, wo die Einwirkungen auf den Stoffwechselmenschen beginnen, 14 Tage Silber D 6 innerlich, mit 14 Tagen Pause dazwischen. Das Pulver wurde verabreicht, wenn der Mond aufging. Und der Erfolg war, daß der migräneartige Zustand nach einigen Wochen verschwand.

Die Abhängigkeit von den Mondeneinflüssen ist auch hier sehr deutlich. Die Verdauungstätigkeit ist gestört, träge und erstreckt sich in abnormer Weise bis in den Kopf hinein, weil Ich und Astralleib zu schwach eingreifen in die Verdauungstätigkeit im unteren Menschen. Auch ist die Ich-Organisation als solche schwach und ist der Patient dadurch den Mondeneinflüssen mehr zugänglich, als dies in gesundem Zustand der Fall ist.

Durch Silber konnte erreicht werden, daß der Stoffwechsel im unteren Menschen angeregt wurde und die höheren Wesensglieder vom unteren Menschen aus in gesunder Weise ihre Tätigkeit entfalten konnten. Es wurde der Schwerpunkt der Verdauungstätigkeit wieder in das Stoffwechsel-Gliedmaßensystem verlegt und die Disposition zur Migräne behoben."

Nr. 48 Mrs. . . ., etwa 50 Jahre alt
Knochentuberkulose

Schriftliche Beratung.

Es liegt eine *Knochentuberkulose* mit verschiedenen Herden und Fistelbildungen vor. *Dr. Steiner* empfiehlt Injektionen an Bein, Bauch und Rücken mit einem Präparat von:

> Phosphor D 4/
> Kohlensaurer Kalk D 2/

Farnkrautsamen D 1/
Fliegenschwamm D 6 — davon ¹/₃
in ²/₃ *Silber gelöst*
(Dafür steht heute das Präparat Agaricus comp./Phosphorus zur Verfügung.)

Nr. 49 Miss . . ., 23 Jahre alt

Ermüdungszustand, Neigung zu Tränensackentzündung und Schweißdrüsenabszeß

September/Oktober 1925 ambulante Behandlung.

Anamnese: Patientin hatte 1923 in Penmaenmawr Gelegenheit, *Dr. Steiner* zu sprechen. Wegen Klagen über große Müdigkeit wurde ihr angeblich zu *Silber* oder Quecksilber(?)-Injektionen geraten. Sie klagt jetzt außerdem über seit 2 Jahren öfter auftretende Entzündungen der Augen, besonders des linken, abwechselnd mit entzündlichen Schwellungen in der rechten Achselhöhle, wo es manchmal auch zu Fistelung gekommen ist. Die Entzündung der Augen geht aus vom Tränenpünktchen und breitet sich aus als entzündliche Schwellung des Unterlides und der Haut unterhalb davon. Nachts soll oft Fieber auftreten. Sonst noch, mehrmals im Laufe einer Woche, nach dem Essen Magenschmerzen und Aufstoßen.

Der Schlaf ist gut; Menstruation o. B.

Ordination: 2mal wöchentlich eine Injektion mit *Argentum D 20.*

Verlauf: Nach den ersten Injektionen etwas Temperatursteigerung, dann nicht mehr. Patientin fühlt sich außerordentlich wohl während der Zeit der Injektionen, viel leistungsfähiger und frischer. Hat keine Entzündungen bisher gehabt.

13. Oktober 1925: Patientin kehrt nach England zurück und unterbricht vorläufig die Behandlung.

Nr. 50 Fräulein B.

Asthenie, Verdauungsschwäche, Neigung zu Migräne und Temperaturanstieg

Diese Krankengeschichte ist bereits von Dr. Wegman im Silber-Beiblatt der Zeitschrift „Natura" besprochen worden.

Anamnese von 1926: Alter 43 Jahre.

Patientin war bis zum 3. Lebensjahr ganz gesund. Dann hatte sie 2 Jahre lang Darmkatarrh, war seitdem nie mehr ganz gesund und hatte bis jetzt schon 32 Ärzte.

Seit dem 5. Lebensjahr besteht Obstipation, ferner Neigung zu Katarrh und fieberhaften Zuständen. Die geringste Aufregung, ob schmerzlicher oder freudiger Natur, war gefolgt von Fieber bis zu 40°.

Die Schule konnte sie infolgedessen kaum besuchen.

An Kinderkrankheiten hatte sie angeblich 3mal Masern, mit 10 Jahren Scharlach, dann mit 22 Jahren Keuchhusten, mit 29 Jahren Diphtherie und Hämorrhoidal-Beschwerden.

Mit 10 Jahren Sonnenstich; Patientin hatte damals 14 Tage steife, schmerzhafte Glieder.

Mit 14 Jahren Lungenkatarrh und danach immer Neigung zu Erkältung und Bronchitis.

Mit 18 Jahren begann sie sich mit Malen, Zeichnen und Musik zu beschäftigen.

Mit 22 Jahren Lungenspitzenkatarrh, war deshalb 3 Winter in St. Moritz und machte auch eine Tuberkulinkur durch.

Mit 27 Jahren wurde die Lunge als gesund erklärt. Doch in den folgenden Jahren trat manchmal tageweise Fieber bis zu 40° auf mit Schmerzen im rechten Bein, und schließlich Besserung durch Blinddarmoperation, die einen total verwachsenen Blinddarm ergab. Mit 29 Jahren ist Patientin nach München zum Kunststudium gegangen.

Danach Verschlimmerung der Obstipations- und Hämorrhoidalbeschwerden; auch hatte sie viel kalte Füsse, war oft sehr elend. Die Hämorrhoiden entzündeten sich und mußten operiert werden. Das Malen mit Farben erschöpfte sie mehr und mehr.

1915 sagte ihr *Dr. Steiner* bei einer Unterredung, alle Krankheiten kämen bei ihr aus derselben Ursache, nämlich einem furchtbar großen Astralleib; sie hätte ihre ganzen Ätherkräfte beim Malen verbraucht.

Dr. Steiner gab ihr damals eine Übung und sagte, daß die Erschöpfungszustände wohl noch ein halbes Jahr dauern würden. Doch zum Erstaunen der ganzen Umgebung waren diese schon vom gleichen Tag an verschwunden. Patientin konnte sogleich 7 Stunden täglich malen.

Mit 30 Jahren machte Patientin eine Grippe durch, gefolgt von Gliedersteifheit und Ängstlichkeit auf der Straße. Das besserte sich durch Einnehmen von Prunus spinosa (Rittermittel) und Eurythmie. Mit dieser Hilfe kam Patientin auch die letzten, in der Ernährung so schwierigen Kriegsjahre gut durch.

Mit 41 Jahren (1921) Influenza.

Mit 42 Jahren (1922) Kopfgrippe, die nicht richtig ausheilte, woraufhin *Dr. Steiner* 1923 eine *Prunus spinosa-Kur empfahl*. Es wurden Injektionen von 0,05% gemacht. Doch traten noch immer Kopfschmerzen auf, sobald die Füße kalt wurden.

Daraufhin bekam Patientin auf Anraten von *Dr. Steiner* als Medikamente zum Einnehmen: *Zinnober D 20*
Kieselsäure D 12

zunächst in täglichem Wechsel drei Wochen lang. Auch wurde dies gelegentlich wiederholt.

Danach und im besonderen, wenn Patientin mehr Ruhe einhalten konnte, ging es mit dem Kopf bedeutend besser. Dr. Steiner bestätigte auch, daß die Kopfschmerzen und die Müdigkeit mit Überarbeitung zusammenhingen, weil sie vor allem auch nie genug Schlaf hatte; denn Patientin schlief nie vor ein Uhr nachts, schlief auch sehr leicht, ist auch schnell wach. Früher träumte sie sehr viel, jetzt weniger, aber ihre Träume sind oft sehr eindrucksvoll.

28. Januar 1926 Aufnahme in die Klinik: Patientin klagt über große Erschöpfung. Die Verdauung lag in letzter Zeit völlig darnieder, insbesondere Gemüse werden nicht verdaut. Der Appetit war sehr schlecht. Der Stuhlgang, der sich sehr schwer entleerte, verursachte Leibschmerzen, und wenn nicht regelmäßig am Morgen für genügende Darmentleerung gesorgt wurde, kam es den ganzen Tag zu heftigen Kopfschmerzen. Außerdem klagte Patientin über rheumatische Beschwerden, heftige Rückenschmerzen beim Sitzen, auch über Neigung zum Schwitzen. Der Harn ist oft sehr konzentriert; der Schlaf oberflächlich, der Puls labil. Kleine Anstrengungen und vor allem Aufregungen können auch eine Fiebersteigerung zur Folge haben.

Befund: Die Patientin ist mittelgroß, sehr grazil gebaut, äußerst mager und blaß, dunkelblond und von sehr lebhaftem Temperament. Gewicht 41,9 kg. Es besteht eine Ptosis der inneren Organe.

Die Behandlung bestand zunächst wieder in *Injektionen mit Prunus spinosa D 5*, neben Ruhe, Diät, Darmregelung mit Sennesblättertee. Leibwickel mit Schafgarbe oder Schwefelleber.

Innerlich: Choleodoron, Kieselsäure D 12, Eisen D 5
Äußerlich: Oxalsäure 0,4%-Salbe am Leib.

Um jedoch die sehr stark darniederliegenden Aufbaukräfte noch mehr durchgreifend stärken zu können, wurde an Stelle des Prunus spinosa auch noch *Silber D 8 bis D 10* injiziert.

Bei diesen Silber-Injektionen gab Patientin schon nach der ersten Injektion an, daß sie ihr wohlgetan habe. Sie fühlte sich dadurch ganz erfrischt, in sich gestärkt und widerstandsfähig. Die Injektionen wurden so zunächst jeden 2. Tag und späterhin nur noch einmal die Woche gemacht. Es wurde dadurch eine weitere Besserung und Stabilisierung des Befindens erreicht, so daß Patientin wieder ihre Tätigkeit aufnehmen konnte. Die *Entlassung* aus der Klinik erfolgte am *21. April 1926*.

Nr. 51 *Ältere Patientin*

1925 Beratung, 60 Jahre alt, nachdem Patientin schon einmal auf Rat von *Dr. Steiner* die folgenden Anweisungen erhalten hatte:

Äußerlich:Salpetersaures Silber D 3 in Leinsamenöl als Salbe
 an beiden Schulterblättern, Lendenwirbeln, beiden Oberschenkeln.
 An den Füssen Cochlearia (Armoracea) D 1 auflegen.
Innerlich: Nelkenwurz D 10
 Benediktendistel D 10 aa als Tabletten und
 Conium maculat. D 10 als Tabletten
 zur „Stärkung des Sinnes-Nervenmenschen".

Der Erscheinung nach ist es eine sehr stattliche, robuste, energische und geistig sehr aktive Frau.

Jetzt klagt Patientin über Beinschmerzen, die meistens nachts um 3 Uhr auftreten. Dafür erhält sie wieder ihre obige Behandlung.

Januar 1928: Seit einem schweren Scharlach in der Kindheit hat die Patientin von Zeit zu Zeit Ohrenbeschwerden, und das linke Ohr ist taub. In letzter Zeit besteht Dumpfheit links im Kopf. Die Nase ist links oft verstopft. Auch besteht Druck nach der Stirnhöhle. Objektiv besteht links eine Otitis externa.

Mai 1931: Ein Bluttest ergibt: schöne, pflanzliche Formen wie bei einem jungen Mädchen.

Mai 1932: gestorben.

Nr. 52 *Mr. C., 29jähriger Patient*
Hereditärer, progressiver Muskelschwund

Familienanamnese: An derselben Erkrankung litten die Großmutter väterlicherseits, der Vater, eine Schwester des Vaters und deren Sohn, ein Bruder des Patienten (26 Jahre alt).

Ein jüngerer Bruder von 21 Jahren und seine Schwester von 19 Jahren sind beide gesund. Der Verlauf, auch die Lokalisation sind bei den von der Krankheit befallenen Familienangehörigen die gleichen. Auch bei dem Bruder und dem Vetter begann die Krankheit mit 19 Jahren. Die Großmutter lebt noch, kann aber nicht mehr gehen. Der Patient, Reisender von Beruf, ist verheiratet und hat ein 3^{1}/₂jähriges Töchterchen.

Anamnese des Patienten: Als Kind hatte er Masern, Keuchhusten, Varicellen. Sonst war er gesund.

Mit 19 Jahren Beginn des Muskelschwundes: zuerst an den beiden Unterschenkeln und bald danach, noch im gleichen Jahre, auch an den Händen. Schmerzen waren damit nicht verbunden. Der Krankheitsprozeß schritt im Laufe der folgenden Jahre langsam und allmählich fort. Die beiden Waden wurden nach und nach dünner, die Füße platteten sich ab, der Gang wurde schwerer und ermüdender, und die Fußzehen sind schließlich bis auf die linke große und zweite Zehe gelähmt. An den oberen Extremitäten blieb der Prozeß auf die Hände beschränkt, und trotz des ausgedehnten Muskelschwundes ist hier noch keine wesentliche Funktionsstörung für den Patienten vorhanden.

Befund: mittelgroß, schlank, Gewicht 59 kg.

Extremitäten: An beiden Unterschenkeln und Füßen sind die Muskeln vollkommen atrophisch (Wade rechts / links 23 cm), weniger an den Oberschenkeln (rechts 31,5 cm, links 33 cm). Die Fußzehen sind bis auf die linke große und die zweite Zehe gelähmt. Die P. S. R. sind beiderseits vorhanden; die A. S. R. fehlen beiderseits, ebenso die Fußsohlenreflexe. Die Sensibilität ist intakt. An beiden Händen starke Atrophie des Daumenballens und der übrigen Handmuskeln. Augenreflexe rechts = links vorhanden.

Die Verdauung ist regelmäßig und gut, ebenso der Appetit, mit Vorliebe für süße Speisen und Bevorzugung von Salzigem gegenüber Saurem.

Der Schlaf ist leise mit wenig Träumen, das Erwachen langsam.

Der Urin ist frei von Eiweiß und Zucker.

Schon in England durch *Dr. Steiner* ihm übermittelte Angaben für Behandlung waren:

Bäder: „Es wird eine Auskochung von 8 Gramm in ein Liter Wasser der Blätter von Majorana origanum gemacht; davon in lauwarmes Wasser gegeben, so viel, daß das Wasser noch den Geruch der Pflanze schwach hat; in das Bad wird auch ein wenig von einer 8%igen Arnicalösung gegeben.

Dieses Bad wird 4 Tage lang genommen, jeden Tag $^1/_2$ Stunde, dann:

Es wird eine Auskochung von 8 Gramm in 1 Liter Wasser der Blätter von Rosmarinus officinalis gemacht und wieder in lauwarmes Wasser gegeben, so viel, daß das Wasser noch den Geruch der Pflanze hat.

Dieses Bad wird 3 Tage lang genommen.

Dann wieder 4 Tage das erste; 3 Tage das zweite u.s.w."

Umschläge: „Jedesmal nach dem Bad wird ein Umschlag von der Auskochung der Blätter von Lavandula vera (5 Gramm in 1 Liter Wasser) auf die Arme und Beine gelegt."

Innerlich: „In jedem Monat soll 4 Tage lang etwas von der getrockneten Frucht von Colocynthis gegessen werden" (nach Angabe des Patienten 1 Gran pro Tag).

Das Kind sollte auch die Rosmarinbäder und Lavendelumschläge haben mit der Angabe: „Das Kind braucht die Kur 3 Monate. Das Bad 3 Tage, 3 Tage nicht, dann wieder 3 Tage."

„Als Übung: Im liegenden Zustand:

Konzentration auf das Innere des Kopfes und vorstellen, daß von dort Wärme durch den ganzen Körper strömt; dazu die Worte:

Kraftvoll ströme	*Powerfull streams*
Wärme	*fire*
Von meinem Kopfe	*From my head*
Durch meine Brust	*Through my breast*
Durch meine Arme	*Through my arms*
Durch meine Beine	*Through my legs*
Und stärke mich.	*And strengthen me.*
	ten minutes
	10 Minuten
	morning and evening."

Ein weiterer Rat war die Meditation:

„*oben: rot*
Mitte: rotblau
unten: blau
das Rote erwärmt
das Blaue erkaltet

Prim, kleine Terz, Quint im Geiste hören.
3 × *hintereinander, 7 mal."*

Bad mit:

Archangelica off.	—	*Wurzelabkochung*
Arnica mont.	—	*Krautabkochung*

Artemisia absynth. — Krautabkochung
Calamus — Wurzelabkochung
Chamom. matric. — Krautabkochung

Dezember 1923: Nach *Aufnahme in die Klinik* gibt *Dr. Steiner* die folgenden Hinweise und Behandlungsvorschläge:

„Es liegt vor bei Ihnen eine Unfähigkeit, Muskelsubstanz zu bilden. Es gibt einen aufsteigenden und absteigenden Prozeß in der Muskelbildung. Das Eiweiß wird im Ätherleib zu einer gewissen Stufe gebracht, dann greift der Astralleib ein. Und sobald es in den Astralleib kommt, wird es wieder abgebaut, wird es von der astralischen und Ich-Organisation durchströmt und durchlebt. Und das letztere geschieht bei ihm nicht. Deshalb innerlich: *Faules Ei in D 3* und *Bäder* mit einem aufgelösten faulen Ei, das noch den Schwefelwasserstoff-Geruch hat. Und dadurch kann man hoffen, ein richtiges Myosin durch den Körperprozeß zuwege zu bringen. Damit müßten wir beginnen. Der Schwefelwasserstoff wirkt zermürbend auf das im Körper gebildete Eiweiß. Das ist der Prozeß der Muskelbildung. Durch die Zerklüftung kann das Eiweiß aufgenommen werden in das Ich. Mit dem *Colocynthis* machen Sie es so, daß sie diese Frucht zerstoßen und dann soll er ein „Gran" vier Tage lang nehmen. Dabei muß man achtgeben, daß er das zerstoßen hat. Lösen Sie es auf in Wasser und lassen Sie ihn das Gran im Laufe des Tages nehmen. Diese Kur müssen wir jetzt machen, wenigstens einen Monat, und müssen nach 3 Wochen etwas dazu tun. Da müssen wir achtgeben darauf und müssen dann nach weiteren 3 Wochen erst auf das kommen, was Sie mit nach England nehmen können."

Zu den Ärzten allein: „Das ist auch charakteristisch, das zeigt auch die Neigung für Darmentzündung und das wenige Träumen, weil er fast ganz im Unterleib lebt. Er ist auch etwas blöde. Ich möchte nur wissen, wo steht bei seiner Geburt der Mond und wo steht er, als das Leiden aufgetreten ist. Es ist höchst wahrscheinlich da eine Wiederholung der Konstellation. Wenn dies herauskommen würde, würden wir ihm eben nach drei Monaten eine *Silbernitratkur* machen müssen. Dann würde man geradezu auf diese Geschichte hin kurieren müssen. Ist es bei ihm der Fall, so interessiert uns, wo der Mond(-Knoten?) steht."

Verlauf: Die obige Kur wird begonnen. Es war auch ein Horoskop angefertigt worden. Dazu äußert sich *Dr. Steiner* am 14. Januar 1924: „Da etwa mit 19 Jahren? Ja, richtig, sein Mondknoten ist es. Links der Jupiter ist im Quadranten. Und 1913 da war eben die ganze Mondenkonstellation wiederholt. Es stimmt alles, was ich dazumal gesagt habe. Jetzt muß er dazu angehalten werden — das andere bleibt alles — sich vorzustellen: Im Herzen ist eine Wurzel, aus dieser wachsen zwei Stämme, die durch die Beine gehen. Und er geht, indem er fühlt, daß diese zwei Stämme ihn innerlich fest machen. In diesem Gefühl fünf Minuten gehen. Als Heileurythmie dieselben Übungen wie [79] (Nr. 7)." Geübt wurde: PTLR [75] (S. 184).

Patient hatte anfangs etwas Schwierigkeit im Einleben und sich an die andere Lebensweise zu gewöhnen. Er wußte nicht mehr mit sich anzufangen als spazieren zu gehen, Romane und Magazine zu lesen. So schlief er anfangs nicht sehr befriedigend. Doch besserte sich dies. Er wurde allmählich heiterer und lebhafter und guter Stimmung und machte auch Fortschritte, fühlte sich viel stärker in seinen Beinen.

Am 4. Februar 1924 gab *Dr. Steiner* den folgenden Rat: Zu den anderen Übungen diese: „Linkes Unterbein heben im rechten Winkel, so ihn stehen lassen $1^1/_2$ Minuten und ihn veranlassen zu denken dabei: In my left leg is the power of my whole body. Dann rechtes Bein heben, wiederum $1^1/_2$ Minuten stehen und dabei denken: In my right leg is the power of my whole body. Dann beide Beine in den Knien beugen, wiederum $1^1/_2$ Minuten, und dabei denken: In the two legs is the power of my head. Dann nochmals $1^1/_2$ Minuten dasselbe und dabei denken: In my two legs is the power of my heart. — Dies kann er am Tage 3- bis 4mal machen; einmal am Tage kontrollieren. Nach 8 Tagen ihn wieder zeigen."

Die Abreise erfolgte am 14. Februar 1924.
Eine weitere Ordination war *Argentum nitric. innerlich* (wahrscheinlich als D 6).

Nr. 53 Für einen Knaben

wird dem behandelnden Arzt der Rat von *Dr. Steiner* übermittelt:

1. *Antimonspiegel-Salbe in
   Agropyrumsaft verrieben;* für den Rücken
2. *Cochlearia für die Beine;* damit schlafen
3. *Salpetersaures Silber* innerlich
   als *Heileurythmie:* L M N.

Nr. 54 Für eine Patientin
   Varicosis

wurde dem behandelnden Arzt der Rat übermittelt:
   *Salpetersaures Silber D 10-Injektionen
   Salpetersaures Silber D 5/6 innerlich
   Opium D 30.*
Diese Patientin hatte *starke Varicen am linken Oberschenkel* nach oben und
innen. Später ist sie an abdominaler Tuberkulose mit großen Drüsen im linken
Unterleib erkrankt.

Nr. 55 Jüngere Frau
   Schwangerschafts-Beschwerden ohne Gravidität

mit verschiedenen *Beratungen.*
   Anamnese: Es liegen immer wieder Beschwerden vor, bei denen Patientin denkt,
daß sie gravid sei, dies trotz vorhandener Periode. Sie erhielt verschiedentlich nach
Beratung mit *Dr. Steiner* die Ordinationen:

1. $^1/_{10}$% *Belladonna ins Bad
   Argent. nitr. D 20 innerlich
   Prunus spin. D 2 innerlich*
2. *Silbernitrat 0,01% zum Einnehmen
   Silbernitrat 0,1 bis 0,5% zu Umschlägen*
                    vier Wochen lang.

Außerdem hatte sie noch erhalten:
   *Coffein 1%: 7—10 Tropfen
   Pulsatilla D 3.*

Nr. 56 Frau, Schwedin, 29 Jahre alt
   Diabetes mellitus

   *Seit 1923 in Beratung und behandelt mit Rosmarinbädern und innerlich Argent.
nitr. D 20.*
   Anamnese von April 1924: Als Kind mit 16 Monaten Lungen- und eitrige Rippen-
fellentzündung; wurde damals operiert. Außerdem als Kind viel Schnupfen und
Halskatarrhe. Mit 11 Jahren wegen Adenoiden im Nasen-Rachen-Raum operiert.
Die eigentlichen Kinderkrankheiten waren Masern, Keuchhusten, Röteln, Wasser-
pocken. Menarche mit etwa 13 Jahren; Blutungen in den ersten Jahren unregelmäßig,
schmerzhaft und stark.
   Mit 17 Jahren Blinddarmoperation.
   Mit 16 bis 17 Jahren wieder 3mal in der Nase wegen Wucherungen operiert.
   Mit 21 Jahren (1916) geheiratet.

1917: erste Geburt (Zange) und 14 Tage danach eine Gallenblasenentzündung mit hohem Fieber.

1918: Mittelohreiterung mit Operation.

1918: zweite Geburt (normal); während der Gravidität Zucker im Harn, dabei sehr viel Durst und Müdigkeit.

1920: dritte Geburt (normal; Kind 6070 g schwer). Auch in dieser Schwangerschaft Zucker im Harn, der nach der Geburt wieder verschwand. Dann 4 Wochen nach dieser Geburt wieder Fieber und Kolik im Leib (Gallenblasenentzündung?), aber nach wenigen Tagen wieder gesund.

Seit 1921 jetzt zeitweise Zucker im Harn (im Winter dieses Jahres bis zu $6^{1}/_{2}$ Prozent) mit großer Müdigkeit, Durst und depressiver Stimmung. Bei strenger Diät zuckerfrei und subjektiv frischer. Aber jede innere Aufregung bringt wieder sofort Zucker im Harn. Der Schlaf ist sehr gut, die Verdauung regelmäßig, der Appetit ist zur Zeit mäßig, auch bestehen öfter Schmerzen in der Magengegend.

Befund: Die Patientin ist mittelgroß, blond, blauäugig, lebhaft, in gutem Ernährungszustand mit guten Fettpolstern.

Die Urinkontrollen sind zum Teil zuckerfrei, doch einmal nach einer Aufregung $5^0/_0$ enthaltend; im Sediment findet sich eine leichte Leucocytenvermehrung.

Die Patientin erhielt nach Rat von Dr. Steiner zu den schon seit einem Jahr durchgeführten Rosmarinbädern, unterstützt durch Einnehmen von Argent. nitr. D 20, noch folgende Medikamente zum Einnehmen:

Na_2CO_3 *(Soda) D 3*
Phosphor D 6

Weiterer Verlauf: Soweit bekannt, ging das Befinden in den folgenden Jahren auf und ab. Es hat auch an Schwierigkeiten und Sorgen nicht gefehlt. So ist die Patientin im Jahr 1942 in einer akuten Verschlimmerung ihres Krankheitszustandes gestorben.

Nr. 57 *Patient, 44 Jahre alt*
Magen-Leberbeschwerden, Alveolarpyorrhoe

Anamnese: Als Kind sehr blutarm und viel Kopfschmerzen. Als Kinderkrankheiten Keuchhusten.

Mit 18 bis 20 Jahren *Magenbeschwerden* mit Magenschmerzen und Sodbrennen. Seither immer empfindlich im Magen, bekommt öfter bei Genuß von schweren Speisen Magenbeschwerden: Druckempfindlichkeit in der Magengegend und Brennen in der Speiseröhre mit viel Schleimabsonderung im Mund. Der Stuhlgang war dabei angeblich gut. Vor 2 Jahren plötzlich, ohne vorher besonders krank gewesen zu sein, *starke Gelbsucht* mit Fieber bis 39°. Lag 6 Wochen zu Bett. Der Arzt stellte Gallenblasenentzündung fest, da starke Schmerzen in der Gallengegend vorhanden waren. Danach langsame, aber gute Erholung.

Dezember 1923 wieder Schmerzen in Magen- und Lebergegend, die sich auf Diät und Wärmebehandlung hin besserten.

Februar 1924 erneut eine solche Attacke durch Diätfehler, diesmal auch leichte Gelbsucht.

Auch jetzt auf Diätfehler sehr empfindlich.

Seit Anfang Februar 1924 *Alveolarpyorrhoe.*

Schlaf gut, wenig Träume. Appetit wechselnd, Abneigung gegen Fett. Stuhlgang täglich.

Befund: guter Ernährungszustand, sonnengebräunte Haut, Skleren etwas gelblich tingiert. Herz ohne besonderen Befund. Lungen: am linken Unterlappen unten etwas Entfaltungsrasseln. Leib: etwas aufgetrieben; Leberrand steht am Rippenbogen und ist etwas druckempfindlich, ebenso die Gallengegend. Reflexe o. B. — Urin o. B.

Die *Ordination* war:

> *Argent. nitr. D 20 innerlich*
> *Phosphorsaures Magnesia D 3 innerlich*
> *Rosmarinbäder*
> *Eisen D 6 innerlich*
> *Eisensalbe für die Lebergegend.*

Nr. 58   Mrs. . ., 38 Jahre alt
Chronische Erkrankung der Meningen nach Fall

28. April 1923 *Beratung.*

Anamnese: Patientin klagt über starke Schmerzen im Kreuz und Kopfschmerzen, die eigentlich mehr den Charakter eines Druckes auf den Scheitel haben. Diese Beschwerden bekam sie erst nach einer schweren Geburt vor 14 Jahren. Sie erlitt dabei einen Dammriß bis zum After und mußte deshalb operiert werden. Eine zweite Operation fand zwei Monate später statt. Nach dieser Operation trat eine Schwäche im Rectum und in der Harnröhre ein, so daß sie Stuhl und Urin nicht mehr gut halten konnte. Nach dieser Zeit litt sie viel an Migräne, Stuhlverstopfungen, aufgeregtem Wesen und Wehmütigkeit.

Es bestehen auch durch Fall vor mehreren Jahren beim Liegen und Bewegen sehr starke Schmerzen im Rücken, abends auch deutlich Druckempfindlichkeit, ebenso Kopfschmerz.

Nach *Dr. Steiner* liegt vor: durch die Verletzung eine chronische Erkrankung der Meningen, daher auch die Kopfschmerzen. Es wurde deshalb empfohlen:

Injektionen: Prunus spinosa 0,05% an beiden Schultern und an
der schmerzhaften Stelle der Lendenwirbelgegend
innerlich: Silberoxyd D 15.

7. Mai 1923: Nach den Injektionen sind die Schmerzen im Kreuz fast vorbei, nur die Kopfschmerzen und das aufgeregte Wesen sind noch geblieben. Bisweilen aber muß Patientin viel weinen.

Nr. 59   Patient, 29 Jahre alt, aus Südamerika
Gicht, Albuminurie

Der behandelnde Arzt berichtet am 22. März 1924:

„Ich habe momentan einen Patienten hier, über dessen Behandlung ich um Rat bitte. Der beiliegende klinische Bericht informiert eingehend über den Verlauf. Momentan sind die Tophi an Finger- und Zehengelenken aufgebrochen und entleeren Uratbrei, auch kleine Sequester, der Zustand ist ein qualvoller. Im Urin ist 7%₀ Eiweiß. Es handelt sich offensichtlich um eine totale Unfähigkeit, mit dem Eiweißabbau fertig zu werden, so daß auch das zum Abbau kommende Eiweiß nicht ausscheidungsfähig wird . . ."

Dr. Steiner empfiehlt:
1. Tag: *Arsensaures Silber D 10* (Astralleib im allgemeinen)
2. Tag: *Kreuzspinnengift D 6*
3. Tag: *Hyoscyamus D 15* — paralysieren die Tophi —
und so wiederholen.

Nr. 60   26jährige Patientin
Spondylitis mit Gibbus und Senkungsabszeß

Näheres über Behandlung und Krankheitsverlauf zu Fall V im Buche „Grundlegendes für eine Erweiterung der Heilkunst".

Eintritt in die Behandlung am 19. Juli 1923.

Beginn der Behandlung mit:
   Calcium met. D 5 und Phosphor D 5 innerlich
   Aurum D 6 2mal täglich
   Langsam ansteigende Bestrahlung mit natürlicher Sonne
   Kamillen-Fingerbäder.

23. Juli 1923: Besuch von *Dr. Steiner*. Die Patientin sehend, wendet er sich zunächst, die eine Hand auf die Brust, die andere Hand auf den Rücken der Patientin legend, wie folgt an die Patientin:

„Sagen Sie einmal wallen, wogen, wiegen, wellen." Dann folgte die Frage: „Wie ist Ihre Verdauung?" — „Nicht gut, abwechselnd dünner und fester Stuhl."

„Ist Blut in der Absonderung?" — „Nein."

„Es muß doch einmal etwas gewesen sein, was verursacht hat, daß sie irgend eine Darmkrankheit oder so etwas gehabt hat." — Vor der Grippe hatte Patientin Darmstörungen, die vom Magen ausgingen und auch mit Durchfällen verbunden waren.

„Und die vorherigen Krankheiten haben Sie nicht so schrecklich hergerichtet, wie Sie jetzt sind?" — „Nein."

Dr. Steiner an die Ärzte gerichtet: „Da ist aber ein vollständiges Versagen der ganzen Verdauungsprozesse. Und man wird müssen von verschiedenen Seiten anfassen: innerlich eine *Kupferkur*, vielleicht sogar in einer Dosis von der *dritten Dezimale*; dann versuchen, dem ganzen Ätherorganismus nun auch Erfrischung zu geben durch *Carbo animalis*; und dann würde ich extra, was aber weniger wichtig ist, und man kann es innerlich versuchen, *Pancreatin in dritter Dezimale* geben.

Der ganze Körper ist durch und durch tuberkulös. Und wenn man sie nicht gesund kriegt, wird sie schon aufgefressen von der Tuberkulose. Alle die äußeren Sachen, wie die Punktion des Abszesses usw., muß man machen."

Die angegebene Behandlung wurde durchgeführt, noch unterstützt durch Senfpflaster-Auflagen am unteren Rücken. An Stelle des Pancreas D 3 innerlich wurde übergegangen auf *Pancreas D 6-Injektionen* 3mal wöchentlich. Und an den injektionsfreien Tagen wurden auch die Sonnenbehandlungen in steigender Dosierung durchgeführt.

Am 18. August 1923 war so bei durchschnittlich besserem Appetit eine Gewichtszunahme von 1,3 kg erreicht. Die Fistelabsonderung am Finger ließ nach, doch war die Temperatur axillar abends noch um 37,3 bis 37,5°.

Bis zum 11. November 1923 waren 8 bis 9 Punktionen des Senkungsabszesses vorgenommen worden, und dabei wurde meist reichlich Eiter entleert, einmal sogar 800 g. Auch wurde etwas Jodglycerin in die Abszeßhöhle injiziert. Dabei fühlte sich Patientin frisch und war vergnügt. Die Temperaturen wurden auch niedriger und stabiler. Der Puls hat sich mehr beruhigt (90 bis 110/Min.). Der Leib ist dünner geworden, das Gewicht aber auf 56,6 kg gestiegen (+ 5,4 kg seit der Aufnahme).

14. November 1923: Aus zwei Fisteln fließt seit der letzten Entleerung des Abszesses noch immer etwas Eiter. Morgens nach dem Frühstück überfiel die Patientin *plötzlich eine Übelkeit*. Sie fühlte sich dabei elend und ängstlich. Der Puls ist fliegend, die Temperatur zunächst nur 37°, dabei etwas Aufstoßen. Abends ist die *Temperatur 39,0°* bei wesentlich besserem subjektivem Befinden. Im Stuhlgang war ein Askaris abgegangen. Ein Anhalt für Erkältung bestand nicht, doch wird Infludo gegeben.

20. November 1923: Das Fieber ist noch um 38 bis 39° abends. Dabei besteht reichlich Ausfluß von etwas mehr dünnflüssigem Eiter aus der Fistel des Senkungsabszesses. Der Appetit ist mangelhaft, die Zunge belegt. Bei regelmäßigem und reichlichem Stuhlgang besteht viel Aufstoßen nach jedem Essen, dabei heute auch einmal Erbrechen. Das Aussehen ist blaß, die Stimmung allmählich etwas weinerlich.

22. November 1923: Das subjektive Befinden ist besser; das Aufstoßen hat auf Ipecacuanha nachgelassen; es besteht wieder etwas mehr Lust für Nahrungsauf-

nahme. Der Eiter fließt reichlich, doch die Abendtemperaturen sind noch immer um 39,2 bis 39,5°.

Der Stuhlgang ist dünn, der Leib weich, doch abends wieder einmal Erbrechen. Schmerzen bestehen nicht.

Besuch von *Dr. Steiner:* „Es handelt sich um eine Intoxikation. Man müßte sie schützen dagegen mit leichten Silber-*Injektionen (D 30)*. Dadurch kann etwas vorgebeugt werden. Abwechselnd am Morgen und Abend eine Injektion, die eine am letzten untersten Kreuzbeinwirbel, die andere am Abend im Nacken so hoch wie möglich. Wenn man es am Hinterkopf machen würde, müßte man schon eine noch viel höhere Dezimale nehmen, wenn es durchkommen sollte, die 500ste."

„Das Wohlbefinden beim Fieber ist ein sehr ungünstiges Zeichen und zeigt, daß der Astralleib nicht in den Organen drinnen ist.

Wegen der *Spulwürmer* könnte man ihr *in die Suppe* hineingeben so etwa wie man sonst Salz hineingibt, aber da das *Salz mit etwas Kieselsäure* vermischt, damit der Magen sehr empfindlich wird. Und es wird damit etwas die Peristaltik nach der Richtung gehoben, daß sie die Lebensmöglichkeit für die Spulwürmer nicht mehr hat, und diese abgehen und sich nicht wieder von neuem ansetzen. Es würde dann auch wohl gut sein, daß man auch, sobald ein paar Tage vergangen sind, ihr *Klistiere* machen könnte *von schwacher Chlornatriumlösung mit Kieselsäure.*"

24. November 1923: Die Injektionen werden wie angegeben gemacht; auch das Salz-Kieselsäure-Präparat (je 50%) verabreicht. Die Temperatur ist auf 38,8 bis 38,3 zurückgegangen. Auch ist heute wieder ein Askaris abgegangen.

26. November 1923: Am Abend Temperaturanstieg auf 39°; Abgang eines Askaris.

27. November 1923: Temperatur 38°, doch plötzlich Hitzegefühl am linken Arm etwas unterhalb des Ellbogens bis gegen das Schultergelenk. Besserung auf Arnika-kompressen. Auch das Allgemeinbefinden wird zunehmend besser. Der bis dahin noch reichliche, dünnflüssige Eiter aus der Fistel läßt jetzt nach und wird mehr schleimig-blutig.

28. November 1923: Weitere Besserung. Temperatur morgens 37,6, abends 37,8. Puls um 100 bis 104. Es wurde mit den Salz-Kieselsäure-Bleibeklistieren begonnen.

Besuch von *Dr. Steiner:* „Das Silber ist ihr sehr gut bekommen. Nun müssen wir verhindern, daß sie wieder solche Stockungszustände — gemeint sind Stuhlverhaltungen, die das Fieber in die Höhe treiben — bekommt, und sehen, daß sie ständig die Zirkulation ganz regelmäßig hat. Und dies dadurch, daß wir ihr in schwachem Maße unseren Tee (Clairotee) geben regelmäßig, und zwar vielleicht um 11 Uhr morgens."

An die Patientin gerichtet: „Haben Sie, wenn Sie aufwachen, starken Klebestoff in den Augen?" — „Nein."

Dr. Steiner zu den Ärzten: „Ich würde noch ein ganz schwaches *Senfpflaster auf die Stirn* legen nach dem Aufwachen bis sie den Tee bekommt, so lange, bis sie Tränen bekommt. Die Augen bleiben beim Aufwachen etwas zu trocken. Der Puls ist aktiv und kräftig ansteigend und passiv schnell absteigend: Einatmung — Ätherleib, starke Anstrengung im Puls — lässiges Ausatmen, überhaupt lässige zentrifugale Tätigkeit sowohl in der Bewegung (Puls, Atmung), wie im Stoffwechsel, eben dadurch, daß sie den Körperschleim nicht bis heraufbringt. Deshalb das Senfpflaster und der *Clairotee mit etwas Lindenblütentee.* Dadurch, daß wir den Rhythmus Ätherleib und Astralleib zusammen mit dem Silber regulieren, wird ein regelmäßiger Rhythmus hervorgerufen. Da ist das ganze untere System ausgewalkt."

Weiterer Verlauf: Bis zum 25. Dezember 1923 wurde die Behandlung mit 2mal täglich eine Silber D 30-Injektion wie angegeben durchgeführt. Die Temperaturen waren dadurch bald nur noch subfebril, morgens 36,2 bis 36,6, abends 37,4 bis 37,6; das Allgemeinbefinden war auch so weit gebessert, daß Patientin gut schlief, große Lust zum Essen hatte und sich den ganzen Tag beschäftigte. Es waren auch wiederholt Askariden abgegangen.

Ab 8. Januar 1924 wird nur noch jeden 2. Tag Silber injiziert, denn Patientin fühlt sich sehr wohl, ist sehr aktiv im Lesen, Schreiben und Handarbeiten. Die Fistel sondert nur noch wenig ab. Die Abendtemperaturen bewegen sich zwischen 37,2 bis 37,8°.

Bei weiterem Wohlbefinden konnten dann die Silberinjektionen allmählich auf 2mal wöchentlich reduziert werden. Und am 17. März 1924 konnte die Patientin zu einer Weitererholung entlassen werden. An Gewicht hatte Patientin im ganzen etwa 10 kg zugenommen.

Es ging auch nach der Entlassung zunächst noch weiter gut. Patientin war auch noch einmal in einem Sanatorium zu einer Höhensonnenkur, hatte da noch eine relativ gute Zeit, ist aber dann an einer Miliartuberkulose gestorben.

Nr. 61   31jähriger Künstler
Rezidivierende Blasen-Harnröhrenentzündung
Fieberanstieg nach Angina

Weiteres zum Krankheitsverlauf von Fall III im Buche „Grundlegendes für eine Erweiterung der Heilkunst".

Es war bei dem Patienten eine Angina mit Fieber bis 39,5° aufgetreten. Dann nach bereits eingetretener Besserung erneuter Fieberanstieg bis 40,2°. Patient fühlt sich dabei sehr elend. Es wird deshalb täglich Silber D 30 injiziert. Auch kamen u. a. Antimon-Suppositorien in Anwendung.

Nach drei Tagen war die Temperatur am Abend noch 38,3°, am folgenden Morgen 37,5°. Dabei schwitzte Patient sehr viel.

In dieser Situation sah Dr. Steiner den Patienten am 21. Dezember 1923, und sein Rat war: *„Die Silberinjektionen weiter* machen. Weiter: *Impfen mit Viscum pini und Antimonspiegel"*; dazu bemerkend: „Der Astralleib kann nicht richtig hinein." — „Prüfen Sie, inwieweit die Niere infiziert ist. Man müßte ihm geben einen *Equisetumtee* und prüfen, ob diese typhöse Fieberkurve sich auch unter dem Einfluß von Equisetum ändert. Oder besser ist, dies objektiv zu konstatieren, ob sich der Eitergehalt des Urins ändert."

Verlauf: Der Patient erhält täglich Silber D 30 als Injektion, Equisetumtee zum Trinken und jeden zweiten Tag eine Injektion mit Viscum pini D 2 und Antimonspiegel D 8.

26. Dezember 1923: Die Temperatur ist seit drei Tagen normal. Der Urin wird heller, das Eiweiß ist von 1½ °/₀₀ auf Spuren zurückgegangen, doch schwitzt Patient noch viel. Die Silber D 30-Injektionen werden gestoppt.

1. Januar 1924: Im Urin befindet sich weniger Eiter, doch besteht noch eitriger Ausfluß aus der Harnröhre. Der Patient erhält weiter jeden 2. Tag eine *Injektion mit Viscum pini D 2 und Antimonspiegel D 6*, seine *heißen* Kompressen mit Melilotus und Klettenwurzel, auch heiße Beinwickel oder Fußbäder; innerlich sein Medikament mit Kaliumsulfat D 5/Kaliumcarbonat D 5/Teucrium scordium D 5, auch *Bärentraubenblättertee* und *Equisetumtee zum Trinken.*

16. Januar 1924: Patient ist subjektiv beschwerdefrei, verbringt schon mehrere Stunden pro Tag im Liegestuhl außer Bett. Der Harnröhrenausfluß ist geringer, doch das Urinsediment ist noch etwas eitrig. Es wurden jetzt noch Kamillensitzdämpfe, und diese auch mit Zusatz von Eucalyptus angeordnet.

1. Februar 1924: Entlassung aus der stationären Behandlung. Patient kann wieder ausgehen, ist beschwerdefrei, auch körperlich gekräftigt und seelisch in guter Verfassung. Doch bestehen noch Spuren eitrigen Sekretes aus der Harnröhre.

Nr. 62   Junge Frau
mit Puerperalfieber

Ihr Mann ist Arzt und erhielt für die Behandlung in Fernberatung durch die Klinik den Rat von *Dr. Steiner:*

Silber-Injektionen D 30
Graphit D 10 innerlich
Graphit D 3-Salbe
Diät
Nicotiana (äußerlich für Umschläge?).

Nr. 63   30jähriger Patient
Lungen- und Abdominal-Tuberkulose mit Senkungsabszeß

Eine Krankengeschichte, dem Bericht von Dr. Wegman über Silber in den Ärzte-Beiblättern der Zeitschrift „Natura" entnommen.

„Patient kommt zur Behandlung wegen Ischias- und Magenbeschwerden, die seit dreiviertel Jahr bestehen. Auch leidet er seit zwei Jahren an Herzbeschwerden mit Herzklopfen, beschleunigtem Puls und Herzbeklemmungen schon nach kleinen körperlichen Anstrengungen und Erregungen. Außerdem leichte Ermüdbarkeit. Appetit gut. Stuhlgang regelmäßig.

Die weitere Anamnese ergibt: vor einem Jahr linksseitiger Lungenspitzenkatarrh mit leichtem Husten, Fieber bis zu 39,3 und Nachtschweißen, was durch Phtisodoron pulmonale* und ileojejunale* rasch gebessert wurde. In den Jahren vorher öfter Grippe ohne besondere Komplikationen. 1917 Brustkatarrh und deshalb Befreiung vom Felddienst. 1911 Nierenentzündung nach Angina. 1905 Blinddarmoperation. Als Kind die verschiedenen Kinderkrankheiten und große Neigung zu Erkältung.

Der Patient ist groß, blaß und in reduziertem Ernährungszustand. Die Temperatur subfebril. Über der linken Lungenspitze Dämpfung und etwas Katarrh. Puls weich und labil. Am Abdomen ist die Narbe von der Blinddarmoperation auf der Unterlage etwas adhärent und leicht druckempfindlich. Weiter nach der Leiste zu fühlt man in der Ileocoecalgegend eine nahezu hühnereigroße Resistenz; die Leistendrüsen sind etwas vergrößert.

Die Verordnungen waren zunächst: Ruhe, Pflege, u. a. Diät und Sorge für kräftige Ernährung; an Medikamenten außerdem Phtisodoron pulmonale und ileojejunale*, Waldon und gegen die Ischiasbeschwerden einige Injektionen von Apis D 3, worauf die Neuralgien völlig verschwanden. Auch sonst erholte sich der Patient innerhalb von 5 Wochen, die er in der Klinik sein konnte, verhältnismäßig gut; die Magenbeschwerden waren wesentlich gebessert, nur blieb die Temperatur noch immer leicht erhöht.

Zu Hause konnte die Behandlung weiter fortgesetzt werden, doch ging es bald wieder weniger gut. Die Temperatur stieg höher, es traten wieder Herzbeschwerden auf. Der Magen wollte wieder nicht richtig arbeiten; die Narbe und ihre Umgebung war auf Druck schmerzempfindlich, und es bildete sich nach und nach ein kleiner Senkungsabszeß in der rechten Leistengegend. — Es wurden nunmehr neben den übrigen Medikamenten — Phtisodoron coli* — auch Injektionen von Silber D 30 verordnet; zunächst täglich eine subcutane Injektion. Und der Erfolg war, daß das Fieber schon bald nach den ersten Injektionen sich legte. Auch ging es dem Patienten in seinem ganzen Befinden sehr bald auffallend besser. Die katarrhalischen Erscheinungen der Lunge verschwanden ganz und gar, der Senkungsabszeß bildete sich zurück, die Nahrungsaufnahme ging gut, und Patient hatte subjektiv außer geringem Herzklopfen bei Aufregung nichts mehr zu klagen. Er konnte wieder außer Bett sein und in erstaunlich kurzer Zeit seine Arbeit aufnehmen. Objektiv läßt sich bei der Untersuchung noch ein kleiner Ileocoecaltumor tasten, der etwas druckempfindlich ist.

* Phtisodoron pulmonale I ist das heutige Ferrum sesquichloratum 0,1%/Graphit D 15; — Phtisodoron ileojejunale I das heutige Coffea tosta D 4/Cuprum sulfuricum D 3/ Plumbum met. praep. D 15; — Phtisodoron coli I das heutige Mercurius vivus naturalis D 5/Nasturtium 5%/Stannum met. praep. D 15.

Durch das Silber konnte hier einem Krankheitsprozeß gesteuert werden, der in seinem chronischen Verlauf eine abwärts gerichtete Tendenz hatte. Der Astralleib des Patienten ist zu regsam und überempfindlich, die Abbaukräfte wirken sehr stark und es war der Zustand eingetreten, wo der Patient selbst nicht mehr genügend aufbauende Lebenskräfte aufbringen konnte, um der Krankheit Herr zu werden."

Nr. 64   Frau, 59 Jahre alt
Rezidivierende Zystenbildung in der Mandibula

12. November 1924 *Aufnahme in die Klinik.*

Anamnese: Patientin hatte zwei Unfälle. Einmal kam sie unter die Straßenbahn, wurde aber nur leicht verletzt; und vor etwa 20 Jahren ist sie im Gebirge abgestürzt.

Mit 22 Jahren hatte sie eine kleine Zyste am Unterkiefer, die operiert wurde. Danach später noch ab und zu Schmerzen am Unterkiefer und kleine Anschwellung.

Mit 35 Jahren wurden die Nerven aus 5 Zähnen des Unterkiefers entfernt. Etwas später trat ein Rezidiv der Zyste auf, die ebenfalls entfernt wurde; desgleichen einige Jahre später und zuletzt nochmals im Jahre 1923.

Menopause seit 12 Jahren mit normalem Verlauf.

Befund: sehr lebhafte, mittelgroße Patientin mit grauem Haar, blasser, weißer Haut, in mäßigem Ernährungszustand.

Der Urin ist frei von Eiweiß und Zucker.

Die mitgebrachte Röntgenaufnahme zeigt deutliche Aufhellungen des Knochens, ohne daß im Augenblick besondere Beschwerden vorliegen.

Die Patientin hat den Wunsch, prophylaktisch etwas gegen die bestehende Neigung zu Knochenzysten im Unterkiefer zu tun. Und *Dr. Steiner* empfiehlt dafür Injektionen abwechselnd mit:

Calciumfluorid D 7 an den Kieferwinkeln
Schwefeleisen D 7 an den Waden, außerdem
Cochlearia Armoracia-Auflagen an den Waden

und morgens im Moment des Aufwachens *Anreicherung der Zimmerluft mit Kohlensäure.*

Verlauf: Diese Behandlung wurde 3 Wochen lang durchgeführt. Länger konnte die Patientin nicht bleiben. Wie lange die Patientin zu Hause noch damit fortsetzen konnte, ist nicht bekannt, auch nichts Näheres über ihr weiteres Ergehen.

Nr. 65   Ingenieur, 42 Jahre alt
Leberschwellung, Magenbeschwerden

1924 *Beratung.*

Anamnese: Patient klagt über Magenbeschwerden 3 Stunden nach dem Essen, auch über Aufgetriebensein von Zeit zu Zeit.

Rohe Erdbeeren und Aprikosen werden nicht vertragen.

Außerdem bestehen seit 20 Jahren Rückenschmerzen, für die ihm ärztlicherseits Brom angeraten war.

Die Leber ist vergrößert und druckempfindlich.

Er erhält zum Einnehmen:

Ferrum metall. D 6
Choleodoron

äußerlich: *Uraninit-Salbenlappen für die Leber.*

Weiterhin empfiehlt *Dr. Steiner Injektionen mit FeS D 15*, 2 Serien (je 7 Injektionen), und nachtsüber *Leibwickel mit Zitrone und Anissamen.*

Verlauf: Patient fühlt davon bald eine Besserung. Er hat weniger Magenbeschwerden, hat auch an Gewicht zugenommen. Der Stuhlgang ist geregelt und der Appetit gut. Auch objektiv ist die Leber etwas kleiner geworden.

Dieser Patient kam auch in den folgenden Jahren gelegentlich noch zu Beratungen:

1927 wegen Beschwerden, die von einer pleuritischen Reizung mit einer drei Finger breiten Dämpfung oberhalb der rechten unteren Lungengrenze ausgingen;

1928 wegen Kropfbeschwerden und Stichen in der Brustgegend. Der Röntgenbefund ergab: Herz liegend, nach rechts leicht vergrößert, Aortenbogen links oben vergrößert, dabei durch Struma stark nach rechts verschoben. Lungen ohne wesentlichen Befund. — Sonst war die Leber weicher, doch noch etwas druckempfindlich;

1931 wegen Magenbrennen, das 2—2^1/$_2$ Stunden nach dem Essen auftritt und das durch Trinken einer Tasse Milch behoben werden kann. Objektiv bestand noch eine Druckempfindlichkeit im Epigastrium.

Durch die Klinik erhielten auf Rat von Dr. Steiner folgende Ordinationen:

Nr. 66   Ein Patient
   Phosphorsaures Kalium
   Arnica-Salbe
   Pyrit D 3.

Nr. 67   Miss . . .
   Prunus spinosa zum Gurgeln
   Pyrit D 3 3mal täglich.

Nr. 68   Patientin
   mit *Beschwerden durch Dislokation* (Luxation?) *des Armes:*
   innerlich: *FeS D 6*
   als Salbe: *Ferrum met.* 5%
      Anissamen 10% *in reinem Gummi arabicum.*

Nr. 69   Patientin
   mit *Migräne, begleitet von Galle-Erbrechen,*
   bei der Biodoron (= Kephalodoron) nicht half, *zum Einnehmen:*
      Kleesalz + Prunus spinosa aa
      Carbo veget. 2% + *Eisen D 3* aa
   mit dem Vermerk, es handle sich in diesem speziellen Falle um eine falsche Mischung der Galle im Blut.

Nr. 70   Patient
   mit *akutem Ikterus:*
      Eisen (konzentriert) *innerlich*
      Karlsbader Salz.

Nr. 71   Patientin
   mit *Schmerzen in der Ovarialgegend* und
   Angst mit Menschen umzugehen:
      Ferrum D 6 innerlich.

Nr. 72   Ein Patient
   Chronische Durchfälle
   Bittet auf schriftlichem Wege um Rat und berichtet:
   Er leidet seit vier Jahren an Durchfällen, die zeitweilig sehr heftig auftreten, meist

sehr bald nach dem Essen, mitunter auch in der Nacht. Dabei keine Leibschmerzen. Regelung durch Diät ist bisher nicht gelungen. Zu Zeiten werden auch die leichtesten Speisen wie Schleimsuppe nicht vertragen, zu anderen Zeiten verursachen selbst schwerere Speisen, z. B. Gänsebraten, keinerlei Beschwerden. Der Übergang zur rein vegetarischen Ernährung hat ebenfalls keinerlei Besserung herbeigeführt. Die bisher befragten Ärzte waren verschiedener Meinung über die Ursache. Einige hielten sie für nervös, andere konstatierten Erkrankung der Bauchspeicheldrüse und des Zwölf-fingerdarmes. Doch auch alle ärztlichen Verordnungen haben bisher versagt.

Für ihn gab *Dr. Steiner* den Rat:

> *kleine Mahlzeiten*
> *innerlich: Pancreas* alternierend mit
> *Kupfer* zu nehmen
> *Pyrit*

Nr. 73

Chronische Kopfschmerzen, Obstipation

Eine Krankengeschichte, die den Besprechungen von Dr. Wegman im Eisen-Beiblatt der Zeitschrift „Natura" entnommen ist.

„Ein 26jähriger Student leidet schon seit Jahren an sich steigernden Kopf-schmerzen, besonders bei geistiger Arbeit, so daß er ratlos darüber ist, ob er sein Studium weiter durchführen kann. Dabei sehr starke Obstipation. Trotz längeren Gebrauchs von Biodoron und Clairotee keine Besserung. — Der Patient ist ein Acht-monatskind, hat sich aber relativ kräftig entwickelt. Als Kind außer Masern eine leichte Lungenentzündung.

Mit 16 Jahren Rippenfellentzündung. Mußte sich während der Schulzeit auf dem Gymnasium sehr anstrengen mitzukommen, dabei ab und zu Kopfschmerz. Mit 17 bis 19 Jahren mußte er körperlich viel leisten, dabei ungenügende Ernährung, trotz-dem aber sehr viel geistig gearbeitet. Mit 20 Jahren im Militärdienst, dabei schon häufiger Kopfschmerz. Nach der Entlassung bei Kriegsende Anstellung als Beamter, gleichzeitig autodidaktisches Studium, wobei er bis in die Nächte hinein arbeitete. Seitdem zunehmende Verschlimmerung der Kopfschmerzen, so daß Patient nur selten noch einen freien Kopf hat und bei der geringsten geistigen Betätigung Kopfschmer-zen bekommt.

Der Patient ist mittelgroß, von gedrungenem Körperbau; guter Ernährungs-zustand; dunkle Hautfarbe; roter Kopf mit trüben Augen und müdem Gesichts-ausdruck.

Es handelt sich zweifellos um einen Patienten, bei dem von Jugend auf ein Vor-herrschen des Stoffwechsel-Gliedmaßensystems vorliegt, bei dem gegenüber der Aufbautätigkeit nur ein ungenügender Ausgleich durch die Tätigkeit von Ich und Astralleib im Organismus stattfindet. Ich und Astralleib sind nicht in der Lage, sich genügend an den Verdauungsvorgängen zu beteiligen, und es kommt begreiflicher-weise zu Verschlimmerungen, wenn der Patient durch geistige Arbeit seine Kopf-kräfte für seine Verhältnisse zu stark beansprucht, so daß sie vollends ganz einseitig gebraucht werden. So haben wir bei ihm schließlich eine träge, sich aber über die ganze Organisation erstreckende Verdauungstätigkeit, deren Folge der chronische migräneartige Zustand ist.

Da Biodoron (= Kephalodoron) nicht helfen wollte, erhielt der Patient statt dessen innerlich und zu verschiedener Tageszeit Eisen D 20 und Kieselsäure D 12, um von der Blutzirkulation und von der Ich-Organisation aus dem Überhandnehmen der Stoffwechseltätigkeit im Nerven-Sinnessystem zu begegnen. Gleichzeitig wur-den durch warme Schwefel-Leibwickel die Stoffwechselvorgänge im Verdauungstrakt selbst angeregt, indem man auch durch die Wärme an die Ich-Kräfte appellierte. — Auf diese Weise hatte die Kur sehr guten Erfolg."

Nr. 74   Miss . . ., 50 Jahre alt
Verdauungsbeschwerden, Obstipation, Meteorismus

3. Mai 1924 *Konsultation.*
Anamnese: Patientin klagt über Verdauungsbeschwerden, chronische Obstipation und Meteorismus. Insbesondere Obst und Milch kann sie nicht vertragen. Sie magert auch in letzter Zeit ab und wiegt jetzt nur noch 45,5 kg.

Die Untersuchung des Abdomen ergibt Plätschergeräusch und Schmerzen bei Druck auf die Lebergegend, keine Resistenz. Die Haut und Konjunktiven haben einen Stich ins Gelbliche.

Der Urin ist frei von Eiweiß und Zucker. Der Stuhl ist frei von Blut.

Ordination: *Ferrumsalbe 5⁰/o zum Einreiben der Leber*
          Clairotee
          Heileurythmie: L R T 75, S. 179

25. Mai 1924: Die Heileurythmie und die Lebereinreibungen tun gut. Doch deprimiert es die Patientin, daß ein Versuch, Äpfel zu essen, ihr nicht bekommen und auch wieder, wie schon vorher, Hautjucken auf dem Kopf ausgebrochen ist.

30. Mai 1924: Beratung mit *Dr. Steiner: „Zu den bisherigen Übungen* kann vielleicht *noch M* dazu kommen. Es ist doch, daß sie *nicht essen* darf wo *Apfelsäure darinnen ist.* Es wird die Verdauung schon besser, wenn sie alles vermeidet, wo Apfelsäure darinnen ist, auch Birnen. Dagegen kann sie gut essen: Kirschen, Preiselbeeren usw. Wir müssen eben doch versuchen, auch ihren Astralleib in Bewegung zu bringen. — Nun, die heileurythmischen Bewegungen sind sehr gut. Arsenik würde bei ihr nicht sehr helfen, weil es peripher stark ist, also müßten wir versuchen, sie *zu massieren in der Lebergegend mit Salpetersäure,* damit wir gerade von der Lebergegend aus noch den Astralleib in Bewegung bringen. Mit *Ferrumsalbe soll außerdem* weiter massiert werden." Verwendet wurde eine 1⁰/oige Salpetersäuresalbe.

Nr. 75   10jähriges Mädchen aus Schweden
Angeborene Gelenkversteifung

Als Patient im „Sonnenhof".
Befund: Das Mädchen ist mittelgroß, sehr grazil und dünn, weißblond mit milchweißer Haut und etwas geröteten Wangen. Ihr Wesen ist altklug. Hände und Füße sind von Geburt an zu Gelenkdeformationen und Gelenkversteifungen disponiert.

Dr. Steiner empfiehlt *Bäder* mit einem *Zusatz* von:
          Chlorophyll
          Lärchenharz (Spuren)
          Nicotiana und außerdem noch
          etwas Milch
          Eisensalbe während der Nacht am Nacken.

Bei einer nächsten Beratung: *„Bandagen an den Füssen,* mehr nach auswärts. *Bäder an den Beinen und unterem Rumpf; dabei auch die Hände im Bad."*

Diese Bäder wurden ebenfalls mit den obigen Zusätzen ausgeführt.

Die Patientin hat später studiert und wirkte im Rahmen eines heilpädagogischen Institutes mit.

Nr. 76   45jähriges Fräulein
Trichocephalie, Anämie, Angstzustände

Es besteht Trichocephalie, verbunden mit Anämie, Menorrhagie, Schlaflosigkeit, Depressions- und Angstzuständen, auch begleitet von Halluzinationen (sieht Gestalten, hört Stimmen).

Sie hatte bereits als Behandlung erhalten:
          Calamustee, Aconit innerlich
          Tormentilltee, Levico innerlich.

Außerdem noch im Wechsel Injektionen von:
Knoblauch (Allium sat.) 0,05 bis 0,5%
Eisenhut (Aconit) 0,05 bis 0,5%.
Und eine weitere Ordination nach Beratung mit *Dr. Steiner* war, da das Blutbild Veränderung der roten Blutkörperchen als Anzeichen einer beginnenden perniziösen Anämie aufwies:
innerlich: Salzsaures Eisen
1 Tropfen Salzsäure und
Möhrensafttinktur (Daucus carota 20%) *mit viel Wasser*
geröstete Brotschnitte.

Nr. 77   Ein junger Mann
an Typhus erkrankt

Für ihn wird schriftlich um Rat gefragt, da während eines Ferienaufenthaltes akut erkrankt. Es bestanden bei hohem Fieber insbesondere auch starke Kopfschmerzen mit Tendenz zu Benommenheit.
Für ihn wurden nach Beratung mit *Dr. Steiner* folgende Medikamente und Ordinationen übermittelt:
Antimonsaures Eisen D 5 innerlich oder später *als Injektion*
Wickel: oben warm
Wickel: unten kalt.

Nr. 78   Junge Frau
schwerstens an Lungentuberkulose erkrankt,

wird zu Hause von Dr. Wegman ärztlich betreut. Sie hatte u. a. auch das damals sogenannte „Phtisodoron pulmon. I (das heutige Ferrum sesquichloratum 0,1%/Graphit D 15) und II (Phosphor D 5) als Medikament erhalten. Und als einem bedrohlichen Kräfteverfall zu begegnen war, empfahl *Dr. Steiner* für diese Patientin *Bleibeklistiere im Wechsel mit Zusatz* von:
1. *Eisensulfat 0,2%*
Coffein 1% in wäßriger Lösung
2. *Kupfersulfat 0,5%*
Coffein 1% in wäßriger Lösung.
Diese Ordination wurde auch noch durchgeführt, doch konnte damit der weitere Kräfteverfall nicht mehr aufgehalten werden.

Nr. 79   Student, 28 Jahre alt
Lungentuberkulose, auch positiver Urinbefund

1924 Konsultation.
Anamnese: Patient hat mit 7 Jahren 2mal, mit 12 Jahren 1mal Lungenentzündung gehabt, mit 20 Jahren (1916) Lungenentzündung und Blasenentzündung. Dann 1917/18 im Feld Lungenbluten, 3 Jahre schwer krank. 1921 zum letztenmal starkes Lungenbluten und 1922 8 Monate Sanatoriumsaufenthalt. Danach war er für leichte Büroarbeit mäßig arbeitsfähig, nimmt seitdem auch regelmäßig Phtisodoron pulmon. (siehe unten) als Medikament. Januar 1924 war Patient 14 Tage in Krankenhausbehandlung, dabei wurde Eiweiß im Urin festgestellt und die Untersuchung auf Tuberkulosebazillen war positiv. Zur Zeit ist Patient arbeitsfähig, wenn auch ab Mittag sehr angegriffen. Morgens besteht Husten mit wenig Auswurf. Nachtschweiße treten ganz selten auf. Die Temperaturen sind abends nie über 37,5°. Das subjektive Befinden ist ganz gut.
Befund: Die rechte Lunge ist in toto erkrankt: in der oberen Hälfte Bronchialatmen bis Mitte Scapula, in der unteren Hälfte rauhes Atemgeräusch, zum Teil ab-

geschwächt, auch zahlreiche klingende R.G. Der linke Oberlappen weist auf einen frischen Prozeß hin mit verschärftem Exspirium und klingenden R.G.

Die Urinuntersuchung ergab: Eiweiß negativ.

Die Ordination war:

> *Phtisodoron pulm. I* (Ferr. sesquichlorat. comp.) 3 × 12 Tropfen
> *Phtisodoron pulm. II* (Phosphor D 5) 3 × 3—4 Tropfen
> *Waldon III*
> *Salbeitropfen.*

Dazu kam noch, nach einer Beratung mit *Dr. Steiner*:

> *Tonerde D 3* innerlich
> und *Tonerde-Umschläge* über längere Zeit,
> etwa für 3 bis 6 Monate.

Nr. 80 28jähriger Patient
Lungentuberkulose

25. Februar 1924 *Aufnahme in die Klinik.*

Anamnese: Patient hatte mit 2 Jahren eine Lungenentzündung, mit 9 Jahren Influenza; sonst war er ein kräftiges Kind, hatte nur öfter Augen- und Ohrenentzündung.

Mit 19 Jahren leichte Bronchitis.

Mit 19 bis 22 Jahren im Felde und immer an der Front.

Mit 21 Jahren erfrorene Füße und Nervenzerrüttung mit Schlaflosigkeit, Pulsbeschleunigung, Ermüdungszuständen, Appetitlosigkeit mit starker Abmagerung; hatte Zucken der Gesichtsmuskulatur.

Mit 22 Jahren schwere Grippe und Erkrankung mit ruhrartigen Durchfällen. Seitdem fast immer krank mit Lungenkatarrhen, schneller Ermüdbarkeit und Abmagerung.

Mit 25 Jahren Lungenentzündung und angeblich Leukämie, die von selbst sich wieder behoben haben soll.

Mit 26 Jahren wurde ein Lungenspitzenkatarrh festgestellt. Patient war dann November 1923 vorübergehend, ab Dezember 1923 dauernd in Behandlung im *Klinisch-Therapeutischen Institut in Stuttgart.*

Der Aufnahmebefund von dort lautet: lang aufgeschossen, 178 cm, 64¹/₂ kg, nicht ausgesprochen paralytischer Thorax, aber zart, dunkles Haar, zum Teil ergraut, mäßig gut pigmentiert. Die Lunge bleibt rechts oben bei der Atmung zurück, über der rechten Spitze Dämpfung hinten bis zur Spina scapulae, vorne zwei Finger breit unterhalb der Clavicula; links ebenso, etwas weniger tief reichend. Verschieblichkeit rechts unten nicht ganz so gut wie links. Auskultatorisch im Bereich der Dämpfung oben aufgehobenes Geräusch, weiter unten Bronchialatmen, an der unteren Grenze der Dämpfung mittelgrob-blasiges Rasseln. Im allgemeinen ist das Atemgeräusch nicht sehr kräftig. Herz und Puls o. B., Herzdämpfung klein.

Die Behandlung bestand in Phtisodoron pulmon. I und II (I = Ferrum sesquichlorat. comp. und II = Phosphor D 5), Anämodoron, Waldon, Salzabreibungen und Einreibungen mit Kupfersalbe am Unterleib. Laut Bericht erhielt der Patient anfänglich auch Schwitzprozeduren. Sie griffen aber den Patienten stark an. Phosphor steigerte den Katarrh erheblich, zuweilen traten unter seiner Wirkung Blutspuren im Auswurf auf, so daß mit der Phosphormedikation zeitweilig ausgesetzt werden mußte. Die Infiltrationen über beiden Spitzen reduzierten sich langsam, Patient nahm aber nicht zu. Gelegentliche Störungen des Schlafes konnten durch prolongierte Bäder behoben werden.

Der Patient selbst berichtet auch von wesentlicher Besserung. Er fühlt sich kräftiger. Der Nachtschweiß, das Stechen im Rücken und auf der Brust haben nachgelassen; auch der Auswurf ist besser. Und vor allen Dingen hat Patient für ihn sehr unangenehme Anfälle verloren. Denn seit September 1923 hatte Patient plötzlich eintretende Zustände, wo er ganz steif, regungslos und bleich, mit starrem Blick wurde und sich erst nach Stunden davon erholte; das Bewußtsein blieb dabei teilweise erhalten.

Der Schlaf ist noch unregelmäßig, zeitweise besser, dann wieder ganz schlecht. Er schläft schwer ein, erwacht sehr leicht und ist morgens sehr müde, dabei wenig Träume und zwangsmäßiges Denken im Traum.

Die Verdauung neigt zu Verstopfung.

Der Appetit ist mäßig; Patient hat auch nie Obst gegessen.

Verlauf: Der Patient erhält weiter neben Ruhe die Medikamente:

Phtisodoron pulmon. I und II (siehe oben)
Waldon III.

Auch bekam er täglich 3 frische rohe Eier aus der Schale zu trinken. Außerdem riet *Dr. Steiner* zu

Tartarus stib. D 6 innerlich

gegen „Neigung zu Verhärtungen, besonders auch in der Lunge". Nach 10tägiger stationärer Beobachtung wurde der Patient ambulant weiter behandelt. Während der Klinikbeobachtung war der Schlaf noch nicht gut, wohl aber der Appetit; auch fühlte sich Patient sonst sehr gut, hustete kaum, expektorierte aber ein wenig.

Der Stuhlgang war gut.

Nr. 81 53jährige Frau
Verdauungsdysfunktion, Obstipation, Übersensibilität der Nerven, Neuralgien

Ihre Krankengeschichte ist von Dr. Wegman bereits im Eisen-Beiblatt der Zeitschrift „Natura" besprochen worden.

1. September 1924 Aufnahme in die Klinik.

Anamnese: Patientin ist in Kopenhagen geboren und in verschiedenen Gegenden Deutschlands aufgewachsen.

Als Kind hatte sie Keuchhusten und Masern, mit 3 bis 4 Jahren häufig Ohrenschmerzen; während der Schulzeit häufig Stockschnupfen, machte mehrmals auf ärztlichen Rat Solbadkuren. Auch litt sie als kleines Kind an krankhafter Furcht vor im Zimmer herumfliegenden Tieren.

Mit 11 und 17 Jahren Lungenentzündung.

Menarche mit 13 Jahren, Periode alle 23 Tage, sehr stark und mit heftigen Krämpfen am ersten Tag.

Vom 13. bis 27. Jahr periodisch alle drei bis vier Wochen auftretende Gesichtsneuralgien auf der rechten Seite, von 3 bis 14 Tage Dauer.

Seit dem 14. Jahr bei Anstrengung und Aufregung Herzklopfen, öfter auch Herzkrampf und lange Zeit Neigung zu Ohnmacht.

Erste Ehe mit 22 Jahren und normale Geburt mit 23 Jahren.

Mit 27 Jahren Beginn von Ischiasbeschwerden beiderseits und seitdem häufig Rückfälle und ständige Kreuzschmerzen.

Mit 36 Jahren Mann durch Herzschlag verloren.

Zweite Ehe mit 38 Jahren und zweite Geburt mit 39 Jahren, dabei großer Blutverlust, es mußte die Nachgeburt gelöst werden. Während der Kriegszeit viele Aufregungen und körperliche Strapazen.

Mit 47 Jahren (1918) Kopfgrippe.

Mit 48 Jahren Beginn von unregelmäßigen Blutungen.

Mit 51 Jahren unaufhörliche Blutungen. Die Untersuchung ergab ein Myom.

Mit 52 Jahren auf Röntgenbestrahlung Menopause, seitdem Ekzem am Mund. Dieses Frühjahr Bronchialkatarrh.

Patientin ist jetzt sehr müde und klagt neben Neigung zu Ischias über Schmerzen

in der linken Ferse und ständige Kreuzschmerzen, auch über wechselnde Nervenschmerzen am ganzen Körper. Schon leichten Druck bei der Berührung empfindet sie
als Schmerz, auch ist sie sehr schreckhaft und empfindlich gegen Geräusche, verspürt
sehr stark die Wirkungen der Speisen und ist sehr empfindlich gegen Blähendes.

Der Allgäu, wo Patientin seit 1921 lebt, bekommt ihr angeblich auch nicht so gut,
das Bergklima sei zu anstrengend.

Schon seit der Kindheit besteht Neigung zu hartnäckiger Verstopfung. Der Schlaf
ist gut mit wenig Träumen.

Befund: Die Patientin ist groß, sehr blaß, blond, blauäugig, in mittlerem Ernährungszustand. Haut, Gewebe und Muskulatur sind auffallend schlaff.

Gewicht 74 kg bei Größe 1,65 m.

Der Puls ist weich und unregelmäßig, das Herz in normalen Grenzen, die Herztöne unrein.

Abdomen: sehr schlaffe Bauchdecke; keine besonderen Druckempfindlichkeiten.

Urin o. B.

Dr. Steiners Äußerungen und Ratschläge sind: „Alles ist sekundär. Die Hauptsache ist, daß Sie einen immer gestörten Verdauungszustand haben. Dauer der Kur
vielleicht 3 bis 4 Monate. Das Allgäu ist nicht gut. Zunächst jeden Tag einmal
Malvenblütentee innerlich und einen *Umschlag auf den Leib.* Außerdem *täglich einen
Tropfen Eisenchlorür.* Dann nichts essen vor 11 Uhr morgens und nachher etwas Tee
geben. Sobald Ihnen etwas widersteht und nicht bekommt, müssen Sie es vermeiden.
Man muß eine *Diät* finden, die keine Beschwerden macht, auch keine Gase bildet."

Verlauf: Diese Kur wurde durchgeführt. Sie wurde noch unterstützt mit Massage
von Hüften, Rücken und Füßen; Heileurythmie; Ameisensäure-Herzkompressen;
innerlich mit Cardiodoron und Carbo veg. 5%. Denn die Patientin klagte anfänglich
insbesondere über Rückenschmerzen, auch hatte sie am 17. September einen kurzen
Schwächeanfall vom Herzen ausgehend. Im ganzen aber erholte sich Patientin allmählich trotz noch wechselnder Beschwerden wie Schmerzen im linken Fuß oder im
Kreuz sehr gut und ist am 30. Oktober 1924 nach Hause abgereist.

Nr. 82   25jähriger Patient
Asthma bronchiale

Februar 1924 *Beratung.*

Anamnese: Die Eltern sind gesund, doch war der Vater in der Jugend sehr nervös; auch die Geschwister sind meist nervös und zart. Der Patient selbst litt schon in
seiner Kindheit, besonders um das 7. Lebensjahr, an Neigung zu Bronchitis und
Asthma. Er war während der Schulzeit sehr nervös, Freude oder Schmerz lösten
sehr leicht Asthma-Anfälle aus. An Kinderkrankheiten hatte er außerdem Masern,
Scharlach, Keuchhusten und Mumps.

Vom 12. bis 17. Lebensjahr war er gesund und asthmafrei. Mit 16 Jahren kam er
ins Feld, wo sich allmählich chronischer Schnupfen, Husten und schließlich auch
wieder Asthma einstellten. Vom Felde zurückgekehrt, ging es vorübergehend wieder
besser. Dann aber mit 20 Jahren erneute Verschlimmerung, auch verbunden mit
Magenbeschwerden. Patient hat jetzt fast dauernd Schnupfen mit Bronchitis und
in Abständen von 3 bis 5 Monaten sehr heftige Asthma-Anfälle, die bis zu 8 Tagen
anhalten können. Dabei seelische Depressionen. Hände und Füße sind meist kalt.

Der Schlaf ist in anfallsfreier Zeit sehr gut und tief mit wenig Träumen. Es besteht
auch großes Schlafbedürfnis und am Morgen ist Patient meist müde.

Appetit und Verdauung sind angeblich gut.

Befund: Der Patient ist mittelgroß, ziemlich hager, dunkelhaarig, blaß und macht
einen müden Eindruck.

Die Lungen sind etwas emphysematös, doch bei der Untersuchung frei von
bronchitischen Geräuschen.

Die Herzaktion ist beschleunigt.

Im Urin finden sich Spuren von Eiweiß und im Sediment einige Oxalatkristalle.

Dr. Steiner empfiehlt folgende Kur:

Bäder mit: Schwefelblüte
     Equisetumextrakt
     Kohlensäure

innerlich: Eisenchlorür D 3: 2 × täglich 5 Tropfen.

Verlauf: Das Asthma ist nach einigen Wochen besser. Doch ist Patient sehr müde.

Dr. Steiner rät jetzt statt der Bäder zu

   Tartar. stib. D 6: 2 × täglich 5 Tropfen

und bei einer weiteren Beratung, entsprechend einer Notiz von Dr. Wegman, zur selben Kur, alternierend mit Zinnober.

Durch die Klinik erhielten auf Rat von Dr. Steiner die Ordinationen:

Nr. 83   Fräulein aus Prag

    bei dem offenbar eine   Tuberkulose-Erkrankung vorlag:

      1. Tag: *Pancreassaft 1⁰/₀*

      2. Tag: *Eisen D 3*

      3. Tag: *Eisenchlorür*

       14 Tage, 7 Tage Pause usw.

      Dazu eine *Meditation.*

Nr. 84   Eine Frau, Eurythmistin

    hellblond, mittelgroß, *von zarter Konstitution*

  erhielt:

      Eisenchlorür innerlich,

      Eisensäuerling mit *Schwefel als Bad.*

Nr. 85   18jährige Engländerin
Otitis media chronica, Müdigkeit, Albuminurie

Dezember 1922 eine Woche Klinikbehandlung.

Anamnese: Die Patientin war immer groß für ihr Alter. Ihre Kinderkrankheiten waren Masern, Keuchhusten, Scharlach, Mumps; Malaria angeblich angeboren; außerdem jeden Winter Hals- und Mandelentzündung.

Sie klagt bei der Aufnahme über Appetitlosigkeit, schnelle Ermüdbarkeit, Kopfschmerzen beim Laufen und Schmerzen im Nacken, in den Ohren und im linken Oberarm. Sie schläft sehr viel, ohne sich danach frisch zu fühlen, und wird schwer wach am Morgen. Stuhlgang o. B.

Befund: groß, mittelkräftig gebaut; Gewicht 63,4 kg. Sie ist blaß und blond. Die Urinuntersuchung ergibt: Eiweiß positiv (1,8⁰/₀₀), im Sediment Urate, gelegentlich auch ein hyaliner Zylinder. Die Urinmenge beträgt etwa 1000 ccm pro Tag. Herz und Lungen o. B.

Blutdruck 115 mm Hg.

Es besteht eine Otitis media chronica mit laufendem Ohr.

Dr. Steiner äußert sich hierzu: „Es liegt vor ein sehr schweres Verbinden des Astralleibes mit physischem Leib und Ätherleib. Man muß hier hauptsächlich geben:

    Kieselsäure

    Roncegnowasser (es kommt auf das Arsen und Eisen an)

    außerdem *Prunus spinosa.*"

„Sie soll am Morgen um 6 Uhr geweckt werden, dann das Prunus spinosa nehmen und weiterschlafen bis 8 Uhr. Wenn das nicht geht, dann abends das Prunus spinosa nehmen."

Nr. 86   30jähriger Patient
Asthma bronchiale

Beratung im Klinisch-Therapeutischen Institut in Stuttgart und 1924 in Arlesheim.
Der Patient ist von großer, stattlicher Statur, in gutem Ernährungszustand. Sein Aussehen ist relativ jugendlich, seine Haare und Augen sind dunkel.

Anamnese: Die ersten Asthmaerscheinungen traten mit 22 Jahren (1916) während eines Übungskurses für den Gaskampf auf. Alle Symptome vergingen aber damals nach einstündiger Ruhe wieder vollständig.

24- bis 28jährig, während eines Aufenthaltes in Marburg, in Verbindung mit starkem Bronchialkatarrh, wieder 3mal Asthma-Anfälle. 28jährig Übersiedlung nach Dresden. Dort war er seitdem jeden Monat vielleicht nur 14 Tage frei von Asthma. Die Anfälle verschwanden, sobald der Patient von Dresden abreiste. Nach der Rückkehr stellten sie sich anfangs erst am 3. Tag wieder ein, neuerdings aber schon in der 1. Nacht. Die Zeit der Anfälle ist meist zwischen 3 und 4 Uhr morgens. Sie halten oft wochenlang an, so daß der Patient manchmal schon 8 bis 10 Nächte auf einem Stuhl zubrachte.

Eine Behandlung mit Asthma-Injektionen (Prunus spinosa, Nicotiana, Gencydo) durch das Klinisch-Therapeutische Institut in Stuttgart brachte insofern eine Besserung, als die Anfälle während der Zeit der Einspritzungen nicht mehr so stark waren wie vorher. Aber der Bronchialkatarrh blieb bestehen.

29jährig, im September 1923, anläßlich einer Beratung im Klinisch-Therapeutischen Institut in Stuttgart (vergl. Nr. XIV der von Dr. Degenaar herausgegebenen Krankengeschichten-Sammlung) riet *Dr. Steiner* damals zu:
Levico-Inhalationen
und zwar jeden Tag einmal, so zubereitet: das Wasser zum kochen bringen, das Levicowasser hineingeben und schütteln, so daß das Wasser aber kochend bleibt und der Patient den Dampf inhaliert. Auf einen Liter Wasser ¹/₅ Liter Levicowasser.

Für den Bronchialkatarrh außerdem noch Zinnober (D 12 nach Dr. Degenaars Bericht).

Dazu sagte *Dr. Steiner* u. a.: „Es handelt sich um eine Schwierigkeit des Ausatmens. Wenn man eine Zeitlang dieses Hindernis wegbringt, wird es nachher besser gehen. Arsen soll eine regere Intensität seiner astralischen Tätigkeit in den Bronchien bewirken und dadurch die Hemmungen für die Ausatmung wegschaffen."

November/Dezember 1923 war der Patient im Engadin wegen einer Dämpfung der linken Lungenspitze.

Januar 1924 leichte Lungenentzündung.

September 1924 ist es so: Wenn der Patient sich in einem Vorort von Dresden aufhält, der auf dem rechten Elbeufer etwa 100 m höher liegt, ist er anfallsfrei, auch wenn er ab 11 Uhr vormittags den Tag in Dresden verbracht hat. Doch sobald er versucht, eine Nacht in Dresden zu bleiben, kommt der Anfall in der Nacht. Deshalb empfiehlt *Dr. Steiner: Levico-schwach-Wasser einen Teelöffel* auf ¹/₄ Glas Wasser in drei Portionen täglich einnehmen.

Als Heileurythmie: K R A.

Nr. 87   Fräulein, 45 Jahre alt
Asthma bronchiale
In stationärer Behandlung.
Die Patientin ist mittelgroß, mittelkräftig gebaut, hellblond, blauäugig mit krausem Haar, relativ blühendem Aussehen und sehr labil in ihrer Stimmung.

Sie litt viel an Asthma mit Bronchitis und war dabei sehr abhängig von Schwankungen in der Witterung, dem Klima u. a. m.

Auf Anraten von *Dr. Steiner* erhielt sie zur Unterstützung neben dem, was sonst alles an Asthmabehandlung in Form von Injektionen und anderem in Anwendung gekommen war:

Levico-Inhalationen.

Bei dieser Patientin war die psychische Einstellung, die voller Furcht war, ein wesentlich behindernder Faktor im Heilungsprozeß.

Patientin ist einige Zeit später, wahrscheinlich an einer Bronchopneumonie, gestorben.

Nr. 88   Eine jüngere Frau

erhielt auf Rat von *Dr. Steiner* die Ordination übermittelt:

Arsen als Levico 3 Teelöffel in Wasser

über den ganzen Tag verteilt nehmen, mit dem Vermerk: „Eisen dann, um das Arsen zu fangen."

Nr. 89   25jährige Norwegerin
Anfälligkeit für Erkältung
Ermüdungszustand nach einer Blasenentzündung

26. November 1922 *Aufnahme in die Klinik.*

Patientin kommt von München, wo sie sich für Gesang und als Schauspielerin ausbildet.

Anamnese: Eltern und Geschwister sind gesund; eine Großmutter ist wahrscheinlich an Tuberkulose gestorben. Patientin selbst war immer zart, auch immer zu Erkältungen geneigt und sehr leicht müde, besonders morgens.

Gehen- und Sprechenlernen war normal.

Beim Zahnwechsel (begonnen mit 7 Jahren) hatte sie $1/2$ Jahr lang immer Fieber und mußte am Kiefer geschnitten werden, weil die vorderen Zähne nicht durchbrechen wollten.

Mit 11 Jahren Masern.

Menarche mit 12 Jahren, dann nochmals ein Jahr Pause, doch danach normaler Verlauf der Periode.

Bis zum 14. Jahr ist sie sehr schnell gewachsen und war sehr schlank.

Mit 18 Jahren Mumps.

Mit 22 Jahren (1918) starke Grippe mit Konjunktivitis.

Vor einem Monat, wahrscheinlich durch Wohnen in ungeheiztem Zimmer, Blasenentzündung mit $1/2$stündlichem Drang, Schmerzen beim Wasserlassen und Müdigkeit, doch kein Fieber.

Jetzt sind die Blasenschmerzen vorbei, doch Patientin ist noch sehr müde und hat Rückenschmerzen.

Der behandelnde Arzt sagte, es sei eine alte Geschichte und mit ihrem Fluor zusammenhängend, der schon seit Jahren besteht, und er verordnete u. a. Phosphor.

Der Appetit ist zur Zeit sehr gut, sonst wechselnd; der Stuhlgang regelmäßig; das Wasserlassen o. B.

Der Schlaf ist tief und gut.

Befund: mittelgroß, grazil gebaut, mäßiger Muskelbau, genügendes Fettpolster; hellblond; Wangen leicht gerötet.

Gewicht 51,5 kg.

Stimmung wechselnd, doch eher heiter.

Bewegung und Perzeption sind rasch; Intelligenz und Handfertigkeit sind gut; ebenso Augen, Gehör und Geruchsinn.

Hämoglobin nach Sahli 98%.
Blutdruck 110 mm Hg.
Herz und Lungen o. B.
Urin: Spuren von Eiweiß; doch der Katheterurin ist frei von Eiweiß. — Sediment:
viele Epithelien, etwas Leukozyten, ein granulierter Zylinder.
Fluor albus.
Behandlung: Reizlose Diät, Ruhe; innerlich:
    Aurum D 6: 2 × täglich 1 Tablette
    Renodoron: 2 × täglich 1 Tablette.
2. November 1922: Patientin fühlt sich schon viel frischer, hat sehr guten Appetit,
doch starke Gasbildung.

Dr. Steiner empfiehlt nach einer Unterredung noch: *heiße Beinwickel; täglich
gebackenen Spinat als Diätzulage.* — *Als Meditation:*
    „Am Anfang war das Wort
    und das Wort war bei Gott
    und Gott war das Wort
    und das Wort wohnt in meinem Herzen."
Dazu kam auch noch zum Einnehmen:
    Prunus spinosa 10%: 2 × täglich 5 Tropfen
    Phosphor D 6: 2 × täglich 5 Tropfen.

14. Dezember 1922: Entlassung aus der Klinikbehandlung. Patientin hat sich sehr
gut erholt und etwa 1 kg an Gewicht zugenommen.

Nr. 90 Lehrer, 43½ Jahre alt
Gelenkrheumatismus

Januar/Februar 1922 *stationäre Behandlung.*

Anamnese: Der Patient war als Kind schwächlich, hatte Masern, Scharlach, Diphtherie, Windpocken. Als Junge bekam er bei Überanstrengung leicht Schmerzen in
den Unterschenkeln.

Sein Kopf soll im ersten Lebensjahr sehr groß gewesen sein, so daß ein Wasser-
kopf befürchtet wurde. Bis zum 14. Lebensjahr ist er langsam, dann rascher gewachsen. Stimmbruch mit 14½ Jahren.

Vom 14. bis 28. Lebensjahr gesund; er mußte in dieser Zeit viel arbeiten.

Vom 28. bis 36. Jahr Asthma nervosum, das im Winter beschwerlicher war.

Vom 28. bis 41. Jahr vollkommene innere Zerrüttung, die bis ins Körperliche
ging. Dabei völlige Teilnahmslosigkeit mit Lethargie-ähnlichen Zuständen, Herzschmerzen, völlige körperliche Ohnmacht. Er konnte aber doch noch seine Arbeit
versehen. Zu Hause aber konnte er sich dann kaum noch beherrschen.

1920 und 1921 Teilnahme am Lehrerkurs in Stuttgart. Dadurch kam es zum
Umschwung, und er steht jetzt wieder fest im öffentlichen Leben.

Doch seit einigen Tagen abends Fieber und Schmerzen im rechten Fuß. Der
Appetit ist dabei schlecht, sonst besteht Vorliebe für Süßes. Der Stuhlgang neigt zu
Verstopfung. Der Schlaf ist nicht gut. Es besteht Wärmebedürfnis.

Familienanamnese: Die Mutter war immer schwächlich und ist nach Überanstrengung an Magen-Ca. gestorben; auch litt sie an einer Netzhauterkrankung. Der Vater
ist an einem Schlaganfall gestorben.

Befund: Der Patient ist 172 cm groß, von mäßig kräftigem Knochen- und Muskelbau, ohne Fettpolster. Dunkelblond, blaß. Es besteht Kurzsichtigkeit. Plattfüße.

Der rechte Fuß ist schmerzhaft. Die Herzaktion ist beschleunigt, der zweite Ton
gedoppelt. Temperatur abends bis 37,8°.

Die Eiweißprobe im Urin ist positiv; es soll schon öfter Eiweiß festgestellt worden sein.

Verlauf: Die Behandlung beginnt mit Bettruhe, Infludo 2stündlich 8 Tropfen,

Schwitzpackungen, Bandagieren des Fußes. Am zweiten Tag schmerzt außer dem rechten Fuß auch das rechte Hüftgelenk, und in den folgenden Tagen bestehen Schmerzen und Steifigkeit in allen Gliedern. Der Patient kann sich kaum noch rühren, schläft deshalb schlecht und hat auch schlechten Appetit. Die Temperatur bleibt erhöht, erreicht jedoch nie 38°.

Eine zusätzliche Ordination war:

Gentiana dec. 10%

Cardiodoron je 3 × täglich 5 Tropfen.

In der zweiten Woche langsame Besserung.

9. Januar 1922 Besuch von *Dr. Steiner.*

Es bestehen noch immer mehr oder weniger Schmerzen in den verschiedenen Gliedern; die Abendtemperatur beträgt noch 37,6°. *Dr. Steiner* empfiehlt mit dem Hinweis, daß es sich um „ein vollkommenes Darniederliegen des inneren Stoffwechsels" handelt, morgens: *„Zucker abbrennen, in Zitronensaft auflösen zum Trinken.* Außerdem täglich einen *Tee aus einer Mischung von: Wermutblättern/ Aniskörnern/Klettenwurzeln/Brennesseln/Schafgarbe/Kleesalz.* An Stelle dieses Tees bekam Patient ein aus dem gleichen Gemisch hergestelltes Präparat zum Einnehmen in Tropfenform.

21. Januar 1922: Wesentliche Besserung, der Patient beginnt etwas aufzustehen, doch bestehen noch immer da und dort etwas Schmerzen. Es werden deshalb Antiphlogestin-Verbände gemacht. Die Temperatur war noch leicht subfebril um 37,3° abends.

Zusätzlich erhält der Patient noch innerlich Aurum D 6 2mal täglich.

2. Februar 1922: Der Patient ist beschwerdefrei und geht spazieren.

14. Februar 1922: Entlassung.

Die Temperatur ist seit 14 Tagen normal. Der Patient war weiter schmerzfrei. Es besteht nur noch etwas Steifigkeit in den Gliedern und etwas Ermüdbarkeit.

Der Herzbefund ist normal. Im Urin fanden sich noch Spuren von Eiweiß, doch nichts Besonderes im Sediment.

Nr. 91   *31jährige Frau*
Puritus, Ekzem

28. Juli 1923 *Aufnahme in die Klinik.*

Anamnese: Patientin hatte mit 2 Jahren eine schwere Nierenblutung, mit 7 bis 8 Jahren Masern, mit 8 Jahren leichte Pockenerkrankung, im 1. bis 2. Schuljahr Bettnässen.

Sonst war sie als Kind sehr kräftig.

Seit der Schulzeit aber hat sie dauernd einige Ekzemstellen an den Armen, zeitweise auch am Rücken und an den Oberschenkeln. Menarche mit 11 Jahren, seitdem regelmäßige Periode, ohne Beschwerden.

Mit 19 Jahren schwere Lungenentzündung mit Darmblutung.

Mit 22 Jahren geheiratet und mit 27 Jahren eine normale Geburt.

Mit 23 Jahren kurzdauernde Blasenentzündung.

Vor 7 Jahren, im Frühjahr 1916, 24 Jahre alt, zum erstenmal Jucken am After, das sich langsam verschlimmerte und vor etwa 3 Jahren auch auf das äußere Genitale und die Scheide sich ausdehnte.

Seit 8 Monaten hat sich dieses Jucken bis zur Unerträglichkeit verstärkt, so daß Patientin nachts meist nur 1 bis 3 Stunden zum Schlafen kommt.

Etwas Ausfluß besteht schon mehrere Jahre und wurde in letzter Zeit ziemlich stark.

Der Appetit ist gut, die Verdauung meist regelmäßig.

Beim Husten und Niesen Neigung zu unwillkürlichem Urinabgang.

Befund: Die Patientin ist mittelgroß, kräftig gebaut und in gutem Ernährungszustand; das Gesicht ist oval, das Haar glatt und brünett, die Hautfarbe blaß, das Aussehen müde.

Im Urin wurde bei mehrmaliger Kontrolle einmal chemisch eine Spur von Blut nachgewiesen; sonst war Eiweiß und Zucker negativ und das Sediment o.B.

Die Blutprobe im Stuhl war negativ.

Nach Beratung mit *Dr. Steiner* erhielt die Patientin

innerlich: Vespa crabro D 6 2 × täglich
  Antimonspiegel D 6 2 × täglich,
äußerlich: Bäder mit: Wermut/Nelkenblüten/Anis

Dazu eine Meditation.

Außerdem erhielt die Patientin Scheidenspülungen mit Eichenrindentee; zur Linderung des Juckens Boraxglycerin zum Betupfen, gelegentlich auch etwas Cocain-Menthol-Salbe und Puder; Antimon-Suppositorien wegen bestehender Fissuren am After.

Verlauf: Das Ekzem und die Entzündung am Introitus und in der Scheide sind bald abgeheilt, auch die Fissuren am After. Der Juckreiz bestand weiter, trat aber immer seltener und weniger intensiv, besonders aber noch vor dem Schlafengehen auf. Doch mehrere Tage und Nächte vor der Entlassung am 12. September 1923 war Patientin beschwerdefrei. Statt der obigen Bäder waren in letzter Zeit nur Abwaschungen mit demselben Badezusatz gemacht worden.

10. November 1923 erneute Beratung mit Dr. Steiner. Nach der Besserung war wieder eine Verschlechterung eingetreten.

Dr. Steiner: „Ich bin überzeugt, daß, wenn wir die Kur lange genug machen, sie gesund wird. Zunächst nehmen wir alles wieder wie früher auf und dann werden wir nach Holland wieder sehen. Außerdem könnte man ihr machen, daß für sie gekocht wird ohne das hiesige Wasser, mit destilliertem Wasser, damit ich sehe, was da geschehen ist. Dann werden wir ihr wieder das Wasser geben. Aber nachher kommt die große Sorge, daß, was ich oftmals bemerkt habe, die sonderbarsten Erkrankungen in der Gegend mit dem Grundwasser zusammenhängen können.

Jetzt möchte ich nur alle Einwirkungen des Grundwassers aus ihr herausbringen. Aber es könnte sein, daß sie jedesmal wieder schlechter wird, wenn sie wieder nach Köln kommt. Wo haben Sie Ihre Kindheit verbracht?" — „In Godesberg. Begonnen hat die Krankheit, nachdem ich 2 Jahre in Düsseldorf war." — „Wie alt waren Sie da?" — „24 Jahre." — „Geboren sind Sie in Godesberg?" — „Ja, und ich war da bis zum 16. Jahr."

Weiterer Verlauf:

19. Dezember 1923: Patientin war tagsüber beschwerdefrei, nur nachts und besonders nach Erregung hatte sie ab und zu noch etwas Jucken.

19. Februar 1924: Während der Weihnachtstagung war Patientin beschwerdefrei. Seit Anfang Januar jedoch ab und zu wieder etwas Jucken am äußeren Genitale, besonders nachts. Außerdem besteht ein langsam sich ausbildendes trockenes Ekzem an den Brustwarzen, an den Beugeseiten der Arme und im Gesicht.

Dr. Steiner empfiehlt:
  Rückenabreibung mit Urtica dioeca
  Spanische Fliegenpflaster am Leib.

21. März 1924: Seit einer Woche zunehmendes Ekzem im Gesicht und an den Streckseiten der Arme. Bei schlechtem Schlaf auch etwas Jucken am Genitale.

Dr. Steiner: „Umschläge mit den Medikamenten geben unter der Ekzemregion, damit wir es nicht wieder zurückkriegen und nach oben treiben. Alles Durchmachen ist ein entschiedener Heilungsprozeß. Die Frage ist nur, in welchem Tempo darf man das Gesichtsekzem fördern. Langweilig wird die Sache schon etwas sein. — Die Kur weitermachen, nur daß man *statt der Bäder* die *Umschläge* versucht. Alles kann man weiter machen."

Soweit bekannt, machte diese Patientin in nächster Zeit eine Schwangerschaft durch und war beschwerdefrei.

Nr. 92   Finnische Patientin mittleren Alters
Gingivitis mit Abszedierungen

Erste Konsultation am 4. April 1922: Die Patientin klagt über Schmerzen im Knie und in der rechten Lumbalgegend, auch über sehr viel Kopfschmerzen.
Die Verdauung ist angeblich gut.
Es besteht ein großes Schlafbedürfnis.
Ordination: Arnica-Tropfen
Arnica-Salbe
Ameisensäure äußerlich.

Zweite Konsultation am 11. April 1923: Die Patientin leidet schon den ganzen Winter hindurch unter großer Müdigkeit. Auch ist zur Zeit die Verdauung schlecht, verbunden mit Verstopfung. Dabei bestehen Zahnfleischbeschwerden mit Neigung zu Abszeßbildung. Seit der Kindheit leidet sie schon an Alveolarpyorrhoe.
Ordination: Leibmassage mit Kupfersalbe
Allium cepa innerlich,
Bingelkrautsalbe.

Dazu kamen auf Rat von *Dr. Steiner*, der die Patientin gelegentlich auf einer Reise sah, *Bäder* mit folgendem Zusatz:
Malvenessenz
Urtica dioeca-Essenz
und *mit etwas Asche von Föhrenholz.*

Dritte Konsultation am 1. Oktober 1925: Es mußten in den letzten 3 Jahren mehrfach Inzisionen wegen Abszeßbildungen im Zahnfleisch gemacht werden. Es waren deshalb auch 10 Injektionen mit abgetöteten Bakterien gemacht worden. Seit zwei Monaten besteht jedoch Neigung zu subfebrilen Temperaturen. Auch schwellen jetzt die Füße an, besonders der rechte; seit längerer Zeit auch Ohrensausen. Objektiv besteht eine Gingivitis mit Narben neben entzündlichen Stellen mit Eiterbildung.
Bei der Urin- und Blutuntersuchung fanden sich keine Bakterien.
Verlauf: Die Patientin erhielt unter anderem auch Argentum D 30-Injektionen, doch waren sie, soweit es beobachtet werden konnte, ohne Einfluß auf den Befund.

Nr. 93   63jährige Frau
Urticaria, „Mangelnde Sklerotisierung"

Februar/März 1923 *stationäre Behandlung.*
Anamnese: Die Patientin leidet angeblich zeitlebens an Erschöpfungszustand mit wesentlicher Verschlimmerung in der letzten Zeit. Auch das Aussehen ist seitdem auffallend schlechter geworden und die Patientin klagt am Abend über Druck im Magen mit aufgetriebenem Leib. Tagsüber besteht ein saurer Geschmack im Mund, Aufstoßen von Luft. Der Stuhlgang ist ziemlich regelmäßig; der Appetit recht gut, doch kann sie abends wegen des Magens nicht viel essen. Der Schlaf ist immer sehr schlecht bei großem Schlafbedürfnis.
Außerdem besteht chronisches Nesselfieber: fast täglich treten am Morgen ziemlich große juckende Flecken meistens an den Armen, aber auch an anderen Körperstellen auf. Saure Speisen und Obst verstärken dieses Nesselfieber.
In letzter Zeit morgens beim Aufstehen Herzklopfen und ein Gefühl von Wundsein in der Brust.
Von jeher viel Kopfschmerzen, die nie vollkommen verschwinden, dabei Druck und oft auch Stiche in den Schläfen.

Eine Schwester ist an Unterleibskrebs gestorben.

Befund: sehr blasses Aussehen mit schwarzen Rändern unter den Augen. Unter dem linken Knie eine 3 Jahre bestehende, stark juckende Rötung.

Herz o. B.; Lunge: hinten über beiden Unterlappen etwas Entfaltungsknistern.

Leib: etwas aufgetrieben, weich, nirgends besonders druckempfindlich, keine Resistenz fühlbar.

Urin o. B.

Es liegt eine „Mangelhafte Sklerotisierung" zugrunde, und die Therapie nach Rat von *Dr. Steiner* ist:

  Phosphorsaurer Kalk innerlich
  Urtica dioeca als Bad.

Verlauf: Es wurde zunächst der phosphorsaure Kalk in D5, später 5⁰/₀ gegeben. Außerdem kam in Anwendung *Urtica dioeca D10 innerlich, Urtica dioeca-Salbe* und gegen Kopfschmerzen *Biodoron* (=Kephalodoron). Der Nesselausschlag war meist nur oberflächlich und flüchtig. Die Urticasalbe wirkte besonders momentan sehr günstig. Die Kopfschmerzen wurden durch Biodoron günstig beeinflußt. Der Schlaf war noch wechselnd, nächteweise aber sehr gut. Auch der Magen war zuletzt besser.

Die Abreise erfolgte nach 14tägigem Klinikaufenthalt.

Dezember 1923: Laut brieflichem Bericht ist das Nesselfieber noch nicht ganz verschwunden. Die Behandlung wurde zu Hause noch durchgeführt.

Durch die Klinik erhielten nach Beratung mit Dr. Steiner die Ordinationen:

Nr. 94 *Eine Patientin*

  mit *juckendem* und *schilferndem Ausschlag* am ganzen Körper,

die Ordination:
  Carbo veg. innerlich
  Brennessel innerlich.

Nr. 95 *Junge Frau, Eurythmistin*

  mit *Disposition* zu *Lungentuberkulose*
  und dem Hinweis „*Lymphe"*

die Ordination:
innerlich: Ameisensäure D3 abwechselnd mit
    Oxalsäure D3
Rumpfwickel mit Anissamentee und Zitronensaft.
Bei Tag liegen: zwei Stunden am Vormittag,
       zwei Stunden am Nachmittag.

Nr. 96 *Jüngere Patientin*

  mit dem Hinweis „*verdorbenes Pancreas":*
  Pancreas D1 innerlich
  Anissamen D1 innerlich.

Nr. 97 *Ein Waldorfschullehrer*

  1. wegen *Blähungsbeschwerden:*
   Tartarus stib. innerlich
   Anissamentee zum Trinken

  2. wegen *Verstopfung, üblem Mundgeruch und viel Gasbildung:*
   Clairotee.

Nr. 98   42jährige Lehrerin
     Basedow, „Neigung zu Zerfall von Astralleib und Ich"

Ihre Krankengeschichte ist von Dr. Wegman bereits einmal im Zinn-Beiblatt der Zeitschrift „Natura" besprochen.

14. Mai 1924 Aufnahme in die Klinik.

Anamnese: Patientin war als kleines Kind gesund.

Mit 11 Jahren hatte sie innerhalb 3 Monaten Influenza, Angina, Scharlach und Gelenkrheumatismus.

Vom 12. bis 15. Jahr ist sie schnell gewachsen, dann nur noch im ganzen etwa 10 cm.

Mit 15 Jahren Tonsillenabszeß und danach 2 Wochen lang schwerhörig.

Mit 24 Jahren schwere Influenza mit Angina.

Mit 29 Jahren allgemeiner körperlicher Zusammenbruch: große Müdigkeit, Energielosigkeit und eine Endokarditis. Behandlung mit Arsen und Eisen. Seitdem aber ist Patientin nie mehr recht wohl gewesen. Sie mußte aber doch ihrem Beruf als Lehrerin nachgehen und hatte sehr viel zu tun, auch viele Sorgen durch Familienverhältnisse.

Mit 34 Jahren wieder sehr starker Schwächezustand. Patientin war damals drei Monate vollkommen arbeitsunfähig und nachher nie sehr kräftig.

Mit 37 Jahren Adenomgeschwulst an der rechten Brust, die operativ entfernt wurde.

Vor einem Jahr wieder Geschwulstbildung, die durch Injektionsbehandlung durch Dr. Peipers gebessert worden ist.

Jetzt klagt Patientin über starke Ermüdbarkeit, besonders am Morgen, und über viel Rücken- und Beinschmerzen.

Der Schlaf ist seit vielen Jahren schlecht. Nach der kleinsten Aufregung kann sie nicht einschlafen, wacht auch leicht und oft auf, ist morgens müde. Träume hat sie wenig.

Der Appetit ist mäßig, dabei Abneigung gegen saure Speisen. Die Verdauung ist angeblich regelmäßig.

Ein Arzt, den Patientin vor einiger Zeit konsultierte, veranlaßte sie, die Zähne nachsehen zu lassen. Es wurden dann röntgenologisch Abszeßbildungen an den unteren Backenzähnen festgestellt, auch einige Zähne gezogen.

Befund: Die Patientin macht einen müden und früh gealterten Eindruck. Die Haut ist grau und schlaff, der Ernährungszustand ist ziemlich reduziert. Sonst ist sie mittelgroß, kräftig gebaut. Ein Anhalt für Karzinom besteht nicht. Patientin trägt eine Brille wegen Myopie; die Augen sind deutlich vorstehend und gerötet.

Die Herzaktion ist labil, und es besteht ein Tremor der Hände. Im Urin finden sich Spuren von Eiweiß, doch das Sediment ist o. B.

Dieser Befund wies deutlich auf einen bestehenden Basedow hin, auch bestand nach Aussagen von *Dr. Steiner* bereits eine „Neigung zu Zerfall von Astralleib und Ich".

So erhielt die Patientin neben *Cuprit D 2* und *Eurythmie* als Behandlung noch:
     Pflanzeneiweiß-Injektionen
     Waldon I innerlich
     Rosmarin äußerlich.

Injiziert wurde Albumen vegetabilis D 6 jeden 2. Tag in Serien von 7 Injektionen. Rosmarin kam anfangs in Form von Bädern, dann als Abwaschung oder Packung in Anwendung.

Hinzu kam auch noch die Ordination: innerlich
     Tartarus stib. D 3
     Carbo veget. D 3 im wöchentlichen Wechsel
     und *Gentiana-Tropfen.*

Ende Juli fühlt sich Patientin wesentlich kräftiger, schläft auch die allerletzte Zeit besser, doch klagt sie noch über Schwäche und Schmerzen in den Augen, über schlechtes Gedächtnis und erschwertes Auffassungsvermögen, auch prämenstruell über Druck im Kopf. Der Appetit ist noch mäßig.

Dr. Steiner empfiehlt jetzt: ihre *Brillengläser* sich *in hellblauem Glas* schleifen zu lassen. *Statt Cuprit* eine Zeitlang Zinnoxyd D 2, dann wieder Cuprit D 2.

Die andere Kur sollte weiter fortgesetzt werden.

Außerdem erhielt Patientin eine *Meditation*.

12. August 1924: Patientin ist seit einigen Tagen aus der stationären Behandlung entlassen und wohnt außerhalb der Klinik. Sie fühlt sich verhältnismäßig wohl, schläft auch ziemlich gut. Cuprit und Zinnoxyd (Kassiterit) wurde im wöchentlichen Wechsel gegeben.

Nachtrag: Von dieser Patientin ist bekannt, daß sie noch viele Jahre ein Kinderheim leitete und im Alter von 73 Jahren gestorben ist.

Nr. 99   Miss ..., mittleren Alters
„Leichter Anflug von Basedow"

Januar 1924 *Beratung.*

Es lagen Beschwerden vor, die auf Basedow hinwiesen. Dafür hat die Patientin bereits Kupferglanz zum Einnehmen erhalten. Doch geht es ihr angeblich nicht gut. Wenn sie etwas tut, bekommt sie Kopfschmerzen.

Dr. Steiner sieht die Patientin und äußert sich wie folgt:

„Die Heileurythmie müßte auf das *Vokalisieren* verlegt werden, und das wird sich auch ganz gut machen. Aber das subjektive Befinden kann nicht sehr schlecht sein."

„Sie sind nicht sehr krank. Nun, wir werden Ihnen ein Mittel geben, das wir Ihnen gleich sagen werden." Und *Dr. Steiner* empfiehlt: zusätzlich zum *Kupferglanz* „damit es reguliert wird nach dem Kopfe, etwas Zinnglanz", mit dem Vermerk: „Es ist ein ganz leichter Anflug von Basedow."

„Als *Heileurythmie:*
> *A — 4 Schritte vorwärts*
> *L — 4 Schritte rückwärts*
> *L U, Vokale*
> *Liebe — E — Übung."*

Nr. 100   45jähriger Bankbeamter
„Anlage zu Nierenkrankheit"

April 1922 *Beratung.*

Anamnese: Patient hatte vor 2 bis 3 Jahren doppelseitigen Lungenspitzenkatarrh, damals Kur mit Rittermitteln. Jetzt besteht nicht dauernd Husten, nur zeitweise anfallsweise mit Erbrechen.

Seit 2 Monaten wird der Leib zusehends stärker, so daß der Patient genötigt war, sich auf der Reise einen neuen Anzug machen zu lassen. Der Stuhlgang ist meist obstipiert. Der Patient muß ab und zu etwas dafür einnehmen. Vor einigen Jahren zeitweise kolikartige Schmerzen im Leib mit Erbrechen, zuletzt vor einem Jahr.

Appetit und Schlaf sind gut.

Befund: Deutlicher Ascites, Leber nicht zu fühlen, auch perkutorisch nicht zu begrenzen. Keine Druckempfindlichkeit am Leib, auch kein Anhalt für einen Tumor. Die Lungenuntersuchung ergibt verschärftes Atmen über beiden Spitzen, links vorn etwas Rasseln. Das Herz ist ohne Besonderheiten.

Urin: Befund steht nicht mehr zur Verfügung.

Anamnese vom Juli 1924: Der Patient hat in der Zwischenzeit keinerlei Kur gemacht. Wie früher besteht noch manchmal anfallsweise Husten ohne Auswurf, kürzlich jedoch verschiedene Male mit Spuren von dunklem Blut. Der Leib ist etwas dünner geworden. Die Verdauung ist noch angehalten, aber durch Tabletten geregelt. Appetit und Schlaf sind sehr gut.

Urin geht reichlich ab.

Als Kind hatte Patient Masern, mit 17 Jahren Diphtherie, gefolgt von einer Gaumensegellähmung, die angeblich nicht ganz behoben ist. Sonst war er früher kräftig.

Befund: Die Lunge ist frei von katarrhalischen Erscheinungen. Die Herztöne sind sehr leise; der Blutdruck beträgt RR 120 mm Hg. Der Leib ist groß, schlaff, weich, frei von Ascites. Leber und Milz sind nicht zu fühlen.

Die Lichtreaktion der Augen ist etwas langsam. Die Patellarsehnenreflexe sind vorhanden.

Nach Angabe von *Dr. Steiner* handelt es sich um *eine Anlage zu Nierenkrankheit.*

Die von Dr. Steiner angeratene Behandlung ist:

> *Zinn D 4 als Kassiterit* 14 Tage lang, 7 Tage Pause usw.
>
> 6 Monate lang.

Nr. 101

Bericht über die *Scharlachbehandlung* von Dr. Wegman, dem Zinn-Beiblatt der Zeitschrift „Natura" entnommen.

„Dazu sei noch als Ergänzung erwähnt, daß wir auch bei Scharlach der Kinder zur Unterstützung des Heilungsvorganges neben der innerlichen Anwendung eines Algenpräparates (z. B. D 3) Umschläge oder Bäder mit Zusatz von Kassiterit* = Zinnstein (Zinnoxyd) geben. Bei Erwachsenen besser äußerlich für Wickel oder Bäder Zusatz von Bleiwasser und innerlich Agaricus muscaris (z. B. D 4). — Auch diese Indikationsstellung für das Zinn ist nach dem Vorausgegangenen nunmehr ohne weiteres verständlich, wo es sich ja bei den Komplikationen durch Scharlach sehr leicht um destruktive Prozesse in den betroffenen Organen handelt, weil hier die Ich-Organisation den physischen Leib zu stark erfaßt und dadurch zerstörend wirkt. — Und es dürfte wohl auch weiterhin noch von Interesse sein, daß wir gegen Askariden u. a. ein Präparat in Anwendung bringen, das aus der Stirnhöhlenflüssigkeit des Schafes hergestellt wird,** also ein organisches Präparat, bei dem wir ebenfalls an Kräfte appellieren, die dem Zinn in der Metalltherapie entsprechen."

* als Dosis war D 6 angegeben.
** ursprünglich als Liquor D 5 zum Einnehmen.

Nach Beratungen mit Dr. Steiner erhielten folgende Ordinationen:

Nr. 102 *Eine jüngere Holländerin,*

bei der nach Hinweisen von *Dr. Steiner* vorlag:

> *„Eine rechtsseitige Atrophie des Astralleibes*
>
> im Zunehmen; damit verbunden
>
> *Herz- und Leberverkrümmung"*

Ihre Ordination war *Zinn D 3 in Verbindung mit Arsen (Levico)* mit dem Vermerk: „Zinn, um links und rechts zu harmonisieren."

Diese Patientin litt später an schweren rezidivierenden Depressionen mit hypomanischen Zwischenzuständen. Sie hat sich als verheiratete Frau in älteren Jahren das Leben genommen.

Nr. 103 Eine Patientin

mit dem Vermerk: *Hört Stimmen*, hat *Eiweiß im Urin*,

erhielt: *Zinnsalbe zum Einreiben*
Zinn zum Einnehmen.

Nr. 104 Patient, 23 Jahre alt
Verdauungs-, Leber- und Stoffwechseldysfunktion

Wiedergabe einer von Dr. Wegman im Zinn-Beiblatt der Zeitschrift „Natura"
besprochenen Krankengeschichte.

„Herr J . . ., hatte als Kind Masern, Windpocken und sonst nur wiederholt Erkältungen. Mit 14 Jahren außerdem vorübergehend Neigung zu Magenübelkeit, sonst
gesund. Er galt als intellektuell begabter Schüler und studierte später Naturwissen-
schaften.

Dieser Patient klagte bei der Aufnahme in unsere Behandlung darüber, daß vor
2 Jahren bei ihm ein Zustand eingetreten sei, der sich in Schwierigkeiten beim
Lesen äußerte. Das Lesen strengte ihn sehr an, weil ihm dabei die Gedanken ver-
sagten und verödeten. Dadurch wurde er auch sehr deprimiert. Der Zustand begann
mit einem leichten Spannungsgefühl in der Stirngegend und Schwierigkeiten beim
Einschlafen, was sich inzwischen wieder gebessert hatte. Doch klagte Patient allmählich auch noch über Beschwerden beim Sehen, indem er zwar alles gut sah, aber
doch sehr schwer die Sinneseindrücke verwerten konnte. — Außerdem hatte der Patient
kurz vor Beginn dieser Krankheitserscheinungen leichte rheumatische Beschwerden in
den Oberschenkeln und Schultern. Auch jetzt klagte er noch öfter, besonders in der
Wärme, über abwechselnde Schmerzen in den einzelnen Gelenken, die bei der Untersuchung deutlich knackten. Dazu hatte der Patient im letzten Jahre wiederholt eine
Art Ausschlag in der Brust- und Lendengegend, sein Ernährungszustand hatte gelitten, er war immer sehr leicht müde, und seine Haare fielen ihm aus. Der Stuhlgang
war unregelmäßig und eher zu häufig, der Appetit dabei gut. Der Schlaf war tief,
aber das Aufwachen sehr schwer. Und die Stimmung war reizbar.

Der Patient war ziemlich groß, schlank gebaut, auffallend blaß, mit hellen, nahezu
weißen, krausen Haaren. Seine Haut war welk; der Ernährungszustand mäßig; der
Thorax flach, die Claviculargruben eingesunken und der Kopf etwas eigenartig
konfiguriert, indem der Hinterkopf im Verhältnis zur Stirn- und Gesichtspartie
etwas aufgetrieben erschien und in seinen Proportionen nicht ganz zur übrigen Statur
paßte.

Ganz offenbar wies auch dieser Patient auf eine schon länger bestehende und sich
steigernde Unregelmäßigkeit in den Verdauungs-, Leber- und Stoffwechselfunk-
tionen hin; wobei sich aber bei seiner Konstitution allmählich ein Überwiegen der
Abbautätigkeit des Sinnes-Nervensystems im Stoffwechsel-Gliedmaßensystem
geltend machen wollte. Es bestand die Tendenz zu einer Hypochondrie. Und es
steigerte sich der krankhafte Zustand begreiflicherweise mit dem Eintritt in das
21. Lebensjahr, wo sich normalerweise die Ich-Organisation dem Organismus eingliedern muß. Diese ist aber verhältnismäßig schwach, und weil sie zu sehr im Stoffwechselsystem in Anspruch genommen wird, kann sie nicht mehr von dem Sinnes-
Nervensystem aus die Verdauungs- und Stoffwechselvorgänge richtig beherrschen
und regulieren. So kam es auf der einen Seite zu den mehr oder weniger latenten
und funktionell noch hin- und herschwankenden Störungen in der Verdauung und
Lebertätigkeit, zu den Ablagerungen in den Gelenken, und auf der anderen Seite
rückwirkend zu Beschwerden wie Schlaflosigkeit, Reizbarkeit und zu der Unfähigkeit,
die Gedankentätigkeit zu beherrschen. Die Gedanken erstarren ihm teilweise oder
können gar nicht richtig gefaßt und gestaltet werden.

Man gab aus solchen Überlegungen heraus auch hier Zinn, als Stannum metallic.
D 4 innerlich, und fand durch den Erfolg die Auffassung des Krankheitsbildes durch-

aus bestätigt. Es trat gegen Erwarten schnell und in jeder Beziehung eine Besserung ein. Schon nach den ersten Tagen fühlte sich der Patient wie neu belebt, es regelte sich die Verdauungstätigkeit, und es ging auch bald schon mit dem Denken besser. Der Patient fing wieder an zu lesen, wurde wieder unternehmend und konnte bereits nach einigen Wochen in sehr erfreulichem Zustand und arbeitsfähig nach Hause entlassen werden."

Nr. 105 Studentin
Ikterus

November 1921 *schriftliche Beratung.*

Patientin steht vor dem Examen und hat, wie der Bruder berichtet, einen Ikterus.

Von Statur ist die Patientin groß, kräftig gebaut, in gutem Ernährungszustand, etwas pastös; brünett, glatte Haare, etwas blaßfahle Hautfarbe; oft recht müde aussehend.

Die übermittelte Ordination nach Rücksprache mit *Dr. Steiner* war:

> *Schafgarben-Umschläge*
> *Eisensalbe 5⁰/₀ für die Lebergegend*
> *Ferrum metall. D 6 und*
> *Stann. metall. D 12 innerlich.*

Juni 1923: Es bestehen Klagen über periodisch auftretende Schmerzen in der Gallengegend. Und soweit bekannt, war ein weiterer Rat von *Dr. Steiner:*

> *Ameisensäure D 6 innerlich und äußerlich als Umschlag auf die Brust.*

Von dieser Patientin ist bekannt, daß sie 1936 an einer Lungentuberkulose mit raschem Verfall erkrankte und ihr in relativ kurzer Zeit erlag.

Nr. 106 Fräulein, etwa Mitte 50
Gallensteine, „Verhärtungsprozeß in der Lunge"

April/Mai 1922 *in stationärer Behandlung.*

Anamnese: Ein Prof. B. hat Gallensteine diagnostiziert.

Die Menopause hat vor 3 Jahren begonnen; es bestehen jetzt noch Wallungen und Schwindelgefühle. Der Schlaf ist sehr schlecht, der Appetit gut.

Die Patientin klagt jetzt nach einer Grippe vor allem über Herzklopfen und Druckschmerzen auf der linken Seite oberhalb des Herzens und Atemnot mit Schmerzen bis zum Rücken und Müdigkeit. Sie hat das Gefühl, als ob eine „psychische" Lungenentzündung vorhanden sei.

Befund: groß, schmal gebaut, sehr mäßiger Ernährungszustand; dunkler, gelblicher Teint mit starken Schatten unter den Augen. Patientin ist nervös, und es besteht eine allgemeine Melancholie. Geistig sehr rege; hat übersinnliche Erlebnisse. Lungen auskultatorisch und perkutorisch o. B.

Urin: Spuren von Eiweiß.

Von Dr. Steiner wurde empfohlen:

> *Ferrum metall. D 6 und*
> *Stann. metall. D 12 innerlich*
> jeden Morgen ¹/₂ Teelöffel Karlsbader Salz.

Die Patientin erhielt außerdem warme Brustwickel, später auch Scleron und Taraxacum 1 (Ritter).

Verlauf: Die Patientin erholt sich, doch bestehen noch immer leichte Ermüdbarkeit und Schmerzen in der linken Brust unterhalb der Clavicula.

Dr. Steiner erklärt, daß diese Schmerzen auf Verhärtungsprozessen in der Lunge beruhen; auch daß die Fähigkeit zu spirituellen Erlebnissen organisch bedingt ist durch diese Verhärtungen.

Es werden daraufhin noch Birkenblätter-Injektionen gemacht. Nach zwei Monaten Abreise bei wesentlich gebessertem Befinden.
Als eine später erfolgte Ordination findet sich verzeichnet:
> *Birkenrinde als Injektion*
> *Levicowasser.*

Die Patientin ist 1938 gestorben.

Nr. 107   50jährige Patientin
Leber-Gallenbeschwerden

November 1922 *in stationärer Behandlung.*

Anamnese: Die Patientin war schon als Kind immer dick; ist vom 7. Jahr an sehr rasch gewachsen. Die weitere Entwicklung war ohne Besonderheiten. Menarche mit 14 Jahren; die Blutungen waren regelmäßig bei geringem Blutverlust.

Als Kind Masern, Keuchhusten und viel Katarrhe.

Mit 21 Jahren nach Unfall Retroflexio uteri; trug deshalb einen Ring.

Mit etwa 26 Jahren Diphtherie.

Seit dem 27. Jahre nach einem Aufenthalt in Honolulu geringe Lebervergrößerung.

Mit 38 Jahren Blinddarmreizung.

Mit 42 Jahren Blinddarmoperation.

Mit 43 Jahren Operation wegen Verwachsungen, jedoch ohne Erfolg. Danach begannen die Wechseljahre mit Wallungen, unregelmäßigen Blutungen, Depressionen und Energielosigkeit.

Mit 45 Jahren bei Prof. . ., der Röntgenbestrahlungen gegen die Blutungen anriet.

Mit 49 Jahren bei Dr. Wegman in Basel in ambulanter Behandlung. Es bestanden damals noch sehr unregelmäßige, aber allmählich wieder jeden Monat auftretende und 5 bis 6 Tage dauernde Blutungen, auch Rückenschmerzen und Schmerzen in der rechten Ovargegend.

Gynäkologischer Befund: Uterus vergrößert, hart, beweglich; rechte Adnexe auf Druck empfindlich, links o. B.

Die Ordination war im wesentlichen:
> Solewickel
> Potentilla tormentilla innerlich.

Mit 50 Jahren Gallenanfall.

In den letzten 7 Wochen bestehen starke Beschwerden mit Blähungen, dabei mehrmals Attacken von Darmlähmung, starker Übelkeit, Erbrechen und Obstipation.

Gegen Nachmittag, nach dem Kaffee, meist mehr Beschwerden.

Wärme wird besser vertragen als Kälte. Meist weniger wohl im Herbst und bei düsterem Wetter.

Befund: sehr groß und kräftig gebaut, normale Proportionen, gutes Fettpolster, mittelkräftige Muskeln; fahle Hautfarbe, dunkelbraune, leicht ergraute Haare.

Lebhaft, heiteres Wesen, gelegentlich auch etwas deprimiert. — Gehör und Geruchsinn sehr scharf. Augen etwas weitsichtig.

Schlaf gut. — Appetit bei Wohlbefinden gut, die Vorlieben für Speisen sind wechselnd. — Harn o. B. — Stuhl seit der letzten Erkrankung verstopft, sonst normal.

Druckempfindlichkeit in der Lebergegend, sonst kein besonderer Befund.

Dr. Steiner empfiehlt:
> *Eisengürtel auf die Leber* (gebraucht wurde dafür eine 5%-Eisensalbe)
> *Schafgarbenwickel*
> *Karlsbader Salz*
> *Wismut D 12 innerlich.*

Dazu etwas später auch noch:
> *Zinn D 12 innerlich.*

Bei der Entlassung nach etwa 4wöchigem Klinikaufenthalt war die Patientin fast beschwerdefrei.

Nr. 108   32jährige Patientin
Nierenbeckenentzündung, Folgeerscheinung nach
Radiumbehandlung wegen Dysmenorrhoe und Uterusfibrom

1924 Beratungen.

Anamnese: Die Patientin war als Kind sehr zart, blutarm, hatte Scharlach, Masern und Keuchhusten.

Mit 15 Jahren linksseitiger Lungenkatarrh. Die Geschlechtsreife war eine schwere Krise: die Patientin mußte ein ganzes Jahr liegen, war sehr matt, neigte zu Ohnmachten. Sie war bis zum 20. Jahr fast immer krank. Jede Periode war verbunden mit Schmerzen und großer Schwäche.

Vom 20. bis 24. Jahr ging es etwas besser, dann wurde ein Fibrom festgestellt, das mit Radium behandelt wurde.

Nachdem dann die Patientin mit Eurythmie begann, wurde sie viel gesünder und hatte von Herz und Lungen keine Beschwerden mehr. Doch besteht schon seit Jahren ein leises Schmerzgefühl in der Nierengegend bei starker Müdigkeit; dies wurde allmählich stärker. Mitte Mai dieses Jahres wurde hier eine Nierenbeckenentzündung konstatiert. Im Urin fanden sich zahlreiche Leukozyten und Eiweiß. Auch jetzt sind noch Spuren von Eiweiß und zahlreiche Leukozyten im Urin. Sonst fühlt sich die Patientin im ganzen wohler. Doch wenn sie sich sehr anstrengt tritt wieder der Schmerz in der Gegend beider Nieren und vorn in der Blasengegend auf. Sie ist auch sehr leicht müde.

Ordination: Equisetumbäder und *Equisetumtee* zum Trinken.

Ein weiterer Rat von *Dr. Steiner* war:

Bandage der Schultern.

Dies wohl im Hinblick auf die früher vorhandenen, aber mit Radium behandelten dysmenorrhoeischen Beschwerden mit starken Blutungen. Außerdem wegen „Vertrocknung" durch die vorangegangene Radiumbehandlung

Zinn D 12 und *Wismut D 12 innerlich.*

Die Equisetumbäder wurden jetzt durch Equisetumtee-Abreibungen ersetzt.

Nr. 109   Patientin, 30 Jahre alt
Heuschnupfen

Juni/Juli 1921 stationäre Behandlung.

Anamnese: Mit 9 Jahren Scharlach, Masern, Keuchhusten, Windpocken. Vom 19. bis 27. Jahre sehr viele Erkältungen mit Husten, Fieber und allgemeinen Nervenschmerzen. Vor 3 Jahren Grippe.

Heufieber seit 12 Jahren nach einem Aufenthalt in Italien. Seitdem immer etwas leidend. Beginn der Heufieberbeschwerden mit dem ersten Gras. Sie dauern meist bis September. Dabei heftiger Schnupfen, langandauernde Niesanfälle, Rachenkatarrh, Augenschmerzen, Zahnschmerzen, Husten, Asthma, Kopfschmerzen, kein Fieber. In den letzten Jahren, seit der Grippe, auch häufig Schwindelanfälle.

Familie: Mutter leidet an Gallensteinen und Leberkrankheit. In väterlicher und mütterlicher Familie verschiedene Krebserkrankungen und Augenstar.

Befund: grazil und schmächtig gebaute, mittelgroße Patientin, hellblonde Haarfarbe, sehr blaße Hautfarbe, mäßiger Muskelbau, kein Fettpolster, rasche Bewegungen, sehr gute Auffassung und Intelligenz, gut ausgebildete Willensfunktion.

Die Stimmung ist angeblich wechselnd, doch während der Beobachtung meist heiter.

Augen etwas geschwächt, sehr lichtempfindlich. Geruchsinn nicht sehr gut. Gehör etwas besser als die übrigen Sinne.

Die Zähne fingen schon früh an, kariös zu werden; der Zahnwechsel war normal. Sonstige Entwicklung normal.

Menarche mit 14 Jahren, Menses immer regelmäßig. Bis zum 21. Jahre starke Schmerzen bei der Periode, dann auf Rittermittel (Herb. burs. past. und Plantago lanceolata) wesentliche Besserung. Blutungen jetzt mittelstark und normal.

Appetit sehr wechselnd, zur Zeit ziemlich gut, ohne besondere Vorlieben.

Urin o. B. — Stuhl regelmäßig.

Schlaf bei Erregung etwas gestört, sonst gut. Doch immer viel Träume, die periodenweise sehr wirr sind. Zeitweise angeblich auch Wahrträume.

Hämoglobin 84% nach Sahli.

Therapie nach Beratungen mit Dr. Steiner:

> *Gencydo-Injektionen* 1 × tägl., vorübergehend auch 2 × pro Tag
> Behandlung der Nasenschleimhaut mit:
> *Gencydo-Pinselungen* oder *Gencydo-Salbe*
> innerlich: ²/₃ *Blei*, ¹/₃ *Zinn als Verreibung in D 14**
> > 2 × täglich 1 Messerspitze, statt diesem zuletzt
> *Quarz D 12:* 2 × täglich 1 Messerspitze.

Verlauf: Die Injektionen werden gut vertragen. Das Befinden besserte sich zunächst noch unter Schwankungen. Patientin konnte wieder mehr ungestört ausgehen. Von der lokalen Nasenbehandlung mit Gencydo-Pinselungen, auch von Gencydo-Salbe, mußte abgesehen werden, da sie vermehrtes Niesen verursachten. Leichte Anflüge von Kopfschmerzen ließen sich durch Biodoron (=Kephalodoron) jeweils schnell beheben.

* Zu diesem Präparat besteht die *Angabe Dr. Steiners:* Heufieber bei hypochondrischen Naturen ²/₃ Blei und ¹/₃ Zinn (als Tabletten in D 14 hergestellt). Heufieber bei erethischen Naturen ²/₃ Zinn und ¹/₃ Blei (als Tabletten in D 14 hergestellt).

Nr. 110   40jährige Frau
Hydronephrose

1924 Beratung.

Anamnese: Die Patientin war als Kind zart und schwächlich, entwickelte sich aber sonst normal. An Kinderkrankheiten hatte sie Scharlach. Die Menses begannen mit 15 Jahren, waren regelmäßig, aber stark und dauerten 10 bis 12 Tage.

Mit 16 Jahren litt sie zwei Wochen an absoluter Schlaflosigkeit. Danach bis zum 21. Lebensjahr Neigung zu Schlaflosigkeit, hat auch dauernd viel Brom eingenommen.

Mit 21 Jahren leichte Arsenvergiftung.

Mit 27 Jahren geheiratet; hat keine Kinder.

Mit 28 Jahren Unfall beim Rodeln. Ein Baumstamm stieß ihr zwischen die Beine und gegen den Leib, der rechte Oberschenkel war blutunterlaufen.

Mit 31 Jahren wegen eines Myoms Unterleibsoperation. Dabei wurden beide Eileiter, der rechte Eierstock und ein Teil des Uterus entfernt. Danach längere Zeit Blasenschwäche.

32- bis 34jährig sehr viel Kopfschmerzen und Schwellung der Gehörgänge, besonders rechts. Die Patientin nahm dauernd viel Aspirin und Pyramidon.

34jährig wurden Nasenpolypen operativ entfernt.

Mit 35 Jahren (Herbst 1919) Beginn von Magenbeschwerden.

Die Patientin hatte von Zeit zu Zeit folgende Beschwerden: Zuerst Spannung und Völlegefühl in der ganzen mittleren Rumpfpartie, dann allmählich konzentriertes Druckgefühl in der Magengrube, auch juckendes Kribbeln in der Magengrube und nach der rechten Oberbauchgegend hin. Dauer eines solchen Anfalles 1 bis 3 Tage.

Mit 35 bis 36 Jahren häufig heftige Schmerzanfälle in der Lendengegend. Vor 1¹/₂ Jahren ein heftiger plötzlicher Schmerzanfall in der rechten Leibseite, der sich von da über den ganzen Leib ausbreitete. Dabei das Gefühl von Lähmung und Mühe beim Sprechen, Dauer zehn Minuten. Außerdem häufig schmerzhafter

Druck und Spannung im Kopf mit dem Gefühl, wie wenn der Körper zu eng wäre. Nachts oft Einschlafen der Arme. Nach vergeblicher Magenbehandlung wurde jetzt rechtsseitig eine „Sackniere" festgestellt.

Seit 3 Jahren ist die Patientin Anthroposophin, und seitdem ist ihr Schlaf sehr gut, im allgemeinen mit wenig Träumen. Träume von „schwarzem Wasser" sind Anzeichen einer beginnenden Krankheit. Der Appetit ist gut, der Stuhlgang träge.

Befund: mittelgroß, mittelkräftig gebaut, hellblond, von lebhaftem Temperament. Urin: Spuren von Eiweiß, Zucker negativ. Sediment: Epithelien und wenig Leukozyten.

Diese Patientin erhielt von *Dr. Steiner* eine Meditation und nach seinen Angaben zum Einnehmen:

> „Zinn aufgelöst in Salpetersäure, davon 1% in 37° warmes Wasser geben, da noch hinein Kupfer in der 3. Dezimale; das Ganze verdünnen in ganz schwacher Alaunlösung."

Bei einer 2. Beratung nach etwa 3 bis 4 Wochen empfahl *Dr. Steiner* die Kur weiter fortzusetzen und in der Medikamentenpause *Nicotiana-Bleibeklistiere* zu machen.

Der Urin war bei der 2. Kontrolle frei von Eiweiß.

Nr. 111   16jährige Patientin

Vesico-pustulöses Ekzem an den Händen

Ihre Krankengeschichte ist von Dr. Wegman bereits einmal im Zinn-Beiblatt der Zeitschrift „Natura" besprochen worden.

23. Juni 1923 Beratung.

Anamnese: Patientin hatte als Kind immer Ausschlag. Seit einem Jahre besteht ein Ekzem an der rechten Hand. Sie hatte sich im vorigen Sommer an einer Brennnessel gebrannt. Die dadurch entstandenen Bläschen vereiterten und breiteten sich über beide Hände und den linken Fuß aus. Es entstanden auch immer neue Bläschen, die teils vereiterten, teils nur feucht blieben. Eine Behandlung mit Röntgenbestrahlung brachte keine Besserung. Daraufhin Behandlung mit Teersalbe mit dem Erfolg, daß Patientin im letzten Monat kurze Zeit frei von Ekzem war. Doch brach es wieder an den gleichen Stellen aus, dazu noch am Mittelfinger der linken Hand und am Innenknöchel des linken Fußes.

An Kinderkrankheiten hatte Patientin Masern, Windpocken und mit 12 Jahren Keuchhusten. Nach diesem Keuchhusten war sie ½ Jahr in Davos, wo konstatiert wurde, daß ihre Lungen frei waren, aber eine Reizung der Bronchialdrüsen vorlag.

Die Menses begannen mit 14 Jahren und sind sehr stark, doch regelmäßig und ohne Schmerzen.

Die Verdauung ist immer regelmäßig und gut.

Die Patientin ist mittelgroß, kräftig gebaut und in gutem Ernährungszustand, hat dunkle Haare und dunkle Augen; ihre Gesichtsfarbe ist wechselnd.

Bei einer Beratung richtet *Dr. Steiner* die folgenden Fragen an die Patientin: „War die Teersalbe die einzige Behandlung?" — „Röntgenstrahlen haben nicht geholfen."

„Haben Sie solche Sachen früher schon gehabt?" — „Als kleines Kind Ausschlag am ganzen Körper, auch später wieder einmal am Oberschenkel."

„Aber eine ähnliche Sache war früher nicht vorhanden?" — „Nein."

„Und die Sache ist wirklich erst nach dem Stich gekommen?" — „Ja."

„Sind Sie jähzornig, brausen Sie leicht auf?" — „Ja."

„Gelbsucht haben Sie nie gehabt? Haben Sie manchmal Verdauungsbeschwerden?" —„Nein."

„Sind Sie eine starke oder schwache Esserin?" — „Es gibt Zeiten, wo ich fast nichts esse, und auch wieder solche, wo ich gar nicht genug kriegen kann."

„Und wenn Sie nicht essen, haben Sie nicht einen bitteren Geschmack im Mund, nicht irgend etwas, was Ihnen unangenehm ist?" — „Nein."

„Nun, aber nicht wahr, Sie sind eine aufgeregte Persönlichkeit, cholerisch?" — „Ja."
„Sie möchten manchmal jemanden prügeln? Und haben Sie auch trübsinnige
Stunden? — „Ja."

Dr. Steiner zu den Ärzten: „Ja, nun müßte man sie auf das Übel, das sie schon
als Kind gehabt hat, gleich kurieren. Das Übel liegt in der Leber, und man müßte
das bekämpfen. Nun müßten Sie abwechselnd impfen geradezu mit Kupfer und
Zinn, weil sie unregelmäßige Leberfunktion hat. Gelbsucht braucht sie nicht gehabt
zu haben, es geht eben nicht, wenn sie auch die Anlage dazu hat. Von äußerlicher
Behandlung halte ich nicht viel. Vielleicht mit Antimonsalbe bestreichen, aber sie
würde es dann an einer anderen Stelle wieder bekommen."

Injiziert wurde im Wechsel: Cuprum met. D 8 und Stannum met. D 8. Bei einer
weiteren Beratung am 3. Januar 1924 erhielt Patientin mit dem Hinweis „Urate in der
Leber", die Ordination:

Uranpechblende-Salbe am Oberarm und an den Beinen
Die frühere Kur fortsetzen.

Die Injektionen wurden auch zu Hause mit Pausen dazwischen regelmäßig weiter
durchgeführt.

April 1924 ist nach Bericht des Vaters das Ekzem zur Zeit gut, auch das Allgemeinbefinden. Patientin neigt wohl noch leicht zu Rezidiven, und es wurde beobachtet, daß sie bei Besserung des Ekzems leichter zu Katarrhen auf der Brust neigt.

Nr. 112   37jährige Frau
Körperlicher und seelischer Erschöpfungszustand
Verdauungs- und Unterleibsbeschwerden

Ihre Krankengeschichte ist von Dr. Wegman bereits einmal im Zinn-Beiblatt der
Zeitschrift „Natura" besprochen worden.

25. März 1924 Aufnahme in stationäre Behandlung.

Anamnese: Patientin hatte als Kind Masern, war sonst gesund bis auf gelegentliche Mandelentzündungen.

Menarche mit 16 Jahren. Die Periode war regelmäßig und o. B.

Mit 31 Jahren (1918) heftige Grippe, von der sich Patientin nur langsam, aber
doch gut erholte.

Mit 32 Jahren Heirat. Die Ehe blieb kinderlos, auch keine Fehlgeburten.

Durch die Heirat mußte Patientin ihren Beruf als Sängerin aufgeben, was ihr sehr
schwer fiel. Nach der Verheiratung begann auch die Periode immer länger und länger,
bis zu 10 Tagen, zu dauern.

Mit 35 Jahren (August 1922) Eierstockentzündung. Es bestand starker Ausfluß,
dabei Abnahme der Kräfte und des Lebensmutes. Sie erhielt von Dr. E... damals
Rittermittel und Moorpackungen.

Mit 36 Jahren Operation, da man mit der internen Behandlung nicht weiter kam.
Es wurde ein Teil des entzündlichen Eierstockes entfernt und der andere Eileiter ab-
gebunden. Danach anfangs Zunahme des Appetites und Gewichtes. Doch blieb der
Ausfluß bestehen. In den letzten 8 Wochen hat auch der Appetit wieder abgenom-
men. Es besteht Ekel vor dem Essen, nach jeder Mahlzeit auch Aufstoßen und das
Gefühl, als läge alles tot im Magen. Morgens beim Aufwachen auch immer schlechter
Mundgeschmack und belegte Zunge; auch arbeitet der Darm unregelmäßig.

Der Schlaf ist im allgemeinen gut.

Doch besteht große Schwäche und Empfindlichkeit, und im Gespräch mit Menschen kommen ihr sehr leicht die Tränen. Auch besteht beständig ein Kältegefühl im
Unterleib und Kreuz, abwechselnd mit Kreuzschmerzen; dabei kleine Knotenbildun-
gen in der Tiefe des Rückens, die kommen und gehen und sehr schmerzhaft sind.

Befund: Die Patientin ist mittelgroß, schlank, von grazilem Körperbau, blond, sehr blaß; ihre Hautfarbe ist grau, der Ernährungszustand reduziert, das Gewicht 52,5 kg.

Bei der Untersuchung waren die Inguinaldrüsen geschwollen, der Uterus leicht vergrößert und von etwas weicher Konsistenz. Die Temperatur war tageweise subfebril. Die Urinkontrolle ergab Spuren von Eiweiß und im Sediment etwas Leukozyten. Ein Anhalt für eine Infektion lag nicht vor.

Nach einer Beratung empfiehlt *Dr. Steiner* als Behandlung:

„*Abwechselnd warme Umschläge: unten an den Beinen mit 5⁰/₀iger Kupferlösung, auf Gesicht und Nacken mit 5⁰/₀iger Zinnlösung, 3—4 × rasch wechseln. Innerlich Tart. stib. D 6.*"

In Anwendung kam für die Umschläge eine Kupfersulfat-Lösung und eine Zinnchlorid-Lösung.

Und eine weitere Ordination auf Rat von *Dr. Steiner* war: *innerlich, abwechselnd mit Tart. stib. D 6, Phosphor D 6 und Salzsäure D 2* und statt der Salzsäure D 2 späterhin *Eisenchlorür D 6.*

Verlauf: Die Patientin erholte sich bei dieser Behandlung recht gut. Nach etwa 7 Wochen konnte sie bei recht befriedigendem Wohlbefinden nach Hause entlassen werden. Auch kräftigte sie sich zu Hause noch weiter, indem sie noch kurze Zeit ihre Medikamente weiter nahm. Die folgenden 3 Jahre fühlte sich Patientin wieder gesund, hatte auch ihre frühere Leistungsfähigkeit wieder erlangt. Dann aber verursachten schwere Schicksalsschläge einen Rückfall, der eine nochmalige Klinikbehandlung notwendig machte. Doch in der Folgezeit war sie wieder voll leistungsfähig.

Nachtrag: Diese Patientin ist im Alter von 52 Jahren aus voller Aktivität an den Folgen einer schweren Verbrennung gestorben.

Nr. 113   25jährige Frau
Verdauungsschwäche, Verkümmern des Astralleibes

Ihre Krankengeschichte wurde bereits einmal von Dr. Wegman im Kupfer-Beiblatt der Zeitschrift „Natura" besprochen.

Stationäre Behandlung.

Anamnese: 23. Januar 1924.

Patientin war als Kind bis zum 7. Jahr sehr schwächlich, hatte 3mal Lungenentzündung, sonst noch Masern und Windpocken. Nach dem 7. Jahre war sie wesentlich kräftiger.

Mit 12 Jahren machte sie eine schwere Dysenterie durch, mit 23 Jahren eine Diphtherie.

Menarche mit 13 bis 14 Jahren; die Perioden waren ohne Beschwerden, meist nur alle 6 bis 8 Wochen und nicht sehr stark.

Vom 14. bis 23. Jahre war Patientin vollständig gesund.

Mit 23 Jahren Heirat. Ein Kind von acht Monaten ist gesund. Der Verlauf der Geburt war sehr gut und rasch, doch mit großem Dammriß, der genäht werden mußte.

Jetzt besteht seit zwei Jahren eine zunehmende Müdigkeit, besonders gegen Abend, so daß Patientin nie mehr einem Vortrag bis zu Ende folgen kann.

Oktober 1923 hatte Patientin eine Gallensteinkolik mit Gelbsucht.

Seitdem besteht starke Abmagerung mit Magendrücken bei Genuß von fetten Speisen. Auch besteht seit der Verheiratung starker gelblicher Ausfluß aus der Scheide.

Der Stuhlgang ist etwas angehalten, der Appetit gut.

Der Schlaf ist sehr gut. Patientin schläft schnell ein und ist morgens erfrischt.

Befund: Patientin ist eine zarte, mittelgroße Frau, stark abgemagert, sehr blaß, etwas abgehärmt, von blondem Typ mit nach der melancholischen Seite hinneigendem Temperament. Ihr Gewicht ist 43,5 kg, das Hämoglobin 93⁰/₀ nach Sahli. Über der

Lunge ist das Atmungsgeräusch am rechten Unterlappen etwas abgeschwächt und etwas unrein.

Am 23. Januar 1924 fand folgende Unterredung und Beratung durch *Dr. Steiner* statt: „Mir ist besonders wichtig, daß Sie Magendruck bekommen nach Genuß von fetten Speisen und auch nach Kartoffelessen. Haben Sie vor dem Magendruck auch einen schlechten Geschmack im Mund?" — „Wenn ich jetzt z. B. ein Ei esse, habe ich den ganzen Tag einen galligen Geschmack im Mund." — „Mich interessiert nur zu wissen, ob dieser sogenannte gallige Geschmack eintritt, nachdem Sie gegessen haben, oder auch, nachdem Sie schon lange vorher nichts gegessen haben?" — „So ungefähr eine Stunde nach dem Essen." — „Und nachher dauert dieser Magendruck an oder vergeht er verhältnismäßig bald?" — „Es ist verschieden, ich habe sogar oft dieses Gefühl bis zum Morgen, und dann ist es vorbei." — „Ist eine Veränderung eingetreten nach dem Dammriß?" — „Nein, die Gallengeschichte ist nachher gekommen, aber früher habe ich auch schon öfter Magenbeschwerden gehabt. Der Gallengeschmack ist wie damals bei der Gelbsucht." — „Können Sie diesen Gallengeschmack mit einem anderen Geschmack vergleichen? Dann würde ich probieren, ein ranziges Fett zu geben und zu versuchen, ob dieser Geschmack ähnlich ist." — „Ranziger Buttergeschmack ist ganz anders." — „Ist der Geschmack von Anfang an gleich oder geht er allmählich über ...?" — „Ja, er ist immer gleich." — „Haben Sie öfter einmal hier auf der Brust etwas gehabt?" — „Ja (Flechte?), hier auf der rechten Seite."

Dr. Steiner zu den Ärzten: „Sie hat tatsächlich in sich die Neigung, nach und nach den Astralleib vollständig zu verkümmern und es ist höchste Zeit, dafür etwas zu tun. Sie hat, glaube ich, nicht Gallengeschichten. Es ist von Anfang an eine Unfähigkeit in ihr, die Lebertätigkeit ordentlich zu entwickeln. Nach und nach würde der ganze Astralleib atonisch werden in den Gedärmen. Daher *innerlich* und *äußerlich* sie mit *Kupfer* behandeln, *Kupfergürtel.* Dann müßte sie mit *Arsenikwasser,* wo vielleicht in ¼ Liter Wasser ⅛ Liter *Levico* gelöst ist, *den ganzen Oberleib täglich abgerieben* bekommen. Und dann eine *Meditation.* Dann müßte sie *Heileurythmie* machen, und zwar müßte sie zunächst machen *alle Vokale zuerst.* Und dann könnte es ihr nicht schaden, wenn man versuchen würde, geradezu im Anschluß an die Heileurythmie, sie zum *Bewußtsein peripherischer Reize* zu bringen, indem man die Handflächen braucht und die Fußflächen vielleicht ein paar Minuten reibt und sie diesen Reiz empfinden läßt."

Bezüglich *Diät:* „Sie soll genährt werden mit möglichst viel Pflanzenfett. Waldon wird ganz gut sein und sonst auch gar kein tierisches Fett und jeden Tag eine Kartoffel mit Butter bestrichen vorläufig. Ihr ganz die Kartoffeln zu entziehen, das ist nicht zweckmäßig. Es ist bloß, um Reize der Nahrungsüberwindung hervorzurufen. Die Kartoffel muß ja vergoren werden; sie wird zuerst zu Zucker, Dextrin und muß dann vergoren werden. Wenig Cerealien."

Verlauf: Die obige Behandlung wurde durchgeführt: das Kupfer innerlich als D 5 bis D 3 im Rhythmus 3 Tage und 3 Tage Pause, äußerlich als Kupfersalbe 0,4%, indem man täglich den Leib und hauptsächlich die Milzgegend einmassierte, ferner als Kupfergürtel. Auch die Diät wurde, wie angegeben, kurze Zeit streng durchgeführt. Dann wurde allmählich, nachdem die Patientin sich zu erholen begann, die Diät auch wieder reichhaltiger gestaltet. Dabei ging auch die Erholung sehr rasch vor sich.

Nr. 114 Frau, mittleren Alters
Dysmenorrhoe, labiler, reduzierter Kräftezustand

Anamnese: Patientin leidet an Unterleibsbeschwerden bei sehr reduziertem und sehr labilem Kräftezustand. Insbesondere die Perioden verursachen starke Beschwerden, und Patientin ist dabei sehr elend.

Befund: Die Patientin ist gut mittelgroß, schlank, mit blassem, ovalem Gesicht, dunkelblondem, glattem Haar, gelblichem Teint, in mäßigem Ernährungszustand. Körperlich ist sie wenig leistungsfähig, doch geistig sehr rege und gemütvoll.

Dr. Steiner sieht den Krankheitszustand der Patientin im Zusammenhang mit einer „komplizierten Abstammung" und erklärt ihn so, daß der „Astralleib nicht ganz darin sei."

Der Rat war: *Injektionen mit einem Präparat aus Eierschwamm und Farnkraut* hergestellt. Dazu noch *innerlich Cuprum met. D 3* und *Waldon.*

Auch erhielt Patientin eine *Meditation.*

Nr. 115 34jährige Frau
Nervöser Erschöpfungszustand

10. Juni 1924 Beratung.

Anamnese: Als Kind hatte Patientin keine eigentlichen Kinderkrankheiten, doch viel Katarrh. Sie hatte die Bleichsucht, auch einen schwachen Magen und mußte damals schon Salzsäure einnehmen.

Menarche mit 14 Jahren. Die Periode war ziemlich regelmäßig, früher mäßig schmerzhaft, dabei auch schon etwas Fluor, der jetzt stärker geworden ist und jeder Behandlung trotzt.

Mit 24 Jahren verheiratet, doch keine Kinder trotz Dehnung des Muttermundes usw.

Seit Herbst letzten Jahres ist Patientin sehr nervös, obwohl körperlich kräftiger geworden. Bei der kleinsten Erregung kommt es zu Zittern durch den ganzen Körper, Herzklopfen, Neigung zu Durchfällen, Schluckbeschwerden, dabei kalte, nasse Hände. Die Nase ist meist leicht gerötet, etwas mehr noch seit dem letzten Jahr. Der Stuhlgang ist meist explosiv und etwas dünn, 1- bis 2mal pro Tag. Appetit und Schlaf sind gut.

Befund: Patientin ist mittelgroß, mittelkräftig, in genügendem Ernährungszustand. Die Gesichtshaut ist unrein, die Nase leicht gerötet, die Zunge stark belegt. Herz und Lunge sind o. B.

Der Leib ist weich mit etwas Druckempfindlichkeit im Epigastrium. Gynäkologisch ist der Uterus etwas vergrößert.

Im Urin finden sich Spuren von Eiweiß und im Sediment viele Epithelien, etwas Leukozyten und Erythrozyten, im Stuhl einzelne Askarideneier. Die Blutprobe ist negativ.

Die Ordinationen waren:
>   Diät, Wermutwickel
>   innerlich: Pulsatilla und Digestodoron
>   Scheidenspülungen, wahrscheinlich mit Salbei und
>   Zusatz von Zitronensaft
>   Dampfsitzbäder.

Dazu kamen am 8. Juli 1924 Pepsin-Salzsäure-Tropfen, am 28. Juli 1924 Gentianatropfen, außerdem noch auf Rat von *Dr. Steiner: Cuprum met. D 3 innerlich.*

Februar 1925: Der Magen ist gut. Doch besteht vermehrter Ausfluß. Der Uterus ist vergrößert.

Diagnose: Endometritis.

Therapie: Metratee, Spülungen, Dampfsitzbäder,
>   Bolus-Eukalyptus-Einblasungen.

Nr. 116 Junge Frau
Ermüdung durch Schlafstörung, Varicosis

4. Januar 1924 Beratung.

Anamnese: Wegen wandernder Schmerzen nach einer Geburt im Jahre 1921 hatte die Patientin *auf Rat von Dr. Steiner als Tee: Calamus, Wermut und Kamille zum Trinken* erhalten.

Jetzt ist sie viel müde, besonders am Morgen. Sie schläft wenig, kann schwer einschlafen und schläft dann nur oberflächlich, hat zweitweise sehr intensive Träume.

Auch hat Patientin häufig Hals- und Nasenkatarrhe, bekommt nach Aufregung leicht Herzklopfen mit dumpfem Schmerz.

Die Verdauung ist regelmäßig bei Neigung zu Verstopfung. Oft besteht Heißhunger und dann schließlich doch kein Appetit.

Die Periode ist regelmäßig, nicht stark, auch ohne Beschwerden, macht aber müde, dabei seit der Jugend Drängen nach unten.

In den letzten 2 Monaten treten oft Stiche im Kopf und in der Stirn auf.

Befund: Die Patientin ist mittelgroß, schlank, mit schmalem Gesicht, dunkelblond. Es besteht eine leichte Struma, eine leichte Akne an der Stirn, auch eine Varicosis am rechten Bein.

Der Rat von *Dr. Steiner* war:

> *Levico* 1 Teelöffel auf $^1/_2$ Glas Wasser und 1 Teelöffel
> Himbeersaft; dies verteilen auf 3—4 $\times$ am Tag
> nach dem Essen
> *Waldon I* 3 $\times$ täglich vor dem Essen.
> *Harz* und *Gerbstoff aus Melissa offic. ausziehen lassen*
> (als 10%iger Liquor)
> *dazu Brunnenkresse als Tee.*

Dazu kam noch wegen Stauungen in den Beinen die Ordination:

> *Kupfer D 3* und
> *Teucrium marum* (wahrscheinlich D 3).

Durch die Klinik erhielten auf Rat von Dr. Steiner die folgenden Ordinationen:

Nr. 117   *Junger Patient*
mit schwachem Herz

> *Tonerde D 3* und
> *Kupfer* (wahrscheinlich D 3) zum Einnehmen.

Nr. 118   *Ein Patient aus England*

> *Kupfer D 3 innerlich* einen Tag
> *Clairotee* den anderen Tag
> *Rosmarinbäder* 2 $\times$ wöchentlich.

Nr. 119   *Eine Patientin*

> *Kupfer D 6 innerlich*
> *Potentilla tormentilla als Tee*
> *Tabak als Bleibeklistier*
> *verdünnter Zitronensaft zu schlucken.*

Nr. 120   *50jährige Frau*
Asthma bronchiale

19. Juli 1921 *Aufnahme in die Klinik.*

Anamnese: Patientin hat lange in Indien gelebt, konnte aber schließlich die Hitze sehr schlecht ertragen. Sie leidet schon seit vielen Jahren an heftigen und langdauernden Anfällen von Asthma bronchiale. Alle möglichen Heilversuche waren bisher ohne Erfolg.

Befund: Es besteht ziemliche Kurzatmigkeit und Giemen über beiden Lungen.

Die Patientin ist sonst ziemlich groß, schlank, mittelkräftig gebaut, mit mäßigem Fettpolster. Die dunkelblonden Haare sind grau meliert, die Hautfarbe ist blaß, die Stimmung ist leicht erregt und ängstlich; wenn anfallsfrei jedoch heiter.

Die Behandlung beginnt mit Eukalyptus-Injektionen. Außerdem erhält Patientin auf Hinweis von *Dr. Steiner:*

> *innerlich Cuprum met.* D 5 2 × täglich.

Verlauf: Am 3. Tag ist die Atmung bereits frei. So konnte auch mit Heileurythmie begonnen werden. Die Übungen waren: Vokalisieren, Wunsch-Hoffnung, U-Übung, R mit Rumpfbeugen. Diese machte die Patientin sehr gern. Die Atmung blieb frei. Doch der Schlaf läßt nach einer Woche noch sehr zu wünschen übrig. Patientin regt sich unnötigerweise wegen der Tochter auf, die mit ihr das Zimmer teilt und eine Bronchitis hat.

Am 8. August 1921 empfiehlt *Dr. Steiner* noch:

> *Carbo vegetabilis als Bleibeklistier*
> *Fixationsverband an den Schultern.*

10. August 1921: Der Schlaf ist noch unregelmäßig. Patientin ist noch etwas nervös. Hitze wird sehr unangenehm empfunden. Atembeschwerden bestehen nicht. Doch klagt Patientin öfter über Kopf- und Genickschmerzen, die durch Biodoron meist etwas besser werden.

30. August 1921 Abreise bei Wohlbefinden. Ein Asthma-Anfall war nicht mehr aufgetreten.

Nr. 121   *Patient, 30 Jahre alt*
Bronchitis, Asthma bronchiale

Anamnese: Patient leidet an Disposition zu Bronchitiden mit asthmatischen Beschwerden, ist auch in anfallsfreiem Zustand chronisch verschleimt und von kurzem Atem.

Befund: etwas untersetzte, breitschultrige Statur; blasse Gesichtsfarbe. In seinem Wesen ist Patient langsam und bedächtig, auch verschlossen und schwerfällig.

Ordination nach Beratung mit Dr. Steiner:

innerlich: Cuprum D 5 1 Teil

> *Antimonspiegel* D 5 2 Teile.

Verlauf: guter Erfolg in relativ kurzer Zeit.

In späteren Jahren erkrankte dieser Patient in einer Weise, die ein Verbringen in eine psychiatrische Klinik notwendig machte.

Nr. 122   *33jähriger Engländer*
Ängstlichkeit, Augenschwäche

19. März 1924 *Beratung.*

Anamnese: Das erste, an das Patient sich erinnert, ist, daß er mit etwa 3 bis 4 Jahren häufig „nightmare" hatte. Von Kinderkrankheiten weiß er nichts. Masern hatte er mit 28 Jahren.

Er war immer ängstlich und fürchtete sich vor den Menschen. Auch in der Schule hatte er keinen Freund und mußte mit 15 Jahren die Schule verlassen, weil es ihn zu sehr beängstigte. Dann versuchte er es mit einem kaufmännischen Beruf, aber dies scheiterte immer wieder an seiner Angst vor Menschen. Während des Krieges war er 3½ Jahre als Soldat in Irland. Dort ging es anfangs besser, später auch nicht mehr. Die übrige Zeit war er immer zu Hause bei seinen Eltern. Sein einziger Freund, sagt er, war seine Mutter. Er las viel und konnte sich und seine Angst dabei vergessen. Besonders gern las er religiöse Bücher und Gedichte.

Im 31. Lebensjahr, als er lernen wollte Schreibmaschine zu schreiben, wurden seine Augen schlechter, so daß er nur noch kurze Zeit, ¹/₂ bis 2 Stunden am Tag, sie gebrauchen kann. Zwei Augenärzte konnten organisch nichts an den Augen feststellen. Seine Stimmung war gewöhnlich sehr gedrückt. Seit er sich mit Anthroposophie beschäftigt, ist er etwas gleichmäßiger und zufriedener geworden.

Der Schlaf ist sehr verschieden, manchmal unruhig, dann ist Patient morgens sehr müde; aber oft schläft er auch ruhig, und Patient ist dann beim Aufwachen ganz frisch. Träume sind selten.

Der Rat von *Dr. Steiner* war:

> *morgens Cu D 3* innerlich
> *mittags Cu D 6* innerlich
> *abends Cu D 10* innerlich.

Dazu erhielt Patient die *Meditation*:

morgens: My eyes begin to ray
> Like the sun
> I feel the sun
> I feel the sun in my head

abends: I send
> In my feet
> A strong stream of power
> Of the deepest of my heart
> And I feel so
> That I am strong.

Nach der Meditation ruhig bleiben, dann mit einem Ruck aufstehen, mit dem Gedanken sich durchdringen:

> My I in
> My eyes is awakend.

Nr. 123 *Säugling*
Pädatrophie, Pylorospasmus

Eine aus der Besprechung von Dr. Wegman im Kupfer-Beiblatt der Zeitschrift „Natura" entnommene Krankengeschichte.

„Es ist ein 3 Monate altes Kind mit greisenhaftem Kopf, ängstlichem Ausdruck, die Stimme ist heiser, von häufigem Husten unterbrochen. Der Leib ist prall gespannt, kaum eindrückbar, und es besteht ein leichter Nabelbruch. Die Haut über dem Leib ist gespannt und papierdünn, an den Extremitäten dagegen in Falten abhebbar. Zunge und Schleimhäute im Mund belegt, Stuhl spastisch dünn, nur alle 2 — 3 Tage. Das Gewicht ist noch das Geburtsgewicht. — Nach der Erzählung der Mutter hat das Kind von Anfang an nach jeder Mahlzeit erbrochen, war immer sehr schreckhaft und schlief schlecht. Beim Husten öfter angeblich Erstickungsgefahr, von Zeit zu Zeit auch Krämpfe in den Gliedmaßen.

Hier wurde nach Regelung der Diät gleichzeitig der Leib leicht mit Kupfersalbe massiert und zur Unterstützung der Behandlung warme Bäder gegeben. Der Erfolg war ausgezeichnet; nach 14 Tagen hatte sich das Bild völlig verändert. Das Kind behielt alle seine Nahrung, schlief die ganze Nacht durch, wurde ruhiger. Husten und Heiserkeit verschwanden, auch setzte allmählich eine Gewichtszunahme ein.

Überall da, wo Krampferscheinungen, Spasmen auftreten, ist in dem betreffenden Teile des Organismus der Ätherleib zu schwach oder atrophisch, wodurch der Astralkörper zu stark auf das physische Nerven-Sinnessystem wirkt. Dies lag auch bei diesem Kinde vor, was sich nicht allein in den Krämpfen, sondern auch in den Hustenerscheinungen und in dem allgemein nervösen Zustand äußerte. Hier wirkte Kupfer regulierend auf die vom unteren System ausgehenden nervösen Reize und gleichzeitig auf das Lymphsystem, wodurch der Unterernährung entgegengetreten wurde."

Nr. 124 Waldorfschüler
Verdauungsträgheit mit aufgetriebenem Leib, Großköpfigkeit

Eine aus den Besprechungen von Dr. Wegman im Kupfer-Beiblatt der Zeitschrift „Natura" entnommene Krankengeschichte.

„ ... Es handelt sich um einen Jungen von 7 bis 8 Jahren, einen Schüler der Waldorfschule. Der Junge hatte einen auffallend aufgetriebenen faßförmigen Bauch, kurze Beine, eine eingesunkene Brust und einen großen Kopf. Der Schädel zeigte in der Mitte eine sattelförmige Einsenkung, die Nasenwurzel war etwas zurückliegend. Das Aussehen war blaß, die Haut hatte einen gelblichen Schimmer, und man sah dem Jungen an, daß die Verdauungstätigkeit gestört war. Der Darm arbeitete sehr träge. — Das Seelenleben war etwas stumpf, doch lernte der Junge ganz gut. Temperament melancholisch-cholerisch.

Als Dr. Steiner diesen Jungen sah, war sein Rat, hier in diesem Falle vom Kopfe aus zu behandeln, da die Bildung des Kopfes den Zusammenhang zeigte mit dem großen Leib. Man sah an der Einsenkung am Schädel, daß der Bauch von diesem mittleren Teil des Kopfes nicht richtig gestaltet werden kann. Von dieser sattelförmigen Einsenkung konnte man auf den rhythmischen Teil der Verdauung wirken, und zwar hier auf das gesamte Lymphsystem — es waren zahlreiche Lymphdrüsen im Leib zu tasten. — Der Junge erhielt längs des Sattels am Schädel Aufschläge mit einer dünnen Lage Kupfersalbe. Diese Therapie wurde ein Jahr lang durchgeführt, und es zeigten sich allmählich tiefgreifende Veränderungen in dem Wesen des Kindes. Der aufgetriebene Leib ging zurück, der Bauch wurde weicher, die Drüsenschwellungen verschwanden, der Stuhlgang regelte sich, die Hautfarbe wurde gesünder, das Gefühlsleben reger. — Als nach dieser Besserung des Zustandes später Herzklopfen auftrat, sagte Dr. Steiner, daß die Kupferbehandlung nun zu stark auf das rhythmische System vom Stoffwechsel gewirkt habe. Es wurde Zinnober gegeben, um wieder einen Ausgleich herzustellen. Merkur hat die Tendenz, eine Gleichgewichtslage zu schaffen.

Diese Krankengeschichte zeigt also im besonderen, daß man bei Kindern mit dickem Leib und Verdauungsschwäche auch immer auf die Kopfgestaltung aufmerksam sein sollte."

Nr. 125 46jährige Patientin
Ausfallserscheinungen nach Unterleibsoperation

9. September 1923 *Aufnahme in die Klinik.*

Anamnese: Die Kinderkrankheiten waren: mit 8 Monaten schwere Bronchitis, in den ersten Jahren Wasserpocken, mit 6 bis 12 Jahren Röteln, mit 8 Jahren Scharlach.

Menarche mit 15 Jahren. Die Blutungen waren von Anfang an immer sehr stark und sehr schmerzhaft, meist dreimal pro Monat; dann aber, mit 39 bis 40 Jahren, nur alle 6 bis 8 Wochen, doch 14 Tage vor Eintritt der Blutungen immer Fieber und heftige Schmerzen. Mit 40 Jahren zweimal Uterus-Dilatation und vorübergehende Besserung.

Mit 42 Jahren Bauchfellentzündung und danach Totalexstirpation von Uterus und Ovarien. Es fand sich ein zitronengroßes Fibrom am Uterus und eine Ovarialzyste. Nach der Operation keine Unterleibsbeschwerden mehr, doch starke Gewichtszunahme und täglich sehr unangenehme Wallungen.

Außerdem sehr große Neigung zu Verstopfung und teilweise auch Darmkatarrh. Diese Verdauungsbeschwerden hatten schon einige Zeit vor der Operation begonnen. Patientin wurde dafür angeblich u. a. auch mit Seruminjektionen behandelt, was eine heftige Serumkrankheit mit Fieber und ausgedehntem Nesselausschlag zur Folge hatte. Ferner hat Patientin große Neigung zu Rachen- und Kehlkopfkatarrh im Frühjahr.

Zweimal war auch eine Operation am linken Augenlid nach Verletzung durch Fremdkörper nötig.

Zur Zeit klagt Patientin insbesondere noch über Müdigkeit, Ohrensausen und schlechten Appetit.

Der Schlaf ist leise, mit wenig Träumen. Das Einschlafen geht schwer. Beim Aufwachen ist Patientin noch müde.

Befund: Die etwas nervöse, temperamentvolle Patientin ist mittelgroß, dicklich, ihr Gewicht 63,1 kg. Die Hautfarbe ist blaß, das Haar dunkel und kraus. Die inneren Organe sind o. B.

Hämoglobin 65% nach Sahli; Erythrozyten 4,8 Mill.

Urin frei von Eiweiß und Zucker.

Stuhl frei von Blut.

Vorläufige Ordination:
>   Clairotee täglich
>   Wermut-Leibwickel.

11. September 1923: Beratung mit *Dr. Steiner.*

Dr. Steiner an die Patientin gerichtet: „Sie haben viel Hautkrankheiten gehabt?" — „Ja."

„Haben Sie dabei Schmerzen gehabt?" — „Ich habe keine Erinnerung daran."

„Sind Sie sehr oft müde in den Beinen?" — „Vor dem Schlafengehen habe ich Schmerzen in den Beinen, aber nicht in den Händen."

„Aber irgend etwas stört Sie da (auf die Fingerspitzen weisend)? Wenn Sie sich die Nägel schneiden, tut das weh?" — „Nein."

„Haben Sie so etwas oft am Nagel (verkümmerter, stark gerillter Nagel)?" — „Nein, ich habe ein Panaritium am Finger gehabt."

„Sie hat sehr starke Linien an den Nägeln". — „Stimmt das, daß Sie sehr wenig Träume haben?" — „Ja, aber wenn ich träume, sind die Träume schön."

„Keine Tiere und nicht wilde Träume? Sind Sie gleich müde beim Gehen?" — „Ja."

Dr. Steiner an die Ärzte gerichtet: „Man muß versuchen, alles zu tun, um die in diesem Falle vom verkümmerten Ätherleib ausgehende Vitalität, die nur im Kopfe und im Rücken ist, zu verbreiten. Der Ätherleib wird gerade ungefähr von einer Fläche an, die unter einem Winkel gegen das Zwerchfell geneigt ist, träge, so daß zu kurz kommen die Verdauungsorgane und die Ovarien. Von da an ist alles schlecht vitalisiert. Und das stimmt, daß sie keine schlechten Träume hat, weil diese Partien verkümmert sind. So muß man versuchen, ihr *Kupfersalbe-Umschläge* zu geben *auf Unterschenkel und Füße*; und rückwärts, von da aus anstoßend (gemeint ist von Zwerchfellhöhe abwärts), indem man auflegt *Arsenumschläge auf den Rücken.* Die Salbe kann man immer tragen, und die Umschläge kann man am besten machen gerade am Morgen, weil da das System am wenigsten funktioniert."

Und auf die Frage, ob etwas innerlich zu geben sei: „Das wird nicht viel helfen, höchstens etwas *Tee von Levisticum officinale.* Wirksam ist davon vor allem die Wurzel. Diese Pflanze hat sehr viel Pflanzengummi, wodurch man alle metallischen Einschläge so hat, daß sie verkittet sind, daher sehr stärkend auf den Verdauungstrakt; Wirkung zwischen Darmgang und Lymphgang."

Verlauf: 20. September 1923. Im allgemeinen ist eine Besserung zu verzeichnen. Patientin schläft besser. Doch gelegentlich hat sie etwas Leibschmerzen, z. B. auch Bläschen im Munde durch Apfelmus. Gestern kam es auch zu einem Anfall von Herzunruhe und Oppression.

24. September 1923: Heute ist Patientin viel müde und nervös, hat auch öfter Brechreiz.

Unterredung mit *Dr. Steiner:* „Was sind Sie gewohnt zu essen?" — „Fleisch, Kartoffeln, Obst."

„Haben Sie einmal eine Blutuntersuchung gemacht?" — „Ja, das Hämoglobin war 65%, die Erythrozytenzahl 4,8 Mill."

„Sie trinken gerne Milch?" — „Ja."

„Das ist gut. Aber wenn Sie zu viel Milch nehmen, dann werden Sie schwach, wenn Sie nicht dreimal wöchentlich ein kräftiges *Spinatgemüse* essen. Niemals sollten Sie Kaffee mit Satz trinken. Es muß aller Kaffee aufgelöst sein. Etwas Kaffee mit Milch ist sehr gut. Was trinken Sie sonst?" — „Wasser."

„Ich wäre doch dafür, daß Sie ab und zu etwas *Zitronenlimonade* trinken. Aber keine Eier und keinen Fisch dürfen Sie essen. Dann aber Fleisch und dreimal die Woche ein sehr kräftiges Spinatgemüse."

Auf die Frage der Patientin, welche Farbe für ihr Zimmer passe, da sie Rot im Zimmer sehr aufrege: „Matt violett".

Jetzt zu den Ärzten gerichtet: „Wenn sie zu viel Milch trinkt, dann hat sie nach einiger Zeit zu wenig Eisen im Blut. Und deshalb muß sie dreimal wöchentlich ordentlich Spinat nehmen. Und Milch soll man ihr nicht entziehen, weil sie gern Milch trinkt. Das andere muß sie fortsetzen."

Und auf die Frage, ob wegen der Wallungen nicht evtl. Ovaraden günstig wäre: „Vieles kommt natürlich von der Operation. Aber die Kur ist schon entsprechend zusammengesetzt. Höchstens noch in den *Tee* hineingeben: *Holunder zu gleichen Teilen mit Levisticum*. Das wirkt beruhigend auf den Unterleib. Sie wollen also die Absonderung fördern. Und das bewirkt schon die Kupfersalbe an den Beinen, sie zieht die Absonderung. Die Arsenumschläge fördern, daß sie das Ausziehen gebrauchen kann, und das Levisticum verarbeitet."

29. September 1923: Abreise nach Hause. Der Zustand ist noch labil, wenn auch besser. Patientin ist vor allem noch leicht nervös.

Bericht vom Dezember 1923: Patientin führt die Kur zu Hause weiter fort und fühlt sich wesentlich besser.

9. Juli 1924 Konsultation: Patientin hatte einen verhältnismäßig guten Winter. Die letzte Zeit mit den Arsenumschlägen ausgesetzt und statt ihrer Antimon-Suppositorien angewendet in der Annahme, die Umschläge hätten die Hämorrhoiden verstärkt. Die Diät wird noch eingehalten, doch ist der Appetit sehr gering, auch fühlt sie sich nach Essen von Brot aufgetrieben und kurzatmig. Die Urinmenge ist klein, meist mit viel Bodensatz (Ziegelmehl). Der Stuhlgang ist mit Hilfe von Clairotee geregelter. Es kommt noch zu Wallungen und Schweißausbrüchen. Seit dem Winter auch öfter plötzlich kurzdauernde Schmerzen im Oberschenkel oder neuralgische Schmerzen im rechten Unterkiefer, auch Knacken im rechten Kiefergelenk.

Befund: RR 120; Herz o. B.; Leib etwas aufgetrieben, sonst o. B.

Ordination: Hepatodoron, Digestodoron
Leibmassage mit Kupfersalbe
Rückenmassage mit Arsensalbe.

Nr. 126   Frau von 28½ Jahren
Starke Schwangerschaftsbeschwerden mit Interruptio, Dysmenorrhoe, Varicosis usw.

26. April 1924 *Beratung*.

Anamnese: Patientin war früher nie krank.

Mit 23 Jahren Heirat. Mit 24 Jahren erste Gravidität. 8 Tage nach deren Beginn heftiges Erbrechen und starke Pulsbeschleunigung, so daß nach etwa 14 Tagen die Schwangerschaft unterbrochen werden mußte. Danach einige Zeit etwas schwach, aber gesund.

Etwa 3 Monate später zweite Gravidität, die nach 3 Wochen unterbrochen werden mußte. Damals nur heftiges Erbrechen, keine Pulsbeschleunigung.

Seit einem Jahr ist die Periode allmählich weniger stark geworden. Sie dauert jetzt nur noch 1 Tag (früher 3 Tage), doch ist sie prämenstruell und zu Beginn mit Schmerzen verbunden.

Seit einem Jahr auch allmählich Zunahme an Gewicht, dabei öfter Hautjucken am Hals, außerdem Verschlimmerung von Krampfadern am rechten Bein. Auch besteht leichte Neigung zu Verstopfung und Hämorrhoidenbildung.

Appetit und Schlaf sind gut.

Die Eiweißprobe im Urin ergibt eine leichte Trübung.

Für diese Patientin empfahl *Dr. Steiner:*

> *Umschläge um die Hüften mit Prunus spinosa*
> *Auf den Leib Senf*
> *Sitzbäder mit: Helleborus niger, Berberisfrucht, Kalialaun je D 3.*

> *Beinumschläge mit Cuprum metallicum,* mit dem Hinweis, daß vorliegt „eine Schockwirkung in der Zeit, wo die Geschlechtsreife eintreten sollte. Der Astralleib wurde weggezogen von den Unterleibsorganen."

Nr. 127   Frau, 30 Jahre alt, Schwedin
Rheumatische Beschwerden, Ischias und Kreislaufstörungen

Anamnese: Patientin ist Eurythmistin. Aus ihrer Kindheit erinnert sie sich, daß sie bei sonst normaler Entwicklung und gleichmäßigem Wachstum erst mit 12 Jahren ein Zungen-R sprechen konnte und wegen Schüchternheit leicht stotterte.

Mit 3 Jahren hatte sie Scharlach mit Lungenentzündung; danach bis zum 15. Jahr viel Ohrenschmerzen, Ohrenlaufen und Schwerhörigkeit. Mit 6 Jahren von einer hohen Treppe auf den Rücken gestürzt und danach lange gelegen, auch nochmals mit 11 Jahren auf den Rücken gestürzt und seitdem rückenschwach.

Mit 14 Jahren wurden Nasenpolypen operativ entfernt. Als Kind hatte sie auch viele Erkältungen mit Fieber und Halsschmerzen.

Mit 12 Jahren auch wieder eine Lungenentzündung. Patientin war damals dem Tode sehr nahe, konnte danach auch lange Zeit keine gesalzenen Speisen genießen, hat auch jetzt noch bei Salzgenuß Fiebergefühl und Magenbeschwerden, während sie Gewürze gut verträgt.

Menarche mit 14 Jahren, Periode meist regelmäßig, stark, etwa 7 Tage dauernd, sonst ohne Beschwerden.

Mit 16 Jahren vom Pferd aufs Gesäß gestürzt und später nochmals auf dem Eis.

Mit 19 Jahren, nachdem vorher öfter Blinddarmreizungen aufgetreten waren, Appendektomie.

Mit 20 Jahren Arsenikvergiftung: sie wurde ganz grau, müde und hatte viel Kopfschmerzen.

Mit etwa 24 Jahren sehr hartnäckige Obstipation und Magenstörung. Vorausgegangen war eine Augenmuskellähmung am rechten Auge und eine Mumpserkrankung.

Mit etwa 27 Jahren, nach großen Aufregungen, ½ Jahr lang eine Art Nervenzusammenbruch. Patientin konnte schlecht gehen, hatte Schmerzen an den Fußsohlen, auch geschwollene Fußsohlen und ischiasartige Schmerzen, links stärker als rechts. Die Arme konnte sie nicht mehr über Schulterhöhe heben, sie schmerzten auch sehr; der ganze Körper tat eigentlich weh. Auch der Magen war ganz in Unordnung und schmerzte nach dem Essen.

Mit 28 Jahren Ekzem über dem ganzen Körper, verbunden mit starkem Jucken. In den letzten Jahren auch öfter Blasenkatarrh.

Bis zum 27./28. Lebensjahr trat noch mehrmals etwas Lungenverschleimung auf. Seit der Kindheit und bis zum letzten Jahr litt Patientin auch viel an Kopfschmerzen.

Mit etwa 25 Jahren Tonsillektomie.

Befund: Patientin ist kräftig gebaut, etwas untersetzt, klein bis mittelgroß. Die Beine sind etwas plump, die Haare blond, die Hautfarbe blaß. Die Muskeln sind kräftig, das Fettpolster gut entwickelt. Die Bewegungen sind flink, die Perzeption rasch, Intelligenz und Willensfunktion gut, die Stimmung heiter, nur während des Krankseins zeitweise deprimiert. Der Appetit ist in letzter Zeit sehr schlecht.

Eine erste Behandlung erfolgte wegen Herzklopfen mit völliger Appetitlosigkeit und bestand in Ruhe, Cardiodoron innerlich und zusätzlich auf Rat von *Dr. Steiner Acidum hydrochlor. D 6 innerlich.* — Danach wesentliche Besserung des Appetites und der Herzbeschwerden.

Eine zweite Behandlung erfolgte einige Wochen später wegen doppelseitiger Ischias-Beschwerden; sie bestand in *Senfpackungen der Beine.* Diese Packungen wurden sehr angenehm empfunden. Bald konnte sie auch wieder ohne Schmerzen gehen. Doch klagte sie dann darüber, daß sie nicht recht stehen konnte, die Beine und die linke Seite vom Gesicht abwärts seien öfter kalt und gespannt, wie Marmor nach ihrem Gefühl.

Daraufhin erfolgte eine Behandlung mit:

Aurum D 6 innerlich
Arnica D 3-Injektionen
Kupfersalbe an den Beinen.

Die Wirkung dieser Behandlung war überraschend gut. Patientin fühlte sich im allgemeinen viel frischer und konnte viel besser gehen. Sie hatte eigentlich nur noch etwas ziehende Schmerzen in den Beinen, die sie aber nur wenig behinderten.

Nr. 128   34jähriger Amerikaner
Erkältungsdisposition, Varicosis

28. Oktober 1922 *Aufnahme in die Klinik.*

Anamnese: Patient ist Maler von Beruf.

Aus seiner ersten Kindheit erinnert er sich nur, daß er immer viel an Ausschlag gelitten und wie eine Art Blutvergiftung gehabt habe. Er habe dann viel Fleischsaft erhalten, sei dann aber sehr wild und ungezogen geworden.

Seit dem 7. Lebensjahr besteht große Neigung zu Erkältungen und Halsschmerzen.

Mit 13 Jahren hatte er Typhus mit Endocarditis und Pleuritis; seitdem auch Krampfadern, besonders am rechten Bein.

Mit 21 Jahren Tonsillektomie, danach einige Jahre weniger häufig Erkältungen gehabt.

Mit 31 Jahren Masern.

Im Frühjahr 1922 wurde er hier ambulant behandelt wegen Husten. Danach ging es damals besser. Doch in diesem Sommer trat wieder ein Abszeß im Hals und eine Furunkulose auf, und er wurde in Paris antibiotisch behandelt. Nach einer zeitweiligen Besserung trat aber eine Dysenterie auf und jetzt, 14 Tage vor der Aufnahme, auch wieder ein Abszeß im Hals.

Sonst ist der Sommer und Herbst die beste Zeit für den Patienten. Wärme verträgt er sehr gut.

Befund: Der Patient ist von hohem, schlankem Wuchs, kräftiger Konstitution bei guten Proportionen und 68,3 kg Körpergewicht. Die Haare sind dunkelblond, die Hautfarbe gelbbraun. Muskeln und Fettpolster sind gut entwickelt. Die Art seiner Bewegungen ist zappelig, unmotiviert, seine Perzeption gut, die Stimmung meist sehr gut, auch der Appetit und der Schlaf; dabei in letzter Zeit sogar das Gefühl, daß er weniger Schlaf nötig habe.

Die Harnleerung ist o. B.

Der Stuhlgang neigt zu Obstipation und Gasbildung.

Objektiv besteht Rhinitis, Pharyngitis, Laryngitis.

Herz und Lungen sind o. B.

Verlauf: Die Behandlung begann mit Zinnober D 20 2mal täglich, Phosphor D 5

2mal täglich 5 Tropfen, Spiritus contra tussim (Hustentropfen Nr. 110), Gurgeln mit Salbeitee, mit etwas Zitrone angesäuert, Rachenpinselung.

Dazu kamen nach Abklingen der katarrhalischen Symptome neben Heileurythmie und Höhensonnen-Behandlung als grundlegende Unterstützung: *Brennesselbäder, Kupfersalbe an Fersen und Unterschenkeln.* Dabei erholte sich Patient sehr befriedigend. Doch bestand weiter eine latente Empfindlichkeit des Halses für Erkältung. So riet *Dr. Steiner* bei einer Beratung am 1. Dezember 1922 zur weiteren Kräftigung noch zu Zitronenbädern, 3mal pro Woche.

Und bei seiner Abreise am 11. Dezember 1922 war Patient munter und ohne Beschwerden. Doch kam der Patient vom 24. Dezember 1922 bis 19. März 1923 nochmals zur Durchführung einer Kur in stationäre Behandlung zurück. In diese Zeit fiel der Goetheanum-Brand. Große Strapazen in der Brandnacht und nachherige Nachtwachen leistete er ohne sich dabei eine Erkältung zuzuziehen. Aber in der Folge bestand doch noch zunächst eine gewisse Labilität mit Anzeichen von Erkältung, zeitweise auch von rheumatischen Rückenbeschwerden und Magenverstimmung.

Nr. 129   Ein Kind, C...
Albuminurie
Es treten *im Urin Spuren von Eiweiß auf.*
Nach Beratung mit *Dr. Steiner* war die Ordination:
„3—4 Wochen *Iridin innerlich,*
nachher *Kieselsäure, Schwefel,* aber jedesmal schon bereit stehen lassen, wenn es dies nimmt, einen *Aufguß von Fliedertee* und den dann nachtrinken lassen. Das aber erst nach 4 Wochen." —
Als Fliedertee bezeichnete Dr. Steiner Holunderblütentee.

Und unter gleichem Namen findet sich die Ordination notiert:
Antimon-Suppositorien
Urtica dioeca innerlich
Clairotee
Kupfersalbe
Als Heileurythmie: L S N M, Beinübungen

Nr. 130   44jährige Frau, Norwegerin
Varicosis, Anämie (perniciöse?)
September 1922 *Beratung.*
Anamnese: Patientin ist Mutter von 9 Kindern. Die letzte Geburt war Dezember 1921. Wegen Varicosis und Neigung zu Thrombosen war ihr durch Vermittlung der Klinik ein *Kupfergürtel* geschickt worden. Jetzt klagt sie über Müdigkeit. Sie kann keine Anstrengungen vertragen, sonst tritt Herzklopfen auf.

Seit vielen Jahren litt sie an Schlaflosigkeit, die sich aber in der letzten Zeit sehr gebessert hat.

1918 hatte Patientin eine Grippe mit Lungenentzündung.

Als Kind war sie blutarm.

Die Periode war immer sehr stark, doch nur zwei Tage.

Der Stuhlgang ist regelmäßig.

Die Untersuchung ergibt: Herztöne nicht ganz rein, sonst Herz o. B., Lungen o. B.

Blutstatus: Hämoglobin 55% nach Sahli
Erythrozyten 3 Mill.
Leukozyten 3800.
Dr. Steiner empfiehlt
innerlich: Sassafrasholz/Spinatwurzel D 6
Cardiodoron

Bäder mit Zusatz von:
Sassafrasholz 20%
Spinatwurzel 20 % aa
   50 ccm pro Bad.

Nr. 131 *36jährige Frau*
Amenorrhoe, rheumatische Beschwerden
13. September 1922 *Beratung.*

Anamnese: Patientin klagt über Ausbleiben der Periode seit 3 Monaten, auch sonst über Unregelmäßigkeit derselben, sowie über rheumatische Beschwerden. Sie ist viel auf Reisen. Die Mutter leidet an Gicht.

Dr. Steiner: „Der Astralleib ist nicht in den Armen und Beinen."
Ordination: *Arnica-Salbe*
    Kupfergürtel.

Ein weiterer von *Dr. Steiner* wahrscheinlich 1924 gegebener Rat war:
  1. Hypophysis cerebri-Injektionen
    7 Injektionen, jeden 2. Tag eine, dann 7 Tage Pause
  2. Oxalsäure-Salbe zum Einreiben der Beine.

Es bestand offenbar eine Neigung zu Adipositas, denn es ist vermerkt, daß Patientin die letzte Zeit Abmagerungstee trinkt.

Nr. 132 *Patientin, mittleren Alters*
Gestörter Wärmeorganismus, Venenstauung in den Beinen
1921 erste Konsultation in der Basler Sprechstunde bei Dr. Wegman. Patientin klagte über Kältegefühle, die vom Rücken bis zu den Beinen gehen, außerdem über Müdigkeit, Appetitlosigkeit, Druckpunkte über den ganzen Körper.

Der damalige Befund lautete: mittelgroß, blaß, gelbe Gesichtsfarbe. Schmerzen in der Gallenblasengegend, auch im ganzen Leib; Verstopfung; Periode regelmäßig. Gewicht 75 kg, Hämoglobin 75% nach Sahli. Temperatur 37,2 bis 37,6°.
Ordination: Karlsbader Mühlbrunnen
    Fichtennadelbäder
    Nux vom. D 3 innerlich
    Abliegen nach dem Essen.

Mai 1922: Beratung in der Klinik.
Patientin klagt wieder über Kälteerscheinungen bei sonstigem Wohlbefinden. Blutstatus: Poly 66%, Eos 7,5%, Lympho 20%, Mono 6,5%.
Dr. Steiner empfiehlt:
  Kochsalz D 6-Injektionen
  Carbo veg. (D 20?) innerlich.

November 1923: Patientin klagt jetzt über Beinbeschwerden, sowohl rechts wie links.

Befund: Wenn man über das Bein streicht, fühlt man die Venen unregelmäßig gefüllt. Auf Druck tun sie weh, und zwar überall. Anzeichen für Entzündungen bestehen nicht.

Dr. Steiner: „Das ist nur in den Beinen?" — „Ja."

„Warum haben Sie sich so gesträubt gegen das Abbinden?" — Sie ist abgebunden (gemeint ist bandagiert).

„Haben Sie abgebunden den Unterleib?" — „Ja, aber das rutscht in der Nacht."

„Haben Sie manchmal einen kleinen Schwindel?" — „Nein."

„Haben Sie noch immer die Kälte wie damals?" — „Ich glaube, ich bin jetzt dicker, besonders im Nacken." —

„Wie geht es jetzt in der Eurythmie? Halten Sie sich für geschickt oder ungeschickt?" — „Ich tue es sehr gern, deshalb ist es so dumm mit den Beinen."

„Nehmen Sie viel Eurythmie?" — „Drei Stunden pro Tag."

„Das ist auch nicht zuviel, es schadet nichts, wenn Sie müde sind." — „Jetzt geht es auch gut, aber ich habe Angst, da die Venen dicker werden." — „Machen wir das Ab-binden so, daß wir nur *Spuren von Kupfersulfat* hineinnehmen in den Verband, und dann: *Cuprum metallicum* legen wir *auf die Fußsohlen* (Fersen) auf.

Es ist nicht so furchtbar Schlimmes mit Ihnen los. Und wenn Sie sorgfältig diese Kur machen, dann wird es bald besser werden" ... „Die Bandage um den Leib kann sie den ganzen Tag machen und das an den Fußsohlen nur nachts."

Bei weiteren Gelegenheiten gab *Dr. Steiner* noch den Rat:

1. Sie solle *einen Backstein im Ofen* aufwärmen und *auf den Leib* legen.
2. Januar 1924: *Injektionen mit Urtica dioeca D 10.*

Von dieser Patientin ist bekannt, daß sie in späteren Jahren psychisch etwas eigenartig war und vor Jahren gestorben ist.

Nr. 133   32jähriges Fräulein, Norwegerin
Verdauungsdysfunktion, Magenptosis

12. August 1921 *Aufnahme in die Klinik.*

Anamnese: Die Entwicklung in der ersten Kindheit war normal. Mit 12 Jahren hatte sie rheumatische Hüft- und Schulterschmerzen. Die Reife ist ziemlich früh ein-getreten; die Menses waren o. B. Mit 13 bis 14 Jahren hatte Patientin schon ihre jetzige Größe, war sehr zart, hatte häufig Magen-Darmstörungen mit Kopfschmer-zen und schlechtem Appetit.

Mit 22 Jahren Pleuritis rechts. Vorangegangen war viel Müdigkeit. Danach Lungenspitzenkatarrh ohne Husten oder Bazillen im Auswurf. Mit 23 Jahren Blind-darmentzündung, die sich öfter wiederholte. Mit 25 Jahren Blinddarmoperation. Danach sehr häufig und auch jetzt noch krampfartige Leibschmerzen mit schleimigem Stuhl und Kopfschmerzen. Auch schon seit dem 24. Jahre Magenbeschwerden, die sich als diffuser Schmerz in der Magengegend, manchmal auch als leichtes krampf-haftes Zusammenziehen äußern und in der Nacht am schlimmsten sind, auch nicht unmittelbar mit der Nahrungsaufnahme zusammenhängen. Leichte Speisen wirken eher beruhigend und die Beschwerden verschlimmern sich einige Stunden nach dem Essen. Der Schlaf ist bei Magenbeschwerden sehr schlecht, sonst etwas besser, aber mit häufigen Unterbrechungen und vielen Träumen. Diese sind sehr verschieden, zuweilen aber besondere und wahre Träume. Gegen Nachmittag und Abend ist Patientin frischer als am Morgen. Wärme wird besser vertragen als Kälte.

Der Stuhlgang ist meist regelmäßig, doch mit Neigung zu Verstopfung.

Ambulant erhielt Patientin schon eine Zeitlang Heileurythmie, z. B.: H, L, S, D, R. Auch bekam sie jeden zweiten Tag den *Leib mit Kupfersalbe 0,4⁰/⁰ einmassiert*, dazu innerlich *Phosphor D 6.* Daraufhin ging es auch Patientin zunächst allmählich ganz ordentlich, die Magenbeschwerden besserten sich. Patient wurde auch unterneh-mungslustiger. Doch durch eine Überanstrengung trat wieder ein Rückfall ein, wes-halb zu einer Aufnahme in die Klinik geraten wurde.

Befund: Patientin ist mittelgroß, grazil gebaut und von sehr zarter Konstitution mit geringem Fettpolster und schwächlichem Muskelbau. Gewicht 46 kg. Farbe blaß mit gelben Flecken im Gesicht. Sie ist langsam in Bewegung und wechselnd in der Stimmung. Intelligenz und Auffassungsvermögen sind gut. Die Hände sind geschickt, die Sinnesorgane o. B.

Die weitere Untersuchung ergibt eine Ptosis des Magens mit Magenplätschern. Der Urin ist normal.

Die Behandlung war zunächst *Bettruhe, Diät* mit zusätzlich Olivenöl, auch *drei frische, möglichst noch nestwarme Eier pro Tag aus der Schale zu trinken.*

Magen- und Milzmassage mit Kupfersalbe 0,4⁰/⁰
Wermutwickel

innerlich: Wismut D 12 und
Kupfer/Silber/Quecksilber aa D 15.
Weiterer Verlauf: Die Wermutwickel wurden allmählich durch Leinsamenkata-
plasmen ersetzt. Dazu kamen auch noch *Bleibeklistiere mit Kupfersulfat* und
Carbo veg. innerlich.

Doch bestand noch häufig Wundgefühl im Magen, starke Neigung zu Obstipation
und danach zu profuser Diarrhoe mit viel Schleimabgang, einmal auch mit Blut. Bei
Obstipation bestand auch Neigung zu Migräne, Übelkeit und Flatulenz.

So ging es nur langsam vorwärts, auch mußte die Kur vorzeitig (23. September
1921) unterbrochen werden.

Die heileurythmischen Übungen waren: E-, S-, L-, Sch- und H-Übung und hatten
wohltuende Wirkung.

Nach der Entlassung erhält Patientin auf Rat von *Dr. Steiner* noch das folgende
Medikament: *Ptyalinum asini D 15 innerlich.* Auch sollte sie einen *Kupfergürtel*
tragen. Und laut Berichten ging es Patientin nach der Entlassung sogar erstaunlich gut.

Nr. 134   *50jähriges Fräulein*
Varicosis, chronischer Gelenkrheumatismus

2. Juli 1924 Beratung.

Anamnese: Patientin war als Kind sehr schwach, aber nicht direkt krank, jedoch
etwas empfindlich im Magen, hatte während der Schulzeit sehr viel Migräne, auch
viel Ohrenschmerzen, doch keine eigentlichen Kinderkrankheiten.

Von 15 bis 25 Jahren sehr bleichsüchtig, war viel müde und bekam leicht Herzklopfen, hat damals sehr viel Eisen geschluckt.

Menarche mit 13 bis 14 Jahren. Doch mit 15 Jahren setzte die Periode wieder für
ein Jahr aus, war danach aber regelmäßig, mäßig stark und gelegentlich sehr
schmerzhaft.

Mit 17 Jahren Beginn von Krampfadern, die sich allmählich verschlimmert haben
und zur Zeit sehr lästig sind.

Seit dem 8. bis 9. Jahr chronischer Rheumatismus abwechselnd in den verschiedenen Gelenken, auch Lumbago.

Mit 31 Jahren wegen Kreuzschmerzen operative Verkürzung der Mutterbänder,
doch ohne Erfolg. Patientin hat auch jetzt immer viel Rückenschmerzen und Schmerzen
in den Weichteilen der Oberschenkel und Leisten. Abends Schwellung der Beine und
besonders der Knie. Appetit und Schlaf sind gut.

Wasserlassen und Urin ohne Besonderheiten.

Stuhlgang in letzter Zeit gut, früher oft unregelmäßig und öfter explosiv.

Auf Rat von Dr. Steiner war die Ordination:

Bäder mit: Arnica, Urtica dioeca, Zitrone
Halbbad mit CuSO₄
Rückenmassage mit Kupfersalbe.

Für einen Patienten des gleichen Namens (ob dieselbe?), mit Klagen über Augen-
beschwerden, Schweißfüssen bei bestehenden Plattfüßen, gibt es noch den Rat von
Dr. Steiner: anfangen, daß man ihr (ihm?) *das Bein bindet* und *Einlagen in die
Schuhe* gibt. *Abbinden mit Uranpechblende. In der Nacht Uranpechblende an den*
Fußgelenken.

Kupferwickel
Baunscheidt am Rücken
Massieren mit Kupfervitriol.

Durch die Klinik erhielten nach Beratung mit Dr. Steiner die folgenden Ordinationen:

Nr. 135   Ein junger Patient
> Kupfergürtel
> Eisen D 2 innerlich.

Nr. 136   Ein Patient
Blutende Hämorrhoiden mit Hämorrhoidalbeschwerden
Innerlich: Teucrium marum D 3.
Auch sollte er wegen Hämorrhoidalblutungen *Kupfer in die Schuhe* legen; speziell erwähnt waren dafür *die Fersen.*

Nr. 137   Eine Frau
wegen Neigung zu Phlebitis
Kupferblättchen an den Fersen zu tragen.

Nr. 138   Eine französische Patientin
> Kupferumschläge auf das Genick
Innerlich: Prunus spinosa D 3
> Oxalsäure D 6
> Isländisch Moos D 6
> Nordseewasser D 6 aa 2 × täglich 8 Tropfen.

Nr. 139   Fräulein mittleren Alters
Basedow
1924 Beratung.
Anamnese: Patientin steht in Holland in Behandlung von Dr. Zeylmans wegen Basedow. Nachdem Colchicum ohne Erfolg war, erhielt sie Cuprit und Heileurythmie, was günstige Wirkung hatte.

1912 war eine Struma-Operation erfolgt.

Vor dieser Operation bestand große Vergeßlichkeit, nach der Operation zuerst Besserung. Nach zwei Jahren trat wieder ein Rückfall ein. Dann wieder Besserung durch Beschäftigung mit Anthroposophie. Doch neuerdings, seit Februar 1924, besteht nach einer Umsiedlung und nach Aufregungen wieder Verschlechterung. Patientin klagt jetzt über starke Gliederschmerzen, besonders in den Hüften und in den Oberschenkeln; über Drüsenschwellung links am Hals. Nachts hat sie innerlich im Hals vom Kropf ausgehend Schmerzen mit Erstickungsgefühl und Blutandrang im Kopf. Zeitweise tritt Herzklopfen auf, und bei Bewegung sehr leicht Schwitzen.

Der Schlaf ist oberflächlich und unregelmäßig. Patientin erwacht sehr oft, hat auch sehr viele und traurig stimmende Träume von Unglücken, Todesfällen usw.

Die Verdauung ist sehr wechselnd mit Neigung zu Verstopfung in den letzten Monaten. Der Appetit ist gut.

Dr. Steiner empfahl hier:
> Bäder mit Lindenblüten und Holundersaft (Blüten und Früchte)
innerlich: Cuprit
> Weidenkätzchen-Tropfen.

Nr. 140   8jähriges Mädchen
„Anlage zu Basedow"
1924 Beratung.
Anamnese: Die Mutter ist asthmaleidend. Das Kind wurde nach schwerem

Asthma der Mutter im 7. Monat geboren. Während der letzten 4 Monate der Schwangerschaft schlief die Mutter infolge des Asthmas fast gar nicht, aß sehr wenig, ausgenommen die letzten 4 Wochen, wo sich abnormer Heißhunger einstellte. Die Geburt war normal. Das Kind wurde 5 Monate gestillt, entwickelte sich gut und hat rechtzeitig laufen gelernt.

Vom 2. bis 4. Lebensjahr hatte es häufig Blähungsbeschwerden. Sonst war es nie krank, blieb nur sehr klein und für sein Alter sehr zart.

Der Appetit ist gering, die Verdauung normal, der Schlaf gut, doch mit lebhaften Träumen.

Dr. Steiner spricht von einer „Anlage zu Basedow" und rät zu Cuprit.

Nr. 141   9jähriges Mädchen
Disposition zu Basedow

Beratung.

Anamnese: Die Patientin ist ein Zwillings- und 7-Monatskind, war die ersten Lebensmonate sehr elend und dystrophisch. Jetzt fragen die Eltern um Rat, weil große Neigung zu Fieber und Halsdrüsenentzündung besteht.

Die Mandeln waren auch schon mit 5 Jahren entfernt worden.

Befund: Das Mädchen macht einen zarten, lymphatischen Eindruck, ist eher phlegmatisch-melancholisch als lebhaft.

Auch Dr. Steiner sieht dieses Mädchen und gibt den Rat: „Da müssen wir nacheinander geben:

1. Tag: Equisetumbäder
2. Tag: Schwefelbäder
3., 5. Tag: Phosphor innerlich

dann wieder die Bäder. Außerdem unser Mittel gegen Basedow: Cuprit."

Denn: „Es ist ein Symptomenkomplex, der auftritt wie bei Kindern, die in Basedow verfallen. Die Ich-Organisation ist an verschiedenen Stellen zu kurz gekommen."

Und bezüglich Eurythmie gibt Dr. Steiner den Hinweis: „Es wird ihr alle Eurythmie gut tun."

Diese Patientin hat sich später gut und kräftig entwickelt, ist praktisch und künstlerisch sehr tüchtig und tätig geworden.

Nr. 142   16jährige Patientin
Ermüdbarkeit, rheumatische Beschwerden,
leichte Hyperthyreose

Anamnese: 24. August 1924.

Patientin hat erst mit 2 Jahren laufen gelernt und in den ersten Kinderjahren Keuchhusten, Wasserpocken und Masern gehabt.

Mit 6 Jahren leichter Gelenkrheumatismus.

Mit 10 Jahren Scharlach und nochmals Wasserpocken.

Mit 13 Jahren Diphtherie, auch Neigung zu rheumatischen Gelenkschmerzen.

14/15 Jahre alt hatte sie nach einer Angina einen schweren Gelenkrheumatismus, lag damals 3 Monate zu Bett und machte daran anschließend eine Kur in Wildbad.

Menarche mit 15 Jahren, Periode o. B.

Die jetzigen Beschwerden sind: sehr große Ermüdbarkeit. Besonders am Morgen ist Patientin sehr müde. Auch besteht Neigung zu Furunkelbildung und zu Rheumatismus im Nacken.

Appetit, Verdauung und Schlaf sind gut.

Befund: Patientin ist sehr groß, schmal, hellblond und blaß. Die Schilddrüse ist etwas vergrößert, die großen Augen stehen leicht vor. Die Muskulatur ist schlaff.

Herz: leicht nach links verbreitert, systolisches Geräusch an der Spitze, Aktion leicht erregt.

Lungen o..B.

Im Urin Spuren von Eiweiß, sonst o. B.

Die Ordinationen waren:

Colchicum innerlich und *als Injektion*
Waldon III
Kupferglanz D 2.

Dr. Steiner empfiehlt bei dieser Patientin — gelegentlich einer Beratung im September 1924, die ältere Schwester betreffend [81] Nr. 32 —: *die bisherige Kur weiter fortzusetzen und ihr gemeinsam mit der Schwester als Heileurythmie zu geben: L M S R, als Injektion: Sarsaparill—Wurzel D 5* mit dem Hinweis: „Als Untergrund ist eine luetische Grundlage vorhanden. Dazu kommen die übrigen Symptome, die für sich behandelt werden müssen."

Nr. 143   39jährige Patientin
Vitium Cordis im Stadium der Dekompensation

25. Dezember 1921 *Aufnahme in die Klinik.*

Anamnese: In der Familie ist ein Bruder mit 25 Jahren plötzlich an einem Herzfehler (Gefäßerweiterung) gestorben, die Mutter mit 60 Jahren an Lungentuberkulose durch Blutsturz, der Vater mit 44 Jahren an Magen-Ca., der Großvater mütterlicherseits an Lungentuberkulose. Die Patientin selbst ist sehr langsam gewachsen, hat auch etwas verspätet laufen gelernt.

Mit 3 bis 4 Jahren hatte sie Keuchhusten, mit 7 Jahren Masern, später häufig Mandelentzündungen.

Mit 12 Jahren Tonsillektomie, vorher viel Kopfschmerzen und Stockschnupfen. Menarche mit 14 Jahren und Periode immer o. B.

Mit 17 Jahren Scharlach mit Gelenkrheumatismus und Diphtherie, dann immer Neigung zu Bronchitis.

Mit 21 Jahren wurde ein Herzklappenfehler festgestellt, ohne daß dadurch besondere Beschwerden bestanden.

Als Künstlerin hat Patientin auch am Goetheanum mitgearbeitet.

Mit 29 Jahren Lungenspitzenkatarrh, desgleichen mit 35 Jahren.

Mit 36 Jahren (1918) Kur in Locarno.

Mit 37 Jahren erster Anfall von Herzschwäche. Es traten kollapsartige Zustände mit Schwellung der Beine auf, und es wurde eine Digitaliskur durchgeführt. Seitdem von Zeit zu Zeit wieder Schwellung der Beine und von Dr. Noll ein Jahr lang behandelt mit Digipurat im Wechsel mit einem Kaktuspräparat (Schwabe).

Mit 39 Jahren (1921) Behandlung mit Farbentherapie durch Dr. Peipers.

Jetzt ist die Patientin seit gestern wieder erkrankt mit Fieber, Husten, Gliederschmerzen, Atemnot und zunehmenden Ödemen am ganzen Körper. Abgesehen von Zeiten der Erkrankung war sonst der Appetit immer gut bei abwechselnder Vorliebe für süß und sauer. Der Stuhlgang ist regelmäßig. Der Urinabgang ist zeitweise gering.

Der Schlaf ist zeitweise schlecht, besonders wenn das Herz nicht in Ordnung ist, dann kann Patientin nicht einschlafen und morgens ist sie weniger wohl; sie hat immer sehr viel Träume, die oft sehr verworren sind.

Der Herbst ist für Patientin weniger günstig; am besten tut ihr trockene Wärme.

Der Aufnahmebefund ist: mäßig kräftiger, untersetzter Körperbau, Größe 1,49 m. Oberkörper relativ groß im Verhältnis zu den Beinen; geringes Fettpolster; dunkelbraunes Haar, weiße Hautfarbe mit Anflug von Röte auf den Wangen. Stimmung sehr wechselnd bei melancholisch-cholerischem Temperament. Von Natur rasch in Bewegung und Auffassung.

Herz: stark vergrößert; Grenzen: links 2 cm außerhalb der Mammillarlinie, rechts bis zum rechten Sternalrand reichend; Spitzenstoß stark verbreitert; Aktion sehr frequent, Puls irregulär und inäqual.

Temperatur 39,0°

Lunge: Diffuse Bronchitis, beiderseits etwas Pleuraerguß.

Leber stark geschwollen, leichter Ascites.

Starkes Ödem an beiden Beinen und am Rücken.

Urinmengen etwa 360 ccm pro Tag.

Die Behandlung setzte ein mit Infludo und Cardiodoron, und auf Rat von *Dr. Steiner* mit *Umschlägen an beiden Beinen und auf den Leib mit stark verdünntem Zitronenwasser.*

Zur Steigerung der Diurese kam etwas später noch ein diuretischer Tee hinzu neben Cardiodoron 3 × tägl. 7–10 Tropfen.

Die Entlassung erfolgte am 7. Februar 1922 bei relativem Wohlbefinden. Es bestanden keine Ödeme, auch kein Ascites mehr, doch noch leichte diffuse Stauungsbronchitis, auch noch Leberschwellung. Der Puls war verhältnismäßig gut gefüllt, noch etwas beschleunigt, auch irregulär und inäqual, doch wesentlich gebessert. Am Herzen bestand noch ein deutliches, blasendes, systolisches Geräusch. Der Blutdruck war 102 mm Hg.

Patientin wird von Freunden aufgenommen und kann sich da noch weiter schonen.

Juli 1922: Patientin lag weiter, mit Ausnahme von wenigen Tagen, noch zu Bett, hatte immer wieder ziemlich starke Ödeme der Beine, trotz 3mal täglich 12 bis 15 Tropfen Cardiodoron und diuretischem Tee. Jetzt empfiehlt *Dr. Steiner* noch zur Anregung der Nierentätigkeit zum Einnehmen:

> *Knoblauchsaft* und
> *Kupfersulfat D 6.*

Bald nach dieser Ordination kann Patientin wieder etwas ausgehen und zu den Vorträgen kommen.

15. Oktober 1922: Patientin fühlt sich in letzter Zeit wieder sehr schlecht, hat starke Ödeme, kleinen unregelmäßigen und inäqualen Puls. Sie muß wieder ganz liegen und erhält zusätzlich kleine Dosen Digifolin. Außerdem wurden von Dr. Steiner empfohlen:

> *Rosmarin-Abreibungen* und
> *Rosmarin-Kompressen.*

30. Oktober 1922: Patientin hat sich wieder leidlich erholt. Die Ödeme sind wesentlich zurückgegangen, der Puls ist wieder besser gefüllt, Schlaf und Appetit sind wieder sehr gut. Patientin erhält jetzt Cardiodoron 3mal täglich 15 Tropfen, Rosmarinabreibungen, morgens und abends einen Teelöffel starken Kaffee in Milch bei weiterer Schonung durch Bettruhe.

Der Kräftezustand hat sich aber doch allmählich wieder verschlechtert und Patientin ist nach einiger Zeit den Insuffizienzerscheinungen erlegen.

Nr. 144 Ein junger Mann
Schwere Lungentuberkulose

Der Patient befand sich bereits in einem sehr reduzierten Zustand infolge von Durchfällen und einer Kehlkopftuberkulose. Er stand bereits schon einige Zeit in Beratung und Behandlung für seine Lungentuberkulose mit den in unserer Therapie in Betracht kommenden Heilmitteln. Im Hinblick auf die Verschlechterung des Zustandes durch das Hinzukommen der Kehlkopfbeschwerden erhielt der Patient auf Rat von *Dr. Steiner* noch folgende Medikamente übermittelt:

> *Antimonspiegel D 6* innerlich.
> *Kupfersulfat D 6* innerlich.

Wenige Tage später ist dieser Patient jedoch schon gestorben.

Nr. 145 Auswärtiger Patient, etwa 30 Jahre alt
Lungentuberkulose

Herbst 1924 bei Dr. Wegman zur Konsultation.

Anamnese: Er hat, etwa 8 Jahre zurückliegend, eine schwere Blinddarm- und Bauchfellentzündung, vor etwa 5 Jahren eine feuchte Rippenfellentzündung durchgemacht. Seitdem fühlt er bei geringer Erkältung oder körperlicher Anstrengung beim Einatmen Schmerzen auf der linken Seite und Hustenreiz. Dabei nur geringer Auswurf am Morgen. Die Darmtätigkeit ist träge, doch der Stuhl fast nie geformt, sondern breiig.

Der Patient ist klein bis mittelgroß, blond, blaß, etwas pastös.

Nach einer Beratung mit *Dr. Steiner* wurde für den Patienten empfohlen:

innerlich: Kupfersulfat D 6
äußerlich: Kieselsäure in Form von Equisetum als Bäder,
  resp. Abreibungen 3 × wöchentlich.

Und dazu wurde noch *Eisen innerlich* gegeben.

Verlauf: Laut Bericht des behandelnden Arztes vom 12. Januar 1925 war bis dahin keine Besserung des Zustandes eingetreten. Der objektive Befund ließ auf eine offene Tuberkulose der linken Lungenspitzen schließen.

Es war daraufhin noch Phtisodoron pulmon. I und II (I = das heutige Ferrum chlorat. comp., II = Phosphor D 5) in Anwendung gekommen, und der Bericht nach etwa 3 Wochen lautet:

Der linke Oberlappen ist erkrankt mit starkem Rasselgeräusch. Im Sputum Tbc.- und auch sehr viele andere Bakterien.

Sonst ist das Befinden besser, Temperatur nur bis 36,8 und wenig Husten. Der Puls immer noch um 100, Herztöne an der Spitze nicht rein, Spitzenstoß hebend.

Der Appetit ist gut, mit Gewichtszunahme in einer Woche von 54 kg auf 55 kg. Die Verdauung ist unregelmäßig. Trotz Verstopfung ist der Stuhl breiig.

Dieser Lungenbefund machte dann eine Liegekur in einem Sanatorium notwendig. Doch stand der Patient weiterhin in Verbindung mit Dr. Wegman, hatte so auch seine Medikamente noch weiter zu Hilfe. Es erfolgte auch eine völlige Wiederherstellung der Arbeitsfähigkeit.

Nr. 146 5jähriger Knabe
mit *Kryptorchismus* und *Darmparasiten*

Für ihn gab *Dr. Steiner* den Rat:
  Nicotianawasser 5% *äußerlich am Leib und an den Leisten einzureiben*
  Kupfervitriol D 4 innerlich
  Fenchel im Essen.

Nr. 147 Frau, etwa 50 Jahre alt
Klimakterische Beschwerden, Diabetes mellitus

Anamnese bei der ersten Beratung:

Patientin klagt über Schmerzen am Bein, die vom Unterleib ausgehen. Die Periode ist seit ½ Jahr ausgeblieben. Patientin ist auch dicker geworden. Die Verdauung ist zeitweise angehalten.

Befund: mittelgroße, breitgebaute Patientin; guter Ernährungs- und Kräftezustand, reichlich Fettpolster. Es besteht ein Nabelbruch. Der Uterus ist vergrößert, beweglich und etwas gesenkt.

Ordination: Als Diät Rohkost, außerdem Massage.

Einige Zeit später wurde ein Diabetes mellitus festgestellt.

Auf besonderen Rat von *Dr. Steiner* erhielt Patientin noch folgende Präparate als Ordination übermittelt:

innerlich: Lapides cancror. 5%
      Conchae 5% aa als Verreibung 2 × täglich 1 Messerspitze
äußerlich: Carbo animal. 5%
      Sauerampfer 10%
      Nicotiana 3%
      Kartoffelfrüchte 10%
      Berberis vulgar. 10% aa als Zusatz *für Bäder* (2 × pro Woche)
      und für *Waschungen* am Oberkörper bis zum Zwerchfell.
Ein weiterer von *Dr. Steiner* noch gegebener Rat war: *Injektionen mit*
      Zitronensaft D 6
      Kupfersulfat D 4.
Auch erhielt Patientin wahrscheinlich noch innerlich *Stannum D 3.*

Diese gleichen Bäder waren von Dr. Steiner auch für den Mann dieser Patientin empfohlen worden. Er war eine führende Persönlichkeit im Geschäftsleben, mußte viel auf Reisen sein und war so aufs äußerste aktiv. Von Statur war er mittelgroß, untersetzt, in gutem Ernährungszustand.

Er erhielt außerdem auf Rat von *Dr. Steiner* als innerliche Unterstützung ein Präparat aus:

      Melisse, Rosmarin, Birke, Galium, Borrago,
      Cochlearia, Euphrasia, je ¹/₇.
      Cuprum D 5
      das Ganze auf 33% verdünnt.

Nr. 148   35jährige Musiklehrerin
           Stark reduzierter Ernährungszustand, Magenptose,
           Furunkulose

31. Januar 1924 *Aufnahme in die Klinik.*

Anamnese: Die Patientin ist in Sumatra geboren. Als Kind bis zum 9. Jahr war sie, mit Ausnahme von Masern und Keuchhusten, immer gesund und kräftig und hatte nur mit 4 Jahren, bei ihrer Rückkehr aus Indien, eine Furunkulose im Gesicht und auf dem Kopf.

Seit dem 9. Jahr ist sie schwächlich, sie wurde magerer, war sehr depressiv und litt sehr unter dem Wesen der Mutter.

Mit 15 Jahren Blinddarmoperation. Seitdem Neigung zu Verstopfung.

Mit 23 Jahren wurde eine Magensenkung konstatiert und dafür ein Jahr Ruhe und Mastkur verordnet.

Mit 28 Jahren Scharlach; alle die folgenden Jahre war die Patientin nie ganz gesund, sie war sehr oft traurig und vernachlässigte ihren Körper.

Mit 30 Jahren ist Patientin zur Anthroposophie gekommen, wurde dadurch ruhiger und zufriedener und konnte auch eine Zeitlang mehr arbeiten.

Doch mit 32 Jahren trat eine Mittelohrentzündung auf und viele Furunkel im Gehörgang. Die Verdauung wurde immer träger und träger. Jetzt hat die Patientin kaum noch Appetit, kann nur wenig vertragen, am besten Obst. Sie hat das Gefühl, als ob sie die Speisen lange im Magen trägt. Der Stuhl ist ganz zäh und trocken.

Auch hat sie in Nase und Rachen fast immer ein trockenes Gefühl, wie von Schleim, der sich nicht lösen will. Im letzten Jahr auch Herzbeschwerden. Diese kommen anfallsweise, beginnen mit Stichen in der Herzgegend, dann tritt ein Gefühl auf wie ein sinnloses Kreisen im Herzen; Beine und Arme werden dabei ganz kalt. Diese Anfälle sind in letzter Zeit etwas seltener geworden.

Die Neigung zu Furunkulose besteht weiter.

Der Schlaf ist gut; die Patientin schläft leicht ein, wacht aber schwer und müde auf, sie träumt nicht viel.

Befund: mittelgroße, hagere, blaß aussehende Patientin in stark reduziertem Ernährungszustand. Der Magen ist vergrößert, es bestehen Plätschergeräusche. Sonst ergeben sich keine organischen Besonderheiten, doch Neigung zu Furunkulose.

Urin frei von Eiweiß und Zucker.

Stuhl: Blutprobe negativ, kein Anhalt für Parasiten.

Dr. Steiner: „Da muß man den Astralleib zur Wirksamkeit kriegen, er ist ganz ausgespannt — sie schläft gut. — Man müßte ihr *Bäder geben von Bilsenkraut 5%* (ganze Pflanze), so daß im Bad ziemlich viel ist. Dadurch wird der Astralleib so, daß er arbeitet im physischen Leib. 3 Wochen lang. Die Kur muß in Etappen verlaufen."

Dazu bemerkte Dr. Wegman: „Den Wärmemantel der Erde, das Astralische, das die Atmosphäre abschließt, leiten wir über auf das Sonnengeflecht."

Zweite Beratung mit Dr. Steiner am 17. März 1924: Bäder mit Bilsenkraut fortsetzen, aber diese abwechselnd mit Prunus spinosa-Bädern. Es muß das ganze abgestorbene Äthersystem belebt werden. In Heileurythmie alles, was sie mit den Beinen machen kann." Dazu empfiehlt Dr. Steiner *die Lautfolge: M I L A B U.*

Außerdem: *Anissamentee*
Kupfervitriol D 6 innerlich.

Dr. Wegman: „Prunus wirkt stark auf den Astralleib, der dann prickelnd auf den Ätherleib wirkt."

Ein später von *Dr. Steiner* erfolgter Rat war:
Antimonspiegel D 6 innerlich: Mo, Mi, Fr, So.
Austernschale D 6 innerlich: Di, Do, Sa.

Dazu erhielt die Patientin noch *Magenkompressen* und *Leibmassage.*

Nr. 149 Mrs. . . ., 61 Jahre alt
Verdauungsschwäche, Ichthiosis

26. Mai 1924 *Aufnahme in die Klinik.*

Anamnese: Die Patientin hatte als Kind Keuchhusten und mit 16 Jahren Masern. Als Erbstück von der Mutter hat sie seit der Geburt eine sehr trockene, spröde Haut. Außerdem hatte sie immer einen empfindlichen Magen und konnte nie viel essen. Die Menses setzten mit 15 Jahren ein und verliefen normal. Seit 1¹/2 Jahren Menopause.

Mit 58 Jahren Gallenoperation. Patientin hatte damals nach körperlicher Überanstrengung eine sehr schlechte Verdauung, konnte kaum noch essen und fühlte sich sehr beschwert durch jede Nahrungsaufnahme. Eigentliche Schmerzen waren dabei nicht vorhanden, dagegen viel Übelkeit und großes Schwächegefühl.

Auch zur Zeit ist Patientin noch sehr ermüdbar und kann nicht viel essen. Dabei ist der Appetit gut. Doch bei mehr als 2 bis 3 Mahlzeiten am Tag fühlt sie sich sehr davon beschwert. Besonders stärkereiche Nahrung wird schlecht vertragen, und Zucker bewirkt direkt Durchfälle. Sonst ist der Stuhl seit der Operation regelmäßig, während früher Obstipation und Durchfälle abwechselten. Der Schlaf ist im allgemeinen gut.

Befund: mittelgroße, grazil gebaute Patientin in reduziertem Ernährungszustand mit Ichthiosis der Haut. Gewicht 48,6 kg. Urin o. B.

Therapie: Neben Schafgarben- und Wermutkompressen erhielt Patientin nach Beratung mit *Dr. Steiner:*
Bäder mit 5% Kupfersulfat,
danach Abreibungen mit stark verdünntem Eisensäuerling.

Verlauf: Mehr als zwei dieser Bäder und Abreibungen waren zunächst nicht möglich durchzuführen, da Patientin schon nach wenigen Tagen abreisen mußte. Doch kam sie im September wieder zurück für eine 4wöchentliche Kur. Ihr Gewicht war dann nur noch 43 kg. Die Bäder mit den Abreibungen wurden dreimal pro Woche durchgeführt. Eine sehr deutliche Besserung war in dieser kurzen Zeit begreiflicherweise nicht zu erzielen. Patientin war noch sehr empfindlich im Essen und fühlte es sofort, wenn sie etwas über das gewohnte Maß hinausging. Wohl hatte sie wieder bis 44 kg an Gewicht zugenommen. Etwas besser war auch die Haut mit gleichzeitiger Anwendung von Toilettenmilch. Doch wollte Patientin die Behandlung zu Hause weiter durchführen.

September 1928 kommt die Patientin nochmals zu einer Beratung, nachdem sie schon zwei Jahre mit allen Behandlungen ausgesetzt hatte. Es war ihr in den letzten Jahren besser gegangen. Nur Ermüdung wirkt noch sofort zurück auf die Verdauung, so daß das Essen den Magen beschwert. Auch kann sie noch immer nur kleine Mengen auf einmal genießen. Ebenso ist die Haut noch ziemlich unverändert. Der Rat war: etwa jedes halbe Jahr einmal eine Kur mit 7 Bädern und Abreibungen zu machen. Außerdem erhielt Patientin:

> *Eisensalbe 5%/o für die Leber* (abends)
> *Kupfersalbe 0,4%/o für die Milz* (morgens)
> *Pancreas D 3 innerlich* und
> *Pinellatee: täglich 1 Glas mit 1 Teelöffel*
> *Birkenelexier.*

Nr. 150   55jährige Frau
„Zu große Vitalität der Nebennieren", Meteorismus, Urticaria und Schmerzen an Händen und Füßen

9. Mai 1923 *Aufnahme in die Klinik.*

Anamnese: Die Eltern waren gesund und starben in hohem Alter, auch die Geschwister sind sehr gesund. Patientin selbst war als Kind sehr viel kränklich, hatte aber an eigentlichen Kinderkrankheiten nur Masern. Gehen lernte sie erst mit zwei Jahren; bis zum 20. Lebensjahr auch langsames Wachstum.

Die Periode begann mit 16 Jahren, war o. B. und sistierte mit 45 Jahren.

Patientin war verheiratet, hat einen Partus mit Steißlage durchgemacht. Das Kind ist in jungen Jahren an einer akuten Kinderkrankheit gestorben.

Jetzt ist Patientin geschieden.

Seit dem 30. Jahre bestehen Verdauungsstörungen mit Obstipation und Meteorismus.

Mit 54 Jahren, Herbst 1922, Beginn von Schmerzen in den Händen, die wie Stiche ruckweise kommen oder bohren und bis in die Fingerspitzen ausstrahlen. Diese Schmerzen sind immer stärker geworden, treten bisweilen auch in den Füßen auf, besonders rechts, und sind sehr abhängig von Aufregungen, an denen es Patientin nicht fehlt.

Kälte wird sehr schlecht ertragen, starke Hitze dagegen ist sehr wohltuend und macht sie leistungsfähig.

Der Schlaf ist ruhig. Sie schläft leicht ein, wacht auch schnell und leicht auf.

Der Appetit ist o. B.

Befund. mittelgroß, Gewicht 60 kg, kräftiger Knochen- und Muskelbau (macht viel Gartenarbeit), reichlich Fettpolster um die Hüften und am Leib; braungraue Haare, gelbliche Gesichtsfarbe mit Schatten unter den Augen, pigmentreiche Haut; energisches, nervöses, hastiges Wesen mit labiler Stimmung.

Sinnesorgane und Nervenreflexe sind o. B.

Der Leib ist aufgetrieben. Es bestehen Urticaria-ähnliche Schwellungen an den Händen, Fingern und Handgelenken, die kommen und gehen.

Urin o. B.

Dr. Steiner rät zu:

> *Kupfersulfat als Bad* (10 g gesättigte Lösung pro Bad und Schwitzen)
> *Kupfersulfat D 6 innerlich* (2 × täglich)
> *Einreibungen der Hände mit Urtica dioeca-Salbe*
> *Antimonsalbe.*

Dies mit der Erklärung: „Es handelt sich um eine zu große Vitalität der Nebennieren. Um diese einzuschränken muß das Kupfer gegeben werden; und in Verbindung mit Schwefelsäure, damit sich die Ablagerungen, die durch die Vitalität entstanden sind, an das Vitriol binden."

Verlauf: Die Behandlungen werden wie angeraten durchgeführt. Zunächst klagt Patientin noch viel über Schmerzen in den Händen; diese sind sehr verschieden, kommen und verschwinden oft plötzlich. Manchmal kann Patientin nachts nicht schlafen. Nach dem Bad mit der Schwitzpackung sind die Schmerzen ganz weg.

22. Mai 1923: Wegen des noch lästigen Meteorismus erhält Patientin bei entsprechender Ruhe noch:

> *Wermut-Leibwickel*
> *Leibmassage*
> *Kümmelklistiere*
> *Carbo veg. D 20 innerlich*

dazu noch *eine Meditation.*

2. Juni 1923 Es kommt als Ordination hinzu:

> Heileurythmie
> galvanisch-elektrische Behandlung der Hände und Füße.

Gesamtverlauf: allmähliche Besserung der Schmerzen mit kleinen Rückfällen nach Aufregungen. Die Hände sind schließlich ganz abgeschwollen, und wenn sich Schmerzen zeigen, können sie durch Behandlung mit leichtem galvanischen Strom beseitigt werden. Auch die Urticasalbe und die Eurythmie wirken schnell beruhigend. Die Verdauung ist allmählich gebessert. Es kommt selten noch zu Aufstoßen. Die Gasbildung ist geringer. Patientin kann auch wieder wagen Gemüse zu essen.

Entlassung: 4. Juli 1923.

Nr. 151 Miss B. . ., 44 Jahre alt
mit *Blinddarmbeschwerden*

sah *Dr. Steiner* in England (1924) und erhielt auf seinen Rat:

> *Arsen D 5 innerlich,* 2 × tgl. 5 Tropfen
> *Kupfersulfat-Umschläge* (warm) in der Nacht auf den Leib
> *Tabakrauch-Bleibeklistiere*
> *Prunus spinosa-Bad* 1 × pro Woche

mit der Erklärung, „daß Astralleib und Ich nicht richtig in den Stoffwechsel eingreifen."

Vorgeschichte: Als Kind hatte Patientin Scharlach, Influenza, Windpocken.

Mit 16 Jahren Masern.

Mit 20 Jahren Rheumatismus.

Mit 25 Jahren Pleuritis rechts.

Mit 28 Jahren Herzbeschwerden, Angina pectoris und daran anschließend Schlaflosigkeit.

Weiterer Verlauf: Herbst 1927 trat eine Lungenblutung auf, und es wurde ein Lungenspitzenkatarrh festgestellt. Sie wurde damals angeblich behandelt mit violetten Strahlen, kombiniert mit Calcium-Injektionen.

22. März 1928 *Aufnahme in die Klinik.*

Die Beschwerden sind: schlechter Schlaf mit vielen Träumen. Die Periode, die früher alle drei Wochen kam, sehr schmerzhaft war und 8 Tage dauerte, hat sistiert. Patientin neigt auch zu Verstopfung und erträgt keinen Salat oder Kohl, auch nur Früchte ohne Haut.

Befund: Patientin ist mittelgroß, in mäßigem Ernährungszustand, sehr lebhaft und aufgeregt im Sprechen.

Gewicht 48,8 kg.

Temperatur normal.

Lungen: Über der linken Spitze etwas Schallverkürzung und über beiden Spitzen unreines Atmen.

Herz o. B.; Abdomen o. B.

Der Urin ist frei von Eiweiß und Zucker, enthält im Sediment reichlich Oxalate, einige Leukozyten und einen hyalinen Zylinder.

Als *Therapie* erhält Patientin zunächst eine *Magnetbehandlung*, außerdem *Prunus spinosa-Bäder, innerlich Waldon III, Equisetumtee, Malven-Phosphor-Tropfen abends* und ein *Fußbad vor dem Schlafengehen.* Daraufhin schläft die Patientin schon nach wenigen Tagen sehr gut ohne ihre bisher gewohnten starken Schlafmittel. Sie fühlt sich auch allmählich wohler, kann wieder mehr gehen ohne zu ermüden. Bei der Magnetbehandlung (damals täglich bis zu 5 Minuten) hat Patientin keine besonderen Empfindungen, nur das Gefühl von Gefestigtwerden. Es besteht nur wenig Husten, meist auch nur morgens. Die Temperaturen sind bis auf eine leichte Steigerung als Vorbote einer wiederkehrenden Periode normal. Während dieser Zeit wurde dann die Magnetbehandlung ausgesetzt.

Patientin verträgt jetzt auch Phosphor, was früher nicht der Fall war, in folgender Weise: Phtisodoron pulmon. I (= Ferrum chlorat. comp.): 3 × tgl. 5 Tropfen
               Phtisodoron pulmon. II (= Phosphor D 5): 1 × tgl. morgens 5 Tropfen

Am 23. April 1928 geht Patientin zur Weitererholung nach der Klinik-Dépendance in Figino (Tessin). Sie erholt sich dort weiter gut.

Bei der *Entlassung am 24. Mai 1928* fühlt sich Patientin sehr wohl. Ihr Gewicht war jetzt 51,4 kg.

Durch die Klinik erhielten nach Beratung mit Dr. Steiner die folgenden Ordinationen:

Nr. 152   Patient

zum Einnehmen:
> *Prunus spinosa D 6* mit
> *Kupfervitriol*
> *Waldon III.*

Nr. 153   Eine Patientin aus Prag

> *Pyrit und Colchicum innerlich*
> *Kupfervitriol-Umschläge gegen Rückenschmerzen.*

Nr. 154   Mme...

> *Taraxacum D 3* 2 × tgl. 5 Tropfen
> *Kupfervitriol-Umschläge am oberen Rücken.*

Nr. 155   Student
Lungentuberkulose, Darmkrämpfe

Schriftliche Beratung.

Der Patient ist ernstlich an einer Lungentuberkulose erkrankt und leidet an Obstipation mit Darmkrämpfen.

Er erhält auf Rat von *Dr. Steiner* als zusätzliche Ordination:
> *Darmspülungen*
> *Cochlearia Armoracea-Umschläge an den Waden*
> *Merkur D 3 innerlich.*

Der Patient hat nur noch kurze Zeit gelebt.

Nr. 156   Patient mittleren Alters
Anfälle von Zystopyelitis

1924 Beratung.

Patient hat wiederholt Anfälle von Zystopyelitis mit hohem Fieber gehabt und erhält nach Angaben von *Dr. Steiner zum Einnehmen:*

> Thuja D 6
> Argentum D 3
> Hydrargyrum D 3 aa als Pulver

zu Injektionen:

> Zitrone D 6.

Nach einer Konsultation in England, anläßlich einer Reise von Dr. Wegman mit Dr. Steiner erhielten auf Rat von *Dr. Steiner* die folgenden Ordinationen übermittelt:

Nr. 157   Eine Patientin mittleren Alters
mit Tachykardie (?)

zum Einnehmen:

> Merkur D 3
> Grauspießglanz

äußerlich: Uranpechblende im Genick
> Tabakrauch-Bleibeklistiere.

Dies 14 Tage, 7 Tage Pause usw.

Soweit sich die Patientin selbst später noch erinnern konnte, lag eine Pulsbeschleunigung vor.

Nr. 158   Mrs. F. . .
wegen Neuralgien

zum Einnehmen:

> Kupfer D 3
> Merkur D 6
> und Apis-Injektionen.

Nr. 159   44jährige Patientin
Chronisch-rezidivierende Anginen, Colitis

Eine Krankengeschichte, die dem Merkur-Quecksilber-Beiblatt der Zeitschrift „Natura" entnommen ist.

„. . . Patientin hat vor etwa 3 Jahren eine Blinddarmoperation und anschließend daran eine Venenentzündung am linken Bein durchgemacht und konnte sich nach dieser Erkrankung nur schwer erholen. Es stellten sich auch bald durch Überanstrengung zeitweilig wieder Schmerzen in der rechten Unterbauchgegend ein, die in den letzten 1¹/₂ Jahren ziemlich konstant blieben.

Seit der Operation besteht auch Neigung zu Obstipation abwechselnd mit Durchfällen. Außerdem leidet Patientin von Jugend auf häufig an Erkältungen, und sie gibt an, daß sich oft Halsschmerzen mit Schmerzen im Leib und Durchfällen abgewechselt haben. Im übrigen war Patientin angeblich gesund, wenn auch nicht gerade sehr kräftig, und hatte an Kinderkrankheiten nur Masern gehabt.

Neuerdings, als Patientin zur Behandlung in die Klinik kam, hatte sie eine Grippe durchgemacht, von der sie sich nicht recht erholen kann, weil sich wiederum gesteigerte Leibschmerzen eingestellt haben. Es traten wiederholt auch heftigere Anfälle von Darmkoliken und schließlich auch schleimige Durchfälle auf, und es konnte beobachtet werden, wie den Durchfällen Halsschmerzen vorausgingen, die nach Einsetzen der Durchfälle zurückgingen. Dies gab die Veranlassung, der Patientin *Merkur D 6* innerlich (2mal täglich eine Messerspitze) zu verordnen, mit dem Erfolg, daß sich Patientin von diesen Beschwerden schon in wenigen Tagen völlig erholte, während man vorher durch die gewöhnliche Behandlung wie Diät, warme Kamillenwickel, Dampfkompressen, Kamillentee, Belladonna, Cichorium intyb. nur symptomatisch, aber nicht eigentlich heilend einwirken konnte.

Die Patientin ist mittelgroß, in sehr gutem Ernährungszustand mit reichlichem Fettpolster und macht einen pastösen Eindruck. Das Aussehen ist sehr wechselnd, bald blühend, bald, schon nach kleinsten Anlässen, blaß, verfallen mit tiefliegenden Augen. Die Tonsillen sind leicht vergrößert und vorübergehend gerötet. Der Leib ist bei vorhandenen Schmerzen aufgetrieben, sonst weich und ohne besonderen Druckschmerz ...“

Nr. 160   Frau von 54 Jahren
Chronisch-entzündliche Schwellung der Oberlippe, Brustkrämpfe

31. Januar 1922 Aufnahme in die Klinik.

Anamnese: Als Kind ägyptische Augenkrankheit, sonst gesund. Menarche mit 12 Jahren.

Mit 15 Jahren, nach einer Erkältung, 14 Tage lang steif mit Gliederschmerzen.

Mit 20 Jahren Masern, Keuchhusten und Starrkrampf; war dabei wie scheintot (nach Beobachtung des Arztes).

In späteren Jahren öfters Influenza; auch einmal Angina.

Mit etwa 40 Jahren Lungenspitzenkatarrh.

Patientin ist verheiratet, hat 3 normale Geburten und eine Fehlgeburt durchgemacht.

Menopause mit 40 Jahren. Seitdem ergraut.

Nach dem 40. Lebensjahr mehrere Jahre Schmerzen in den Beinen, war wie gelähmt da und konnte nur wenige Schritte gehen.

Mit 45 Jahren Dysenterie.

Letztes Jahr zweimal Brustkrampf mit Schmerzen am ganzen Rumpf und dem Gefühl, als ob die Kehle zugeschnürt sei.

Jetzt kommt Patientin wegen folgenden Leidens:

Sie hatte mit etwa 32 bis 35 Jahren zum erstenmal eine akute erysipelartige Schwellung an der Oberlippe und wurde inzidiert. Nach 16 Jahren ein zweiter solcher Anfall, ebenfalls an der Oberlippe, angeblich verursacht durch Infektion im Krankenhaus. Danach öfter Rezidive solcher Schwellungen der Oberlippe, die die letzten zwei Jahre zum Dauerzustand geworden sind und manchmal auch bei Verschlimmerung auf die ganze linke Wange übergreifen. Dabei keine Schmerzen, Wärme verschlimmert aber das Schwellen.

Der Appetit ist gut.

Das Einschlafen war immer schwierig; im Schlaf dann viele Träume und Schwierigkeiten im Aufwachen.

Befund: mittelgroß (1,55 m) von 61 kg Gewicht und kräftigem Muskelbau. Haare graumeliert (ursprünglich dunkelbraun). Die Oberlippe ist leicht verdickt und fühlt sich etwas derb an, ist auch etwas gerötet.

Sonst frische Gesichtsfarbe. Patientin ist rasch in ihren Bewegungen, in ihrer Stimmung etwas wechselnd, regt sich auch leicht auf, wenn etwas nicht so geht, wie sie es sich denkt. Das Gehen geht gut.

Die Augen waren immer etwas schwach und sind jetzt etwas weitsichtig. Gehör und Geruchsinn sind gut.

Urin o. B.

Verlauf: Die Behandlungen sind ab 1. Februar 1922:

Erysidoron I und II

Umschläge auf die Oberlippe mit Zusatz von Urtica dioeca (20%)

auch abwechselnd Urtica dioeca-Salbe (10%)

Schwitzpackungen

eine Zitrone pro Tag.

Sowohl die Umschläge wie die Salbe werden nicht vertragen und müssen nach und nach weggelassen werden. Die Lippe wurde im Laufe der ersten Woche mehr irritiert, wurde hart und rot; fing auch an zu jucken nach dem Einsalben.

Nach einigen Tagen ohne Lokalbehandlung klingt dieser Reizzustand ab. Die Lippe ist aber noch geschwollen. Die Patientin klagt außerdem über Müdigkeit und Herzklopfen.

18. Februar 1922 Besuch von *Dr. Steiner.* Die Hinweise für die Weiterbehandlung sind: *Antimon-Salbenverband* auf die Lippe und linke Wange

Einreiben der Fersen mit *Hyoscyamus niger 1%* als Salbe.

Letzteres wegen der Klagen über Herzklopfen.

21. Februar 1922: Der Salbenverband wird unangenehm und oft beklemmend empfunden. Lippe und linke Wange sind geschwollen, hart und gerötet.

Zweiter Besuch von *Dr. Steiner.* Die Behandlung wird wie folgt modifiziert:

1. Tag: Antimon-Salbenverband

2. Tag: Umschläge mit starker Verdünnung von Acid. hydrochloric.

3. Tag: Uranpechblende.

Am 2. und 3. Tag außerdem 2 × 5 Tropfen von *Phosphor D 6.*

Die Salbenverbände werden mit Stanniol abgedichtet.

27. Februar 1922: Patientin hat heute Temperatur bis 38,4°. Lippe und Wange sind rot geschwollen. Man hat den Eindruck, daß die Antimonsalbe und die feuchten Umschläge mit Acid. hydrochloric. nicht gut vertragen werden.

Dritter Besuch von *Dr. Steiner:* es wird der Versuch empfohlen, die Antimonsalbe wasserfrei herzustellen.

4. März 1922: Da Lippe und Wange öfter ziemlich gerötet und infiltriert sind, werden versuchsweise nur die Uranpechblende-Pflaster aufgelegt. Außerdem Baunscheidt am Rücken.

1. April 1922: Lippe und Wange waren tagweise ganz gut und weich; die Lippe ist augenblicklich nur leicht gerötet und nicht wesentlich geschwollen.

Hatte vorübergehend Lumbago.

Dr. Steiner empfiehlt die Behandlung mit Antimon, Uranpechblende und Acid. hydrochl. äußerlich und Phosphor innerlich im oben angegebenen Rhythmus durchzuführen. Nur sollen die Acid. hydrochlor.-Umschläge am Rücken gemacht werden und *Antimonpaste* statt Antimonsalbe verwendet werden.

3. April 1922: Entlassung und ambulante Weiterberatung.

Laut Bericht vom Sommer 1922 war trotz starker Erkältung keine Schwellung der Lippe eingetreten.

November 1923. Die Lippe ist im ganzen besser. Es gibt noch Rückfälle, sie werden aber seltener und schwächer.

Patientin klagt jetzt vor allem über krampfartige Zustände in der Brust mit Kurzatmigkeit und dem Gefühl, als ob die Kehle zugeschnürt würde. Außerdem oft große Müdigkeit, Magenbeschwerden und Neigung zu Durchfällen. Wegen der Krämpfe schläft Patientin oft erst gegen Morgen ein.

Die Urinkontrolle ergibt Spuren von Eiweiß, im Sediment Leukozyten.

Am 28. November 1923 Beratung mit *Dr. Steiner:*

Dr. Steiner: „Wann haben Sie graue Haare bekommen?" — „Mit 40 Jahren." — „Wann das Klimakterium?" — „Mit 40 Jahren." — „Wieviel Geburten?" — „Drei und eine Fehlgeburt."

„Die Kur soll sie fortsetzen mit einer Modifikation. Aber nun kommt sie augenblicklich hauptsächlich wegen der Krämpfe und wann kommen diese?" — „Meistens nachts." — „Und husten Sie zuweilen?" — „Ja, wenn der Krampf eintritt." — „Versuchen Sie einmal ein L zu sprechen und zu halten. Da kommt kein Hustenreiz. Versuchen Sie ein M so zu sprechen, und da kommt dann ein Hustenreiz. Wollen Sie nicht auch einmal ein bißchen *Heileurythmie* machen? M, N, R. Sie haben das Gefühl, daß Sie nicht recht ausatmen können?" — „Ja." — „Und ist der Krampf schmerzhaft?" — „Nein, nur ein Druck, und sehr unangenehm." — „Ich möchte, daß Sie zuerst *gurgeln* würden *mit Zinnober* in derselben Dosierung wie Präparat Nr... (= D 20), und zwar 3 × am Tage, damit wir etwas gegen diesen Krampf ankämpfen können. Ich möchte in den Antimon-Salbenverband Merkur hineintun, denn es liegt doch leise Luetisches zugrunde, Merkur vielleicht D 10 in dieser Salbe. — Nein, lassen wir die Antimonsalbe so wie sie ist und geben ihr *Quecksilber D 10 innerlich.* Die jetzigen Zustände hängen schon damit zusammen und das wird durch Heileurythmie besser. Allmählich ist der ganze Astralleib schwach geworden. Sie ist offenbar etwas luetisch belastet worden mit 27 Jahren."

Nr. 161   39jährige Frau
Reduzierter Kräfte- und Ernährungszustand, chronische Obstipation, Ulcus?

5. März 1923 Aufnahme in die Klinik.

Anamnese: Mutter gesund, Vater an Herzschlag gestorben.

Patientin selbst hatte als kleines Kind bis zum 3. Jahr viel Kopfgrind; wurde bis zum Ende des 2. Lebensjahres im Hause einer Amme aufgezogen; hat verspätet sprechen gelernt. Sie war immer zart und die Kleinste in der Schule, hatte aber keine Kinderkrankheiten, auch nicht, wenn die Geschwister erkrankt waren.

Der Zahnwechsel war normal. Die Zähne sind wohlgebildet und stark.

Menarche mit 15 Jahren, anfänglich alle 2 Wochen starke Blutungen ohne Schmerzen. Seit dem 17. Jahr, im Anschluß an ein Examen, Krämpfe bei der Periode, die ziemlich stark und 3wöchentlich auftritt.

Seit dem 16. Jahr Verdauungsbeschwerden mit Verstopfung. Patientin mußte 5 Jahre lang täglich ein Klistier machen.

Seit dem 18. Jahr nervös, mußte meistens, insbesondere im Frühjahr, aber auch im Herbst ihre Arbeit unterbrechen.

Erträgt Hitze und auch starke Kälte schlecht; ist dann wie gelähmt. In der Nacht sehr oft Angstzustände; Wind wirkt sehr beunruhigend. In letzter Zeit klagt Patientin über Schmerzen bei nüchternem Magen, die nach dem Essen wieder verschwinden. Dabei deprimierter Gemütszustand, wenig Initiative, Mangel an Lebensmut, sehr große Müdigkeit, ist deshalb zu keiner Aktivität imstande.

Befund: etwas kleine, sehr grazil gebaute Patientin, von Geburt Italienerin, in stark reduziertem Ernährungszustand. Gewicht 45,3 kg. Schwarze, auch einzelne graue Haare, rote Wangen. Rasch in Bewegung und Perzeption, wechselnd in der Stimmung. Scharfe, aber leicht ermüdbare Augen. Empfindlicher Geruchsinn. Gutes Gehör.

Die Zunge ist etwas belegt, der Stuhl angehalten, die Pylorusgegend auf Druck schmerzempfindlich.

Herz leicht erregt, sonst o. B. — Lungen o. B. — Urin o. B.

Verlauf: Die Behandlung besteht zunächst in:
>Diät
>Wermut-Leibwickel
>Kupfersalbe auf den Leib
>Clairotee und Nachhilfe durch Klistiere
>Heileurythmie
>leichte Darmmassage.

Patientin klagt abwechselnd über Kopf- und Magenschmerzen, die immer besser werden bei guter Darmentleerung. Die Stimmung ist zum Teil skeptisch.

15. März 1923: Patientin erhält ein schon früher von *Dr. Steiner* für die Patientin gegen die Verdauungsdysfunktion angegebenes Medikament: *Kupfer, Quecksilber, Silber* aa D 15 als Verreibung.

30. März 1923: Klagt öfter über Magenschmerzen, Pylorusgegend druckempfindlich; hat noch öfter Kopfschmerzen, fühlt sich oft recht müde. 0,4 kg Gewichtszunahme. Stuhlprobe: Sanguis positiv.

Ordination: Antimonspiegel D 6 innerlich
strenge Bettruhe
strenge Diät
Leinsamen-Kataplasmen neben den Wermut-Wickeln.

12. April 1923: Patientin klagt weniger über Magenbeschwerden, ist im ganzen zuversichtlicher.

Die letzten Tage in Zusammenhang mit der Periode etwas mehr Kopf- und Leibschmerzen.

Dr. Steiner besucht die Patientin und erklärt: „Es liegt vor eine ganz schwache, nicht nach außen gehende Bluterkrankheit; kein Carcinom"; und empfiehlt:

Antimonspiegel D 6, auch
rohen Fleischsaft innerlich
Zitrone D 6 als Injektionen.

Außerdem erhält Patientin eine *Meditation:*
Sich vorstellen, die Füße sprechen zu dem Kopf:
„Was soll ich mit meiner Ruhe beginnen?"
Dann soll die Antwort sein:
„Vom Kopfe sich anregen lassen durch die Bewegung."
Dann die drei ersten Zeilen des Johannes-Evangeliums meditieren.

Die Injektionen werden jeden zweiten Tag gemacht.

30. Mai 1923: Allmähliche Besserung, doch Befinden noch wechselnd; hatte Tage mit innerer Unruhe und eine Art Angstzustand. Ist aber zum Teil ganz munter und heiterer Stimmung; liegt viel im Garten. Stuhlprobe heute zum erstenmal wieder negativ.

Die Schmerzen haben beim Liegen aufgehört, treten aber in vertikaler Lage sofort wieder auf; nicht mehr in der Pylorusgegend, sondern mehr nach links. Gewicht: 46,7 kg (+ 0,6).

9. Juni 1923: Befinden viel besser. In den letzten Tagen allerdings etwas Kopfschmerzen wegen Sorge um Zuhause. *Biodoron* half gut. Geht zu den Vorträgen von Dr. Steiner. Nur selten noch etwas Magenschmerzen.

12. Juni 1923: Patientin geht nach Hause. Außer Müdigkeit in den Beinen bestehen *keine Beschwerden mehr.*

Nr. 162   *Ein Patient*

mit *Fissura ani*

erhielt, nach einer vorliegenden Notiz, auf Rat von *Dr. Steiner:*
Mercur. viv. D 15 innerlich.

Nr. 163   *Eine Patientin*

mit einer wohl als *tertiär-luetisch zu bezeichnenden Hautaffektion*

erhielt auf Rat von *Dr. Steiner:*
Quecksilber-Salbe D 15 (auch als 0,01 %?) für die Nase.

Nr. 164 31jährige Lehrerin
Chronische Iritis, beginnende Linsentrübung, Menorrhagie und Dysmenorrhoe

Anamnese: Als Kind mit 5 oder 6 Jahren hatte sie sehr schweren Keuchhusten. Patientin war damals 4 Tage lang todkrank, bewußtlos und danach monatelang bettlägerig. Sonst war sie als Kind nur schwächlich, hatte viel Kopfschmerzen und Nasenbluten. Der Zahnwechsel begann vor dem 7. Jahre. Die Zähne sind kräftig und gut, doch besteht Neigung zu Zahnfleischentzündung und Zahnfisteln.

Die Menses begannen mit 12 Jahren, waren immer sehr stark (7 bis 8 Tage) und anfänglich sehr schmerzhaft. Auch jetzt bestehen noch starke Blutungen. Die Pausen sind sehr kurz, manchmal nur wenige Tage, im besten Falle 2 bis 3 Wochen. In den Zwischenzeiten besteht dauernd leichter Schmerz in der rechten Unterbauchgegend, der während der Blutung sich über den ganzen Unterleib ausbreitet. Im Sommer fühlt sich Patientin besser als im Winter. Am Morgen ist sie oft schwindelig.

Außerdem besteht seit Jahren ein Augenleiden (Iritis), weshalb Patientin immer in spezialärztlicher Behandlung steht. Die Sehschärfe ist sehr reduziert; oft sind auch ziemlich starke Schmerzen in den Augen vorhanden.

Befund: mittelgroße, blonde Patientin in mittlerem Ernährungszustand. Gynäkologische Untersuchung: Uterus retroflektiert, erscheint wenig beweglich; sonst von normaler Größe und Konsistenz. Das rechte Ovar ist an den Uterus herangezogen, etwas vergrößert und druckempfindlich. Auch das linke Ovar ist etwas druckempfindlich, und es besteht leichter Fluor albus.

Während einer ambulanten Behandlung wurde zunächst mit Baunscheidt-Behandlung an den Waden begonnen.

In der Klinik aufgenommen (1922), riet *Dr. Steiner* zu folgendem:
> Quecksilber-Salbe D 15, damit täglich *die Fingerspitzen einmassieren,*
> *Papaver somnifer.* 3%: *zum Einnehmen.*

Dazu wurde noch gegeben:
> Sole-Kompressen auf den Unterleib,
> Menodoron innerlich,
> Tormentill-Tee bei Bedarf gegen zu starke Blutungen.

Dabei besserten sich die Unterleibsbeschwerden nach einiger Zeit. Und die Kontrolle der Augen durch den Spezialarzt ergab eine Besserung der Sehschärfe.

Nr. 165 Lehrer, etwa 30 Jahre alt
Disposition zu Katarrh der Luftwege

Erste Beratung Januar 1922: Es besteht übergroße Neigung zu Erkältungen und Patient klagt über katarrhalische Erscheinungen im Hals mit Husten und Auswurf.

Er erhält zum Einnehmen Zinnober D 20 und Agropyrum neben Emserwasser und Rachenpinselung.

Zweite Beratung Dezember 1923: Er klagt über Schmerzen in der Brust und denkt, daß es von der Lunge kommt.

Und *Dr. Steiner* empfahl die folgende Behandlung:
> Montag: *Pyrit D 3,* 2 × 1 Tablette
> Mittwoch: *Zinnober D 20,* 2 × 1 Tablette
> Freitag: *Teucrium* (gegeben wurde Teucrium mar. D 3) 2 × täglich.

In den Zwischentagen:
> *Phosphor D 6:* 14 Tage und 8 Tage Pause.

Nr. 166 Patientin, etwa 45 Jahre alt
Lungentuberkulose

Bei ihr ist zu Beginn des Jahres 1923 im Anschluß an eine sehr tiefgehende seelische Erschütterung eine Lungentuberkulose zum Ausbruch gekommen mit sehr akutem und schnellem Verlauf.

Die Patientin war von Natur hellblond, blaß, von hagerem Typ und neigte offenbar zu Magenbeschwerden. Denn sie hatte auch einmal auf Rat von Dr. Steiner eine prophylaktische Injektionsserie mit Viscum mali D 5 erhalten.

Sie hatte bereits die üblichen Medikamente Phtisodoron I (= Ferrum chlorat. comp.) und Phtisodoron II (= Phosphor D 5) erhalten. Außerdem erhielt sie im Laufe ihrer Erkrankung nach Angaben von Dr. Steiner noch folgende spezielle Ordinationen:

1. Bei bestehenden Magenbeschwerden und Neigung zu Lungenbluten:
     Cichorium intyb. 5% innerlich
     Umschläge auf den Magen mit *Wermuttee und Zusatz von Bittermandeln.*
   Bei Magenbeschwerden, wenn nötig, noch *Injektionen mit*
     Mohnsaft D 30 (=Papaver somnifer D 30)
2. *Pyrit D 3* und
   Zinnober D 20 in täglichem Wechsel
3. *Senfpflaster auf die Beine*
   Zitronenaufschläge auf die Brust
   Rizinusöl
4. *Kupfersalbe 0,4% auf die Fersen.*

Diese Patientin ist 1924 gestorben.

Nr. 167   Patient mittleren Alters
Heuschnupfen

Er erhielt ab 1921 Gencydo-Behandlung mit Injektionen, Nasenspülungen und Gencydosalbe, Kupfersalbe (Leib?).
Weitere Ordinationen waren:
1. wegen Kopfschmerzen: Biodoron (= Kephalodoron)
2. wegen Muskel-Nervenschmerzen, wahrscheinlich auch Blasenschwäche: Einreiben der schmerzhaften Stellen mit Zitrone
   Antimon-Salbe auf die Blase
   Heißes Fußbad mit Lindenblüten, dann Schwitzen
3. als *Heileurythmie* nach Angabe von *Dr. Steiner* die Lautfolge
   T S R M A 75, S. 196
4. zusätzlich zur Gencydo-Behandlung auf Rat von *Dr. Steiner*
   noch *Zinnober D 20.*

Nr. 168   Patient mittleren Alters
mit Neigung zu Bronchitis nach Lungen-Schußverletzung

Für ihn empfahl Dr. Steiner:
     Umschläge mit Zusatz von Zitronensaft
     Zinnober D 20 innerlich.

Nr. 169   Patient, etwa 25 Jahre alt
sehr anfällig für Erkältungen und Bronchitis

Dr. Steiner empfahl ihm, zwei Monate auszuspannen und als Kur:
     Anis alternierend mit
     Cochlearia Armoracea zu Umschlägen auf die Waden, 2 × täglich
     Zinnober D 20 innerlich.

Nr. 170   Patient
mit starker Bronchitis und viel Schleim

Seine Ordination war auf Rat von *Dr. Steiner*:
> *innerlich: Zinnober D 20*
> *zu Umschlägen: ¼ Liter Wasser mit ⅛ Zitrone*

mit dem Hinweis: Innere Intoxikation wegen zuviel Schleimabsonderung.

Nr. 171   Patient, Ende der 30er Jahre

Er ist Sänger und Schauspieler und sein Arzt, Dr. Engel, berichtet: *Er ist immer verschleimt* und *seine Stimme verschleiert* und hat dafür Pyrit D 3 erhalten.

Doch *Dr. Steiner* riet zu *Zinnober* mit dem Vermerk: „Pyrit ist zu schwach für ihn, er braucht Zinnober."

Außerdem sollte er einen *Kupfergürtel* tragen und eine *Schulterbandage* erhalten.

Durch die Klinik erhielten ferner nach Beratung mit Dr. Steiner die folgenden Ordinationen:

Nr. 172   Eine Patientin

> *innerlich: 1. Tag: Cuprit*
> *2. Tag: Zinnober*
> *3. Tag: Antimon usw.*
> *äußerlich: 1. Tag: Cochlearia Armoracea (oder Senf)*
> *als Umschläge auf die Waden*
> *2. Tag: Oxalsäure als Badezusatz*
> *3. Tag: Zitrone zu Abwaschungen usw.*

Nr. 173   Eine Patientin

Kupferumschläge an den Beinen am Abend und während der Nacht.
Zum Einnehmen:
> *morgens: Cardiodoron 6 Tropfen*
> *abends: Zinnober D 20 2 Tabletten*
> *mittags: Allium cepa D 3.*

Nr. 174   Eine schwedische Patientin

> *Abwaschungen mit 1⁰/₀ Equisetum*
> *innerlich: Zinnober D 20 und Graphit D 5.*

Nr. 175   Ein Patient

> *Innerlich: Pyrit D 3 alternierend mit Zinnober D 20*
> *Allium cepa (wahrscheinlich zum Gurgeln).*

Nr. 176   Eine Patientin

> *Zinnober D 20 mit*
> *Pyrit D 3 alternierend, 14 Tage, 7 Tage Pause usw.*

Nr. 177   Mr. . .

> *Zinnober D 20 alternierend mit*
> *Scleron: 14 Tage, 7 Tage Pause usw., 3 bis 4 Monate.*

Nr. 178   Ein Patient

Zinnober D 20: 7 Tage, 3 Tage Pause, dieses wiederholen, usw.

Nr. 179–182   Aus dem Merkur-Quecksilber-Beiblatt der Zeitschrift „Natura" entnommen

Erste Krankengeschichte:

Ein 3jähriger, in gesunden Tagen sehr strammer, lebhafter Knabe, der leicht zu Erkältungen und Halsschmerzen neigt, hatte eine leichte Angina, die mit Zinnober D 20 (2mal täglich) und dem Präparat Bolus Eukalypt. comp. (1 Teelöffel auf ½ Glas Wasser, 2stündlich davon etwas trinken lassen) behandelt wurde. Nach 4 Tagen Fieberabfall und Abschwellung der Tonsillen, doch traten noch leichte subfebrile Temperaturen bei normalem Tonsillen- und Lungenbefund auf. Am 12. Tag erkrankt das Kind von neuem und macht einen stark veränderten Eindruck. Der Appetit liegt darnieder, das Kind ist am Tage matt, teilweise somnolent, liegt apathisch im Bett, hat tiefliegende Augen; war die beiden folgenden Nächte nach Aussage der Mutter zeitweise unruhig, wachte häufig auf und hatte eine schnarchende, rasselnde Atmung, die die Mutter schließlich beunruhigte. Temperatur abends nie über 37,6°

Die Untersuchung ergibt: süßer, fader Mundgeruch, beide Tonsillen sehr stark geschwollen, so daß sie sich fast berühren, dabei links ein grünlich-gelber, schmutzig-schmieriger Belag, der sich nach hinten fortsetzt. Schmerzhafte Schwellung der Submandibulardrüsen. Urin: Eiweiß schwach positiv. Dabei ist das Kind sehr apathisch und auf der anderen Seite auch wieder sehr erregt, wenn etwas mit ihm geschehen soll. Von einem Abstrich mußte abgesehen werden.

Doch ließ der klinische Befund *ohne* Zweifel die Diagnose *Diphtherie* stellen, und es wurden Verordnungen wie folgt gegeben: Mercur. cyanat. D 4, stündlich 3 Tropfen und abwechselnd damit stündlich wie oben von einer Aufschwemmung des Pulvers Bolus Eukalypt. comp. schluckweise etwas trinken lassen. Außerdem Bronchitiskessel mit Kamillentee und etwas Zitronensaft.

Schon am nächsten Tag ist das Kind munterer, sieht wohler aus und kann leichter Flüssiges schlucken. Die Temperatur steigt nur bis 37,5°. Die Membranen sehen aus wie geschmolzener Schnee. Den darauffolgenden Tag bleibt die Temperatur auf 37,2°, die Membran ist fast verschwunden; am 3. Tag ist sie bereits völlig verschwunden. Die Temperatur steigt nicht über 37,0° und geht auch in den nächsten Tagen nicht mehr höher; das Kind sieht wohler aus, hat Appetit, läuft in seinem Bett umher und kann am 7. Tage, nach Beendigung des Fiebers, wieder seine gewohnten Spiele aufnehmen. Weitere Komplikationen sind nicht erfolgt.

Zweite Krankengeschichte:

Ein 6½jähriges, sonst gesundes Mädchen ist erkrankt an Halsschmerzen, hat 37,6° Temperatur, fühlt sich verhältnismäßig elend und macht einen apathischen Eindruck, während es sonst nicht wehleidig und sehr lebhaft ist. Bei der Untersuchung zeigt sich eine Rötung der Tonsillen ohne Belag bei fadem Mundgeruche. Die submandibularen und zervikalen Drüsen sind leicht geschwollen. Der Puls ist sehr frequent. Es liegt die Vermutung einer beginnenden *Diphtherie* vor, die der sogleich gemachte Abstrich auch bestätigt hat.

Es wurde sofort in der Behandlung begonnen mit Mercur. cyanat. D 4 und Bolus Eukalypt. comp. in folgender Ordination: Mercur. cyanat. D 4 2stündlich 5 Tropfen, Bolus Eukalypt. comp. 2stündlich, im Wechsel mit dem Mercur. cyanat. D 4, 1 Teelöffel auf ½ Glas Wasser zum Gurgeln und Trinken. Dazwischen 1- bis 2mal täglich

Pinselungen mit frischem Zitronensaft und beständig Bronchitiskessel mit Verdampfung von Kamillentee und etwas Zitronensaft als Zusatz.

Die erste Nacht war das Kind sehr unruhig und die Temperatur auf 39,6° gestiegen. Am nächsten Tage sind beide Tonsillen stark geschwollen und mit Membranen belegt; das Kind klagt über sehr starke Halsschmerzen; die Temperatur ist morgens 37,9°, abends 39,2°. Am 3. und 4. Tag zeigt die Temperatur einen remittierenden Charakter und schwankt zwischen 36,7° und 38,5°; die Atmung ist leicht behindert, und es lösen sich beim Gurgeln große Schleimmassen und Membranfetzen. Am 5. Krankheitstage ist die Höchsttemperatur 37,2°, den folgenden Tag 37,0° und geht von da weiter zur Norm zurück. Mit dem Abfall der Temperatur sind auch die Beläge verschwunden. Das Kind fühlt sich sogleich wieder ganz gesund, und auch die Tonsillen beginnen abzuschwellen und abzulassen. Der 2. Abstrich nach 8 Tagen und auch der folgende waren negativ, und das Kind konnte am 13. Tage völlig wiederhergestellt aus der Isolierung entlassen werden. Die weitere Beobachtung ergab auch keinerlei Komplikationen.

Dritte Krankengeschichte:

Kind F. B., 6½ Jahre alt, Epileptiker, von schwächlicher Konstitution und auch in der geistigen Entwicklung zurückgeblieben — kann noch nicht sprechen —, erkrankt mit Fieber und Husten. Die Temperatur steigt im Laufe des Tages auf 38,9°. Dabei verweigert das Kind jegliche Nahrung bis auf Flüssigkeiten. Die Untersuchung ergibt eine leichte Bronchitis. Am nächsten Morgen Temperatur 37,3°, abends 38,5°; es zeigt sich eine Rötung und Schwellung der Tonsillen, und es wird deshalb neben den schon für die Bronchitis gegebenen Verordnungen noch Mercur. cyanat. D4 und Bolus Eukalypt. comp. angeordnet: in ½stündlichem Wechsel 5 Tropfen von Mercur. cyanat. D4 und 1 Teelöffel auf ½ Glas Wasser von Bolus Eukalypt. comp. zum Gurgeln und Trinken (was wir auch bei gewöhnlicher Angina öfter gerne gebrauchen). Am nächsten Morgen ist die Temperatur 38,2°, sinkt am Abend auf 37,3°, steigt am nächsten Tag nicht über 37,1°, und der 5. Krankheitstag ist fieberfrei. Während das Kind im Fieber apathisch war, ist es wieder entsprechend munterer geworden und hat wieder Appetit.

Am 6. Tage erneute Verschlechterung des Allgemeinbefindens, der Appetit läßt nach, die Temperatur steigt wieder auf 38,2° und die Tonsillen sind gerötet, geschwollen und beiderseits mit leichten, aber flockig-schmierigen Belägen bedeckt. Ein Abstrich bestätigt die Diptherie.

Die Behandlung mit den Präparaten Mercur. cyanat. D4 und Bolus Eukalypt. comp. bleibt die gleiche. Außerdem wie bei obigem Fall Pinselungen mit Zitronensaft und beständig Bronchitiskessel. Am nächsten Tag hält sich die Temperatur morgens auf 37,9° und sinkt bei noch gleichem Lokal- und Allgemeinbefund abends auf 37,5°. Am folgenden Tag ist die Temperatur morgens 36,8°, die Beläge schmelzen ein, und die Temperatur bleibt fortan unter 37,0°, sinkt sogar am Abend des 8. und am Morgen des 9. Krankheitstages unter 36,0°, wobei das Kind zunächst noch einen sehr matten Eindruck macht. Es erholt sich aber in den folgenden Tagen sehr schnell und kann schon am 14. Tage als völlig geheilt angesehen werden. Der erste Kontrollabstrich nach einer Woche war bereits negativ.

Dieser Krankheitsverlauf ist insofern noch besonders lehrreich, als die 2. Fiebersteigerung mit dem Ausbruch der Diphtherie damit zusammenfällt, daß ein anderes Kind, das seit einem Tage mit im gleichen Zimmer schlief, am gleichen Tage eine ausgesprochene Diphtherie zeigte. Es bestätigte sich uns hier durch die Beobachtung, wie wir bei der Diphtherie mit ihrer großen Ansteckungsgefahr auch eine Art Nachahmung wirksam haben.

Vierte Krankengeschichte:

Eine 35jährige Patientin begibt sich in Behandlung, weil sie seit 3 Tagen an zunehmenden Halsschmerzen leidet, so daß sie ihre Arbeit nicht mehr durchführen kann. — Patientin ist klein bis mittelgroß, grazil, sehr blaß, war immer kränklich, blutarm und litt schon wiederholt an Herzbeschwerden. In ihrer Jugend hatte sie viel unter Kopfschmerzen zu leiden und bis zu einer Tonsillektomie im 10. Lebensjahre häufig an Anginen. Auch bestand Neigung zu Obstipation, und Patientin hatte vor etwa 8 Jahren eine Blinddarmentzündung, dann wiederum vor 6 Jahren angeblich eine Bauchfellentzündung mit einer Fehlgeburt durchgemacht. — Die Kinderkrankheiten waren: Masern, Varicellen und Keuchhusten.

Bei der Untersuchung ergibt sich das Bild einer beginnenden Angina. Die Temperatur steigt im Laufe des Tages auf 39,9°, die Tonsillen sind stark geschwollen und gerötet, und es besteht eine Schwellung der Submandibulardrüsen. Der Puls ist 125 pro Min., klein aber regelmäßig. Herz o. B.

Die Ordinationen an Medikamenten waren zunächst: Merkur D 6 (dreimal täglich 1 Messerspitze), stündliches Gurgeln mit Bolus Eukalypt. comp., dazwischen Spülungen mit Salbeitee mit Zusatz von Zitronensaft.

Die folgende Nacht ist sehr unruhig, und die Patientin ist von starker Schleimbildung in der Atmung belästigt. Am nächsten Morgen Temperatur 39,4°, Puls 110; die Tonsillen berühren sich, dazwischen werden grauweiße, schmierige Membranen sichtbar. Dieses und der typische Mundgeruch lassen unzweifelhaft auf eine *Diphtherie* schließen. Der Abstrich ist auch positiv. — Statt Merkur D 6 wird jetzt verordnet Mercur. cyanat. D 4 2stündlich 5 Tropfen im Wechsel mit dem schon verordneten Bolus Eukalypt. comp. Die Tonsillen werden 2mal täglich mit frischem Zitronensaft gepinselt, und die Patientin inhaliert mit Kamillentee und Zusatz von Zitrone. — Die Temperaturen der folgenden Tage sind:

    3. Behandlungstag morgens 37,0°, abends 38,8°
    4. Behandlungstag morgens 36,7°, abends 38,0°
    5. Behandlungstag morgens 37,3°, abends 37,4°
    6. Behandlungstag morgens 36,6°, abends 37,6°
    7. Behandlungstag morgens 36,2°, abends 36,8° usw.

Der Puls entspricht den Temperaturen und bewegt sich um 80 pro Minute. Am 5. Tage treten leichte Schmerzen in der Gegend der Herzspitze auf, und es wird Cardiodoron (3 × täglich 5 Tropfen) verordnet. — Im Allgemeinbefinden zeigte sich während der ersten Tage Somnolenz. Beim Gurgeln, besonders nach dem Inhalieren, lösen sich reichlich fetzige Membranen, doch seit der ersten Nacht trat keine Atembehinderung mehr auf. Die Tonsillen schwollen allmählich ab. Am 8. Tage sind auch die Membranen völlig verschwunden, und die Temperaturen bleiben im wesentlichen unter 37°. Auch hier war der erste Kontrollabstrich nach einer Woche negativ.

Eine Woche nach Abfall der Temperatur begann Patientin langsam mit dem Aufstehen, fühlte sich aber zunächst noch etwas schwach. Vorher klagte sie über etwas Schwäche in den Beinen, die im Bett leicht einschliefen, was aber auf leichte Massage sich gebessert hatte. Auch war die Diurese vorübergehend etwas vermindert (500 pro Tag bei negativem Urinbefund). Weitere Komplikationen sind nicht eingetreten, doch war die Rekonvaleszenz durch die schon vorher bestehende Labilität des Herzens und mancherlei Beunruhigungen, die äußere Verpflichtungen mit sich brachten, etwas verzögert. Nach 5 Wochen fühlte sich aber Patientin so frisch und kräftig wie schon seit Jahren nicht mehr.

In der Anamnese dieser Patientin findet sich nun noch die Angabe, daß sie seit der Blinddarmentzündung bis vor kurzem immer wieder Schmerzen im Leib hatte. Wir werden so in diesem Falle auch hingewiesen auf den inneren Zusammenhang von entzündlichen Hals- und Dickdarmbeschwerden und können nach dem über die Wirkungsweise des Merkur Gesagten verstehen, daß hier das Merkur nicht nur gegen die Diphtherie mit gutem Erfolg verabreicht wurde, sondern daß es auch für die gesamte Konstitution der Patientin ein wesentlicher Heilfaktor war, so daß die Patientin am Schlusse der Kur wirklich von sich sagen konnte, daß sie sich jetzt besser als lange zuvor fühle.

Bemerkung:

Mercur, cyanat. D 4 ist das frühere Diphthodoron I;
Bolus Eukalypt. comp. das frühere Diphthodoron II.

SACHREGISTER DER KRANKENGESCHICHTEN
UND THERAPEUTISCHEN NOTIZEN

(Die Zahlen beziehen sich auf die Nummern der Krankengeschichten)

Nordseesalz, siehe: Sal Maris
Nux vom. D 3, innerl. 132

Oberlippe, chronische entzündliche
Schwellung 160
Obstipation 12, 73, 74, 81, 97, 155, 161
Ohrensausen 27
Opium D 30, innerl. 54
Orchis militaris, innerl. 31
Orthoklas D 6, innerl. 33
Otitis media, chronische 85
Otosklerose 18
Ovarialgegend, Schmerzen 71
Oxalis, äußerl. 33, 131, 172
Oxalis, innerl. 69, 90
Oxalis 0,4 %, äußerl. 50
Oxalis D 1–2, innerl. 17
Oxalis D 3, innerl. 95
Oxalis D 6, innerl. 33, 138

Pädatrophie 123
„Pancreas, verdorbenes" 96
Pancreas, innerl. 72
Pancreas D 1, innerl. 96
Pancreas D 3, innerl. 60, 149
Pancreas D 6, Inj. 60
Pancreassaft 1 %, innerl. 83
Papaver somniferum 3 %, innerl. 164
Papaver somniferum D 3, innerl. 34
Papaver somniferum D 30, Inj. 166
Parasitenerkrankung, generalisierte 34
Passugger (Wasser) 5
Patellarluxationen 10
Pepsin-Salzsäure, innerl. 115
Pflanzeneiweiß, siehe: Albumen
vegetabile
Phlebitis-Neigung 137
Phosphor, innerl. 18, 141
Phosphor, Inj. 48
Phosphor D 5, innerl. 9, 42, 60, 78, 79, 80,
128, 145, 151, 166
Phosphor D 6, innerl. 5, 28, 46, 56, 89,
112, 133, 160, 165
Phosphorsaures Calcium, siehe: Apatit
Phosphor D 25 / Malva 5 %, innerl. 151
Pinella-Tee 149
Pinus Pumilionis, äußerl. 31
Plumbum 20
Plumbum D 3, innerl. 9
Plumbum D 5, äußerl. 23
Plumbum D 6, innerl. 10
Plumbum D 10, innerl. 26
Plumbum D 14, innerl. 109
Plumbum D 15, innerl. 11, 12
Plumbum D 20, Inj. u. innerl. 9, 13, 14
Plumbum sulf. D 4, innerl. 1
Potentilla tormentilla, innerl. 15, 33, 76,
107, 119, 164
Prunus spinosa, äußerl. 3, 11, 67, 126,
148 151
Prunus spinosa, Inj. 50, 58, 86

Prunus spinosa, innerl. 11, 32, 33, 43, 45,
69, 85
Prunus spinosa 10 %, innerl. 28, 89
Prunus spinosa D 2, innerl. 55
Prunus spinosa D 3, innerl. 138
Prunus spinosa D 5, Inj. 50
Prunus spinosa D 6 152
Pruritus vaginalis 91
Ptyalinum asini D 15, innerl. 133
Puerperal-Sepsis 62
Pulsatilla, innerl. 33, 115
Pulsatilla D 3, innerl. 55
Pylorospasmus 123
Pyrit, innerl. 72, 153
Pyrit D 3, innerl. 66, 67, 165, 166, 171,
175, 176
Pyrit D 4, innerl. 34
Pyrit D 6, innerl. 68
Pyrit D 7, Inj. 64
Pyrit D 15, Inj. 65

Quarz, siehe: Silicium
Quecksilber, siehe: Mercurius vivus
naturalis
Quercus e Cortice, äußerl. 19, 27, 91

Radiumbehandlung, Folgeerscheinung
108
Rentierflechte, siehe: Cladonia
rangiferina
Renodoron 5, 89
Resina Laricis, äußerl. 75
Rheumatische Beschwerden 11, 20, 127,
131, 142
Rippenfellentzündung, trockene 25
Rizinusöl, innerl. 166
Roncegno-Wasser, innerl. 85
Rosmarin, äußerl. 8, 11, 30, 34, 52, 56, 57,
98, 118, 143
Rosmarin 5 %, äußerl. 21
Rosmarin, innerl. 147
Rotliegendes, siehe: Terra rubra
Rotklee, siehe: Trifolium rubrum
Rückenbeschwerden 23, 153
Rumex acetosa, äußerl. 3, 147

Saccharum tostum 90
Sal Maris 5, 43, 44, 45, 138
Salix alba e flor., innerl. 139
Salvia officinalis, äußerl. 115, 128
Salvia officinalis, innerl. 27, 79, 182
Salz, äußerl. 28, 80
Salzsäure, siehe: Acidum hydrochloricum
Sambucus nigra, äußerl. 139
Sambucus nigra, innerl. 21, 125, 129
Santonin 34
Sarsaparilla D 5, Inj. 142
Sassafras 20 %, äußerl. 130
Sassafras D 6, innerl. 130
Sauerampfer, siehe: Rumex acetosa
Sauerbrunnen-Mineralwasser 5

LITERATURHINWEIS

1 Rudolf Steiner/Ita Wegman, Grundlegendes für eine Erweiterung der Heilkunst nach geisteswissenschaftlichen Erkenntnissen (GA 27), Dornach 71991. - (GA = Bandnummer der im Rudolf Steiner Verlag, Dornach, erscheinenden «Rudolf Steiner Gesamtausgabe»).

2 Rudolf Steiner, Das Initiaten-Bewußtsein. Die wahren und die falschen Wege der geistigen Forschung (GA 243), Dornach 51993.

3 Ders., Geisteswissenschaft und Medizin (GA 312; erster Ärztekurs), 61985.

4 Ders., Geisteswissenschaftliche Gesichtspunkte zur Therapie (GA 313; zweiter Ärztekurs), Dornach 41984.

5 Ders., Physiologisch-Therapeutisches auf Grundlage der Geisteswissenschaft. Zur Therapie und Hygiene (GA 314), Dornach 31989.

6 Ders., Der Mensch als Zusammenklang des schaffenden, bildenden und gestaltenden Weltenwortes (GA 230), Dornach 71993.

7 Ders., Die Philosophie der Freiheit. Grundzüge einer modernen Weltanschauung – Seelische Beobachtungsresultate nach naturwissenschaftlicher Methode (GA 4), Dornach 161995, Kap. II («Der Grundtrieb zur Wissenschaft»).

8 Ders., Eine okkulte Physiologie (GA 128), Dornach 51991.

9 Ders., Die geistigen Wesenheiten in den Himmelskörpern und Naturreichen (GA 136), Dornach 61996.

10 Ders., Menschenfragen und Weltenantworten (GA 213), Dornach 21987.

11 Ders., Die Wissenschaft vom Werden des Menschen (GA 183), Dornach 21990.

12 Ders., «Das Michael-Mysterium», in: Anthroposophische Leitsätze. Der Erkenntnisweg der Anthroposophie – Das Michael-Mysterium (GA 26), Dornach 91989.

13 Ders., Mysteriengestaltungen (GA 232), Dornach 41987.

14 Ders., Lebendiges Naturerkennen. Intellektueller Sündenfall und spirituelle Sündenerhebung (GA 220), Dornach 21982.

15 Ders., Menschenwerden, Weltenseele und Weltengeist – Erster Teil: Der Mensch als leiblich-seelische Wesenheit in seinem Verhältnis zur Welt (GA 205: Der Mensch in seinem Zusammenhang mit seinem Kosmos, Band V), Dornach 21987.

16 Ders., Der übersinnliche Mensch, anthroposophisch erfaßt (GA 231), Dornach 31982.

17 Ders., Menschliches Seelenleben und Geistesstreben im Zusammenhange mit Welt- und Erdentwickelung (GA 212), Dornach 1978.

18 Ders., Initiationswissenschaft und Sternenerkenntnis. Der Mensch in Vergangenheit, Gegenwart und Zukunft vom Gesichtspunkt der Bewußtseinsentwicklung (GA 228), Dornach 21985.

19 Ders., Geistige Hierarchien und ihre Widerspiegelung in der physischen Welt. Tierkreis, Planeten, Kosmos (GA 110), Dornach 71991.

20 Ders., Heilpädagogischer Kurs (GA 317), 81985.

21 Ders., Geistige Zusammenhänge in der Gestaltung des menschlichen Organismus (GA 218), 31992.

22 Ders., Geschichtliche Notwendigkeit und Freiheit. Schiksalseinwirkungen aus der Welt der Toten (GA 179 = Geistige Wesen und ihre Wirkungen, Band III), Dornach 41993.

23 Ders., Mensch und Welt. Das Wirken des Geistes in der Natur. Über das Wesen der Bienen (GA 351 = Vorträge für die Arbeiter am Goetheanumbau, Band V), Dornach 41988.

24 Ders., Natur und Mensch in geisteswissenschaftlicher Betrachtung (GA 352 = Vorträge für die Arbeiter am Goetheanumbau, Band VI), Dornach 31981.

25 Ders., Der unsichtbare Mensch in uns. Das der Therapie zugrunde liegende Pathologische [Einzelvortrag], Dornach 1982 (auch enthalten in: Ders., Erdenwissen und Himmelserkenntnis [GA 221], Dornach ²1981)

26 Ders., Perspektiven der Menschheitsentwickelung. Der materialistische Erkenntnisimpuls und die Aufgabe der Anthroposophie (GA 204 = Der Mensch in seinem Zusammenhang mit dem Kosmos, Band IV), Dornach 1979.

27 Ders., Die Mission einzelner Volksseelen im Zusammenhang mit der germanisch-nordischen Mythologie (GA 121), Dornach ⁵1982.

28 Ders., Vor dem Tore der Theosophie (GA 95), Dornach ⁴1990.

29 Ders., Das Johannes-Evangelium im Verhältnis zu den drei anderen Evangelien, besonders zu dem Lukas-Evangelium (GA 112), Dornach ⁶1984.

30 Ders., Die Geheimnisse der biblischen Schöpfungsgeschichte. Das Sechstagewerk im 1. Buch Moses (GA 122), Dornach ⁶1984.

31 Ders., Welt, Erde und Mensch, deren Wesen und Entwickelung sowie ihre Spiegelung in dem Zusammenhang zwischen ägyptischem Mythos und gegenwärtiger Kultur (GA 105), Dornach ⁵1908.

32 Ders., Die Apokalypse des Johannes (GA 104), Dornach ⁷1985.

33 Ders., Der Orient im Lichte des Okzidents, Die Kinder des Luzifer und die Brüder Christi (GA 113), ⁵1982.

34 Ders., Ägyptische Mythen und Mysterien (GA106), ⁵1992.

35 Ders., Die Theosophie des Rosenkreuzers (GA 99), ⁷1985.

36 Ders., Menschenschicksale und Völkerschicksale (GA157), ³1981.

37 Ders., Geisteswissenschaftliche Erläuterungen zu Goethes «Faust», Band II: Das Faust-Problem (GA 273), ⁴1981.

38 Ders., Physiologisch-Therapeutisches auf Grundlage der Geisteswissenschaft. Zur Therapie und Hygiene (GA 314), ³1989, darin die Vorträge vom 31. 12. 1923 bis 2. 1. 1924 .

39 Ders., Mysterienstätten des Mittelalters. Rosenkreuzertum und modernes Einweihungsprinzip. Das Osterfest als ein Stück Mysteriengeschichte der Menschheit (GA 233a), ⁵1991, darin die Vorträge vom 19. bis 22. April 1924.

40 Ders., Anthroposophische Menschenerkenntnis und Medizin (GA 319), ³1994, darin die Vorträge vom 15. und 16. 11. 1923.

41 Ders., Grundelemente der Esoterik. Notizen von einem esoterischen Lehrgang in Form von einunddreißig Vorträgen in Berlin (GA 93a), ³1987, darin der Vortrag vom 28. 10. 1905.

42 Ders., Esoterische Betrachtungen karmischer Zusammenhänge, Vierter Band (GA238), ⁶1991, darin die sog. letzte Ansprache vom 28. 9. 1924.

43 Ders., Das Miterleben des Jahreslaufes in vier kosmischen Imaginationen (GA 229), ⁷1989.

44 Ders., Innere Entwicklungsimpulse der Menschheit. Goethe und die Krisis des neunzehnten Jahrhunderts (GA 171), ²1984.

45 Ders., Geistige Zusammenhänge in der Gestaltung des menschlichen Organismus (GA 218), ³1992, darin die Vorträge vom 12., 16. und 19. 11.1922 in London.

46 Ders., Das esoterische Christentum und die geistige Führung der Menschheit (GA 130), ⁴1995, darin der Vortrag vom 1. 10. 1911 in Basel (Die Ätherisation des Blutes).

47 Ders., Die Evolution vom Gesichtspunkte des Wahrhaftigen (GA 132), ⁶1987.

48 Ders., Das christliche Mysterium (GA 97), ²1981, darin der Vortrag vom 13. 10. 1906 in Leipzig (über die Beziehungen der Edelsteine zu den Sinnen).

49 Ders., Eurythmie als sichtbare Sprache (GA 279), ⁵1990.

50 Ders., Heileurythmie (GA 315), ⁴1981.

51 Ders., Geisteswissenschaftliche Menschenkunde (GA 107), ⁵1988.

52 Ders., Das Hereinwirken geistiger Wesenheiten in den Menschen (GA 102), ³1984.

53 Ders., Weltenwunder, Seelenprüfungen und Geistesoffenbarungen (GA 129), ⁶1995.

54 Ders., Okkulte Geschichte (GA 126), ⁵1992.
55 Ders., Das Markus-Evangelium (GA 139), ⁶1985.
56 Ders., Das Matthäus-Evangelium (GA 123), ⁷1988.
57 Ders., Das Lukas-Evangelium (GA114), ⁸1985
58 Ders., Das Leben zwischen dem Tode und der neuen Geburt im Verhältnis zu den kosmischen Tatsachen (GA 141), ⁵1997.
59 Ders., Das esoterische Christentum und die geistige Führung der Menschheit (GA 130), ⁴1995, darin der Vortrag vom 19. 9. 1911 in Locarno.
60 Ders., Das Zusammenwirken von Ärzten und Seelsorgern. Pastoral-Medizinischer Kurs (GA 318), ⁴1994.
61 Ders., Über Gesundheit und Krankheit. Grundlagen einer geisteswissenchafltichen Sinneslehre (GA 348) ⁴1997.
62 Ders., Die Weltgeschichte in anthroposophischer Beleuchtung und als Grundlage der Erkenntnis des Menschengeistes (GA 233), ⁵1991.
63 Ders., Westliche und östliche Weltgegensätzlichkeit. Wege zu ihrer Verständigung durch Anthroposophie (GA 83), ³1981.
64 Ders., Das Verhältnis der Sternenwelt zum Menschen und des Menschen zur Sternenwelt. Die geistige Kommunion der Menschheit (GA 219), ⁶1994.
65 Ders., die Welt der Sinne und die Welt des Geistes (GA 134), ⁵1990.
66 Ders., Das Johannes-Evangelium (GA 103), ¹¹1995.
67 Ders., Anthroposophische Menschenerkenntnis und Medizin (GA 319) ³1994, darin die Vorträge für Ärzte in London vom 28. und 29. 8. 1924.
68 Ders., Vom Leben des Menschen und der Erde. Über das Wesen des Christentums (GA 349), ²1980.
69 Ders., Die Schöpfung der Welt und des Menschen. Erdenleben und Sternenwirken (GA 354), ²1977.
70 Ita Wegman, Im Anbruch des Wirkens für eine Erweiterung der Heilkunst, Arlesheim ²1974.
71 Ita Wegman, Aus Michaels Wirken, Stuttgart ⁵1983.
72 Walther Cloos, Kleine Edelsteinkunde. Im Hinblick auf die Geschichte der Erde, Schaffhausen ⁵1989.
73 Rudolf Hauschka, Substanzlehre. Zum Verständnis der Physik, der Chemie und therapeutischer Wirkungen der Stoffe, Frankfurt a. M. ¹¹1996.
74 Gisbert Husemann, Erdengebärde und Menschengestalt. Das Zinn in Erde und Mensch, Stuttgart 1962.
75 Margarete Kirchner-Bockholt, Grundelemente der Heil-Eurythmie, Dornach ⁴1997.
76 Lili Kolisko, Sternenwirken in Erdenstoffen. Saturn und Blei, 1952.
77 Wilhelm Pelikan, Sieben Metalle. Vom Wirken des Metallwesens in Kosmos, Erde und Mensch, Dornach ²1996.
78 Julius Ruska, Leitfaden in der Mineralogie, Leipzig [o.J.]
79 Hilma Walter, Grippe, Encephalitis und Poliomyelitis. Zur Pathogenese und Behandlung, Arlesheim 1950.
80 Hilma Walter, Der Krebs und seine Behandlung, Arlesheim 1953.
81 Hilma Walter, Abnormitäten der geistig-seelischen Entwicklung in ihren Krankheitserscheinungen und deren Behandlungsmöglichkeiten, Arlesheim ²1987.

Weiter kann hingewiesen werden auf [H.W.]:

Alla Selawry, Zinn und Zinntherapie, Ulm 1963.

Heilmittel für typische Krankheiten nach Angaben von Rudolf Steiner, Neuausgabe Dornach 1995.

VON RUDOLF STEINER ANGEGEBENE, IN DER 1. AUFLAGE NICHT VERÖFFENTLICHTE MEDITATIONEN FÜR KRANKE

Die Zahlen beziehen sich auf die Nummern der Krankengeschichten.
Siehe dazu auch die Krankengeschichten Nr. 1, 2, 13, 15, 17, 30, 31, 32,
33, 34, 52, 89, 122 und 161

zu Nr. 9

Sei du mein Herz
Du Seelenträger
Haus meines Gotteswesens
Das führend bei mir lebt
Licht spendend
Wärme bringend
In Zeit und Ewigkeit

zu Nr. 31

Ich fühle die Schwere in meinem rechten Arm
Ich fühle die Schwere in meinem linken Arm
Ich fühle die Schwere in meinem rechten Bein
Ich fühle die Schwere in meinem linken Bein
Ich fühle die Schwere in meinem ganzen
Körper

zu Nr. 83

«Licht in mir»   *links*
«Wärme in mir»   *rechts*

zu Nr. 97

Was das Leben an seinen Tiefen
Auch mir vor den Geist stellen
Sich vorgesetzt hat,
Die mutige Seele findet
Den rechten Weg
Vertrauend dem hellwarmen Ich.

zu Nr. 113
morgens:

In meinem Herzen
Wohnt die Kraft
Die mich belebt.
Ergreife ich sie
Mit meinem Willen
Trägt sie mich
Auch gesund durch das Leben.

abends:

Schau ich um mich
Seh' ich der Sonne
Lichtestaten.
Seh' ich in mich
Seh' ich der Seele
Geisteswillen.
Ich bin im Geiste,
Geist im Lichte.

zu Nr. 114:
abends:

Wenn Sternenweltensein
Mein Ich ins Geistgebiet
Schlafend entrückt
Hole ich mir Seelenkraft
Aus wirkender Weltenmacht
Zu streben geistwärts.

morgens:

Es dämmert die Sonne
Es schwinden die Sterne
Es dämmert die Seele
Es schwinden die Träume.
Tag nimm mich auf
Tag beschütze mich
Im Wandeln des Erdenlebens.

zu Nr. 150

Es senke sich aus Weltenweiten
Weise wirkende Geistesmacht
Die ich sehnend suche
In meiner Seelensprache
Und trage, führe, halte
Mich in mir durch sie.